제12판

비교정부와 정치

Comparative Government and Politics: An Introduction
12th Edition

John McCormick · Rod Hague · Martin Harrop 지음
김계동 · 민병오 · 서재권 · 이유진 · 이준한 옮김

명인문화사

비교정부와 정치, 제12판

제1쇄 펴낸 날 2023년 3월 7일

지은이 John McCormick, Rod Hague, Martin Harrop
옮긴이 김계동, 민병오, 서재권, 이유진, 이준한
펴낸이 박선영
주 간 김계동
디자인 전수연
교 정 김유원

펴낸곳 명인문화사
등 록 제2005-77호(2005.11.10)
주 소 서울시 송파구 백제고분로 36가길 15 미주빌딩 202호
이메일 myunginbooks@hanmail.net
전 화 02)416-3059
팩 스 02)417-3095

ISBN 979-11-6193-065-7
가 격 34,500원

ⓒ 명인문화사

명인문화사는 2007년부터 Comparative Government and Politics의 짝수판만 번역 출판해 오고 있으며, 한글판 출판 연도는 다음와 같다. 제6판 ⓒ 2007, 제8판 ⓒ 2011, 제10판 ⓒ 2017.

Comparative Government and Politics: An Introduction, 12th Edition
John McCormick, Rod Hague and Martin Harrop

ⓒ John McCormick 2022, ⓒ Martin Harrop 2013, ⓒ Rod Hague and Martin Harrop 1982, 1987, 2001, 2004, 2007, 2010, and ⓒ Rod Hague, Martin Harrop and Shaun Breslin 1992, 1998.

This translation of Comparative Government and Politics, 12th Edition is published by arrangement with Bloomsbury Publishing Plc.

Korean language edition published by Myung In Publishers, Copyright ⓒ 2023.

국내외 저작권법에 의거하여 복사제본과 PPT제작 등 **무단 전재**와 **무단 복제**를 **금지**합니다.

간략목차

제1부 원리

1장	정부와 정치	2
2장	비교하기	29
3장	국가와 민족	56
4장	정치문화	82
5장	민주주의 통치	108
6장	권위주의 통치	133

제2부 제도

7장	헌법과 법원	158
8장	행정부	185
9장	입법부	211
10장	관료제	238
11장	하위 국가정부	264
12장	미디어	291

제3부 과정

13장	정치참여	320
14장	선거	346
15장	정당	375
16장	이익집단	401
17장	공공정책	426
18장	정치경제학	450

세부목차

도해목차 vii
저자서문 xi
역자서문 xv

제1부 원리

1장	정부와 정치	2
	정부와 정치 이해하기	3
	비교의 장점	5
	정부와 거버넌스	12
	정치, 권력, 권위	15
	정권과 정치체제	21

2장	비교하기	29
	비교의 이해	30
	기원과 진화	33
	사례의 선택	37
	방법의 선택	41
	비교에 대한 도전	45

3장	국가와 민족	56
	국가에 대한 이해	57
	기원과 진화	62
	국가의 다양성	66
	민족의 이해	71
	국가의 미래	77

4장	정치문화	82
	정치문화의 이해	83
	'시민문화'로부터 탈물질주의까지	88
	문화에서 문명으로	94
	정치적 신뢰	97
	권위주의 정권의 정치문화	100

5장	민주주의 통치	108
	민주주의 통치의 이해	109
	민주주의 정권의 유형	112
	기원과 진화	115
	민주주의 통치의 형태	122
	민주주의와 권리	127
	민주주의 통치의 미래	129

6장	권위주의 통치	133
	권위주의 통치의 이해	134
	권위주의 정권의 유형	135
	기원과 진화	139
	권위주의 통치의 형태	142
	부패의 정치적 영향	151
	권위주의 통치의 미래	153

제2부 제도

7장 헌법과 법원 158
헌법에 대한 이해 159
기원과 진화 162
법원의 역할 168
사법부의 역할 172
권위주의 정권의 헌법과 법원 176

8장 행정부 185
행정부의 이해 186
대통령제 행정부 192
의회제 행정부 195
준대통령제 행정부 201
권위주의 정권의 행정부 205

9장 입법부 211
입법부에 대한 이해 212
기원과 진화 220
단원 또는 양원? 223
의원과 의원의 직무 226
권위주의 정권의 입법부 230

10장 관료제 238
관료제의 이해 239
기원과 진화 242
관료제는 어떻게 조직되는가 248
관료는 어떻게 충원되는가 253
권위주의 정권의 관료제 255

11장 하위 국가정부 264
하위 국가정부의 이해 265
단일체제 268
연방체제 274
지방정부 280
권위주의 정권의 하위 국가정부 283

12장 미디어 291
미디어에 대한 이해 292
기원과 진화 295
미디어 자유도 비교 301
소셜미디어와 탈진실의 세계 305
권위주의 정권의 미디어 308

제3부 과정

13장 정치참여 320
정치참여 이해하기 321
참여의 유형 323
투표 328
여론 332
권위주의 정권의 정치참여 336

14장 선거 346
선거 이해하기 347
의회선거 350
대통령선거 356
국민투표와 발의 359
투표율 363
권위주의 정권의 선거 366

15장 정당 375
- 정당의 이해 376
- 기원과 진화 379
- 정당체제 383
- 정당의 조직 391
- 권위주의 정권의 정당 393

16장 이익집단 401
- 이익집단의 이해 402
- 기원과 진화 404
- 유형과 방식 408
- 이익집단의 동학 413
- 권위주의 정권의 이익집단 417

17장 공공정책 426
- 공공정책의 이해 427
- 정책과정 모델 431
- 정책 스타일 비교 435
- 정책확산과 수렴 440
- 권위주의 정권의 공공정책 443

18장 정치경제학 450
- 정치경제에 대한 이해 451
- 기원과 진화 453
- 비교정치경제 458
- 복지국가 464
- 권위주의 정권의 정치경제 467

참고문헌 476
찾아보기 494
저자소개 499
역자소개 500

도해목차

국가개요

1. 나이지리아 — 16
2. 이란 — 48
3. 유럽연합 — 74
4. 독일 — 92
5. 인도 — 118
6. 중국 — 148
7. 남아프리카공화국 — 164
8. 브라질 — 196
9. 영국 — 218
10. 일본 — 250
11. 프랑스 — 272
12. 베네수엘라 — 314
13. 러시아 — 338
14. 미국 — 360
15. 멕시코 — 386
16. 이집트 — 420
17. 스웨덴 — 438
18. 튀르키예 — 470

문제 탐구

1. 비교함에 있어서 우리는 어떻게 글로벌한 접근법을 취할 수 있는가? — 6
2. 포괄적인 비교는 어떻게 할 수 있는가? — 50
3. 통합 또는 분리? — 68
4. 어떻게 하면 정부에 대한 신뢰를 회복할 수 있을까? — 101
5. 민주주의의 성과를 어떻게 개선할 수 있을까? — 114
6. 어떻게 권위주의를 억제할 것인가? — 154
7. 법관의 독립성을 보장하는 방법은 무엇인가? — 175
8. 무엇이 행정부에 가장 효율적인 설계인가? — 200
9. 입법부가 대의기구라는 것을 어떻게 확신할 수 있는가? — 216
10. 관료제의 책무성을 어떻게 담보할 수 있을 것인가? — 243
11. 정치공동체를 조직하는 가장 좋은 방법은 무엇인가? — 278
12. 우리는 거짓 뉴스로부터 우리 자신을 어떻게 보호할 수 있는가? — 307
13. 우리는 정보가 없는 시민들에게 무엇을 할 수 있나? — 335
14. 투표가 의무적이어야 하나? — 367
15. 이상적인 정당의 수는? — 390
16. 이익집단은 어떻게 자신의 주장에 사람들이 귀 기울이게 할 수 있는가? — 414
17. 공공정책의 질을 어떻게 개선할 수 있을까? — 436
18. 우리는 경제적 평등을 어떻게 달성할 수 있는가? — 463

이론 적용

1. 이론과 비교 10
2. 근대화 36
3. 해석주의 61
4. 문화이론 89
5. 민주화 117
6. 전제정치화 140
7. 제도주의 169
8. 리더십 이론들 188
9. 엘리트이론 228
10. 페미니즘 256
11. 시스템이론 269
12. 미디어이론 296
13. 합리적 선택 327
14. 행태주의 348
15. 정치이데올로기 382
16. 다원주의 406
17. 구조주의 430
18. 계급이론 459

도표

1.1 정치학의 세부 영역 5
1.2 비교의 장점 8
1.3 교육예산과 문자해득률 비교 12
2.1 인구와 입법부의 크기 44
2.2 비교에 대한 도전 46
2.3 KOF 세계화 지수 53
3.1 국가의 특징 58
3.2 국가의 역할 60
3.3 국가의 형성 65
3.4 국가의 크기 67
3.5 이민에 대한 견해 비교 77
4.1 정치문화의 특징 84
4.2 미국에서 정부 서비스에 대한 견해 84
4.3 삶이 50년 전에 비해서 나아졌는가 나빠졌는가? 94
4.4 잉글하트-웰젤의 세계 문화 지도 96
4.5 정부에 대한 신뢰 비교 98
4.6 미국에서 정부에 대한 신뢰 99
4.7 비교 관점에서의 아프리카 부패 105
5.1 민주주의 통치의 속성 111
5.2 헌팅턴의 민주화 물결 115
5.3 영국의 투표권 확대 116
5.4 민주화의 단계 120
5.5 민주주의 국가 수의 변화 121
5.6 민주주의의 글로벌 추세 130
6.1 권위주의 통치의 속성 134
6.2 권위주의 통치의 도구 139
6.3 장기집권 정치지도자 보유국 146
7.1 헌법의 특징 161
7.2 민주주의 정권의 헌법 161
7.3 새로운 헌법의 제정 이유 163
7.4 권위주의 정권의 헌법 177
7.5 인간자유 지수 181
8.1 민주주의 정권의 행정부 187
9.1 민주주의 정권의 입법부 214
9.2 유럽국가의 입법부 신뢰수준 비교 221
9.3 하원의 사례 224
9.4 상원의 선출 224
9.5 대표 모델 226
9.6 입법부의 여성의원 수 비교 227
9.7 권위주의 정권의 입법부 232
10.1 관료제의 역할 239
10.2 정부 효과성에 대한 인식 비교 241
10.3 관료제에 관한 베버의 모델 244

10.4	관료제의 규모 비교	246
10.5	전자정부 비교	247
10.6	관료제와 노동인구에서 여성의 비율	255
10.7	정부 효과성 변화	257
11.1	민주주의 정권의 하위 국가정부	265
11.2	유럽연합의 다층거버넌스	267
11.3	권위주의 정권의 하위 국가정부	285
12.1	민주주의 정권의 미디어	293
12.2	미디어 영향의 기제	294
12.3	인터넷의 사용: 도시-농촌 구분	300
12.4	인터넷 자유도 비교	309
12.5	미디어 자유도 비교	310
12.6	권위주의 정권의 미디어	311
13.1	민주주의 정권에서 정치참여	324
13.2	왜 사람들은 정치에 참여하는가	326
13.3	미국에서 성별에 따른 투표율	328
13.4	유권자 선택에 미치는 영향들	329
13.5	인터넷 이용: 민주주의-권위주의 구분	337
14.1	민주주의 정권의 선거	347
14.2	어떻게 선거를 조작하는가	349
14.3	선거제도	351
14.4	2021년 캐나다 연방선거	352
14.5	국민투표의 사용	359
14.6	투표율 비교	364
14.7	투표율의 추세 비교	365
14.8	권위주의 정권의 선거	368
14.9	이집트의 투표율 추세	370
15.1	민주주의 정권의 정당	377
15.2	스웨덴의 유권자 정당편성 해체	379
15.3	유권자 정당편성 해체의 원인	379
15.4	주요 이데올로기: 6가지 예시	383
15.5	권위주의 정권의 정당	394
15.6	러시아 대통령선거 추이	396
16.1	민주주의 정권의 이익집단	402
16.2	철의 삼각: 미국의 예	412
16.3	노조원 비율 비교	415
16.4	권위주의 정권의 이익집단	419
17.1	정책순환의 단계	428
17.2	혁신의 확산	440
18.1	세계경제 자유도	454
18.2	정치경제학에 대한 5가지 관점	460
18.3	복지비 지출 비교	465

표

1.1	정부의 제도	13
1.2	권력의 세 가지 차원	19
1.3	정치적 순위 비교	25
1.4	경제력 비교	26
2.1	비교정치학에 사용된 이론들	33
2.2	사례연구의 유형	40
2.3	비교정치 연구방법	41
3.1	소득별 국가	69
3.2	국가에 대한 10가지 비판	79
3.3	취약국가 지수	80
5.1	민주주의 정권의 유형	112
5.2	민주주의 통치의 형태	123
6.1	권위주의 정권의 유형	136
6.2	권위주의 통치의 형태	143
6.3	공산당 지배 국가	147
7.1	헌법개정 비교	167
7.2	대법원과 헌법재판소의 비교	171
7.3	재판관 임명 방식 비교	174
8.1	의회제에서 국가원수의 선출 방식	190
8.2	여성 행정부 수장(일부)	191
8.3	대통령제 행정부	192
8.4	의회제 행정부	195

8.5	의회제 정부의 모델	199		14.5	높은 투표율을 위한 처방전	365
8.6	준대통령제 행정부	202		14.6	의무투표제 국가	368
8.7	행정부의 비교	204		15.1	정당체제 비교	384
8.8	권위주의 행정부	205		15.2	유럽의 주요 정당군	389
9.1	상원의 비교	225		16.1	사회운동의 예	404
10.1	호주 내무부의 부서와 청	249		16.2	전 세계 비정부기구	407
11.1	정부의 4개 층	268		16.3	이익집단의 유형	408
11.2	단일국가에서의 하위 국가정부	271		16.4	이익집단 영향력의 통로	410
11.3	세계의 연방국가들	275		16.5	시민사회 공간 비교	418
11.4	지방정부의 구조	282		16.6	중국의 사회조직	422
12.1	매스미디어의 진화	297		17.1	정책결정의 세 가지 모델	431
12.2	소셜미디어의 형식	299		17.2	정책 스타일 비교	437
12.3	인터넷과 아랍의 봄	313		17.3	정책수렴의 기제	441
13.1	정치참여의 형태	322		17.4	사업활동지수	442
14.1	의회선거제도 비교	350		17.5	민주주의와 권위주의 정권의 정책 비교	444
14.2	2021년 독일 연방선거	355		18.1	복지의 형태	464
14.3	2002년 프랑스 대통령선거	357		18.2	호주와 핀란드의 복지국가 비교	466
14.4	대통령선거제도 비교	358				

지도

1.1	인간개발 지수	27		11.1	세계의 연방국가들	276
3.1	세계의 국가들	62		11.2	벨기에의 지역	277
3.2	소련의 승계국들	66		11.3	남아프리카공화국의 주들	280
3.3	분쟁 중인 소말리아 국경	72		11.4	호주의 도시	284
3.4	국가 없는 쿠르드족	76		12.1	세계의 미디어 자유도	302
6.1	전 세계 부패 지도	152		16.1	시민사회의 글로벌 현황	418
8.1	행정부 유형	201				

저자서문

페루에서는 정치 경험이 적은 전직 교사가 대통령으로 선출된다. 튀니지에서는 정치지도자들이 입법을 중단하고 비상 권력을 선언하면서 수년간의 꾸준한 민주화가 위협받고 있는 것으로 보인다. 세계 최대 민주주의 국가로서의 인도의 명성은 집권당이 계속해서 힌두교 민족주의 국가에 대한 차별적인 개념을 강요함에 따라 훼손되었다. 보츠와나와 코스타리카에서는 안정적인 민주주의의 꾸준한 발전이 계속되고 있지만, 세계의 많은 곳에서 별로 주목받지 못한다. 모든 대륙에서 정부들은 코로나19 팬데믹을 해결하기 위해 계속해서 고군분투하고 있으며, 대중들은 최선의 조치에 대해 깊이 분열되어 있다.

왜 이 모든 일이 일어나고 있으며, 그것은 무엇을 의미하는가? 우리가 종종 너무 적게 듣는 나라들의 정치적 뉴스를 어떻게 이해할 수 있을까? 이러한 발전은 특이한 것인가, 아니면 전 세계적으로 더 광범위한 추세의 일부인가? 왜 정치체제들은 서로 다른 규칙으로 운영되는가? 상이한 정부의 권력자들은 자신들의 행동을 어떻게 설명하고, 그들의 시민들은 자신들이 보는 변화에 대해 어떻게 느끼는가? 왜 어떤 나라는 대통령에 의해 통치되고 다른 나라는 총리에 의해 통치되는가? 왜 어떤 나라들은 하나의 지배정당을 가지고 있고 다른 나라들은 수십 개의 정당을 가지고 있는가? 그리고 대법원과 헌법재판소의 차이점은 무엇인가?

이들은 비교정치에 의해 다루어지고 대답되는 질문들의 종류다. 비교 분석은 우리가 정부와 정치의 규칙을 식별하는 데 도움을 줄 뿐만 아니라, 전 세계의 정치 뉴스를 이해하는 데에도 도움을 준다. 그리고 기술, 무역, 과학의 발전이 우리 모두를 더 가깝게 만들어주고, 세계의 한 지역에서의 발전은 많은 다른 지역에 영향을 미칠 수 있게 되고, 우리가 보는 변화를 이해하는 것을 더 중요하게 만든다. 서로 다른 정부와 정치체제를 연구함으로써, 우리는 우리가 살고 있는 나라뿐만 아니라, 다른 나라, 그 나라의 정부, 그 나라의 정치적 결정, 그 나라의 국민들을 더 잘 이해할 수 있게 된다.

이 책은 여러분에게 비교정부와 정치를 소개하기 위해 만들어진 책이다. 이어지는 장들의 목표는 이 흥미롭고 필수적인 정치학 하위 분야의 과정과 모듈에 대한 광범위하고 접근 가능한 가이드를 제공하는 것이다. 우리는 민주주의와 독재의 차이, 흥미로운 형태의 많은 정부기관들, 그리고 일반인들이 정부에 참여하거나 참여하지 못하게 하는 방식, 그리고 그들의 삶에 영향을 미치는 결정을 형성하는 방법에 대해 비교 방법과 이론을 살펴볼 것이다.

지난 판과 마찬가지로, 이 책은 비교에 대한 주제적 접근법을 취하며, 전체 내용은 세 개의 부로 나뉜다.

- 제1부(제1장~제6장)는 비교정치의 주요 개념을 검토하는 기초를 제공하며, 그 다음으로 비교방법, 국가와 민족의 범위, 다양한 형태의 정치문화, 민주주의 및 권위주의 정권의 특징에 대한 장을 제공한다.
- 제2부(제7장~제12장)는 정치학의 핵심 주제를 구성하는 제도에 초점을 맞추고 있다. 제2부는 기관들이 어떻게 작동하고 서로 관련되는지를 이해하는 데 도움이 되는 헌법, 그리고 법원의 지원 업무에 대한 장으로 시작한다. 행정부, 입법부, 관료조직, 하위 국가정부, 미디어에 관한 장으로 이어진다.
- 제3부(제13장~제18장)는 정치참여에 대한 조사를 시작으로, 선거, 정당, 이익집단을 살펴보고, 공공정책과 정치경제에 관한 장으로 마무리한다.

이 책은 상이한 국가의 학생들의 요구를 충족시키기 위해 고안되었으며, 정부와 정치에 대한 연구를 다른 관점으로 접근한다. 여러분은 이 책을 정부와 정치에 대해 수강하는 첫 번째 (그리고 아마도 유일한) 과정 또는 과목의 일부로, 여러분이 전공과목 밖에서 수강하도록 요구되는 과정의 일부로, 단순히 정치에 관심이 있기 때문에 수강하는 과정의 일부로, 또는 전공과목으로 수강하는 과정의 일부로 활용할 수 있다. 여러분의 배경과 동기가 무엇이든 간에, 다음 장들은 여러분이 전 세계에 존재하는 정치와 정부의 다양한 형태를 통해 여러분의 길을 찾는 것을 돕기 위해 고안되었다.

이 책의 핵심 주제

2019년 12월 31일 중국 주재 세계보건기구(WHO) 국가사무소는 중국 중부의 거대 도시인 우한(武汉) 시의 보건위원회에서 '바이러스성 폐렴'의 여러 지역 사례를 보고하는 언론 성명에 주목했다. 국가사무소는 이 정보를 세계보건기구에 전달했고, 국가사무소는 중국 보건당국에 더 많은 정보를 요청하는 동시에 지원을 제공했다. 이 질병은 동물에서 기원한 신종 코로나바이러스로 확인되었고, 며칠 내에 중국에서 첫 사망자들이 보고되었으며, 태국, 일본, 미국, 유럽에서 첫 사례들이 보고되었다. 코로나바이러스로 인한 질병은 곧 코로나19(Covid-19)로 명명되었으며, 수백만 명이 감염되고 수십만 명이 사망함에 따라 전 세계 정부들은 대응 방법을 결정하기 위해 고군분투했다.

많은 사람들에게 점점 더 빠른 속도로 연결되고 변화하는 세계의 위급사태를 상징하는 문제에 대처할 수 있는 정부의 준비가 현저히 부족하다는 점이 곧 분명해졌다. 과학자들이 새로운 백신을 개발하기 위해 서두르는 동안, 정부는 정책 메뉴의 점점 더 많은 옵션 중에서 선택했는데, 그 옵션은 봉쇄, 국경 폐쇄, 사람들에게 직장과 대규모 모임을 멀리하도록 요구하거나, 마스크 착용을 의무화하거나, 문제의 존재나 심각성을 단순하게 부정하는 것을 포함했다. 인간이 자신과 서로를 보호하도록 장려하는 정부와 보건 당국의 책임에 비해 개인이 정부의 지시를 무시할 권리가 어떻게 되는지에 대한 논쟁이 여러 나라에서 벌어졌다.

그 이후 코로나19는 전 세계 정부와 정치가 우려하는 상황이 고조되는 가운데 새로 추가되는 것으로 입증되었다. 정치학자들은 이미 민주주의에 대한 침해, 권위주의의 확대, 정부에 대한 대중의 신뢰 저하에 대한 경계심이 증대되고 있다고 지적했다. 비평가들은 또한 정부들이 이미 존재하고 있는 기후 변화 문제를 다루는 속도가 느리다고 비난해왔는데, 이에 대한 경고는 1980년대 말부터 시작된 것이었다. 한편, 지속적인 빈곤, 식량과 물의 불안정, 성 불평등, 소득 불평등, 정치적 양극화, 인종차별, 부패, 생물 다양성에 대한 위협, 종교적 갈등 등 정치와 사회의 영구적인 구조의 일부가 된 것처럼 보이는 수많은 문제들이 진행 중이었다.

그러나 우리가 너무 낙담하기 전에, 모든 문제에도 불구하고, 삶이 심지어 한 세대 전보다 여러 면에서 훨씬 나아졌다는 점을 깨닫는 것이 중요하다. 평균적으로, 과학, 기술, 민주적 이상의 놀라운 발전 덕분에 우리는 더 오래, 더 건강하게, 그리고 더 생산적인 삶을 살고 있다. 동시에 정부와 시민으로서 우리는 현재 우리가 직면한 문제들을 완벽하게 해결할 수 있다. 우리는 창의성, 자원, 제도, 그리고 필요한 변화를 만드는 데 유용한 정치적 과정을 가지고 있다. 그 방향으로 가는 중요한 단계로서, 우리가 정부가 어떻게 작동하는지 이해하고, 세계 각국의 정부들 중에 어느 정부가 잘해 왔는지, 어디가 잘못했는지의 성과를 비교한다면, 우리가 직면한 문제들을 해결하는 데 도움이 될 것이다.

이어지는 장들에서는 정치체제의 구조와 시민들이 정치체제와 관련되는 방식뿐만 아니라 민주주의와 권위주의, 민족주의와 세계화, 갈등과 협력의 부침에 대해서도 살펴볼 것이다. 우리는 국가들이 무엇을 잘하고, 무엇을 못 하는지, 어떻게 개선할 수 있는지, 그리고 서로에게서 무엇을 배울 수 있는지를 살펴볼 것이다. 이 책은 다양한 국가들이 다양한 조치를 어떻게 수행하고 있는지를 보여줄 뿐만 아니라, 성공의 원인에 대한 통찰력을 제공하고 문제에 대한 해결책을 식별하는 데 도움을 줄 수 있는 비교 데이터가 곳곳에 수록되어 있다.

사례로서, 고무적인 결과와 함께 여러 국가에서 이미 시도된 다음의 가능성 목록을 고려할 가치가 있다.

- 르완다와 멕시코의 정치적 공직에 선출된 여성의 수를 증가시키는 데 도움이 된 성별 할당.
- 호주와 브라질의 투표율을 향상시킨 강제 투표.
- 독일과 스웨덴의 대표의 정확성을 향상시킨 비례투표제.
- 노르웨이와 스위스의 노동자들과 은퇴자들의 삶을 더 좋게 만든 관대한 복지제도.
- 코스타리카와 자메이카에서 언론의 자유를 보호하기 위한 법.
- 보츠와나와 몽골의 부패를 불식시킨 민간-공공 파트너십.
- 싱가포르와 프랑스에서 관료의 성과를 개선한 전문성과 높은 연봉.
- 뉴질랜드와 영국의 관료제를 더 작고 효율적으로 만드는 데 도움이 된 외주 용역과 구조조정.

정부와 정치를 비교하는 과정을 통해서 우리는 정부가 어떻게 작동하는지 이해할 수 있을 뿐만 아니라 우리가 직면한 문제들과 가능한 해결책들을 더 잘 이해할 수 있다. 그 이야기는 드라마와 결말, 변화하는 필요와 요구, 그리고 통치하려는 노력이 때로는 영감을 주고 때로는 분노를 불러일으킬 수 있는 영웅과 악당들의 출연진에 대한 것이다. 역사적으로 변화는 오늘날처럼 강렬하고 빠르게 이루어져 왔다. 그러나 역사적으로 비교를 통해서 배워야 할 교훈이 오늘날보다 더 가치 있고 시급한 경우는 거의 없었다.

역자서문

이미 오래전부터 한국정치는 개혁을 논하고 있다. 1987년 민주화 직후 제정된 제6공화국 헌법은 이미 30년 이상이 지났고, 지금의 한국정치, 경제, 사회의 역동성을 관리하고 발전시키는 지침으로서는 한계가 있기 때문에, 헌법과 정치 관련 법들을 개정해야 한다는 주장이 나오고 있다. 지난 문재인 대통령은 대선 당시 개헌을 약속했으나 이행하지 못했고, 최근 들어서도 국회에서 여야 구분 없이 정치개혁을 모색하고 있다. 특히 대통령제, 의회제, 준대통령제 등의 정부 구조, 소선거구 단순다수제, 비례대표제, 중대선거구제 등의 선거제도에 대해서 의견이 분분하게 제시되고 있다.

이러한 제도들 중의 하나를 선택하려면 이 제도들의 내용, 타국에서 선택하여 사용하는 이유와 결과, 장단점 등에 대해서 제대로 파악하고 있어야 한다. 그런데 제도 선택의 주역인 국민들이 이 제도들에 대해서 얼마나 알고 있는지에 대해서는 회의적인 것이 사실이다. 내용과 방식에 대해서는 알고 있을지 몰라도, 이 제도가 실행되면 어떠한 결과가 나오는지에 대해서는 인식이 부족한 것도 사실이다. 지금 발간되는 『비교정부와 정치』가 바로 이러한 점을 설명하기 위해서 쓰여진 책이다. 세계 각국에서 실시되는 정치제도, 정치이념, 정부 구조 등에 대한 분석을 하여 구체적 내용, 변형된 내용, 활용된 결과 등에 대해서 논하는 서적이다.

모든 학문의 발전은 비교와 비판으로부터 시작된다. 이러한 의미에서 『비교정부와 정치』는 정치학과 행정학의 교육과 연구의 기초적 개론서가 되기에 전혀 손색이 없다. 이 책의 번역진은 다년간 대학에서 비교정치론을 가르치면서 학생들이 편하게 읽을 수 있고 통찰력 있게 공부할 수 있는 비교정부와 비교정치에 관한 교과서를 제공하겠다는 사명감을 가지고 이 책을 번역 출판하게 되었다. 이 책의 제목인 『비교정부와 정치』에서 나타나듯이 이 책은 정치학과의 '정치학개론', '비교정치론' 뿐만 아니라 행정학과의 '비교정부론'에서도 교재로 쓸 수 있는 풍부한 내용을 담고 있다. 또한, 정치학이나 행정학을 전공하지 않지만, 이 분야에 대하여 관심을 가지고 있는 학생 및 일반독자들이 정치 관련 교양서로 읽어도 체계적으로 이해할 수 있는 책이다. 이 책은 각국의 정치와 정부를 비교할 뿐만 아니라, 그 비교를 통해서 정치제도와 정치과정, 그리고 정부구조 및 정책에 대한 바람직한 방향을 제시하고 있다.

이 책의 번역진은 16년 전인 2007년에 제6판을 번역한 후, 2011년에 제8판을 번역했고, 2017년에 제10판을 번역했고, 이번에 12판을 번역하여 출판한다. 언제나처럼 이 책의 번역도 수월하지 않았고, 특히 원저자 한 명이 추가되어 많은 개정이 있었기 때문에 새로운 내용도 많았다. 이전 판 번역 당시와 마찬가지로 번역진은 용어의 통일과 내용의 연결을 위해서 번역 이후 크로스 리딩을 실시했다. 이 책의 원출판사는 그동안 세 번 바뀌었고, 저자도 변동이 있었으며, 번역진도 변동이 있어서 이번 번역에 두 분이 새로 영입되었다. 오직 바뀌지 않은 것은 번역서를 출판하는 명인문화사뿐이다.

제대로 된 번역서를 내기 위해서는 번역진 뿐만 아니라 출판사의 입장에서도 일반 서적의 두 배 이상 힘든 작업을 필요로 한다. 그럼에도 불구하고 이 책의 출판을 꾸준히 추진하면서 오랜 번역 기간을 기다려 준 명인문화사의 박선영 사장에게 감사드린다. 내용의 다양성으로 인해 디자인 요소가 많고 공동번역이기 때문에 관리와 작업이 순조롭게 이루어지기 어려운 점이 있었는데도 인내를 가지고 꼼꼼히 오차 없이 작업을 해 준 전수연 편집 디자이너에게도 감사한 마음을 전한다. 이 책을 몇 차례 읽으면서 용어 통일 등 전체적인 조율을 능숙하게 하면서 교정을 봐준 김유원 박사의 헌신적 노력이 없었으면 이 책은 산만하고 혼란스러운 책이 되었을 것이다.

번역진과 출판사는 이 책이 한국 정치학계와 행정학계의 발전에 조금이라도 기여할 수 있기를 바라며, 독자들의 끊임없는 격려와 채찍질을 기대한다.

2023년 2월 25일
번역진 대표 김계동

1부 원리

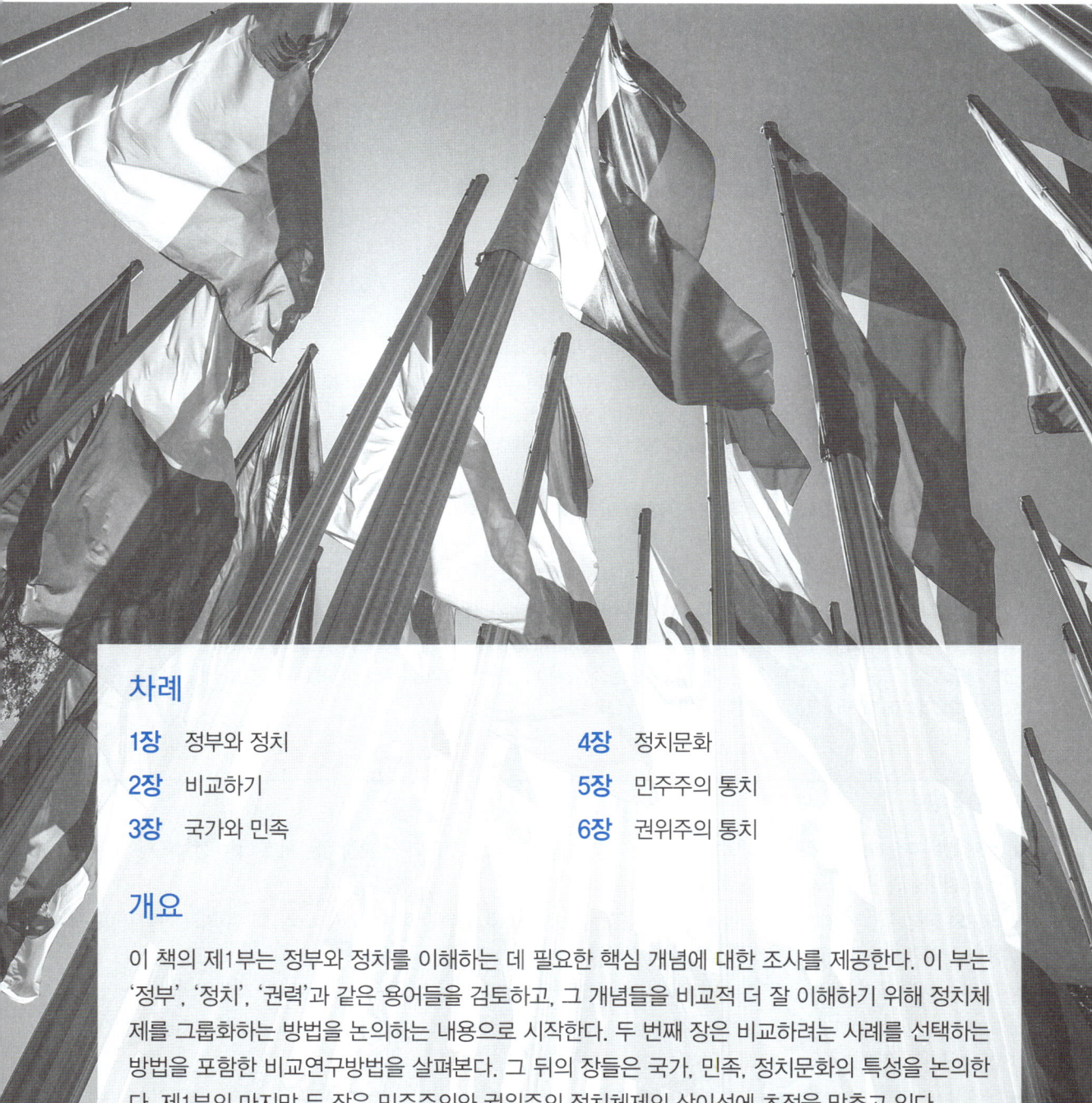

차례

- **1장** 정부와 정치
- **2장** 비교하기
- **3장** 국가와 민족
- **4장** 정치문화
- **5장** 민주주의 통치
- **6장** 권위주의 통치

개요

이 책의 제1부는 정부와 정치를 이해하는 데 필요한 핵심 개념에 대한 조사를 제공한다. 이 부는 '정부', '정치', '권력'과 같은 용어들을 검토하고, 그 개념들을 비교적 더 잘 이해하기 위해 정치체제를 그룹화하는 방법을 논의하는 내용으로 시작한다. 두 번째 장은 비교하려는 사례를 선택하는 방법을 포함한 비교연구방법을 살펴본다. 그 뒤의 장들은 국가, 민족, 정치문화의 특성을 논의한다. 제1부의 마지막 두 장은 민주주의와 권위주의 정치체제의 상이성에 초점을 맞추고 있다.

1장

정부와 정치

차례
- 정부와 정치 이해하기
- 비교의 장점
- 정부와 거버넌스
- 정치, 권력, 권위
- 정권과 정치체제

개요

모든 학문분야는 배움의 기초를 닦기 위해 알아야 하는 고유의 용어나 개념을 가지고 있다. 비교정부와 정치도 다르지 않다. 사회과학과 정치학의 의미, 비교의 기초와 그 장점에 대하여 알아본 뒤 이 장이 이 책 곳곳에서 나타나는 다섯 개의 중요한 용어, 즉 정부, 거버넌스, 정치, 권력, 권위에 대하여 자세하게 살펴보는 것이 바로 그 이유이다. 이 장은 복잡하고 다양하며 변화하는 정치세계를 보다 더 잘 이해하도록 돕는 두 가지 분류체계에 초점을 두면서 정권과 정치체제를 어떻게 이해하고 분류하는지 논의하면서 마친다.

이들 개념은 정부가 조직되고 정치가 펼쳐지는 방식을 이해하는 데 매우 중요하다. 그러나 우리는 그 개념의 의미에 대해 종종 논의의 여지가 남는다는 사실을 알게 된다. 이러한 문제는 결코 정치학에만 나타나는 것이 아니라 사회과학 전반에 공통적으로 일어난다. 인류학자, 경제학자, 지리학자, 역사학자, 사회학자 모두는 아이디어나 개념의 의미에 대해서 종종 논쟁을 벌일 것이다. 왜냐하면 아이디어와 개념의 정의는 결코 고정되어 있지 않고 우리가 주변의 세계에 대하여 더 많이 알게 되거나 세계 각지로부터 유래된 서로 다른 시각과 관점을 조합하면서 미세하게 변하기도 한다. 그러니 이 장은 물론 이어지는 모든 장에서 다양한 형태의 정부와 정치를 이해하는 데 사용되는 주요 용어의 의미에 대하여 많이 논의할 준비를 하기 바란다.

핵심논제

- 정치학의 주요 목적은 정부가 어떻게 작동하는지 이해하도록 돕는 것이다. 비교정치는 서로 다른 정치체제 사이에서 상이성과 유사성을 추출함으로써 이해의 깊이를 더한다.
- 비교의 장점은 정부와 정치에 관한 핵심적 사실을 구축하고 맥락을 제공하며 규칙을 그려내고 우리로 하여금 이해하고 예측하며 선택할 수 있도록 돕는다는 것이다.
- '정부'는 사회를 통치하는 데 필요한 기관과 공직을 말하고, 거버넌스는 집합적인 정책결정의 과정을 의미한다.
- 미묘한 어감의 차이가 많기 때문에 '정치'라는 개념에 대하여 정확한 정의를 제공하기는 어렵지만 정치는 집합적인 행위이고 결정 행위와 결부되어 있다는 것은 분명하다.
- '권력'은 의도한 결과를 낳게 하고 그렇게 행하도록 하는 능력이고 '권위'는 그러한 행위를 할 수 있게 인정받는 권한이다.
- 유형체계는 세계의 다양한 정치체제에 어떠한 질서를 부과함으로써 비교하는 것을 돕는다.

정부와 정치 이해하기

2020년 11월 3일 미국의 유권자들은 당시 트럼프(Donald Trump) 대통령에게 재선의 기회를 줄지 전직 부통령 바이든(Joe Biden)으로 교체할지 결정하기 위해 투표장으로 향했다. 미국의 유권자들은 연방 하원의원, 주 하원의원, 또 다른 공직자들에게도 표를 던졌지만, 가장 관심 끌었던 것은 바로 대통령선거였다. (코로나19의 일부 영향으로) 사전투표와 부재자투표 수가 사상 최고의 기록을 수립한 가운데, 몇몇 주요 주로 이목이 집중되었다. 그 결과 바이든의 승리를 확정하기까지 개표에는 4일이 걸렸다. 그러나 선거일이 되기 전부터 트럼프는 선거부정을 주장했고 미국의 독특한 제도인 선거인단이 바이든의 승리를 확인하기까지는 또 다른 6주가 걸렸다.

그 다음에도 트럼프와 그의 많은 추종자들은 선거결과를 받아들이기를 거부했으며, 이는 '부드러운 쿠데타(soft coup, 언론 등을 통한 비폭력 쿠데타 – 역자 주)' 시도는 물론 미국과 세계의 권위주의 정권 사이의 비교에 대한 논의를 촉발시켰다. 미국인들은 갑자기 개표작업, 개표분류기, 개표 만료일, 그리고 그전에는 아주 당연하게 여겼던 미국정부에 대한 수많은 절차에 대하여 세심한 주의를 기울이기 시작했다. 2021년 1월 6일 수천 명의 트럼프 추종자들이 미국 의사당 건물을 습격하여 여러 명이 사망하고 많은 부상자가 생겼으며 수백 명이 체포되면서 역사상 최악의 기록을 세우게 된다. 이 사건은 정부와 정치에 강렬한 교훈이 되었고 코로나19 팬데믹과 심각해지는 경제상황을 배경으로 일어났기 때문에 더욱더 곤혹스러웠다.

2021년 1월 6일 퇴임을 앞둔 트럼프 대통령의 지지자들이 2020년 11월 대통령선거 결과를 확정하는 절차에 항의하려고 워싱턴 DC의 미국 의사당을 난입했을 당시의 충격적인 장면.

Tayfun Coskun/Anadolu Agency via Getty Images

여기에서 실제로 무슨 일이 일어났는가? 오랜 민주주의 역사를 가진 나라가 어떻게 이런 종류의 폭력 앞에 처참하게 붕괴될 수 있었나? 그렇지 않다고 입증하는 엄청나게 많은 증거가 있음에도 불구하고 이렇게 많은 사람들이 어떻게 부정선거가 발생했다고 믿을 수 있었나? 어떻게 민주주의가 끝내 승리했고, 미국은 민주적인 절차와 통치제도의 권위에 대한 노골적인 도전으로부터 어떻게 살아남았는가?

이러한 사례는 정부가 어떻게 작동하고 권력이 어떻게 표출되는지를 이해하는 것이 왜 이렇게 중요한지 상기시킨다. 우리는 우리 자신의 정치체제와 우리에게 즉각적으로 영향을 주는 사건에 대하여 면밀하게 연구함으로써 답을 발전시킬 수 있지만, 서로 다른 국가가 비슷한 요구와 문제에 대하여 어떻게 접근하는지 비교하고 살펴봄으로써 훨씬 더 강력한 답으로 발전시킬 수 있다. 바로 이 지점이 그 해답을 구하는 방정식에 정치학(political science)이 들어가는 곳이다. 정치학은 정부가 작동하는 법, 지도자와 제도의 역할과 권위, 선거와 같은 과정들의 동학, 사람들이 정치적 문제에 대하여 왜 그렇게 행동하는지 등을 우리가 이해할 수 있게 해준다.

'과학(science)'이라는 용어는 라틴어 '지식(scientia)'에서 유래했고 지식과 이해를 찾아 나서는 것을 의미한다. 사회과학(social science)을 별도의 영역에서 취급하고 물리학이나 자연과학에 보다 한정하여 적용하기 시작한 19세기 전까지 과학은 훨씬 넓은 의미를 가졌다 (McLellan and Dorn, 2015). 인류학자, 경제학자, 지리학자, 역사학자, 정치학자, 사회학자를 포함한 사회과학자들은 인류가 만들어 놓은 제도, 인류가 동의하는 규칙, 인류가 사용하는 과정, 그 저변에 깔린 동기, 그리고 인류 상호작용의 결과 등에 대하여 연구한다. 인간의 행위는 때때로 너무 예측불가능하고 고정된 규칙에 붙잡아 두기가 상당히 어렵기 때문에 사회과학은 많은 방면에서 자연과학과 물리학보다 연구하기 더 어렵다.

이 책에서 자주 보겠지만 우리 앞에 놓인 어려움 가운데 하나는 '정치', '민족', '국가', '권리' 등을 포함하여 사회과학자나 정치학자가 사용하는 용어에 대한 의미가 계속해서 논쟁적이라는 점이다. 그 이유는 사회과학 내부의 논의가 종종 주관적인 선호와 편견은 물론, 사람, 사회, 제도에 대한 우리의 이해가 끊임없이 발전하는 데에 영향을 받기 때문이다. 이러한 도전에도 불구하고 사회과학은 인간 행위를 더 잘 이해하게 해주고 우드워드(Woodward, 2014)가 주장하듯이 '국제적인 현상들과 일상적인 경험' 사이의 연관성을 입증하거나 '사회적, 정치적, 문화적, 경제적 생활에 대한 아주 중요한 사유방식이나 그럴듯한 해설'을 제공함으로써 변화를 더 잘 이해하게 해준다. 만약 사회과학자들의 노력이 없었더라면 민족주의의 발흥부터 민주주의의 시련에 이르기까지 오늘날 세계에서 발생하는 현상의 상당 부분을 이해하기가 어려웠을 것이다.

사회과학이 지식에 대한 탐구의 한 영역이라면 정치학은 정부와 정치에 초점을 맞추는 사회과학의 하위 분야이다. 그러나 정치학은 도표

> **정치학(Political Science)**: 제도, 정치과정, 정치적 행위의 구조와 동학에 초점을 두고 정부와 정치의 이론과 실제를 연구하는 학문.
>
> **사회과학(Social science)**: 인간사회와 사회 안의 사람 사이의 구조적인 상호작용에 대해 연구하는 학문.

1.1에 나열된 하위 분야부터 시작하여 여러 가지 다른 측면을 가지고 있기 때문에 이야기는 여기서 끝나지 않는다. 하위 분야 중에서 비교정치(comparative politics)는 매우 중요하다. 아리스토텔레스의 역작에서 발견되듯이 비교는 정치학에서 가장 오래된 연구방법 가운데 하나일 뿐 아니라 우리가 삶에서 취하는 거의 모든 선택의 밑바탕을 이루는 모든 인간활동의 가장 기본적인 것 중의 하나이다. 그러므로 사회과학 전체로서 그리고 특히 정치학에 있어서 비교가 연구에 가장 중요하다는 것은 놀랍지 않다. 몇몇 정치학자는 정치학의 과학적 연구란 필연적으로 비교연구라 주장하고(Almond, 1966 and Lasswell, 1968), "비교는 과학적인 정치 연구의 방법론적 핵심"(Powell et al., 2014)이라고 설파했다.

제2장에서 보겠지만 우리가 연구할 수 있는 국가의 수와 다양성이 증가한 덕분에 몇 개의 오래된 국가에 한정되었던 연구의 폭이 넓어지면서, 정부와 정치에 대한 비교연구는 최근 수십 년 동안 많은 변화를 겪었다. 비교정부와 정치는 또한 식민주의의 종료, 냉전의 시작과 종말, 권위주의에 대한 새로운 관심, 변화하는 글로벌 세력 균형, 최근 몇 년간 민주주의에 대한 새로운 위협의 우려스러운 징후로 인하여 충격을 받았다. 이러한 변화는 서로 복합적으로 작용하여 서로 다른 정부와 정치 사이에 유사성과 상이성을 이해하는 데 우리가 좀 더 글로벌한 접근법을 취하기 위해 더욱 열심히 노력할 것을 요구한다 ('문제 탐구 1' 참조).

비교의 장점

2020년 초부터 확산된 코로나19의 주목할 만한 특징 가운데 하나는 코로나19가 분명히 글로벌한 문제인데도 여러 나라가 서로 다른 영향을 입었다는 것이다. 세계보건기구(WHO: World Health Organization, 2021)의 데이터를 통하

비교정치(Comparative Politics): 서로 다른 국가의 정부와 정치에 대한 체계적인 연구로 상이성과 유사성을 찾음으로써 더 잘 이해할 수 있도록 고안되었다.

세부 영역	연구주제
비교정치	서로 다른 환경과 조건 속의 정부와 정치를 비교연구.
국제관계	외교, 외교정책, 국제기구, 전쟁과 평화를 포함하여 국가 사이의 관계 연구.
국내정치	제도와 정치과정을 포함하여 개별국가의 정부와 정치 연구.
정치철학	권위, 도덕, 자유 등의 주제를 포함하여 정부와 정치에 대하여 사유하는 방식 연구.
정치이론	정치현상을 이해하기 위한 추상적이거나 일반화된 접근법에 대한 연구.
공공정책	공공의 요구에 반응하여 정부가 취하거나 기피하는 입장에 대한 연구.

도표 1.1 정치학의 세부 영역

주: 정치학이란 여러 학문적 전통에 따라 그리고 서로 다른 국가에서 다르게 세부 영역이 구분된다. 추가적으로 법, 방법론, 정치경제, 행정학도 포함될 수 있다.

여 세 가지 사례에 대하여 알아보자.

- 중국에서는 코로나19 펜데믹 초기인 2020년 2월 하루에 확진자가 약 7,000명에 가까운 최고 기록이 집계되었다. 3월 초에는 하루에 새로운 확진자 수가 20명에서 50명 수준으로 내려갔고 이 정도로 연말까지 유지되었다. 2021년 6월 중국이 인구 100만 명당 3명 미만의 사망자가 발생했고 백신 접종률은 16퍼센트라고 보고했다.
- 미국에서는 2020년 3월에 확진 사례가 적었으

문제 탐구 1

비교함에 있어서 우리는 어떻게 글로벌한 접근법을 취할 수 있는가?

이 책의 각 장에는 '문제 탐구'라는 이름의 심층분석이 있는데, 이는 실제 몇몇 정부의 문제에 관심을 갖게 하고 비교분석을 통하여 그러한 문제를 어떻게 해결하는지에 대한 의문을 제기하도록 마련된 것이다. 예컨대 우리는 정부에 대한 신뢰의 감소, 입법부의 불균형적인 대표성, 가짜 뉴스로 인한 위협과 같은 문제를 살펴볼 것이다. 먼저 첫 번째 문제 탐구에서 우리는 비교에 있어서 어떻게 글로벌한 접근법을 취할지에 대한, 매우 근본적인 질문을 다룬다. 다시 말해 세계 여러 국가에 대하여 우리가 얻을 수 있는 정보의 양이 불균등하다는 현실적 문제를 우리는 어떻게 해결해나갈 수 있을까?

온라인에서 잠깐 검색해보거나, 도서관의 서가를 둘러보거나, 또는 이 책을 훑어보는 것으로도 어떤 나라는 다른 나라보다 더 자세히 연구되고 있으며 언어는 정보의 균등성에 강력한 장벽이 된다는 사실을 알 수 있다. 예컨대 영어가 통하는 서구나 미국의 정부나 정치에 대한 정보와 학술연구는 방대한데 이것은 부분적으로 두 지역이 세계에서 비교정치학자를 가장 많이 보유하고 거대한 출판시장을 형성하고 있기 때문이다. 또한, 유럽이나 미국에 기반을 둔 학자들이 특별한 관심을 갖는 국가들, 즉 중국, 프랑스, 독일, 인도, 일본, 멕시코, 나이지리아, 러시아에 대한 상당한 정보와 학술연구가 있다.

이에 반하여 유럽의 소국들, 인구가 적은 영어권 국가들(가령 호주, 캐나다, 뉴질랜드), 중남미의 대부분 국가들이나 사하라 이남 아프리카국가들(상당수의 현지 또는 해외 거주 학자 커뮤니티가 있는 나이지리아와 같은 국가는 예외), 또는 아시아의 소국들에 대해서는 영어 출판물이 적다. 그리고 권위주의 정권에 대해서도 상대적으로 적게 연구되어 있다. 이것은 이들 국가에 대한 정보나 자료가 상당히 제한되어 있거나 솔직한 답변을 기대하고 질문하는 것이 매우 어려운 상황이기 때문이다. 가령 북한이나 시리아와 같은 몇몇 국가에서 현지 조사를 수행하는 것은 거의 불가능에 가깝다.

한마디로 정보라는 운동장은 결코 평평하지 않다. 즉 이것은 비교정부와 정치에 대한 우리의 결론이 항상 불완전한 사례 표본에 기초할 수 있다는 위험에 직면하고 있다는 의미이다. 우리는 어떻게 이 문제를 해결해야 할까?

- 우리는 연구가 적게 이루어진 국가에 대한 정보를 습득하기 위하여 학술연구에 대한 의존을 줄이고 믿을만한 언론매체와 국제기구의 보도를 더 활용해야 하는가?
- 일관성 있는 비교를 위해서 우리는 어느 정도까지 이러한 정보의 출처에 의존할 수 있는가?
- 이러한 정보의 출처는 우리에게 비교할 정보에 대해 비슷한 수준의 신뢰를 제공할 것인가 아니면 결과를 왜곡시키게 만들 것인가?

나 7월 중순에는 약 7만 건으로 증가했다가 감소한 뒤 12월 중순에는 20만 건을 넘는 수준으로 급증세를 보였다. 2021년 6월에는 미국에는 인구 100만 명당 1,800명 정도의 사망자가 발생했고 51퍼센트가 백신을 접종했다고 보고했다. 이 보고는 백신 접종과 마스크 착용 의무 조치에 대한 거부에 이어 델타 변이의 확산으로 어려움을 겪기 시작하는 시점에 나왔다.

- 콩고민주공화국에서는 2020년 6월경 약 150명이라는 보통 수준의 확진자 통계가 집계되었다가 2021년 1월에 약 250명 수준으로 정점을 찍었는데 2021년 6월에 다시 하루 500명의 확진자 발생이라는 기록을 세웠다. 그때까지 콩고민주공화국은 모두 1,000명이 넘는 사망자를 보고했고, 거의 8,700만 명의 인구 가운데 겨우 약 4,000명이 백신 접종을 받았다.

팬데믹 동안 온라인에는 엄청난 양의 비교 가능한 정보가 넘쳐나서 우리는 사실상 매일 다양한 추세와 숫자를 점검할 수 있었다. 그러나 숫자가 말해주지 않는 것은 정부 집계의 정확성이나 완벽함 또는 차이가 만일 존재한다면 왜 이런 차이가 존재하는지에 대한 의문이다. 이는 국가마다 정부의 공공보건체계와 사회적 가치가 서로 다르기 때문이기도 하고 정치적인 요소가 개입했기 때문이기도 하다. 중국은 보통 여론과 무관하게 정부가 재빠르게 개입할 수 있는 권위주의 정권인 반면, 미국은 팬데믹 초기 1년 동안 국가가 직면한 위협의 심각성을 공개적으로 인정하는 것에 매우 더뎠던 트럼프 행정부가 집권했다. 다른 한편 콩고민주공화국은 공공보건이나 사회기반시설이 열악한 가난하고 불안정한 국가이다. 또한, 중국은 중앙집권적인 단방국가(unitary state, 연방국가와 대비되는 개념으로 단일국가라고도 함 – 역자 주)이지만 미국은 개별 주들이 팬데믹 대응에 더 많은 독자적 통제권을 가진 연방국가이며 콩고민주공화국은 내부적인 연계성이 원활하지 않은 규모가 큰 국가이다. 마지막으로 중국측 통계를 얼마나 믿을 수 있는지에 대한 의문이 있었다.

이것은 비교를 통하여 다양한 사례에 걸쳐 정부와 정치의 다양성을 조사함으로써 어떻게 우리가 정부와 정치가 작동하는지 이해하는 데 도움을 받을 수 있는지 보여주는 하나의 예에 불과하다. 우리는 하나의 사례를 공부하는 것으로도 정부와 정치에 대하여 상당한 지식을 얻을 수 있다. 사실 대중매체에서 보는 정치에 대한 대부분의 토론은 우리가 사는 국가나 사회 안에서 발생하는 정치 현상이거나 뉴스 헤드라인을 자주 차지하는 몇몇 국가들 안에서나 발생하는 정치 현상이다. 하지만 이렇게 초점을 두고 국한된 정치 현상을 다루는 방식이 가지고 있는 문제는 이것이 전체적인 실상을 전달하지도 않고 우리가 보는 것을 이해할 수 있는 넓은 맥락을 제공하지도 않는다는 점이다. 국내에서 정부가 작동하는 방식은 얼마나 평범하거나 특이한가? 코로나19, 기후변화, 범죄, 실업, 또는 빈곤에 대하여 서로 다른 국가들이 어떻게 대응하는지 우리는 어떻게 알 수 있나?

이렇듯 비교의 장점은 많다(도표 1.2의 요약을 참고하라).

정부와 정치를 서술하기

정부와 정치를 이해하는 것, 또는 정치체제를 비교하는 것은 먼저 이들이 기초하는 규칙에 대한

역할	특징
서술	정치체계에 대한 핵심적인 사실의 설정.
맥락	정치체계가 작동하는 맥락에 대한 이해.
규칙	정부와 정치에 관련된 규칙의 작성.
이해	우리 자신과 주변은 물론 글로벌체제에 대한 이해에 기여.
예측	정치적 행위와 결과들에 대한 예측에 기여.
선택	정치적으로 더 좋은 선택을 하게 기여.

도표 1.2 비교의 장점

이해 없이는 어렵다. 무엇보다도 비교는 우리에게 어떻게 정부가 구성되고, 제도가 작동하고 서로 연관되어 있으며, 시민들이 그들의 정부와 관련되고, 정부가 일하는지에 대한 사실을 찾는 데 도움을 준다. 사실 '비교'정치는 제2장에서 보겠지만 '외국' 정치체제를 연구하는 것으로, 또 거의 순수하게 서술적인 방법론인 것으로 오랫동안 이해되었다. 그러나 서술은 여기까지만 우리를 안내할 뿐이고, 오늘날 비교는 정부와 정치의 '어떻게(how)'와 '왜(why)'를 이해하는 것과 관련이 있다.

맥락의 제공

국내 정치체제에 대한 연구 결과, 그의 기반이 되는 헌법, 보고 듣는 뉴스를 통해서 우리가 정치체제에 대하여 많이 알고 있을지라도 우리가 이 정보를 맥락에 맞게 볼 수 없다면 우리의 이해는 항상 일차원적인 수준에 머문다. 맥락에 맞게 정보를 잘 위치시켜야만 우리는 서로 다른 정치체제가 어떻게 작동하고 어떻게 진화하는지를 보다 명확하게 파악할 수 있다. 그렇게 하지 않고서 우리의 연구 대상이 평범한지 또는 특이한지, 효율적인지 또는 비효율적인지, 최선의 선택인지 아닌지 우리는 어떻게 알 수 있을까?

가령 코스타리카, 엘살바도르, 과테말라, 온두라스, 니카라과, 파나마같이 중미에서 스페인어를 사용하는 여섯 개 국가를 예로 들어보자. 이들 여섯 개 국가는 역사와 문화를 포함하여 여러 면에서 매우 비슷하다. 이들 나라는 모두 1821년에 독립했고 인종적으로 비슷하며 가톨릭 국가이고 인구가 500만 명에서 1,700만 명 수준에 있으며 군사정부와 권위주의라는 도전을 경험했다. 물론 코스타리카와 파나마는 건국 이래 상대적으로 건전한 경제(다른 이웃 국가에 비하여 약 다섯 배에 달하는 1인당 GDP 보유)와 상대적으로 안정적인 정치체제를 갖추고 있다. 예를 들면, 코스타리카는 견고한 민주주의 국가로 분류되지만 이웃한 니카라과는 권위주의 정권으로 분류된다. 온두라스와 과테말라의 경제적 빈곤과 정치적 불안정은 미국을 향한 불법 이민의 중요한 원인이 된다. 이러한 차이점에 대한 맥락은 무엇인가?

규칙의 작성

아직 완벽하다고 하기는 어렵지만, 비교는 정부와 정치에 대한 규칙성을 추출하도록 돕는다. 물리학이나 자연과학이 다양한 물리나 자연 현상을 예측하도록 돕는 법칙을 상당히 많이 생산하지만, 인간의 행위를 다루는 사회과학은 법칙은 물론 이론, 경향성, 확률, 공리, 또는 격언을 많이 만들지 못한다 (격언과 관련하여 제6장에 등장할 아주 유명한 사례로는 "권력은 부패하기 마련이고 절대 권력은 절대적으로 부패한다"는 액튼 경[Lord Acton]의 말이 있다). 쿠잔(Cuzán, 2015)은 비교연구에서 유래한 정치의 '법칙' 중 다섯 가지 사례를 제시한다.

1. 모든 정부는 유권자 가운데 오직 소수의 표에 의존할 수 있다.
2. 발전된 민주주의 국가에서는 국가 자원을 착취함으로써 현직자들이 절반 이상 재선된다.
3. 여당이 60퍼센트 이상의 득표로 이기는 경우는 매우 드물고 설령 이런 경우가 있다 하더라도 집권 기간 동안 한 차례나 있을까 말까이다.
4. 전형적으로 현직자들은 임기가 지나갈수록 지지를 잃는다.
5. 민주주의 국가에서 정권교체는 매우 일상적이다.

정부와 정치에서 발생하는 현상의 상당 부분이 비공식적이기 때문에, 그리고 규칙이 장소에 따라 그리고 시간에 따라 달라지기 때문에 정치학에서 법칙을 발전시키는 것은 어렵다. 만약에 비교라는 방식을 활용하지 않는다면 이마저도 불가능해질 것이다.

이해의 향상

정치적 제도, 과정, 행위에 있어서 중요한 특징을 찾아냄으로써 우리는 정치체제의 동학과 특징을 더 잘 이해하고 받아들일 수 있다. 고립된 하나의 정치체제를 연구하는 데 나타나는 한계는 도간과 펠라시(Dogan and Pelassy, 1990)가 지적한 내용에 잘 나타난다.

> 하나의 사례에 대한 이해는 많은 사례에 대한 이해와 연결되기 때문에, 우리는 일반론에 비추어 볼 때 특수함을 더 잘 인식하기 때문에 국제적인 비교는 정치현상에 대한 설명의 가능성을 10배나 증가시킨다. 하나의 국가만 연구하는 관찰자는 비교연구가가 비정상적이라고 보는 것을 정상적이라고 해석할 가능성이 있다.

비교는 고립된 정부 연구의 한계에서 우리를 벗어나도록 도울 뿐 아니라 우리가 익숙하지 않은 장소에 대하여 배우는 데 도움이 된다. 국경 밖에서 발생하는 현상을 해석하는 능력은, 세계화가 계속해서 우리 사이의 정치적, 경제적, 사회적 연결을 심화하고 확대함에 따라, 세계의 다른 지역에서 발생하는 현상이 우리의 일상에 더 직접적인 영향을 미침에 따라, 그리고 우리가 국경 바깥을 무시할 수 없다는 사실을 알게 됨에 따라 그 중요성이 커지고 있다. 정치이론을 적용하면 우리가 목격한 것을 더 잘 설명할 수 있게 하여 우리의 이해는 더욱 깊어진다 ('이론 적용 1' 참조).

이론 적용 1

이론과 비교

이 책의 각 장에는 비교에 대한 이론적 접근법에 초점을 두는 '이론 적용'이라는 이름의 소개가 있다. 여기에서는 먼저 이론(theory)에 대해 자세히 알아보는 것으로 시작하는 게 좋겠다. 이론이란 사물과 사건을 보는 다양한 방식에 마음을 열고 모든 지식분야에서 이해를 도모하는 매우 중요한 요소이다. 비교정치에서 이론은 국가의 형성에서부터 제도의 특성, 민주화의 과정, 독재자의 통치 방식, 그리고 유권자의 행태에 이르기까지 모든 것을 설명하도록 돕는 원리와 개념을 발전시키고 사용하는 것을 의미한다.

정치이론가는 몇 가지 도전에 직면한다. 첫째, 비교정치분야는 매우 광범위하고 가능성이 아주 커서 일반적인 것부터 구체적인 것에 이르기까지 수많은 이론적 접근법들을 포함한다. 일군의 학자들에게는 선택의 폭이 너무 넓어서 때때로 다양성이 너무 커 보일 수 있다. 정치학자인 버바(Sidney Verba, 1991)는 다양성이 거의 무정부상태에 가깝다고 묘사한 적이 있다. 다른 학자들은 다양성을 강점으로 보는데, 다양성은 비교정치학자들에게 서로 다른 필요에 맞출 수 있는 다양한 접근법을 제공한다. 쉐보르스키(Przeworski, 1995)에게 다양성은 비교정치학자로 하여금 무엇이든 가장 잘 작동하는 접근법을 사용할 수 있는 '기회주의자'가 될 수 있게 만드는 요소이다.

둘째, 정치이론의 가치는 종종 일시적인 열풍, 유행, 그리고 개인적 선호의 희생양이 되는 방식으로 손상된다. 비평가들이 제안되거나 사용되고 있는 모든 이론적 접근법에 대하여 잡아먹을 듯이 비난하고 대안을 제시하기 위하여 때때로 줄지어 기다리고 있는 것처럼 보인다. 또한, 서로 경쟁하는 이론적 접근법의 장점과 단점에 대한 논쟁이 그 이론의 실제적 적용에 관한 논쟁보다 더 활발한 것처럼 보일 때도 있다.

셋째, 좀 더 일반론적으로 말하자면 사회과학에서 이론이 차지하는 위치는 때때로 불안정한 기초 위에 놓여 있다. 자연과학은 증거에 의해 잘 뒷받침되고 광범위하게 수용되며 법칙을 만들고 실험을 이끌며 예측하는 데에 사용될 수 있는 이론을 발전시켜온 확실한 기록을 갖고 있다. 사회과학은 인간 행위를 이해하려고 노력하는 데 더 집중하기 때문에 더 큰 불확실성을 겪고 있고 결과적으로 사회과학은 법칙을 찾고 결과를 예측하는 데 있어서 불충분한 역사를 가지고 있고 더 강한 의심에 놓이게 되는 이론을 만들어 낸다.

마지막으로 상대적으로 더 많은 정치학자들이 서구 국가에서 활약한 결과 정치이론은 서구적 전통에서 나온 아이디어에 너무 많이 초점을 맞추고 있다는 비난을 받아왔다. 세계화의 영향에 압력을 받아 비교연구가 좀 더 글로벌한 접근법을 취함에 따라 비교가 보다 더 포괄적이어야 한다는 요청이 생겼다. 이미 상당히 자리를 잡은 이론적 접근법을 더 확장시킬 것이지만, 세계의 많은 지역이 상대적으로 덜 연구된 채 남겨진 상태로는 보편적 이론을 수립하는 것은 앞으로도 어려운 일로 남아 있을 것이다.

이론(Theory): 하나의 현상 또는 일련의 현상을 설명하고 이해하기 위한 추상화되거나 일반화된 접근법으로 상당한 양의 명백한 증거에 의하여 지지된다.

예측하기

비교는 우리가 정치 현상의 결과를 예측하도록 도와주는 일반화를 가능하게 한다. 예컨대 선거 캠페인과 여론에 대한 연구는 선거가 가져올 가능한 결과에 대하여 더 잘 이해하도록 돕는다. 이것이 바로 비례대표제가 채택된 유럽국가의 한 연구로부터 비례대표제가 의석을 차지하는 정당 숫자의 증가와 연합정부의 탄생에 밀접하게 관련되어 있다고 알게 된 이유이다. 이와 유사하게 만약 한 국가에서 공공행정을 사설 기관에 맡겨서(제10장 참조) 비용을 절감한다는 사실을 알게 되면 우리는 다른 국가에서도 비슷한 결과가 발생할 것을 예측할 수 있다.

서로 다른 나라들로부터 교훈을 찾아 예측력을 강화하고 "만약에 이렇다면 어떻게 되는가?"라는 질문에 답할 것이 많지만, 정치학이 예측하는 일을 해서는 안 되고 또 할 수도 없다고 주장하는 사람도 많다. 오스트리아계 영국인 철학자 포퍼(Popper, 1959)는 장기 예측은 '다른 체계와 잘 분리되고 고정적이며 반복적인' 체계에 대해서만 가능하고 인간사회는 그런 것과 전혀 다르다고 주장했다. 보다 최근에 『뉴욕타임스(New York Times)』의 한 기고문의 저자(Stevens, 2012)가 정확히 예측한다는 차원에서 정치학은 "매우 처참하게 실패했고 막대한 시간과 돈을 낭비했다"고 신랄하게 비판하기도 했다. 그녀는 어떠한 정치학자도 소련의 붕괴, 알카에다의 발흥, 또는 아랍의 봄을 예측하지 못했다고 주장했다. 또한, 그녀는 수상경력이 있는 정치 전문가에 대한 연구(Tetlock, 2005)에서 "아무렇게나 다트를 던지는 침팬지가 거의 전문가만큼 잘했을 것"이라는 결론을 인용하기도 했다.

우리가 제2장에서 보겠지만 문제는 하나의 접근법으로서 비교 자체에 있다기보다는 비교를 어떻게 하느냐에 있다. 연구의 결과는 우리가 살펴보는 사례의 수와 조합, 각각의 사례에 대한 정보의 깊이, 데이터에 대한 신뢰성, 사용하는 연구방법론, 연구를 좌우하는 편향과 가정을 어느 정도까지 허용하는가에 따라 달라질 것이다. 체계적인 방식으로 정부와 정치에 대하여 연구한 것은 겨우 한 세기밖에 안 된다. 우리가 제대로 다 이해하지 못하는 것이 여전히 많으며 의미와 해석에 대한 열띤 논쟁이 많이 이어지는 중이다. 비교는 우리에게 정부와 정치가 존재하는 매우 다양한 형태에 대하여 더 많이 알게하면서 새로운 지평과 흥미로운 가능성을 열어 주고 있다.

더 좋은 선택

사람이 서로에게서 배우듯이 국가도 그렇게 한다. 많은 차이점에도 불구하고 각국의 국민이 가지는 희망과 야망, 도전과 걱정, 자신의 주변과 연관 짓는 방식은 대체로 비슷하다. 국가나 정치적 공동체는 공공의 필요를 해결하고, 성공과 실패에서 교훈을 찾으며, 다른 나라가 추진하는 정책을 국내적 필요와 상황에 맞추기 위한 실험실로 서로를 활용할 수 있다.

예컨대 교육에 대한 접근법들을 생각해보자. 유엔(UN: United Nations)에서 수집한 통계는 GDP 대비 백분율로 볼 때 교육분야에 투여된 예산이 세계 대부분의 지역에서 거의 비슷하다는 사실을 알려준다. 그렇다면 논리적으로 그 지출의 결과는 대처로 비슷해야 한다. 전 세계적으로 문자해득률이 개선되고 있지만, 도표 1.3은 65 퍼센트로 낮은 사하라 이남 아프리카부터 99퍼센트로 높은 유럽연합(EU: European Union)과 북미에 이르기까지 상당한 지역적 차이를 보여준다. 중남미와 중동 두 지역 모두 GDP의 4.5퍼센트를 교육에 지출하는데 문자해득률이 각각 94퍼센트와 79퍼센트로 상당히 차이가 나는 이유가 무엇인가? 동아시아는 GDP의 4.2퍼센트밖에 교육에 쓰지 않는데 어떻게 96퍼센트라는 매우 높은 문자해득률을 이루고 있는가? 문자해득률이 낮은 지역은 문자해득률이 높은 지역으로부터 교육 예산을 가장 잘 투자하는 방법에 대하여 무엇을 배울 수 있는가?

이처럼 비교의 장점은 많으며 이미 앞에서 보았듯이 비교가 정부와 정치에 대하여 과학적으로 연구하는 방법론적인 핵심이라고 간주된다는 사실은 놀랍지 않다.

정부와 거버넌스

이 책은 비교정부와 정치에 관한 책이기 때문에 **정부(government)**라는 용어의 의미를 이해하는 것은 중요하다. 소규모 집단의 사람들은 어떠한 특별한 절차 없이 공동의 결정을 내릴 수 있는데, 예컨대 가족은 비공식적인 대화를 통하여 어떠한 합의에 이를 수 있으며, 그 합의는 결정을 내린

> **정부(Government)**: 사회를 통치하기 위한 제도와 과정.

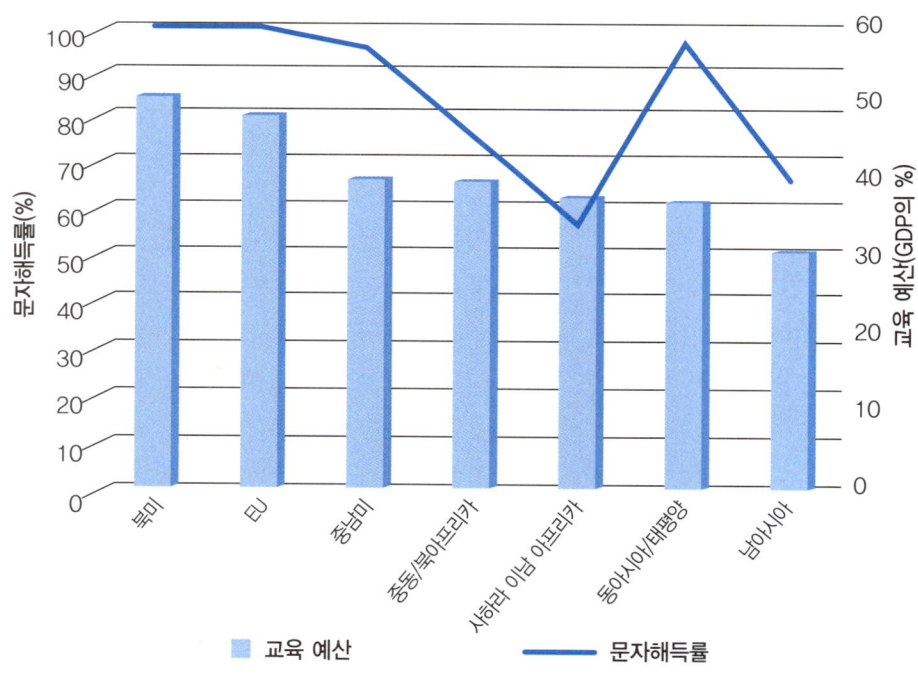

도표 1.3 교육예산과 문자해득률 비교
출처: 2019년 통계, World Bank (2021)에 기초함.

사람들이 스스로 수행한다는 점에서 자동적으로 실시될 수 있다. 하지만 이렇게 간단한 방식은 마을, 도시, 또는 국가 같은 큰 수준의 단위에서는 거의 비현실적인데 이들은 집합적 결정을 내리고 집행하기 위한 절차와 제도(institutions)를 발전시켜야 한다.

정치학에서 '제도'라는 용어는 보통 행정부, 입법부, 사법부나 때때로 정당과 같이 헌법에 서술되어 있는 중앙정부의 중요한 기관에 적용된다 (표 1.1 참조). 법률상의 권한과 의무가 있는 법적 정체성을 가지고 있기 때문에 제도는 정치과정에서 공식적인 '행위자'로 간주된다. 하지만 제도라는 개념은 가족, 결혼, 종교, 돈, 법, 그리고 심지어 언어 같은 실체를 구분하는 규칙, 상호작용, 관행을 포함하기 위하여 보다 비공식적으로 사용되기도 한다.

넓은 시야에서 보면 정부는 공공의 권위를 부여받고 사회에 결정을 내리고 집행하도록 인정받은 모든 제도로 구성되어 있다. 이러한 정의에 따르면, 선거처럼 정부에 관여하는 통상적인 방식으로 공직에 취임하는 것은 아닐지라도 경찰, 군대, 관료, 판사는 모두 정부의 일부이다. 정부라는 용어는 (일본정부와 같이) 통치하는 사람의 일부, (인도의 모디[Narendra Modi]정부와 같이) 하나의 특별한 행정부, (중앙집권화된 정부와 같이) 통치체제의 형식, (좋은 정부와 같이) 행정부의 특징에 적용될 수도 있다.

정부에 관한 고전적인 사례는 영국의 사상가 홉스(Thomas Hobbes, 1588~1679년)의 유명한 저서 『리바이어던(Leviathan)』(1651)에서 제시되었다. 이 책에서 홉스는 인간이 자신의 야망을 갈등으로 바꾸는 묘한 능력을 가지고 있으며, 통제할 지도자가 없다면 전망은 어둡다고 냉소적으로 주장했다. "모든 사람을 두렵게 하는 공통의 권력이 없이 사는 동안, 그들은 전쟁이라고 불리는 상태에 빠진다. 이러한 전쟁은 만인에 대한 만인의 투쟁이다." 그 결과는 "고독하고 가난하며 끔찍하고 야만적이며 짧은" 인생이다. 이러한 결과를 막기 위해서 사람들은 "다수의 목소리로 모든 의지들을 하나의 의지로 줄여줄" 하나

> **제도(Institution)**: 지속성이 있고 내적인 복잡성을 특징으로 하는, 규칙과 절차가 있는 공식적이고 비공식적인 조직 또는 관행.

표 1.1 정부의 제도

제도	역할과 목적	예
행정부	통치, 정책수립, 리더십과 방향 제공.	대통령, 수상, 장관, 내각.
입법부	시민의 이익을 대변, 입법, 정부 구성.	영국 의회(Parliament), 미국 의회(Congress), 한국 국회(National Assembly), 일본 의회(Diet).
사법부와 재판부	헌법의 수호와 해석.	대법원, 헌법재판소.
관료제	정책 수행.	부, 처, 부처, 청.
정당	정책적 대안 제공, 후보 공천, 정부와 야당 구성.	보수당, 자유당, 사회주의당, 녹색당, 민족주의당.

의 국가(commonwealth)를 설립하는 데 동의하였고 그럼으로써 무정부상태를 질서로 바꾸고 평화와 상호 호혜적인 협력의 기회를 확보한다.

민주주의 사회에서 정부는 관할권 내에 사는 사람들에게 안전과 예측가능성을 제공한다 (제5장 참조). 시민과 기업은 법이 표준화된 방식으로 발전하고, 경쟁되는 의견에 결정을 내리고, (항상 완벽하지는 않더라도) 일관성 있게 적용된다는 점을 확인하면서 장기적인 계획을 세울 수 있다. 물론 정부가 스스로 위험을 만들기 때문에 어느 것도 그렇게 단순한 것은 없다. 홉스의 국가(commonwealth)가 처하는 위험은 국가가 권위를 남용할 것이라는 점인데 이는 제6장에서 요약된 종류의 권위주의적 습관으로 이어진다. 그러므로 정부에 대한 연구의 중심 목표는 정부에 내재된 위험을 제한하는 동시에 그 혜택을 보장하는 방법을 알아내는 것이다.

이에 연관된 개념이 **거버넌스(governance)**다. '정부'가 상대적으로 정적인 제도의 세계를 의미한다면 '거버넌스'는 집합적인 정책 결정의 과정이나 질적인 측면을 강조한다. 여기에서 정부보다는 통치(governing) 행위를 강조하는데, 따라서 우리는 글로벌 거버넌스에 대해서 논의할 수 있다. 이 세상에는 글로벌정부와 같은 것은 없지만, (유엔과 같은) 국제기구들의 대규모 공동체, 국제법의 근간을 형성하는 수천 개의 조약, 정부, 기업, 이익집단이 끊임없이 개입하는 상호작용이 있을 뿐인데 이 모든 것이 거버넌스의 과정을 이루는 요소다. 거버넌스란 정부의 지휘와 통제 기능이라기보다는 공적 규정의 광범위한 임무인데, 이는 민주주의의 지도자와 관료가 다른 기관들과 공유하는 역할이다. 우리는 거버넌스라는 개념이 정부라는 개념의 대체재라기보다는 보완재로서 필요하다.

거버넌스라는 개념은 EU에 대한 논의에서 매우 두드러졌다. 이 지역 기구는 선출된 유럽의회(European Parliament)와 재판소(Court of Justice) 등 유럽연합의 정부와 매우 유사해 보이지만 거버넌스체제로 보는 게 더 좋은 몇몇 기구를 가지고 있다 (McCormick, 2020). 그들의 일은 정책과 법을 발전시키고 이러한 정책과 법의 집행을 감독하는 것이나, 그들을 오직 EU의 기본조약과 회원국 정부가 허용하는 만큼만 그렇게 할 수 있다. 그들을 EU의 정부보다는 유럽통합 과정의 종복으로 더 잘 이해된다.

거버넌스가 지배라는 활동을 뜻하기 때문에 지배의 질이나 효율성을 분석하는 용어로 선호되고 있다. 이러한 맥락에서 거버넌스는 정부의 제도가 무엇을 하는지, 그들이 얼마나 잘하고 또는 못하는지와 관련된다. 좋은 거버넌스는 최소한 책임 있고 투명하며 효율적이고 반응적이고 포괄적이어야 하지만 이 모든 것이 상상에서나 가능한 일일 뿐이다. 이 장의 뒷부분에서 보겠지만 정치체제 순위에서 최상위에 있는 나라마저도 결함이 있다. 이와 동시에 나쁜 거버넌스는 덜 민주적인 정치체제에서 더 명백하게 나타난다. 나이지리아에 대한 '국가개요 1'을 참조하라.

> **거버넌스(Governance)**: 공식적인 제도의 관여 여부와 관계 없이 의사결정, 법률, 정책이 만들어지는 과정.

정치, 권력, 권위

정부는 그에 속한 사람들과 통치 기관이 자리한 건물을 우리가 볼 수 있다는 점에서 손에 잡힐 듯이 구체적이지만, 똑같이 중요하면서도 정체를 파악하거나 측정하기 쉽지 않은 세 가지 다른 개념이 있다.

정치

언뜻 보기에는 정치(politics)를 정의하고 정치행위의 사례를 나열하는 것은 매우 쉬워 보인다. 예컨대 의회의 입법자들이 새로운 법과 정책에 대한 세부사항을 철저히 토의하거나 국가예산을 이루는 자금을 모으고 지출하는 방법을 논의하기 위하여 모일 때 정치가 명백하게 개입한다. 2014년과 2017년에 스페인 카탈루냐(Catalonia)지역이 독립을 위하여 구속력 없고 독자적인 주민투표를 실시했을 때 정치는 다시 한번 등장했다. 2020년 수천 명의 벨라루스(Belarus) 시민들이 대통령 선거결과에 항의하기 (또한, 정부에 대한 반대를 표현하기) 위하여 거리로 뛰쳐나왔을 때 그들도 정치의 일부가 되었다.

이러한 사례가 대표하는 정치의 핵심은 명백하지만 정치의 경계는 덜 명확하다. 아제르바이잔에 사는 아르메니아 사람들의 지위와 관련하여 아르메니아 사람들과 아제르바이잔 사람들 사이에 분쟁이 발생하면 양측은 정치를 하는 것인가 또는 전쟁을 하는 것인가? 2020년 중국공산당이 당의 권위에 도전하는 정치적 반대를 더욱 어렵게 만들기 위하여 홍콩의 법을 바꾸었을 때 중국공산당은 정치를 한 것인가 아니면 정치를 못하게 한 것인가? 정치는 정부에만 국한된 것인가, 아니면 기업, 가정, 심지어 대학 강의실 안에서도 벌어지는가?

정치의 정확한 정의, 다시 말해 우리가 본능적으로 '정치적'이라고 부르는 현상에 꼭 들어맞도록 정의하기는 어려운데, 이는 정치라는 용어가 매우 다양한 방식으로 사용되기 때문이다. 그러나 정치가 갖는 세 가지 특징은 분명하다.

- 정치는 사람들 사이(between) 그리고 사람들 가운데(among) 발생하는 집합적인 행위이다. 무인도에 버려진 한 사람이 정치에 개입할 수는 없다. 만약에 그 무인도에 두 사람이 버려진다면 정치적인 관계가 형성될 수 있다.
- 정치는 실행하거나 회피하기 위한 행동방침, 또는 해결해야 하는 의견 불일치에 관한 의사결정을 내리는 일을 포함한다.
- 일단 정치적 결정이 내려지면, 이 결정은 집단을 위한 정책이 되기 때문에, 구성원의 일부가 저항(이 자체가 정치적 행위임)하더라도 이 결정은 구성원을 구속하고 개입한다.

정치는 인간의 사회적 본성이기 때문에 피할 수 없다. 우리는 자원을 사용하고, 사회를 통치하고, 타인과 관계를 맺고, 미래를 설계하는 데에 집합적인 결정을 내려야만 하는 집단 안에 살고 있다. 팬데믹이 발생하자 봉쇄를 제도화할지 고민하는 국가, 새로운 공장을 어디에 지을지 결정하는 회사, 휴가를 어디에서 보낼지 대화하는 가족, 우선순위를 교육이나 연구분야 가운데 어

> **정치(Politics)**: 집합적 결정을 내리고 집행하는 데 있어서 사람들이 타협하거나 경쟁하는 과정.

국가개요 1
나이지리아

간략소개

나이지리아는 1960년 독립했지만 2015년이 되어서야 비로소 현직자가 도전자에 의하여 교체되는 대통령선거를 경험했다. 이 일은 아프리카 최대 인구대국이자 지역의 강대국 중 하나가 안정적인 정치체제로 나아가는 데 있어서 당면한 도전에 대해 중요한 요점을 알려준다. 나이지리아는 독립 이후 현재까지 가장 긴 기간 동안 민간정부가 집권하고 있지만, 군부가 계속해서 중요한 역할을 수행할 뿐 아니라, 경제는 원유 산업에 매우 의존적이고, 부패가 사회에 만연하며, 안전문제와 낙후한 기반시설이 외국의 투자를 저해하고, 인종과 종교의 복합적 갈등이 안전에 심각한 위협을 가하고 있다. 2002년부터 이슬람 세력인 보코하람(Boko Haram, '서양식 교육은 죄악이다'라는 의미이고 이슬람 신정국가의 건설을 목표로 한 테러집단 – 역자 주)의 침략과 공격으로 국가의 문제가 더욱 악화되었는 데도 불구하고 최근 민주주의 지수에서 권위주의에서 혼합형 정권으로 상향되었다.

정부형태	연방국가. 대통령제공화국. 36개 주와 하나의 연방 수도로 구성. 1960년에 국가가 형성되었고 1999년에 가장 최근의 헌법이 채택되었다.
입법부	4년 중임 대통령제. 부통령과 각 주에서 한 명씩 선출된 장관들이 보조한다.
행정부	양원제. 360석의 하원, 109석의 상원. 양원은 모두 고정되고 연임 가능한 4년 임기이다.
사법부	대통령이 지명하고 상원에서 인준하거나 사법위원회에서 승인하는 14명의 법관으로 구성된 연방대법원.
선거제도	대통령은 전국단위 선거에서 투표자의 과반수를 획득하고, 나이지리아 모든 주들의 3분의 2에서 적어도 25퍼센트를 획득해야 한다. 2명이 결선투표한다. 의회는 단순다수제로 선출된다.
정당	중도좌파 전진보회의(All Progressive Congress, 2023년 초 현재 집권 중 – 역자 주)와 중도우파의 국민민주당(People's Democratic Party)이 이끄는 다당제.

인구
2억 100만 명

국내총생산(GDP)
4,480억 달러

1인당 GDP
2,230달러

민주주의 지수 등급
✗ 완전한 민주주의
✗ 결함있는 민주주의
✓ 혼합형 정권
✗ 권위주의
✗ 측정안됨

프리덤하우스 등급
✗ 자유
✓ 부분 자유
✗ 부자유
✗ 측정안됨

인간개발 지수 등급
✗ 매우 높음
✗ 높음
✗ 중간
✓ 낮음
✗ 측정안됨

나이지리아의 정부와 거버넌스

정부, 거버넌스, 정치, 권력, 권위에 대한 논쟁에 있어서 많은 측면이 나이지리아에서 나타나고 있다. 나이지리아는 여전히 복합적인 국내 분열에 맞서 운용 가능한 정치체제와 국가정체성을 발전시키기 위하여 분투 중이다.

나이지리아에는 정부의 지속성이 결여되어 있기 때문에 나이지리아를 이해하는 것은 복잡하다. 1960년에 독립한 이래 나이지리아는 세 번의 민간정부, 다섯 번의 성공한 쿠데타와 수차례의 쿠데타 시도, 내전, 그리고 거의 30년의 군부통치를 경험했다. 첫 번째 민간정부(1960~1966년)는 의회제였고 두 번째 (1979~1983년)와 세 번째(1999~현재) 민간정부는 대통령제였다. 2007년 이후 나이지리아는 두 번의 민간정부 사이에 정권교체를 이루었고 장기적인 정치적 전망이 개선되었다. 여전히 상당한 불확실성이 남아 있다.

부하리(Muhammadu Buhari) 대통령이 아부자에 있는 나이지리아 의회(Nigerian National Assembly)에서 연례 연방예산안을 제출한 뒤 의원들 앞에서 연설하고 있다.

정치적인 회의론은 표류하는 국가 경제에 반영되어 있고 그 반대도 마찬가지이다. 나이지리아의 인구는 향후 25년 안에 2배가 될 것으로 예상되고 이는 현대 경제를 지탱하기에는 이미 처절할 정도로 부적합한 기반시설에 부담을 줄 것이다. 나이지리아의 핵심적 경제문제는 원유에 대한 극심한 의존성이다. 이는 경제의 규모와 건전성은 물론 정부재정을 변동하는 유가에 의존하게 만든다. 설상가상으로 석유 자산의 많은 부분이 낭비되고 도둑맞았는데 이는 나이지리아에 부패가 만연했다는 것을 반영하며, 석유 자산을 가장 잘 사용하는 방법에 대한 격렬한 논쟁도 있어왔다. 제18장 '자원의 저주'에 대한 논의를 참조하라.

나이지리아의 정치적 문제는 단지 경제적인 요소에만 영향을 받는 것은 아니다. 나이지리아는 국가정체성을 수립하려는 노력에 방해되는 인종분열이 사회적으로 심각하다. 나이지리아는 또한 주로 북부의 무슬림, 남부의 비무슬림, 그리고 이슬람 율법인 샤리아(sharia)를 북부로부터 확장시키려는 논쟁적인 움직임 등 종교적으로 분열되어 있다. 근본적인 지역격차가 존재하는데, 북부는 건조하고 가난하며 남부에는 자원과 기본적 서비스가 갖추어져 있다. 지역적 긴장은 석유의 지리학에 의하여 악화되었는데 대부분의 석유가 동남부나 해안가에 있지만 석유 개발 이익의 상당 부분은 다른 지역 출신 정치 엘리트들에게 돌아갔다.

추가 읽을거리

Ajayi, Rotimi, and Joseph Yinka Fashagba (eds) (2021) *Nigerian Politics* (Springer).

Campbell, John, and Matthew T. Page (2018) *Nigeria: What Everyone Needs to Know* (Oxford University Press).

Levan, A. Carl, and Patrick Ukata (eds) (2018) *The Oxford Handbook of Nigerian Politics* (Oxford University Press).

디에 둘지 결정할 대학, 이 모두가 자신의 구성원들에게 영향을 미치는 판단을 내려야 하는 집단의 사례이다. 정치는 서로 다른 선택과 의견을 평가하는 일을 포함하며, 이상적으로는 구성원들이 타협의 행위를 하도록 유도하는 것이다.

정치를 공동체에 봉사하는 행위로 해석하는 것은 고대 그리스인들에게 거슬러 올라갈 수 있다. 철학자 아리스토텔레스(Aristotle, 기원전 384~322년)는 "사람은 본질적으로 정치적 동물"(Aristotle, 1962)이라고 주장했는데 그는 이 주장을 통하여 정치가 피할 수 없는 것이라는 점은 물론, 정치가 다른 종들과 우리를 뚜렷하게 구분 짓는 고도의 인간적 행위라는 점을 시사했다. 아리스토텔레스에 따르면, 사람들은 토론을 통해 공동이익을 식별한 후 모두가 기여하는 행동을 통해 공동이익을 추구하는 정치공동체에 참여함으로써, 자신들의 본성을 이성적이고 덕스러운 존재로 표현할 수 있다. 아리스토텔레스의 모범 헌법에서 "이상적인 시민들은 모두의 이익을 위해 통치를 하는데, 그 이유는 그들이 견제와 균형에 의해 강요되기 때문이 아니라, 그들이 그렇게 하는 것이 옳다고 보기 때문이다"(Nicholson, 2004).

정치가 사회 안의 모든 이해관계자가 받아들일 수 있는 집합적인 결정에 이르게 하는 공개된 토론의 평화적인 과정이라는 생각은 정말 좋은 것인데 현실은 이러한 이상에 미치지 못한다. 아마 더 현실적으로 말해 정치는 사람이나 집단 사이에 권력과 자원을 향한 경쟁적 투쟁으로 보여질 수 있는데 이때 그들은 자신의 이익을 추구하고 아마도 다른 이들에게 자신의 가치를 강요하려고 할 것이다. 이러한 두 번째 관점에서, 집권자가 자신의 목적을 더 넓은 공동체의 목적보다 우위에 놓을 때, 정치는 집단의 이익보다 편협한 이해관계를 포함할 수 있다. 이 과정에서 집권자는 조작, 부패, 심지어 폭력과 유혈사태로까지 번질 수 있는 방법을 쓴다.

이러한 관점은 미국의 정치학자 라스웰의 아주 유명한 정의인 "누가 무엇을 언제 어떻게 갖는지"(Lasswell, 1936)에 반영되어 있다. 짧게 줄이자면 정치는 공공의 이익에 대한 사심 없는 추구가 결코 아니다. 정치에 대한 극단적 냉소주의자인 프러시아의 클라우제비츠(Carl von Clausewitz) 장군은 일찍이 "전쟁은 다른 수단에 의한 정치의 연속"이라고 말했는데 이는 중국의 지도자 마오쩌둥이 "전쟁은 피를 동반하는 정치"라던 주장으로 뒷받침된다. 그러나 우리는 위와 같은 생각을 쉽게 뒤집어서 정치는 다른 수단에 의한 전쟁의 연속이거나 또는 정치는 피를 동반하지 않는 전쟁이라고 주장할 수 있다.

권력

정치의 핵심은 권력(power)의 배분과 조작이다. 권력이라는 말은 라틴어 *portere*에서 유래했는데 '할 수 있는'이라는 의미를 갖는다. 이것이 영국의 사상가 러셀(Russell, 1938)이 권력을 '의도한 결과를 만드는 것'이라고 생각한 이유이다. 우리 자신의 운명을 결정할 수 있는 능력이 클수록 우리는 더 많은 권력을 가진다고 할 수 있다. 이러한 의미에서 중국을 강력한 국가라고 부르는

> 권력(Power): 의도된 효과를 가져오는 능력, 이 용어는 종종 영향력과 동의어로 사용되지만, 특히 위협을 통해 바라는 것을 얻는 조금 더 강제적인 방식의 영향력을 의미하기 위하여 더 좁게 사용되기도 한다.

것은 중국이 자신의 목적을 정의하고 달성하며, 자신이 목적을 이루는 것을 다른 나라가 가로막거나 방해하지 못하게 할 수 있는 좋은 위치에 있다는 의미이다. 중국의 경제력은 수십 년 동안 꾸준하게 성장해왔고 군사력도 점차 강해지는 중이다. 이와 반대로 가난하고 불안정한 많은 국가들이 그러듯이 힘이 부족하다는 것은 지도자가 아닌 추종자가 되는 것을 의미한다. 비록 그것이 더 크고 부유한 국가로부터의 반응에 복종하는 것과 관련된 일종의 부정적인 의미의 권력일지라도 틀림없이 모든 국가는 권력을 갖는다고 할 수 있다. 예를 들어, 시리아 난민과 온두라스로부터 온 망명 신청자는 힘이 없어 보이지만 두 집단 모두 그들이 가장 즉각적으로 영향을 미치는 국가의 정부로부터 정책적인 대응을 촉발한다.

여기에서의 강조는 무엇 '위에 지배하는' 권력(power over)보다는 어디로 '지향하는' 권력(power to)에 있다는 점에 주목하라. 즉 권력은 다른 사람이나 국가에 대한 보다 구체적인 통제를 행사하는 것보다는 어떠한 목표를 달성하는 능력에 강조점을 둔다. 그러나 권력에 관한 대부분의 분석은 관계에, 즉 다른 사람을 지배하는 권력에 초점을 맞춘다. 여기에서 영국의 사회학자 루크스(Lukes, 2021)가 밝힌 권력의 세 가지 차원(표 1.2 참조)은 어떻게 권력을 측정할 수 있는지에 우리가 답하거나 또 최소한 한 행위자가 다른 이보다 더 권력이 있는지 우리가 답하도록 도와준다. 우리가 세 가지 차원을 하나씩 보면 권력이라는 개념이 더욱 미묘해지고 통상적인 의미를 넘어 어느 정도 확장되는 것을 보게 된다.

첫 번째 차원은 단도직입적이다. 권력은 행위자가 무엇을 해야 되는지에 대하여 상반된 견해를 가지고 있을 때 누구의 견해가 우세한지 구분함으로써 판단되어야 한다. 한 행위자의 견해와 결정 사이에 일치감이 크면 클수록 그 행위자의 영향력은 더 커진다. 더 많이 이길수록 권력이 더 커진다는 의미이다. 권력의 첫 번째 차원은 상대적으로 명료하고 구체적이며 선호의 식별과 결정의 관찰에 기초하며 집단 내 갈등의 해소라는 정치의 개념과 직접적으로 연결된다. 예를 들면, 미국에서 반복적인 집단 총기 사건에도 불구하고 총기 규제에 반대하는 로비의 성공은 양대 정당의 지도자 대부분이 총기소유에 대해 의미 있는 제한을 부과하기를 반대했다는 의미이며, 이는 총기가 아직도 광범위하게 퍼지도록 하기 위하여 일종의 엘리트 음모 같은 것을 꾸몄다는 말이다.

표 1.2 권력의 세 가지 차원

차원	핵심질문	적용
첫 번째	선호가 서로 충돌할 때 누가 우세한가?	의사 결정. 이익의 상충이 관찰되는 문제에 대하여 결정이 이루어진다.
두 번째	선호가 표현될지 여부를 누가 통제하는가?	비의사적 결정. 이익의 상충이 관찰되는 문제에 대해 결정이 내려지지 못하게 한다.
세 번째	누가 선호를 형성하는가?	이념적. 잠재적인 문제는 사회적 힘, 제도적 관행, 개인의 결정을 통해 정치에서 완전히 배제된다.

출처: Lukes (2021)에 기초함.

권력의 두 번째 차원은 정책결정자들의 가치나 이해를 거스르는 주제에 대하여 토론하지 못하게 막아 쟁점이 정치적 의제로 형성되지 않도록 만드는 능력에 초점을 맞춘다. 바크라크와 바라츠(Bachrach and Baratz, 1962)가 언젠가 말했듯이 "의식적이든 무의식적이든 한 사람이나 집단이 정책 갈등을 공개적으로 확산하지 못하도록 장벽을 만들거나 강화하는 정도까지 그 사람이나 집단이 권력을 갖는다." 권력을 이해하기 위하여 우리는 정치적 결정이나 현상유지로부터 가장 많이 얻는 행위자와 의견이 하나도 반영되지 않는 행위자를 이해할 필요가 있다. 예컨대 탈레반 치하의 아프가니스탄에서는 정부의 보복에 대한 공포 때문에 많은 사람들이 여성의 인권과 민주주의에 대한 지지를 표현하지 못한다. 이러한 방식으로 공공 의제를 축소함으로써 탈레반은 민주주의가 이슈가 되지 않게끔 한다.

세 번째 차원은 단순히 선호의 표현이 아니라 선호의 형성을 포함하도록 권력 개념을 넓혀준다. 첫 번째와 두 번째 차원이 상충하는 선호를 가정하지만 세 번째 차원은 조작된 합의라는 개념을 다룬다. 조작된 합의의 경우와 그와 유사한 경우, 애초에 분쟁이 일어나지 않도록 정보의 흐름을 조작함으로써 의제의 통제가 이루어진다. 나중에 스페인독감이라고 알려진 1918년부터 1920년 사이에 확산된 인플루엔자 팬데믹을 예로 들어보자. 스페인독감은 세 사람 중 한 명꼴로 감염시켰고 사망자 수의 추정치는 1억 명에 달한다. 이렇게 일이 커진 이유는 제1차 세계대전이 끝나가면서 독감이 국민의 사기에 끼칠 영향이 걱정한 결과, 최악으로 감염된 국가들에서 스페인독감에 대한 뉴스가 엄격하게 통제되었기 때문이다. 당시 유일하게 투명한 보도가 허용된 국가가 스페인이었고 이로 인하여 인플루엔자 팬데믹이 스페인독감이라고 알려졌던 것이다.

서로 다른 형태의 권력에 대하여 이들 사례가 시사하는 바는 사람의 정보와 선호를 형성하도록 허용하여 첫 번째와 두 번째 차원의 권력이 작

시위대가 홍콩을 더 강하게 통제하려는 중국정부의 노력에 항의하며 최루탄으로부터 자신을 보호하기 위하여 우산을 사용하는 가운데, 홍콩의 거리 위에서 정치, 권력, 권위가 서로 만난다.

동하는 것을 사전에 막는 것이 가장 효율적이라는 사실이다. 사람들이 정보에 접근하지 못하도록 막는 것은 스페인독감의 사례나 2020년의 코로나19의 심각함에 대해 많은 국가가 제공한 선택적인 정보 공개의 사례와 같이 첫 번째와 두 번째 차원의 권력이 작동하는 것을 미연에 방지하는 방법의 하나이다. 그렇다면 권력은 단지 누구의 선호가 승리하는가에 대한 것이 아니다. 우리는 누구의 의견이 토론에서 배제되는지, 그리고 승리한 선호가 형성되는 폭넓은 맥락에 대해서도 고려해야만 한다.

권위

어떤 의미에서 권위(authority)는 정치나 권력보다 정부를 이해하는 데에 더 필수적이다. 권력이 행하는 능력 또는 지배하는 능력이라면 권위는 그렇게 하도록 인정받은 권한이다. 권위는 부하가 정당한 명령을 내릴 수 있는 상관의 능력을 받아들일 때 존재하는데 러시아가 우크라이나, 발틱 국가, 카자흐스탄 같은 인접 국가들에 사는 러시아인에 대하여 어떤 '권력'을 행사할 수는 있지만 러시아의 공식적인 '권위'는 러시아의 국경선에서 멈춘다. 독일의 사회학자 베버(Weber, 1922)가 권위의 관계에 있어서 피지배자는 마치 명령 자체를 위하여 자발적으로 선택한 듯이 명령을 수행한다고 주장했다. 이런 이유로 권위는 무자비한 권력보다 더 효율적인 통제의 한 형태이다. 그러나 권위는 자발적인 순응 이상의 것이다. 당신 고국

> 권위(Authority): 지배할 수 있는 권한. 권위는 사람이 집행자가 결정할 권한이 있다는 사실을 받아들이는 한 그 자체의 권력을 창출한다.

의 권위를 인정한다고 해서 당신이 고국의 법에 항상 동의한다는 의미는 아니다. 이는 단지 당신이 법을 만들 수 있는 고국의 권한과 그 권한에 따라야 할 당신의 의무감을 인정한다는 의미이다. 이러한 식으로 권위는 국가의 기초를 제공한다.

권력의 원천이 다양하듯이 권위도 다양한 토대 위에 세워질 수 있다. 베버는 정치권력을 유효하게 만드는 세 가지 방법을 구분했다.

- 전통에 의하거나 널리 용인되는 방식에 의하여.
- 카리스마에 의하거나 지도자 또는 그의 메시지에 대한 강렬한 헌신에 의하여.
- 사람이 아니라 법치의 원칙에 지배되는 공직의 권력에 기초한 법적-합리적 규범에 대한 호소에 의하여.

이러한 분류는 법적-합리적 지배적인 형태라고 생각할 수 있는 민주주의 안에서도 여전히 유용하다. 우리는 또한 베버의 생각에 지도자의 역량에 대한 다음과 같은 내용을 덧붙일 수 있다. 지도자가 달성할 수 있거나 달성할 수 없는 것의 대부분은 그의 능력에, 또는 지도자가 자신이 실제로 무엇을 하는지에 대한 최소한의 인식에, 그리고 지도자가 추종자의 도덕적 가치와 이념적 목표를 대표할 수 있는 정도에 달려있다.

정권과 정치체제

민주주의 정권에서 정부는 이익집단, 정당, 대중매체, 기업, 여론과 같은 다양한 세력의 영향을 받는다. 권위주의 정권에서 정부는 자율성을 결여하고 사실상 지배적인 개인이나 엘리트의 소유

가 되어버린다. 두 경우 모두 정부를 둘러싼 세력이나 영향력은 함께 **정권**(regime)이나 **정치체제**(political system)를 형성한다. 정권과 정치체제는 종종 동의어로도 사용되지만 '정권'은 예를 들면 민주주의, 독재, 엘리트체제, 또는 신자유주의 정권과 같이 정치적 유형을 표현한다면, '정치체제'는 어떤 국가나 공동체의 정치적 생애(political life)를 구성하는 부분들을 요약한다. 캐나다계 미국 정치학자 이스턴(David Easton, 1965)에 따르면 "정치체제는 가치가 사회에서 권위적으로 배분되는 상호작용으로 규정될 수 있다. 이것이 정치체제를 같은 환경 안에서 다른 체계와 구별시켜주는 것이다."

'정권'이라는 용어는 불행하게도 권위주의 또는 정통성이 없는 정치체제들을 경멸적으로 묘사하기 위하여 가장 흔하게 사용된다. 예컨대 러시아정부를 구성하는 제도들이 러시아 정치체제라고 불릴 수 있지만, 우리는 푸틴 또는 러시아 정권에 대한 비판적 언급을 들을 수 있다. 이와 유사하게 '정권교체'라는 용어는 예컨대 2001년 아프가니스탄에서 탈레반 정권의 종말이나 베네수엘라에서 마두로(Nicolás Maduro) 정권을 끝내기 위한 노력 같은 사례에서 보이듯이 정통성이 없거나 바람직하지 않다고 여겨지는 정부나 정치체제의 전복 또는 제거를 묘사할 때 전형적으로 사용된다.

사실 '정권'이라는 용어는 그것이 흔히 사용되는 방식이 암시하는 것보다 더 중립적이고 임상적인 의미를 가진다. 따라서 우리는 스웨덴에 대하여 긍정적이든 부정적이든 또는 공익이든 사익이든지 간에 스웨덴 정치행위의 대부분이 일어나는 공간인 정치체제를 갖춘 하나의 민주주의 정권으로 말할 수 있다. 스웨덴 정권은 덴마크, 핀란드, 노르웨이 정권과 많은 유사성을 갖지만, 인도, 멕시코, 또는 남아프리카공화국 정권과는 상이성을 많이 가지는데, 이 국가들 모두는 거의 같은 목적의 통치제도를 보유하고 있다.

국가의 정치체제는 행정부, 입법부, 사법부와 같은 핵심적인 요소를 공통적으로 다수 가지고 있지만 이러한 요소가 작동하고 서로 관련되는 방식은 전혀 같지 않다. 다양한 정권 또는 정치체제의 다양한 부분이 각양각색으로 권한과 책임을 가지며, 서로 다르게 관련되어 있으며 다양한 규범과 기대에 의하여 영향을 받는다. 문제를 복잡하게 만드는 것은 정치체제가 고정되지 않고 움직이는 과녁과 같다는 사실이다. 정치체제는 때로는 아주 빠른 속도로 진화하고 변화한다. 마지막으로 거의 200여 개의 국가 정치체제와 수십만 개의 지방정부체제가 있는 등 수많은 정치체제가 존재한다.

정치적 유형체계

이 복잡한 그림을 이해하기 위하여, 미로를 찾는 가이드를 구하듯 국가들을 어떠한 **유형체계**(typology)에 따라 분류하는 것은 도움이 된다. 그러

정권(Regime): 일련의 원칙, 규범, 규칙, 그리고 의사결정 절차를 기반으로 하는, 예컨대 민주주의 정권 또는 권위주의 정권을 포함하는 어떤 정치적 유형.

정치체제(Political system): 정권을 구성하는 상호작용과 제도.

유형체계(Typology): 어떤 것(예를 들어, 국가, 언어, 성격, 건물, 그리고 조직)의 유형을 공통적인 특징에 따라 분류하는 체계.

한 체계가 있다면, 우리는 좀 더 상세한 초점을 제공하는 사례연구를 통하여 각 유형 집단의 국가들에 대하여 폭넓은 가정을 수립할 수 있고, 이에 따라 좀 더 쉽게 정치현상에 대한 설명과 규칙을 발전시키고 이론을 검증할 수 있다 (Yin, 2018). 이상적인 유형체계는 간단하고, 깔끔하며, 일관되고, 논리적이며, 학생, 언론인, 정치지도자, 또는 정치학자 같은 일반 관찰자에게 실제적이고 유용해야 한다. 그러나 불행하게도 이러한 이상은 도달하기 어려운 것으로 드러났다. 정치학자들은 유형체계의 가치에 동의하지 않고 심지어 그 유형체계를 이용하는 사람들조차도 유형분류에 반드시 고려되어야 하는 기준, 국가들이 분류되어야 할 집단, 또는 집단에 붙일 꼬리표, 심지어 어떤 국가를 어느 집단에 넣을 것인지에 대해 동의할 수 없다. 그 결과 선택할 수 있는 다양한 유형이 있지만 그 중 어느 것도 정치학에서 일반적인 것으로 받아들여지지 않는다.

이러한 체계를 발전시키는 데 있어서 첫 번째 시도이자 현재도 작동하는 비교정치학의 가장 오래된 사례 가운데 하나는 고대 그리스의 158개 도시국가에 대한 아리스토텔레스의 분류이다. 대략 기원전 500년부터 338년 사이에 이들 공동체는 서로 다른 통치형태를 가진 소규모 정착지였으며, 아리스토텔레스에게 어떤 유형의 정치체제가 정부의 이상적인 목적으로 추구했던 안정성과 효율성에 도달했는지 연구할 수 있는 실험실을 제공했다. 아리스토텔레스는 두 가지 차원, 즉 통치에 관여하는 사람들의 숫자, 그리고 정부의 형태(지배자가 공익에 따라서, 아니면 사익에 따라서 통치하는지에 기초)를 활용하여 민주주의부터 독재까지 여섯 가지 유형을 제시했다.

유형체계를 세우려는 또 다른 시도는 프랑스의 철학자 몽테스키외(Charles de Secondat, Baron de Montesquieu)가 쓰고 1748년에 처음 출판된 정치이론에 관한 논문인 『법의 정신(The Spirit of the Laws)』이다. 몽테스키외는 정권의 세 가지 유형을 제시했다.

- '공화정(republican)' 정치체제에서 인민 또는 인민의 일부가 최고의 권력을 가진다.
- '군주정(monarchical)' 정치체제에서는 한 사람이 고정되고 확립된 법에 따라 통치한다.
- '독재적(despotic)' 정치체제에서는 한 사람이 자신의 우선순위와 관점에 따라 지배한다.

최근의 유형체계는 1940년대 말부터 1980년대 말 사이의 냉전시대 대부분을 관통하는 '3세계체제(Three Worlds system)'다. 정치학자들에 의하여 공식적으로 개발되었다기보다는 냉전시대의 지정학적인 현실에 대한 서방의 인식을 반영한 것인데 3세계체제는 이념적인 목적과 정치적인 동맹에 기초하여 세계의 국가를 세 개의 집단으로 나누었다.

- '제1세계(first world)'는 부유하고 민주적이며 산업화된 국가들로서 대부분이 공산주의에 대항하는 서방의 동맹 참가국으로 구성되어 있다.
- '제2세계(second world)'는 공산주의 국가들로 서방 동맹에 대항하는 대부분의 국가들을 포함한다.
- '제3세계(third world)'는 가난하고 덜 민주적이며 저개발 국가들로서 일부는 냉전시대에 어느 한쪽 편을 들었지만 나머지 일부는 그렇지 않았다.

이러한 분류체계는 간단하고, 과거 기억을 불러일으키며, 대중매체의 헤드라인과 일상적인 대화에도 쉽게 어울릴 수 있는 아주 깔끔한 용어를 제공했다. 지금까지도 '제3세계'라는 용어는 빈곤, 저개발, 부패, 그리고 정치적 불안전성이라는 아주 강력한 이미지를 떠올리게 만들고 있다. 불행하게도 이러한 유형체계는 언제나 분석적이기보다는 서술적이었고, 서열을 매긴다는 점에서 경멸적이고 너무 간단하기까지 했다. 아프리카, 아시아, 그리고 중남미의 거의 모든 국가를 하나의 제3세계로 간주하는 것은 그들의 정치적, 경제적 상이성을 감안할 때 언제나 무리한 요구였다.

3세계체제가 여전히 광범위하게 받아들여지기 때문에 이를 완전히 대체할 유형체계가 없지만 많은 유형체계 후보도 있긴 하다. 이 책에서는 그 가운데 주로 두 가지를 활용한다.

- 영국의 시사주간지 『이코노미스트(*The Economist*)』와 관련된 이코노미스트 인텔리전트 유닛(EUI: Economist Intelligence Unit)**이 관리하는 민주주의 지수 평가(Democracy Index rating).
- 미국에 기반한 연구기관 프리덤하우스(Freedom House)***가 관리하는 프리덤하우스 평가.

이들 유형체계는 국가의 순위를 정하는 다양한 기준을 사용하는데, 그 결과가 정확하게 똑같지는 않지만 서로 상당히 비슷하다 (표 1.3 참조).

** 역자 주) 이코노미스트 그룹의 계열사로 국제적인 정치경제 분석기관.
*** 역자 주) 1941년 뉴욕에서 설립된 후 전 세계의 민주주의 확산과 인권 및 언론감시 활동을 펼치고 있는 비영리 인권단체.

그리고 두 유형체계는 모두 최근 민주주의의 건전성에 있어서 우려스러운 퇴조가 나타나고 있다는 사실을 알려준다. 어떠한 분류도 완벽하지는 않다. 분류가 기초하고 있는 방법론에 대하여 의문을 던질 수 있고 서로 다른 정치체제 사이에 선을 긋는 것은 오랫동안 논쟁거리였다 (Lührmann et al., 2018). 우리는 분류와 순위를 너무 문자 그대로 받아들이는 위험성을 항상 경계해야 한다. 정부와 정치는 하나의 표로 간단하게 표현할 수 없을 정도로 너무 복잡하다. 그럼에도 불구하고 이러한 유형체계는 유용한 판단기준과 유형체계가 없었더라면 혼란스러웠을 세계를 이해할 지침을 제공한다.

경제와 사회

여기에서 더 나아가 우리는 비교하는 데 도움이 되는 경제 및 사회 데이터를 활용할 것이다. 제18장에서 살펴보겠지만, 특히 정치와 경제 사이의 관계는 매우 밀접해서 하나의 연구분야가 온전히 정치경제학이라고 불리는 주제에 집중하기도 한다. 정치경제는 경제의 구조나 부유함뿐만 아니라 정치와 경제적 성과 간 관계에 대한 연구도 포함한다. 좋은 거버넌스는 성공적인 경제와 서로 함께 할 가능성이 높지만 나쁜 거버넌스는 그럴 가능성이 낮다.

경제 활동의 핵심 척도는 산출인데, 이를 측정하는 방식이 다양하지만 그 가운데 가장 보편적인 것이 **국내총생산(GDP: gross domestic prod-**

> **국내총생산(Gross Domestic Product)**: 한 해 동안 한 국가의 거주자가 국내외에서 생산한 경제적 가치의 총합.

표 1.3 정치적 순위 비교

	민주주의 지수		세계자유 지수	
	점수 (10점 만점)	등급	점수 (10점 만점)	등급
노르웨이	9.81	완전한 민주주의	100	자유
스웨덴*	9.26	완전한 민주주의	100	자유
뉴질랜드	9.25	완전한 민주주의	99	자유
캐나다	9.24	완전한 민주주의	98	자유
독일*	8.67	완전한 민주주의	94	자유
영국*	8.54	완전한 민주주의	93	자유
일본*	8.13	완전한 민주주의	96	자유
프랑스*	7.99	결함있는 민주주의	90	자유
미국*	7.92	결함있는 민주주의	83	자유
남아프리카공화국*	7.05	결함있는 민주주의	79	자유
브라질*	6.92	결함있는 민주주의	74	자유
인도*	6.61	결함있는 민주주의	67	부분 자유
멕시코*	6.07	결함있는 민주주의	61	부분 자유
태국	6.04	결함있는 민주주의	30	부자유
방글라데시	5.99	혼합형 정권	39	부분 자유
케냐	5.05	혼합형 정권	48	부분 자유
튀르키예*	4.48	혼합형 정권	32	부자유
나이지리아*	4.10	혼합형 정권	45	부분 자유
이라크	3.62	권위주의	29	부자유
러시아*	3.31	권위주의	20	부자유
이집트*	2.93	권위주의	18	부자유
베네수엘라*	2.76	권위주의	14	부자유
중국*	2.27	권위주의	9	부자유
이란*	2.20	권위주의	16	부자유
사우디아라비아	2.08	권위주의	7	부자유
북한	1.08	권위주의	3	부자유

출처: Economist Intelligence Unit (2021), Freedom House (2020).
가장 최신의 정보를 얻기 위해서 다음을 참고바람. Economist Intelligence Unit, https://www.eiu.com, Freedom House, https://freedomhouse.org.

* 이 책에서 다루는 '국가개요'의 사례임. EU는 측정이 안됨.

uct)이다. GDP는 한 해 동안 한 국가의 거주자들이 국내와 국외에서 생산한 경제적 가치를 합한 것이고 비교를 위하여 미국의 달러로 환산된다. 자료의 정확성 자체가 국가마다 다르고, 달러로 변환하면서 환율의 효과에 대한 의심도 제기되지만, GDP는 정부와 국제기구에 의하여 경제적 크기를 측정하는 데 일상적으로 사용된다 (표 1.4 참조). GDP는 국가경제의 절대적인 크기에 대한 측정을 제공하지만 국가들 사이에 서로 다른 인구 규모를 고려하지는 않는다. 좀 더 명확한 비교를 위하여 GDP를 인구수로 나누는데, 이러한 1인당 GDP는 서로 다른 국가의 상대적인 경제 규모를 더 잘 이해하게 해준다.

마지막으로 우리는 정치체제가 시민들의 기본적인 사회적 필요를 충족해주는지 차원에서 정치체제의 상대적 성과를 살펴봄으로써 정치체제를 이해하는 것이 중요하다는 점을 잊어서는 안 된다. '기본적 필요'를 이해하는 데 있어서 다양한 방식이 있는데, 최소한 적당한 영양, 교육, 그리고 보건을 포함해야 하고 이러한 차원에서 가장 빈번하게 사용되는 비교척도는 유엔개발계획(UNDP: UN Development Programme, 개발도상국에 대한 원조계획을 조정하는 UN 산하 기구 – 역자 주)이 제공하는 인간개발 지수(Human Development Index)이다. 유엔개발계획은 기대수명, 성인 문자해득률, 교육기관 등록

표 1.4 경제력 비교

	GDP (US 억 달러)	1인당 GDP (US 달러)		GDP (US 억 달러)	1인당 GDP (US 달러)
미국	21조 4,330	65,298	멕시코	1조 2,690	9,946
EU	15조 6,260	34,918	튀르키예	7,610	9,127
중국	14조 3,420	10,262	스웨덴	5,310	51,615
일본	5조 810	40,247	베네수엘라	4,820	16,054
독일	3조 8,610	46,445	이란	4,540	5,550
인도	2조 8,680	2,100	나이지리아	4,480	2,230
영국	2조 8,290	42,330	남아프리카공화국	3,510	6,001
프랑스	2조 7,150	40,494	이집트	3,030	3,019
브라질	1조 8,390	8,717	뉴질랜드	2,070	42,084
캐나다	1조 7,360	46,195	룩셈부르크	710	114,704
러시아	1조 7,000	11,585	부룬디	30	261
호주	1조 3,960	55,060	세계	87조 7,980	11,441

출처: 2019년 통계, World Bank (2021)에 기초함.
최신의 정보는 World Bank, https://data.worldbank.org

률, 그리고 1인당 GDP를 종합적으로 고려하여 세계의 거의 모든 국가들을 매우 높음, 높음, 중간, 또는 낮음 가운데 하나로 인간개발의 등급을 매긴다. 2020년의 평가에서 대부분의 부유한 민주주의 국가는 상위 30등 안에 들었고 대부분 권위주의 국가인 가장 가난한 국가들은 표의 가장 낮은 자리를 차지했는데 니제르는 187위로 최하위를 기록했다(지도 1.1 참조).

비록 우리가 이와 같은 수치에 주목하여 도출할 수 있는 결론은 부유한 민주주의 국가가 가난한 권위주의체제보다 국민들의 필요를 충족시키는 데 더 성공적이었다는 것이지만 실상은 그리 간단하지 않다. 민주주의 국가의 시민들은 권위주의 정권에 사는 사람보다 대체로 부유하고 건강하며 행복하지만 우리는 국가 내에 때때로 존재하는 엄청난 분열을 간과해서는 안 된다. 모든 국가는 성별, 재산, 민족, 종교 등 여러 차원에서 분열되어 있고 우리는 시민들에게 포용적이거나 공평한 기회를 보장하는 데 실패한 정치체제의 많은 사례를 이어지는 장들에서 살펴볼 것이다.

지도 1.1 인간개발 지수

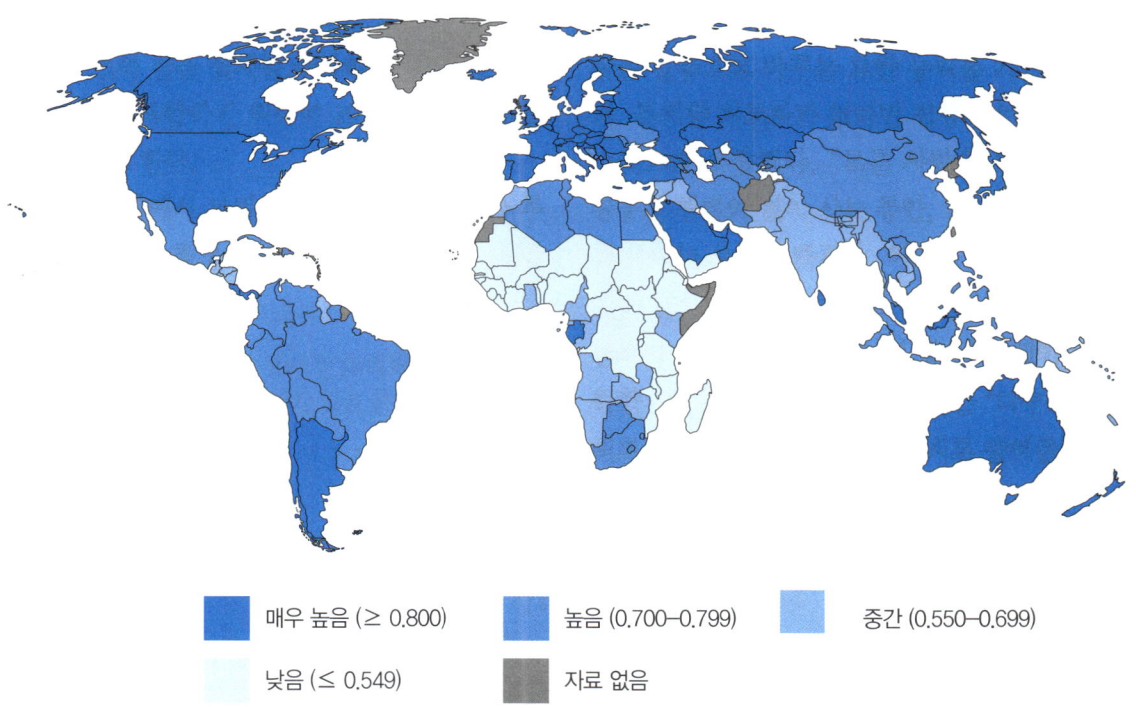

출처: United Nations Development Programme (2020). 최근의 정보를 위해서는 UNDP, http://hdr.undp.org/en/content/human-development-index-hdi.를 참조.

토론주제

- 비교를 '정치학의 과학적 연구방법론의 핵심'이라고 서술하는 것이 적절한가?
- 비교하지 않고 정부와 정치를 정말로 이해할 수 있을까?
- 비교정부와 정치의 가장 중요한 장점은 무엇인가?
- 정치는 어디에서 시작하고 끝나나?
- 누가 권력을 가지고, 누가 가지지 않나? 그리고 우리는 어떻게 그것을 아나?
- 정치체제들을 분류하는 수단으로서 민주주의 지수(Democracy Index)와 세계자유 지수(Freedom in the World)가 가지는 강점들과 약점들은 무엇인가?

핵심용어

- 거버넌스(Governance)
- 국내총생산(GDP: Gross domestic product)
- 권력(Power)
- 권위(Authority)
- 비교정치(Comparative politics)
- 사회과학(Social science)
- 유형체계(Typology)
- 이론(Theory)
- 정권(Regime)
- 정부(Government)
- 정치(Politics)
- 정치체제(Political system)
- 정치학(Political science)
- 제도(Institution)

추가 읽을거리

Boix, Carles, and Susan C. Stokes (eds) (2007) *The Oxford Handbook of Comparative Politics* (Oxford University Press). 길이가 1,000페이지가 넘지만 여러 차원에서 비교정치학을 풍부하게 조사하고 있다.

Collander, David C., and Elgin F. Hunt (2019) *Social Science: An introduction to the Study of Society*, 17th edn (Routledge). 전 세계 사례를 통하여 사회과학과 그 방법론과 목표를 소개한다.

Dogan, Mattei, and Dominique Pelassy (1990) *How to Compare Nations: Strategies in Comparative Politics*, 2nd edn (Chatham House). 수년 전에 발간되었지만 이 짧고 읽기 쉬운 책의 주장은 여전히 의미 있다.

Garner, Robert, Peter Ferdinand, and Stephanie Lawson (2020) *Introduction to Politics*, 4th edn (Oxford University Press). 주요 개념, 비교정치, 국제정치에 대한 내용을 담은 정치에 대한 일반적인 개관.

Heywood, Andrew (2019) *Politics*, 5th edn (Red Globe Press). 사상, 제도, 과정에 대한 장이 포함된 정치학에 대한 또 다른 조사.

Kendall-Taylor, Andrea, Natasha Lindstaedt, and Erica Frantz (2019) *Democracies and Authoritarian Regimes* (Oxford University Press). 민주주의, 독재, 전제정치의 특징과 민주주의가 당면한 도전에 대한 조사.

2장

비교하기

차례
- 비교의 이해
- 기원과 진화
- 사례의 선택
- 방법의 선택
- 비교에 대한 도전

개요

제1장에서는 비교정부와 정치의 몇 가지 주요 개념에 대해 살펴보았다. 지금부터는 질문해 봐야 할 문제, 연구수행에 사용할 이론과 방법, 비교연구설계를 위한 선택지, 피해야 할 함정을 중심으로 어떻게 비교할 것인가에 대해 하나하나 살펴볼 필요가 있다. 이 장은 부분적으로는 연구방법론 개관이며 부분적으로는 어떻게 비교할 것인지에 대한 실용적 '길라잡이'로서 비교과정의 동학에 보다 많은 통찰력을 불어넣어 줄 것이다. 이번 장의 목적은 인터뷰 또는 통계분석과 같은 구체적인 기법의 세세한 부분을 다루기보다는 여러분 자신의 비교연구 프로젝트에 도움이 될 연구전략의 윤곽을 제공하는 것이다.

이 장은 비교방법, 그리고 비교정부와 정치에 대한 접근법 변천을 개관하는 것에서 시작해, 하나에서 다수에 이르기까지 비교할 사례의 수를 어떻게 결정할 것인가에 대해, 단일사례연구·소수사례(small-n)연구·다수사례(large-n) 연구에 사용되는 다양한 연구방법에 대해 살펴본다. 그리고 난 후 이 장은 질적·양적·역사적 연구방법의 특성을 살펴봄으로써, 역사적 연구방법이 사례연구방법에 내재된 한계점들의 일부를 보완해 줄 수 있다고 주장한다. 과소사례 과다변수(비교연구에 사용할 사례의 수가 적은 데 반해 다루어야 할 변수의 수는 너무 많은 상황 – 역자 주)와 같이 비교를 어렵게 하는 문제를 포함하여 비교하기에 수반되는 몇 가지 도전에 대해 논의하면서 이번 장을 마친다.

핵심논제

- 비교방법은 연구자가 실증적 접근을 할 것인지 아니면 규범적 접근을 할 것인지에 대해 비판적 사고를 할 수 있게 해 줌으로써 정치학 연구 전반에서 핵심적인 역할을 한다.
- 비교에 대한 접근법은 좀 더 글로벌한 관점이 초기 서구사회에 전도된 편협성을 대체함으로써 단기간 상당한 변화를 겪어왔다.
- 비교연구자는 연구의 대상이 될 변수를 포함해 분석의 단위, 분석의 수준을 선택해야 한다.
- 연구방법에는 질적, 양적, 역사적 방법 그리고 이 세 가지 모두를 조합한 방법이 포함된다.
- 두 개 이상의 요인 간 비교를 함에 있어, 최대유사설계와 최대상이설계의 상대적 강점을 고려해볼 만하다.
- 비교연구는 가용한 사례의 수에서부터 그 사례의 선택 시 수반되는 편향(bias)에 이르기까지 수많은 도전에 직면하고 있다.

비교의 이해

전국단위 선거의 주기는 결코 끝나지 않으며, 어느 해에도 입법부, 행정부, 또는 둘 모두를 위한 선거를 조직하는 나라가 아마도 수십 개는 될 것이다. 코로나19 팬데믹에 대처하기 위해 연기 또는 특별조치로 인해 잠정 중지된 경우를 제외하면 2020년 선거주기도 다르지 않았다. 그해에 치러진 많은 선거 중 다음과 같은 것이 있었다.

- 혼합형 정권인 볼리비아에서는 한 해 전에 치러진 투표를 대체하기 위한 새로운 투표가 실시되고 있었다. 부정선거 혐의에서 비롯된 정치적 위기로 인해 이전 투표결과가 무효화되었고, 이로 인해 모랄레스(Evo Morales) 대통령이 사임하였다. 88퍼센트의 투표율을 기록한 새로운 선거는 여전히 모랄레스가 이끄는 포퓰리즘적인 '사회주의운동당'이 절대다수를 차지하는 결과를 낳았고, 모랄레스의 자리는 (같은 당) 아르세(Luis Arce)가 승계하였다.
- 세계에서 가장 안정적이고 성공적인 민주주의 국가 중 하나인 아일랜드에서는 총선 투표율이 63퍼센트였고, 3개 정당이 거의 동률을 이루는 전례 없는 선거결과를 낳았다.
- 권위주의 정권인 시리아에서는 계속되는 내전의 혼란에 맞서 선거를 치렀다. 33퍼센트에 불과한 저조한 투표율에다 부정선거 혐의까지 받고 있는 친정부 정당과 그 동맹자들은 예상대로 경합 중인 의석의 10분의 7을 확보했다.

이 세 가지 사례를 면밀히 살펴보는, 즉 선거를 치르게 된 맥락을 설명하고 선거결과를 해석하는 방식은 다양하다. 하지만 각 선거가 제각각의 방식으로 개별적인 맥락 속에서 연구될 수 있지만 선거들 간 비교를 하지 않고서 우리는 어느 한 선거도 완전히 이해할 수 없다. 세 가지 사례에 관해 유사하거나 다른 점은 무엇인가, 유사하거나 다른 이유는 무엇인가, 정당정치는 어느 정도까지

시리아 국회의원 선거 후보자의 선거포스터, 2020년 7월 시리아 북부 도시 알레포(Allepo).

중요했는가, 이들 선거사례의 결과로부터 얻을 수 있는 일반적인 교훈은 무엇인가? 이러한 사례와 이러한 종류의 질문은 비교방법(comparative method)을 정치학 연구에 적용한 하나의 예이다.

비교방법이라는 용어가 단일하고 일반적으로 널리 받아들여진 비교에 대한 접근법이 있음을 암시하지만, 실제로는 질적, 양적, 역사적 방법 (이 장의 뒷부분에 다룸)을 포함한 여러 접근 방법이 있다. 정치학, 역사, 언어학, 생물학 또는 기타 연구분야에서 사용되든지 간에 이러한 접근 방법상의 선택지는 비교연구를 통일된 접근법을 결여하고 있다는 비난에 노출시킨다. 동시에 여러 선택지들은 그것들이 제공하는 유연성, 즉 각기 다른 상황에선 저마다 다른 방법이 더 잘 작동하기 때문에 비교방법의 강점으로 여겨질 수 있다. 하지만 어떤 방식이 사용되든, 정치학에서 비교의 목적은 정부와 정치에 대한 비판적 사고(critical thinking)를 고취하는 것이다. 이러한 목적의 논리는 스완슨(Swanson, 1971)의 다음과 같은 주장에 의해 깔끔하게 요약된다. "비교 없이 사고한다는 것은 생각할 수 없다. 그리고 비교가 부재한 상황에서 모든 과학적 사고와 과학적 연구도 마찬가지다."

달리 표현하면, 비교에는 정치체제에 대한 주요 사실을 연구하고 배우고, 그것들의 중요도를 상대적 관점으로 생각해 보고, 우리가 발견한 것에 의문과 이의를 제기하고, 그런 다음에 그 사실로부터 결론을 도출하는 것이 포함된다. 그러한 사고 작용 없이 우리가 얻을 수 있는 것은, 우리의 관찰을 해석하는 데 필요한 맥락이 거의 없는, 그저 사실과 수치를 모아 놓은 것이다. 행정부의 예를 들어보자. 학습과 연구를 통해 우리는 대체로 네 가지 유형의 행정부(대통령제, 의회제, 준대통령제, 권위주의 정권, 제8장 참조)가 세상에 존재한다는 사실을 밝힐 수 있다. 그러나 비판적 사고 없이 우리는 이러한 다양한 방식이 왜 중요한지, 그러한 방식의 존재 이유 또는 서로 다른 행정부 유형을 채택함으로써 정부가 정치체제에서 기능하는 방식에 어떤 영향을 받는지 이해하지 못할 것이다.

정치학 연구 접근법에 있어, 우리는 경험적(empirical) 관점과 규범적(normative) 관점 간 차이점에 대한 논쟁을 의식할 필요가 있다. 전자는 무슨 일이 일어났고 왜 일어났는지 질문하기 위해 사실을 이용한다는 점에서 서술적이고, 후자는 무엇이 일어났어야 했는지 또는 일어나야 하는지 묻기 위해 판단 또는 처방을 사용한다는 점에서 평가적이다 (Gerring and Yesnowitz, 2006 참조). 선거제도를 예로 들어보자. "비례대표제는 다당제를 장려한다"는 진술은 경험적이지만, "비례대표제는 다당제를 장려하기 위해 사용될 수 있다"는 진술은 규범적이다.

> **비교방법(Comparative method)**: 사례의 특성을 보다 잘 이해하고 가설, 이론, 개념을 개발하기 위해 서로 다른 사례를 비교하는 과정.

> **비판적 사고(Critical thinking)**: 어떤 현상에 대한 판단을 내리기 위해 사실과 데이터를 신중하고 객관적으로 분석하는 것.

> **경험적 접근(Empirical approach)**: 논리 또는 이론보다는 사실, 경험 또는 관찰에 근거해 결론을 내리거나 추론한다.

> **규범적 접근(Normative approach)**: 무엇이 일어났어야 했는지 또는 일어나야 하는지에 대해 판단하거나 처방한다.

대부분의 정치학 연구는 연구자가 순수하게 객관적이고 과학적인 방식으로 전쟁의 원인을 조사할 때와 같이, 사물이 있는 그대로의 이유를 가치중립적인 방식으로 묻는다는 의미에서 경험적 연구이고자 한다. 다른 연구는 바람직한 결과를 얻기 위해 무엇이 실행되어야 하는지 질문하면서 보다 규범적인 접근방식을 취하는데, 예를 들면 연구자는 전쟁이 정당화될 수 있는지 그리고 어떤 상황에서 정당화될 수 있는지 물으면서 보다 가치지향적이고 철학적인 방식으로 전쟁 현상에 대해 질문한다.

경험적 접근과 규범적 접근은 상호 배타적이지 않으며, 이 둘을 결합하여 정치학을 보다 유의미하게 만들려는 생각에 대한 새로운 요구가 있었다. 게링과 예스노위치(Gerring and Yesnowitz, 2006)는 "사회과학에서 규범적 의미를 결여하고 있는 실증연구는 무의미하다. … 마찬가지로 경험적 뒷받침이 없는 규범적 주장은 수사적으로나 논리적으로 설득력이 있을 수 있지만, 세상 밖 현실에 대해 아무것도 입증하지 못할 것이다"고 말한다. 두 가지 접근법의 결합이 갖는 중요성은 마키아벨리와 마르크스의 사례에서 보듯, 정치사상사에 우뚝 솟은 거장들 중 몇몇이 두 관점을 아우르는 방식에 반영되어 있다.

- 마키아벨리(Niccolò Machiavelli, 1469~1527년)는 작가이자 역사가로, 그의 걸작인 『군주론(The Prince)』은 권력의 특질과 권력을 얻고, 지키고, 조작하기 위해 통치자가 사용하는 수단에 대해 면밀히 조사했다. 한편으로 그의 책은 현실세계에서 권력의 본질과 행사에 대한 실증적 (심지어 냉소적인) 분석으로 여겨질 수 있다. 다른 한편으로는 통치자들이 자신의 지위를 지키기 위해 사용하는 때때로 잔혹한 책략을 규범적으로 지지하는 것으로 이해될 수 있다.
- 마르크스(Karl Marx, 1818~1883년)는 역사를 생산수단의 소유자와 노동자 간 계급투쟁으로 묘사하며 국가가 생산수단 소유자의 이익을 위해 운영되고 있다고 주장하는 방대한 실증적 저작을 저술했다. 그는 자본주의가 스스로 피할 수 없는 파멸의 씨앗을 확실히 뿌리도록 하는 내부 긴장을 조장하고 있다고 결론지었다(제18장 참조). 이러한 경험적 분석의 기저에는 계급 없는 새로운 사회의 가능성을 창출하기 위해 자본주의의 전복을 촉진하는 것에 대한 규범적 관심이 있었다. 마르크스의 저작에서 경험적 연구는 규범적 목표에 의해 추동되었다.

연구방법에서 사용할 수 있는 선택은 비교에 대한 이론적 접근에서 사용할 수 있는 선택과 밀접하게 관련되어 있으며 그중 많은 것이 있다. 보다 자세한 내용을 볼 수 있는 이 책의 장들을 참조하면서, 비교연구자들이 사용하는 대부분의 주요 이론을 망라하고 있는 표 2.1을 보라. 비교에 대한 이론의 가치는 구조화되지 않은 관찰과 사실의 집합을 하나의 틀로 결속하는 데 도움이 될 수 있다는 점인데, 이 틀을 사용하여 우리가 질문에 대한 답을 구하려 할 때 우리 자신을 인도하는 데 사용할 수 있다. 예를 들어, 왜 일부 국가는 정치적으로 분열되어 있는데 다른 국가는 그렇지 않은가? 민족주의와 포퓰리즘(populism, 대중영합주의)의 매력은 무엇인가? 왜 어떤 나라에서는 민주주의가 퇴행하는 것처럼 보이는데 다른 나라에서는 그렇지 않은 것처럼 보이는가? 이론은 우리가 일련의 사실을 샅샅이 살펴보고, 어느 것이 중요하고 어느 것이 부차적인지를 결정하고, 얼

표 2.1 비교정치학에 사용된 이론들

이론	이 책의 장	이론	이 책의 장
전제주의화론	6	해석주의론	3
행태주의론	2, 14	리더십이론	8
계급이론	18	미디어이론	12
조합주의론	16	근대화론	2
문화이론	4	신제도주의론	7
민주화론	5	다원주의론	16
종속이론	18	합리적 선택론	13
엘리트이론	9	구조주의론	17
여성주의론	10	시스템이론	11
제도주의론	7		

은 정보를 구성해 해석하고, 연구 대상에 대한 완전한 주장과 설명을 개발할 수 있게 해 주는 일종의 단순화 장치 혹은 개념적 여과장치이다.

기원과 진화

비록 비교가 모든 연구의 중심에 있지만, 하위분야로서 비교정치학은 비교적 젊다. 체계적인 시도로서, 비교정치학은 19세기 근대정치학의 기원까지 거슬러 올라갈 수 있지만, 국내정치 연구에 비해 한참 뒤처져 있었고, 여전히 잘 발달된 정체성이나 단일한(또는 단일은 고사하고 지배적인) 이론적 접근법을 결여하고 있다. 우리는 제1장에서 어떻게 아리스토텔레스가 정치체제를 분류하려는 첫 번째 시도로 인정받았는지 보았지만, 그의 작업은 주로 설명적이었고 오래 지속되는 힘을 가진 원칙을 세우진 않았다. 그리고 비교정치학이 마키아벨리와 마르크스를 포함하여 정치학과 철학의 거장들에게 많은 빚을 지고 있지만, 그들 중 누구도 오늘날 우리가 비교정치학의 소임을 정의하는 것처럼 정부와 정치를 이해하는 데 체계적인 비교접근법을 취하진 않았다.

정치학의 하위분야로서 비교정치학이 늦게 등장한 것은 부분적으로는 20세기까지 가용한 사례의 수가 적었기 때문이며, 부분적으로는 대부분의 나라에서 학자들이 보다 폭넓은 관점을 취하기보다는 자국의 정치체제를 연구하는 데 관심을 가졌기 때문이다. 유럽 학자들은 유럽국가 간 차이가 특별히 심오하거나 흥미로운 것이라고 여기지 않았는데, 이는 왜 현대 비교정치학이 미국에서 탄생하게 됐는지에 대한 부분적인 이유이기도 하다 (Munck, 2007 참조). 그러나 미국 학자들이 '외국'의 정치체제를 자신의 정치체제와 구별되는 것으로 연구하기 시작했다 할지라도 그들은 미국 정치체제가 우월하다고 깊게 믿었기 때문에 다른 체제로부터 배울 것이 많다고 생각하지 않았다 (Wiarda, 1991). 제2차 세계대전 이전에 다른 나라 정치체제를 연구한 소수의 미국 학자들은 주로 서유럽에 초점을 맞추었고 소련과 일본은 나중에 추가했으며, 이들의 비교는 분석적이라기보다는 보통 서술적이었다.

제2차 세계대전 이후 태도가 바뀌었는데, 냉전은 미국 학자와 정책결정자들로 하여금 같은 시대를 사는 동맹국과 적을 잘 이해하는 것에 보다 더 흥미를 갖게 만들었다. 결국 이러한 시각은 중남미, 아시아, 아프리카의 잠재적 동맹과 적으로 확대되었다 (Lim, 2010). 식민시대의 종식과 함께 주권국가의 수는 두 배로 늘었는데, 1945년 70개국 남짓에서 1970년에는 130개국 이상이 되었다 (제3장 참조). 신생독립국에 대한 관심이 높아졌을 뿐만 아니라 비교정치학자들이 취했던 접근방식에도 변화가 있었다. 그들의 과거 저작들은 너무 편협하고, 너무 서술적이며, 이론에서 미흡하고 심지어 특별히 비교적이지도 않다고 자주 비판받아왔다 (Macridis, 1955). 행태혁명으로 알려진 바의 일부로 비교학자들은 정부제도뿐만 아니라 행위에, 서술하는 것뿐만 아니라 설명하는 것에, 이론과 방법에 대한 보다 과학적인 접근법을 취하는 것에 대해 관심을 갖게 되었다.

달(Dahl, 1961)이 정치학 내 '항거운동'으로 묘사한 행태주의(behaviouralism)로의 전환은 1920년대 시카고대의 정치학자 메리엄(Chales Merriam)의 연구로 거슬러 올라갈 수 있다. 그는 형식적인 규칙에 대한 연구를 넘어 개인의 행동을 관찰하는 것이 중요하다고 주장했지만, 그의 생각이 보다 널리 받아들여진 것은 전후 탈식민지 시대가 되어서였다. 즉, 독립 당시 제정된 헌법을 대통령, 이어 군사정부가 재빨리 폐지해버림에 따라 신생독립국에서 정부제도는 일시적인 것으로 판명되었다. 개발도상국으로 알려지게 된 곳의 정치를 이해하기 위해 사회, 경제, 정치적 현실에 뿌리를 둔 보다 새롭고 폭넓은 접근 방식이 필요했다 (행태주의에 대한 자세한 내용은 '이론 적용 14'를 참조).

공교롭게도 전후 세대인 미국 정치학자들은 제2차 세계대전 중에 개발된, 일반인을 대상으로 한 인터뷰 기반 표본조사와 같은 혁신적인 사회과학 기법을 적용하길 원했다. 이런 식으로 정치학 연구는 사회과학으로 자리매김 할 수 있었고, 사회과학으로 지정됨에 따라 가용하게 된 연구자금을 받을 수 있게 되었다. 예를 들어, 입법부에 대한 연구는 (법안이 법률이 되는 절차와 같은) 형식적 측면에서 (의원의 업무 수행 방식과 같은) 입법 행위로 옮겨갔다. 연구자들은 의원들의 사회적 배경, 투표 전력, 승진 이력, 정당 노선에 대한 반대 의지를 파헤쳤다. 마찬가지로, 사법부를 연구한 학자들은 법원보다 판사에 초점을 맞추기 시작했는데, 판사의 사회적 배경과 정치적 태도가 판사의 결정을 어떻게 형성했는지 평가하기 위해 통계적 기법을 사용했다.

이때까지 비교정치학의 저명한 메리엄(Charles Merriam), 알몬드(Gabriel Almond), 립셋(Seymour Martin Lipset), 파이(Lucian Pye), 헌팅턴(Samuel Huntington)등은 대부분이 미국 남성이었지만, 사르토리(Giovanni Sartori, 이탈리아), 로칸(Stein

---

행태주의(Behaviouralism): 개인의 행동에 대한 체계적인 연구에 초점을 두면서 제도보다 사람을 강조하는 정치학 연구의 접근법.

Rokkan, 노르웨이), 듀베르제(Maurice Duverger, 프랑스), 레이파트(Arend Lijphart, 네덜란드)를 포함한 유럽적 배경과 관심을 가진 학자들이 새로운 영향을 미쳤다. 또한, 국내정치와 비교정치간 보다 많은 아이디어의 전이가 있었고, 1989~1991년 소련의 해체와 냉전의 종식, 유럽연합의 출현, 새로워진 젠더 이슈에 대한 관심, 브라질, 중국, 인도, 멕시코, 남아프리카공화국과 같은 나라의 중요성 증대와 함께 새로운 관심사가 추가되었다.

마찬가지로 비교정치학의 **거대이론(grand theory)** 을 빠르게 발전시키려는 행태주의자들의 노력에 대한 반발이 있었다. 또한, 질적 접근과 양적 접근을 선호하는 학자들 사이에서도 견해 차이가 발생했다 (자세한 내용은 이 장의 뒷부분 참조). 합리적 선택 접근법이 대중화되고 (제14장 참조), 통계적 모델링의 사용을 더욱 촉진함에 따라 더 많은 차이점이 나타났다. 미국 정치학자들 사이에서 그들이 '정치학의 수학화'라고 묘사한 것과, 유독 비교정치학이 주변화되는 것에 대한 일종의 반항이 일었던 1990년대 후반과 2000년대 초, 분열은 정점에 이르렀다. 당시 소련에서 일어난 변화의 이름을 따서 명명된 일종의 비공식 '페레스트로이카 운동'은 다양한 방법과 접근방식, 보다 큰 적절성을 쫓아 정치학을 확장하려는 새로운 노력을 촉구하면서 출현했다 (Monroe, 2005).

무엇이 민주화를 야기하는가에 대한 중대한 질문에 답하기 어렵다는 점으로 불만의 일부분을 정리할 수 있다 ('이론 적용 5' 참조). 해답을 찾는 것은 정치연구의 성배로 간주될 수 있는데, 그러한 지식으로 무장한다면 우리는 세계가 더 신속하고 지속적으로 민주적인 미래를 지향하도록 하는 데 필요한 조건을 재현할 수 있을 것이다. 하지만 이 질문에 대한 연구들을 검토한 결과, 게디스(Geddes, 2007)는 어떤 경향성은 식별하고 다른 것들은 배제할 수 있었다. 즉 한때 영국의 식민지였던 국가들이 민주주의인 것처럼 부유한 나라가 보다 더 민주적일 가능성이 높다 (그러나 근대화를 하면 그럴지 몰라도, 경제발전이 민주화를 야기하진 않는다, '이론 적용 2' 참조). 그러나 많은 무슬림 인구와 마찬가지로 석유에 대한 의존도는 민주화의 기회를 줄인다. 게디스는 "민주화를 이해하는 데 들인 노력의 질과 양을 고려할 때 너무도 알아낸 것이 없다는 것에 좌절감을 느낀다"고 결론짓는다. 문제를 복잡하게 만드는 것으로, 제5장과 제6장에서 보게 되겠지만, 우리는 지금 세계 여러 지역에서 민주주의로부터 멀어지는 뭔가를 목격하고 있다.

비교정부와 정치(그리고 정부와 정치 일반에 대한 연구)에 대한 접근방식과 관련해 중요한 문제는 그 접근방식이 서구사상과 오랫동안 결부되어 왔다는 데 있다. 이것은 정치이론 학문분야가 서양 정치사상에 너무 집중한 나머지 근대 서양의 저작이 '보편적 이성 자체의 산물'이라는 가정이 팽배해 있다고 파렐(Parel, 1992)이 주장했을 때 언급했던 현상이었다. 그는 또한 보편성에 대한 서구의 주장이 다른 문화에서는 의문시되고 있다고 지적하였고, 비교정치철학은 문화 및 철학적 다원주의에 더 많은 관심을 기울인 접근 방

거대이론(Grand theory): 다른 많은 이론을 통합하고, 한정된 문제보다는 어떤 학문분야의 광범위한 부분을 설명하려는 광범위하고 추상적인 이론화의 형식.

이론 적용 2

근대화

왜 어떤 나라는 민주적이고 다른 나라는 그렇지 않은가? 달리 말해, 지속가능한 민주주의의 경제적이고 사회적인 필요조건은 무엇인가? 근대화 이론은 이러한 질문에 답하는 하나의 방법으로서 전통사회가 보다 근대적인 관행을 채택함에 따라 점진적으로 발전하고, 교육받은 인구를 가진 근대(modern) 고소득 산업국가 또는 후기 산업국가에서 민주주의가 번창한다는 가정에 주목한다. 이와는 대조적으로, 중간 소득 국가는 결함있는 민주주의, 저소득 국가는 권위주의적일 가능성이 더 높다. 미국의 정치사회학자인 립셋(Lipset, 1959)은 근대화(modernization)의 영향에 대한 고전적인 진술을 제시했는데, 그는 "(국가)가 부유할수록 민주주의를 유지할 가능성이 더 커진다"고 주장했다. 그의 설명 중에는

- 소득을 보다 평등하게 분배하고 계급 갈등의 가능성을 줄임으로써 부는 계급 격차를 완화한다 (미국은 엄청난 경제적, 사회적 불평등으로 인해 이 주장이 틀렸음을 증명한다).
- 경제적 안정은 부패의 동기를 줄여줌으로써 거버넌스를 향상시킨다.
- 교육과 도시화가 차이를 유발하는데, 소도시와 도시는 언제나 민주주의의 원천이었고, 교육은 민주적 가치와 관용의 가치를 장려하기 때문이다.

비록 몇몇 학자들, 특히 글로벌 자본주의가 정치적, 경제적 저발전의 주요 원인이라고 주장하는 이들은 립셋의 주장에 이의를 제기했지만, 대부분의 학자들은 계속해서 그의 결론에 동의한다. 예를 들어, 다이아몬드와 마크스(Diamond and Marks, 1992)는 경제적 발전수준이 계속해서 "민주주의의 가능성에 대한 가장 강력한 단일 예측 변수"였다고 주장했다. 보익스(Boix, 2003)의 연구는 평등의 수준이 낮은 곳에서 권위주의가 우세했던 반면 "특정 국가에서 경제적 평등이나 자본의 이동성이 높을 때 민주주의가 우세하다"고 결론을 내린다. 보다 최근에 루스(Luce, 2017)는 민주주의의 '가장 강력한 접착제'는 경제성장이라고 주장했다.

> 집단들이 성장의 열매를 놓고 싸울 때 정치 게임의 규칙은 상대적으로 유지하기 쉽다. 그 열매가 사라지거나 운 좋은 소수에 의해 독점되면 상황은 끔찍해진다.

필연적으로 이러한 규칙에는 명백하고 실제적인 예외가 존재한다. 한편으로 석유가 풍부한 중동의 왕국(1인당 GDP로 측정했을 때 세계에서 가장 부유한 나라에 속함)의 기록은 풍요는, 심지어 아무리 대단한 풍요라 할지라도 민주주의를 보장해 주지 않는다는 사실을 보여준다. 다른 한편으로 보츠와나와 몽골은 1인당 GDP 기준으로 상대적으로 열악하고 권위주의 정권과 국경을 공유함에도 불구하고 모두 (결함이 있는 형태이지만) 민주주의 국가이다. 겉으로 보기에 모순되어 보이는 사례들은 근대성이 1인당 소득 이상의 것으로 구성되어 있다는 점을 보여주며, 이 수치(1인당 소득 – 역자 주)는 또한 대조되는 민주주의의 수준을 설명하는 데 도움이 되는 정치문화의 중요성을 간과한다 (제4장 참조).

근대화의 원인과 결과를 살펴봄에 있어 민주화의 원인과 결과 또한 고려해 봄직하다 ('이론 적용 5' 참조). 두 개념 모두 아직 완전히 설명되진 않았지만 둘의 공통점은 주로 서구 사회의 경험과 1600년대부터 현재까지 서구의 정치, 경제, 사회 시스템이 진화한 방식에 기반하고 있다는 점이다. 지난 수십 년 동안 정치 및 경제 변화의 지형이 그렇게 많이 바뀌었음에도 불구하고 두 개념은 암묵적으로 서구화와 연결되어 있다. 근대화와 민주화 모두 서구적 뿌리에서 벗어나 더 폭넓게 이해하는 데는 시간이 좀 더 필요하다.

식을 의미한다고 주장했다. 이런 입장은 뒤이어 달마이어(Dallmayr, 1999)에 의해 수용되었는데, 그는 정치사상 종사자들이 북미와 유럽의 문화적 경계 밖에서 '진정한 비교조사'를 하려는 노력을 거의 하지 않았다고 주장했다.

최근 수십 년 동안 많은 것이 변했다. 여러 다양한 국가에 대한 많은 연구가 발표되었으며 비교정치의 하위분야는 새로운 개념과 아이디어로 오랫동안 당연시 되었던 가정을 주기적으로 뒤흔들면서 더 광범위하고 절충적이게 되었다. 민주주의 정권에 대한 연구는 여전히 권위주의 정권에 대한 연구보다 훨씬 많으며, 정치학자의 대규모 공동체가 있는 크거나 오래된 국가에 대한 연구는 여전히 작거나 새로운 국가에 대한 연구보다 훨씬 많다. 역사적으로 남성이 정치학이라는 업계를 지배했으며 그로 인한 젠더 불균형이 오늘날까지 계속해서 정치적 사고에 영향을 미치고 있다는 것은 불행한 일이다. 그러나 새로운 세대의 여성 학자들은 비교정치의 가치를 확장하는 새로운 관점을 제시하고 있다. 예를 들어, 게디스(Barbara Geddes)와 간디(Jennifer Gandhi)의 저작은 이 책에서 자주 인용된다.

비교는 분명히 전 세계 정부와 정치의 진화하는 현실을 따라잡아야 했다. 이러한 현실은 변화하는 국가의 역할, 새로운 경제 세력의 부상, 신기술과 세계화의 영향, 이슬람의 새로운 정치적 역할, 실패한 그리고 실패하고 있는 국가의 영향, 민족주의의 부활 (제3장 참조), 세계 여러 지역에서 현재 분명히 일어나고 있는 민주주의의 침체를 포함한다. 그러나 그 하위분야 내의 변화는 긍정적이고 생산적이었고, 비교정치학은 이제 그 어느 때보다 더 넓은 범위의 이론과 방법론적 접근방식을 사용하고 더 다양한 아이디어와 관점의 영향을 받으면서, 우리의 이해를 심화하고 확대할 기회를 여전히 많이 남기고 있다.

사례의 선택

비교정부와 정치는 다양한 이론적 접근 방식을 선택할 수 있을 뿐만 아니라 (이 책에서 사용되는 이론 적용 상자에서 볼 수 있듯이) **방법론(methodology)**에 대한 다양한 접근 방식도 선택할 수 있다. 그리고 비교에 대한 최선의 이론적 접근에 대해 학자들 사이에 의견의 차이가 있는 것처럼 비교의 잠재력을 실현하는 최선의 방법에 대해서도 의견의 차이가 있다 (Munck and Snyder, 2007). 우리가 던져봐야 할 질문에는 다음과 같은 것들이 있다.

- **분석단위(unit of analysis)**는 무엇인가? 즉, 우리가 비교하려는 것은 무엇인가? 예를 들어 우리는 국가, 제도, 과정, 원칙, 운동, 선거제도, 정책 주제 또는 분야를 연구할 수 있다.

> **근대(Modern)**: 산업경제 또는 후기 산업경제, 풍요, 전문화된 직업, 사회적 이동성, 도시 및 교육된 인구가 있는 상태.
>
> **근대화(Modernization)**: 근대 사회의 속성, 또는 근대의 사상, 제도, 규범을 반영하는 속성을 획득하는 과정.

> **방법론(Methodology)**: 현상이나 문제에 대한 연구를 수행하기 위해 사용된 방법 또는 수단의 집합체.
>
> **분석단위(Unit of analysis)**: 비교정치학에서 연구의 대상.

- **분석수준(level of analysis)**은 무엇인가? 우리는 국가 간의 관계에서 집단이나 사회계급을 거쳐 개인 수준의 정치에 이르기까지 어떤 것도 살펴볼 수 있다.
- 그런 다음 우리는 몇 가지 추가적인 선택에 직면하게 된다. 우리의 관심을 끄는 변수와 양적, 질적 또는 역사적 연구방법 중 어느 것을 사용할 지에 대한 질문이다.

그러나 가장 중요하면서 가장 먼저 떠오르는 질문은 우리가 이해하고자 하는 사례(또는 사례들)에 관한 것이다. 즉 우리는 단일사례(n), 소수사례(small-n) 또는 다수사례(large-n) 중 선택할 수 있다. **사례연구방법(case study method)**은 사회과학, 자연과학, 인문학 전반에 걸쳐 가장 널리 사용되는 연구전략 중 하나이다. 게링(Gerring, 2009)에 따르면 이 방법은 '더 많은 종류의 사례들(모집단)을 이해하기 위한 단일사례에 대한 집중연구'를 수반한다. 연구의 초점은 사건, 정책, 사람, 제도 또는 과정일 수 있다.

단일사례를 사용하여 비교할 수 있다고 주장하는 것은 처음엔 이상하게 들릴 수 있지만, 사례가 유용하기 위해선 그 사례와 나란히 놓일 수 있는 더 큰 모집단의 예가 되어야 하기 때문에 사례는 필연적으로 비교적이어야 한다 (예를 들어, 이슬람공화국의 한 사례로서 이란 또는 군주국의 한 사례로서 일본). 단일사례는 깊이의 이점이 있으며, 보다 광범위한 유사점과 차이점을 탐색하기 위해 연구자들은 둘 이상의 단일국가를 연구할 수 있다. 단일사례는 이상적인 유형 또는 체계화된 유형과 비교할 수도 있다. 단일사례의 가장 큰 장점은 그것이 현상에 대한 심층적이고 실제적인 이해와 더불어 더 광범위한 원리를 설명하는데 도움이 되도록 명확히 정의된 예를 제공한다는 점이다.

인(Yin, 2018)은 범위와 특성 두 가지 측면에서 사례연구를 이해해야 한다고 말한다. 범위 면에서 사례연구는 실제 맥락 내에서 현상을 깊이 있게 살펴본다. 사례연구는 실험과 다른데, 예를 들면, 실험은 연구될 현상을 그 현상의 맥락과 분리하기 때문이다. 특성 면에서 사례연구는 과다변수 과소사례의 문제 (이 장의 뒷부분 참조)를 해결하는 데 도움이 되며 다양한 출처의 증거에 의존한다는 점에서 광범위하다.

성공적인 사례연구의 핵심은 사례가 나타내는 바를 명확히 하는 것이다. 본질적으로 사례는 보다 일반적인 범주의 한 예이므로 사례를 조사하는 것은 그 자체의 경계를 넘어 의미 있는 조사를 수행하는 것이다. 2017년의 일본 총선에 대해서 주제 내에서만 설명하는 것은 사례가 아니라 연구다. 그러나 1953년 이후 일본에서 현직 수상(아베 신조)이 3연임에 성공한 최초의 선거라는 의미를 파헤친 분석은 보다 폭넓은 관심 주제에 대해 상세한 설명을 제공하는 사례연구가 된다. 그것은 정당의 진화에 대해, 정치적 파벌주의 대신 변화에 대해, 그리고 지배적 정당이 있는 국가의 동학에 대해 흥미로운 질문을 제기한다. 선거 결과는 또한 아베에게 일본 방위 정책에 대한 헌법상의 한계를 해결하는 데 필요한 정치적 지지를 제공했다는 점에서 국제적 파급 효과도 있었다.

> **분석수준(Level of analysis)**: 거시(정치체제) 수준에서 미시(개인) 수준에 이르는 비교정치학 연구의 수준.
>
> **사례연구방법(Case study method)**: 특정 대상과 그것이 존재하는 맥락에 대한 상세한 연구를 수반하는 연구방법.

본질적으로 사례연구는 다음을 포함한 광범위한 기법을 사용한다.

- 학술 문헌 읽기.
- 1차 및 2차 자료의 검토.
- 분석단위 내 참가자 및 그 밖의 관찰자에 대한 인터뷰.
- 몰래 관찰하거나 참여를 통한 직접 관찰.

킹 등(King et al., 1994)에 따르면, 사례연구를 수행하는 학자들은 한때 기어츠(Geertz, 1973)가 통합적이면서 상세하다는 의미에서 '중층 서술(thick description)'이라고 불렀던 것을 제공하는 것을 목표로 '담그고 찌르기(환경에 흠뻑 젖어보고 사물을 이해하기 위해 찔러보기 – 역자주), 스스로를 세부사항들에 절여보기'에 관여한다. 이 다중 방법 접근방식은 통계분석이나 실험과 같이 단일 렌즈를 사용하는 보다 구체적이고 명시적인 접근방식과 대조를 이룬다. 일련의 관찰을 통해 측정된 변수 간의 관계를 찾으려는 통계분석과 달리 사례분석은 연구 중인 사례의 맥락에서 다양한 요인이 어떻게 상호 작용하는지 확인하는 것을 목표로 한다.

사례에 관해 생각하는 방법은 다양하지만, 비교정치학에서는 다섯 가지 특정 유형이 두드러진다 (표 2.2의 요약을 참조). 이 중에서 '대표적 사례'가 가장 흔하다. 대표적 사례는 평범하지만 그만큼 유용하기에 사례연구 중 가장 많으며, 연구자는 대표적 사례로 자신의 고국에 초점을 맞춘다. 예를 들어, 핀란드의 연구자들은 일반적인 연합정부의 형성에 관심을 가질지도 모르지만, 자신의 연구결과가 정부형성에 대한 보다 광범위한 이해에 기여할 수 있다는 기대를 하며 자신의 고국에서 정부가 어떻게 형성되는지 자세히 연구하기로 한다. 대표적 사례연구들이 모아지게 되면 더 광범위한 접근법을 취하는 다른 학자들의 비교 일반화를 위한 원재료로 제공될 수 있다.

이에 반해 '원형적 사례'는 그것이 대표적이기 때문이 아니라 대표적이게 될 것으로 예상되기 때문에 채택된다. 여기서 핵심은 선구적인 사례를 연구하면 보다 광범위한 중요성을 갖게 될 현상을 이해하는 데 도움이 될 수 있다는 점이다. 한 가지 예는 미국의 선거에서 소셜미디어를 사용한 것으로, 2008년 오바마의 선거캠페인이 그러한 유행을 창조했다. 그의 선거캠페인이 최초는 아닐지 모르지만, 그것은 새로운 표준을 설정하고 다른 곳에서도 빠르게 채택된 새로운 방법을 활용한 가장 철두철미하고 효과적인 캠페인이었음이 분명하다. 소셜미디어를 통한 캠페인은 많은 민주주의 국가에서 일반화되었으며, 심지어 러시아가 몇몇 나라에서 벌인 선거조작 혐의의 보다 어두운 영역으로까지 나아갔다. 원형적 사례의 위험 중 하나는 미래에 대한 도박에 기반을 두고 있으며 그것이 더 널리 채택되지 않으면 아무 것도 아닌 것이 될 수 있다는 점이다 (아마도 이 시점에서 연구의 초점은 그것이 유행하지 못한 이유에 대한 분석으로 전환될 수 있다).

원형적 사례에 대한 연구가 미래를 내다보는 것이라면, 예시적 사례는 한 범주의 대표로 여겨지는, 그 범주를 만든 것으로 간주되는 전형이라는 점에서 과거를 바라본다. 예를 들어, 의회제는 영국에서 태어났고, 따라서 영국 의회의 특징에 대한 연구는 의회제를 사용하는 모든 나라에서 입법부와 행정부가 작동하는 방식에 대한 이해를 제공할 가능성이 높다. 비슷한 방식으로, 프랑

표 2.2 사례연구의 유형

유형	성질	예
대표적 사례	해당 범주의 전형인 사례.	핀란드의 연합정부.
원형적 사례	전형이 될 것으로 예상되는 사례.	미국 선거캠페인에서 소셜미디어의 사용.
예시적 사례	범주를 만들어 내는 사례.	영국 의회.
예외적 사례	규칙에서 벗어난 사례.	연방국가가 아닌 대국으로서의 중국.
결정적 사례	여기서 작동하면 어디서든 작동하는 사례.	아프가니스탄의 민주주의 증진.[**]

스의 대통령제는 준대통령제(semi-presidential systems, 한국에서는 이원집정제라고도 함 – 역자 주) 정부를 설명하는 것 이상의 역할을 한다. 프랑스의 대통령제는 러시아, 우크라이나, 이전 프랑스 식민지였던 아프리카 여러 나라의 제도 등 다른 준대통령제의 모델이다.

'예외적 사례'를 연구하는 목적은 흔한 것보다 예외적이고 비정형적인 것을 찾는 것이다. 예를 들어, 공산주의로 남아 있는 몇몇 나라들, 가까스로 민주주의를 유지하는 가난한 나라들, 또는 군대가 여전히 중요한 정치적 역할을 하고 있는 나라들이 그렇다. 예외적 사례는 예외 및 이상 현상에 대한 이해를 깔끔하게 정리하는 데 자주 사용된다. 인도는 어찌하여 민주주의가 번영을 전제로 한다는 주장과 모순되는가? 연방제는 대부분 큰 나라에서 발견되는데 스위스가 연방행정체계를 채택한 이유는 무엇인가 (역으로, 중국은 인구 기준 세계에서 가장 큰 나라임에도 왜 연방제가 아닌가? 이에 대한 대답은 제11장에서 볼 수 있다)? 스웨덴과 덴마크에서는 투표율이 높게 유지되는(최근 선거에서는 80퍼센트 이상) 반면, 이웃 핀란드에서 투표율이 저조했던 이유는 무엇인가? 예외적 사례는 언제나 흥미를 끌고, 일반적인 것과 대조를 제공함으로써 대표적인 예들에 대한 이해를 높인다. 그러나 예외적인 것들은 이국적인 경향이 있기 때문에 '지나치게 많이 연구'될 위험이 있다. 비교정치학은 취미로 하는 골동품 수집활동 그 이상이어야 한다.

마지막으로, '결정적 사례'('중요한 사례'라고도 함)는 어떤 명제가 그 타당성을 인정받기 가장 불리한 상황에서 검증받도록 해 준다. 논리는 간단하다. 만약 여기서 이 명제가 참이라면, 어디에서나 참이다. 예를 들어, 만약 독일사람 대부분이 유럽통합의 확장에 반대한다는 사실을 우리가 알게 된다면(역사적으로 독일은 유럽통합에 찬성하는 국가임 – 역자 주), 우리는 다른 유럽연합 국가들도 유럽통합의 확장에 반대할 것이라고 예상할 수 있다. 이런 식으로 결정적 사례연구는 연구 투자 대비 탁월한 반대급부를 제공함으로써 매우 효율적일 수 있다. 즉 우리는 한 나라를 연구함으로써 다른 나라도 일반화할 수 있다. 그러나 그러한 성과에는 역시 위험이 따른다. 결정적 사례연구설계는 단일 연구로 일반화의 가능성을 구축하

[**] 역자 주) 실제로 아프가니스탄에서 민주주의가 증진되었다기보다는 만약 그러했더라면 결정적인 사례일 수 있다는 의미임.

지만, 관련 명제가 실제로 다른 상황에서도 그러하리라는 것에 승부를 건 도박일 수 있다.

사례연구는 정치 세계에 대한 이해를 구성하는 집짓기 블록이다. 정치인과 마찬가지로 정치학자는 기본원칙으로부터 연역하기보다는 사례를 비교하면서 나아간다. 결과적으로 많은 비교정치분석은 사례들 간 유추하는 형식을 취한다. 예를 들어, 러시아, 중국, 이란혁명의 원인 간에 유사점과 차이점은 무엇인가? 왜 단순다수제 선거제도는 미국에서는 양당제를, 인도에서는 다당제를 낳는가? 보츠와나는 인접 국가인 앙골라, 모잠비크, 짐바브웨가 모두 권위주의적인 정권임에도 어떻게 결함있는 민주주의(민주주의 지수에서 벨기에, 그리스, 헝가리보다 높은 순위를 차지함)로서의 지위를 그나마 유지하고 있는가?

방법의 선택

일단 사례 혹은 사례들이 선택되었다면, 그 다음으로 사용할 비교 방법으로 무엇이 가장 좋을 지 결정해야 한다. 가장 일반적인 방법은 질적 방법, 양적 방법, 역사적 방법 또는 이 세 가지를 혼합한 것이다 (표 2.3 요약 참조). 이것들은 모두 단일사례에 적용될 수 있지만 소수사례(small-n) 또는 다수사례(large-n)를 비교할 때 발생할 수 있는 어려움을 해결하는 데 특히 유용하다.

질적 방법

질적 방법(qualitative method)은 비교와 가장 자주 관련지어지는 연구 접근방법이다. 이 방법은 많

표 2.3 비교정치 연구방법

방법	초점	특징
질적	사례	자연적인 환경에서 둘 이상의 사례를 전체적으로 비교. 분석의 폭보다 깊이를 중요시 함.
양적	변수	다수사례(large-n)와 관련된 변수 간 관계에 대한 통계적 평가. 분석의 깊이보다 폭을 중요시 함.
역사적	과정	알려진 결과로 이어진 과정을 추적함으로써 시간의 경과에 따라 사례를 연구함.

은 사례를 포함할 수 있지만, 소수사례(small-n)를 집중적으로 심도 있게 연구하는 것에 중점을 둔다. 질적 방법은 예측하기보다는 서술적이며, 폭보다 깊이를 강조하고, 자연 환경 속에서(실험방법과 달리 연구자의 개입 없이 – 역자 주) 현상을 연구하는 경향이 있다. 연구의 대상에서 의미가 나오게 되며, 관찰은 자료수집의 주된 수단이다.

사례선택이 중요하며, 질적 방법을 사용하든 양적 방법을 사용하든 사용할 수 있는 두 가지 주요 하위 옵션이 있다 (Anckar, 2008 참조). 첫 번째는 **최대유사체계**(MSS: most similar system)로 연구의 대상에 관한 것을 제외하고 가능한 한 유사한 사례를 사용하는 것이다. 립셋(Lipset, 1990)에 의하면, 근본 논리는 "비교되는 단위가

질적 방법(Qualitative method): 자연스러운 환경 속의 몇 가지 사례를 연구하는 연구방법으로 가치, 의견, 행동, 맥락을 강조함.

최대유사체계(Most similar system): 둘 이상의 유사한 정치체제 간 유사성을 통제하고 차이점의 원인을 분리함으로써 주요 차이점을 설명하는 것에 기반을 둔 연구 접근방식.

유사할수록 단위 간의 차이를 유발하는 요인을 보다 더 쉽게 분리할 수 있다"는 것이다. 만약 연구되는 단위들이 역사, 문화, 정부제도적 측면에서 유사하다면, 연구되는 특정 차이점에 대한 설명에서 그와 같은 공통 요소는 배제할 수 있다.

헤세브룩(Haesebrouck, 2017)은 실제 MSS가 적용된 연구의 예로, 유럽연합의 회원국들이 공통의 외교 및 안보정책 구축을 목표로 하면서도 해외 군사작전에 참여하는데 왜 그렇게 다른 태도를 보이는지 의문을 제기한다. 선택된 평화유지 작전에의 참여, 또한 리비아에서 그리고 이슬람국가(ISIS)에 대한 군사적 대결에의 EU 회원국의 참여 상황을 살펴보면서 그는 참여 패턴이 무작위가 아니며 그 패턴의 차이는 군사적 자원, 군대와 무기의 경쟁적인 전개, 유엔 평화유지 전통(유엔 평화유지군에 참여한 기록이 있는 국가는 군대를 투입할 가능성이 높음) 및 무역 패턴(대상 국가와 교역량이 많은 국가는 참여하려는 동기가 더 강함)의 조합으로 설명될 수 있다고 결론짓는다.

두 번째 하위 옵션은 **최대상이체계(MDS: most different system)**로, 여러 면에서 상이하지만(부유하고 가난하고, 민주적이고 권위주의적이고, 크고 작고 등등) 설명을 요하는 공통적인 무언가가 있는 사례를 사용함으로써 (MSS와) 정반대의 트랙을 따른다. 목표는 차이점의 효과를 배제하고 유사성에 대한 설명을 찾는 것이다. MDS를 적용한 연구의 예는 인구 규모, 민족적 구성, 경제적 부, 문화적 배경, 정책 스타일 면에서 상당히 다른 12개국(칠레, 가나, 이스라엘, 뉴질랜드, 싱가포르 및 스위스를 포함하는)의 의료 개혁에 대한 비교연구 (Okma and Tenbensel, 2020)이다. 국가 간 비교를 통해 저자들은 국가 간 차이에도 불구하고 모든 국가들이 보편적인 의료보건 서비스를 제공한다는 전반적인 정책 목표를 공유하고 예산 압박, 변화하는 소비자 선호, 의료보건에서 국가의 적절한 역할에 대한 변화하는 견해와 같은 유사한 도전에 직면했다는 사실을 발견했다.

대조적으로, MDS로 뭔가 밝혀낼 수 있으리라 생각하는 것이 논리적일 수 있는 한 주제 — 그러나 실패했지만 — 는 민주주의 수준이 상당히 다른 국가군에서 왜 비슷한 투표율이 나오는지를 설명하는 것이다 (도표 14.6 참조). 예를 들어, 스웨덴과 튀르키예(완전한 민주주의와 결함있는 민주주의)의 투표율이 거의 비슷하게 높은 이유와 러시아와 프랑스(권위주의와 결함있는 민주주의)의 투표율이 거의 비슷하게 낮은 이유는 무엇인가? 제14장에서 살펴보겠지만, 정치체제의 특징에서 유권자의 특징에 이르기까지 투표율 수준의 차이에 대한 설명은 다양하며, 유사한 나라들 또는 서로 다른 나라들에서 투표율을 결정하는 가장 중요한 요인에 관한 수수께끼를 푼 사람은 아직까지 없다.

양적 방법

자연스러운 환경에 놓인 소수의 사례를 자주 사용하는 질적 방법 관점과 달리, **양적 방법(quantitative method)**은 대체로 깊이보다 폭을 강조

> **최대상이체계(Most different system)**: 둘 이상의 서로 다른 정치체제 간 차이점을 통제하고 유사성의 원인을 분리함으로써 주요 유사성을 설명하려는 것에 기반을 둔 연구 접근방식.

하고 다수사례(large-n)를 이해하기 위해 통계분석을 사용한다. 양적 방법은 데이터 정량화와 더 큰 모집단에 대한 연구결과의 일반화를 시도하고, 실험과 설문조사를 통해 정보를 생성하고, 통계학의 기술적 언어에 익숙할 것을 요구한다. 양적 방법은 질적 접근법과 다른 기법을 요구하고, 많은 사례로부터 변수의 질과 자료의 가용성과 관련된 어려움을 겪을 가능성이 높지만, 연구결과는 종종 보다 더 폭넓은 정보를 제공한다.

양적 연구의 가장 기본적인 형태는 수를 세는 것이다. 예를 들어, 연방국가가 몇 개인지, 보수주의 정부가 있는 국가가 몇 개인지, 또한 2010년 민주주의 지수에서 완전한 민주주의 국가로 분류되었던 국가 중 오늘날 결함있는 민주주의로 된 국가는 몇 개인가? 그러나 우리가 기본을 넘어서면 종속(dependent)변수이거나 독립(independent)변수일 수 있는 보다 분석적인 변수(variables)의 세계로 들어간다.

도표 2.1은 이 방법이 실제로 어떻게 돌아가는지를 보여주는 예로서, 입법부의 의원 수(종속변수)와 인구 수(독립변수) 간 관계를 보여주는 산점도이다. 던져진 간단한 질문은 인구의 크기가 입법부의 크기에 영향을 미치는지 여부이며, 그래프는 완만한 양(+)의 상관관계(correlation)를 보여준다. 즉 인구가 많을수록 입법부의 규모도 커진다. 회귀선(regression line) — 데이터에 가장 잘 맞는 선으로 두 변수를 연결하는 공식에 의해 결정된다 — 을 계산함으로써 연구결과는 그래프로 요약된다.

이 경우 회귀방정식은 평균적으로 한 국가의 인구가 백만 명 증가할 때마다 입법부의 규모가 1석씩 증가한다는 것을 보여준다. 명목상 인구가 0인 경우 입법부 규모에 대한 기본 추정치(그래프의 수직축과 회귀선이 만나는 지점으로 절편의 값을 의미함 – 역자 주)를 제공하는 이러한 방정식이 주어지면 특정 국가의 인구를 사용하여 대략적인 입법부 규모를 예측할 수 있다 (만약 음[–]의 상관관계가 있었다면 회귀선은 위쪽이 아니라 아래쪽으로 기울어졌을 것이다. 실제로는 없을 법하지만 이런 경우, 더 많은 인구는 더 작은 규모의 입법부와 연결될 것이다).

회귀선의 중요한 장점 중 하나는 이상점(outliers)을 식별할 수 있게 해 준다는 것이다. 우리의 예에서 입법부 규모의 예측과 실제 간 차이가 클수록 추가적인 설명의 필요성이 커지고 따라서 예외적 사례 분석으로 가는 연결고리를 제공한다. 도표 2.1의 자료에서 나이지리아는 인구

양적 방법(Quantitative method): 더 많은 사례 더 많은 변수를 사용하고 통계분석을 이용해 정치현상을 설명하려는 연구방법.

변수(Variable): 변할 수 있는 특성, 요인, 수량 또는 요소.

종속변수(Dependent variable): 우리가 설명하고자 하는 요인 또는 요소.

독립변수(Independent variable): 종속변수에 영향을 미치리라 여겨지는 요인 또는 요소. 보통 그런 변수들은 많이 있음.

상관관계(Correlation): 둘 이상의 변수 또는 속성 간의 관계. 그러나 상관관계가 항상 인과관계를 증명하는 것은 아님.

회귀선(Regression Line): 산점도에서 두 변수 간 관계를 요약하는 최적선.

이상점(Outlier): 회귀선에 의해 예측된 값에서 가장 멀리 벗어난 관찰점.

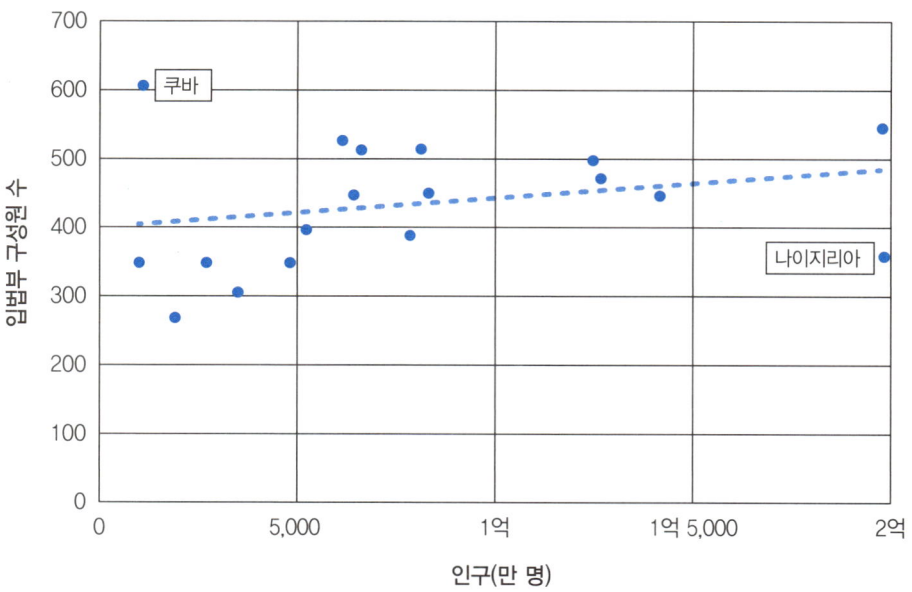

도표 2.1 인구와 입법부의 크기

출처: 입법부 구성원 자료는 Inter-Parliamentary Union (2021); 인구 크기 자료는 World Bank (2021). 입법부 구성원은 하원만 의미함.

1인당 입법부의 수가 대부분의 국가보다 적다. 약 2억 명의 인구가 있는 국가에 360명의 의원이 있거나 55만 명에 대해 한 명의 대표자가 있는 셈이다. 이렇게 보통보다 작은 규모는 부분적으로 나이지리아가 연방제이기 때문이다. 국민이 주/도 의회에서도 대표되기 때문에 연방제 국가들은 더 작은 국회를 갖는 경향이 있다. 반대로 쿠바의 인민주권민족회의(National Assembly of People's Power, 쿠바의 단원제 입법부 – 역자 주)는 인구 1인당 기준으로 규모가 크다. 인구 1,100만 명이 조금 넘는 국가에 612명의 의원이, 또는 1만 8,000명 당 1명의 대표가 있는 쿠바는 세계의 다른 거의 모든 국가보다 높은 수준의 대표성을 국민들에게 제공한다. 이는 공산주의 국가들이 당의 권력에 가해질 수 있는 위협을 줄이는 방편으로 대규모 입법부를 만들었기 때문인데, 이러한 사실은 우리에게 추가적인 연구를 위한 그럴듯한 가설을 제공한다.

역사적 방법

역사적 방법(historical method) (Lange, 2013 참조)은 더 많은 연구 사례를 역사에서 끌어내어 제공할 뿐만 아니라 우리가 오늘날 정치체제의 역사적 뿌리를 더 잘 이해하게 해준다. 이 접근법의 잘 알려진 예는 프랑스, 러시아, 중국의 혁명에 대한 스카치폴(Skocpol, 1979)의 역사적 분석이다. 이들 세 사례는 정치, 경제, 사회체제 면

> **역사적 방법**(Historical Method): 과거 사례를 연구하는 것에 근거한 연구방법으로, 흔히 시간에 따른 사건의 전개에 초점을 둠.

에서 무척 다르다. 그래서 그녀는 세 사례가 비슷한 정치적 결과를 낳은 공통된 무엇이 있는지 묻기 시작했다. 그녀의 결론, 국제적으로 열세이고 국내적으로 비효율적인 정치체제는, 지주 귀족계급이 (전폭적이 아닌) 제한적 지지를 보내는 낡은 질서에 좌절한 농민을 잘 조직된 선동가들이 성공적으로 이용했을 때, 봉기에 취약해졌다.

현재를 더 잘 이해하기 위해 역사를 살펴보는 예는 이란의 사례(서방과의 힘든 관계)에서 볼 수 있다. 언뜻 보기에 이란인들은 서방을 비판하는 데 지나치게 관심을 갖고 있는 것처럼 보일 수 있고, 서방 정치지도자들의 본능적인 반응은 이란의 불만에 대해 비판, 불신, 불간섭으로 응답하는 것이다. 그러나 역사가 우리에게 알려주고 있는 바, 이란은 결코 식민지가 아니었지만 정치와 경제에 대한 서방의 오랜 간섭의 역사가 여전히 이란의 관점에 영향을 미치고 있으며, 양측의 이야기가 서로 다른 의제에 맞게 변경, 재활용, 조작되었다는 사실이다 (Whiskin, 2018). 이러한 종류의 역사적 분석을 통해서만 현재가 과거의 관점에서 이해될 수 있다 ('국가개요 2'를 참조).

보다 집중적인 역사적 방법의 추측성 형태는 **조건법적 서술(Counterfactuals)**을 이용해 "…라면 어떻게 되었을까?" 라는 가정적 질문을 던져보는 것이다. 예를 들어, 1400년대에 명나라가 출범시킨 해군 원정대가 아프리카 동해안보다 더 멀리 당도했더라면, 영국이 미국 독립전쟁에서 승리했더라면, 히틀러에 대한 암살 시도 중 하나가 성공했더라면, 9·11 공격이 일어나지 않았더라면 우리 세계는 어떠했을까? 테틀록과 벨킨(Tetlock and Belkin, 1996)은 반(反)사실의 타당성을 판단하기 위한 유용한 지침을 개발했지만 그러한 사고 실험의 결과는 당연히 현실과 비교하여 검증될 수는 없다.

비교에 대한 도전

제1장에서 보았듯이 비교는 정치 세계에 대한 이해를 넓히고 분류를 개선하며 정확한 설명과 심지어 예측에 대한 가능성을 향상시킨다. 이 장에서 보았듯이 비교연구에서 사례와 변수를 사용하는 것에는 다양한 접근방식이 있다. 그러나 다양한 장점과 선택지에도 불구하고 비교의 폭이 넓다는 사실은 그 자체로써 문제를 야기하며 그 중 네 가지 문제가 특히 현저하다 (도표 2.2에 요약).

과소사례와 과다변수

'과소사례, 과다변수'는 비교정치를 실험자의 실험실 버전으로 생각하는 사람들에게 있어 하나의 문제이다. 이 실험실에선 연구자들이 참을성 있게 단일 변수의 영향을 분리해 내려고 한다. 레이파트(Lijphart, 1971)가 대략적으로 서술한 바와 같이, 이 문제는 연구자가 동시에 많은 변수를 통제하고 가용한 사례가 빠르게 소진될 때 발생한다. 즉, 주어진 결과에 대해 연구할 수 있는 사례보다 더 많은 설명 요인이 존재한다는 말이다. 거의 200개에 가까운 주권국가가 있음에도 실험실 내 실험만큼 정치적으로 정확하게 비교하기에는

조건법적 서술(Counterfactuals): 만약 특정 요소가 과정에 없었거나, 없었던 요소가 존재했었다면 가능했을 결과를 추측하는 사고 실험.

도전	성격
과소사례, 과다변수	주어진 결과에 대해 연구를 할 수 있는 사례보다 더 많은 설명 요인이 있음.
선택 편향	연구를 위해 선택된 사례가 대표적이지 않음으로써, 연구결과의 중요성을 제한함.
맥락의 의미 이해하기	'동일' 현상이 나라마다 다른 의미를 가질 수 있기 때문에, 비슷한 것과 비교하는 데 어려움을 초래함.
세계화	국가들이 서로 완전히 독립적인 것으로 간주될 수 없기 때문에 이론 검증에 실질적으로 가용한 사례의 수가 줄어들게 됨.

도표 2.2 비교에 대한 도전

충분치 않다. 다른 각도에서 이 문제의 성격을 밝히면, 국가 간의 정치적 차이에 대해 가능한 모든 설명을 검증할 순 없다는 말이다.

예를 들어, 환경법과 경제구조가 거의 동일하고 서로 이웃하고 있는 국가 간에도 왜 녹색당은 다른 국가들보다 어떤 국가에서 훨씬 더 나은 성과를 내는가? 구체적으로 유럽연합 회원국만 보면 녹색당이 프랑스나 이탈리아보다 오스트리아, 벨기에, 독일에서 훨씬 더 나은 성과를 거두어 왔다. 녹색당은 라트비아에서도 좋은 성과를 거두었는데, 2004년 엠시스(Indulis Emsis) 총리가 세계 최초의 녹색 정부수반이 되었고, 2015년에는 베이오니스(Raimonds Vējonis) 대통령이 세계 최초의 녹색 국가수반이 되었다. 탈물질적 가치 (제4장 참조), 교육수준, 국가의 문화전통, 선거제도, 공해의 정도, 자신들의 의제와 환경에 관한 아이디어를 국경 넘어 확산시키는 녹색당의 정치적 기술을 포함하여 국가 간 녹색당의 성과가 다른 이유에 대한 설명은 많을 수 있다. 그럼에도 무수한 잠정적인 설명과 제한된 수의 국가 사례를 가지고 명확한 결론을 내리기는 어렵다.

선택 편향

비교를 어렵게 하는 두 번째 어려움은 **선택 편향(selection bias)**으로, 분석단위가 무작위가 아닌 의도적으로 선택될 때 발생할 수 있다. 이러한 상황에서 위험은 이 분석단위들이 보다 광범위한 모집단을 대표하지 않으며 결과적으로 발견된 결과를 그 사례들이 추출된 더 넓은 범주로 일반화할 수 없다는데 있다. 예를 들어, 영어를 사용하는 민주주의 국가에 대한 연구는 모든 민주주의 국가를 대표하지 못하며, 사하라 이남 아프리카의 정당 연구는 유럽이나 중남미의 정당 연구의 전형이 아니다. 결과적으로, 우리는 충분히 포괄적이지 않음으로써 비교하는 나라들에 대해 잘못된 가정을 하는 상황에 처할지도 모른다 ('문제 탐구 2' 참조). 질적 비교에서 무작위 표본추출이 희귀하다는 점을 감안할 때, 요점은 이러한 선택 편향의 제거보다는 선택 편향의 존재를 감지하는 것이다.

선택 편향(Selection bias): 선택된 사례와 변수가 해당 사례와 변수가 추출된 더 넓은 부류를 대표하지 못할 때 발생하는 문제.

특정 형태의 네 가지 선택 편향은 각기 고유의 독특한 문제를 야기한다.

- '가치 편향(value bias)'은 연구자들이 정치, 문화, 인종, 성별, 종교, 연령, 경제적 상황, 가치 등과 같은 요인에 의해 스스로 휘둘릴 때 발생한다. 이것은 비교연구에서 특히 문제가 되는데, 왜냐하면 연구자들이 일생의 대부분 또는 전부를 보낸 국가 이외의 국가에서는 자기 연구의 대상에 대해 직접적으로 아는 것이 거의 없고, 자신의 경험, 가치, 학습의 렌즈를 통해 다른 나라를 보는 위험에 직면하기 때문이다.

- '확증 편향'은 연구자가 연구를 시작하기 전에 자신의 견해를 염두에 두고 그 견해를 뒷받침하는 사실과 분석에만 주의를 기울이고 반대 증거는 무시하거나 경시할 때 발생한다. 예를 들어, 코로나19 팬데믹과 관련하여 마스크 의무화와 예방 접종에 대한 지지자와 반대자가 자신의 입장에 반하는 연구결과를 간과하면서 자신의 믿음을 지지하는 연구에 집착하는 것은 흔하게 목도됐다. 의식적이든 무의식적이든 확증 편향(confirmation bias)은 왜곡된 결과와 결론을 낳는 효과가 있다.

- '생존 편향(survivorship bias)'은 어떤 과정상에서 살아남지 못한 것이 연구에서 제외될 때 발생한다. 예를 들어, 살아남은 소수의 공산주의 국가나 군사정부를 그러한 체제의 부류(과거와 현재) 전체를 대표하는 것으로 연구하는 것은 실수인데, 살아남은 소수가 사라져버린 것들과 상당히 다를 수 있기 때문이다. 연구를 설계할 때 우리는 (어떤 과정을) 마무리한 자뿐만 아니라 시작한 자, 살아남은 자 뿐만 아니라 사상자 모두를 살펴봐야 한다.

- '접근 편향(access bias)'은 '이론 적용 1'에서 논의된 바와 같이 사례연구의 대상인 다양한 나라들에 대한 정보가 접근하기 쉬울 수도 또는 어려울 수도 있기 때문에 발생한다. 연구자들이 자신의 언어를 사용하는 국가 또는 방문하기에 안전하다고 생각하는 국가를 연구하기로 선택한다면, 연구를 수행하기가 보다 더 어려운 국가는 주목을 덜 받는다. 예를 들어, 구드(Goode, 2010)는 러시아와 같은 권위주의 정권은 그러한 환경에서 연구를 수행하는 것이 정치적으로 민감하기 때문에 충분히 연구되지 않는다고 말한다. 접근 편향의 결과는 출판된 저작물이 모든 국가를 대표하지 못한다는 것이다.

통계를 사용한 다수사례 연구 설계의 장점 중 하나는 선택 편향의 위험을 줄인다는 점이다. 만약 현존하는 모든 국가를 연구에 포함한다면 선택 편향은 완전히 사라질 것이다. 하지만 대표성이 결여된(국가 대신에) 변수의 선택을 통해 다른 형태의 문제가 드러날지도 모른다. 예컨대, 비교정치분야의 많은 통계적 연구는 정치적인 것보다 경제적인 것을 우선시하는 정부, 싱크탱크, 국제기구가 수집한 데이터에 의존한다. 그 결과 금융과 경제 변수가 더 주목을 받고, 정치학이 경제학의 한 분야로 취급될 위험에 놓이게 된다.

맥락의 의미 이해하기

정치적 행위의 의미는 해당 국가의 전통과 관습에 달려 있기 때문에, 비슷한 것과 비슷해 보이는 것을 비교하는 것이 보이는 것처럼 항상 간단하지는 않다. '이론 적용 4'에서 논의된 문화적 접

> 확증 편향(Confirmation bias): 기존의 신념과 태도를 확인시켜주는 정보를 찾거나 해석하고 그렇지 않은 정보는 무시하는 경향.

국가개요 2
이란

간략소개

이란은 오랫동안 중동에서 중요한 역할을 해왔는데, 처음에는 영국이 오래도록 찾았던 석유 매장량 때문에, 그 다음엔 미국과 이란의 샤(Shah, 과거 이란 왕의 존칭 – 역자 주) 정권 간의 긴밀한 전략적 관계 때문에, 그리고 지금은 1979년 이란혁명으로 탄생한 이슬람공화국의 중요성 때문이다. 이란은 선출된 대통령과 입법부가 있지만 권력은 경쟁하는 파벌에 둘러싸인 비선출직 최고지도자에 의해 조종된다. 선출에 의한 것이 아닌 성직자-사법 위원회가 공직 후보자를 심사하고 법률도 그들의 승인을 받아야만 함으로써 정치적 권리는 제한되고 여성은 소외된다. 이란은 석유와 광물로 인한 막대한 부를 통제하는 사회적으로 다양한 가난한 나라이다. 설령 대부분의 이란인들이 공통된 종교로 연결된다 하더라도 그들은 여전히 보수적 관점과 개혁적 관점을 옹호하는 이들로 나뉜다. 이러한 차이는 성별, 세대, 교육 수준에 의해 견고히 구조화된다.

정부형태	단일국가. 이슬람공화국. 국가 형성 일시는 논쟁의 여지가 있으며 가장 최근의 헌법은 1979년에 채택.
행정부	대통령제. 대통령은 최대 2회 연속 4년 임기로 선출되지만, 전문가 평의회(Assembly of Experts, 실질적 선거인단)가 선출한 이슬람법 전문가이자 상당한 집행 권한을 갖고 국가원수 역할을 하는 종신 최고지도자와 권력을 공유.
입법부	단원제 마즐리스(Majlis). 4년 임기로 선출된 중임 가능한 290명의 의원이 있음.
사법부	5년 임기의 대법관으로 구성된 대법원. 이란의 법체계는 이슬람법(샤리아)과 민법의 조합에 기초함.
선거제도	의회는 소선거구 단순다수제. 대통령은 단순다수제.
정당	이슬람 정당만이 합법적으로 운영될 수 있지만 정당처럼 보이는 조직은 구애받지 않고 운영됨. 그러나 이들은 관례적으로 인정되는 공식적인 정당이 아니며, 대신 보수 및 개혁주의 입장을 대표하는 느슨한 연합으로 활동함.

인구 8,300만 명
국내총생산(GDP) 4,540억 달러
1인당 GDP 5,550달러

민주주의 지수 등급
- ✗ 완전한 민주주의
- ✗ 결함있는 민주주의
- ✗ 혼합형 정권
- ✓ 권위주의
- ✗ 측정안됨

프리덤하우스 등급
- ✗ 자유
- ✗ 부분 자유
- ✓ 부자유
- ✗ 측정안됨

인간개발 지수 등급
- ✗ 매우 높음
- ✓ 높음
- ✗ 중간
- ✗ 낮음
- ✗ 측정안됨

이란의 역사와 정치

다른 국가의 정치체제를 완전히 이해하려면 그 정치체제의 역사에 대해 가능한 한 많이 알아야 한다. 정치체제의 기원, 정치체제가 어떻게 진화했는지, 정치체제를 형성한 주요 영향요인, 그리고 그 체제의 역사가 오늘날 정부와 정치에 대한 접근 방식에 어떻게 반영되는지 등을 알아야 한다. 이러한 사실을 이란의 사례보다 더 극명하게 보여주는 사례는 거의 없는데, 글로벌 시스템에서 이란이 문제아로 취급받는 이유는 이란의 과거를 알아야만 완전히 이해될 수 있다.

현재 이란은 7세기에 이슬람으로 개종하기 전까지 아케메네스·페르시아·사산 제국들의 일부로서 유구한 역사를 가지고 있다. 그러한 개종에도 불구하고 페르시아인들은 이슬람 질서 내에서 독특함을 유지하면서도 새로운 이슬람 질서를 형성하면서 자신들의 언어와 문화를 간직했다. 더 많은 변화는 셀주크 튀르크와 징기스칸(1158~1227년경) 휘하의 몽골의 영향과 함께 일어났고, 19세기 무렵 페르시아는 영국과 러시아 간 중앙아시아에 대한 영향력 경쟁에 휘말리게 되었다.

페르시아 석유자원에 대한 영국의 통제가 강화되었고, 1936년에 국호가 이란으로 변경되었으며, 제2차 세계대전 이후 미국의 관심이 높아졌다. 1953년 모사데크(Mohammad Mossadeq) 수상의 민족주의 정권을 무너뜨린 쿠데타에 서방이 공모한 사실과 인기 없는 이란의 샤(Shah) 행정부를 영미가 지원한 사실은 이란에 대한 외국의 영향력이 어떠했는지를 보여준다. 1960년대에 샤정부의 권위주의가 심화되면서 이란에서 미국의 영향력은 커졌고, 새로운 석유수익은 샤에게 더 많은 권력을 의미했지만 일반 이란인들은 혜택을 거의 보지 못했다.

1978년의 대중시위는 샤의 망명과 페르시아/이란에서 거의 2,500년 간 지속된 군주제 통치를 종식시킨 혁명으로 이어졌다. 이로써 1979년 4월 이슬람공화국의 수립을 선언한 호메이니(Ayatollah Ruhollah Khomeini)의 영도 아래 정권이 들어섰다. 그 이후로 미국 및 그 동맹국들과 이란 사이에 긴장이 지속되고 있는데, 어느 쪽도 상대방을 신뢰하지 않으며, 이란이 원자력 프로그램을 개발하는 노력을 중단하도록 압력이 가해지고 있다.

이란 여학생들이 테헤란의 아자디 광장(자유광장)에서 이슬람 혁명 기념일 축하행사 중 국기를 흔들고 있다. 오늘날 이란을 이해하는 것은 혁명의 동기와 그 결과를 이해하는 것과 긴밀히 연관된다.

추가 읽을거리

Abrahamian, Ervand (2018) *A History of Modern Iran* (Cambridge University Press).

Boroujerdi, Mehrzad, and Kourosh Rahimkhani (2018) *Post-revolutionary Iran: A Political Handbook* (Syracuse University Press).

Takeyh, Ray (2021) *The Last Shah: America, Iran and the Fall of the Pahlavi Dynasty* (Council on Foreign Relations).

문제 탐구 2

포괄적인 비교는 어떻게 할 수 있는가?

'문제 탐구 1'에서 제기된 질문은, 세계 여러 국가에 대한 가용 정보량의 불균등성이 야기하는 문제를 제대로 해결하지 않으면서, 어떻게 우리가 비교에 대한 글로벌 접근방식을 취하고 있다고 확신할 수 있는가 이었다. 여기서 다루려는 또 하나의 관련된 질문은 다음과 같다. 우리가 시도하는 비교가 가능한 한 포괄적이고 정확하며, 데이터의 수집을 주도한 우리 자신의 특정 관점과 우리의 세계관에 의해 안내되거나 제한된 것이 아니라는 것을 우리는 어떻게 확인할 수 있는가?

이 장의 앞부분에서 보았듯이 비교정부와 정치의 세계는 그것이 소수의 국가에만 초점을 맞추던 시절보다 훨씬 더 넓으며, 선구자가 되어 이해의 한계를 밀어붙일 여지가 여전히 있는 비교 연구 주제들이 많이 있다. 그러나 모든 변화와 가능성을 파악하려고 시도함에 있어 우리가 누구인지의 관점(우리의 성별, 종교, 민족, 연령 또는 국적이 우리의 연구에 영향을 미치는지 여부)에서 사건을 바라볼 위험 그리고 일반화와 고정관념의 우를 범할 위험이 여전히 있다.

아프리카는 세계의 어느 지역보다도 끈질긴 일반화의 대상이 되어왔으며, 어느 누구도 그로 인해 발생한 문제를 케냐 작가인 와이나이나(Binyavanga Wainaina)보다 설득력 있게 요약한 이는 없다. "아프리카에 대한 글쓰기 방법(How to Write about Africa)"(2005)이라는 짧은 에세이에서 그는 아프리카에 대해 쓰는 방식에서 외부자들이 흔히 갖는 고정관념을 조롱했다. 다음은 발췌한 내용이다.

당신의 글에서 아프리카를 마치 한 나라인 양 다루십시오. 완만하게 경사진 초원과 거대한 동물의 무리, 키가 크고 마른 굶주린 사람들이 있는 이 나라는 덥고 먼지투성이입니다. 그렇지 않다면 영장류를 먹는 매우 키가 작은 사람들이 사는 무더운 나라이죠. 정확한 묘사에 속지 마세요. 아프리카는 넓습니다. 54개국, 9억 명의 사람들은 굶느라, 죽느라, 전쟁하느라, 다른 나라로 이주하느라 너무 바빠서 당신의 책을 읽을 수 없습니다. 아프리카 대륙은 사막, 정글, 고원, 사바나, 기타 많은 것으로 가득 차 있지만 독자는 그 모든 것에 신경 쓰지 않으므로 묘사는 낭만적이고 좋은 것을 연상시키게 하되 구체적으로 하진 마세요.

와이나이나는 비교학자들이 정기적으로 씨름해야 하는 몇 가지 문제를 우리에게 상기시켜 준다. 그리고 그의 염려는 다음의 질문을 포함하여 비교정치학에 대한 중요한 질문을 제기한다.

- 이러한 종류의 고정관념을 어떻게 피할 수 있는가?
- 비교 시 얼마나 많은 관점을 적절하면서 실질적이게 고려할 수 있는가?
- 우리가 속해 있지 않은 곳과 문화에 대한, 그 중 많은 것들이 미디어상의 케케묵은 것이거나 제한된 관점에 의해 형성된, 잘못된 가정을 하는 것을 어떻게 피할 수 있는가?
- 한 번도 가본 적 없는 사회에 대해 이해하는 것을 시작이라도 할 순 있는가?

근법은 여기에서 중요한 역할을 한다. 국가 간 비교를 시작하기 전에 우리는 연구하고 있는 국가의 관련된 문화 코드를 이해하고 있는지 확인해야 한다. 그렇게 하지 않으면, 우리는 국적국가에서 어떤 행위가 갖는 의미가 다른 사회에 잘못 투영되는 문화 제국주의에 빠지게 될 위험이 있다.

예를 들어, 국가마다 다른 정치적 대표의 스타일에 관한 문제에 대해 생각해 보자. 나이지리아 정치인이 화려한 사치품으로 지지자들에게 깊은 인상을 주려고 하는 곳에서 스웨덴 정치인은 자신의 평범함을 확인하려고 나설 가능성이 더 크다. 유권자들에게 깊은 인상을 남기려는 동일한 목표는 문화적으로 특정한 수단을 통해 달성되는데, 예를 들어, 아부자(Abuja, 나이지리아의 수도)에서 효과가 있는 것이 스톡홀름(Stockholm, 스웨덴 수도)에서 재앙이 될 수 있고 스톡홀름에서 성공했던 것이 아부자에선 무관심에 직면할지도 모른다.

마찬가지로, 입법부의 구성원이 정당의 노선에 반대하는 투표를 하는 경우 그 결과는 국가에 따라 완전한 무관심에서 정당에 의한 제명에 이르기까지 다양할 수 있다. 동일한 행위로 보이는 것이 다양한 의미를 지니고, 그러므로 의미는 맥락에 따라 변한다. 의미와 맥락은 또한 국가 입법부의 폭력 발생률을 비교할 때 작동한다. 예를 들어, 이탈리아, 멕시코, 한국, 튀르키예, 우크라이나, 베네수엘라의 의원들 사이에서 가끔 싸움이 벌어지지만 세계 대부분의 다른 지역에서는 싸움이 (만약 최근 역사에서 알려지지 않은 경우라 하더라도) 드물게 발생하는 이유는 무엇인가? 만약 있다면, 이 목록에 있는 국가들의 공통점은 무엇인가?

튀르키예 의원들 사이에서 난투극이 벌어지고 있다. 어떤 입법부에서 일어나는 난투극 수와 다른 입법부에서 그런 난투극이 없는 것에 대해 비교학자는 어떤 종류의 의미를 부여해야 하는가?

세계화

비교에 대한 마지막 도전(국가를 분석단위로 취하는 경우)은 **세계화(globalization)**에서 비롯된다 (Teune, 2010). 193개의 '독립' 국가가 유엔에 속해 있지만 현실에서 이들 국가는 정도의 차이는 있지만 상호의존적이다. 나라들은 끊임없는 상호 작용 과정에서 배우고, 모방하고, 경쟁하고, 거래하고, 영향을 미치고 때로는 서로 침략한다. 그러한 결과 중 하나는 서로 다른 나라들의 정부와 정치가 점점 더 유사해 진다는 것이다 (제17장 정책의 확산과 수렴에 대한 토론 참조).

그러나 세계화는 스위스 경제연구소(Swiss Economic Institute)에서 유지 관리하는 KOF 세계화 지수의 결과에 반영된 바와 같이 모든 국가에 동등하게 영향을 미치진 않을 것이다. 스위스 경제연구소는 정치적, 경제적, 사회적 측면에서 전 세계적으로 연결되어 있는 정도에 따라 세계 여러 나라들의 순위를 매긴다. 특히 도표 2.3은 가장 높은 수준의 글로벌 연결성을 가진 나라들이 스위스와 네덜란드와 같이 경제적으로 선진국인 소규모 민주주의 국가인 경향이 있음을 보여준다. 경제규모가 큰 나라는 자연적으로 국내시장에 더 많이 의존하는데, 그래서 중국과 인도와 같은 신흥국의 순위는 훨씬 낮은 반면, 광범위한 국제무역 및 투자 네트워크에도 불구하고 미국과 일본은 여전히 덜 세계화된 채 남아있다. 예상했던대로 가장 가난한 아시아와 아프리카국가는 하위 순위에 자리한다.

> **세계화(Globalization)**: 서로 다른 국가의 사람, 기업, 정부 간 연결이 정치적 결정, 무역, 투자, 기술을 통해 통합되는 과정.

이 수치들을 보면 가장 세계화된 국가들이 서로 간 정치적 차이가 가장 적을 것이라고 결론을 내리는 것이 합리적일지도 모르지만, 세계화가 초래한 결과에 대해서는 의견이 분분하다. 사회학자 리처(Ritzer, 2021)는 사회의 맥도날드화(McDonaldization)에 대해 기술하면서 문화가 효율성, 계산가능성, 예측가능성 및 통제의 목표에 의해 지배되게 되었다고 주장한다 (맥도날드화는 다양해야 할 문화의 획일화를 의미 함 – 역자 주). 이와 관련된 주장은 정치와 정치적 기대에 대해서도 제기될 수 있다. 동질화에 대한 우려는 적어도 영국, 프랑스, 미국, 인도, 필리핀과 같은 나라들의 민족주의자들이 세계화에 직면하여 왜 국가의 주권을 다시 주장하기 위해 정치적으로 반발하는지에 대한 설명의 일부였다.

우리들이 연결되어 있다는 사실은 산업화, 식민주의, 탈식민화, 민주화, 세계화와 같은 세계사의 주요 전환이 세계무대에 펼쳐지는 방식에 의해 강조된다. 그런 의미에서 우리는 독립국가의 세계가 아니라 하나의 글로벌체제에 살고 있다. 그린(Green, 2002)은 세계가 '마치 국가 정치가 사실상 자체생명을 가진 더 큰 실체의 세포인 것처럼' 배열되어 있다고 말하면서 핵심을 제대로 짚고 있다. 이것이 함축하고 있는 바는, 유기체를 구성하는 부분들이 마치 연결되지 않은 것처럼 간주하고 구성 부분들을 비교하기보다는 유기체 자체를 연구해야 한다는 것이다.

구체적인 제도적 형태는 또한 확산(diffusion)되고 있다. 중남미의 대통령제는 미국에서 수입되었다. 수상과 의회는 영국 정치사의 특수한 상황에서 성장했다. 그리고 옴부즈맨 (제10장 참조)은 스웨덴으로부터 복제된 제도적 장치였다.

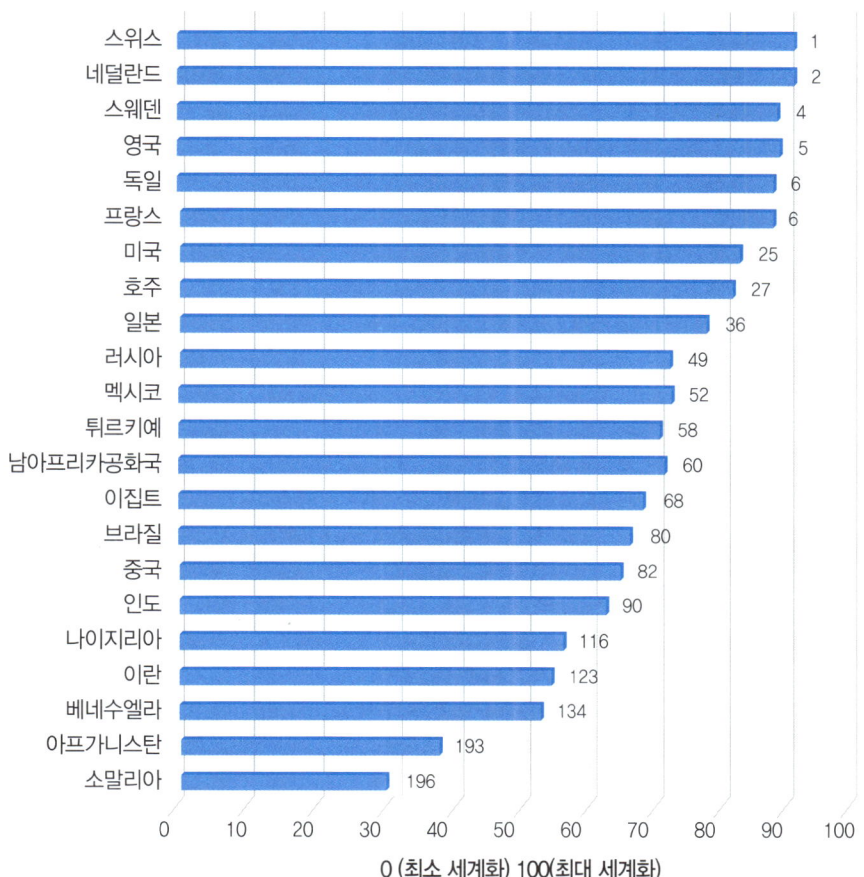

도표 2.3   KOF 세계화 지수

출처: Gygli, et al. (2019)에 근거함. 막대 끝에 있는 숫자는 196개국 중 순위를 나타냄. 최신 정보는 Swiss Economic Institute (https://kof.ethz.ch)를 참조.

유엔에서 유럽연합에 이르는 국제기구의 발전은 모든 회원국이 반응해야 하는 또 다른 거버넌스 계층을 창출한다.

이러한 연결들은 비교분석이 틀렸다고 말하진 않는다. 실제로 그것들은 서로 다른 국가에 대한 국제적 요인의 영향을 비교하는 연구를 허용하고, 그렇게 함으로써 국제정치와 비교정치 연구를 연결한다. 그러나 상호의존성은 통계 분석에 기술적인 어려움을 야기한다. 국가를 독립적인 실체로 취급하면 통계연구에서 유효 표본 크기가 인위적으로 부풀려지게 되는데, 이는 얻은 결과의 중요성을 과신하게 되는 결과를 초래한다 (Tilly, 1997). 요점을 좀 더 직관적으로 말하자면, 만약 국가들이 세계화와 같은 공통의 외부 영향을 실제로 받고 있다면, 국가를 분리된 것으로 취급하는 것은 잘못된 추론으로 이어질 수 있다.

토론주제

- 정치학 연구가 과학적이 되기 위해서는 무엇이 필요하며, 어디에서 실패할 가능성이 가장 높은가?
- 여러분의 국가는 어떤 방식으로(또는 방식들로) 대표적 또는 예외적 사례로 연구될 수 있는가?
- 비교정치 연구에 대한 양적 및 질적 접근의 장점과 단점은 무엇인가?
- 정치학은 역사학과 어떻게 다른가?
- 비교정치 연구를 가치 편향으로부터 보호할 수 있는 가장 좋은 방법은?
- 세계화는 비교정치학에 어떤 도전을 제기하는가?

핵심용어

- 거대이론(Grand theory)
- 경험적 접근(Empirical approach)
- 규범적 접근(Normative approach)
- 근대(Modern)
- 근대화(Modernization)
- 독립변수(Independent variable)
- 방법론(Methodology)
- 변수(Variable)
- 분석단위(Unit of analysis)
- 분석수준(Level of analysis)
- 비교방법(Comparative method)
- 비판적 사고(Critical thinking)
- 사례연구방법(Case study method)
- 상관관계(Correlation)
- 선택 편향(Selection bias)
- 세계화(Globalization)
- 양적 방법(Quantitative method)
- 역사적 방법(Historical method)
- 이상점(Outlier)
- 조건법적 서술(Counterfactual)
- 종속변수(Dependent variable)
- 질적 방법(Qualitative method)
- 최대상이체계(Most different system)
- 최대유사체계(Most similar system)
- 행태주의(Behaviouralism)
- 확증 편향(Confirmation bias)
- 회귀선(Regression line)

추가 읽을거리

Cresswell, John W., and J. David Cresswell (2018) *Research Design: Qualitative, Quantitative, and Mixed Methods Approaches*, 5th edn (SAGE). 이론의 사용과 선택할 수 있는 다양한 방법에 관한 장을 포함하여 어떻게 연구에 접근할 것인가에 대해 조사한 교과서.

Gray, David E. (2018) *Doing Research in the Real World*, 4th edn (SAGE). 이 장에서 다루는 많은 주제에 대한 세부 정보를 제공하는 연구 수행에 대한 일반 안내서.

Halperin, Sandra, and Oliver Heath (2020) *Political Research: Methods and Practical Skills*, 3rd edn (Oxford University Press). 정치학 연구에 사용되는 방법, 목표 및 접근 방식에 대한 개설서.

Landman, Todd, and Edzia Carvalho (2017) *Issues and Methods in Comparative Politics*, 4th edn (Routledge). 비교정치학의 특정 주제에 대한 장을 포함하여 비교방법 및 접근방식에 대한 간결한 검토서.

Lowndes, Vivien, David Marsh, and Gerry Stoker (eds) (2018) *Theory and Methods in Political Science*, 4th edn (Palgrave). 이 장에 소개된 대부분의 이론적 접근방식에 대한 장들을 포함함.

Yin, Robert K. (2018) *Case Study Research and Applications: Design and Methods*, 6th edn (SAGE). 다양한 분야의 예를 사용한 사례연구 수행의 표준자료.

3장

국가와 민족

차례
- 국가에 대한 이해
- 기원과 진화
- 국가의 다양성
- 민족의 이해
- 국가의 미래

개요

국가는 비교정부와 정치에서 가장 일반적인 분석단위이다. 비교는 지역에서 국제수준에 이르기까지 모든 수준에서 가능하고, 모든 정치제도, 과정, 문제, 현상을 포함할 수 있기 때문에 국가가 유일한 분석단위는 아니다. 그럼에도 불구하고 보통 국가를 비교에 사용한다는 것은 국가가 무엇인지, 어떻게 작동하는지, 어떻게 진화했는지, 얼마나 다양한지, 그리고 국가의 미래가 무엇인지 이해할 필요가 있음을 의미한다.

이 장은 주권과 정통성을 포함하여 국가의 주요 특징에 대한 검토로 시작한다. 그런 다음 국가의 역사를 살펴본다. 국가가 어떻게 그리고 어디서 등장했는지, 국가체제가 어떻게 진화했는지, 정치적 관계가 수직적으로(지배자와 피지배자 간) 그리고 수평적으로(서로 다른 정치 공동체 간) 어떻게 변했는지, 어떻게 우리가 거의 200개 독립국가가 존재하는 현재에 이르렀는지에 대해 살펴본다. 국가 간 크기, 부, 안정성 차이의 원인과 결과로 나타난 국가 간 다양성에 대한 평가가 이어진다.

그런 다음 이 장에서는 국가가 어떻게 기능하는지, 시민들은 국가를 어떻게 여기는지를 이해하는 데 중요한 민족과 민족주의와 관련된 개념들을 살펴본다. 민족주의는 세계화의 여파로 새로운 의미를 갖게 되었으며 국가와 함께 이해되어야만 한다. 이 장은 국가의 현재 상태와 미래에 대한 오늘날의 논쟁에 대한 분석으로 끝난다. 국가는 강해졌는가, 약해졌는가, 아니면 단지 형태가 변하고 있는 것인가?

핵심논제

- 국가는 정부와 정치의 중심에 있기 때문에 국가의 특징과 진화를 이해하는 것이 중요하다.
- 모든 국가에는 정부, 인구, 영토, 주권, 정통성이라는 다섯 가지 명확한 특징이 있다.
- 근대국가는 유럽에서 태어났고 그 형태는 영국, 프랑스, 스페인과 같은 제국 열강에 의해 세계 나머지 지역에 전해졌다.
- 국가는 인구, 부, 정치적 권위가 미치는 범위 면에서 서로 다르다.
- 설령 용어가 때때로 통용될 수 있고, 종종 겹칠지라도, 민족은 국가와는 상당히 다르다.
- 근대국가의 현재 상태는 논쟁의 여지가 있다. 어떤 이들은 국가가 여전히 강력하다고, 다른 이들은 쇠퇴하고 있다고, 또 다른 이들은 단지 진화하고 있다고 주장한다.

국가에 대한 이해

우리 중 거의 어느 누구도 코로나19 팬데믹의 영향을 받지 않은 이는 없다. 우리가 세계 어디에서 살든 아마도 우리는 격리의 대상이었거나 마스크 착용과 사회적 거리두기를 요구 받았을 것이다. 우리는 팬데믹과 싸우기 위해 개발된 여러 백신 중 하나를 사용할 수 있게 되기까지 얼마나 걸릴지 궁금했다. 거의 모든 면에서 우리를 위해 다음의 결정을 내린 것은 국가(state)다. 정부가 코로나19에 대한 정책을 수립하든, 검사 절차를 설정하든, 백신을 배포하든 또는 예방 접종을 위한 백신의 적절한 제공에 실패하든, 감염자와 사망자에 관한 데이터를 우리와 공유하든 안 하든 국가는 이러한 과정의 중심에 있었다. 또한, 그러한 대응에 있어서 국가의 위치 또한 많은 이의 우려 한복판에 있었다. 그 우려는 국가권력에 관한 것이고, 마스크 착용 의무나 예방 접종 요구에 얽매이기 싫어하는 사람들의 시민적 자유에 대한 국가의 침해에 관한 것이다.

이것은 한편으로는 국가, 다른 한편으로는 정부와 정치 간 관계에 대한 한 가지 작은 예일 뿐이다. 국가의 차원과 범위에 대한 실질적인 이해 없이는 정부를 의미 있게 연구하기는 어렵다. 왜냐하면 국가는 세계에서 가장 지배적인 정치조직이고, 집단적으로 국제체제의 구성요소를 형성하기 때문이다. 우리는 우리가 내는 세금, 준수해야 하는 법률, 국가안보규정, 정부 기관 그리고 국경을 넘어 여행할 때 직면하는 통제를 통해 국가의 영향을 느낀다. 우리 대부분은 일국의 시민이며, 세계지도를 한 눈에 보는 것만으로도 국경과 국명을 알 수 있다. 그럼에도 불구하고, 국가는 때때로 콕 집어 정의하기 어려울 수도 있는데, 이로 인해 그림자 같고 수수께끼 같은 성격이 부여된다. 국가는 사람, 제도, 법률, 사상으로 대표되는가, 아니면 네 가지 모두의 조합으로 대표되는가?

국가를 이해하기 위한 일반적인 기준은 독일 사회학자 베버(Max Weber)가 제시한 고전적인 정의로, 그는 국가를 "주어진 영토 내에서 정당한 물리적 힘의 사용을 (성공적으로) 독점하는 인간 공동체"라고 묘사했다 (Gerth and Mills, 1948에서 인용). 그러나 국가에는 물리적인 힘 이상의 것이 있으며, 다섯 가지 주요 특징을 가진 법적, 정치적 실체로 정의될 수 있는 근대적 맥락에서 더 잘 이해된다. 그 다섯 가지 특징은 정부, 인구, 영토, 주권 그리고 정통성이다 (도표 3.1 참조).

국가와 정부의 차이점은, 전자는 정치 공동체이고 후자는 공동체를 관리하는 기관이라는 점이다. 정부는 국가를 통치하는 제도, 규칙, 절차로 구성되며, 국가는 그곳에서 정부가 실행하는 규칙에 대한 권한을 만든다. 정부는 왔다가 사라지며 구체적이면서도 일시적인 반면 국가는 더 추상적이고 영구적이다. 양자의 공통점은 자신의 권위에 종속되는 사람과 영토가 있다는 것이다.

그 권위의 본질을 이해하는 것과 관련하여 우리는 국가가 주권(sovereignty)을 갖고 있음을 인식할 필요가 있는데, 주권은 16세기 프랑스 철

국가(State): 인구를 갖고 있고 국경으로 구분된 영토에 대한 법적이고 정치적인 권위.

주권(Sovereignty): 내·외부의 도전자나 행위자와 상관없이 정치공동체 내에서 통치하고 결정을 내릴 수 있는 능력.

특징	성질
정부	국가에는 다른 정부와 거래할 때 국가를 관리하고 대표할 수 있는 승인된 권한을 가진 정부가 있다.
인구	국가에는 인구가 있으며, 인구가 없으면 해당 영토는 땅덩어리에 불과하다.
영토	국가는 국경으로 표시된 고정된 영역 내에서 운영되며 국경을 넘는 사람, 돈 및 상품의 이동을 통제한다.
주권	국가는 그 영토, 사람 및 자원에 대한 주권을 가진다. 즉, 법률과 세금을 부과할 수 있는 유일한 권한이 국가에 있다.
정통성	국가는 일반적으로 그 거주자와 다른 국가에 의해 해당 영토 내 관할권과 권위가 있음이 인정된다.

도표 3.1 국가의 특징

학자 보댕(Jean Bodin, 1530~1596년)이 법을 만드는 데 제한받지 않는 완전한 권력으로 묘사한 개념이다. 주권자(sovereign)라는 단어는 원래 '위에 앉는 자'를 의미했기 때문에 주권기관은 상위 권위에 의해 제한받지 않는 하나의 기관으로 상위 중의 최상위이다. 당연히 주권기관은 국가이다. 보댕이 썼던 것처럼, 주권자는 "모든 피치자에게 법을 강제하고, 그들로부터 아무것도 받지 않을 수 있다." 원래 주권은, 왕국에 대한 통제를 강화하고자 했던 군주들의 시도를 정당화하기 위해 이전에는 봉건귀족과 가톨릭 교회가 권위를 공유하고 있었던 유럽에서 등장한 개념이다. 군주가 여전히 주권자로 알려진 것은 이런 이유에서이다.

19세기에 민주주의가 뿌리를 내리면서, 국민을 대표하는 선출된 의회가 주권의 진정한 소유자라는 믿음도 뿌리를 내렸다. 주권을 획득하는 수단은 영국과 프랑스와 같이 특히 중앙집권화된 유럽국가에서 진화했다. 반면에 브라질, 독일, 인도, 미국과 같은 연방국가에서는 중앙정부와 지방정부가 권한을 나누어 갖기 때문에 주권 개념이 약하다 (제11장 참조). 이러한 상황에서 주권의 개념은 희석되고 국가 자체의 개념도 희석된다.

국가의 마지막 특징은 **정통성(legitimacy)**이며, 이는 제1장에서 논의된 권위의 개념을 기반으로 하지만 그보다 넓은 개념이다. 한 국가가 그 시민들과 그 국가와 거래하는 다른 국가들에 의해 널리 받아들여질 때 우리는 그 국가를 정통성이 있다고 말한다. 따라서 우리는 공직자의 권위가 아니라 국가의 정통성에 대해 이야기하는 것이다. '정통성'이라는 단어는 "합법적임을 선언하다"라는 의미의 라틴어 'legitimare'에서 유래했지만, 정통성은 단순한 합법성 그 이상의 의미를 갖는다. 합법성은 규칙이 규정된 절차에 따라 올바르게 만들어졌는지 여부를 나타내는 기술적인 사안인 반면, 정통성은 보다 정치적인 개념으로 만일 없다면 국가의 존재가 의문시될, 국가의 권위라는 것을 사람들이 받아들이는지 여부에 관한 것이다. 우리는 정통성을 정치체제가 과거의 성공을 통해 쌓아온 신용으로 생각할 수 있고, 또한

정통성(Legitimacy): 정당한 상태. 정당한 정부체제는 권위에 기반을 두었으며, 정부의 통치에 복종하는 사람들은 정부의 결정권을 인정한다.

뉴욕에 있는 유엔 본부. 비교정치분야는 주권국가의 수의 증가와 함께 최근 수십 년 동안 극적으로 확대되었다.

어려운 시기에 인출할 수 있는 적립금으로 생각할 수도 있다. 번창하는 경제와 인기 있는 여당은 정치체제의 정통성을 높일 수 있지만, 경제적, 정치적 문제는 그 정통성을 훼손할 수 있다.

이러한 모든 특징을 갖춘 국가는 도표 3.2에 요약되어 있는 다양한 역할과 책임을 가지고 있다. 여기에는 법과 질서에 대한 책임, 내부 및 외부 안보 유지, 국가 경제 및 무역의 관리, 규제의 채택 및 집행, 복지 및 기반 시설의 제공이 포함된다. 사실, 이러한 역할의 대부분은 정부와 자신들의 정치의제를 갖고 있는 정치지도자들에 의해 형성되고 영향을 받는다. 그러나 언제든 누가 정부를 통제하든지 간에 이 모두는 국가의 역할로 기대된다.

다른 두 분야에서 국가의 역할은 세계에서 국가가 차지하는 위치에 집중된다. 첫째, 국가는 국제법에 따른 의무를 이행할 책임이 있다. 대부분의 국가는 유엔과 유엔 산하의 여러 전문 기관과 같은 다양한 국제기구의 회원이며 여러 국제 조약에도 조인한다. 국가는 이러한 기구와 조약의 회원 요건을 충족해야 하며 규정위반 또는 조약 위반에 대해 법적 책임이 있다. 그러한 위반의 가장 심각한 예로는 공격, 침공, 대량 학살 또는 한 국가가 다른 국가의 주권 또는 관할권을 저버리는 행위가 포함된다 (하지만 세계정부라는 것이 존재하지 않기 때문에 국제법을 위반한 국가를 처벌하긴 쉽지 않다).

둘째, 국가 개념에 내재된 시민권(citizenship) 개념은 국가에 의해 정의된 정치공동체의 완전하고 평등한 구성원임을 의미한다. 시민이 된다는 것은 권리(법적 보호와 같은)와 의무(군 복무 또

시민권(Citizenship): 국가의 정회원이 된다는 생각으로, 권리를 가지며 해당 지위와 관련된 의무를 지게 되고, 보통 여권이나 신분증과 같은 문서의 형태로 확정된다.

역할	특징
법과 질서	경찰 및 형사 사법체계를 제공하고 유지.
국가 안보	군대 관리를 포함해, 외부 위협으로부터 방어를 보장.
화폐	화폐의 공급과 이자율 관리.
조세	세금을 징수하고 공적 자금 지출을 감독.
무역	타국과의 무역 이익을 관리하고 보호.
규제	환경 관리에서 식품 안전, 가격 통제, 알코올 및 약물에 대한 접근에 이르기까지 모든 것에 대한 규제 및 표준 채택.
복지	공공의료, 실업수당, 교육보조금, 농업인 지원의 형태로 복지를 제공.
사회기반시설	도로, 학교, 물과 에너지 공급과 같은 기본 서비스 제공 및 유지.
법률상 의무	국제법의 요구 사항을 충족.
시민권	시민의 권리를 정의하고 보호.

도표 3.2 국가의 역할

는 사회봉사활동과 같은)를 갖게 되는 것이다. 이러한 생각은 처음 언뜻 보이는 것만큼 명확하진 않은데, 현재 많은 국가들이 이중국적을 인정할 뿐만 아니라 적어도 코로나19 팬데믹으로 인해 이동에 대한 새로운 통제가 발생하기 전까지는 국제이주가 국경을 더욱 다공성으로 만들었기 때문이다. 한편, 새로운 터전에서 승인된 이주자는 시민권을 구하거나 부여받지 않고 영주권을 받을 수 있다. 한 국가의 합법적인 거주자가 모두 시민인 것은 아니다 (Hammerstad, 2017).

이러한 모든 특징과 역할을 염두에 두고 세계지도에서 국가를 식별하고 그 수를 헤아리는 것은 쉬워야 하지만 생각만큼 쉽지는 않다 ('이론 적용 3' 참조). 유엔 회원국 명단이 하나의 평가 기준인데, 현재 193개국에 이른다. 그러나 이 숫자에는 4개의 작은 유럽 소국(안도라, 리히텐슈타인, 모나코, 산마리노)이 포함되어 있는데, 이들은 국가의 법적 정의를 충족하지만 모든 실용적인 목적을 위해 이들을 둘러싸고 있는 더 큰 국가의 일부이다. 또한, 홍콩, 북키프로스, 팔레스타인, 푸에르토리코, 대만, 서사하라와 같은 여러 지역도 제외되는데, 이 지역은 국가와 기능이 비슷하지만 주권 및 또는 정통성이 결여되어 있다. 뿐만 아니라 버뮤다, 프랑스령 폴리네시아, 지브롤터, 괌과 같이 국가이기 위해 필요한 주권을 결여한 식민지나 해외 영토가 아직 몇 개 남아 있다. 마지막으로, 영토와 인구에 대한 통제의 정도 면에서 모든 국가가 동등한 것은 아니다 (이 장의 뒷부분에서 유사국가[quasi-state]와 사실상의 국가[de facto state]에 대한 논의를 참조). 결과적으로 단순한 세계지도(지도 3.1 참조) 한 장이 국가에 대한 전체 이야기를 들려주지 않는다.

이론 적용 3

해석주의

우주에서 볼 때 지구는 흰색의 극지방 만년설과 함께 커다란 갈색과 녹색 대륙이 있는 주로 파란색과 흰색의 구체이다. 국가와 인간이 만든 국경은 어디에도 보이지 않는다. 그렇지만 사실은 우리가 여권을 신청하고, 세금을 내고, 법을 어기고, 자국의 스포츠팀을 응원하거나, 스스로를 시민으로 여길 때 상기하는 것처럼 우리는 국가로 이루진 세계에서 살고 있다. 하지만 국가는 건물이나 산과 같은 물리적 실체가 아니다. 그것은 정치 사상가와 정치가가 오랜기간 동안 만들어낸 관념이다. 국가에 대한 관념이 사회적으로 강화되는 것과 마찬가지로, 그것은 사회적으로 논쟁을 불러일으킬 수 있으며 (왜 "A 국가를 방문할 때마다 비자가 필요한가?" 또는 "왜 내가 C 국가가 아니라 B 국가의 시민이어야 하는가?"), 이는 관념 자체의 점진적인 변화로 이어진다.

이 이야기는 정부와 정치를 이해하기 위한 해석적 접근인 해석주의(interpretivism)의 한 예이다. 해석주의는 관념에 초점을 맞추고 있는데, 베비르와 로즈(Bevir and Rhodes, 2004)가 "행위, 관행, 제도를 이해하기 위해서는 관련된 사람들에게 적절한 의미, 관련된 사람들의 신념과 선호도를 파악해야 한다"고 주장할 때, 그들에 의해 요약된 하나의 관점이다. 달리 말하면, 파슨스(Parsons, 2018)가 표현한 바와 같이, 사람들이 세상을 보는 방식을 걸러내는 사회적 구성물이 존재하기 때문에 사람들은 어떤 일은 하고 다른 일은 회피한다. 사회적 구성물에는 관념, 신념, 규범, 가정, 규칙, 정체성, 의미, 서사, 가치가 포함되며, 이것들은 두 가지 역할 중 하나를 수행할 수 있다.

- 가장 강력한 견해에서 정치는 우리가 그것에 대해 가지고 있는 관념으로 구성된다. 우리의 정신구조와 분리된 정치적 현실은 없으며, 정치적 현실에 대한 관념의 영향을 밝히기 위해 조사할 수 있는 현실도 없다.
- 좀 더 절제된 견해에서 관념은 우리가 이익, 목표, 동맹, 적을 정의하는 방식을 형성하면서 우리의 정치 세계에 독립적인 영향을 미친다. 우리는 우리가 세상을 보는 방식 때문에 그렇게 행동한다. 우리의 관점이 달랐다면 우리의 행동도 달라졌을 것이다.

해석적 접근에는 비교정치학을 위한 명확하고 유용한 교훈이 있다. 우리는 정치체제를 처음 연구할 때 체제를 구성하는 행위를 이해하려고 한다. 행위가 무엇을 의미하는가? 이 의미를 제공하는 맥락은 무엇인가? 한 국가에서 하나의 의미를 갖는 행위는 다른 곳에서는 다른 의미를 가질 수 있다. 예를 들어, 뇌물 공여가 한 곳에서는 정상적인 것으로 받아들여질 수 있지만 다른 곳에서는 심각한 범죄로 간주될 수 있다. 투표를 하는 것은 민주주의에서는 선택의 행위일지 모르지만, 독재하에서는 복종의 행위일 수 있다. 대통령을 비판하는 것이 한 나라에서는 일상적일지도 모르지만, 다른 나라에서는 선동행위일 수 있다. 이러한 행위의 결과가 다르기 때문에 그 의미도 다르다.

해석주의(Interpretivism): 정치는 우리가 정치에 대해 가지고 있는 관념에 의해 형성된다는 주장에 근거한 정부와 정치 연구에 대한 하나의 접근법.

지도 3.1 세계의 국가들

정치와 정부 연구에 대한 해석적 접근방식으로 우리는 세부적인 내용에서 추출되는 패턴을 식별하고, 예를 들자면 대통령제, 선거제, 정당체제에 대한 특정 사례의 사실을 뛰어넘는 일반화된 서술을 개발하고, 특정 사례의 참여자가 알고 있는 것을 넘어서는 지식을 습득하고자 한다.

기원과 진화

근대국가는 중세 유럽(1000~1500년경)의 불씨에서 나온 주로 서구적인 개념이다. 그 이전, 정부와 정치는 일반적으로 왕국, 제국, 도시와 관련되었다. 그것들은 종종 오늘날 국가의 구조화되고 형식적인 많은 특성, 그중에서도 가장 뚜렷한 특성인 특정 영토의 인구를 지배하는 주권적 권위가 결여된 개인적이고 분산된 방식으로 통치되었다. 그것들은 또한 가까운 이웃으로부터만 영향을 받았으며 좀 더 먼 곳으로부터의 정부에 대한 생각에 거의 노출되지 않은 채 제한된 범위 내에서 기능했다.

국가에 대한 근대적 개념은 16세기와 18세기 사이에 등장했으며 이 기간이 끝나감에 따라 상태(condition)' 또는 '서 있는 방식(manner of standing)'을 의미하는 라틴어 'status'에서 유래된 '국가(state)'라는 단어가 일반화되었다. 세계의 다른 지역, 특히 중국에도 국가와 매우 흡사한 실체가 존재했지만 (Fukuyama, 2011 참조), 국가에 대한 근대적 정의는 주권과 자치에 대한 서구의 개념에 근거한 단어들로 구성된다.

국가를 출현하게 한 단일한 힘이 있다면 그것은 전쟁이었다. 틸리(Tilly, 1975)는 "전쟁이 국가를 만들었다" 그리고 "국가가 전쟁을 만들었다"라고 썼다. 조직화된 보병과 포병이 말 탄 기사를 대체하는 동안, 14세기 화약의 도입은 군사 규모와 전술을 변화시켰다. 그 결과 공격적이고 경쟁적이며 값비싼 군비경쟁이 유럽에서 벌어졌으며, 이로 인해 통치자들은 상비군을 모집하고, 훈련시키고, 무장하고, 급료를 지불하기 위해 행정관을 고용해야만 했는데 이로써 관료제의 토대가 마련되었다. 정치적 구성단위는 더 커졌고, 관료제의 성장은 행정과 사법의 지역적 패턴이 보다 균일해짐을 의미했다. 상업은 성장했고, 통치자들은 외국 상대국과 공식적인 외교 관계를 수립하기 시작했다.

국가체제의 시작을 나타내는 단일 사건이 식별될 수 있다면, 그것은 1648년 베스트팔렌 평화회의였다. 이 회의는 신성 로마 제국의 30년전쟁과 스페인과 네덜란드공화국 간 80년전쟁을 종식시키는 조약을 낳았다. 이렇게 됨으로써 유럽의 국경은 수차례에 걸쳐 조정되었고, 주권에 대한 새로운 정의가 내려지게 됐으며, 국가의 세속적 권위를 로마의 종교적 칙령보다 우월하게 함으로써 지금까지도 **베스트팔렌체제(Westphalian system)**라고 알려진 것이 탄생하게 되었다. 영국, 아일랜드, 프랑스, 스페인, 포르투갈을 포함한 여러 국가가 베스트팔렌 평화회의 이전에 있었지만, 이 회의는 국가의 윤곽과 권한을 보다 명확히 정의했다.

유럽에서 중앙의 권위가 발전함에 따라 그것을 이론적으로 정당화해야 할 필요성도 커졌다. 보댕은 사회 내에서 단일 주권기관이 법률, 전쟁과 평화, 공직의 임명, 사법적 항소, 통화라는 5가지 주요 기능을 담당해야 한다고 주장했다. 그러나 통치권자는 여전히 제한과 통제를 받아야 했으며, 이 대목에서 영국 철학자 로크(John Locke, 1632~1704년)의 역할이 중요했다. 로크는 시민이 생명, 자유, 재산에 대한 **자연권(natural rights)**을 가지고 있으며 이러한 권리는 법에 따라 통치하는 통치자에 의해 보호되어야 한다고 주장했다. 그는 계속해서, 설령 법이 제공하는 보호를 수락하는 것과 같은 오직 암묵적인 방식에 의할지라도 시민은 그 영토의 법을 준수하기로 동의했다고 주장했다. 통치자가 시민의 자연권을 침해한다면, 국민은 저항할 권리가 있다 (Locke, 1690).

이러한 변화에도 불구하고 독립국가는 서서히 등장했으며, 1800년에는 겨우 20개(대부분 유럽과 아시아의) 국가가 존재했고, 1900년쯤에는 간신히 30개(대부분 유럽과 아메리카의) 국가가 건립되었다. 그러나 국가의 윤곽은 특히 유럽에서 더욱 엄밀해졌다. 국경은 서서히 장벽으로 바뀌었고, 법률가들은 한 국가의 영토가 바다로는 포탄이 도달하는 만큼, 육지 위로는 열기구가 나는 높이까지 확장되어야 한다는 점을 확립했다.

영국인들이 정착민 식민지(호주, 캐나다, 뉴질랜드 및 미국의 전신)를 만든 것은 국가 관념을 수출한 초기 사례를 제공한다. 새로이 도착한 사람들은 자신들이 가져온 유럽 전통의 일부를 재창출하면서 원주민 공동체를 무자비하게 대체했고, 결과적으로 이들 나라들의 정치조직은 여전히 확고하게 그리고 눈에 띄게 서구적으로 남아

베스트팔렌체제(Westphalian system): 많은 사람들이 믿는 근대국가체제는 국가의 주권과 정치적 자결권을 기반으로 한 1648년 베스트팔렌 조약으로부터 나왔다.

자연권(Natural rights): 신이나 자연이 인간에게 부여한 것으로 여겨지는 생명, 자유, 재산과 같은 권리로, 그 존재는 정부로부터 독립된 것으로 간주된다.

있다. 다른 곳에서 국가는 다양한 압력으로부터 각각 다른 결과로 부상했다. 예를 들어, 라틴아메리카에서는 1810~1825년 기간 중 독립 전쟁으로 아르헨티나, 볼리비아, 브라질, 칠레, 콜롬비아, 멕시코, 파라과이, 페루, 우루과이와 같은 새로운 국가가 생겼지만 그들이 모델로 삼은 미국의 자유주의적 기반은 허술했다. 새로운 헌법이 만들어졌지만 민주적이지도, 완전히 시행되지도 않았다.

경제적으로 19세기 후반은 상대적으로 개방된 무역의 시대가 끝나가는 때였다. 경제 불황에 자극을 받은 많은 유럽국가들이 보호주의 무역정책을 도입했다. 지역 및 국제교역 대비 국내시장이 강세를 확보했는데, 이는 경제가 중앙정부의 규제를 더 많이 받게 되었음을 의미한다. 내부적으로 국가가 수행하는 기능은 교육, 공장 규제, 치안 유지, 통계 수집(문자 그대로 '국가통계')을 포함하도록 확장되었다.

여권은 제1차 세계대전 중 유럽에 도입되었으며, 국경을 넘어 여행하는 것은 이제 정부직인에 표시된 공식허가를 수반하는 통과의례가 되었다. 국가는 자신의 사회에 더 깊이 파고들었고, 전문화된 군대 간 전쟁이 아닌(두 차례의 세계대전을 포함하여) 나라 전체가 싸운 전쟁이 이러한 변화에 종종 기름을 부었다. 군사력을 갖추기 위해서는 유래가 없는 수준의 시민, 경제, 사회의 동원이 필요했다. 브로이티검 등(Bräutigam et al., 2008)이 '국가 역량의 중심축'으로 묘사한 효과적이고 체계적으로 세금을 부과할 수 있는 능력이 더욱 증대했다. 전쟁은 비용이 많이 들었기 때문에 1930년과 1945년 사이 서구 국가에서 연간 국민생산 대비 조세수입 비율은 거의 두 배가 되었다 (Steinmo, 2003).

제1차 세계대전이 끝날 무렵, 오스트리아-헝가리, 러시아, 오스만 제국이 무너지면서 국가 형성의 중요한 물결이 중부유럽과 중동에서 일었다. 오스트리아-헝가리 제국은 오스트리아, 헝가리, 폴란드, 체코슬로바키아, 유고슬라비아의 5개국으로 분할되었다. 한편 에스토니아, 핀란드, 라트비아, 리투아니아, 우크라이나는 러시아로부터 독립을 선언했다. 비록 오스만 제국의 폐허 위에 건국된 튀르키예가 가능한 예외일 수는 있겠지만, 이 물결 동안 강력하고 안정적인 새로운 국가는 발전하지 못했다. 대신에 파시즘과 공산주의의 모습을 한 국제정치가 침투하여, 그러한 유럽 주변부 국가들이 대륙의 중심부에서 볼 수 있는 지속적인 국가 발전을 경험하지 못하게 방해했다.

제2차 세계대전의 종결은 또 다른 변화의 물결을 가져왔다. 1945년의 평화는 처음에는 그에 상응하는 국가의 역할 감소로 이어지지 않았으며, 이제 국가는 질병, 실업, 노령으로부터 시민들을 보호할 책임을 받아들이면서 그들의 복지에 점점 더 집중했다 (복지국가에 관한 자세한 내용은 제18장 참조). 한편, 식민지 시대가 저무는 동안 국가는 세계화되고 있었다. 벨기에, 영국, 프랑스, 포르투갈과 같은 제국주의 세력에 의해 그려진 정복의 경계는 독립국가의 국경이 되기 시작했다. 아미티지(Armitage, 2005)가 지적한 바와 같이, "지난 500년 동안 세계사의 위대한 정치적 사실은 제국의 세계로부터 국가의 세계가 부상한 것이다. 이 사실은 우리 모두가 살고 있는 정치 세계를 근본적으로 규정한다." (이전 식민지 열강들뿐만 아니라) 다른 국가의 소유로 오랜 역사를 갖고 있지 않는 국가는 드물며, 중국, 에티오피아, 이란, 일본, 사우디아라비아가 이 드문 경우에 포함된다.

1945년에는 70개 이상의 주권국가가 존재했으며 그 중 51개는 유엔의 창립회원국이었다. 그러나 1945년에서 1948년 사이 인도네시아, 필리핀, 인도, 파키스탄, 버마, 실론의 독립에 뒤이어 회원국 명단이 늘어났다. 아프리카, 카리브해, 중동의 많은 지역이 그 뒤를 이었고, 그 결과 1945년에서 1990년 사이에 거의 90개 국가(현재 세계 전체 국가 수의 거의 절반)가 새로이 만들어졌다 (도표 3.3 참조).

전쟁과 외교를 통해 국경을 설정한 유럽국가들과 달리, 이 새로운 국가들 중 다수는 주어진 국경으로 인해, 서로 협력하기 위해 자주 고군분투해야 해야만 했던 다양한 인종, 지역, 종교집단을 한데 모은 식민지 창조물이었다. 운용 가능한 국가를 건설하는 데 직면하게 되는 도전의 결과로 많은 국가들이 내전을 경험했다. 앙골라, 키프로스, 에티오피아, 나이지리아, 스리랑카, 수단, 콩고민주공화국이 그 예이다. 극단적이지만 여전히 예외적인 경우, 질서 유지라는 핵심 작업을 수행할 수 없는 취약한, 심지어 실패한 국가가 그 결과였다 (이 장의 뒷부분 참조).

가장 최근의 국가 형성 물결은 20세기 마지막 10년에 일어났는데, 공산주의의 붕괴와 소련(사실상 러시아 제국)이 15개 승계국으로 해체되면서 촉발되었다 (지도 3.2 참조). 이들 국가의 경험은 엇갈렸다. 발트해 연안 국가들이 유럽연합에 근접하다는 이유로 경제적, 정치적 안정을 얻고 현재는 유럽연합에 가입한 데 반해, 중앙아시아 5개 공화국인 카자흐스탄, 키르기스스탄, 타지키스탄, 투르크메니스탄, 우즈베키스탄은 그다지 좋은 성과를 거두지 못했다. 5개국 모두 민족분열, 산업화-이전 경제, 부패, 독재 통치로 고통을 겪어왔다. 오직 키르기스스탄만이 세계 최하위 권위주의국가 수준에서 벗어날 수 있었다. 이러한 문제는 이들 국가들이 식민지 이전 독립

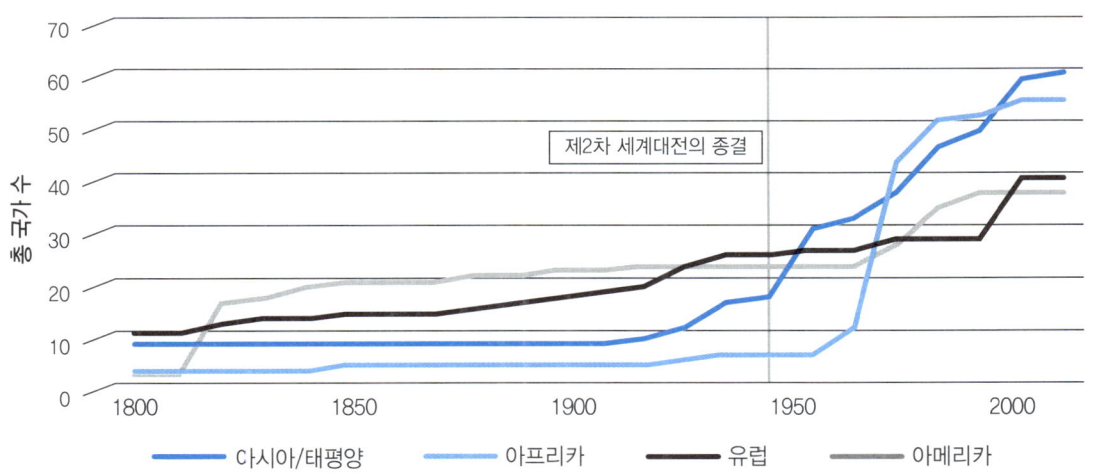

도표 3.3 국가의 형성

출처: Crawford (2007)의 부록에 기반(및 추정).

지도 3.2 소련의 승계국들

국가로서의 경험을 하지 못했기 때문에 더욱 강화되었다.**

현재 우리는 국가 형성이라는 측면에서 상대적으로 조용한 시대에 살고있는 것 같지만, 이것이 더 이상의 변화가 일어나지 않는다는 의미는 아니다. 유럽 식민주의에 의해 창설된 많은 국가들은 함께 존속하기 위해, 어떤 경우에는 수단과 같이 영토분할을 초래한 격렬한 내전을 벌이면서 여전히 고군분투하고 있다. 예를 들어 에리트레아는 1993년 에티오피아에서 독립했고, 수단 남부 지역은 2012년 세계에서 가장 새로운 국가인 남수단으로 독립했다. 내부 긴장이 수십 년 전에 전쟁으로 해소되었다고 생각하는 것이 합리적일 수 있는 유럽에서도 여전히 활발한 분리 운동이 있다 ('문제 탐구 3'과 이 장의 뒷부분에 나오는 민족주의에 대한 논의 참조).

** 역자 주) 냉전 종식 이후 동유럽 공산권이 붕괴되는 과정에 소련 이외에 유고슬라비아와 체코슬로바키아가 해체되면서 국가 수가 늘었다. 유고슬라비아는 내부 민족 갈등과 내전을 겪으면서 7개국으로 분할되었고, 체코슬로바키아는 체코와 슬로바키아로 분리되었다.

국가의 다양성

모든 국가가 정부, 인구, 영토, 주권, 정통성을 가지고 있을지 모르지만, 역사는 여러 면에서 국가들을 상당히 다르게 보이도록 해왔다. 이러한 차이는 세계에서 국가들이 차지하는 위치, 스스로를 통치하는 방식, 종종 정부체제의 효율성에 영향을 미친다. 다양성의 주요 지표 중에는 인구 수, 경제 규모와 구조, 뚜렷한 대조를 보이는 정치적 권위의 수준이 있다.

인구

국가는 인구수 면에서 결코 동등하지 않다. 측정된 범위의 한 쪽 끝에는 약 14억 인구를 가진 중국과 인도가 각각 세계에서 인구가 가장 적은 160개 국가 인구의 합보다 많은 인구를 갖고 있다. 다른 한 쪽 끝에는, 인구 1,000만 명 미만의 세계 대부분 국가가 있으며, 이들 국가 중 5분의 1의 인구는 각각 100만 명 미만이다 (도표 3.4).

카탈루냐 깃발을 흔드는 학생들이 카탈루냐 북동부 지방의 독립에 관한 2017년의 국민투표를 승인하지 않기로 한 스페인정부의 결정에 반대하는 시위를 하고 있다.

중위수 인구를 갖진 국가는 스위스(860만)로, 이 나라는 주로 '작은' 것으로 묘사되지만 더 큰 국가의 관점에서 볼 때만 그렇게 보인다.

중국, 인도, 미국, 인도네시아, 파키스탄, 브라질과 같은 큰 국가를 통치하는 문제는 일반적으로 작은 이웃 국가가 직면한 문제보다 훨씬 더 어렵다. 보다 큰 국가는 더 많은 문화적, 지리적, 경제적 다양성을 갖게 되며, 이로 인해 공동의 정책을 개발하거나 국민과 정부 간 강력한 유대를 확고히 하는 것이 더욱 어렵게 된다. 그렇다고 작은 크기

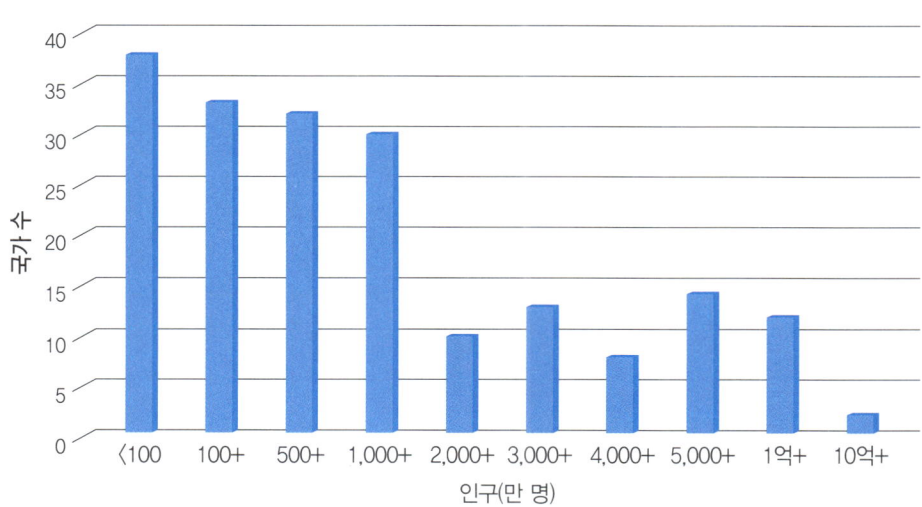

도표 3.4 국가의 크기

문제 탐구 3

통합 또는 분리?

전 세계의 수많은 국가가 통합에 대한 강조를 국가기본방침에서 채택해 왔다. 다음의 몇 가지 국가 기본방침의 의미를 음미해 보라.

- 볼리비아: *La Unión es la Fuerza* 또는 '통합은 힘이다'.
- 파푸아뉴기니: '다양성 속의 통합'.
- 인도네시아: *Bhinneka Tungal Ika* 또는 '여럿으로 이루어진 하나'.
- 말레이시아: *Bersekutu Bertambah Mutu* 또는 '통합은 힘이다'.
- 세르비아: *Samo sloga Srbina spasava*, 또는 '통합만이 세르비아인을 구한다'.
- 미국: *E pluribus unum* 또는 '여럿으로 이루어진 하나'.

그 의미는 개인이나 집단 간 화합이 찬미되고 기대되어야 한다는 것이지만, 통합이 국가정체성의 주제로 불쑥 나타나는 빈도는 많은 국가가 실제로 통합을 유지하기 위해 고군분투하는 정도를 반영한다. 이 장에서 보았듯이 국가의 생성과 진화의 오랜 역사에는 내전, 분리 독립, 강제 통합, 중앙 집중식 통제에서 벗어나려는 소수민족의 노력이 곁들여져 있다. 오늘날에도 특히 벨기에, 캐나다, 중국, 인도, 이라크, 스페인(바스크 및 카탈루냐 독립 운동 포함), 스리랑카, 러시아, 튀르키예 등 세계 십여 개 나라와 인종이나 종교로 분열된 많은 나라에서 평화적 분리주의, 과격파 분리주의 또는 지역주의 운동이 일어나고 있다.

어떤 경우에는 국가가 평화롭게 해체되었는데, 쉬운 예로 1993년 체코와 슬로바키아 간의 '벨벳 이혼'(Velvet Divorce, 1989년 체코슬로바키아 공산주의를 종식시킨 무혈 벨벳혁명 이후 이루어진 체코와 슬로바키아로의 평화로운 해체를 일컬음 – 역자 주)을 들 수 있다. 그러나 1991~1992년 유고슬라비아의 해체와 1993년 에티오피아로부터 에리트레아의 독립과 2012년 수단으로부터 남수단의 독립에 앞서 있었던 긴 내전의 사례와 같이 다른 대부분의 경우 국가의 해체는 폭력적이었다.

국가가 무력에 의해 결속된 오랜 역사와 독립을 위해 투쟁하는 민족 집단의 오랜 역사는 국가가 단결하는 이유에 대해 여러 가지 질문을 제기한다. 어떤 경우에는 토지, 광물 또는 석유와 같은 자원에 대한 통제가 쟁점이고, 다른 경우에는 다른 분리 독립을 막기 위해 어떤 분리 독립도 못하게 하는 문제이다. 다음의 질문에 대해 생각해 보라.

- 국가의 정부는 국가 통합을 위한 노력이 수많은 시민들 사이에 분노를 유발할 때마저도 왜 그토록 빈번하게 국가통합을 위해 고군분투하는가?
- 그것은 권력의 표출로 귀결되는가, 아니면 다른 요인이 더 중요한가?
- 정부와 시민은 국가의 통합을 유지하기 위해 노력해야 하는가, 아니면 합리적인 요구가 있을 때마다 해체나 분리가 허용되어야 하나?

가 반드시 성공의 비결은 아니다. 몇몇 유럽의 마이크로국가(microstates, 특히 아이슬란드와 룩셈부르크)는 정치적 안정과 경제적 성공을 겸비했지

마이크로국가(Microstates): 인구 및/또는 영토가 작은 국가. 안도라, 바베이도스, 팔라우, 몰디브가 그 예에 포함된다.

만 다른 많은 국가는 인력과 자원 모두가 부족하다. 투발루, 마셜제도, 나우루, 팔라우와 같은 태평양 섬 국가에는 인구가 거의 없고(6만 명 이하의 거주자가 있음) 천연자원이나 경제적 기회가 거의 없으며, 세계 다른 나라들과의 무역과 운송 연결이 열악하다. 많은 국가들이 생존가능한 정치 및 경제 단위로서 거의 기능하지 못하고 있다.

부

국가를 단순히 '부국' 또는 '빈국', '선진국' 또는 '개발도상국'으로 분류할 수 있었던 시대는 지났다. 비록 국가의 경제적 불평등이 여전히 크지만, 신흥경제국의 성장을 포착하는 보다 미묘한 그림이 나타났다. 세계은행은 국가(또는 보다 정확히는 경제)를 4개 소득그룹으로 나누는 유용한 분류법을 제공한다 (표 3.1 참조). 1988년에 도입된 이 분류 제도는 빈곤과 영아사망률과 같은 웰빙 측정과 관련된 부의 지표를 제공하고자 했다.

고소득 범주는 여전히 유럽, 북미, 오스트랄라시아(오스트레일리아·뉴질랜드·서남태평양 제도를 포함하는 지역 – 역자 주) 및 일부 아시아의 선진국이 지배하고 있다. 경제협력개발기구(OECD: Organization for Economic Cooperation and Development)를 구성하는 것은 바로 이들 국가인데, OECD 웹페이지에 따르면, 이 기구는 "다양한 사회적, 경제적, 환경적 문제에 대한 해결책을 찾음으로써 … 모두를 위한 번영, 평등, 기회, 복지를 촉진하는 정책을 수립하는 것"을 목표로 한다 (OECD, 2021a). OECD 국가들의 경제적·정치적 자원은 여전히 많지만, 2008~2010년 글로벌 금융위기, 그로 인한 공공 부채 증가, 2020~2021년 코로나19 팬데믹으로 인한 문제는 그들의 영향력을 약화시켰다. 게다가, 인구비중은 다른 곳에 있는데, 세계에서 가장 인구가 많은 10개국 중 OECD 회원국은 미국과 멕시코뿐이다. 고소득 범주는 커다란 부를 위해 규모가 커야 할 필요가 없다는 사실을 다시금 확인하면서 쿠웨이트와 카타르와 같은 작고 석유가 풍부한 권위주의 정권도 포함한다.

중상위 소득 범주는 빠르게 성장하는 대부분의 새로운 경제를 포함한다. 이들 중 몇몇 국가의

표 3.1 소득별 국가

범주	1인당 GNI(국내총소득)	국가 수	예
고소득	1만 2,540달러 이상	83	프랑스, 독일, 일본, 폴란드, 스웨덴, 영국, 미국
중상위 소득	4,050~1만 2,540달러	56	브라질, 중국, 이란, 멕시코, 러시아, 남아공, 튀르키예, 베네수엘라
중하위 소득	1,040~4,050달러	50	이집트, 인도, 나이지리아, 필리핀, 베트남
하위 소득	1,040달러 이하	29	아프가니스탄, 에티오피아, 아이티, 북한, 시리아

출처: World Bank (2021b). 참고사항: 1인당 GNI 금액은 반올림됨.
데이터는 2018 회계연도 기준임. 고소득 그룹에는 주로 국가로 인정되지 않는 케이맨 제도, 지브롤터, 그린란드, 홍콩과 같은 정치 공동체가 포함됨. 최신 정보는 World Bank를 참조. https://datahelpdesk.worldbank.org.

경제적 역동성과 많은 인구는 선진화된 서구가 약화되는 세계 권력의 재균형화를 이미 촉발했다. 이 범주에는 투자회사 골드만 삭스(Goldman Sachs)의 경제학자가 2001년에 고안한 하나의 지칭인, BRIC 나라(브라질, 러시아, 인도, 중국) 중 3개가 포함된다 (O'Neill, 2001). 그러나 이러한 이야기는 최근 러시아와 브라질에겐 그다지 기뻐할 것이 못 된다. 러시아는 인플레이션, 2014년 우크라이나 크림반도 병합 이후 가해진 경제제재의 영향, 증가하는 부의 불평등에 시달리고 있으며, 브라질은 가뭄, 침체된 경제, 부패, 에너지 비용 상승, 코로나19로 인한 높은 수준의 감염 및 사망이 조합된 상황을 겪고 있다.

중하위 소득 국가는 주로 아프리카와 아시아에서 발견된다. 비록 그들의 경제는 변화하고 성장하고 있지만, 풍요 수준과 글로벌 정치에서의 비중 면에서 그들이 중상위 소득 국가와 항상 일치하는 것은 아니다. 인도는 오랫동안 수수께끼 같은 나라였다. 인도경제는 세계 최대의 경제 중 하나이지만 충족되지 않은 잠재력으로 인해 수년 동안 고통을 겪었고 경제 발전의 혜택은 가장 가난한 시민들에게까지 미치지 못했다. 인도경제에서 국가가 차지하는 커다란 역할과 급속한 인구 증가를 해결해야 하는 도전은 주요 문제였다. 최근 정부는 경제를 근대화하고 외국인 투자를 유치하여 경제성장을 촉진하고 빈곤율을 낮추었다. 그러나 문제는 여전히 많이 남아 있다.

아프가니스탄, 아이티, 북한, 네팔, 타지키스탄, 예멘을 제외하고 저소득 국가는 모두 아프리카에 있다. 1인당 소득이 연간 1,000달러 미만(종종 훨씬 더 적음)인 상황에서 이들 국가의 대다수 사람들의 삶은 여전히 어려운 상황이다. 자원과 기반 시설은 제한되어 있고 경제는 주로 농업에 기반을 두고 있으며 사하라 사막 주변국과 같은 이들 나라 중 일부는 자연이 초래하는 불리한 상황으로 인해 어려움을 겪고 있다. 다른 많은 영향 중에서 이러한 요인은 부국과 강국에 대한 빈국과 약소국의 종속을 야기한다.

2020년 세계에서 생산성이 가장 낮은 국가는 부룬디로, 1인당 GDP가 274달러에 불과했다. 이 수치는 세계에서 가장 생산적인 국가인 룩셈부르크의 1인당 GDP가 거의 11만 6,000달러인 것과 극명한 대조를 이뤘다. 거의 1,100만 명에 이르는 부룬디 인구는 63만 2,000명의 룩셈부르크 인구보다 훨씬 많았지만, 대부분의 룩셈부르크인들은 교육을 잘 받고 은행업과 금융업 같은 고소득 서비스업분야에 종사하는 데 반해, 대다수 부룬디인들은 이윤이 낮은 농업분야에서 일한다. 부룬디는 2006년에 끝난 인종갈등에 기인한 내전의 영향에서 회복하기 위해 여전히 고군분투하고 있고, 생산성이 높은 노동력과 보다 더 튼튼한 경제를 위해 필요한 교육 및 의료 시스템에 투자할 수 없었다.

정치적 권위

모든 국가가 국제법에 따라 동등한 주권을 가진다고 할지라도 그들이 반드시 동일한 수준의 내부 결속과 안정성을 유지하고 있는 것은 아니다. 이 장의 앞부분에서 우리는 국가들이 어떻게 정치적, 종교적, 문화적 분열과 자주 씨름하고 있는가 보았다. 대부분의 경우 이러한 분열은 전쟁에 의해서만 해결되었다. 이러한 분열은 오늘날에도 많은 국가에서 지속되고 있으며, 그 중 일부 국가는 국가 차원의 안정적인 타협이 이루어지는 것을 보았지만, 다른 일부 국가는 안정성과 성공을 보장하는 데 필요한 일정 수준의 정치적 권위를 달성하는 데 실패했다.

어떤 경우에는 국가가 법에 의한 국제적 인정을 받지 못하거나 영토를 완전히 통제하지 못함으로써 정치적 권위가 손상된다. 이들 중 일부는 잭슨(Jackson, 1990)이 **유사국가(quasi-state)** 라고 부르는 것인데, 그는 이를 이전의 식민 세력으로부터 독립을 얻었지만 그 이후로 영토의 많은 부분에 대한 통제력을 상실한 국가로 정의한다. 국제사회는 유사국가가 국가로서 권리와 책임을 가지고 있는 것으로 인정하지만, 유사국가는 제 기능을 하는 하나의 독립체로서 거의 존재하지 않는다. 소말리아는 대표적인 예이다. 1991년 발발한 내전은 중앙정부의 붕괴와 국내 여러 자치지역의 출현으로 이어졌다. 소말리아는 2012년 이후 공식적으로 연방공화국이 되었지만 북부의 대부분은 오랫 동안 소말릴란드 또는 소말리아의 푼틀란드 국가로서 자치적으로 기능해 왔다 (지도 3.3 참조).

다른 것은 페그(Pegg, 1998)가 **사실상 국가 (de facto states)** 라고 부르는 것인데, 이는 영토를 통제하고 자체 정부를 가지고 있지만 주로 국제사회가 인정하지 않는 국가를 의미한다 (따라서 합법적으로 또는 법률상으로 존재하는 것이 아닌). 따라서 유사국가는 아무리 효과적이지 못하더라도 합법적이지만, 사실상 국가는 아무리 효과적이더라도 불법이다. 주요 예로는 압하지야, 코소보, 나고르노-카라바흐, 트란스니스트리아, 소말릴란드, 대만, 북키프로스 터키공화국이 있다. 소말릴란드는 소말리아와 강한 대조를 이룬다. 소말리아는 유엔에 의석을 갖고 있으며 비록 효과적이 못하지만 국제적으로 인정받고 있는 반면, 소말릴란드는 1991년 이후로 상대적으로 평화롭게 소말리아 북부 1/3을 통치하고 있음에도 불구하고 여전히 인정받지 못하고 있다.

민족의 이해

국가와 관련되고 중첩되며 좀 더 이해하기 어려운 개념인 **민족(nation)** 을 이해하지 않고 국가에 대한 논의를 완료할 수 없다. 국가가 법적, 정치적 개념이라면 민족은 문화적, 역사적 개념이다 (많은 사람들이 하는 것처럼 민족을 국가라고 부르는 것은 엄밀히 말해 틀린 것이다). 국가가 법에 따라 존재하는 곳에서 민족은, 앤더슨(Anderson, 2013)에 의하면, '상상의 공동체'로 간주되며, 그렇게 여겨지길 원하는 어떤 집단처럼 보인다. 하지만 두 가지 측면에서 우리는 개념을 좀 더 명확히 할 수 있다. 첫째, 민족은 조국을 가진 사람들이다. 엘리와 써니(Eley and Suny,

---

유사국가(Quasi-state): 국제법에 따라 존재하고 인정되지만 정부가 자신들의 관할하에 영토를 거의 통제하지 못하는 국가.

사실상 국가(De facto states): 영토를 통제하고 거버넌스를 제공함에도 불구하고 국제법상 인정되지 않는 국가. 이것은 '법에 따라(de jure)' 존재하기보다는 '사실상(de facto)' 존재한다.

민족(Nation): 공유된 역사, 문화, 언어 또는 신화를 기반으로 서로 동일시하는 사람들의 집단을 묘사하는 문화적이고 역사적인 개념.

지도 3.3 분쟁 중인 소말리아 국경

1996)에 따르면, 국가와 마찬가지로 민족은 '특정 토지와 부속물에 대한 권리'를 의미한다. 여기서 '출생지'를 의미하는 라틴어에서 유래한 민족의 어원은 적절하며, 민족과 장소의 연결은 대단히 중요하다.

둘째, 한 집단이 자신들을 민족이라고 주장할 때 보통 자신들의 조국 내에서 자결권(self-determination)을 주장한다. 이 집단은 스스로의 주장을 정당화하기 위해 공유된 문화를 이용하거나 지어내면서 자신들의 영토에 대한 주권을 추구한다. 자치(민주주의 원칙과 혼동하지 말 것)에 대한 이러한 주장은 민족에 정치적 성격을 부여한다. 사회집단은 독립이든 이양이든 자신의 운명에 대한 통제를 달성하거나 추구함으로써 민족이 된다. 예를 들어, 1948년 이후 팔레스타인 국가를 위한 캠페인은 이전에 더 모호했던 팔레스타인 민족정체성을 강화했다. 결국 민족정체성은 서로를 알지 못하지만, 그럼에도 불구하고, 공동의 통치자와 시장 하에서 함께 살고 있는 사람들을 통합시킨다. 랭맨(Langman, 2006)의 표현대로, 민족정체성은 전쟁에 참여하는 것을 합리화하여, 사람들이 '낯선 사람들을 위해 목숨을 바치도록' 부추긴다.

국가와 달리 민족은 반드시 잘 정돈된 지리적 경계를 가지고 있지 않으며 두 개념이 항상 깔끔하게 일치하는 것도 아니다. 스펙트럼의 한쪽 끝에는 단일 민족에 속한 사람들만으로 이루어진 전형적인 민족국가(nation-state)가 있다(Wimmer, 2013 참조). 19세기에 영국의 정치철학자 밀(Mill, 1861)은 "민족감정이 어떤 힘으로 존재하는 곳에서는 민족의 모든 구성원을 동일한 정부 아래에 통합하고 그 구성원 자신들에게만

자결권(Self-determination): 외적인 강요 없이 행동할 수 있는 능력. 민족자결권은 한 민족이 자신의 정부를 가질 수 있는 권리이다.

민족국가(Nation-state): 시민들이 공통의 민족정체성을 공유하는 국가.

고유하게 존재하는 하나의 정부가 있어야 한다는 것은 명백하다"고 주장했다. 그러나 이런 일은 실제로 드물게 일어났으며, 우리는 민족적으로 동질적인 국가를 발견하기는 쉽지 않다. 몇 안 되는 예 중 하나가 아이슬란드로, 36만 1,000명의 주민 대부분이 아이슬란드인들이다. 그들은 작은 섬 안에서 잘 기록된 혈통을 공유하기 때문에 국가의 출생 기록이 유전 연구를 위한 완벽한 실험실을 제공한다. 일본은 또 다른 예이다. 일본정부가 정확한 수치를 기록하진 않지만, 인구의 98.5 퍼센트가 일본인으로 추정된다.

훨씬 더 일반적인 것은 **다민족국가(multinational state)**이다. 여기에선 하나의 공유된 정부 하에 여러 민족 집단이 사는데, 이런 목표는 자신들이 다른 민족들 중 한 민족에 의해 지배되거나 국가 자원의 공정한 몫을 손해 볼 것이라는 각 민족의 우려로 인해 달성하기 쉽지 않다. 비록 국제이주가 많은 국가들, 아마도 대부분의 국가들을 좀 더 다양하게 되는 방향으로 움직이게 하고 있지만, 다민족주의는 새로운 것과는 거리가 멀다. 예를 들어, 영국은 오랫동안 잉글랜드·웨일즈·스코틀랜드·아일랜드 민족으로 나뉘어져 있었고, 캐나다는 영어사용자와 프랑스어사용자로, 벨기에는 네덜란드어사용자와 프랑스어사용자로 나뉘어져 있었다. 다민족주의는 대부분의 유럽국가가 지닌 특징이며, 모든 유럽국가에는 소수민족이 있다. 대부분의 유럽국가가 유럽연합의 일에 참여해왔고 ('국가개요 3' 참조), 그 일은 부분적으로 민족정체성과 국가정체성에 더해 유럽인들의 공유된 정체성을 구축하는 것을 장려하는 활동이다.

일부 나라들이 민족 통합을 이루기 위해 고군분투하는 방식을 이해하는 측면에서 덜 일반적이지만 중요한 것은 민족 집단이 여러 국가 간에 나뉘어져 있는 상황이다. 예를 들어, 쿠르드족은 이란, 이라크, 시리아, 튀르키예, 몇몇 이웃 국가에 살고 있으며, 따라서 국가 없는 민족이다 (지도 3.4 참조). 이라크 쿠르드족은 1970년부터 자치권을 행사해 대규모 석유 매장지를 통제하고 있는 반면 시리아내전에서 싸우는 쿠르드족은 2012년부터 시리아 쿠르드족 지역에 대한 통제권을 확립할 수 있었다. 그러나 이 지역의 약 4,000만 내지 4,500만 명의 쿠르드족은 지금까지 독립된 쿠르디스탄을 건립할 수 없었다.

민족이 국가에 미치는 또 다른 중요한 영향은 두 가지 다른 의미를 갖는 **민족주의(nationalism)**의 발생에서 발견된다. 원래, 그리고 고전적으로, 민족주의가 19세기와 20세기에 종종 쓰였듯이, 그것은 민족이 그들 자신의 운명을 결정할 권리가 있다는 것을 의미했다. 이는 1966년 '시민적 및 정치적 권리에 관한 유엔 협약(UN Covenant on Civil and Political Rights)'에서 다음과 같이 요약되었다. "모든 민족은 자결권이 있다. 그 권리로 인해 그들은 정치적 지위를 자유롭게 결정하고 경제적, 사회적, 문화적 권리를 추구한다." 민족주의는 또한 민족정체성과 결속을 뛰어넘는 제2의 그리고 더 골치 아픈 의미를 띠게 되었다. 그것은 마치 존재하는 것으로 상정된 민족적 우

다민족국가(Multinational state): 단일 정부 아래 다수의 민족 집단으로 구성된 국가.

민족주의(Nationalism): 공통된 민족정체성(일반적으로 공유된 문화와 역사로 표시됨)을 가진 한 집단의 사람들이 외부의 개입 없이 독립적인 국가를 형성하고 스스로를 통치할 권리가 있다는 믿음.

국가개요 3
유럽연합

간략소개

국가의 세계에서 유럽연합은 예외이다. 이것은 전후 평화와 경제 재건을 촉진하기 위해 6개 창립 회원국 간 단일시장을 구축하려는 노력으로 1950년대에 시작되었다. 그 이후로 회원수(27개국)와 범위를 확장했지만 그 정치적 성격에 대해 의견이 분분하다. 유럽연합은 여러 분야에서 공통의 정책을 가지고 있으며, 광범위한 문제에 대해 24개 이상의 회원국 간의 협력을 장려한다. 대부분의 회원국은 단일통화인 유로도 채택했다. 조약은 있지만 헌법과 행정기관이 없어 EU의 정부에는 이르지 못한다. 유럽연합은 연방제 유럽합중국이 아니며, 일부 지지자들은 그러한 방향으로 움직이지만, 특히 민족주의자들과 이민에 반대하는 사람들 사이에는 보다 더 진전된 유럽통합에 대한 저항도 있다.

정부형태	논쟁의 여지가 있다. 정부 간 조직 이상이지만 연방제 유럽 초국가에 미치진 못한다.
행정부	회원국 정부 정상들의 회의체인 유럽이사회(European Council), 정부 장관들의 회의체인 유럽연합이사회(Council of the European Union), 행정부와 관료기구의 교차점인 강력한 유럽연합집행위원회(European Commission) 간 행정부 기능이 나뉘어 있다.
입법부	유럽연합 회원국의 모든 유권자가 직접 선출하는 단원제 유럽의회. 그 지위는 1970년대 이후 상당히 높아졌지만, 그 범위는 여전히 EU 책임의 모든 영역을 포괄하지는 않는다.
사법부	각 회원국의 판사 1명으로 구성된 유럽사법재판소는 유럽통합 추진을 뒷받침하는 EU의 강력한 법적 기반을 발전시켰다.
선거제도	유럽의회 의원은 비례대표제하 5년 연임제로 선출되며, 회원국들은 단일 선거구로 취급되거나 여러 개의 개별 선거구로 나뉜다.
정당	유럽의회 선거에 유럽 정당으로 참여하는 정당은 거의 없다. 대신에, 선거는 별개의 국가 선거에 실제로 출마하는 국가별 전국 정당들에 의해 벌어진다.

 인구
4억 4,800만 명

 국내총생산(GDP)
15조 6,000억 달러

 1인당 GDP
3만 4,918달러

민주주의 지수 등급
- ✓ 완전한 민주주의
- ✓ 결함있는 민주주의
- ✗ 혼합형 정권
- ✗ 권위주의
- ✓ 측정안됨

등급은 없지만 회원국의 약 1/3이 완전한 민주주의 국가인 반면 나머지(주로 동유럽)는 결함이 있다.

인간개발 지수 등급
- ✓ 매우 높음
- ✗ 높음
- ✗ 중간
- ✗ 낮음
- ✓ 측정안됨

등급은 없지만 모든 회원국들이 매우 높은 수준임.

EU와 유럽국가에 대한 EU의 의미

근대국가에 대한 많은 도전 중 하나는 두 개 이상의 국가가 표준적인 국제기구에서 볼 수 있는 것 이상의 협력 관계를 구축하는 지역통합(regional integration) 현상이었다. 그들은 정치적 주권을 유지하면서 무역장벽을 줄이고, 공동의 행정기관을 만들고, 공동 이익에 대한 공통 규칙을 개발하기 위해 일한다. 가장 오래되고 발전된 그러한 예는 1952년 이래 이런저런 형태로 존재해 왔고 현재 27개 이상의 국가를 포함하고 있는 유럽연합이다 (자세한 내용은 McCormick, 2021 참조). 덜 야심찬 목표를 지향하는 다른 예로는 아프리카연합(55개 회원국), 동남아시아국가연합(ASEAN, 10개 회원국) 및 중남미통합연합(13개 회원국)이 있다.

2019년 유럽의회 선거를 앞두고 집권 기독민주당의 선거운동이 시작되자 한 활동가가 '우리의 유럽'이라고 적힌 플래카드를 들고 있다.

지역통합(Regional integration): 국가들이 경쟁보다 협력이 낫다고 믿는 정책 영역에 대한 권한을 일부 모으는 결과를 초래하는 경제적, 정치적 유대를 구축하는 과정.

EU의 주요 기관은 어떻게 보면 유럽의 정부처럼 보이지만, 실제로는 공유 거버넌스체제에 불과하다. 그들은 무역, 경쟁, 농업, 환경을 포함하여 EU 회원국이 함께 협력하기로 동의한 영역에서 공통정책 수립 및 법률 제정을 감독한다. 그 결과 회원국의 독립적인 권한이 축소되고 회원국의 국가정체성과 공존하는 유럽정체성이 발전했다. EU는 연방 유럽합중국이 아니며 회원국의 시민권을 대체하는 유럽 시민권은 없지만 그 권한과 범위는 다른 지역 기구를 능가한다.

EU의 확대된 역량은 보편적으로 환영받지 못했으며, EU국가 간 유대가 심화됨에 따라 1990년대 초반부터 유럽통합에 대한 저항이 커졌다. 이는 EU가 회원국들의 권리를 위협하는 엘리트주의적 구조라는 비난으로 이어졌다. 이러한 생각은 2016년 투표에서 대다수의 영국 유권자가 EU를 떠나기로 선택한 브렉시트 결정에 기여했다. 유럽 모델이 겪는 새로운 어려움에도 불구하고 지역통합의 아이디어는 세계 대부분의 다른 지역에서 반향을 일으키지만 정치적인 목표보다는 경제적인 목표에 더 중점을 둔다.

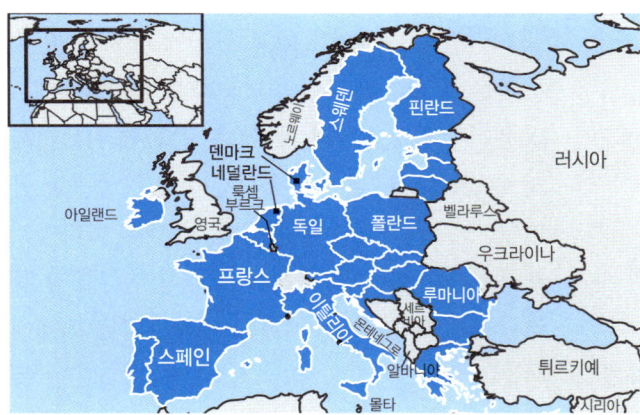

추가 읽을거리

Dinan, Desmond, Neill Nugent, and William E. Patterson (eds) (2017) *The European Union in Crisis* (Palgrave).
McCormick, John (2021) *Understanding the European Union*, 8th edn (Palgrave).
Nugent, Neill (2017) *The Government and Politics of the European Union*, 8th edn (Palgrave).

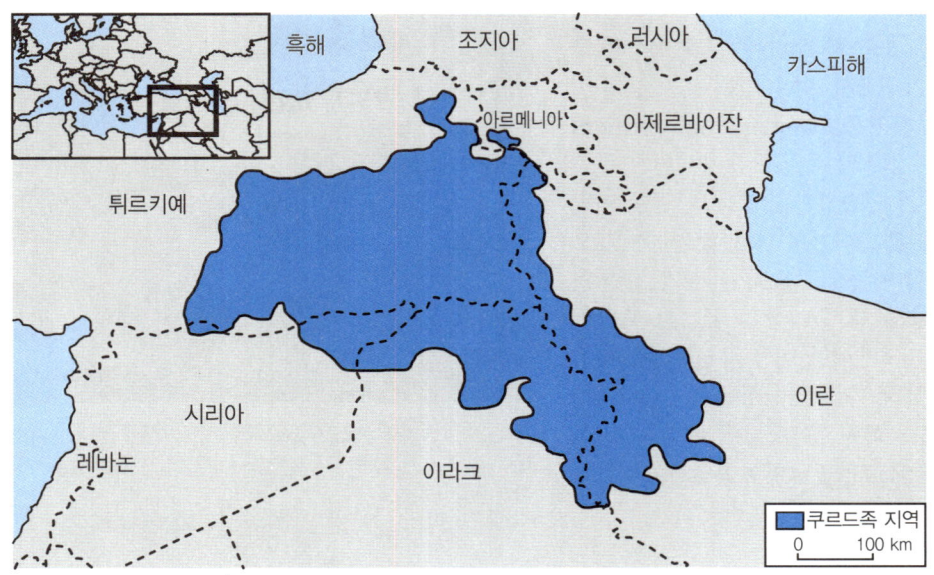

지도 3.4 국가 없는 쿠르드족

월성과 타민족에 대한 배제를 배합함으로써 자신의 이익을 증진할 때 민족주의 집단이 취할 수 있는 보다 극단적인 행동을 묘사한다.

- 독일의 나치에게 그것은 레벤스라움(lebensraum, 생활 공간)과 소위 열등한 인종에 대한 독일인의 지배에 관한 것이었다.
- 러시아와 중국에게 그것은 두 나라에 살고 있는 많은 소수민족에 대한 단일 민족 관점의 지배에 관한 것이었다.
- 트럼프에게 그것은 무엇보다도 보호주의와 반이민 정책을 추진함으로써 "미국을 다시 위대하게 만들겠다"는 주장을 뒷받침했다.
- 여러 나라의 백인 우월주의자들에게 그것은 다른 이들의 침입으로부터 '그들의' 문화를 기필코 보호하는 것에 관한 것이었다.
- 코로나19의 여파로 그것은 국경 폐쇄와 어떤 나라가 팬데믹의 근원지인지에 대한 중국과 미국정부의 상호 비난에 관한 것이었다 (Weiss, 2020).

그린필드(Greenfield, 2019)에 따르면, 민족주의는 1700년대 후반의 미국과 프랑스혁명에서 20세기의 공산주의와 파시스트 운동에 이르기까지 수세기 동안 세계적 대사건의 모든 중요한 국면의 배후에 있었고, 최근 수십 년 몇몇 나라에서 포퓰리즘의 새로운 형태로 발견된다 (제5장 참조). 월트(Walt, 2019)에게 민족주의는 세계에서 가장 강력한 힘이지만, 적어도 지난 500년 동안 역사를 형성하는 데 중요한 역할을 했음에도 불구하고, 많은 사람들이 잘 이해하지 못하는 힘이다. 미어샤이머(Mearsheimer, 2018)에게 민족주의의 힘은 부분적으로 국가와의 공생 관계에 달려 있다. 증가하는 국제 경쟁을 고려할 때, 국가는 독립적인 문화 집단으로서 시민들의 생존을 보장하고 보다 더 통일된 경제와 생산성 높은 인구를 만드는 데 도움을 주면서, 시민들이 충실하고 더 기꺼이 국가를 위해 희생할 수 있도록 국민 통합을 장려할 강력한 동기를 가지고 있다.

많은 나라에서 최근 수십 년 동안 세계화와 이민에 대한 반발로 민족주의가 조장되어왔다. 비평가들은 그 두 가지를 민족정체성과 주권에 대한 위협으로 보고 있으며, 이러한 비판은 새로운 종류의 자결과 국제협력에 대한 반발을 요구하는 보수 정당 및 운동의 발흥에 반영되었다. 이러한 견해는 남아프리카공화국과 미국뿐만 아니라 유럽연합의 일부에서 이민에 대한 최근 그리고 때로는 감정적인 논쟁에서 반영되었듯이 종종 **외국인 혐오(xenophobia)** 및 **토착주의(nativism)** 와 겹쳐졌다. 2016년 국민투표에서 영국 유권자들이 자국의 유럽연합 탈퇴를 지지하기로 한 충격적인 결정의 배후에도 민족주의 반이민 정서가 있었고, 2014년 인도의 모디(Narendra Modi)의, 그리고 2016년 필리핀의 두테르테와 미국의 트럼프의 선거 승리의 중심에 민족주의가 있었다. 그러나 대부분의 국가에서 반이민 정서는 이민자들이 힘이 되고 이익을 가져온다는 견해만큼 강하지 않다 (그 예시로 도표 3.5 참조).

국가의 미래

국가는 정적이지 않으며, 세계화와 민족주의의 상반되는 압력을 겪으면서 국가가 어디로 향하고

> **외국인 혐오(Xenophobia)**: 인종주의, 토착주의와 밀접한 관련이 있는 공동체 또는 국가에서 외국인으로 정의된 사람들에 대한 두려움·거부·배제.

> **토착주의(Nativism)**: 이민자의 이익보다 원주민의 이익이 우선시되어야 한다는 견해.

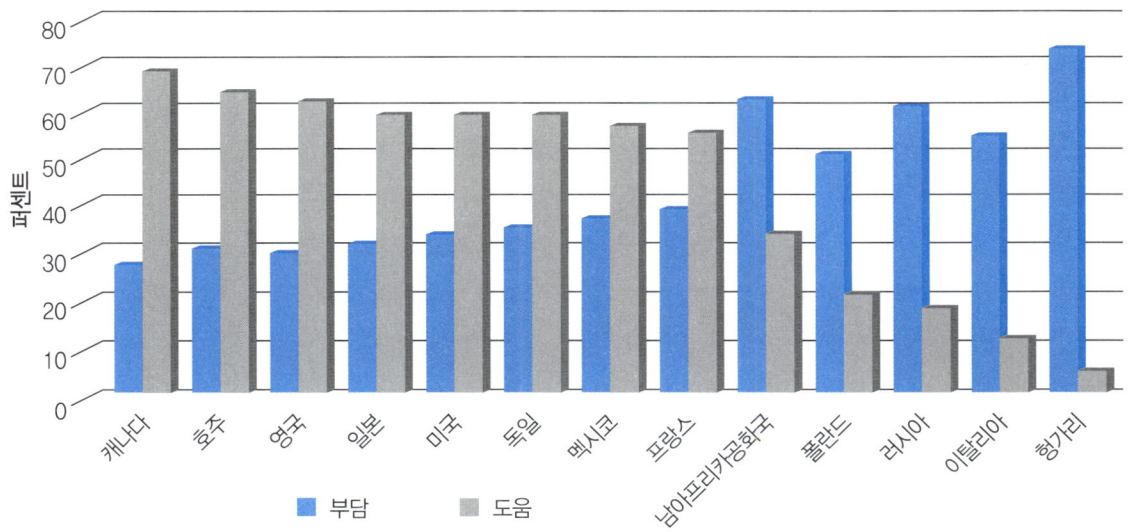

도표 3.5 이민에 대한 견해 비교

출처: Pew Research Center (2018)에 근거. "오늘날의 이민자들은 우리의 일자리와 사회적 혜택을 빼앗기 때문에 우리나라에 부담이 된다"와 "오늘날 이민자들은 그들의 일과 재능으로 인해 우리나라를 더 강하게 만든다" 중에서 선택한 비율.

있는지에 대한 논쟁이 심화되었다. 한 학파는 국가가 그 어느 때보다도 강력하다고 주장한다. 국가는 여전히 군대의 통제와 사용에 대한 독점권을 가지고 있고, 여전히 경제생산과 국제무역의 핵심 주체이며, 시민들은 주로 자신들의 모국에 대해 일체감을 느끼고 국가의 권위와 규칙에 따르며, 새로운 도전에 대응하는 국가의 능력은 기술혁신 덕분에 성장했다. 예를 들어, 국제 테러를 해결하기 위한 노력에서, 많은 국가들은 개인의 사생활을 침해하고 국경 내에서 살고 여행하는 사람들의 이동과 선택을 제한할 수 있는 새로운 권한을 축적했다.

한편, 폐쇄회로 텔레비전(CCTV), 전화 및 인터넷 사용에 의한 모니터링과 같은 기술의 변화는 테러리스트와 테러리스트 용의자뿐만 아니라 일반 시민을 포함한 자국 인구를 국가가 추적할 있도록 새로운 도구를 제공했다. 때때로 보안국가(security state)라고 불리는 것의 이러한 성장은 시민들이 감시, 시민적 자유에 대한 위협, 정보기관의 협소한 책임성에 대해 우려를 표명함에 따라 반발을 촉발시켰다. 이러한 광범위한 권력은 코로나19 팬데믹 기간 동안 국가가 국경을 폐쇄하고 시민들을 봉쇄할 수 있었던 방식에 의해 두드러지게 되었다.

또 다른 학파는 국가가 내부통합과 안정을 달성하는 데 직면한 많은 도전으로 인해 국가의 영향력이 약화되고 있다고 주장한다. 국가의 수가 증가하고 국가의 힘도 커진 것으로 보이는 수십 년이 지난, 1990년대와 2000년대 초, 국가가 어려움에 처해 있다는 추측을 쉽게 접할 수 있게 되었다 (예로서 Ohmae, 2005 참조). 제2차 세계대전 종전 이후, 국가의 자율성을 약화시키면서 광범위한 문제에 대한 국가 간 협력이 꾸준히 확대되었을 뿐만 아니라, 세계화는 가속화되고 있는 것처럼 보였다. 경제적 상호의존성 증가, 기술과 통신의 변화, 국제 시장의 성장, 세계 문화의 확산, 그리고 공유된 또는 공통의 문제에 직면하여 공공정책이 비슷해지는 현상이 나타났다. 동시에 사람들은 점점 더 유동적으로 되어가고 있었다. 복잡한 새로운 이민 패턴은 경제적 필요와 개인적 선택의 조합에 의해 주도되었고, 대중관광은 국가들 간 여러 심리적 장벽을 허물고 있었다. 이 모든 것이 충분하지 않은 것처럼, 국가는 많은 실패에 대한 점증하는 비난을 받게 되었다. 국가와 관련된 문제의 예시는 표 3.2를 참조하라.

세계화와 새로운 수준의 국가 간 협력이 국가가 약해지고 있다는 광범위한 징후라면, 개별 국가의 미래에 대한 가장 극단적인 도전은 실패한, 취약한, 또는 실패하고 있는 국가(failing state) 현상(최선의 용어에 대한 합의가 없다)에 있다. 이 국가들은 내부 문제가 너무 많아서 효과적으로 기능하는 것을 멈추었고, 로트버그(Rotberg, 2004)가 취약국가라고 간주하는 그런 종류의 특징을 지니고 있다.

- 정부 당국은 통제력을 유지하는 데 어려움을

보안국가(Security state): 폐쇄회로 텔레비전, 전화통화와 인터넷 사용 모니터링과 같은 방법으로 시민들의 활동을 추적하기 위해 노력하는 국가.

실패하고 있는 국가(Failing state): 약한 통치기관을 보유하고, 내부분열이 심각하며, 사람들의 기본적 욕구가 더 이상 충족되지 않는 국가. 그 예로는 에리트레아, 아이티, 소말리아, 시리아, 예멘이 있다.

표 3.2 국가에 대한 10가지 비판

1. 인간사회에 대한 불필요한 분열 조장.
2. 서로 전쟁을 치른 이력이 있음.
3. 사람과 자본의 자유로운 이동을 제한함.
4. 무역에 제한을 가함으로써 혁신과 효율성을 저해함.
5. 인간의 이익을 희생하면서 국가이익을 추구함.
6. 포용보다 배제가 우위에 서게 함.
7. 폭넓은 정체성을 희생시켜 협소한 정체성을 장려함.
8. 테러, 국경을 넘는 오염, 불법 이민, 질병 확산과 같은 공동의 문제를 해결하기 위해 다른 국가와 협력한 기록이 미흡.
9. 안보, 정의, 번영, 인권에 대한 주민의 요구를 충족시킬 수 없는 경우가 많음.
10. 모든 주민의 이익이 되도록 경제와 국가 자원을 관리하는 데 실패함.

겪고 있으며, 보통 폭동이나 무장 반란에 직면하는데, 이는 종종 국토의 넓은 영역에 영향을 미치고 최악의 경우 전면적인 내전으로 발전한다. 민족 또는 여타 공동체 간 적대감으로 인해, '정권은 자신의 유권자들을 약탈'하고 통치자는 국민을 억압하고 강탈하고 괴롭힌다.

- 폭력 범죄는 국가 권위가 약해지면서 악화된다. 갱단이 거리를 장악하고 무기와 마약 밀매가 확산되고 경찰이 통제력을 잃고 사람들은 군벌과 기타 강력한 인물에게 보호를 요청한다. 그러면 군벌들은 정부 당국 대신 정치적 상품의 공급자가 된다. 제11장을 참조하라.
- 행정부를 제외한 모든 기관이 통제력을 잃거나 기능을 완전히 멈추거나, 법원체계가 약화되고, 관료제가 직업적 책임의식을 상실하고, 민주적 논쟁이 거의 사라지고, 군대가 일말의 청렴성을 갖춘 유일한 기관으로 남아 있는 등, 정치제도는 비효율적이다.

세계적으로 실패하고 있거나 실패한 국가의 수에 대한 추정치는 정의방식에 따라 약 20개에서 60개까지 다양하다. 한 가지 유용한 기준점은 워싱턴 DC에 기반을 둔 연구 기관인 '평화기금회(FFP: Fund for Peace)'가 매년 발표하는 취약국가 지수(Fragile States Index)이다. 평화기금회는 세계 거의 모든 나라를 평가하기 위해 일련의 정치적, 경제적, 사회적 수치를 사용한다. 2020년 지수 (표 3.3 참조)에서 평화기금회는 대부분의 민주주의 국가들이 지속 가능하거나 안정적이라고 기술했다(핀란드는 지수에서 가장 높은 점수를 받았다). 중국, 인도, 인도네시아, 멕시코, 러시아에 '경계(warning)' 지위를 부여했고 아프가니스탄, 이라크, 미얀마, 수단, 시리아, 예멘을 포함한 수십 개의 주로 아프리카와 중동 국가들에 '경고(alert)' 지위를 부여했다 (Collier, 2007의 논의 참조).

국가가 왜 실패하느냐(또는 분투하느냐)는 질문에 대해서는 의견이 분분하다. 예를 들어, 다이아몬드(Diamond, 2011)는 역사적 사례를 살펴봄으로써 성공이 종종 지리와 행운의 문제이며 실패의 책임은 종종 환경 변화에 있다고 결론을 내린다. 한편, 아세모글루와 로빈슨(Acemoglu and Robinson, 2013)은 제도의 탓으로 돌린다. 그들은 지리, 기후 또는 문화의 문제가 아니라 지도자들이 잘못된 종류의 정책을 추구하기 때문이라고 주장한다. 그들은 주장하길, 국가는 붕괴하는데

표 3.3 취약국가 지수

국가	점수	국가	점수	국가	점수
핀란드	14.6	폴란드	41.0	튀르키예	79.1
스웨덴	18.2	멕시코	67.2	이란	83.4
독일	23.2	페루	67.6	이집트	86.0
프랑스	30.5	중국	69.9	북한	90.2
일본	32.3	남아공	70.1	베네수엘라	91.2
영국	38.3	러시아	72.6	나이지리아	97.3
미국	38.3	브라질	73.0	예멘	112.4

출처: Fund for Peace (2020). 점수가 높을수록 더 취약한 국가임. 최신 정보는 평화기금회 웹사이트 https://fragilestatesindex.org 를 참조.

이는 국가가 인센티브를 파괴하고, 혁신을 저해하며, 기울어진 운동장을 만들고 기회를 빼앗음으로써 시민들의 재능을 약화시키는 소위 '추출적' 경제제도에 의해 통치되기 때문이다. 이러한 제도들은 … 가치 있는 광물, 강제 노동, 보호된 독점 등의 형태로든 사회의 희생을 대가로 한 착취로부터 많은 것을 얻는 엘리트들의 이익을 위해 그곳에 존재한다.

국가의 미래에 대한 진실이 어디에 있든지 간에, 정부와 안보를 제공하고, 경제를 관리하고, 글로벌 변화에 대처하는 데 필요한 교육과 기술로 시민들을 준비시키고, 질병과 환경 악화와 같은 공통의 글로벌 문제에 대응하는 데 필요한 동력을 제공하기 위해 국가는 계속 필요할 것이다. 무역, 국제법, 근대화의 발전이 국가권력의 본질, 국가 간 관계, 그리고 국가와 시민 간 관계를 변화시키면서 국가는 쇠퇴하기보다는 변화의 과정을 겪게 될 것이다 (논쟁에 대한 검토는 Sørensen, 2004; Hay et al., 2006 참조).

토론주제

- 국가는 우리의 삶에서 어떻게 체감되나?
- 국가는 정부와 어떻게 다른가?
- 한 국가의 시민이 된다는 것은 무엇을 의미하는가?
- 국가정체성은 우리 삶에서 어떻게 느껴지는가?
- 국가의 이익은 민족의 이익과 어떻게 다른가?
- 국가의 범위는 확장되고 있는가, 축소되고 있는가, 거의 같은 수준을 유지하는가, 아니면 단지 개혁되고 있는가?

핵심용어

- 국가(State)
- 다민족국가(Multinational state)
- 마이크로국가(Microstates)
- 민족(Nation)
- 민족국가(Nation-state)
- 민족주의(Nationalism)
- 베스트팔렌체제(Westphalian system)
- 보안국가(Security state)
- 사실상 국가(De facto states)
- 시민권(Citizenship)
- 실패하고 있는 국가(Failing state)
- 유사국가(Quasi-state)
- 외국인 혐오(Xenophobia)
- 자결권(Self-determination)
- 자연권(Natural rights)
- 정통성(Legitimacy)
- 주권(Sovereignty)
- 지역통합(Regional integration)
- 토착주의(Nativism)
- 해석주의(Interpretivism)

추가 읽을거리

Crawford, James (2007) *The Creation of States in International Law*, 2nd edn (Oxford University Press). 국가의 정의, 기원, 권력, 문제에 대한 법적인 관점.

Greenfield, Liah (2019) *Nationalism: A Short History* (Brookings Institution Press). 민족주의의 기원, 성격, 미래에 대한 짧은 검토.

Jackson, Robert (2007) *Sovereignty: The Evolution of an Idea* (Polity Press). 주권의 역사와 의미에 대한 쉽고 간결한 소개.

Jessop, Bob (2015) *The State: Past, Present, Future* (Polity Press). 국가의 기원, 특질, 미래의 전망에 대한 전체적인 조망.

Kochenov, Dimitry (2019) *Citizenship* (MIT Press). 시민의 권리와 의무에 관한 장을 포함하는, 시민권의 의미에 대한 전체적인 조망.

Ritzer, George, and Paul Dean (2019) *Globalization: The Essentials*, 2nd edn (Wiley Blackwell). 세계화에 관한 전반적인 교과서. 개념정의와 경제, 정치, 문화에 세계화가 어떻게 영향을 미쳤고, 영향을 받았는지에 대해 설명하고 있다.

4장

정치문화

차례
- 정치문화의 이해
- '시민문화'로부터 탈물질주의까지
- 문화에서 문명으로
- 정치적 신뢰
- 권위주의 정권의 정치문화

개요

정치문화는 국가와 같은 공동체들이 정치 및 정부와 가지는 관계를 설명한다. 이 공동체들의 구성원들은 정부에 대해서 무엇을 기대하는가, 그들이 정부의 행동 측면에서 정상적이고 비정상적이라고 간주하는 것은 무엇이며, 그들은 정부의 목적을 어떻게 정의하는가에 대해서 설명한다. 정치문화의 특징을 정립하는 것은 우리에게 다양성의 측면에서 정부와 정치의 성격에 대한 중요한 통찰력을 주지만, 이는 측정하기가 어려울 수 있고 대부분의 권위주의 정권과 관련하여 거의 연구되지 않는다. 또한, 우리가 정치문화 전반에 관련된 핵심 사상과 가치의 일부를 나열할 수 있지만, 정치공동체 내의 상이한 집단들은 상이한 정치문화를 가질 것이라는 점을 기억해야 한다.

이 장은 정치문화의 일반적 특징의 개요로 시작하여, 국가의 권위에 대한 수용과 시민참여에 대한 신념에 기초한 정치문화의 특정한 형태인 시민문화의 개념을 살펴봄으로써 주요 참고사항을 제시한다. 다시 말해서 이는 민주주의가 어떻게 작동되어야 하는가의 이상을 제공하는 것이다. 다문화주의, 정체성 정치, 탈물질주의가 정치문화의 의미에 미치는 영향을 살펴본 후, 이 장은 정부에 대한 정치적 신뢰가 감퇴하는 원인과 결과를 살펴본다. 마지막으로, 때로는 고유한 정치적 가치와 유입된 정치적 가치를 구별하기 어려운 권위주의 정권의 정치문화를 이해하는 데 있어 특별한 도전들을 살펴본다.

핵심논제

- 정치문화의 개념은 중요하지만, 가변적이고 복잡한 정치문화의 특징을 일반화하고 측정하는 것이 어렵다는 점도 인식할 필요가 있다.
- 정치문화라고 생각되는 것은 사실 엘리트 정치문화인 경우가 많으며, 많은 공동체에 존재하는 여러 하위문화를 놓치지 않는 것이 중요하다.
- 다문화주의, 정체성 정치, 세계화 모두는 우리가 정치문화를 측정하고 정의하는 방법에 중요한 영향을 미치고 있다.
- 시민문화의 개념은 정치문화가 어떻게 진화하는지에 대한 우리의 이해를 위한 기준점으로 사용된다.
- 정치적 신뢰는 많은 민주주의 국가에서 쇠퇴하고 있지만, 국가마다 다른 속도와 다른 이유로 쇠퇴하고 있다.
- 권위주의 정권에서 자유와 자기표현보다 강한 지도자를 더 지지한다는 증거들이 많다.

정치문화의 이해

호주는 전투적인 정치로 유명한데, 이는 언어폭력이 종종 정치적 논쟁의 정상적인 부분으로 간주된다는 의미다. 이 스타일의 대표적 인물은 1991년부터 1996년까지의 총리였던 키팅(Paul Keating)이었는데, 그는 한때 야당 지도자의 토론 기술을 '따뜻한 상추로 채찍질 당하기(flogged with a warm lettuce)'에 비유하고, 그를 '뛰어오르기 위한 척추를 찾는 전율(a shiver looking for a spine to run up)'이라고 묘사했다. 이 주제는 심지어 호주 헌법의 의미에 대한 학술적 논의에서 다루어졌는데, 한 분석가는 '모욕은 헌법에 의해 보호되는 정치적 논의의 합법적인 부분'이라고 주장했다 (Stone, 2018에서 재인용).

불행하게도, 이러한 공격성은 때때로 성차별주의로 확산되어 왔으며, 최근 몇 년 동안 호주정부의 여성 수가 증가하고 있음에도 불구하고 본질적으로 성적인 위협의 사례들을 보여주고 있다 (Collier and Raney, 2018). 이러한 학대의 가장 두드러진 대상 중 하나는 2010년부터 2013년까지 호주 최초의 여성 총리를 지낸 길라드(Julia Gillard)였는데, 그녀는 2012년 의회에서 주요 정치적 상대인 애보트(Tony Abbott)의 여성 차별적 행동에 대해 격한 연설을 하도록 요구받았다. 그 연설, 그리고 호주 언론에서 다루어진 방식은 호주 공공생활에서의 성차별에 대하여, 그리고 정부와 정치에서 정상적이고 수용 가능한 (또는 불가능한) 것으로 여겨지는 것에 대해 활발한 토론을 시작하기에 충분했다. 홀랜드와 라이트(Holland and Wright, 2017)에게 미디어 응답의 성별 차이는 길라드 리더십의 '이중적 정통성 상실(double delegitimization)'을 의미했는데, 이는 일반적으로 여성 지도자, 특별하게는 호주의 여성 지도자로서의 위상에 영향을 미치는 것이었다.

정치문화(political culture)의 이러한 사례로부터 너무 많은 것을 추론하기 전에, 그러한 행동은 대부분의 호주인들에게 수용될 수 없으며, 또한 호주만의 독특성과는 거리가 멀다는 점에 주목하는 것이 중요하다. 사실, 이 사례는 도표 4.1에 요약된 정치문화의 4가지 주요 특징 중 하나를 보여준다. 이 도표는 우리가 국가 정치문화라고 묘사할 수 있는 것에는 한계가 있다는 점, 그리고 주어진 국가에서 우리가 정치에 대해 보거나 듣는 것이 그 나라의 더 넓은 정치문화를 반영한다고 가정하는 것은 쉽고 유혹적이지만 아마도 우리는 틀릴 수도 있다는 점을 보여주기도 한다.

예를 들어, 민주주의 국가들의 대부분 시민들은 시민의 의무, 평등, 대의정부, 법치를 믿는다고 말할 것이다. 그러나 이러한 생각이 실제로 무엇을 의미하는지에 대한 태도와 기대는 사람에 따라 다르다. 예를 들어, 이러한 태도와 기대는 미국에서 정부가 복지 같은 서비스를 제공하는 것에 대한 책임을 얼마나 져야 하는지 시민들이 생각하는 정도에 대한 질문으로 설명된다. 미국인의 약 절반이 이 생각을 지지하지만, 연령, 성별, 민족, 이념에 따른 의견 차이는 충분히 크기 때문에(도표 4.2 참조) 미국의 정치문화를 너무 일반화하는 것의 위험성을 명확히 경고한다. 미국은 자립을 우선시하는 나라로 묘사되는 경우

> **정치문화(Political culture)**: 정치와 정부에 관한 개인 및 집단의 가치, 신념, 태도, 규범, 기대의 총합.

특징	성격
한계	항상 일반화할 수 있는 것이 아니며, 특정 공동체에 특징을 더 폭넓게 적용하기는 어렵다.
측정	식별하거나 정량화하는 것이 항상 쉬운 것은 아니다.
변화성	문화는 정적이지 않고, 시간과 장소에 따라 변한다.
복잡성	보편적 문화보다 다원적 문화가 존재할 가능성이 더 높다.

도표 4.1 정치문화의 특징

가 많지만, 도표 4.2 그래프의 자료는, 주로 이러한 견해에 동의하는 보다 보수적이고 나이 든 남성과 백인 미국인들의 조합임을 시사한다.

정치문화에 대해 명심해야 할 두 번째 요점은 측정하기가 어려울 수 있다는 것이다. 제15장에서 보게 되겠지만, 우리는 정치문화를 정부의 역할과 공공정책의 목표에 대해 사람들이 가지고 있는 생각을 표현하는 정치 이데올로기와 대조할 수 있다. 이데올로기는 개인이 상이한 지도자들, 후보, 정당, 정책에 대해 어떻게 생각하느냐에 영향을 미치지만, 정치문화는 본질적으로 덜 체계적이며, 느슨한 사회 규범과 기대를 반영한다. 린츠가 정의한 '정신성(mentalities)'에 대한 개념에 더 가까운 것으로, 그는 정치문화를 '상이한 상황에 반응하는 비정형화된 방식을 제공하는, 이성적이기보다는 감정적으로 생각하고 느끼는

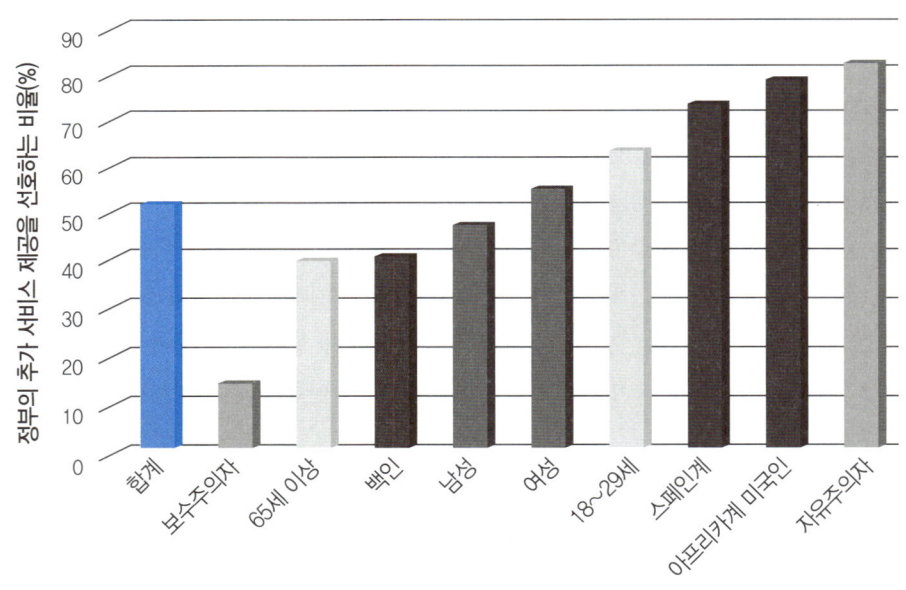

도표 4.2 미국에서 정부 서비스에 대한 견해
출처: Pew Research Center (2020).

4장 정치문화　85

JOHN THYS/AFP via Getty Images

유럽연합의 행정기관 중 하나인 유럽이사회 회의. 유럽연합에는 일반 유럽인들의 투입이 극히 적고, 엘리트들에 의하여 설립되었다는 인식이 널리 퍼져 있다.

방식'으로 정의했다 (Linz, 2000).

　마음에 새겨야 할 세 번째 요점은 태도와 기대가 시간이 지남에 따라 변할 수 있다는 점이다. 정치문화는 정적인 개념과는 거리가 멀고, 정치문화는 사회가 정부와 정치에 접근하는 방식의 더 광범위한 변화에 영향을 미칠 수 있고 영향을 받을 수도 있다. 예를 들어, 수십 년 동안 인종차별과 성차별은 오래된 민주주의 정치문화의 너무나 정상적인 부분이었기 때문에 그들은 거의 고려 대상이 아니었고 정치문화와 법 모두에 의해 지지되고 자행되었다. 유럽과 북미의 최근 여론조사에 따르면, 비록 인종차별과 성차별의 근본 원인과 가장 효과적인 해결책이 불명확하게 남겨져 있더라도, 사람들은 이 차별들에 대해 훨씬 더 많이 인식하게 되었고 두 문제를 해결하기 위한 노력을 더 지지하게 되었다.

　마지막으로 인식해야 할 점은 사회가 너무 복잡하고 때로는 너무 규모가 커서 통일된 정치문화가 있는 대신 하나 이상의 하위문화를 가진 국가 정치문화가 존재하거나 심지어 단순히 여러 개의 다른 정치문화가 존재할 수도 있다. 우리가 소속되어 있는 대부분의 사회, 특히 권위주의 정권의 대부분 정치문화는 실제로 **엘리트 정치문화(elite political culture)**이며, 이는 대중 대부분의 가치 및 기대와 다른 경우가 종종 있다 (엘리트의 본질과 엘리트주의에 대한 자세한 내용은 제5장과 '이론 적용 9'를 참조할 것). 그러한 경우, 우리가 국가 또는 사회와 연관되는 것의 대부분은 보통 사람들의 언행을 통해 보는 것이 아니라 선출직 공무원, 관료, 언론 소유주, 기업 지도자를

> **엘리트 정치문화(Elite political culture)**: 정치권력의 중심에 가장 근접해 있는 사람들이 가지고 있는 정치적 규범과 기대.

포함한 엘리트(elite)들의 언행을 통해 어떻게 표현되는가를 보는 것이다.

규범과 기대를 정의하는 데 있어 엘리트가 하는 역할의 한 예는 유럽연합의 작업에서 발견된다. 산산조각이 난 대륙의 잿더미로부터 전후 통합된 유럽을 건설하는 데 있어서 주도권을 잡고, 규칙을 작성하고, 정책을 형성한 것은 주로 정부 수반과 관료들이었다. 그들의 지속적인 헌신이 없었다면, 이 성과는 불가능했을 것이다. 그것은 특정 세대의 유럽 지도자들의 이익뿐만 아니라 의지에 의한 승리였다. 오늘날 보통 사람들이 EU의 정치문화를 정의하는 데 훨씬 더 큰 역할을 하지만, 비평가들은 여전히 EU가 일반 대중의 희생으로 이익이 증진되는 엘리트들에 의해 운영되는 클럽이라고 비난한다. 이러한 반엘리트주의 정서는 2016년 브렉시트 투표에서 많은 영국 사람들의 지지를 받게 된 동기 중 하나였다.

엘리트 정치문화의 또 다른 사례는 오랫동안 정치권력이 집단정체성 개념에 바탕을 두고 있는 일본에서 발견된다. 일본의 엘리트 정치문화는 사회적이고 재정적인 유대의 망이 소집단의 정치 엘리트들을 결속시키고 족벌주의와 파벌주의를 조장하면서 충성심, 의무, 위계에 대한 아이디어에 반영된다. 그리고 노동자들이 평생 한 회사에 근무하는 경향, 정당 내 파벌의 지속성, 정치권에서의 영향력 행사 빈도에 반영된다. 지위와 계급에 대한 강조는 모든 사람들이 집단 내에서 자신의 위치를 인식하게 하고, 집단에 대한 충성에 특혜가 부여되며, 아래로부터의 비판은 집단 화합에 대한 위협이라는 점에서 억제된다는 것을 의미한다 (McCargo, 2012). 이러한 가치들은 일본의 정치 현대화에 제동을 걸고, 자유로운 아이디어의 교류를 방해하며, 일본 대기업의 경영에 안일함과 보수주의를 조장한다는 점에서 점점 더 많은 비판을 받아왔다.

국가의 지배적인 정치문화의 부재는 때때로 많은 사회가 다문화주의(multiculturalism)를 경험하는 정도에 반영된다. 정치문화가 동질적인 국가는 거의 없으며, 대부분은 다수의 문화 또는 민족 집단으로 구성되어 있다. 이 집단들이 서로 함께 사는 법을 배운 정도는 다양하지만, 잘 진행된 경우는 거의 없다. 이는 영국, 프랑스, 독일의 여러 정치지도자들이 다문화주의의 실패를 선언하도록 만들었다. 한편, 이 책에 사용된 상이한 '국가개요' 사례들, 특히 미국, 남아프리카공화국, 나이지리아는 그들만의 정치문화를 정의하는 데 장애가 되는 국내 문화적, 정치적, 사회적 긴장으로 인해 심각하게 분열되어 있다.

인도만큼 정치문화에 대한 다양성의 압력을 명확히 보여주는 나라는 거의 없다. 정치적, 경제적, 사회적 차이에 의한 괄목할만한 다양성이 단일국가의 정치문화보다 인도의 다원적 정치문화를 더 정확하게 설명하고 있다 (Mitra, 2017 참조). 다음을 고려해 본다.

- 길지만 분리된 역사를 가진 지역들을 포함하고 있다.

엘리트(Elite): 교육, 부, 사회계층, 연령과 같은 요소들의 조합에 기초하여 사회에서 특권적 지위를 가진 사람들의 집단.

다문화주의(Multiculturalism): 사회 내 다원적 문화 또는 민족 집단의 선호와 관심사를 가진 국가에 의한 적극적인 참여.

- 남부의 주들과 서부의 주들은 주로 북부와 동부의 주들보다 경제적으로 더 잘 살고 있다.
- 빈곤의 수준은 사회발전의 패턴과 마찬가지로 광범위하다.
- 사회는 원래 직업에 기반을 둔 카스트의 복잡한 체계로 분리되는데 (예를 들어, 성직자들은 군인, 농부, 노동자들과 구별되었다), 카스트 제도는 그 지배력을 약화시키려는 노력에도 불구하고 지속된다.
- 도시와 농촌의 분명한 분열이 있는데, 수백만 명의 인도인들은 여전히 소박한 마을 생활을 하고 있고, 수백만 명의 인도인들은 빠르게 성장하는 도시에 살고 있는데, 뭄바이와 델리 등 일부 도시들은 국제적으로 강력하게 연결되어 있다.
- 인도에서는 1,000개 이상의 언어가 사용되고 있으며, 18개 언어가 공용어로 간주되고 있다.
- 인도인의 80퍼센트가 힌두교이지만, 13퍼센트는 이슬람교도이고 나머지는 소수 종교를 따른다. 최근 몇 년 동안 힌두 민족주의의 부상과 함께 종교적 긴장이 심화되었다. '국가개요 5' 참조.

일반적으로, 국가의 지배적 정치문화라는 개념에 대한 더 많은 도전이 최근의 두 가지 발전에 의해 제기되었다. 이들 중 첫 번째는 사회가 다양성을 더 인정하도록 장려하는 데 도움을 주고 있는 정체성 정치(identity politics)다. 이것은 상이한 집단들이 그들의 관점을 더 잘 인정하고 이해하려는 노력이다. 지난 세기말 수십 년 동안 정체성 정치는 여성, LGBTQ+ 공동체, 소수 민족, 심지어 다른 세대의 관심사에 새로운 관심을 가져왔다. 가능성의 목록은 광범위하며, 주요 공통점은 위에 열거한 집단의 구성원들이 그 집단의 구성원이 됨으로써 억압, 배제 또는 차별에 취약하다고 느끼게 되고, 공동인식을 가짐으로써 자신들의 상황에 대한 인식을 제고하도록 장려된다는 점이다.

동시에, 특히 제5장에서 논의된 일종의 포퓰리즘 민족주의의 맥락에서, 지배적 문화의 구성원들이 다른 집단과 문화를 서로 경쟁시키는 분열 도구로 정체성 정치를 사용할 위험이 있다. 많은 나라에서 인종은 오랫동안 정치적 논쟁의 요소였으며 (많은 사람들이 그것이 물리적 현실이라기보다는 사회적 구성이라고 주장하지만), 차별과 불평등 뒤에 숨겨진 핵심 설명 중 하나였다. 2013년 미국에서 아프리카계 미국인들에 대한 인종적 동기에 의한 폭력에 대한 항의로 탄생한 '흑인 생명도 중요하다(Black Lives Matter)'의 부상은 많은 국가에서 인종차별과 그러한 차별이 정부체제의 구조에 구축되는 정도에 대한 관심을 끌었다. 인종차별은 또한 많은 나라에서 백인 우월주의에 대해 새로운 관심을 가지게 하는 데 도움을 주었고, 인종과 정치의 관계에 대한 분열적인 논쟁을 촉발했다.

정체성 정치의 또 다른 효과는 국가 정치문화 내부의 차이에 대한 추가적인 질문을 제기하는 것이었다. 많은 사회에서 여성들에 의해 정치적 돌파구가 만들어지고 있는 사례에 대해서 팩스턴 등(Paxton et al., 2021)이 몇 가지 질문을 제기한다.

> 정체성 정치(Identity politics): 성별, 나이, 민족성, 종교, 장애, 성적 지향과 같은 특정 정체성과 관련된 정치적 입장과 활동.

- 권력을 가진 여성들은 여성 유권자들을 특별한 집단으로 볼 가능성이 더 높은가?
- 여성은 정책 우선순위에 대한 태도에 있어서 남성과 다른가, 그리고 그들은 다른 이슈를 우선시하는가?
- 가정 폭력이나 낙태와 같은 일부 정책적 이슈는 남성의 문제라기보다는 여성의 문제라고 어느 정도까지 말할 수 있을까?
- 권력을 가진 여성들이 여성을 대변하기 위한 활동을 주도하고 있는가?
- 여성은 남성과 다른 정치 스타일을 가지고 있으며, 그들은 정치 게임의 규칙을 바꾸고 있는가?

사회를 더 심각한 이질성으로 몰아넣고 있는 정치문화에 대한 변화를 향한 두 번째 압력은 세계화에서 비롯된다. 이는 국제연결을 구축하고, 상호의존을 촉진하며, 상이한 공동체가 공통적으로 가지고 있는 문제와 요구를 강조하고, 공유된 인간성의 감각을 고조시켜 집단의 이익을 어느 정도 상쇄시킨다. 그러나 동시에 파레흐(Parekh, 2008)는 세계화가 전통적인 민족적, 문화적, 종교적 정체성에 도전하고 있다는 주장을 한다.

> (국가)는 상하로부터 전례 없는 압력을 받고 있으며, 국가가 전통적으로 통합과 안정을 유지하기 위해 의존했던 국가정체성의 본질과 기초에 대해 날카로운 의문이 제기되고 있다. 문화 공동체는 끊임없이 서로에게 노출되고 그에 대응하여 변화해야 하며, 더 이상 예전처럼 정체성을 정의하고 유지할 수 없다.

요약하자면, 정치문화는 다양한 방식으로 정의되고 이해될 수 있으며 다양한 압력에 시달리고 있어, 우리가 다른 정치체제에서 보는 규범, 가치, 기대 중 일부가 그러한 체제 내에서 얼마나 광범위하게 적용되는지 항상 확신하기 어렵다 ('이론 적용 4' 참조). 우리가 지금 보게 될 문제 중 일부는 정치문화에 대한 연구가 불과 몇십 년 전으로 거슬러 올라가는 비교적 새로운 것이며, 그것의 의미에 대한 대부분의 논쟁이 여전히 형성되고 있다는 점이다.

'시민문화'로부터 탈물질주의까지

일반적으로 정치학에서 정치문화의 역할, 특히 비교정치학에서의 역할은 최근 수십 년 동안 정부와 정치에 대한 태도의 차이에 대해 더 많이 알게 되면서 롤러코스터를 탔다. 위아다(Wiarda, 2014)는 정치문화가 서로 다른 국가와 지역을 이해하는 측면에서 중요하다는 것에는 모두가 동의하지만, 그 차이의 정도에 대해서, 그리고 그 효과를 얼마나 정확하게 측정할 수 있는지에 대해서는 오랫동안 이견이 있었다고 주장한다. 정치문화에 대한 연구는 인상주의적이고 고정관념에 관여한다는 이유로 오랫동안 비판받았으며 종종 그 생각을 정량화하는 데 내재된 문제로 거부되었다. 그러나 위아다의 견해에 따르면, 1960년대부터 정치문화에 대한 연구는 보다 체계적이고 경험적으로 기초하게 되었고, 이후 부흥을 거치면서 제도주의 (제7장 참조), 구조주의 (제10장 참조)와 함께 정치학의 주요 설명 패러다임 중 하나가 되었다.

정치문화 변화의 대부분은 1963년 미국의 정

이론 적용 4

문화이론

문화와 정치의 관계는 오랫동안 정치 분석가들에게 관심의 대상이 되어왔는데, 문화적 규범과 관행이 서로 다른 정치적 선호와 형태를 어떻게 지지하거나 도전하는지에 대한 질문들이 수반되었다. 그러나 문제는 항상 문화를 어떻게 정의하느냐 하는 것이었는데, 이는 공통의 역사, 가치, 신념, 관습을 가진 사람들의 공동체를 묘사하기 위해 인류학적 또는 사회학적 맥락에서 일반적으로 사용되는 관점이다. 더 넓게 말하면, 문화는 기관이나 사회와 관련된 일련의 가설들을 설명하는데, 이는 기관이나 사회가 어떻게 작동하는지, 정상적 또는 비정상적으로 여겨지는지를 묘사하는 모델이며, 추구할 가치가 있는 목표다. 로스(Ross, 2009)는 '사람들이 일상 세계를 관리하기 위해 사용하는 의미체계'로서의 문화와 '사람들이 줄을 서는 방식과 광범위한 문제에 대해 어떻게 행동하는지에 영향을 미치는 사회적, 정치적 정체성의 기초'로서의 문화를 구분한다.

문화이론(cultural theory)이 정치를 이해하기 위해 제일 처음 사용되었을 때는, 문화적 관행이 어떻게 상이한 정치형태를 유지하거나 약화시켰는지에 대한 평가에 초점을 맞췄다. 더 최근에, 특히 유럽에서, 이민의 결과로 인구가 점점 다양해지고 있는 다문화주의와 국가에의 영향에 대한 활발한 논쟁이 있었다. 많은 사람들이 이민자들이 사회에 가져오는 풍요로움을 환영하지만, 다른 사람들은 그렇지 않으며, 특히 프랑스, 영국, 독일에서 민족주의 운동의 발흥과 이민에 반대하는 정당에 대한 지지를 부채질한 반발이 있었다.

문제가 된 유럽의 기록은 수십 년 전부터 다문화정체성을 정의하고, 인정하고, 구축하기 위해 합의된 정치적 노력을 기울인 캐나다와 비교되고 대조될 수 있다. 1988년 캐나다 다문화법(Canadian Multiculturalism Act)은 "다문화주의는 캐나다 사회의 문화적, 인종적 다양성을 반영하고 있으며, 캐나다 사회의 모든 구성원들이 그들의 문화유산을 보존, 증진, 공유할 수 있는 자유를 인정하고 있다"고 인정하고 있다. 한편, 이민 역사의 많은 부분을 차지하는 미국에서는 문화적 차이보다 인종적 차이가 더 직설적으로 논의되고 있으며, 유럽의 경험과 유사한 이민자들에 대한 반발이 일부에서 제기되어 왔다.

문화는 또한 정치와 정부에 대한 글로벌 관점을 대조하는 요소다. 우리는 제2장에서 정치이론과 서양사상 사이의 밀접한 연관성에 대한 우려가 제기되는 것을 보았는데, 이는 부분적으로 서양 정치학자들에 의해 만들어진 훨씬 더 큰 학문과 분석의 결과다. 이는 이 책의 연구에 반영되어 있으며, 이는 부분적으로 18개 국가개요 사례에 기초하고 있다. 이러한 사례들(정치적, 지리적 다양성 때문에 선택됨) 중에서 미국, EU, 영국, 독일, 프랑스, 러시아, 중국에서 정치문화에 대한 연구를 가장 쉽게 찾을 수 있다. 그러나 탈식민지 시대 이후 수십 년이 지난 지금, 멕시코, 브라질, 인도, 남아프리카공화국, 나이지리아와 같은 덜 깊이 연구된 사례에서 정치문화에 대한 연구를 찾는 것은 여전히 더 어렵다.

문화이론(Cultural theory): 예를 들어, 문화의 역동성과 정치, 사회, 미디어, 경제와의 관계를 이해하기 위한 접근 방식을 설명하는 총체적인 개념.

치학자 아몬드(Gabriel Almond)와 버바(Sidney Verba)가 쓴 『시민문화(The Civic Culture)』로부터 유래될 수 있다. 그들의 조사는 처음으로 대규모 여론조사를 이용하였고, 자신들이 생각하는 것을 다른 사람들이 어떻게 생각하는지에 대한 것보다 '실제로' 사람들이 무엇을 생각하는지를 발견하려고 노력하는 정치문화에 대한 최초의 체계적인 연구였다. 민주주의가 발전하고 공고화될 가능성이 가장 높은 문화를 확인하려고 노력하면서, 그들은 자신들이 시민문화(civic culture)라고 부르는 것을 확인했다. 시민문화는 대부분의 시민들이 국가의 권위를 받아들이고 시민의 참여를 신뢰하는 충실한 정치문화의 특별한 형태이며, 정부에 의한 공정한 대우에 대한 기대, 정치에 대해 자유롭게 말할 수 있는 능력, 반대파에 대한 관용, 시민 협력과 신뢰를 포함한다.

시민들이 정부의 결정에 기여할 수 있고, 정부 결정의 영향을 받을 수 있다고 믿는 체제를 건강한 정치체제로 정의하는 것은 매력적이다. 그러나 아몬드와 버바는 이 제안을 거부하면서, 참여 문화가 낮은 수준에서 균형을 이룰 때 민주주의의 이상적인 조건이 나타난다고 주장했다. 시민들은 정치에 항상 개입되어 있지 않고 필요할 때만 활동하는 잠재력을 갖고 있다. 이 이론으로 무장하고, 영국, 이탈리아, 멕시코, 미국, 그리고 당시 서독의 표본 조사 결과 그들은 영국, 그리고 그보다는 덜하지만 미국이 시민 이상에 가장 가깝다는 것을 발견했다. 두 나라 모두에서 시민들은 정부에 영향을 미칠 수 있다고 느꼈지만 대체로 그렇게 하지 않는 선택을 한다. 대조적으로, 이탈리아, 멕시코, 서독의 정치문화는 모두 다양한 방식으로 이상으로부터 벗어났다 (더 최근의 평가는 '국가개요 4' 독일을 참조할 것).

대부분의 독창적인 연구와 마찬가지로, 아몬드와 버바의 연구는 비평을 끌어모았는데, 일부는 정치문화 개념 자체의 한계를 강조했고, 다른 일부는 사례가 소수이고 결과가 영미 편향에 내재된 문제점을 지적했다. 또한, 세계는 학생 행동주의, 석유위기, 금융위기, 분리주의 운동, 환경 및 페미니스트 운동을 포함한 일련의 사건들로 인해 막 흔들리기 직전이었다. 이는 민주주의 국가들에서 정치문화의 특징에 대해 재고하게 했다. 1970년대 초 미국의 사회학자 잉글하트(Robert Inglehart)는 경제성장과 안보에 대한 오래된 물질주의적인 관심을 환경보호, 핵 군축, 양성평등, 표현의 자유와 같은 삶의 질 문제에 대한 새로운 초점과 구별하기 위해 탈물질주의(post-materialism)라는 용어를 만들었다.

잉글하트(Englehart, 1971)에 따르면, 이러한 풍요, 평화, 안전의 독특한 조합은 서양 정치문화에서 '침묵의 혁명'을 유도했다. 광범위한 조사 증거를 바탕으로, 잉글하트는 민주주의가 풍요해질수록 국경 내에서 탈물질주의자들의 비율이 더 높아진다는 점을 보여주었다. 예를 들어, 유럽에서 탈물질주의는 네덜란드, 서독, 그리고 풍요로운 스칸디나비아국가들과 같은 가장 부유

시민문화(Civic culture): 대부분의 국민이 국가의 권위와 결정권을 인정하면서 정치에 참여할 의무를 인정하는 온건한 정치문화.

탈물질주의(Post-materialism): 경제성장과 물리적 안보와 같은 물질주의적 가치보다 삶의 질을 강조하는 가치 집합.

한 민주주의 국가들에게 먼저 다가왔고, 그곳에서 또한 가장 깊이 침투했다. 탈물질주의는 그리스와 같이 교육 수준이 낮은 가난한 유럽 민주주의 국가에서 덜 흔했다 (Knutsen, 1996).

1970년대 초 잉글하트가 연구를 시작했을 때, 많은 서양 국가에서 물질주의자들이 탈물질주의자들보다 약 4대1로 수적으로 우세했다. 2000년까지 두 집단의 규모는 비슷해졌고, 이는 정치문화의 주요한 변화를 상징했다. 탈물질주의 가치의 확산은 세계화와 교육의 확대에 의해 보다 광범위하게 촉진되었다. 사실, 고등교육 경험(특히 예술과 사회과학)은 탈물질주의의 전망을 예측하는 가장 좋은 단일 요인이었다. 프랑스에서 2005년과 2008년 사이에 실시된 조사에 따르면, 적어도 일부 대학교육을 받은 사람들 중 56퍼센트가 탈물질주의자인 반면, 교육의 성취도가 낮은 사람들 중 25퍼센트만이 탈물질주의자였다 (Dalton, 2020).

분석 도구로서의 탈물질주의의 가치에 대해서는 의견이 분열되어 있지만, 탈물질주의의 출현은 정치문화의 기초를 포함한 가치의 측정과 이해를 하기 위한 접근법의 지속적인 정교함을 보여주었다. 동시에 시민문화의 관념에 대한 관심은 사라지지 않고 있으며, 시민문화가 변화된 상황에 여전히 적용되거나 적응될 수 있는 정도에 초점을 맞춘 많은 학자들이 있다. 2014년 탈물질주의가 시민문화에 대한 우리의 이해에 미치는 영향을 반영하는 새로운 연구인 『시민문화의 변형(The Civil Culture Transformed)』(Dalton and Welzel, 2014)이 발표되었고, 또한 우리는 시간이 지남에 따라 가치와 기대치를 살펴봄으로써 더 다양한 국가 사례에 대한 훨씬 더 많은 데이터를 이용할 수 있다고 지적했다. 저자들의 핵심 주장은 시민들이 아몬드와 버바에 의해 확인된 일종의 충성의 관점을 외면하고, 선거 정치, 제도, 정치 대표자에 대한 불신감이 커졌고 엘리트들과 맞서려는 의지가 커졌다는 것이다.

정치문화에 대한 우리의 새로운 이해의 대부분은 국가 간 연구에 의해 생성된 데이터에 기초한다. 유럽가치조사(European Values Survey)는 1981년 네덜란드에서 설립되었으며, 선정된 유럽국가들의 가치를 더 잘 측정하고 이해하는 것을 목표로 한다. 그 직후 잉글하트가 참여한 세계가치조사(World Values Survey)가 세계 절반 이상을 대상으로 여러 차례 조사 연구를 수행했는데, 최근의 연구는 2017~2019년에 이루어졌다. 또한, 미국에 본부를 둔 퓨 연구센터(Pew Research Center)는 다른 나라의 정치문화를 비교하는 데 사용될 수 있는 정치적 가치와 태도에 대한 많은 조사 연구를 실시했다.

사람들에게 지난 50년 동안 자국의 삶이 개선되었다고 생각하는지 여부를 묻는 최근 퓨 조사의 결과는 도표 4.3에 나타나 있다. 그 결과를 훑어만 봐도 부유한 나라와 가난한 나라, 또는 민주주의와 권위주의 정권 사이에 상관관계가 거의 없음을 알 수 있다. 예를 들어, 대다수의 사람들이 삶이 더 낫다고 느끼는 국가 그룹에는 부유하고 정치적으로 안정된 두 민주주의 국가(독일과 스웨덴), 광범위하게 빈곤이 퍼져 있는 신흥 민주주의 국가(인도), 최근 정치가 권위주의로 휘청거리는 국가(튀르키예[터키])가 포함된다. 한편, 결함있는 세 민주주의 국가(미국, 브라질, 프랑스)는 더 부정적인 결과를 보이는 반면, 결함있는 민주주의(멕시코)와 권위주의체제(베네수엘라)에

국가개요 4
독일

간략소개

독일은 비교정치의 매력적인 사례다. 1871년에 수립된 독일은 양차 세계대전에서 핵심적인 역할을 했고, 이후 민주국가와 공산국가로 분단되었으며, 1990년에 통일이 되었으며, 현재는 유럽연합의 지도국과 재정지원국으로서의 핵심 역할을 하고 있다. 독일은 기본적으로 그 자신의 정부체제라는 관점으로 유럽의 발전을 살펴보기 때문에 독일의 정치기구들은 대륙의 관점에서 중요하다. 의회제의 틀을 사용하는 독일은 독특한 형태를 지니고 있다. 총리는 국가의 지도자 입장에서 정부의 정책을 결정하고 대규모 참모단을 이끌며 의회가 후임자를 결정하게 되면 직책에서 물러나게 된다. 독일은 유럽에서 가장 큰 규모의 경제를 운용하고, 자본집약형의 공장에서 일하는 숙련공들은 질 좋은 공산품을 만들어서 수출한다. 그러나 세계에서 독일의 군사적 영향력은 매우 제한되어 있다.

정부형태	연방국가. 의회공화국. 16개 주(Länder)를 포함. 현대적인 국가는 1949년에 수립되었고, 가장 최근의 헌법(기본법)은 1949년에 채택되었다.**
행정부	의회제. 총리는 16명에서 22명의 각료로 구성된 내각을 이끈다. 대통령(하원과 주 대표의 선거인단에 의해 한 번 중임이 가능한 5년 임기로 선출된다)은 의례적인 국가원수의 역할을 수행한다.
입법부	양원제. 631명 정원의 하원(Bundestag)은 4년의 임기로 선출되며 재임이 가능하다. 마치 선출된 상원처럼 기능하긴 하지만, 69명의 상원(Bundesrat)은 각 주(Länder)의 대표들로 구성되어 있다.
사법부	독일은 법치국가(Rechtsstaat)다. 연방헌법재판소는 헌법에 대한 중재자로서 매우 중요한 역할을 수행하고 있다. 16명으로 구성되어 있고 두 개의 집단으로 분리되어 있으며, 12년의 임기이지만 68세가 되면 은퇴해야 한다.
선거제도	하원은 혼합선거제도에 의하여 선출되는데, 반은 단순다수제에 의해 선출되고 나머지 반은 주 정당명부에 의한 비례대표제에 의해 선출된다. 상원의원은 주(Länder)에 의해 지명된다.
정당	다당제. 주요 정당들은 기독민주당(CDU)과 바이에른 지방 기반 파트너 기독사회당(CSU), 사회민주당(SPD)이다. 다른 주요 정당은 녹색당과 독일을 위한 대안(Alternative for Germany)이다.

** 역자 주) 독일은 1990년에 통일이 되었으나 서독의 동독 흡수통일이었기 때문에 1949년 제정된 서독의 헌법이 확대 적용되었다.

인구
8,300만 명

국내총생산(GDP)
3조 9,000억 달러

1인당 GDP
4만 6,445달러

민주주의 지수 등급
✓ 완전한 민주주의
✗ 결함있는 민주주의
✗ 혼합형 정권
✗ 권위주의
✗ 측정안됨

프리덤하우스 등급
✓ 자유
✗ 부분 자유
✗ 부자유
✗ 측정안됨

인간개발 지수 등급
✓ 매우 높음
✗ 높음
✗ 중간
✗ 낮음
✗ 측정안됨

독일의 정치문화

정치문화는 한 나라의 역사에 의해 상당 부분 형성되며, 전후 독일의 분단은 독일의 민주주의와 자본주의 사회인 서부지역과 권위주의와 공산주의 사회인 동부지역에서 사고가 어떻게 진화했는지 가늠할 수 있는 드문 자연실험을 제공한다.

1959년과 1988년 사이 서독에서는 자신들의 정치제도에 자부심을 표현하는 사람들의 비율이 7퍼센트에서 51퍼센트로 증가했으며, 다당제에 대한 지지는 53퍼센트에서 92퍼센트로 증가했다. 공산주의하의 동부에서는 이와 유사한 조사가 없었으나, 1990년 통일 후 동독에서 실시된 여론조사에 따르면 대부분의 동독 사람들은 서독에 비해 국가정치 및 법체계에 대한 신뢰도가 현저히 낮았다 (Rainer and Siedler, 2009).

이후 동서 간 대비가 감소했다는 증거가 있지만, 가처분소득과 청년층 비율이 모두 서부에서 더 높은 반면, 실업률과 우익 정당에 대한 지지는 동부에서 더 높다는 차이점이 남아 있다. 동독인들은 서독인들을 부르주아적이고, 잘난 체하며, 실리적이고, 개인주의적이라고 인식하는 경향이 있다. 분명히 2014년 한 여론조사에서 75퍼센트의 동독인들이 통일이 성공적이었다고 생각했지만, 50퍼센트의 서독인들만이 같은 생각을 했다 (Noack, 2014). 2020년 통일 30주년을 맞아 실시된 연구들은 거의 변하지 않았다는 점을 보여주었다.

동독의 생활수준이 서독의 생활수준으로 수렴된다면(이것은 아주 예외적 경우지만) 문화적 차이가 점차 약화될 것이라고 가정하는 것이 합리적이다. 이러한 상황에서 동독의 보다 물질적인 문화는 서독이 오랜 기간에 걸쳐서 정착시킨 탈물질적 성향을 획득할 것으로 보인다. 단합 없는 통일은 독일의 정치문화를 논하는 데 있어서 공통의 주제가 되고 있다.

관광객들이 한때 냉전 분열의 강력한 물리적 상징이었던 베를린 장벽의 잔해를 방문하고 있으며, 이는 오늘날에도 여전히 서독과 동독의 정치문화의 차이를 상기시킨다.

추가 읽을거리

Colvin, Sarah (ed) (2018) *The Routledge Handbook of German Politics and Culture* (Routledge).
Langenbacher, Eric (2021) *The German Polity*, 12th edn (Rowman and Littlefield).
Roberts, Geoffrey K. (2016) *German Politics Today*, 3rd edn (Manchester University Press).

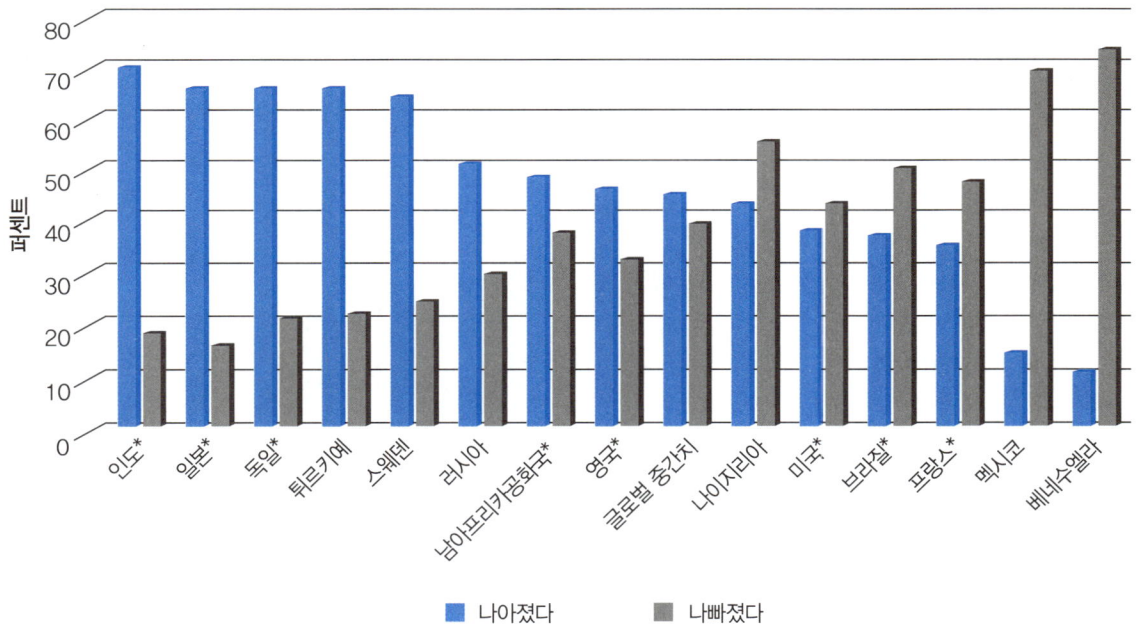

도표 4.3 삶이 50년 전에 비해서 나아졌는가 나빠졌는가?

출처: Pew Research Center (2017a) 참고. "오늘날 우리나라에서 나와 같은 사람의 삶이 50년 전에 비해서 ____졌다."
* 완전한 또는 결함있는 민주주의 국가들.

서는 가장 많은 사람들이 삶이 나빠졌다고 생각한다.

문화에서 문명으로

또 다른 새로운 요소는 1990년대 후반 미국의 정치학자 헌팅턴(Samuel Huntington)이 문화와 정치적 갈등에 대해 언급한 것 때문에 국제적인 베스트셀러가 된 책을 출판했을 때 정치문화에 대한 논쟁에 추가되었다. 헌팅턴은 『문명의 충돌(The Clash of Civilizations)』에서 21세기에는 국가보다는 문화가 정치적 갈등의 주요 원천이 될 것이라고 주장했다 (Huntington, 1966). 그는 냉전의 종식은 문화적 분열의 종식을 의미하는 것이 아니라 이념의 싸움에서 문명의 충돌로 초점이 옮겨가는 것을 의미할 것이라고 말했다. 이러한 문명의 집단들이 초국가적이었기 때문에 헌팅턴은 정치문화가 더 넓은 정체성을 수용하기 위해 국가적 계류에서 벗어났다고 주장했다. 그는 문명이 세계에서 가장 넓은 문화적 실체였다고 주장했다.

헌팅턴은 7, 8개의 문명지역을 생각했다. 서양, 일본, 이슬람, 힌두, 슬라브-정교, 라틴 아메리카, 중국 및 (아마도) 아프리카다. 그는 이러한 문명의 모순된 세계관들 사이에 타협할 여지가 거의 없고, 경제적 갈등은 협상할 수 있지만, 문화적 차이는 쉬운 해결책을 가져오지 않는다고 주장했다. 예를 들어, 헌팅턴은 1990년대 전쟁에서 문화적 친족관계가 편들기 선택에 어떠한 영향을 미쳤는지에 대해 언급했다. 그는 유고슬라비아분쟁에서 "러시아는 이념, 권력정치, 경제적 이익이 아니라 문화적 친족 관계 때문에 세르비아에 외교적 지원을 했다"고 썼다 (2014년 러시아의 푸틴이 크림반도를 점령한 핑계, 그리고 유럽과 러시아 사이에서 오랫동안 분열의 고통을 받은 지역인 우크라이나 동부를 불안정하게 만들기 위한 그의 후속 노력에 대한 핑계로 친족관계를 내세우면서 다시금 반복되었다).

당연히 헌팅턴의 연구는 많은 비판을 받았고, 많은 학자들은 별개의 문명에 대한 아이디어를 거부하거나 적어도 그들 사이의 충돌의 증거에 의문을 제기했다. 이 연구는 특히 헌팅턴이 문명의 영구적인 충돌로 묘사한 이슬람과 서양의 관계에 대한 평가로 비판을 받았다. 『무지의 충돌 (The Clash of Ignorance)』이라는 제목의 논문에서 사이드((Edward Said)라는 학자는 이슬람과 서양 같은 '볼썽사나운'이라는 꼬리표를 언급하면서 "이들은 모든 것들이 쉽게 묵살되거나 묶여지지 않을 무질서한 현실을 이해하려고 하는 마음을 오도하고 혼란스럽게 한다"고 주장했다 (Said, 2001). 단일 이슬람의 개념은 수니파와 시아파 무슬림 사이에 오랫동안 존재해 온 긴장을 포함하여 여러 가지 면에서 도전받고 있다. 수니파는 전체 무슬림의 80퍼센트를 차지하며 정치와 종교 권위의 분리를 일부 수용하는 반면, 시아파는 종교 지도자를 위한 보다 직접적인 정치적 역할을 옹호하며 이란과 이라크에서 다수를 차지한다 (개신교, 가톨릭, 그리고 무수한 다른 기독교 교리들 사이의 긴장에서 반영되었듯이 기독교의 단일적 성격 또한 신화다).

이러한 비판에도 불구하고, 헌팅턴의 분열에 대한 논제는 무슬림과 서양국가들 사이의 문화적 차이에 대해 절실히 필요한 연구를 자극하는 데 성공했는데, 문화적 차이는 주로 두 세계 사이의 정치적 태도의 제한된 차이만을 드러냈다. 예를 들어, 노리스와 잉글하트(Noris and Inglehart, 2011)는 1995년과 2001년 사이에 50개 이상의 국가를 대상으로 한 연구를 통해 "서양과 무슬림 종교문화에서 살고 있는 대중들 사이에 민주주의 실행에 대한 지지와 강력한 리더십에 대한 동의를 하는 데 있어서 민주주의가 실제로 어떻게 작동하는지에 대한 생각에 별로 큰 차이가 없다"고 결론지었다. 그러나 이 연구는 비록 이 차이가 서양 대 이슬람이 아닌 서양 대 나머지 지역의 경우로 판명되었음에도 불구하고, 이슬람 대중들이 종교 당국의 더 강력한 사회적 역할을 지지하는 것을 발견했다. 이런 점에서 서양 문명의 세속적 성격은 기이한 것으로 드러났다. 이슬람 세계를 이질적인 것으로 상상하는 데 익숙한 서양이 자신의 세속 문명을 예외로 보는 것은 흥미롭다.

정치문화에 대한 글로벌 규모의 분석이 상이하면서도 덜 논쟁적인 사례는 잉글하트-웰젤(Welzel)의 문화지도에 의해 제공된다 (도표 4.4 참조). 이는 두 가지 척도를 기반으로 한 2차원 그래프에 세계 대부분의 국가를 표시한다.

- '전통적 방식에서 세속적 방식으로.' 전자는 종교, 가족, 권위에 대한 존중, 애국심, 이혼과 낙태와 같은 문제에 대한 보수적 입장을 강조하는 반면, 후자는 반대 입장을 취한다.
- '생존과 자기표현.' 물질과 탈물질적 가치 사이의 차이에 대한 잉글하트의 구분을 바탕으로, 생존에 대한 관심은 경제적, 물리적 안정에 대한 강조를 나타내며 낮은 수준의 신뢰와 관용

을 초래하는 반면, 자기표현에 대한 광범위한 관심은 환경보호, 외국인에 대한 관용, 양성평등 및 정치적, 경제적 의사결정에 대한 더 많은 참여에 우선권을 둔다.

이 틀을 이용하여 잉글하트와 웰젤은 종교, 지리, 언어의 불편한 조합을 바탕으로 세계를 9가지 유형으로 나눈다. 이는 그들로 하여금 민주적 열망, 시민의 권한 부여, 세계화, 성 가치, 종교 및 삶의 만족을 포함한 정치문화와 관련된 몇 가지 특성에 대한 결론을 도출할 수 있게 했다. 이 책의 18가지 국가개요 사례 중 스웨덴은 세속적 합리성과 자기표현에, 멕시코는 전통과 자기표현에, 중국은 세속적 합리성과 생존에, 튀르키예는 전통과 생존에 가장 가깝다. 더 넓게 말하면, 대부분의 민주주의는 세속적 합리성과 자기표현 사분면에 속하는 반면, 대부분의 권위주의 정권은 전통과 생존 사분면에 있다.

문화에 대한 불안정한 개념을 포함하는 거의 모든 분석과 마찬가지로, 잉글하트-웰젤 지도는 많은 질문을 제기한다. 예를 들어, 왜 영어를 사용하는 국가의 경우에만 언어가 범주로 사용되는가 (그리고 왜 영국은 개신교 유럽의 일부로 또는 아일랜드가 가톨릭 유럽의 일부로 간주되지 않는가)? 이슬람 국가와 (종종 비이슬람) 아프리카국가를 같은 묶음에 두는 것이 합당한가? 왜 발트 3국은 그들 자신의 그룹(중국을 둘러싼)을 가질 자격이 있는가?

의문점에도 불구하고, 지도는 흥미로운 관련

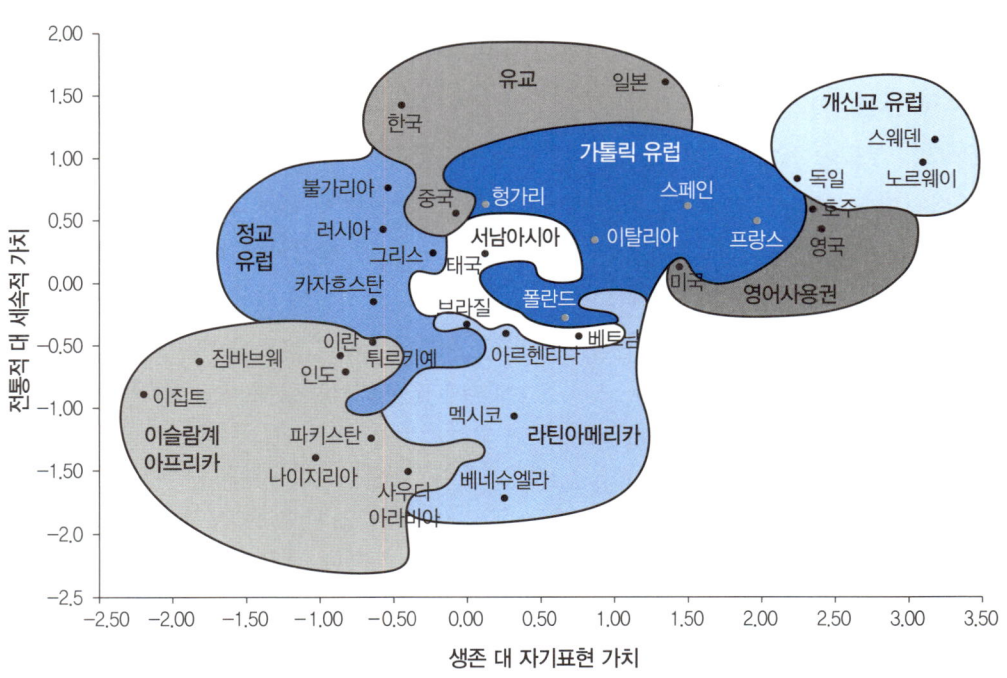

도표 4.4 잉글하트-웰젤의 세계 문화 지도

출처: World Values Survey (2021).

주: 선택된 국가(대부분 국가개요 포함)에 한정.

사항을 제공하며, 세계가치조사는 새로운 연구주제를 제안하면서 많은 연구과제들을 만들어냈다. 한 가지 예를 들어, 민코프와 호스티드(Minkov and Hostede, 2011)는 이 데이터를 사용하여 민족문화의 개념을 손상시킬 수 있는 국가 내 여러 문화적 정체성의 존재에 반대한다고 주장했다. 그들의 연구는 국가들이 "기본적인 문화적 가치에 대한 국가노선을 따라 압도적으로 군집한다"고 제안하고 있으며, 국경을 넘는 문화의 혼합은 상대적으로 드물다. 이것은 심지어 다국어, 종교, 민족, 역사적 경험과 전통을 가진 나라들에서도 사실이라고 그들은 주장한다.

정치적 신뢰

1960년대에 아몬드와 버바가 시민문화에 대한 연구를 시작했을 때, 성공적인 민주정권의 특징 중 하나는 정치적 신뢰(political trust)로 특징지어지는 높은 수준의 충성심이라고 널리 가정되었다. 이것은 정부와 정치체제가 통치받는 사람들에 대한 지도자들의 관심을 반영하는 유능한 결정을 내린다는 믿음이 있을 때, 그리고 시민들이 사회의 이익을 위해 작동되는 정부에 대한 높은 신뢰도를 가지고 있을 때 존재했다. 여론조사는 1960년대 초에 민주주의 정부에 대한 신뢰 수준이 대체로 높았는데, 예를 들어 거의 80퍼센트의 미국인들이 자신들의 정부를 대부분의 시간에 또는 항상 신뢰했다 (이 절의 뒷부분 참조). 1990년대 이후 정치적 신뢰 수준이 하락하고 있다는 연구 결과가 나오면서 상황은 극적으로 변화했다. 처음에 이는 서양 민주주의의 문제라고 생각되었다 (대부분의 연구가 서양에서 이루어졌기 때문이었다). 나중에, 더 넓은 범위의 국가에 대한 설문조사를 한 결과, 신뢰의 하락이 더 큰 문제라는 것이 분명해졌다.

이 장의 앞부분에서 언급했듯이, 아몬드와 버바의 연구를 기반으로 전 세계 여러 나라를 살펴본 『시민문화의 변형(The Civic Culture Transformed)』(Dalton and Welzel, 2014)으로 출판된 연구 모음은 많은 나라에서의 태도가 충성(allegiance)에서 주장(assertion)으로 이동했다고 주장했다. 이러한 결론은 2001년부터 정부, 기업, 미디어, 비정부기구라는 네 가지 기관을 대상으로 신뢰 수준을 연구해 온 미국에 기반을 둔 마케팅 컨설팅 회사인 에델만(Edelman)이 수행한 최근 조사에 반영되고 있다. 예를 들어, 2007~2008년 정부와 언론을 앞지른 기업에 대한 신뢰가 글로벌 금융위기의 여파로 하락하는 등 경제적, 정치적 상황에 따라 신뢰 수준이 변화하는 것을 발견했다. 네 기관 모두에 대한 신뢰는 위기 이후 2016년에 최고조에 달했다가 2017~2018년에 다시 하락했다. 에델만 트러스트 바로미터(Edelman Trust Barometer)는 도표 4.5에 표시된 2020년 데이터에 반영되었듯이 상대적으로 상당히 다른 신뢰 수준을 보여주었다.

2020년 조사(Edelman, 2020, 코로나19 팬데믹 발생 이전 28개국에서 온라인으로 실시)의 주요 결과는 다음과 같다.

> 정치적 신뢰(Political trust): 통치자들이 피지배자들의 이익을 위해 봉사하는 데 있어서 일반적으로 선하게 의도되고 효과적이라는 믿음.

- 소득 불평등은 낮은 수준의 신뢰에 중요한 영향을 미친다.
- 21개국에서 조사된 대다수의 사람들은 소외당하고 한때 향유했던 존경과 존엄성을 상실하는 것에 대해 걱정했다.
- 많은 사람들은 프리랜서/긱(gig: 비정규직 또는 알바 – 역자 주) 경제의 부상, 불황, 이민자들 그리고 더 저렴한 외국 경쟁자들과 같은 요인들 때문에 직업을 잃을까 걱정했다.
- 대다수의 사람들은 기술의 빠른 변화에 대해 걱정했다.
- 대다수가 신뢰할 수 없는 정보에 의한 미디어 오염에 대해서 우려했다.
- 조사 대상자 중 42퍼센트만이 정부 지도자들이 자국의 과제를 성공적으로 해결할 수 있을 것이라고 신뢰했다.
- 네 개의 기관 중에서, 정부가 가장 무능하고 윤리적이지 못한 기관으로 여겨졌다.

이러한 데이터는 도움이 되고 흥미롭지만, 종종 설명을 제공하는 일은 다른 사람들에게 맡겨진다. 예를 들어, 중국에서의 높은 신뢰 수준은 정치체제에 대한 진정한 신뢰의 표시인가, 아니면 중국 시민들이 자신들이 살고 있는 권위주의 정권 공개적으로 비판적인 것에 대한 우려를 반영하는 것인가? 한편, 가까이 있는 일본의 경우 모든 안정기에도 놀라울 정도로 낮은 신뢰도를 보였다. 민주주의 지수(Democracy Index), 세계자유 지수(Freedom in the World), 부패인식 지수(Corruption Perceptions Index)에서 높은 순위를 차지하고 있지만, 일본인의 거의 3분의 2가 정부를 신뢰하지 않는다. 러시아의 낮은 수치는 러시아의 정치적 불확실성을 반영하지만, 푸틴이 오랫동안 누려온 높은 지지율과 대조를 이

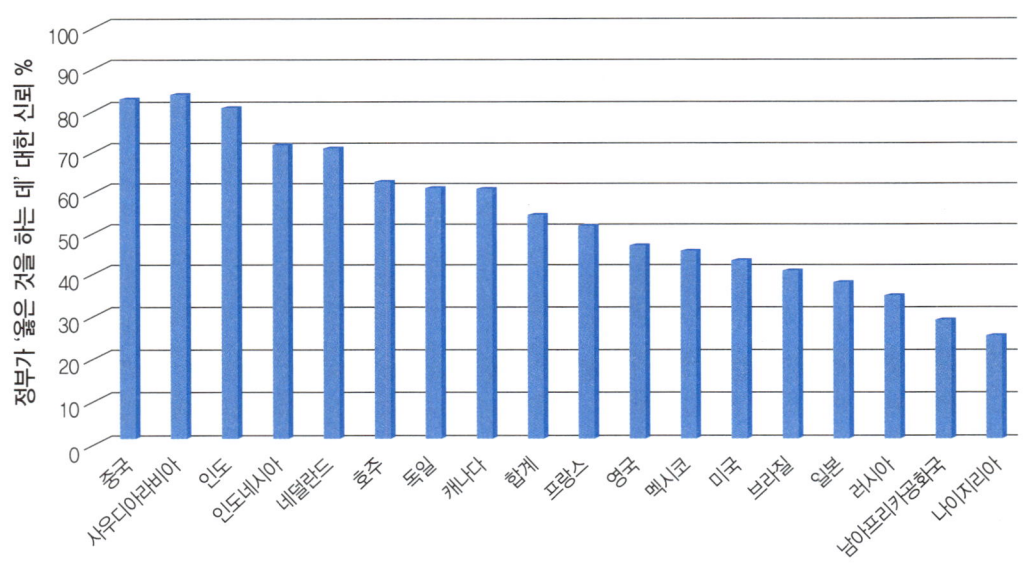

도표 4.5 정부에 대한 신뢰 비교

출처: Edelman (2021). 2020년 28개국 현지조사에 기초. 가장 최근의 정보는 에델만 트러스트 바로미터(Edelman Trust Barometer), https://www.edelman.com 참조.

룬다. 한편, 영국의 낮은 수치는 부분적으로 계급 분열과 브렉시트의 여파에 의해 만들어진 계속되는 긴장으로 설명될 수 있고, 멕시코, 브라질, 남아프리카공화국의 낮은 수치는 부분적으로 세 나라 모두의 부패를 반영하는 것이다.

미국은 우리가 보유하고 있는 수십 년 데이터의 주목할 만한 사례다 (도표 4.6 참조). 1950년대 후반과 1960년대 초 미국인의 약 4분의 3이 연방정부를 거의 또는 항상 신뢰할 수 있다고 느꼈다. 1980년까지 베트남과 워터게이트의 여파로 그 숫자는 겨우 4분의 1로 하락했다. 레이건 시절에는 다소 회복되었지만, 정치적 분열이 더 명료해지면서 다시 하락했고, 2001년 9·11테러의 여파로 미국인들이 국기를 중심으로 결집하면서 다시 개선되었다. 그 후, 9·11의 결과 정보 실패가 드러났고, 2003년 이라크 침공의 지혜와 2007년 금융위기에 대한 엇갈린 의견이 나오면서, 신뢰는 회복하기 어려운 새로운 저점으로 다시 떨어졌다. 더 깊게 들어가서 보면, 많은 미국인들, 특히 시골 지역에 있는 사람들은 주변에서 목격되는 변화에 위협을 느껴왔는데, 그 내용은 세계화로 인한 일자리의 소멸 또는 변형, 빈부 격차의 심화, 정치계급의 부상에 대한 의심과 더불어, 이민과 사회적 변화에 대한, 그리고 자신들의 '전통적' 정치적이고 경제적인 역할에 대한 백인 노동자들의 우려가 포함된다 (Wuthnow, 2018).

정부에 대한 신뢰를 떨어뜨리는 이 문제는 1960년대에 만들어진 충성에 대한 가설로부터 우리를 멀어지게 하고, 기술, 사회적 불평등, 세계화, 정치적 폭력을 포함하는 많은 압력들이 정부와 정치에 미치는 영향에 대한 많은 질문들을 제시하고, 전통적으로 사회질서를 구축하는 것이 어떻게 이루어져야 하는지에 대한 많은 질문을 제시한다. 코로나19 팬데믹은 정부가 바이러스에 대한 실행 가능한 대응에 합의하고 실행하면

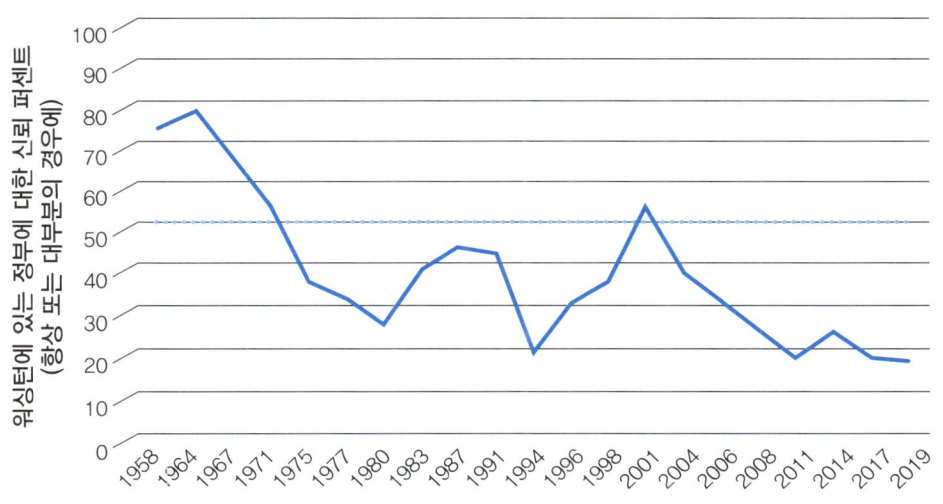

도표 4.6 미국에서 정부에 대한 신뢰

출처: 다양한 출처. Pew Research Center (2019) 정리.

서 백신 유통을 관리하기 위해 고군분투하는 복합적인 활동에 더 많은 질문을 추가했다.

퓨 연구센터는 사람들의 삶이 50년 전과 비교해서 더 나은지 나쁜지에 대한 2017년 조사를 아직 재실시하지 않았다 (도표 4.3 참조). 그러나 2020년에 기술과 사회 변화 전문가들을 대상으로 코로나19 이후 삶이 어떻게 변할 수 있다고 생각하는지 조사했는데 (Anderson et al., 2021), 결과는 엇갈렸다. 불평등이 커지면서 권위주의가 더 심해지고 잘못된 정보가 확산되면서 대부분의 사람들에게 삶은 더 나빠질 수 있겠지만 (제12장 참조), 많은 사람들은 또한 기술에 대한 우리의 심화된 의존도가 직장, 의료 및 사회활동의 개선을 가져오는 데 도움이 될 것이라고 느꼈다. 그러한 변화가 정치문화와 정부에 대한 신뢰에 어떤 영향을 미칠지는 두고 봐야 하며, 신뢰를 회복하기 위해 우리가 어떻게 최선의 노력을 기울일지는 논쟁의 여지가 있다 ('문제 탐구 4' 참조).

권위주의 정권의 정치문화

세계에서 가장 권위적인 정권 중 하나는 시리아인데, 시리아는 아사드(Hafez al-Assad)가 30년 동안 통치했고, 2000년 아사드가 사망하자 그의 아들 바샤르(Bashar)가 뒤를 이었다. 2011년 바샤르는 정권에 대한 평화적인 시위에 대해 폭력으로 진압을 시도했고, 이 시위는 빠르게 내전으로 변질되어 지금까지 약 40만~60만 명이 사망한 것으로 추정된다. 아사드 정권은 이란과 러시아의 군사지원을 받아들였고 자국민을 상대로 염소 등 화학무기를 사용했다. 어떤 대가를 치르더라도 통제권을 유지하겠다는 아사드의 결심에 대한 다른 설명이 있는데, 그 중 하나는 정치문화에 기반을 두고 있다. 카티브(Khatib, 2021)는 아랍세계의 지배 엘리트들은 자신이 국가이며, 자신들의 권력 지속이 국가의 안정에 필수적이라고 주장한다. 아사드는 심지어 자신의 행정부에 대한 어떤 형태의 반대도 반역죄로 규정될 수 있다고 주장까지 했다.

아사드와 그의 지지자들은 의심의 여지없이 이 견해에 동의하지만, 그것이 시리아의 정치문화에 얼마나 더 일반적으로 적용된다고 말할 수 있을지 의문이다. 우선, 이 정권은 다른 견해를 가진 많은 비판자들과 반대자들을 가지고 있다. 카티브는 많은 외부인들 자신이 아랍에서 일어나고 있는 변화에 대해서 설명을 하지 못한다는 점에서 아랍지역의 정치문화는 단순하면서도 시대착오적인 가정을 한다고 주장한다. 우리는 또한 이 장의 앞부분에서 엘리트 정치문화와 인구 전체의 가치 및 기대 사이, 그리고 인구 내의 상이한 계층들 사이를 구별하는 것이 중요하다는 점을 파악했다. 이는 특히 권위주의 정권에서 사실이며, 6장에서 볼 수 있듯이 주로 통치자의 권력과 그 통치자를 둘러싼 엘리트 집단에 중점을 두고 있다.

시리아 사건에 대해 생각하는 방법, 또는 권위주의 정권의 정치문화를 보다 일반적으로 이해하는 방법을 아는 것은 이 주제에 대한 연구가 거의 이루어지지 않았다는 점에 의해서 제한을 받는다. 사실, 권위주의적이거나 비민주적인 정부를 주제로 한 책들은 때때로 정치문화에 대한 단 한 가지 언급도 없이 쓰여진다. 마욱(Mauk, 2017)은 정치문화와 권위주의 사이의 관계에 대해 우

문제 탐구 4

어떻게 하면 정부에 대한 신뢰를 회복할 수 있을까?

신뢰는 설명하기 어려운 개념일 뿐만 아니라 측정하기도 어렵다. 그것은 무엇이고, 우리가 다른 사람, 한 집단의 사람들, 한 기관, 혹은 전체 정치체제를 신뢰하는지 어떻게 알 수 있을까? 이러한 질문에 대한 대답은 대체로 객관적이고 측정가능하기보다는 주관적이고 직관적이다. 그럼에도 불구하고, 여러 나라의 여론조사에 따르면 정부, 주요 기관(언론, 기업 등) 및 심지어 사람들 서로에 대한 신뢰 수준이 감소하는 것으로 나타났다. 따라서 우리는 우리들 대부분이 신뢰(또는 신뢰의 부재)를 정의하는 데 어려움을 겪을 수 있지만, 우리는 신뢰의 존재 또는 부재를 파악하고 신뢰의 증가 또는 감소 여부를 인지할 수 있을 만큼 신뢰에 대해서 직관적으로 충분히 알고 있다고 가정해야 한다.

정치적 신뢰에 대해 생각할 때, 우리는 적어도 네 가지 질문을 해야 한다.

- 신뢰 수준을 설명하는 것은 무엇인가? 신뢰는 정치체제에 대한 믿음의 수준과 같은 막연한 생각에 의해 움직이는가, 아니면 정치체제에 대한 일반적인 환멸에 의해, 또는 특정한 사건들에 의해, 또는 부패나 엘리트주의 같은 집중적이지만 지속적인 문제에 의해 움직이는가?
- 신뢰의 수준은 얼마나 변화할 수 있으며, 우리는 그 수준이 경제 주기나 정부의 변화에 따라 오르락내리락하는 것을 발견할 수 있는가? 아니면 다른 압력에 의해 움직이는 것을 발견하는가?
- 우리가 정부에 대한 신뢰를 생각할 때, 그 신뢰는 기관에 대한 우리의 견해 또는 그 기관에 근무하는 사람들과 그들이 행동하는 방식에 대한 우리의 견해에 의해 주도되는가?
- 신뢰 수준은 연령, 성별, 직업, 재정상황, 사회계층, 교육수준, 종교 및 관련 요인에 따라 어떻게 달라지는가?

분명히, 정부나 정치체제에 대한 신뢰 수준이 낮거나 떨어지는 것은 바람직하지 않으며, 우리가 문제들을 집단적으로 식별한 다음 (실제로 가능하다고 가정할 때) 시정하려고 노력할 수 있다면 가장 좋을 것이다. 우리가 이를 어떻게 하나?

- 세계가치조사에 따르면 사람들이 서로에 대한 가장 높은 수준의 신뢰를 가지고 있는 나라들(예: 중국, 핀란드, 노르웨이, 스웨덴)을 살펴보는 것부터 시작해서, 그들이 무엇을 옳게 했는지 이해하려고 노력해야 하는가?
- 우리는 신뢰 수준이 가장 낮은 나라들(브라질, 콜롬비아, 페루, 필리핀 등)을 살펴보고, 그들이 무엇을 잘못했는지 이해하려고 노력해야 하는가?

리가 얼마나 적게 알고 있는지 뿐만 아니라, 민주주의 정권과 권위주의 정권 사이의 체계적 비교, 그리고 집권군주, 집권당, 군사정권과 같은 권위주의 정권 유형 사이의 비교의 희귀성에 대해서도 지적한다 (제6장 참조). 권위주의 통치의 정치문화에 미치는 영향을 빈곤, 사회적 분열, 식민주의, 그리고 많은 권위주의 정권에서 발견되는 다른 영향으로부터 분리하는 것의 중요성을 인식할 때 어려움은 계속 쌓여 간다.

민주주의와 권위주의 정권 사이에 큰 차이가

있다면, 그것은 아몬드와 버바가 구분한 자기표현을 강조하는 다원적 시민문화의 민주적 이상과 국민들의 안보에 대한 문화적 강조에 의하여 많은 권위주의 정권들이 유지된다는 웰젤과 잉글하트(Welzel and Inglehart, 2009)의 제안 사이에 놓여 있다. 구체적으로, 웰젤과 잉글하트는 저소득 국가의 사람들이 자유와 자기표현보다 권위와 강한 리더십을 우선시한다고 제안한다. 더욱이, 민주주의가 그러한 동정심 없는 문화에서 출현한다면, 그 민주주의는 불안정할 수 있다. "민주주의는 '민주주의자가 없는 민주주의'일 때 취약하다"고 그들은 주장한다. 비록 사람들이 오늘날의 권위주의적인 지도자들을 거부하더라도, 그들은 단지 권위적 지도자들을 다른 비민주적인 통치자들로 대체하고 싶을지도 모른다. 다시 말해 독재에 대한 모든 반대를 민주주의에 대한 청원으로 해석하는 분석가들은 단순히 그들이 바라는 것을 보고 있는 것일 수도 있고, 권위주의 정권하에서 사는 민주주의자들은 민주주의를 자치보다는 사회질서, 국가자율, 강력한 경제로 해석할 수도 있다.

안보와 질서를 중심으로 한 권위주의 문화의 한 사례는 러시아다. 서방의 많은 사람들은 자신들이 1990년대 내내 러시아에서 민주주의로의 전환을 목격하고 있다고 믿기를 원했고, 이후 푸틴 시대 동안 권위주의로의 '회귀'를 보고 놀랐다. 그러나 러시아는 여전히 맥알리스터(McAllister, 2014)가 '역사의 부담'이라고 묘사한 것(공정하게 말하면, 그 사회의 정치문화를 고려할 때 거의 모든 사회에서 이루어질 수 있는 것)과 더불어 살고 있다. 정치적 태도와 행동은 어린 시절의 경험으로부터 강한 영향을 받으며, 러시아에는 아직도 소련 시대를 향수로 그리워하며 그때 경험한 강하고 결단력 있는 리더십을 동경하는 사람들이 많다.

모스크바에 본부를 둔 레바다 센터(Levada Center)가 2020년에 실시한 여론조사에 따르면, 러시아인의 65퍼센트가 소련의 붕괴를 아쉬워했고, 75퍼센트는 소련시대가 러시아 역사상 최고의 시기였다는 주장에 동의했으며, 63퍼센트는 푸틴의 대통령직 수행에 찬성했다. 소련이 세계에서 가장 억압적인 정권 중 하나였고, 푸틴의 러시아가 분명히 권위주의적이라는 사실은 그들 중 많은 사람들에게 걱정되지 않는 것으로 보였다. 2020년 4월 또 다른 여론조사에서 러시아인의 절반만이 정부 지도자를 바꿀 수 있는 것이 중요하다고 동의한 반면, 37퍼센트는 소수의 정치인들이 권력을 잡고 있는 안정성이 더 중요하다고 느꼈다 (Levada Center, 2020).

한편, 많은 권위주의 이슬람 국가들에서 권위주의 통치자들은 이슬람 문화의 우물에서 자신들의 권력 장악을 지지하는 방식을 끌어내리고 한다. 그들은 민주주의를 이질적인 서양의 개념으로 제시하는데, 실제로 서양의 민주주의는 자유보다는 면허, 정신적 가치보다는 물질적 가치, 그리고 사회적 조화보다는 개인의 사리사욕 추구로 이어진다고 주장한다. 예를 들어, 말레이시아의 총리 마하티르(Mahathir bin Mohamad, 1981~2003년, 그리고 2018~2020년 재임)는 "정치지도자들이 옳은 일을 하는 것을 두려워하고, 국민들과 지도자들은 자신들이 매우 큰 소리로 침해할 수 없다고 선언하는 자유 언론에 대한 두려움에 살고 있다"고 서양의 민주주의를 비난했다 (Dhillon, 2009). 이러한 진술들을 통해 권위주의적 통치는 본질적으로 서양 자유주의에 반대하는 토착문화의 전통으로 제시될 수 있다.

그러나 동시에 이슬람 세계는 정치문화가 정의되거나 이해되는 방식 면에서 단합되지 않고 있다. 사실, 안드라타스와 미라니(Adrahtas and Milani, 2020)는 "분열이 이슬람 세계를 형성하는 가장 강력한 힘 중 하나인 것 같다"고 주장한다. 그들의 관점은 1979년 이란혁명 이후 정치적 리더십 대 종교적 리더십에 대한 견해 차이로 강조된 수니파와 시아파 무슬림 간의 분열에 있다. 또한, 이슬람은 아랍인과 비아랍인, 도시와 시골 무슬림, 그리고 중동과 북아프리카에서의 영향력 경쟁에 의해 나누어져 있다.

때때로 우리는 권위주의체제에서 엘리트들이 대중의 봉기를 통해서든 선거의 결과에 의해서든 제거되고, 정치문화와 관련하여 '정상'으로 간주될 수 있는 것을 재정의하는 새로운 정권으로 대체되는 것을 발견한다. 예를 들어, 이러한 정권교체는 1789년 프랑스, 1910~1920년 멕시코, 1917년 러시아, 1952년 이집트, 1950년대 쿠바, 1979년 이란에 이르기까지 오래된 정권을 무너뜨린 거의 모든 혁명의 경우에 발생했다. 더 최근에, 비록 다른 수단에 의해서지만 베네수엘라에 비슷한 변화의 이야기가 전개되었다. 차베스(Hugo Chávez)는 1998년 선거에서 승리하여 권력을 장악했고, 그 시점에서 그는 볼리비아혁명을 시작했다.

베네수엘라의 혁명 지도자 볼리바르(Simón Bolívar, 1783~1830년)의 이름을 딴 볼리바르혁명은 1980년대 중반의 지역 부채위기에서 회복하기 위해 베네수엘라와 다른 중남미국가들에 부과된 긴축 조치의 결과로 시작되었다. 스트로넨(Strønen, 2017)은 그 혁명의 핵심은 주요 산

차베스(Hugo Chávez) 베네수엘라 대통령은 2004년 혁명 지도자 볼리바르(Simón Bolívar) 초상화 앞에서 기자회견을 하고 있다. 차베스가 약속한 변화는 혼란과 분열로 이어졌다.

유국으로서의 국가 역사가 형성하는 정치문화에 도전하고, 가난한 사람들을 동원하여 국가기관을 개혁함으로써 중상류층의 헤게모니를 타파하기 위한 노력이었다고 설명한다. 2013년 차베스가 재임 중 사망했을 때, 그는 심층적으로 분열된 사회, 혼란스러운 경제, 변화에 대한 많은 충족되지 않은 약속, 지속적인 정치개혁에 대한 광범위한 환멸을 남겼다.

더 넓은 맥락에서 볼 때, 중남미의 정치문화에 대해 상대적으로 알려진 것이 거의 없기 때문에 베네수엘라 사례의 의미를 평가하는 것이 더 어려워진다는 점에 주목해야 한다. 부스와 리처드(Booth and Richard, 2015)는 이 지역에서 선거민주주의가 오랫동안 실시되지 않아서 선거민주주의가 등장하면 쉽게 무너지는 경향이 있으며, 중남미국가들이 군사독재를 붕괴시키면서 많은 진전이 이루어졌지만, 선거민주주의의 지속력은 불확실하다고 지적한다. 그들은 베네수엘라의 사례는 엘리트와 대중이 모두 민주주의를 위해 기여하는 데 대해 의문을 제기한다고 결론짓는다.

한편, 많은 사하라 이남 아프리카국가들에 관해 언급하는 경우, 정치학자들이 직면한 주요 도전 중 하나는 식민지 경험의 부산물로 만들어진 가치와 토착적인 정치적 가치를 구별하는 것이다. 유럽국가들의 국경이 형성되었을 때, 그것은 유럽인들 사이의 갈등과 경쟁의 결과였다. 대조적으로, 대부분의 아프리카(및 중동)국가의 국경은 정치적, 문화적 또는 종교적 현실을 고려하지 않고 유럽 식민지 세력에 의해 외부에서 부과되었다. 그 결과 서로 다른 역사를 가진 공동체가 협력하고 민족통합의 의식을 구축하는 동시에, 부분적으로 형성된 정치체제와 저개발된 경제에 의해 통치되는 의도적으로 설계된 정치단위가 만들어졌다.

나이지리아(혼합형 정권)는 결과론적인 문제의 대표적인 사례다. 식민지 이전 시대에 하우사(Hausa)족과 요루바(Yoruba)족 같은 지역 민족들은 너무 많은 상호 간섭으로부터 자신들을 보호하기 위해서 서로 간의 균형을 맞추었다. 영국의 식민주의에 의한 나이지리아의 건국은 이 집단들이 함께 살면서 협력하고 정부와 행정의 공유체제를 구축하도록 강요했는데, 그 결과 그들은 권력과 자원을 놓고 경쟁하고 자신들의 정체성을 보존하기 위해 투쟁하면서 상호 적대적이 되었다. 국가 전통이 결여된 나이지리아인들은 오늘날에도 정부 관리들을 신뢰하기 어렵다는 것을 알기 때문에, 그들은 대신 그들의 지역사회에 안정을 찾고, 지역사회에 대한 충성심이 가장 중요하다고 믿고 있다. 나이지리아의 민족분열이 너무 지속적이기 때문에, 나이지리아 소설가이자 1986년 노벨 문학상 수상자인 소잉카(Wole Soyinka, 1997)는 분열상에 실망하여 나이지리아 민족에 대한 생각을 '터무니없는 환상(farcical illusion)'으로 치부했다.

정치문화에 대한 나이지리아의 경험 중 얼마나 많은 것이 진정으로 나이지리아적인 것이며, 민족통합 의식을 구축하는 데 있어 나이지리아의 어려움의 결과는 얼마나 될까? 현대화가 그러한 상황에서 차이를 만들 수 있을까? 나이지리아는 나이지리아 사회에 뿌리를 두고 있는 정치문화의 추세, 그리고 비교적 안정적인 국가정체성과 함께 더 오랜 역사를 가진 보다 민주적인 서양국가에서 발견되는 경향과 같은 종류의 압력과 영향을 받는 정치문화의 추세를 차별적으로 보유하고 있는가?

아니면 혼합적인 권위주의체제의 정치문화에 대해 우리가 말할 수 있는 최선의 것은 그것이 존재하지만, 본질적으로 부정적이라는 것인가?

현재 많은 아프리카국가에서 발견되는 정치문화의 보다 불행한 특징 중 하나는 부패다. 우리는 제6장에서 부패가 세계적인 문제이며, 권위주의 정권에서 특히 주목할 만하다는 것을 알게 될 것이지만, 도표 4.7은 사하라 이남 아프리카의 대부분 국가들이 절대적이고 비교적인 측면에서 나쁜 관습이 유지되며 부패인식 지수(Corruption Perception Index)에서 최하위를 기록하고 있는 심각성을 보여준다. 아프리카 대륙 52개국 중 100점 만점에 50점 이상의 점수를 받은 나라는 3개국(보츠와나, 나미비아, 르완다)에 불과하고, 25점 이하의 점수를 받은 나라는 16개국이다. 아프리카연합(African Union)이 2018년에 '부패와의 싸움에서의 승리: 아프리카 변혁으로의 지속가능한 길'이라는 주제로 연례 정상회담을 개최하고, 향후 7월 11일이 아프리카 반부패의 날이 될 것이라고 선언했다.

아문센(Amundsen, 2019)은 아프리카 사례를 사용하여 관료적 부패와 정치적 부패를 구별했다. 예를 들어, 관료적 부패는 서비스 제공을 받기 위해 경찰관이나 국경관리 공무원에게 뇌물을 제공하는 것을 포함하고, 반면 정치적 부패는 탐욕과 개인적 풍요를 넘어 정권의 존립을 돕는 것을 포함한다. 그는 "정치적 부패는 국가를 통제하기 위한 동기를 줄 뿐 아니라 국가 통제를 유지하기 위한 수단"이라고 주장한다. 제한된 투명성과 책임감의 정치문화, 그리고 후견의 정치문화는 정부 계약을 추구하는 투자자들이 먼저 정치지도자들의 손에 기름을 쳐야 한다는 기대감으

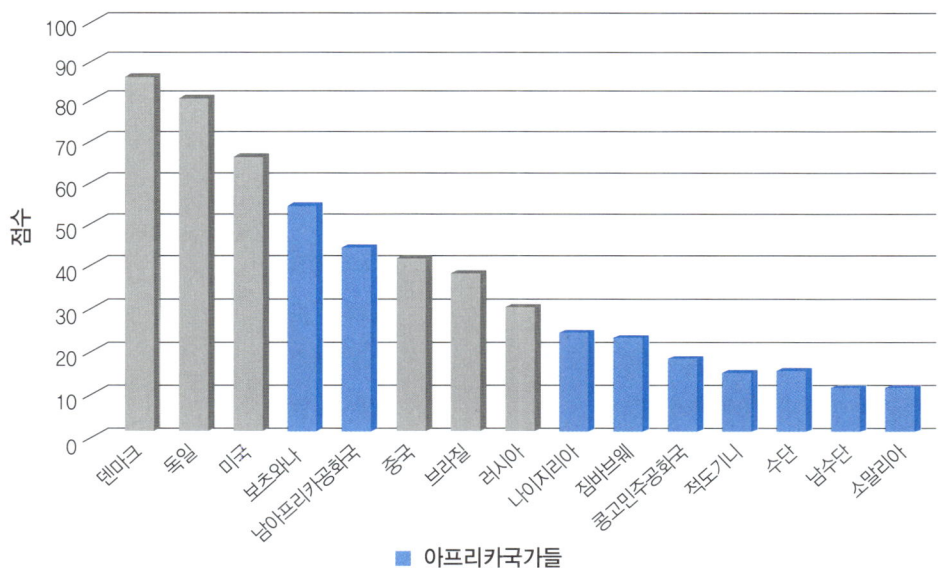

도표 4.7 비교 관점에서의 아프리카 부패

출처: Transparency International (2021). 점수는 100점 만점이고, 가장 높은 점수가 가장 부패가 적다는 점을 나타낸다. 덴마크가 88점으로 가장 높은 점수를 받았다. 소말리아는 12점으로 가장 낮은 점수를 받았다.

로 이어졌을 뿐만 아니라, 이것은 사업을 하고 재임 중인 지도자들을 지원하는 정상적인 방법이라는 기대를 불러일으켰다.

비록 권위주의 정권과 민주주의에서 정치문화에 대한 훨씬 더 많은 연구가 진행되고 있지만, 우리가 그들의 특징을 제대로 파악하려면 아직도 많은 연구가 진행되어야 한다. 그래야 서로 다른 사회의 정치문화의 원천과 특징을 생산적으로 비교할 수 있다. 우리는 이미 정치문화를 이해하는 것이 국가와 그 하위문화를 이해하는 것뿐만 아니라 민주주의와 권위주의 정권, 그리고 전 세계 다른 지역에서 정부와 정치의 유사점과 차이점을 이해하는 데에도 중요한 부분이라는 것을 충분히 알고 있다.

토론주제

- 당신이 살고 있는 국가나 사회에서 정치문화의 주요 특징은 무엇인가?
- 다문화주의는 실패했는가?
- 이 장에서 열거된 단체들을 제외하고, 얼마나 많은 다른 단체들이 정체성 정치에 대한 대화의 일부가 될 수 있는가?
- 탈물질주의는 아직도 서양의 정치문화를 이해하는 방법으로 적절한가? 아니면 보다 광범위한 시각이 필요한가?
- 사람들이 자신의 나라에서의 삶이 더 나아졌거나 못해졌다고 말할 때, 그들의 결론은 힘든 현실에 기반을 둔 것인가 아니면 그들이 한때 자신들의 나라가 어떠했다고 '생각'하는 것과 비교하는 것인가?
- 궁극적으로 민주주의와 권위주의 정치문화는 그렇게 다른 것인가?

핵심용어

- 다문화주의(Multiculturalism)
- 문화이론(Cultural theory)
- 시민문화(Civic culture)
- 엘리트(Elite)
- 엘리트 정치문화(Elite political culture)
- 정체성 정치(Identity politics)
- 정치문화(Political culture)
- 정치적 신뢰(Political trust)
- 탈물질주의(Post-materialism)

추가 읽을거리

Almond, Gabriel A., and Sidney Verba (1963) *The Civic Culture* (Princeton University Press), and Russell, J. Dalton and Christian Welzel (eds) (2014) *The Civic Culture Transformed: From Allegiant to Assertive Citizens* (Cambridge University Press). 정치문화와 정치문화의 변화를 논의하는 두 가지 기준점을 제시한다.

Fukuyama, Francis (2018) *Identity: The Demand for Dignity and the Politics of Resentment* (Farrar, Straus and Giroux). 논란이 많은 저자는 민주주의가 국가, 종교, 인종, 민족, 성별에 기초한 편협한 형태의 인식에 의해 도전받고 있다고 주장하면서 정체성 정치의 주제를 파헤친다.

Inglehart, Ronald (2018) *Cultural Evolution: People' Motivations Are Changing, and Reshaping the World* (Cambridge University Press). 이 아이디어의 창시자에 의한 탈물질주의에 대한 새로운 평가는 최근 수십 년 동안 고용안정의 감소와 불평등의 증가가 권위주의적 반동으로 이어졌다고 주장한다.

Uslaner, Eric M (ed) (2018) *The Oxford Handbook of Social and Political Trust* (Oxford University Press). 몇 개의 비교 장을 포함하여, 사회적, 정치적 신뢰의 출처와 결과에 대해 편집된 연구 모음집이다.

Weisband, Edward, and Courtney I. P. Thomas (2016) *Political Culture and the Making of Modern Nation-States* (Routledge). 역사적 맥락에서의 정치문화와 민족국가 발전에 미치는 영향에 대해 평가한다.

Wiarda, Howard J. (2014) *Political Culture, Political Science, and Identity Politics: An Uneasy Alliance* (Ashgate). 정치학에서 설명적 패러다임으로서의 정치문화의 몰락과 부상에 대해 평가한다.

5장

민주주의 통치

차례
- 민주주의 통치의 이해
- 민주주의 정권의 유형
- 기원과 진화
- 민주주의 통치의 형태
- 민주주의와 권리
- 민주주의 통치의 미래

개요

민주주의는 이해하기 가장 쉬우면서도 가장 어려운 개념 중의 하나이다. 민주주의는 쉬운 것처럼 보이는데, 그 이유는 민주주의 정치체제는 다수 존재하고 우리에게 익숙하며, 이 책을 읽는 대부분의 독자들은 민주주의에 살고 있거나, 아니면 민주주의를 갈망하는 나라에 살고 있을 것이기 때문이다. 또한, 민주주의는 정치학의 모든 개념 중 가장 철저하게 연구되는 개념이며, 그에 대한 연구는 민주주의 정치체제의 개방성과 민주주의의 작동에 관한 정보에 접근할 수 있는 덕분에 용이해졌다. 동시에 민주주의에 대한 이해는 민주주의가 무엇을 의미하는지에 대한 해석의 엄청난 다양성, 그리고 엄격한 기준으로는 비민주적임에도 불구하고 민주주의를 자처하는 많은 나라들로 인해서 더 어려워진다.

이 장은 민주주의 지수 등급에서 완전한 민주주의와 결함있는 민주주의 범주에 초점을 맞추어, 여러 다른 유형의 민주주의에 대한 개관으로 시작한다. 이어서 이 장은 헌팅턴(Samuel Huntington)이 묘사한 민주주의의 물결을 평가하면서, 민주주의라는 관념의 진화를 살펴본다. 그리고 이 장은 아테네식 직접민주주의를 필두로, 대의민주주의, 자유민주주의, 비자유민주주의라는 4개의 주요 형태의 민주주의를 비교한다. 이어서 권리와 민주주의의 관계를 검토하고, 민주주의의 현 상황과 미래에 대해 평가하면서 마무리한다. 민주주의가 확산되고 권위주의가 위축된 수십 년 후, 최근 일부 우려스러운 역전 현상이 나타나고 있다.

핵심논제

- 민주주의는 빈번히 이상적인 정부 형태로 간주되지만, 민주주의에 대한 보편적으로 합의된 정의는 아직 존재하지 않으며, 그 용어를 사용하는 조건으로 많은 형용사들이 붙는다.
- 프리덤하우스는 전 세계 국가의 약 절반을 자유로운 국가로, 민주주의 지수는 완전한 민주주의 또는 결함있는 민주주의로 분류한다.
- 민주주의 확산은 3개의 상이한 물결 속에서 이루어졌으나, 오늘날 민주주의의 후퇴에 관한 우려스러운 의문이 제기되고 있다.
- 아테네식 직접민주주의는 오늘날의 대의(간접)민주주의에 대한 평가 기준이 되는 자치의 기준을 제시한다.
- 대의민주주의는 인민의 역할을 정부 선출에 한정하고, 자유민주주의는 정부에 제한을 가하며, 비자유민주주의는 민주주의가 내부로부터 약화될 수 있음을 시사한다.
- 민주주의는 내적인 결함과 중국이나 러시아 같은 자신감 있는 권위주의 정권의 압박으로부터 위협받고 있다.

민주주의 통치의 이해

노르웨이보다 근대 민주주의(democracy)의 이상을 성취하는 데 더 가까이 다가선 나라는 거의 없다. 인구 500만이 조금 넘는 이 북유럽국가는 대부분의 정치, 경제, 사회 등급 체계에서 최상위에 위치한다. 예를 들어, 노르웨이는 2020년 민주주의 지수 9.81(10점 만점)로 가장 높았으며, 선거과정, 정치참여, 정치문화에서 완벽한 10점 만점을 받았다. 노르웨이는 2020년 '세계의 자유(Freedom in the World)' 등급에서 (이웃한 스웨덴, 핀란드와 함께) 완벽한 100점을 받았다. 프리덤하우스(Freedom House, 2020b)는 노르웨이가 '민주주의와 선거에 의한 평화로운 권력 이전의 오랜 역사를 가진' 세계에서 '가장 강건한 민주주의 중의 하나'라고 결론 내렸다.

노르웨이가 왜 그렇게 높은 점수를 받는지에 대해서는 몇 가지 답이 가능하다.

- 노르웨이의 민주주의 모델이 잘 작동한다. 노르웨이는 안정적이고 평등적이고, 여성과 소수 집단이 모든 정치적 권리와 선거의 기회를 누리며, 부패는 드물고, 언론과 집회의 자유는 존중되고, 프리덤하우스가 지적했듯이 정부는 '민주적 책무성이 결여된 행위자들로부터의 과도한 영향을 받지 않으면서' 정책을 수립하고 집행할 수 있다.
- 노르웨이는 석유로부터 창출된 상당한 부를 향유하며, 그 자원을 잘 관리해왔다. 수십 년간의 민주적 사회주의 (경제를 민주적으로 관리하면서 공정한 기회 배분을 보장)는 노동자들을 강력히 보호하고, 국민들에게 관대한 의료, 무상 교육, 고임금을 보장했다. 노르웨이 사람들이 '세계행복보고서(World Happiness Report)'에서도 일상적으로 최고 등급에 오르는 것이 놀라운 일이 아니다 (Sustainable Development Solutions Network, 2020).

노르웨이 사례의 교훈과 민주주의에 대한 심층연구에도 불구하고, 그 특징을 확정하기는 쉽지 않다. 민주주의 정권에는 하나의 고정적 모델이 있지 않으며, 여러 다른 장소에서 각자 다른 형태로 형성되었으며, 흔히 다른 제도와 구조를 가진다. 민주주의는 상대적으로 새로운 것이다. 다음 장에서 살펴보듯이 인류 역사를 통틀어 권위주의가 더 흔했으며, 오늘날에도 여전히 널리 퍼져있다. 더욱 복잡하게도 민주주의는 마츠자카(Matsusaka, 2020)가 언급했듯이, '보통 사람들이 스스로 통치'하는 문제와는 거리가 있다. 그 복잡성은 후술하는 '자유, 대의, 선거, 비자유, 공고화된' 등 민주적 정권을 묘사하는 데 사용되는 여러 용어를 지칭하는 '형용사가 붙은 민주주의'라는 아이디어에 반영되어 있다.

민주주의에 대한 논의에서 귀중한 시작점은 미국의 정치학자 달(Robert Dahl, 1915~2014년)의 연구이다. 그는 민주주의의 의미가 수천 년간 진화하면서 '종종 근본적으로 모순된 매우 다양한 이론과 실제'를 만들어냈다고 지적했다 (Dahl, 1989). 비록 민주주의의 핵심 원리는 그리스어에서 기원한 용어에 반영된 관념인 자치이지만 ('인민[demos]'에 의한 '통치[kratos]')를 의미하는 '데모크라티아[demokratia]'), 달은 '인민에 의

민주주의(Democracy): 공동체의 모든 자격 있는 시민들로부터 공정하고 개방된 절차에 의해 권력을 위임받은 정부를 가진 정치체제.

노르웨이 베르겐 주민들이 국가기념일을 축하하고 있다. 노르웨이는 일상적으로 대부분의 정치, 경제, 사회 평가에서 최고 등급을 차지한다.

한 통치'라는 단순한 생각도 '인민'을 어떻게 이해해야 하며, 그들이 '통치'한다는 것은 무엇을 의미하는지에 대해 많은 의문을 제기한다고 주장했다. 달은 그가 모든 시민이 평등한 역할을 가지며, 주어진 선택에 관한 동일한 정보에 접근할 수 있는 이상적인 정권이라고 정의한 완벽한 민주주의라는 것은 없다고 보았다. 현실은 **다두제(polyarchy)**라고 그는 주장했다. 이것은 완전한 민주주의도 아니고 완전한 독재도 아닌, 정치적 제약을 가진 민주주의로, 정책은 선출된 공직자가 주도하고, 공직자들은 비교적 자유롭고 공정한 선거로 선출되며, 거의 대부분의 성인은 투표권과 공직 출마 권리, 표현의 자유와 대안적 정보 원천에 대한 접근에 대한 권리가 주어진다.

가장 순수한 형태의 자치는 평등과 숙고의 분위기 속에서 모든 자격 있는 시민이 집단 의사결정에 참여하고, 국가와 사회가 하나가 되는 직접민주주의이다. 그러나 분권화된 정부체제의 지방자치 수준을 제외하고는 이것은 거의 사용되지 않는다. 실질적으로 민주주의는 대의제로, 시민은 다수 통치와 소수 권리, **법치(rule of law)**라는 2개의 주요 원칙에 근거하여 통치권을 선출된 공직자에 넘기게 된다 (제7장 참조). 그러나 이러한 방식은 즉각적으로 통치자와 피치자 사이에 장벽을 만들며, 그것이 왜 많은 민주주의 국가가

다두제(Polyarchy): (모두에 의한 통치가 아니라) 다수에 의한 통치로, 우리가 일반적으로 생각하는 민주주의에서 모두가 동등한 역할을 하는 것이 아님을 시사함.

법치(Rule of law): 지위에 상관없이 모든 사람이 평등하게 적용받는 명확하고, 안정적이고, 정의로운 법에 의해 사회가 통치되는 방식.

엘리트주의, 불평등, 개인 및 집단의 권리 제한으로 고통을 받는 이유이다.

도표 5.1은 안정적이고 책임성 있는 정치제도, 개인의 권리 보호, 정치적 반대자 보호 등 민주주의의 바람직한 속성들을 요약한다. 그러나 달이 지적한 바와 같이 가장 성공적인 민주주의 국가도 그러한 이상을 성취하는 데 부족함이 있다. 예를 들어, 민주주의 지수는 노르웨이가 선거과정이나 정치참여에서 뛰어나지만 시민적 자유 보호에서는 그보다 부족하다고 평가한다. 뉴질랜드는 시민적 자유에서는 높은 점수를 받지만, 정치참여에서는 완벽하지는 못하다고 평가된다. 매우 우려스럽게도 (미국, 영국, 프랑스처럼) 한때 세계 민주주의의 리더였던 국가들, 그리고 (헝가리, 폴란드처럼) 민주주의의 길로 나아가던 국가에서 민주주의가 위협을 받고 있는 듯하다.

동시에, 근대 민주주의 사상의 기초 대부분을 제공한 철학자들의 출신지인 서유럽국가들같이 가장 빈번히 민주주의와 연상되는 국가들에 국한되지 않고 살펴보는 것이 중요하다. 세계의 서로 다른 지역에 있는 2개의 민주주의 국가에 대해 비교해 보자. 첫째는 경제 위기와 군사정부를 뒤로하고 남미에서 1인당 소득이 가장 높은 안정적인 민주적 복지국가가 되었으며, 언론 자유, 소득 평등, 인간개발, 사회적 관용 성적표에서 높은 등급을 차지한 우루과이이다. 한편 중앙아시아의 몽골은 1990년 거의 70년에 걸친 소련의 영향을 떨쳐버리고, 그 이후 풍부한 광물 자원을 이용해 놀라운 안정 속에 빠른 경제성장을 이루었다. 비록 아직 결함있는 민주주의지만 몽골은 중국과 러시아라는 두 권위주의 인접국의 정치적 압박에 저항해 왔다.

요컨대, 민주주의를 이해하는 데 있어서 절대적인 것은 없다. 그보다는 정부가 안정적이고, 투명하고, 반응적이고, 강력한 헌법적 보장에 기반한 비교적 희소한 국가부터, 어떤 형태로든 민주주의 모델이 제약을 받는 국가에 이르기까지 그 잣대의 어딘가에 위치하게 된다. 선거가 유권자의 선호를 정확히 반영하지 않거나, 정부에의 접근이 불평등하거나, 공공의 참여가 일관되지 않거나, 권리가 평등하게 보호되지 않을 수 있다. 이러한 선상에서 서로 다른 유형의 민주주의의 구분이 항상 명확한 것은 아니다.

요소	속성
제도	비교적 잘 규정되고, 안정적이고, 책임성이 담보되며, 권력 분배와 정치적 견제 및 균형체제에 근거함.
참여	다양한 정강을 가진 다수 정당과 이익단체를 포함하는 다양한 제도적 형태의 정치적 참여.
권리	정부의 권력 제한, 독립적 사법부에 의해 유지되는 법률 아래 개인의 권리와 자유 보호.
선거	정기적이고, 공정하고, 경쟁적인 선거에 근거한 대의제 정부.
반대 세력	활발하고, 효과적이고, 보호되는 정치적 반대 세력.
언론	다양하고, 독립적이고, 정치적 통제가 거의 없고, 광범위한 의견을 자유롭게 공유.

도표 5.1 민주주의 통치의 속성

민주주의 정권의 유형

이 책은 상이한 정치체제를 구분하기 위해서 두 가지 지표를 반영하여 민주주의 등급을 매긴다 (표 5.1 참조). 프리덤하우스의 경우 선거과정의 견실함에서 시민적 자유에 이르기까지 25개의 지표를 사용한다. 그리고 0점에서 100점까지 점수를 부여하여 자유 (이 장에서 다룸), 부분적 자유, 부자유 (제6장에서 다룸)로 국가를 구분한다. 한편 민주주의 지수는 완전한 민주주의와 결함있는 민주주의를 구분한다. 이 장에서는 민주주의 지수 등급을 많이 활용하므로 그 의미에 대해서 더 자세히 알아볼 필요가 있다.

완전한 민주주의

민주주의 지수가 **완전한 민주주의(full democracies)**로 지칭할 때 그것은 정치적 자유와 시민적 자유의 존중, 민주주의 작동에 유리한 정치문화, 효율적 정부, 독립적이고 다양한 언론 매체, 효과적인 견제와 균형체제, 독립적 사법부 등 우리가 민주주의에 대해 연상하는 모든 속성이 가장 높은 수준임을 의미한다. 몇몇 유럽국가들, 호주, 캐나다, 칠레, 코스타리카, 일본, 모리셔스, 뉴질랜드, 한국, 우루과이를 포함하는 약 24개국이 이러한 속성을 가지고 있다. 2020년 지수 등급에서 최상위 7개국 중 5개를 점하는 북유럽 5개국 (덴마크, 핀란드, 아이슬란드, 노르웨이, 스웨덴)이 가장 눈에 띈다. 2020년 지수 상위 등급에서 눈에 띄는 것은 최근 수년간 민주주의의 질에 있어서 문제를 겪고 있는 프랑스와 미국이 빠진 점이다.

민주주의의 속성에 관한 계속되는 논쟁을 반영하여, 대부분의 민주주의 국가에 관해 설명하

> **완전한 민주주의(Full democracy)**: 정부의 개방성과 효과성, 권리의 보호 등에 잘 나타나는 민주주의의 견실한 성과를 가지고 있는 정치체제.

표 5.1 민주주의 정권의 유형

유형 분류	유형과 속성	
프리덤하우스	자유 국가	
	선거과정, 정치참여, 정부 기능, 시민적 자유 등에서 높은 수준. 부분적 자유 국가는 이 모든 영역에서 취약함.	
2020년 기준 국가 수	83	
민주주의 지수	완전한 민주주의	결함있는 민주주의
	견고하고 독립적인 제도들, 개인의 권리 존중을 포함하여 강건한 민주주의의 속성을 가진 국가들.	취약한 제도들과 거버넌스의 문제를 가진, 장애가 있는 민주주의.
2020년 기준 국가 수	23	52

출처: Economist Intelligence Unit (2021), and Freedom House (2020a). 최신 정보는 Economist Intelligence Unit https://www.eiu.com, Freedom House https://freedomhouse.org 참조.

는 또 다른 2개의 용어가 자주 사용된다.

- '공고화된 민주주의'는 민주주의로의 이행이 완결되고 (예를 들어, 투표권이 광범위하게 허용되는 자유롭고 경쟁적인 선거를 실시), 시민권이 법치에 의해 보호되며, 지도자들은 (법치의 범위 내에서) 민주적으로 통치하는 정권이라고 린츠와 스테판(Linz and Stepan, 1996)이 묘사한다. 그러나 견고한 민주주의의 자격을 가진 일부 국가에서 나타난 최근의 반전 현상을 고려하면, 민주주의가 뒤집힐 수 없는 최종 상태라는 의미에 의문을 제기해야만 한다.
- 한편 '선거민주주의'는 유권자가 지도자를 선택하고, 그들의 임기 동안의 정책에 대해 책임을 묻는 체제를 의미한다. 그러나 이것은 민주주의라는 관념의 비교적 좁은 정의이며, 다수 학자들은 (일례로 Rothstein, 2008 참조) 정부의 정통성이 민주적 과정의 '투입' 측면으로 보장된다는 생각에 도전하며, 제14장에서 볼 수 있듯이 선거에는 너무나 많은 문제가 있다.

완전한 민주주의는 결코 완벽한 것이 아니며, 정부에 있어서의 대표성의 평등, 정부의 투명성, 시민의 평등성에는 많은 제약이 있다. 민주주의 지수에 평가된 국가 중 어디도 10/10의 만점을 받은 국가는 없으며 (비록 일부는 가깝지만), 선거과정, 정부 기능, 시민적 자유 보호 등의 측면에서 기복이 있다고 평가된다. 민주주의의 성과를 개선하려는 노력이 직면하는 도전에 대해서는 '문제 탐구 5'에서 논의된다.

결함있는 민주주의

민주주의 지수가 **결함있는 민주주의**(flawed democracy)로 지칭할 때, 그것은 그 정권이 민주주의로서의 대부분의 조건을 충족하지만 또한 상당한 취약점이 있음을 의미한다. 여기에는 언론 자유 침해, 거버넌스의 문제, 저개발된 정치문화, 낮은 수준의 정치참여 등이 포함된다. 이러한 특징은 약 50개 국가에서 나타나며, 대부분 동유럽(불가리아, 헝가리, 폴란드, 그리고 프랑스, 이탈리아 등 일부 서유럽국가), 남미(아르헨티나, 브라질, 멕시코, 페루 등), 아시아(인도, 말레이시아, 필리핀 등)에 집중되어 있다.

동유럽에 완전한 민주주의가 없는 것은 주로 냉전시대 소련 통제의 유산을 반영한다. 수십 년 동안 이들 나라는 소련식 중앙집중적 정치-경제 통제체제였으며, 냉전 종식 이후 안정된 민주제도 구축과 대부분 서유럽국가에서 볼 수 있는 개인의 권리 존중에 어려움을 겪었다. 헝가리와 폴란드의 사례는 특히 우려스럽다.

- 1990년대에 헝가리는 그 많은 주변국과 마찬가지로 민주주의로 나아가는 듯 보였으며, 그 추세는 2004년 유럽연합(EU) 가입으로 더욱 강화되었다. 그러다가 2010년 피데즈(Fidesz)당이 집권하면서 오르반(Victor Orban)이 수상이 되었다. (헝가리의 기독교 문화를 무슬림의 이민으로부터 보호한다는 주장 등) 그의 보수 민족주의 정책은 연장자, 농촌 유권자의 지지를 이끌어내어, 피데즈당은 3회 연속 선거에서 승리하고 오르반은 수상직에서 유례없는 권력을 강화하였다.

결함있는 민주주의(Flawed democracy): 대체로 민주적이지만 거버넌스의 질에 있어서 문제가 있는 정치체제.

문제 탐구 5

민주주의의 성과를 어떻게 개선할 수 있을까?

영국의 정치지도자 처칠(Winston Churchill)은 모든 다른 형태를 제외하고, 민주주의가 최악의 정부 형태(즉, 가장 덜 나쁜 정부 형태 - 역자 주)라고 잘 알려진 주장을 했다. 그는 대다수의 우리가 민주주의에서 살기를 선호하고, 민주주의가 정부와 정치의 최고의 표준으로 간주됨을 인정했지만, 그것의 작동이 쉽지 않음을 인정한 것이다. 우리는 종종 어떤 나라가 민주주의라는, 심지어 때로는 민주주의의 '불빛'이라는 주장을 들으며, 그 선출된 지도자들이 선거 후에 '인민이 결정했다'든가, 아니면 인민으로부터 '위임'을 받았다고 선언한다. 그러나 면밀히 들여다보면 그러한 주장이 성립되는 경우는 드물다.

- 선출된 공직자들은 빈번히 특정 이익, 대기업, 그들의 주장을 가장 강하게 제기할 수 있는 세력에 의해 영향을 받는다.
- 국가는 모든 유권자가 평등하게 계산되고 대표되는 선거제도를 개발하는 데 실패했다 (제14장 참조).
- 연령, 젠더, 교육, 인종, 소득, 기타 요인에 따라 기복이 심하며, 감소하고 있는 투표율에 대해 의문이 제기되어 왔다
- 선거는 복잡하고 불편한 등록 절차, 유권자 위협, 투표소 준비 미비, 개표 오류 등 여러 방법으로 조작될 수 있다.
- 언론매체가 모든 정당들과 후보자들에 동일한 정도의 관심을 보이지 않고, 경쟁하는 정책에 대한 관심이 돈으로 왜곡될 수 있다.
- 제12장에서 논의하듯이 언론매체는 빈번히 기업이나 정치적 이해에 의해 통제되며, 소셜미디어는 잘못된 정보나 조작과 밀접히 연계되어 있다.

그러면 우리는 어떻게 민주주의의 성과를 개선할 수 있을까? 그 답은 아마 우리가 인간의 본성에 대해 얼마나 신념을 갖느냐에 달려있다. 민주주의는 인간의 구성물이기 때문에 그것은 우리가 만들고 적용하는 규칙의 수준만큼 좋을 수 (혹은 나쁠 수) 있을 것이다. 아래의 질문을 생각해보자.

- 다음 중 가장 중요한 것은 무엇인가? 선거의 공정성, 정당의 활동, 사법부와 언론매체의 독립성, 정치참여의 형태, 개인의 권리 보호, 또는 어떤 다른 것이 있는가?
- 역사, 지리, 정치체제의 구조, 정치지도자들의 행동, 사회의 문화, 경제적 기회의 차이, 또는 이들 요인의 어떤 조합에 정답이 있는가?
- 정치적 평등은 실질적으로 무엇이며, 그것은 성취할 수 있는가?

- 폴란드는 구소련권에서 최초로 공식적으로 조직된 독립 대중 운동으로서 1980년 창설된 노조 연대(Solidarity)의 고향이다. 1990년대에 걸쳐 민주화에 진전이 있었으며, 폴란드는 2004년 EU에 가입했다. 그러나 최근 수년간 폴란드에서는 보수 가톨릭의 사회적 의제를 강요하고, 사법부, 언론매체, 관료제에 대한 통제 강화를 시도하는 법과 정의당(Law and Justice Party)이 부상하였다.

브라질, 필리핀, 인도 ('국가개요' 5 참조) 등 다른 곳에서는 민족주의(제3장 참조)나 포퓰리즘

(대중영합주의, 이 장에서 후에 논의)가 몇몇 결함있는 민주주의 국가에 권위주의적 색채가 나타나는 데 역할을 했다. 이탈리아의 경우 선거제도의 결함, 정당의 분열, 남-북의 경제적, 사회적 분열로 인해 정부 교체가 빈번하게 발생하는 정치적 불안이 초래되었다. 미국의 경우 빈곤부터 제도화된 인종차별에 이르기까지 여러 문제에 적절히 대응하는데 필요한 합의 도출을 어렵게 하는 깊은 정치적, 사회적 양극화, 그리고 제도와 정당에 대한 낮은 신뢰도가 문제를 야기했다.

기원과 진화

근대 민주주의는 언제, 왜 등장했는가? 그 답은 우리가 민주주의를 어떻게 정의하는가에 좌우되겠지만, 그 근대적인 형태는 비교적 최근의 현상이다. 예를 들어, 여성의 투표권이 거부되는 한 민주주의는 존재할 수 없었다. 최초로 여성의 투표권을 허용한 나라는 1893년 뉴질랜드였으며, 대부분의 국가들은 제1차 세계대전이 끝나기 전까지 이 생각에 동조하지 않았다. 심지어 오늘날에도 스스로 민주주의라고 자처하는 많은 나라에 미국, 프랑스, 영국 같은 다원적 사회에서 볼 수 있는 구조적 인종차별, 젠더차별을 포함하여 심각한 정치적 불평등이 계속 존재한다.

민주주의에 대한 넓은 시각을 가지고, 냉전 종식 이후의 낙관적 배경을 바탕으로 정치학자 헌팅턴은 세 차례의 민주화의 물결을 구분했으며(도표 5.2에 요약, '이론 적용 5' 참조), 이들은 각각 원인과 결과에 있어서 상이하다.

제1의 물결

민주화의 제1의 물결은 초기의 대의민주주의가 등장한 1828년부터 1926년 사이에 나타났다. 이 기간 중 아르헨티나, 호주, 영국, 캐나다, 프랑스, 독일, 네덜란드, 뉴질랜드, 북유럽국가들, 미국 등 거의 30개국이 최소한의 민주주의 정치제도를 수립했다. 그러나 헌팅턴이 '제1의 역물결'로 묘사한 1922~1942년 사이에 신생 민주국가(예를 들어, 독일, 이탈리아)가 파시스트, 공산주의, 군부 독재에 의해 전복되는 퇴행이 일어났다.

제1의 민주화 물결은 천천히 순차적으로 진행되었다는 특징이 있으며, 변화를 이루기 위해서 많은 사람들이 계속해서 싸우고, 죽었다는 것이다. 전통적으로 특권적 엘리트가 통제하던 정치권력은 투표권과 공직 출마권이 확대되면서 매우 점진적으로 접근이 확대되었다. 예를 들어, 영국에서 투표권 확대 (도표 5.3 참조)의 각 단계는

	기간	사례
제1의 물결	1828~1926년	아르헨티나, 영국, 프랑스, 이탈리아, 미국
제2의 물결	1943~1962년	호주, 인도, 이스라엘, 일본, 우루과이, 서독
제3의 물결	1974~1991년	남유럽, 동유럽, 중남미, 아프리카 일부

도표 5.2 헌팅턴의 민주화 물결
출처: Huntington (1991).

새로운 개혁이 초래할 위험성에 대한 자산 계급의 두려움을 배경으로 진행되었다. 여성에게 투표권이 부여되면서 유권자 수가 가장 큰 폭으로 증가하였다. 수십 년의 투쟁 끝에 1918년 30세 이상 영국 여성이, 1928년에 21세 이상 여성이 투표권을 쟁취했다. 1969년에 투표 연령을 21세에서 18세로 낮춘 것이 마지막 주요 변화였다.

미국에서는 민주주의의 혁명적 성격에 대한 주장에도 불구하고, 초기에는 백인, 남성, 자산가만이 세금 징수와 대표자 선출 목적의 발언권을 가졌으며, 노예들은 그 주의 백인 주민 수의 5분의 3으로 계산되었다. 흑인은 1870년에 투표권을 획득했으나, 여성이 남성과 동등한 조건의 투표권을 가진 것은 1919년이며, 아프리카계 미국인의 참정권은 1965년 투표권법(Voting Rights Act) 제정 전까지 주어지지 않았다. 심지어 현재에도 최근 투표하지 않은 사람들을 선거인 명부에서 제외한다든지, 투표소 위치와 투표 시간이 불편하다든지, 투표자 신분 확인 규칙이 차별적인 것을 포함하여 아프리카계 미국인 유권자에게는 수많은 장애물이 존재한다 (Newkirk, 2018). 2020년 선거 이후 많은 주에서 부정선거 방지를 명분으로 투표권에 추가적인 제약을 가하는 우려스러운 경향이 있다. 미국 민주주의의 변화는 오랜 세월에 걸쳐 이루어졌고, 아직 완성되지 않았으며, 어떤 면에서는 퇴행하고 있다.

제2의 물결

헌팅턴의 제2의 민주화 물결은 제2차 세계대전 중에 시작되어 1960년대 초까지 지속되었다. 패전, 그리고 이어진 연합국의 점령은 오스트리아, 이탈리아, 일본, 한국, 서독의 민주정권 수립에 기여했으며, 브라질, 콜롬비아, 페루, 베네수엘라 등 일부 중남미국가의 민주화 추세로 이어졌

> **민주화(Democratization)**: 사회가 민주주의에 필요한 제도와 과정을 구축하는 과정.

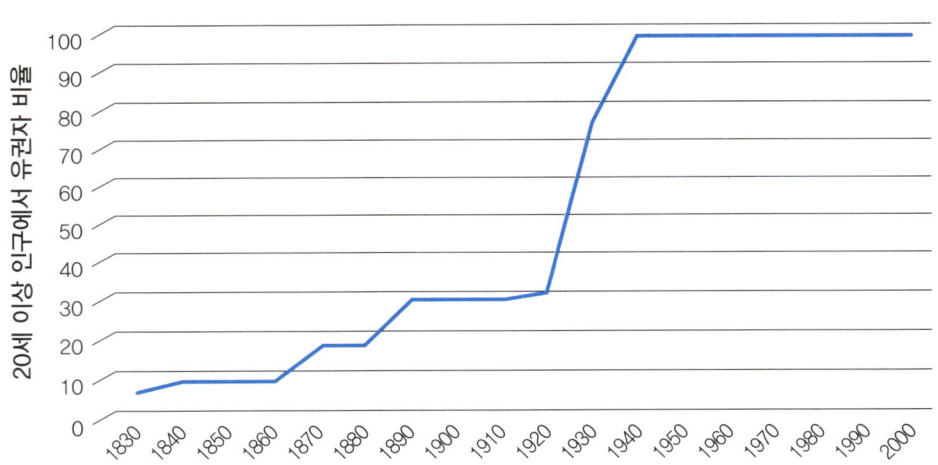

도표 5.3 영국의 투표권 확대

출처: Dahl (1998), Figure 2에서 참조.

이론 적용 5

민주화

민주주의에 관한 핵심 질문 중의 하나는 그것이 어떻게 나타나고 진화하는가에 관한 것이다. 어떤 상황이 권위주의 정권을 민주주의로 향하게 하고 민주주의를 유지하게 하는가? (그리고 반대로 중국, 러시아, 튀르키예 등에서 왜 권위주의가 그토록 적응력이 높은가?) 만일 이런 질문에 대한 명확한 답이 있다면 우리는 모든 국가의 정치적 미래를 쉽게 예측하고, 권위주의 정권의 변화를 촉진할 수 있을 것이다. 그러나 문제는 우리가 민주화(democratization)의 과정을 완전히 이해하고 있지 못하고, 민주적 변화를 가져오는 조건이 시간과 장소에 따라 다르다는 사실이다.

헌팅턴의 제3의 물결 중 민주주의로의 이행을 비교하여 오도넬 등(O'Donnell et al., 1986)은 민주화 과정에 대한 또 다른 시각을 제시하는 4단계 모델을 개발했다 (도표 5.4 참조). 제1단계는 권위주의 정권의 자유화다. 우리가 여론의 힘을 믿고 싶기는 하지만, 단합된 독재에 대한 대규모 항의로부터 이행이 시작되는 경우는 거의 없다. 그보다 민주주의는 변화가 불가피하거나, 혹은 바람직하다는 지배 엘리트의 인식의 (의도한, 또는 의도치 않은) 결과인 경우가 일반적이다.

보다 자유로운 환경이 조성되면 정권에 대한 공개적인 반대를 표현할 기회가 늘어나고, 어렵고, 종종 오랜 시간이 걸리는 민주주의로의 이행이 진행되는 제2단계로 움직이게 된다. 이 시기에는 (쿠데타를 생각할지 모르는) 강경파와 (정권 교체를 넘어 전면적 혁명을 추구할지 모르는) 급진 개혁파의 위협을 극복하는 노력과 함께 새로운 형태의 정부에 대한 합의가 이루어진다. 헌법이 새롭게 제정되거나 수정되어야 할 수 있으며, 할 수 있으며, 제도들이 재설계되고, 선거 일정을 정해야 하고, 기존 통치자들은 새로운 민주적 질서 속에서 정치적 기회를 노릴 것이다. 이행은 선거의 높은 투표율로 가장 명확히 완료되며, 이것이 민주화에 대한 낙관론이 정점에 이르는 시점이다 (Morlino, 2012).

제3단계 공고화는 새로운 제도들이 모두가 수용하는 정치적 경쟁의 틀을 제공해줄 때 비로소 이루어진다. 쉐보르스키(Przeworski, 1991)는 이를 '제도들의 특정한 체계가 유일한 게임이 되고, 누구도 민주적 제도 밖에서 행동하는 것을 상상하지 못할 때'라고 기술한다. 이 단계에서 민주적 관행은 습관적이 되지만, 민주주의의 습관이 형성되는 데는 시간이 걸린다 (Linz and Stepan, 1996).

끝으로 제4단계에서는 민주주의의 심화가 이루어진다. 새롭게 등장한 민주주의는 '심층적이기보다 피상적'이며, 새로운 질서는 '민주주의의 질'이 낮은 수준에서 공고화되기 때문에 (Morlino, 2012), '심화'라는 용어는 이행의 보편적 단계를 기술하기보다는 이행의 결과가 공고화와 동시에 피상적인 민주주의일 수 있다는 것을 인정하기 위해 사용된다.

이 모델이 처음 제시된 이후 많은 것이 변했으며, 오늘날 우리가 목격하는 다수 국가의 민주주의의 후퇴는 민주화 과정과 민주주의의 영속성에 관해 많은 의문을 제기한다. 무엇이 민주화의 역행을 초래하는가? 왜 민주주의 경로상에 있거나 이미 민주화된 국가가 후퇴하는가? 민주주의 제도는 민주적 과정을 뒤집으려는 권위주의 지도자들의 시도에 어느 정도 저항할 수 있는가? 이와 대비되는 시각에 대해서는 권위주의화를 논의하는 제6장을 참조.

국가개요 5
인도

간략소개

세계에서 가장 큰 민주주의 국가로 자주 묘사되는 인도는 문화적이고, 인구학적으로 세계에서 가장 다양한 나라이며 중국에 이어 세계 제2의 인구 대국이다 (중국을 빠르게 따라잡고 있음). 수 세기 동안의 영국의 식민 지배 후 인도는 1947년 독립하였다. 인도에는 많은 정당이 있으나 수십 년간 하나의 정당(국민회의)이 지배하였으며, 최근에는 힌두 민족주의 인도인민당(Bharatiya Janata Party)에 비해 입지가 약해지고 있다. 인도는 대규모 군대를 보유하고 핵무장 국가이지만 경제는 특기할 만한 사항이 없다. 많은 분석가들은 과도한 국가 개입, 고질적인 부패로 인해 인도의 엄청난 잠재력이 저해되고 있다고 본다. 최근에는 정책변화가 이러한 문제들을 해결하는 데 도움이 되었지만, 인도는 여전히 공동체 간 갈등을 초래하는 종교적, 문화적 분열을 겪고 있으며, 광범위한 빈곤을 해결하는 데 어려움을 겪고 있다.

정부형태	연방국가. 의회공화국. 25개의 주와 7개의 연합 영토로 구성. 국가는 1947년 수립, 가장 최근 헌법은 1950년 채택되었다.
행정부	의회제. 총리는 각료회의(내각)를 지명하고 지휘한다. 간접 선거로 선출된 임기 5년의 대통령은 국가원수이고, 공식적으로 정당 지도부에 정부 구성을 요청하며, 긴급조치 권한을 보유한다.
입법부	양원제로, 하원(Lok Sabha, 545명)은 재선 가능한 임기 5년제이고, 상원(Rajya Sabha, 250명)은 대부분 의원이 6년 단임으로 주의회에서 선출된다.
사법부	독립적 최고재판소는 협의를 거쳐서 대통령이 임명하는 26명의 판사로 구성된다. 판사는 65세가 정년이다.
선거제도	하원 선거는 소선거구 단순다수제이다. 헌법에 의해 설립된 선거관리위원회는 국가 및 주 선거를 관리한다.
정당	다당제로, 최근에는 연합정부의 전통이 생겼다. 주요 양대 정당은 인도인민당과 한때 지배정당이었던 국민회의이다. 지역 정당도 중요하다.

인구 13억 6,600만 명

국내총생산(GDP) 2조 7,000억 달러

1인당 GDP 2,100달러

민주주의 지수 등급
- ✗ 완전한 민주주의
- ✓ 결함있는 민주주의
- ✗ 혼합형 정권
- ✗ 권위주의
- ✗ 측정안됨

프리덤하우스 등급
- ✗ 자유
- ✓ 부분 자유
- ✗ 부자유
- ✗ 측정안됨

인간개발 지수 등급
- ✗ 매우 높음
- ✗ 높음
- ✓ 중간
- ✗ 낮음
- ✗ 측정안됨

인도의 민주주의

안정적 민주주의는 부유한 국가에서만 가능하다는 논지에서 인도는 명백한 예외이다. 엄청난 빈곤과 불평등에도 불구하고 인도에서 민주주의는 잘 자리 잡고 있으며, 인도에는 민주주의와 연상되는 모든 일반적인 선택과 보장을 가지고 있다. 중대한 경제적, 사회적 문제를 배경으로 인도가 어떻게 민주주의를 공고화했는지에 대한 질문이 제기될 수밖에 없다.

그 답의 일부는 영국의 지배를 받았던 인도의 경험에서 찾을 수 있다. 영국은 인도에서 주로 간접통치를 실시하여, 토착 엘리트가 공직을 차지했으며, 거기서 그들은 일정 수준의 권력 분산과 불만 표현이 허용되는 통치 스타일을 경험했다. 결코 평화적이지는 않았지만, 독립으로의 이행은 점진적이고 심사숙고되었다. 독립을 이끈 국민회의(1885년 창당)는 광범위하고, 후견에 기반한 네트워크의 도움으로 독립 후에 절망적인 이 나라를 통치했다.

2019년 인도 총선 기간 중 발리우드 영화 스타 써니 데올(Sunny Deol)이 집권당인 인도인민당(BJP)을 지지하는 캠페인에 동참했다.

그러나 인도 민주주의 성공의 핵심 요인은 친민주적인 가치관을 가진 국민회의 간부들이었다. 단순히 말하면 대부분의 지도자들이 원했기 때문에 인도에서 민주주의가 생존한 것이다. 의회정부, 독립적 사법부, 법치 등 영국 민주주의와 연상되는 관행들은 본보기로 삼을 만한 가치가 있다고 본 것이다. 따라서 인도에서 민주주의의 공고화는 근본적으로 엘리트가 주도한 프로젝트였다.

최근의 상황은 그다지 긍정적이지 못하다. 힌두 민족주의 인도인민당이 지속적으로 세력을 키워 2019년 선거에서는 다수당이 되었다. 그 당의 강령은 힌두 신앙과 문화가 국가와 정부를 형성해야 한다는 관념에 기반한다. 이는 인도 헌법에 명시된 세속주의 원칙에 반한다. 이것은 인도의 대규모 무슬림 소수 집단 (약 2,000만 명, 전 세계 무슬림의 10퍼센트)에 특히 문제를 일으켰다. 무슬림은 분명하게 제외하고 나머지 이민자들에게 인도 시민권 획득의 길을 열어 준 새로운 법률이 2019년에 통과되었는데, 이는 무슬림이 2등 시민이 된다는 우려를 낳았다. 이는 시민적 자유를 훼손하고 인도 민주주의의 위상을 잠식하는 일련의 조치 중의 하나였다.

추가 읽을거리

Datta, Rekha (2018) *Contemporary India* (Routledge).
Jaffrolet, Christophe (2021) *Modi's India: Hindu Nationalism and the Rise of Ethnic Democracy* (Princeton University Press).
Mitra, Subrata K. (2017) *Politics in India: Structure, Process and Policy*, 2nd edn (Routledge).

단계	속성
자유화	일련의 개혁 시작.
이행	새로운 정부체제를 위한 합의 도출.
공고화	신체제에 대한 광범위한 수용.
심화	피상적이거나 상당한 내실이 있는 민주주의로 진화.

도표 5.4 민주화의 단계

다. 인도, 인도네시아, 말레이시아, 나이지리아, 파키스탄 등 몇몇 신생 독립국도 민주주의의 희망을 가지고 시작되었다. 그러나 아르헨티나, 브라질, 칠레, 그리스, 인도네시아, 나이지리아, 페루, 한국, 튀르키예 등에서 쿠데타가 발생하면서 이번에도 역물결이 나타났다. 그럼에도 좋은 소식은 보츠와나, 인도, 자메이카, 우루과이 등 일부 국가에서는 더 건실한 민주주의가 지속되었다는 점이다.

제3의 물결

제3의 민주화 물결(1974~1991년)은 20세기 말 25년 동안 일어났다. 이 시기 초기에는 전 세계 국가 중 약 30퍼센트만이 민주주의였으나, 얼마 지나지 않아 변화가 시작되었다.

- 그리스, 포르투갈, 스페인의 우파 독재가 1970년대에 종식되었다.
- 1980년대에 중남미 대부분에서 군부가 권력에서 물러났다.
- 필리핀, 한국, 태국을 포함한 아시아국가에 민주주의가 확산되었다.
- 1980년대 말 소련과 동유럽에서 공산주의가 붕괴되었다.

제3의 물결은 전 세계의 정치 지형을 변형시켰다. 정치 행태를 연구하는 미국의 연구기관인 평화체제연구소(Center for Systemic Peace)는 Polity IV 프로젝트를 수행하고 있는데, 여기에는 1800년대까지 거슬러 올라가는 정치체제 관련 데이터를 다루고 있으며, 제3의 물결의 변화는 도표 5.5에 명확히 반영되고 있다. 독재 국가의 수는 급격히 감소한 반면 민주주의 국가의 수는 급증하였다. 사하라 이남 아프리카에서조차도 대통령들이 (비록 패배하는 경우는 드물었지만) 선거를 실시하지 않을 수 없었다. 냉전이 종식되고 민주주의를 대신할 수 있는 어떠한 현실적인 대안도 사라지면서, EU와 미국은 자신들의 단기적 이익에 관심을 두면서 타 지역의 민주적 이행을 더욱 장려하였다.

그러나 변화의 깊이는 다양했으며, 민주주의 국가가 된 것처럼 보이던 아프리카, 아시아, 중남미의 빈곤한 국가에서는 구조적으로 필요한 조건들을 결여했었다. '높은 1인당 소득 및 교육, 상당한 중산층 및 민간 부문, 적절히 능력 있는 정부, 서구 계몽주의 전통에 뿌리를 둔 자유민주주의 가치에 대한 문화적 동질감, 민주적 정부에 대

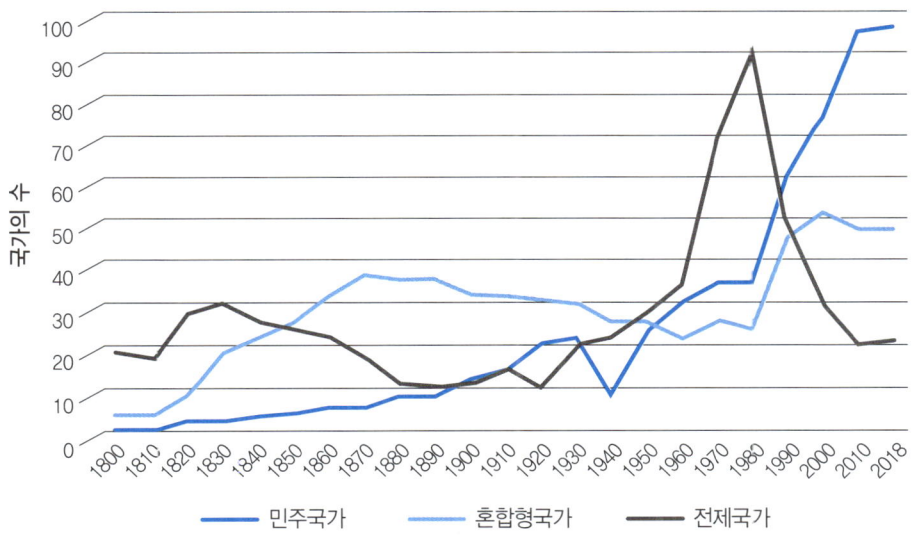

도표 5.5 민주주의 국가 수의 변화

출처: Center for Systemic Peace (2001) 데이터의 단순화된 버전. 인구 50만 명 이상의 국가만을 표시.
주: 독재(dictatorship)의 유의어인 전제국가의 정의는 제6장 참조. 혼합형 국가는 민주국가와 전제 국가의 특징이 혼합된 국가임.

한 과거의 경험'이 그러한 조건이라고 다이아몬드(Diamond, 2020)는 주장한다. 이러한 조건의 부재는 민주주의의 씨가 뿌려진 토양의 깊이가 깊지 않았음을 부각시켰다.

역전, 아니면 침체?

헌팅턴은 민주주의의 미래에 대해 낙관적일 수 있었던 엄청난 변화의 시기인 1991년에 민주주의의 물결에 대해 집필했다. 그러나 그 이후 민주주의의 질에 관한 많은 질문이 제기되었으며, 2006년경 이후 우리는 또다시 헌팅턴이 묘사한 형태의 역물결을 목격하게 되었다. 퇴보, 침식, 침체 등 다양하게 묘사된 이 현상에서 민주주의 국가 수의 증가는 멈추었고, 다수 국가에서 민주주의의 깊이가 감소했다.

북아프리카와 중동의 반권위주의 시위가 이 지역에 극적인 변화를 가져오는 듯했던 아랍의 봄이 벌어진 2010~2012년에는 잠시 희망이 보였다. 아랍의 봄으로 이집트, 리비아, 튀니지, 예멘의 정권이 무너졌고, 모로코와 오만에서도 시민소요가 발생했다. 그러나 종국적으로 튀니지에서만 지속적인 민주적 변화가 나타났고 (비록 2021년 이마저도 위협받고 있지만), 리비아, 시리아, 예멘은 내전으로 파괴되었으며, 이집트의 신생 민주정권은 군부 쿠데타로 제거되었다.

몇 년 지나지 않아 권위주의가 돌아왔다. 프리덤하우스는 중부 유럽 (헝가리, 폴란드, 우크라이나 등)에서의 상황을 '충격적인 민주주의의 붕괴'라고 묘사하고, 1995년 민주주의의 현황을 보고하기 시작한 이래 2020년대 중반에 그 지역에 가장 적은 수의 민주국가가 존재한다고 지적했다 (Freedom House, 2020c). 방글라데시, 브라질, 필리핀, 튀르키예, 러시아 등 민주주의가 비교적

낯선 세계 다른 지역의 국가에서도 유사한 추세를 찾아볼 수 있었다. 매우 놀랍게도 영국, 프랑스, 미국과 같은 민주주의 국가도 체제 내의 견제와 균형에 대한 도전이나 언론 자유에 대한 위협 등 우려스러운 문제를 경험했다.

민주주의 지수(Economist Intelligence Unit, 2020)는 다음 지표에 있어서 '민주주의의 퇴행'을 논한다.

- 대중의 참여보다 엘리트와 전문가에 의한 통치를 강조하는 추세 증가.
- 선출되지 않고 책임지지 않는 기관의 영향력 증가.
- 정치가, 전문가, 초국가기구들이 밀실에서 국가 중대사를 결정.
- 유권자와 정치 엘리트 및 정당 사이의 괴리가 확대.
- 언론 자유를 포함하는 시민적 자유의 감소.

왜 이런 현상이 벌어지고 있는가? 그 답은 시간과 장소에 따라 다양하지만 다이아몬드(Diamond, 2020)는 민주주의의 퇴행에 관한 비교 연구에서 두 가지 핵심 요인으로 분열적 정당 및 지도자의 부상과 국제 환경의 변화를 지적한다. 전자의 경우, 브라질, 헝가리, 인도, 필리핀, 폴란드, 튀르키예, 미국 같은 나라들은 다이아몬드의 주장에 의하면 최근 "분열을 조장하고, 선하고 자격 있는 '인민들'을 부패한 엘리트 … 국제기구, 난민, 이민자 등 여러 외부로부터의 위협, 자기 나라에 '속하지' 않는 '자격 없는' 소수자들에 대항하도록 동원하는 전형적인 포퓰리즘적 정치인들이 이끌고 있다." 한편 글로벌한 수준의 변화에는 소셜미디어에 의한 거짓 정보 확산 (제12장 참조), 소득 불평등의 확대, 경제적 불안정, 중국과 러시아의 나쁜 영향 등도 포함된다.

명백히 우리는 민주주의의 이야기에서 걱정스러운 새로운 장에 살고 있으며, 그러한 변화가 일시적인지 영구적인지는 지켜볼 일이다. 민주주의의 역사에 대해 잠시만 검토해보아도 세 개의 결론을 도출할 수 있다. 민주주의의 역사는 오랫동안 부침이 있었으며, 그 이야기는 국가에 따라 다르고, 정치학자들은 민주화의 원인 (제6장에서 논의)이나 권위주의화의 원인에 대한 일관된 설명을 개발하지 못하고 있다. 그러나 우리는 많은 포퓰리즘적 지도자들이나 정당이 (예를 들어, 유럽에서) 등장했지만 대다수는 집권에 실패했으며, 2020년 선거에서 트럼프(Donald Trump)의 낙선은 민주적 원칙을 늘 무시하는 지도자는 대가를 치른다는 것을 보여주었음을 기억해야 한다.

민주주의 통치의 형태

제6장에서 우리는 누가 권좌에 있는지, 그가 권력을 어떻게 행사하고, 그 권력이 어디에 위치하는지에 따라서 권위주의 통치의 다양하고 서로 구별되는 형태가 있음을 살펴볼 것이다. 민주주의도 대체로 마찬가지이지만, 그러나 민주주의의 두 가지 형태(직접민주주의와 대의민주주의)는 실제라기보다는 개념적인 것이다. 현실에서 민주주의는 대부분 형용사 '자유'를 사용하여 묘사하며, 그것은 정부에 제약을 가하고 시민의 권리를 보호하는 것을 의미한다. 보다 최근의 버전은 '비자유' 민주주의로, 몇몇 국가의 약화된 민주주의를 반영한다 (표 5.2 요약 참조).

표 5.2 민주주의 통치의 형태

형태	속성	예
직접민주주의	시민들 스스로가 공통의 관심사에 대해 토의하고 결정을 내린다.	드물다. 주로 주민투표와 주민발의 형태에서 볼 수 있다.
대의민주주의	시민들은 입법부를 선출하고, 대통령제의 경우 행정수반을 선출한다. 대표자들에 대해서는 선거를 통해 책임을 묻는다.	불완전하고 이론적인 형태의 민주주의 정부.
자유민주주의	제한정부, 그리고 집회의 자유, 재산권, 종교, 언론의 자유를 포함한 개인 권리의 헌법적 보호에 기반한 간접민주주의.	대부분의 민주주의 국가에서 실제로 접할 수 있는 형태.
비자유민주주의	민주적으로 선출된 정부가 개인의 권리와 법치를 약화하는 방식으로 운영.	헝가리, 폴란드, 슬로바키아, 튀르키예.

직접민주주의

가장 순수한 형태의 **직접민주주의(direct democracy)**는 공동체의 모든 구성원이 그 공동체에 영향을 미치는 의사결정에 참여하는 것이다. 이는 기원전 461~322년 사이의 아테네정부의 사례가 있다. 당시 그리스는 '폴리스(polis)'로 알려진 수백의 소규모 독립 도시국가로 구성되어 있었다. 그중 지도적 위치에 있었던 도시인 아테네에서는 모든 남성 시민은 '인민회의(Ekklesia)'에 참석하여, 참석자에게 발언할 수 있었다. 아테네인들은 인민의 직접 참여와 공개된 숙고가 지식을 갖춘, 열성적 시민을 만든다고 믿었다. 그러나 이 체제에는 결함이 있었다.

- 시민권은 부모가 시민인 남자에게만 발급되었으며, 여성, 노예, 외국인 등 대부분의 성인이 배제되었다.

직접민주주의(Direct democracy): 공동체의 모든 구성원이 그 공동체에 영향을 미치는 의사결정에 참여하는 정부 제도.

- 참여 수당을 도입한 이후에도 저조한 참여율이 문제가 되었다.
- 이 제도는 시간과 비용이 많이 들고, 복잡했다.
- 이 제도는 항상 일관된 정책으로 이어지지는 않았으며, 상설 관료제의 부재는 궁극적으로 비효과적 거버넌스를 초래했다.

직접민주주의는 현대 정치체제에서는 희소하며, 주로 주민투표나 주민발의 (제14장 참조), 또는 마을이나 학교와 같은 지역 공동체 수준의 의사결정에 한정된다. 어떤 사람들은 기본적으로 공공의 문제에 대한 시민의 이해가 깊지 않고 (제13장 참조), 이는 효과적인 통치 능력을 저해하기 때문에 그 이상의 직접민주주의는 위험하다고 주장할 것이다. 한편, 직접민주주의의 지지자들은 이 제도가 더 참여적인 사회 환경을 조성하고 사람들이 자치를 위해 더 잘 준비될 것이라고 주장한다. "개인들은 참여함으로써 참여를 배운다"는 사실을 고려하면, 사회가 민주주의 정치를 위해 사람들을 교육, 훈련할 것이다 (Pateman, 2012). 직접 참여 형태의 하나는 인터넷을 통한 **전자**

민주주의(e-democracy)이다. 여기에는 온라인 투표, 온라인 청원, 소셜미디어를 통한 시위 조직 등이 포함된다. 이것은 독일 철학자 하버마스(Jurgen Harbermas)가 제시하였고, 한때는 대의제 정부가 엘리트주의적이 되어버리는 문제의 유용한 해결책이라고 간주되었던 공론장(public sphere)이라는 관념의 한 표현이다. 그러나 그 결과에 대해서는 이견이 있다. 한편으로 인터넷은 정치 정보의 즉각적 입수를 가능하게 하고, 정치인들이 유권자와 더 직접, 자주 소통할 수 있게 해주고, 사람들이 정치적 논의에 더 직접 참여할 수 있게 해준다. 반면, 전자민주주의에는 여러 가지 문제가 있다.

- 인터넷에서의 선동적인 익명 포스팅이나, 거짓 정보나 음모론 전파에서 볼 수 있듯이 소셜미디어를 통해 자기를 표현하는 사람들 중 다수는 당파적이거나 의도적으로 도발적이다. 그 결과 토론의 방향이 왜곡되고, 개진된 의견의 배후에 누가 있는지 알 수 없는 경우가 많다.
- 대부분의 온라인 정치 토론은 페이스북, 트위터 등 거대 기술 기업의 영향을 받게 되었다.
- 온라인에 표출된 의견들은 가장 빈번히 글을 올리는 사람들의 의견인 경우가 많고, 트위터의 트렌딩 해시태그 현상처럼 빈번히 밴드왜건 효과가 나타난다.

> **전자민주주의(E-democracy)**: 어떤 문제나 쟁점에 관심을 가진 모든 사람이 인터넷이나 소셜미디어를 통해 자신의 의사를 표현하는 민주주의적 표현의 한 형태.
>
> **공론장(Public sphere)**: 시민들이 모여서 정부, 국가, 언론매체의 간섭 없이 공유하는 이익과 문제를 논의하는 장.

- 소셜미디어로 인해 사생활 침해에 관한 우려가 높아졌으며, 아마도 이는 기존 형태의 참여에 대한 지지 감소를 초래하는 정부에 대한 불신을 조장한다 (제13장 참조).
- 전자민주주의는 인터넷 접근성에 의존하는데, 이것은 빈곤 국가, 그리고 종종 부유한 국가의 빈곤하고 소외된 지역에서 문제가 된다.

정치 커뮤니케이션의 매체로서의 인터넷의 특별한 문제들은 제12장에서 자세히 다루고 있다.

대의민주주의

근대국가의 형태에서 민주주의는 자치에서 선출 정부로 변형되어, 대의민주주의(representative democracy)라는 현상으로 나타났다. 고대 그리스인들에게 대표라는 것은 터무니없는 생각일 것이다. 만약 별도의 통치 계급이 존재한다면 어떻게 인민이 스스로 통치할 수 있겠는가? 18세기 프랑스 철학자 루소(Jean-Jacques Rousseau, 1762)가 "인민이 대표자를 가지는 순간, 그들은 더 이상 자유롭지 않다. 그들은 존재하지 않게 된다"고 경고했을 때도 같은 생각이었다.

그러나 거대국가들이 등장하면서 인민이 집단의 결정을 내리는 새로운 방법이 필요하게 되었다. 프랑스와 미국의 혁명을 모두 목격한 영국의 정치 행동가 페인(Thomas Paine)은 이 발상을 처음 탐색한 사람 중의 하나이다. 그의 저서 『인간의 권리(Rights of Man)』(1791/2)에서 페인

> **대의민주주의(Representative democracy)**: 공동체의 구성원들이 자신들의 이익을 대표하고 공동체에 영향을 미치는 결정을 내려줄 대표자를 선출하는 간접적인 형태의 정부.

은 "민주주의에 대표성을 접목함으로써 우리는 모든 영토와 사람들의 다양한 이익을 포괄하고 연합할 수 있는 정부체제에 이르게 된다"고 기술했다 (모든 정부 공직자가 선출되거나 선출 공직자에 의해 임명되는 공화정에 관한 논의는 제8장 참조).

비록 대의정부가 (14억 인도인이나 3억 2,800만 미국인 등) 많은 사람들로 하여금 통치자들을 어느 정도 통제할 수 있게 하지만, 이에 대해서는 많은 비판자들이 있다. 그중 잘 알려진 사람은 오스트리아 출신 정치경제학자 슘페터(Joeseph Schumpeter, 1883~1950년)이다. 그는 일반 유권자들의 식견 있는 정치적 선택 능력을 의심했고 (제13장 참조), 선거는 유권자가 자신의 의지를 실행하기 위한 대표자 선출 수단이 아니라 정부를 창출하는 수단이라고 기술했다 (Schumpeter, 1943).

반면 대의제는 참여를 원하는 사람에게 참여를 허용하고, 나머지는 정부를 감시하고 투표에 참여하도록 하는 유용한 분업을 가능하게 해준다 (Schudson, 1998). 우리가 다른 일을 하길 원하는 사람들을 강제로 정치에 참여시킨다면 그것이 자유로운 사회라고 할 수 있겠는가? 동시에 우리는 대의민주주의에서 얼마나 진정한 의미의 대표성을 찾을 수 있는가? 오웰(George Orwell)은 소설 『동물농장(Animal Farm)』에서 모든 동물은 평등하지만 어떤 동물들은 다른 동물들보다 더 평등하다고 서술했다 (이 주제에 대한 추가적 논의는 제14장 참조).

자유민주주의

모든 현대 민주주의 정권은 실제로 직접민주주의도, 대의민주주의도 아닌 자유민주주의(liberal democracy)이다. 그것은 대의민주주의이면서 동시에 제한정부(limited government)의 아이디어에 기반했기에 자유주의적이다. 이 맥락에서 자유주의(liberalism)는 대의정부조차도 지배자로부터 보호되어야 하는 인민의 의사를 존중하도록 보장하려 한다. 특히 소수자가 민주주의의 본질적인 위험인 다수의 폭정으로부터 보호될 수 있다 ('자유주의적'이라는 용어는 몇 가지 다른 의미가 있다. 예를 들어, 자유주의의 경제학적 적용에 대한 논의는 제18장 참조).

앞서 언급했듯이 자유민주주의는 소수의 권리가 보장되는 다수 지배의 원리와 인치가 아닌 법치에 근거한다. 법치의 원칙하에서 선출된 통치자와 시민들은 모두 개인의 권리에 관한 조항을 포함하는 헌법의 적용을 받는다. 정부가 고압적이 되면 시민들은 국내, 국제 재판소를 통해 권리를 지킬 수 있다. 물론 모든 민주국가는 정당을 통해 정치적 의견이 형성되고 표현되는 공간을 허용해야 한다. 비탐(Beetham, 2004)이 적절히 지적했듯이 "자유가 없으면 민주주의도 있을 수

> **자유민주주의(Liberal democracy)**: 대의제와 개인의 권리의 헌법적 보호를 조합한 간접민주주의의 한 형태.
>
> **제한정부(Limited government)**: 시민의 권리를 보장하기 위해 정부의 권력과 범위에 제한을 가해야 한다는 신념.
>
> **자유주의(Liberalism)**: 정부로부터 독립된 자연권을 가지며, 과도한 정부 개입으로부터 보호되어야 하는 개인에게 최고의 가치를 부여하는 신념.

당시 호주의 재무장관이었고 후에 수상이 되는 모리슨(Scott Morrison)이 하원에서 질의에 응답하고 있다. 이 절차는 정부가 그 행동에 책임을 지도록 하면서 유권자의 이익을 대표하기 위해 설계된 것이다.

없다." 그러나 자유민주주의에서 자유는 민주주의를 확보하기 위한 장치 이상의 것이다. 그것은 민주주의 자체보다 더 높은, 혹은 최소한 그것과 나란히 하는 가치이다. 사람은 스스로의 삶에 책임을 짐으로써 그 개인성을 가장 잘 개발하고 표현할 수 (그리고 공동의 선에 가장 효과적으로 기여할 수) 있다.

미국과 영국의 비교에서 알 수 있듯이 일부 민주국가는 자유민주주의의 '자유'를 더 강조한다. 미국에서 자유주의의 요소는 헌법에 명시되어 있다. 건국의 아버지들은 다수의 폭정을 포함하는 모든 형태의 독재를 방지하려 했다. 따라서 헌법은 연방 기관들 (대통령, 의회, 사법부) 사이, 그리고 연방정부와 주 사이에 권력을 배분하여 **견제와 균형**(checks and balances)체제를 만들었다. 적어도 이론상으로는 그렇다. 실제로는 미국의 체제는 정당과 직업정치인 계급에 너무 많은 권력이 주어졌으며 (제8장 참조), 정당이 그들의 목적에 따라 선거구를 조작할 수 있으며 (제14장 참조), 선거와 정책 논쟁의 결과를 정하는 데 금전의 역할이 너무 크다고 비판을 받는다.

미국의 민주주의가 권력을 여러 제도에 걸쳐 분산시키는 반면 영국 민주주의는 의회주권을 강조한다. 정부는 하원 최다 의석 정당 또는 정당 연합이 구성하며, 의원들에 대한 통제를 통해 법안이 법률로 통과되는 데 대체로 별문제가 없다. (성문헌법, 권력분립, 연방주의 등) 미국에서 정부권력을 제한하는 제도가 영국에는 없다. 그러나 영국이 좀 더 자유주의적인 방향으로 움직이고 있다는 징후가 있다. 사법부가 더 활발하고 독

> **견제와 균형**(Checks and balances): 정부 기관들에 서로 균형을 이룰 수 있는 권력을 주어, 통치하고 결정을 내리기 위해서는 협력을 하지 않으면 안되는 구조적 장치.

립적이 되고 있으며, 직업정치인에 반대하는 대중의 움직임이 있다. 영국의 정부는 미국에 비해 더 통제력이 있지만, 양국 모두 상황이 유동적이 되었다.

비자유민주주의

미국의 정치 평론가 자카리아(Fareed Zakaria)는 1997년 비자유민주주의(illiberal democracy) 개념을 제시하는 논문을 저술했다 (Zakaria, 1997). 민주주의는 자유선거, 공정 선거뿐 아니라 법치와 기본적 자유의 보호를 포함하는 '자유' 민주주의를 의미하는 것으로 오랫동안 이해되었음을 지적하면서 그는 이 두 요소가 몇몇 국가에서 무너지기 시작했다고 주장했다. 달리 말해, 선거는 치르지만 승자는 빈번히 의회를 무시하고 언론자유에 제한을 가한다. 그 좋은 사례가 앞에서 언급된 튀르키예로, 에르도완(Recep Tayyip Erdogan) 대통령은 2016년부터 언론 자유와 건전한 정치적 반대 세력을 억압하는 수많은 조치들을 시행했다.

이 유형은 어느 정도 제6장에서 논의되는 혼합형 정권과 중첩된다. 그리고 공고화된 민주주의의 경우에는 유형을 특정하기가 어렵다. 특히 비자유민주주의는 2010년대에 강화되었으나 지금은 주춤한 듯한 포퓰리즘과 연상되기 때문이다 (이 장 후반부 참조). 플래트너(Plattner, 1998)는 민주주의와 자유주의는 역사를 통해서 서로 밀쳐내기도 하고, 끌어당기기도 했으며, 비자유민주주의의 부상은 그 주기의 또 다른 한 시기에 불과하며, 공고화된 민주주의로부터 도움을 받아 상황을 역전시킬 수 있다고 주장했다. 레비츠키와 웨이(Levitsky and Way, 2002)는 비자유민주주의 개념이 민주주의 정권에 대한 우리의 이해를 방해했다고 주장하면서, '경쟁적 권위주의'라는 대안적 개념을 제시했다 (제6장 참조).

민주주의와 권리

개인의 권리만큼 민주주의라는 아이디어에 중요한 개념은 많지 않다. 만일 그 권리가 잘 정의되고 보호되면, 민주주의는 건전하다. 그렇지 않으면 민주주의는 손상되며, 권리에 대한 제한이 심해지면 우리는 제6장에서 논의되는 권위주의, 폭정, 절대주의의 세계로 들어서게 된다. 권리는 민주주의의 정의에 근본적으로 중요하기 때문에 그것이 무엇이며, 어떻게 보장되거나 제한되는지 이해하는 것이 중요하다.

모든 권리 중 가장 광범위한 것은 인권(human rights)이다. 인권은 정치적으로 주어지는 것으로 간주되지 않고, 단순히 인간이기 때문에 부여되는 권리로 정의되기 때문에 다른 권리와 구분된다. 이 경우 인권은 정부나 국가로부터 나오는 것이 아니고 인간의 존재로부터 나오기 때문에 '아래로부터'의 권리이다. 인권의 내용에 관한 권위적인 원천은 1948년 12월 유엔총회에서 채택된 '세계인권선언(UDHR: Universal Declaration

---

비자유민주주의(Illiberal democracy): 정부가 민주적으로 선출되나, 시민의 권리와 자유를 약화시키는 정권.

인권(Human rights): 모든 인간에게 주어진 자연적, 보편적, 양도 불가의 권리.

of Human Rights)'으로, 법 앞에 평등한 보호, 사상과 양심의 자유, 정부에 참여할 권리, 동일 노동 동일 임금, 이동의 자유 등이 포함된다.

이러한 권리는 시민들이 정부에 대해 가지며 정부의 행동으로 침해될 수 없는 '수직적' 권리인 시민적 자유(civil liberties)와 상당히 중첩된다. 시민적 자유에는 자유, 안전, 사생활 보호, 생명, 평등한 대우, 공정한 재판, 언론과 표현의 자유에 대한 권리 등을 포함한다. 이들 다수는 또한 시민적 권리(civil rights)와 중첩되는데, 이는 시민들이 서로에 대해 가지는 '수평적' 권리이며 젠더, 종교, 연령, 성적 취향 같은 속성에 의한 차별로부터 보호를 제공하는 것이다.

시민적 자유나 시민적 권리의 정의에 있어서 어느 정도까지 제한을 둘 수 있는지는 쉬운 문제가 아니다. 가장 민주적인 사회에서도 개인의 권리가 정부의 행동이나 다른 개인의 행동에 의해 어느 지점에서 제약을 받을지, 또 어떤 집단이 특별한 보호를 받아야 할지를 결정하는 것은 어렵다. 언론의 자유 문제를 예로 들어보자. 이것은 민주 사회가 민주적이기 위한 필수적인 부분으로 간주된다. 그러나 실제로는 다음에 해당하는 법률과 같이 언론 자유가 제한되는 여러 방식이 있다.

- 중상모략: 언어를 통한 중상 비방.
- 명예 훼손: 언론매체를 통한 비방.
- 외설: 일반적인 도덕성에 대한 문란.
- 선동: 기존 질서에 대한 반란을 교사.
- 증오 발언: 개인이나 집단을 정체성을 근거로 공격.

정당한 언론 자유로 간주될 수 있는 것이 무엇인지, 그러한 자유가 어디에서 타인의 권리와 감정을 침해하는지 규정하는 것은 쉽지 않다. 예를 들어 서구 사회는 예언자 무함마드(Mohammed)를 무슬림들이 불쾌하게 여길 만한 이미지의 형태로 보여주는 것을 존중해야 할까, 아니면 무슬림은 그러한 자유를 제한하는 것을 다수의 서구 국가들이 언론 자유 침해로 간주하는 것을 인정해야 할까?

민주주의 지수에 포함된 결함있는 민주주의 개념이 권리와 자유의 제한에 관해 논의하는 점이 특히 흥미롭다. 예를 들어, 인도는 구조적 폭력(structural violence)의 일반화된 현상 때문에 결함있는 민주주의로 분류된다. 이것은 비가시적인 형태의 억압, 또는 사회체제, 정치체제 내에 숨겨진 '폭력'을 묘사하는 용어이다. 따라서 여성에 대한 억압은 남성 지배적 정치체제에 의해 영속화된 구조적 폭력의 한 형태이며, 극단적 빈곤은 사회의 한 부분이 다른 부분에 대해 가하는 영속화된 폭력의 한 형태이다. 인도에서 구조적 폭력은 빈곤과 카스트 억압에서 찾아볼 수 있다. 이러한 권리에 대한 뿌리 깊은 제한은 인도인들이 자신의 정치체제와 관계하는 방식에 영향을 미침으로써 정치 영역으로 확산된다.

우리는 민주주의의 최상위 등급 국가에서조

시민적 자유(Civil liberties): 시민들이 정부에 대해 가지면서, 정부에 의해 제한을 받지 말아야 하는 권리.

시민적 권리(Civil rights): 시민이 정부와 다른 시민에 대해 가지는 권리.

구조적 폭력(Structural violence): 정부체제에 내재되고 특정 구성원이나 집단을 향하는 사회적, 정치적, 경제적 억압.

차도 수많은 권리의 침해를 볼 수 있다. 한국은 완전한 민주주의로 분류되지만 2020년 민주주의 지수에서 시민적 자유에 있어서 10점 만점에 7.94밖에 받지 못했다 (호주, 아일랜드, 뉴질랜드는 9.71이었다). 전 세계 인권 상황을 감시하는 미국 소재의 이익집단 휴먼라이츠워치(Human Rights Watch)는 표현, 결사, 집회의 자유 제한, 여성, 소수민족 집단, LGBTQ, 외국인 차별 등을 이유로 최근 한국을 비판했다 (Human Rights Watch, 2021). 동시에 한국은 2016년 대규모 시위에 이어 국회가 권력 남용, 뇌물, 갈취를 이유로 (한국 최초의 여성 대통령인) 박근혜 대통령에 대한 탄핵을 의결했을 때 전 세계 뉴스의 헤드라인을 장식했다. 헌법재판소는 탄핵을 인용했고, 박 대통령은 25년 형을 받고 복역을 시작했다.

민주주의 통치의 미래

1991년 민주주의의 물결에 대한 헌팅턴의 책이 출판되기 직전 후쿠야마(Francis Fukuyama)는 냉전 종식, 동유럽의 신속한 민주화에 영감을 받고, 헤겔(Georg Hegel)과 마르크스(Karl Marx) 등을 차용하여 '역사의 종말' 혹은 민주주의의 최후의 승리를 선언했다.

> 우리가 목격하고 있는 것은 단순히 냉전의 종식이나 전후 역사의 한 시대의 경과가 아니라, 역사의 종말이다 … 즉, 인류의 이념적 진화와 인간의 정부의 최종적 형태로서의 서구 자유민주주의의 보편화의 종착점이다 (Fukuyama, 1989).

1990년대에 러시아가 민주주의로 이행하는 듯 보였고, 동유럽이 민주주의와 자유 시장에 관한 서유럽 및 서유럽의 아이디어에 더 긴밀히 연계하면서 최소한 처음에는 모든 것이 순조로워 보였다. 그러나 소련 붕괴에 대해 모든 러시아인이 행복했던 것은 아니며, 푸틴(Vladimir Putin)은 후에 이를 '20세기 최대의 지정학적 비극'이라고 묘사했다. 후쿠야마가 너무 성급했다는 것은 명백했으며, 냉전 종식은 (새로운 기회를 가져오기보다) 새로운 불확실성을 초래했을 뿐 아니라, 민주주의의 내부적 취약성을 드러냈다. 또 역사의 종말이라는 논지는 너무 서구 중심적 (심지어 미국 중심적)이며, 비교정치 연구에 해를 끼쳤다고 비판받았다.

2008년에 이르자 정치 평론가 케이건(Robert Kagan)은 '역사의 귀환'을 논하면서, 지위와 영향력을 위한 투쟁, 자유주의와 전제정치의 오랜 경쟁이 돌아왔으며, 거기에 급진적 이슬람과 서구세속주의 국가들 사이의 투쟁이라는 새로운 불확실성이 더해졌다는 의미에서 세계는 '다시 정상화'되었다고 주장했다. 그 이후 우리는 앞서 논의한 대로 민주주의의 퇴행 시기로 접어들었다. 그것은 프리덤하우스가 수집한 데이터에 반영되어 있는데, 2020년 프리덤하우스 보고서는 정치적 권리와 시민적 자유가 12년 연속 하락했음을 지적하고, 자유 국가의 수는 감소하고 부자유 국가의 수는 증가하기 시작했음을 보여준다 (도표 5.6 참조).

후쿠야마는 민주주의의 퇴행이 시장 조정인지 글로벌 차원의 침체인지는 두고 볼 일이라고 주장하긴 했으나 (Luce, 2017에서 인용), 이미 오래전부터 자신의 역사의 종말 낙관론으로부터 거

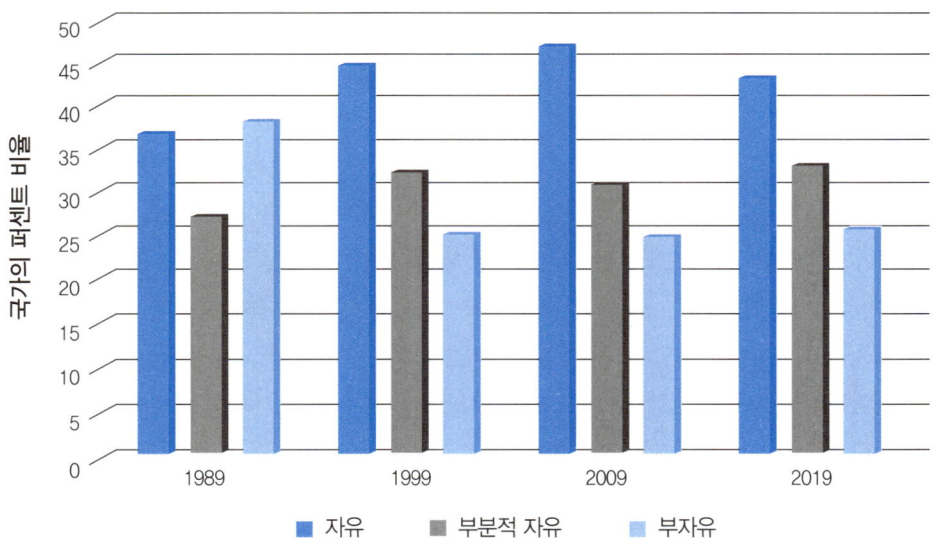

도표 5.6 민주주의의 글로벌 추세
출처: Freedom House (2020a)에 근거.

리를 두었다. 미래가 어느 방향으로 향하든 현재의 많은 정치적 논의는 민주주의의 건전성이나 확산에 관한 것이 아니라, 우리가 한때 견고한 민주주의라고 생각했던 나라들조차도 직면하고 있는 도전에 관한 것이다.

그러한 도전에는 사회 분열, 유권자 소외, 개인의 권리와 민주주의의 관계, 정치적, 경제적 경쟁에 의한 공동체 의식의 약화 등이 포함된다. 로젠버그(Shawn Rosenberg)에 의하면 문제는 단순히 말하면 "의견이나 외모가 다른 사람들을 존중해야만 하는 민주주의는 실현이 어렵다는 것이다. 민주주의에서는 시민들이 대량의 정보를 꼼꼼히 걸러내서 양질의 정보를 처리하고, 진실과 거짓을 구별해야 한다. 그것은 사려, 규율, 논리를 필요로 한다"(Shenkman, 2019에서 인용).

보다 구체적으로 민주주의가 직면한 도전은 다음과 같다.

- 지속적으로 여성이 남성보다 정치적 권력이나 기회가 적고, 동일 노동에 대해 수입이 남성보다 적으며, 정치나 기업의 고위직 진출이 막혀 있다.
- 인종, 종교적 불관용이 여전히 중대한 문제로 남아 있어, 소수자는 빈번히 사회 주변부로 밀려나고, 가장 개방된 사회에서조차도 이민에 대한 반발이 진보적 명성을 위협하는 도전이 되고 있다.
- 빈자와 부자 사이에는 지속적으로 소득 격차가 존재하며, 실업과 빈곤 수준이 빈번히 우려스러울 정도로 높다. 그 결과 정치적 영향력 감소와 정치적 급진화가 초래된다.

그러나 민주주의가 직면한 가장 중대한 도전은 우리가 제4장에서 살펴본 바와 같은 정부에 대한 믿음과 신뢰의 상실이다. 이는 민주주의의 개념보다는 그것이 운용되는 방식에 대한 우려를 반영한다. 많은 사람들은 엘리트들이 정부를 지배하고 있다고 생각하며, 지도자에 대해 신뢰가 감소했고, 정부가 시급한 경제적, 사회적 문제의 해결에 제대로 대응하지 못한다고 느낀다. 그 결과 유권자들은 투표율이 낮아지거나, 기존 정당이나 주된 정치참여 방식에서 멀어지거나, 포퓰리즘(populism, 대중영합주의)적 공약을 내세우는 후보자나 지도자에게 지지를 보낸다 (Mudde and Kaltwasser, 2017 참조). 최근의 사례로는 브라질의 보우소나루(Jair Bolsonaro), 헝가리의 오르반, 미국의 트럼프, 필리핀의 두테르테(Rodrigo Duterte), 인도의 모디(Narendra Modi) 등이 있다.

최근 2권의 저술에서 민주주의의 현 상황에 관한 일련의 연관되면서도 대조적인 주장이 제기되었다. 한편으로『민주주의의 쇠퇴?(Democracy in Decline?)』라는 책에서 다이아몬드와 플래트너(Diamond and Plattner, 2015)는 프리덤하우스에서 사용되는 객관적 측정에 나타난 것처럼 민주주의 국가의 수가 감소하고 있음을 지적하지만, 민주주의의 위상과 그것이 정통성과 매력의 측면에서 어떻게 보여지는가 하는 더 주관적 문제를 지적한다. 반면『권위주의의 글로벌화(Au-thoritarianism Goes Global)』라는 책에서 다이아몬드 등(Diamond et al., 2016)은 중국, 러시아, 사우디아라비아 등 비자유주의적 권력이 전 세계적으로 새로운 자신감과 영향력을 구축했고, 민주주의 확산을 저지하고 자유주의 국제정치 질서에 도전하는 새로운 도구의 개발을 바탕으로 '권위주의의 급상승'을 만들었다고 지적했다. 이들 국가는 반대자를 탄압하는 새로운 수단을 터득하여 사용할 뿐 아니라, 자신들의 국제적 영향력을 더 효과적으로 투사하는 방법을 배웠다. 선진 민주주의 국가들은 이에 대응하는 데 실패했다.

우리는 민주주의의 미래에 대해 낙관적이어야 할까 비관적이어야 할까? 자유민주주의의 지속적인 역사를 가진 어떤 나라도 대안적 형태의 정부를 자유롭게 혹은 계획적으로 선택한 적이 없는 것은 사실이다. 자유민주주의가 국가 간 협력의 뛰어난 성과를 가지고 있는 것도 사실이다. 민주주의 모델의 광범위한 목표 (자유, 선택, 안전, 풍요 등)가 널리 공유되고 있다. 동시에 민주주의는 심각한 내부 불평등에 직면하고 있으며, 다수 국가는 분열되어 있고, 새로운 도전과 위협에 직면하고 있다. 그들은 민주주의의 핵심 원칙을 실현하고 민주주의의 혜택에 대한 메시지를 글로벌 수준에서 유지하는 데 훨씬 더 효과적이어야 할 필요가 있다.

> **포퓰리즘(Populism, 대중영합주의)**: 통치 엘리트에 맞서서 권리와 이익을 내세우는 정치 프로그램이나 운동.

토론주제

- 민주주의는 (실제로) 진정으로 인민에 의한 정부인가, 아니면 다른 요소가 더 중요한가?
- 인터넷은 오늘날 아테네 유형의 직접민주주의를 가능하게 하는가?
- 민주주의에서 정부에 대한 적절한 제한은 무엇인가?
- 민주주의가 번성하기 위해 필요한 조건은 무엇인가?
- 민주주의 국가는 권위주의 정권에 의한 국제적 위협에 어떻게 대응할 수 있는가?
- 우리는 민주주의의 미래에 낙관적이어야 할까, 비관적이어야 할까?

핵심용어

- 견제와 균형(Checks and balances)
- 결함있는 민주주의(Flawed democracy)
- 공론장(Public sphere)
- 구조적 폭력(Structural violence)
- 다두제(Polyarchy)
- 대의민주주의(Representative democracy)
- 민주주의(Democracy)
- 민주화(Democratization)
- 법치(Rule of law)
- 비자유민주주의(Illiberal democracy)
- 시민적 권리(Civil rights)
- 시민적 자유(Civil liberties)
- 완전한 민주주의(Full democracy)
- 인권(Human rights)
- 자유민주주의(Liberal democracy)
- 자유주의(Liberalism)
- 전자민주주의(E-democracy)
- 제한정부(Limited government)
- 직접민주주의(Direct democracy)
- 포퓰리즘(Populism, 대중영합주의)

추가 읽을거리

Dahl, Robert A. (2020) *On Democracy* (Yale University Press). 민주주의에 대한 가장 영향력 있는 지지자 중의 한 사람이 저술한 입문서 (권위주의에 대해서는 다음 장 참조).

Diamond, Larry, and Marc F. Plattner (eds) (2015) *Democracy in Decline?* (Johns Hopkins University Press). 민주주의 통치의 최근 추세에 관한 글의 모음으로, 민주주의가 쇠퇴하는지 질문함.

Fuller, Roslyn (2019) *In Defence of Democracy* (Polity Press). '과도한 민주주의' 최근 비판론에 대해 반대하는 주장을 펴는 책으로, 민주주의의 미래에 대해 계속 낙관할 수 있는 이유는 많다고 결론 내림.

Haerpfer, Christian W., Patrick Bernhagen, Christian Welzel, and Ronald F. Inglehart (eds) (2019) *Democratization*, 2nd edn (Palgrave). 민주화이론과 실제에 대한 글들을 편집한 책으로 전 세계 7개 지역의 사례를 다룸.

Levitsky, Steven, and Daniel Ziblatt (2018) *How Democracies Die* (Crown). 민주주의가 직면한 잠재적 위협을 비판적으로 분석하며, 역사적 사례를 통해 현대 민주주의 정권의 붕괴에 대해 전망함.

Matsusaka, John G. (2020) *Let the People Rule: How Direct Democracy Can Meet the Populist Challenge* (Princeton University Press). 직접민주주의는 정책을 시민들의 요구와 일치할 수 있게 하는 유용한 방법임을 보여주기 위해 세계 각지의 국민투표에 대해 연구.

6장

권위주의 통치

차례
- 권위주의 통치의 이해
- 권위주의 정권의 유형
- 기원과 진화
- 권위주의 통치의 형태
- 부패의 정치적 영향
- 권위주의 통치의 미래

개요

1945년 이후 민주주의는 전 세계 각지에 확산되었으며 많은 사람들이 현재 민주주의 국가에서 살지만, 또 그만큼 많은 사람들이 권위주의 통치하에서 살고 있다. 이는 집중화된 정부, 지배 엘리트의 권력, 시민적 자유의 제한을 의미한다. 이러한 상황은 오늘날 널리 존재할 뿐 아니라 인류 역사에서 일반적인 현상이었다. 20세기는 후반기의 민주화만큼이나, (독일의 히틀러, 소련의 스탈린, 중국의 마오쩌둥을 포함하는) 독재국가의 탄생으로 기억될 것이다. 우려스럽게도 21세기의 시작도 (헝가리, 탄자니아, 튀르키예[터키]처럼) 한때 민주주의의 경로에 올라 있는 듯했던 나라에서 권위주의가 회귀하고, (중국, 이란, 러시아처럼) 권위주의 통치의 긴 역사를 가진 나라가 지속되는 시기로 기억될 위험에 직면해있다.

이 장은 민주주의 지수를 활용하여 비민주주의 국가를 혼합형 정권과 권위주의 정권으로 구분한다. 우선 우리는 이 두 유형과 그 특징에 대해 논의하고, 민주주의보다 더 긴 역사를 가진 권위주의의 기원과 진화에 대해 살펴본다. 이어서 우리는 절대군주제, 제왕적 대통령, 일당지배, 군사정부 등 4개의 주요 권위주의 정권의 유형에 대해 알아볼 것이다. 끝으로 이 장은 보편적인 문제이지만, 특히 권위주의적 정치지형의 일부가 된 부패라는 특별한 딜레마에 대해 살펴보고, 권위주의의 미래에 대한 논의로 마무리한다.

핵심논제

- 권위주의는 민주주의만큼이나 복잡하고 미묘하며, 공식적인 규칙 아래서 작동하지 않기 때문에 더 문제가 있다.
- 프리덤하우스는 세계 국가의 약 4분의 1 정도를 부자유 국가로, 민주주의 지수는 약 절반의 국가를 혼합형, 또는 권위주의 정권으로 분류한다.
- 권위주의의 핵심에는 개인과 그를 지지하는 도당에 의한 통치가 있으며, 그들의 행동은 종종 취약성을 감추기 위한 것이다.
- 권위주의 통치의 합의된 유형은 없으나, '강제', '후견', '인물주의'가 그 특징을 묘사하는 데 빈번히 사용된다.
- 사적 이익을 위해 기꺼이 공직을 남용하려는 곳 어디든지 부패가 존재하지만, 권위주의 정권에서는 특히 중요한 역할을 한다.
- 권위주의 정권의 수는 증가하고 있으며, 도처에서 민주주의는 권위주의 지도자의 공격을 받고 있다.

권위주의 통치의 이해

튀르키예는 수십 년 동안 유럽과 중동에 양다리를 걸친 결과 모순적인 정치력이 그 나라를 민주주의를 향해서, 아니면 반대 방향으로 끌어당기고 있다. 튀르키예는 오랫동안 유럽연합(EU)에 가입하고 싶어 했지만, EU국가들이 신규 회원국에 대해 기대하는 민주적 일관성을 달성하지 못했다. 2014년 8월 (11년간 총리였던) 에르도완(Recep Tayyip Erdogan)이 튀르키예에서 최초로 직선제로 당선된 대통령이 되었을 때 상황은 더 안 좋은 방향으로 흘러갔다. 대통령직은 주로 상징적인 직책이었지만 에르도완은 이를 이용해서 불만 세력이나 반대 세력을 탄압했다. 2016년 쿠데타 시도로 300여 명이 사망했으며, 에르도완은 이를 이용해 쿠데타 지지 혐의로 수천 명을 체포했다. 2017년 4월 그는 대통령제 정부로 전환하는 국민투표에서 승리하여, 권력을 크게 강화했다 (Cagaptay, 2017 참조). 민주주의 지수에서 튀르키예는 혼합형 정권으로 분류되며, 등급이 내려가서 권위주의(authoritarianism)에 근접하게 되었다.

역사적으로 권위주의는 민주주의보다 훨씬 더 흔했지만, 민주주의와 마찬가지로 명확히 규정하기는 어렵다. 도표 6.1은 약하고 책무성이 결여된 정치제도부터, 조작된 사법부, 개인의 권리 보호 소홀까지 권위주의 정권에서 우리가 볼 수 있는 특징을 요약했다. 그러나 민주주의처럼 권위주의도 일정한 범위 내에 존재하며, 고정된 모델이나 합의된 유형은 없으며, 시간과 공간에 따라 다양하다.

만일 완벽한 민주주의가 공동체의 모든 시민에 평등한 권리와 정보가 보장되는 인민에 의한 통치라면, 권위주의는 그 반대로, 권력이 독재(dictatorship)와 그 지지 엘리트의 손에 집중되어 있고, 다수 시민들은 공동체의 통치에 영향력이 없으며, 평등한 권리나 평등한 정보를 결여한다. 그

> **권위주의(Authoritarianism)**: 평등한 권리를 부정당한 시민들로부터 위임을 받지 않은 지배 엘리트에 의해 통제되는 정부가 존재하는 정치체제.
>
> **독재(Dictatorship)**: 지도자와 지배 엘리트가 탄압과 충성심의 조합을 이용하여 권력을 유지하는 정치체제.

요소	속성
제도	상대적으로 취약하고, 미성숙하며, 명확히 규정되어 있지 않고, 권력은 지도자와 엘리트의 손에 집중.
참여	정치참여와 대표의 형태가 제한되고 시민의 목소리가 효과적으로 반영이 보장되지 않음.
권리	정부의 권력에 제한이 거의 없고, 개인의 권리와 자유에 대한 보호에 일관성이 없으며, 사법부의 독립성이 제한.
선거	선거가 빈번히 부정, 조작, 폭력을 수반하며 대의정부의 성과가 부실.
반대 세력	제한을 받고 강압과 폭력의 대상이 됨.
언론	제한적이고, 통제되며, 정치적 통제의 대상이 되고, 정부가 허용한 의견만 공유됨.

도표 6.1 권위주의 통치의 속성

러나 현실에서 권위주의는 절대적이고 폭력적인 통제에서부터 민주주의 요소가 생존하는 느슨한 형태의 통치에 이르기까지 정도의 차이가 있다. 권위주의의 정도 차이는 '절대주의(absolutism)', '전제정치(autocracy)', '폭정(despotism)', '독재(dictatorship)', '압제(tyranny)', '전체주의(totalitarianism)', 그리고 덜 사용되는 '비민주주의(non-democracy)' 등 비민주적 정치체제와 관련하여 사용되는 용어의 수가 잘 보여준다 (Marquez, 2016 참조). '압제'와 '전체주의'가 가장 극단적인 정도의 권력 통제로 암시되지만, 이 용어들이 어떻게 사용되고 정의되는지에 대해서는 일관성이 거의 없다.

민주주의 국가의 지도자들은 유권자의 지지를 유지해야 하는 반면, 권위주의 통치자들은 동맹 세력의 지지를 유지할 필요가 있다. 일반인들은 정치와 거리를 두고, 권력에 공공연히 반대하려는 유혹을 견딘다면 한밤중에 누군가가 현관문을 두드릴 일은 없을 것이다. 그러나 일단 문제를 일으키면 그건 상황이 다르다. 그들은 곤경에 처할 것이다. 그러한 상황에서 거버넌스는 무제한의 권위와 정치적 취약성의 불편한 조합이다.

권위주의 지도자는 법 위에 군림하려고 공공연히 노력하기 때문에 권위주의 정권의 헌법 설계는 정부가 어떻게 작동하는지 알아보기에 부적합하며, 우리는 그 대신 다음과 같은 현실에 주목한다.

- 법률은 모호하고 모순적일 수 있으며, 빈번히 비판자와 반대 세력을 투옥하는 구실이 된다.
- 입법부와 사법부는 상대적으로 약하며, 자원이 부족하고 비효과적이다.
- 시민의 자유는 보호되지 않으며, 국가는 빈번히 민간 조직의 허가제를 실시한다.
- 헌법적 제한의 부재는 힘없는 자, 특히 여성, 빈곤층, 소수 집단, 외국인, 죄수 등에 대한 냉혹한 대우로 이어진다.
- 사유재산권 보호의 강제력 있는 법적 틀이 없기 때문에 권위주의 통치는 빈번히 경제적 침체와 연결된다. 지배자가 경제적 이익의 상당 부분을 가져가는 대가는 경제의 정체이며, 이는 정치적 취약성 증가로 이어진다.

시민들은 보편적으로 민주주의의 혜택을 이해하고, 권위주의 지도자들은 적대적 여론에 직면하여 통제에 어려움을 겪는다고 믿고 싶지만, 우리는 제5장에서 그러한 낙관론이 잘못되었음을 보았다. 역사는 1990년대에 종식되지 않았으며, 공산주의의 붕괴는 벨라루스, 카자흐스탄에, 또 러시아에조차도 민주주의를 가져다주지 않았다. 유사하게 아랍의 봄이 가져온 변화는 별로 추진력을 얻지 못했으며, 오히려 리비아, 시리아, 예멘의 상황을 더욱 악화시켰다. 한때 민주주의가 역사의 종말을 가져왔다고 생각되던 곳에서 최근 수십 년간 권위주의가 더 강해지고 있다.

권위주의 정권의 유형

민주주의 정권에 등급의 잣대가 있듯이, 권위주의에서도 마찬가지이다. 우리는 이를 표 6.1과 같이 프리덤하우스가 부자유 등급을 매긴 국가들, 민주주의 지수에서 혼합형 정권 및 권위주의 정권으로 구분한 국가들의 다양한 점수에서 볼 수 있다. 이들 지수가 명사 '정권'을 사용하는 것은 유감스러운 일이기는 하다. 왜냐하면, 정권은

표 6.1 권위주의 정권의 유형

유형 분류	유형과 속성	
프리덤하우스	부분 자유	부자유
	제5장에서 자유롭다고 분류된 국가에 비해 취약한 선거과정, 정치참여, 정부 기능, 시민적 자유를 가진 국가.	선거과정이 취약하거나 부재하며, 정치참여가 통제되고, 정부 기능이 조작되며, 시민적 자유에 대한 보호가 거의 없는 국가.
2020년 기준 국가 수	63*	49
민주주의 지수	혼합형 정권	권위주의 정권
	민주주의로 보이는 정치체제, 그러나 제도, 과정, 법, 정책이 통치자와 그 지지 엘리트의 권력 유지를 위해 조작됨.	완전한 민주주의의 반대. 중앙집중화된 정치적 통제, 반대자에 대한 무관용, 인권 탄압.
2020년 기준 국가 수	35	57

출처: Economist Intelligence Unit (2021) and Freedom House (2020a). 최신 정보는 Economist Intelligence Unit https://www.eiu.com, Freedom House https://freedomhouse.org 참조.

* 이 수치는 프리덤하우스가 정치에 관해 더 비관적임을 의미하지는 않는다. 프리덤하우스는 3개의 범주만을 사용하며, 그중 두 번째 (부분 자유) 는 제5장에서 논의한 민주주의 지수의 결함있는 민주주의와 이 장에서 논의하는 혼합형 정권에 걸쳐 있다.

'정치체제'와 거의 동의어이지만, 그것은 '이란 정권' 혹은 '푸틴 정권'과 같이 빈번히 비판을 내포한 경멸적 의미로 사용되기 때문이다. 정치학에서 정권은 더 중립적인 의미를 가짐을 기억하는 것이 중요하다.

혼합형 정권

민주주의 지수에서 **혼합형 정권(hybrid regime)** 은 민주주의와 권위주의의 요소를 조합하면서, 후자에 가까운 경우이다. 그 특징으로는 정치문화, 정부기능, 정치참여의 취약성이 포함된다. 선거는 실시되지만 자유롭고 공정한 선거를 방해하는 변칙에 의해 훼손되며, 야당과 그 후보자에 대한 정부 압력이 일상적이다. 부패가 만연하고, 시민사회와 법치는 취약하며, 사법부는 독립성이 결여되고, 언론인은 빈번히 공격당한다. 이 범주는 레비츠키와 웨이(Levitsky and Way, 2010)가 설명한 '경쟁적 권위주의' 정권과 중첩된다. 이들은 문민정부로 민주적 제도가 존재하고 선거가 정기적으로 실시되지만 (선거부정과 같은) 공직자들의 권력 오남용으로 반대 세력보다 유리한 위치에 선다. 정당은 권력을 위해 경쟁하지만 정치적 경쟁의 장은 권력자에 유리하게 기울어져 있다. 민주주의 지수에서 약 30여 개의 국가가 혼합형으로 분류되는데, 이들은 사하라 이남 아프리카 (케냐, 나이지리아, 잠비아), 동유럽 (보스니아, 몰도바, 우크라이나), 아시아 (방글라데시, 파키스탄, 튀르키예)에 집중되어 있다.

> **혼합형 정권(Hybrid regime)**: 민주주의로 보이는 정치체제, 그러나 제도, 과정, 법, 정책이 통치자와 그 지지 엘리트의 권력 유지를 위해 조작됨.

혼합형 정권의 지도자들과 여당은 선출되지만, 그들은 언론에 대해 국가 자원과 그 영향력을 이용하여 선거운동이 시작되기 오래전부터 선거 결과에 영향을 미친다. 2021년 1월 실시된 우간다의 선거는 좋은 사례이다. 현직 무세베니(Yoweri Museveni)는 34년간의 장기 정권을 연장하기 위해 출마했으며, 경쟁력있는 후보인 와인(Bobi Wine)과 맞서게 되었는데, 와인은 가수면서 배우였고 우간다 의회의 의원이었다. 선거운동 중 와인은 코로나19 방역 지침 위반으로 체포되었으며, 그의 경호원 한 명은 군경찰 소유의 트럭에 치여 숨졌으며, 우간다정부는 투표 2일 전 인터넷을 폐쇄했다. 무세베니는 57퍼센트에 못 미치는 지지율로 재선에서 승리했다고 주장했으나, 외국의 비평가들은 이 선거를 부정선거로 규정했다.

일단 당선되면 혼합형 정권의 정부는 헌법의 제약에 거의 구애받지 않으며, 공정한 정치나 개인의 권리는 거의 무시된다. 지도자들은 헌법상의 임기 제한으로 인해 공직에서 물러날지 모르지만, 정부의 성격은 지도자가 바뀌더라도 별로 변하지 않는다. 왜냐하면, 혼합형 정권은 통상적으로 강력한 제도가 아니라 강력한 지도자나 정당에 의해 세워지기 때문이다. 국민들의 삶을 돌보는 대신, 지도자는 존경, 복종, 지지를 받으려 한다. 법은 권력의 도구로서 선택적으로 이용되어, 정치적 반대 세력은 엄격한 법적 감시의 대상이 되지만 지지자들은 거의 법에 의해 방해받지 않는다. 한때 브라질의 대통령이었던 바르가스(Getulio Vargas)는 "나의 친구들에게는 모든 것을, 나의 적에게는 법을"이라는 말을 했다. 순수한 권위주의 정권과 대조적으로 혼합형 정권의 지도자는 종종 효과적인 거버넌스를 제공하며, 따라서 국민의 지지를 (조작하기도 하지만) 받는다.

우간다의 무세베니 대통령의 지지자들이 2021년 1월 대통령 선거 승리를 축하하고 있으며, 그는 여섯 번째의 5년 임기를 시작했다.

권위주의 정권

민주주의 지수에서 **권위주의 정권**(authoritarian regime)으로 분류되는 국가는 대부분의 사람들이 **전제정치**(autocracy)나 독재의 개념을 연상하는 정치체제를 가진다. 이러한 국가에서 선거는 (있다고 해도) 자유롭거나 공정하지 않으며, 공식적 민주주의 제도는 실질적 내용이 거의 없다. 시민의 자유는 침해되고, 독립된 사법부가 없으며, 언론매체는 대개 국가가 소유하거나 통치 세력과 연결된 집단이 통제하며, 정부에 대한 비판은 억압되고 검열이 만연한다. 그 핵심에는 실질적인 반대세력을 허용하지 않고, 가능한 한 장기집권하려는 통치 지도자, 정당, 당파가 있다. 40여 개의 국가가 이러한 특징을 가지며, 사하라 이남 아프리카(차드, 에티오피아, 짐바브웨), 중동과 북아프리카(이란, 요르단, 리비아, 사우디아라비아), 아시아(중국, 북한, 러시아, 베트남) 등이 있다.

많은 권위주의 지도자들은 공포로 통치하는 듯 보이지만, 그들의 행동은 종종 자신의 두려움과 약점에 기인한다. 스볼릭(Svolik, 2012)은 독재자들이 두 가지의 갈등에 직면한다고 주장한다. 하나는 대중과의 갈등, 다른 하나는 권력을 공유하는 자들과의 갈등이다. 그들은 핵심 정치행위자들 사이의 합의를 집행할 수 있는 권력을 가진 독립적인 권위를 결여하며, 갈등의 잠재적 해결사로서 항상 폭력이 존재한다. 1946~2008년 사이에 비헌법적인 방식으로 권좌에서 물러난 300명의 독재자에 대한 연구에서 스볼릭은 겨우 20퍼센트 정도가 대중 봉기나 민주화에 대한 대중의 압력에 기인했고, 3분의 2 이상은 정권의 내부자에 의해 축출되었다. 셰익스피어는 "왕관을 쓴 자의 머리에는 불안이 자리 잡는다"고 썼으며, 이 생각은 "독재자는 호랑이 등을 타고 왔다 갔다 하지만 감히 내려올 생각은 못 한다"고 했던 처칠(Winston Churchill)의 지적과도 맥이 통한다.

권좌에 있는 동안 권위주의 지도자들은 통상 강압, 후견, 군부, 언론매체 4개의 주요 통제 장치를 사용한다 (도표 6.2 참조). 아트(Art, 2012)는 이들 중 **강압**(coercion)이 권위주의의 '핵심적 특징'이라고 기술한다. (특정 정책을 지지하거나 특정 정당에 투표하도록) 자발적으로 행동을 바꾸도록 권장하는 설득과 달리 강압은 사람들을 그들의 의지에 반해 행동하도록 만든다. 강압은 그 속성상, 말하지 않아도 협조하지 않으면 불리하리란 것을 상대가 인식하도록 하는 미묘한 방식에서부터, 정책을 집행하기 위해 군대, 비밀경찰, 사병을 이용하는 무자비하게 공공연한 방식에 이르기까지 범위가 넓다.

한편 독재자들은 일자리, 자원에 대한 접근, 다른 수익 창출의 기회 등의 자원을 제공하여 권력을 가진 다른 자들을 포섭하고, 그들은 다시 자기 지지자들에게 이를 배분하는 비공식적인 **후견**(patronage) 네트워크를 이용해서 권력을 조정

> **권위주의 정권**(Authoritarian regime): 지배 엘리트의 권위에 대한 복종, 제한된 정치적 다원주의, 집중화된 정치적 통제, 반대 세력에 대한 무관용, 인권 탄압 등에 기반한 정치체제.
>
> **전제정치**(Autocracy): 문자 그대로 '1인의 통치' 그러나 군주제 (역시 '1인의 통치')는 세습 통치에 적용되지만, 전제정치는 독재와 유의어.

> **강압**(Coercion): 집단이나 개인이 특정 행위를 하도록, 또는 하지 못하도록 협박, 제재 또는 강제력을 이용하여 강요하는 것.

도구	특징
강압	미묘한 방식에서 잔혹한 방식에 이르기까지, 사람들이 그들의 의지에 반해서 행동하도록 만드는 시도.
후견	자원이나 기회의 제공을 통해 힘을 가진 사람들을 포섭.
군부	해당 국가가 안보 위협에 직면하고 있지 않아도 높은 국방비를 지출하여 반대자를 매수하거나 국내 반대 세력을 억압.
언론매체	정부에 우호적인 보도나 반대 세력을 비판하는 보도만을 내보내도록 통제.

도표 6.2 권위주의 통치의 도구

한다 (피후견주의[clientelism]에 대한 논의는 제13장 참조). 이러한 방식으로 후견인에 대한 직접적인 충성, 정권에 대한 간접적인 충성이 성공적인 경력의 핵심이 된다. 이러한 후견-피후견 피라미드는 민주주의에서도 존재하지만, 충성의 연결망이 공공-민간의 구분보다 우선시 되는 권위주의 정권을 이해하는 데는 더 중요하다. 제도는 취약한 반면, 실리적 동맹은 강하고, 정권을 유지해준다.

기원과 진화

제5장에서 우리는 민주주의의 근대적 아이디어는 비교적 새로운 것임을 보았다. 제2차 세계대전 후 민주주의 국가의 수는 매우 적었으며, 민주주의의 황금기라고 볼 수 있는 시기는 제국 해체와 냉전 종식 후에 비로소 찾아왔다. 반면 권위주의는 오랜 역사가 있다. 지도자가 수단과 방법을 가리지 않고, 빈번히 타인을 희생시켜 권력을 쟁

취 (또는 세습)하고 유지하는 능력은 어찌 보면 정치에 있어서 '자연스러운' 일이고, 민주주의는 권위주의와 경쟁해서 악전고투해야 하는 것이 현실인지도 모른다 (그러나 역설적으로 우리는 전제정치가 등장하고 강화되는 과정을 잘 이해하지 못하고 있다. '이론 적용 6' 참조).

군주국, 제국, 부족, 종교체제를 불문하고 가장 초기의 조직화된 정치체제는 대체로 엄격히 위계적이었다. 선거나 구성원이 동의하는 다른 수단 없이 정복이나 세습을 통해 권력을 장악한 통치자나 통치 계급이 있었다. 통치는 일반적으로 폭력, 강압, 절대적 충성심, (유럽 군주국의 경우에는) 심지어 **왕권 신수(divine right)** 의 원리를 통해서 표현되었다. 유럽의 제국주의가 해외로 확장되면서 (본국에서의 민주주의 성취와는 무관하게) 식민지 정부는 주로 제국에 의한 권위주의 통치를 통해 표현되었다.

권위주의는 특히 중남미에서 길고 불행한 역사를 가졌다 (Levitsky and Murillo, 2019). 이 지역 대부분의 국가는 1810~1825년 사이에 독

후견(Patronage): 한 개인이나 조직이 다른 개인이나 조직에 제공하는 지지, 특권, 기회, 장려. 빈번히 정치적 직위 임명이나 특권에의 접근과 연결.

왕권 신수(Divine right): 유럽의 군주들이 통치할 권리를 인민이 아니라 신으로부터 직접 받았다는 원리.

이론 적용 6

전제정치화

제5장의 '이론 적용'에서 우리는 민주화에 대해, 어떻게, 왜 사회가 민주적으로 되며, 어떤 조건하에서 그것이 유지될 수 있을지 살펴보았다. 여기서 우리는 반대 현상인 전제정치화(autocratization)에 대해 살펴볼 것이다. 이것은 훨씬 새로운 연구 주제이기 때문에 훨씬 덜 이해되고 있다. 루어만과 린드버그(Luhrmann and Lindberg, 2019)는 전제정치화를 '선거민주주의의 핵심 제도적 요건이 상당 부분 사실상 저하'되는 것으로 정의했으며, 크노이어와 뎀멜후버(Kneuer and Demmellhuber, 2021)는 그것을 민주주의가 전제정치로 대체되는 변화의 과정이라고 간단히 정의했다.

사례로 이용할 많은 일들이 있었던 냉전 기간 중 전제정치와 전제정치화 연구에 대한 관심이 있었지만, 대부분의 정치학자들은 민주화를 이해하는 데 더 관심이 있었다. 민주주의의 전망은 식민주의와 냉전의 종식으로 더 좋아지는 듯 보였다 (제5장 참조). 그러나 몇몇 국가에서 민주주의의 후퇴나 역전의 초기 징조가 보이기 시작했으며, 그 이후 정치학은 전제정치화를 연구하고 설명하는 데 어려움을 겪어왔다 (Cassani and Tomini, 2018).

우리는 빈번히 전제정치화가 일어나는 것을 보거나, 일어나고 있다고 의심하지만, 그것이 왜 일어나는지는 명확히 이해하지 못한다. 가장 단순한 설명은 ('이론 적용 5'에 설명한) 민주화의 단계를 가져와서 그것을 뒤집는 것일지 모른다. 지배 엘리트가 시작한 자유화가 이행, 공고화, 심화로 이어지는 대신에, 지배 엘리트에 의한 통제의 강화가 유사한 이행, 공고화, 심화 과정으로 이어지는 것을 볼지 모른다.

더 많은 사람들이 협조할지도 모르며, 불평등이 민주주의에 대한 신념 상실을 초래할 수도 있고, 카리스마적 지도자가 실제의 또는 상상의 위협에 대한 해결책을 제시할지도 모르고, 자유 언론과 반대 세력이 적으로 묘사될 수도 있고, 그리고 물론 강압에는 정도의 차가 있을 것이다. 우리는 권위주의 정권이 종종 외부 세력의 영향을 통해 유지됨을 기억해야 한다. 냉전기에 미국은 자국의 전략적 이익을 위해서 칠레, 이란, 남베트남 등 다수 권위주의 정권을 지원했다. 오늘날 러시아는 유사한 이유로 벨라루스, 미얀마, 시리아의 권위주의 정부를 지원한다.

전제정치화에 대한 또 다른 이론이 크노이어와 뎀멜후버(Kneuer and Demmelhuber, 2021)에 의해서 제시되었다. 부분적으로 그 설명은 '권위주의의 중심' 역할을 하는 국가들의 존재에 있다. 이들 국가는 적극적으로 타국의 전제정치를 장려하거나, 전제정치의 유혹을 발산하는 중립적 원천으로서 행동한다. 이 밀고 당기는 현상은 중국, 이란, 러시아, 사우디아라비아, 베네수엘라와 같은 나라들의 지역에서의 역할에 따라 다른 정도로 나타난다고 크노이어와 뎀멜후버는 주장한다. 이들 국가는 자국 내에서 전제정치의 제도를 계속 구축하면서, 주변국에 영향을 미칠 의지와 능력이 있다.

우리는 전제정치화가 충분히 민주주의가 실현된 적이 없는 나라에서 대부분 나타나는 것을 볼 수 있다. 그러나 헝가리의 오르반(Viktor Orban)이나 미국의 트럼프(Donald Trump) 사례와 같이 전제정치화는 민주주의 국가의 우려이기도 하다. 그러나 왜 전제정치화가 일어나는가, 그것이 일어나는지 어떻게 알 수 있는가, 그것을 되돌릴 수 있는가, 전제정치화에 필요한 전제조건과 만일 있다면 그 대응책 등 우리는 아직 전제정치화 과정에 대해 대답보다는 질문이 더 많음을 알고 있다 (이 장 후반부 '문제 탐구 6' 참조).

립하였으나 대부분은 군부 개입에 시달렸다. 군 장교들이 무력으로 권력을 탈취하고, 민간인 지도자들을 제거했으며, 새로운 정부를 세우거나, 막후에서 강력한 정치적 역할을 했다. 냉전기에 미국이 동맹국으로 인식된 정권이 얼마나 권위적인지에 상관없이 그 정권을 지지하면서 지속적으로 지역에 관여했기 때문에 상황은 더 악화되었다. 중남미 정치는 빈번히 군부 리더십에 의존하게 되었으며, 이는 성공적인 군부 쿠데타의 수에 여실히 드러난다. 볼리비아에서 1950~1984년 사이에 12회, 아르헨티나에서 1955~1976년 사이에 4회의 성공적인 쿠데타가 발생했다 (Powell and Thyne, 2011). 이 지역에서 군부의 오랜 영향력은 또한 지대하다. 2000년 에콰도르, 2002년 베네수엘라, 2009년 온두라스, 2019년 볼리비아에서 선출된 정부를 제거한 배후에 군부가 있었다.

제5장에서 우리는 헌팅턴(Samuel Huntington)이 제시한 3개의 민주주의의 물결을 살펴보았다. 그러나 그는 2개의 역물결도 제시하였다. 그 첫 번째 물결은 독일, 이탈리아, 소련에서 전체주의(totalitarianism)가 등장한 1922~1942년 사이에 일어났다. 전체주의는 워낙 특이한 사례이기 때문에 권위주의의 한 변형이라기보다는 그 자체가 하나의 범주이다. 로버츠(Roberts, 2020)는 다음과 같이 구별한다.

> **전제정치화(Autocratization)**: 사회가 민주주의에서 벗어나서 더 억압적이고, 정치참여나 표현이 제한·통제되는 정권을 향해 가는 과정.
>
> **전체주의(Totalitarianism)**: 최고지도자, 단일 지도 이념, 공적 및 사적 삶의 모든 측면에 대한 완전한 정치적 통제 등에 기반한 가장 절대적인 형태의 정부.

- 자유민주주의는 공적인 삶에의 참여를 포함하여 개인의 자유에 최대의 중요성을 부여한다.
- 권위주의는 (사회 통제를 강조하면서) 제한된 틀 속에서 정치참여와 자유를 허용한다.
- 전체주의는 통제를 극대화하고 주민을 동원하기 위해 개인의 자유를 완전히 부정한다. 그 특징으로는 자애로운 인민의 이익을 위해 일하는 것으로 묘사되는 지배적인 지도자, 이상 사회 구축으로 나아가는 투쟁에 필요하다는 주장에 근거한 단일 지도 이념, 삶의 모든 측면이 정치화된 엄격히 통제된 사회 등이다.

전체주의 정권의 전형은 스탈린(Joseph Stalin)이 집권한 1920년대 말부터 1953년 사망 시까지 지배했던 소련이다 (McCauley, 2013 참조). 그의 철권통치하에서 소련은 마르크스의 이상에서 멀어져 국가, 당, 지도자에 대한 무조건적 지지를 요구했던 강경한 절대주의적 독재로 향했다. 스탈린은 자신의 개혁 추진을 위해 체계적이고 계산적인 억압을 가했으며, 그 과정에서 아마도 2,000만 명이 기아, 처형, 전쟁으로 사망했고, 수백만 명이 추방되고, 집단수용소에 유배되었다. 스탈린주의는 또 인권의 배제, 개인숭배, 경쟁자 색출과 제거에 비밀경찰 동원, 계획경제 구축을 의미했다 (제18장 참조). 모든 경제적 의사결정이 국가 계획에 의해 이루어진 결과 소련의 관료제는 거대해졌고, 엄청나게 비효율적이 되었다.

헌팅턴의 제2의 역물결은 사하라 이남 아프리카에서 선출된 정부가 군부 쿠데타에 의해 축출되면서 1960년대에 밀려왔다. 이 지역 대부분의 국가는 1950년대 말과 1970년대 초 사이에 독립을 했으나, 스스로 통치할 수 있는 준비 태세는 국가마다 다양했다. 몇몇 국가는 민족적, 경제적 분열이 발생하면서 곧 혼란에 빠졌고, 질서 회복을 명분으로 군부가 빈번히 개입하였으며, 그 이후 권력을 유지하였다. 나이지리아는 그 하나의 사례이다. 나이지리아는 1960년에 독립했으며, 식민 지배국이었던 영국은 나이지리아가 자치에 대비했다고 생각했지만, 민족적 분열로 인해 6년 후 첫 번째 군부 쿠데타가 발생하여, 당시 대통령이 살해당했다. 군부는 이후 13년간 정권을 유지했고, 나이지리아는 세 번의 쿠데타와 내전을 겪은 후 1979년에서야 문민정부로 복귀하였다.

루어만과 린드버그(Luhrmann and Lindberg, 2019)는 최근 1990년대 중반 이후 전제정치화로의 제3의 점진적인 물결이 진행 중이며, 대단히 우려스럽게도 그것은 주로 민주주의 국가에 영향을 미친다고 주장했다. 그들은 대부분의 역전은 지도자들이 정상적인 민주적 과정을 통해 집권하면서 일어나며, 그 이후 핵심 민주주의 제도를 폐지하지 않고 서서히, 실질적으로 민주적 규범을 잠식한다고 주장했다. 그 사례로는 브라질, 가나, 헝가리, 니카라과, 러시아, 태국, 튀르키예, 베네수엘라 등이 있다. 전제정치 국가들 중에서도 더욱 전제정치화 되어가는 추가적인 사례로 그들은 방글라데시, 이집트, 아이티, 파키스탄, 예멘을 들었다.

권위주의 통치의 형태

권위주의의 속성을 규정하는 시도에 있어서 정치학자들은 그 다양한 형태를 범주화하는 많은 방법을 개발했다. 게디스(Geddes, 1997)는 3개, 라이와 슬레이터(Lai and Slater, 2006)는 4개, 린츠(Linz, 2000)는 7개, 메르켈(Merkel, 2010)은 9개의 형태를 제시한다. 이것이 보여주는 바는 합의된 권위주의의 유형이 없다는 것이다. 주된 문제는 정부나 정치가 정적이지 않다는 것이다. 상황이 변화하고, 정권은 새로운 기회와 한계에 따라 형태가 바뀌며, 정치학자들은 그들을 새롭게 해석한다. 예를 들어 군사정부는 한때 중남미와 사하라 이남 아프리카에 흔했으나, 여러 이유로 인해 지금은 드물다 (아래에 논의).

권위주의 통치는 독재자나 **폭정**(despotism)과 연상되며, 독재자들은 일반적으로 예측 불가하고, 억압적이며, 기이하다고 묘사되지만, 권위주의는 항상 공개적으로 보여지지 않으며, 빈번히 비밀에 가려져 있고, 민주주의를 연구하는 것보다 어렵다 (Ezrow and Frantz, 2011). 또 권위주의는 브루커(Brooker, 2014)가 '민주적으로 가장한 독재'로 지칭한 데서도 볼 수 있듯이 여러 다른 상황에서 다른 정도로 존재한다. 예를 들어 이들은 선거를 실시하고, 야당이 의석을 확보할 수 있지만, 정부를 구성하기에는 결코 충분하지 않게 구조와 조직을 만든다.

또 권위주의에는 어느 정도 우연이 작용한다. 강력한 지도자나 지배 집단이 우연히 권력을 장악하거나, 그들 앞에 주어진 기회를 포착하거나, 나쁜 버릇에 빠지기도 한다. 이러한 상황이 시리아만큼 명백히 적용된 사례는 없었다. 하페즈 알 아사드(Hafez al-Assad, 1971~2000년 재임)는 권위주의 정권을 수립하고, 그의 장남 바셀

폭정(Despotism): 직권 남용, 자의적 선택, 폭력적 위협의 사용을 특징으로 하는 절대권력의 행사. 이 용어는 독재, 압제, 전제정치와 유사어로 사용된다.

(Bassel)이 계승하기를 바랐다. 바셀이 1994년에 자동차 사고로 사망하자 하페즈는 차남 바샤르(Bashar)를 후계자로 정했다. 당시 바샤르는 런던에서 안과의사 교육을 받고 있었으나, 재빨리 차기 대통령으로 변신했다. 그는 2000년에 취임하였고, 세 번의 경쟁자 없는 선거에서 승리했고, 2011년 아랍의 봄 시위의 폭력적 진압을 주도했으며, 그 결과 초래된 내전으로 수십만 명이 사망했다. 불과 수년 만에 의사가 세계에서 가장 폭력적인 독재자로 변한 것이다.

그럼에도 불구하고, 복잡하고 혼란스러운 개념들을 이해할 수 있도록 권위주의의 여러 형태 파악을 위한 질서 있는 비교는 중요하다. 넓게 보면 표 6.2에 요약된 것처럼 권위주의에는 4개의 유형이 있다.

절대군주제

국왕이 실권 없이 상징적 인물로 지속되는 유럽의 입헌군주제와 달리 (제8장 참조), (종종 통치 군주제로도 불리는) 절대군주제(absolute monarchy)는 여전히 상당한 정치권력을 행사한다. 비민주적이지만, 이러한 군주제는 통치자가 신민들에 대해 온정주의적 배려를 보이는 전통적 권위 행사의 안정적인 틀을 제공할 수 있다. 절대군주제는 중동에서 특히 중요하다. 많은 군주제는 뛰어난 활력을 보여주고 있다. 예를 들어, 알 사이드(Al Said) 왕국은 1749년부터 오만을 통치해왔다. 바레인, 쿠웨이트, 오만, 카타르, 사우디아라비아, 아랍에미리트 등은 막대한 석유 및 천연가스 보유 덕분에 상당한 글로벌 영향력이 있다.

그러나 우리는 걸프 만의 전통적 정권을 묘사하는 데 '군주제'(문자 그대로 '1인 통치')라는 용어의 사용에 조심할 필요가 있다. 그 이유는 다음 세 가지이다.

- 아랍의 '군주'가 가진 명칭은 '에미르(emir, 지도자 또는 지휘자)', '세이크(sheikh, 부족의 존경

> **절대군주제(Absolute monarchy)**: 군주가 국가에 대해 권력을 행사하고 여타 모든 정부 기구는 주변적인 정권의 형태. 입헌군주제의 제한적인 권력과 혼동하면 안 됨 (제8장 참조).

표 6.2 권위주의 통치의 형태

형태	특징	사례
절대군주제	주권자가 왕족 구성원과 함께 핵심 정치, 군사 직책을 통제함.	바레인, 브루나이, 에스와티니, 쿠웨이트, 오만, 카타르, 사우디아라비아, 아랍에미리트.
제왕적 대통령	임기 제한 없는 대통령이 권력을 통제하고, 경쟁자는 보호받지 못하며, 정치적 반대 세력은 주변화됨.	(러시아 포함) 몇몇 구소련 국가, (앙골라, 부룬디, 콩고민주공화국, 우간다, 짐바브웨 등의) 사하라 이남 아프리카국가들.
일당지배	하나의 정당에 의해 통치되며, 빈번히 강력한 대통령과 조합을 이룸.	다수 아프리카국가들과 남아있는 공산주의 국가들.
군부통치	군부에 의한 통치. 빈번히 육해공군의 지도자들로 구성된 군사정부를 통해 통치함.	제2차 세계대전 이후 다수 아프리카, 아시아, 중남미국가들. 오늘날에는 드물다.

받는 지도자)', '술탄(sultan, 권위를 가진 지도자)'와 같이 부족 또는 이슬람 전통을 반영한다.
- 종종 한 사람의 군주가 아니라 통치 왕국의 원로 구성원들이 권위를 행사한다.
- 국왕은 일반적으로 자신을 계승할 왕세자를 지정하며, 부족회의는 군주 사망 후 계승자를 확인 또는 변경하는 것이 관례이다.

이들 남성 중심적인 아랍 왕국에서 권위는 국가나 정당 같은 추상적 주체가 아닌 통치자가 가지며, 통치자는 법이나 경쟁적 선거에 의해 제한받지 않는다. 통치자는 그 국민을 위해 책임을 질 것으로 기대되기 때문에 국민들은 개인적 문제에 대해 통치자에 청원할 권리가 있다. 그러나 청원은 자비로운 처리를 요청하는 것이지 헌법적 권리를 실행하는 것은 아니다. 통치자와 시민을 연결하는 국가라는 추상적 개념 즉, 헌법, 권리, 이익집단, 권력분립, 법치 등의 개념은 약하다. 몇 왕국, 특히 쿠웨이트는 오늘날 자문회의를 설치하였으나, 그것이 입헌군주제로의 전환으로 이어지지는 않았다.

사우디아라비아에서 정부의 핵심은 널리 번성한 왕족에 의해 형성되며, 수백 명의 영향력 있는 왕자들이 주도한다. 통치 가족 내에서의 지위 상승은 능력보다 가족의 조언자, 친구, 경호대 네트워크와의 친밀도에 의해 좌우된다. 파벌로 나누어진 왕족은 국가의 주요 기관을 장악하고, 분산된 집단지도체제의 형태를 제공하며, 급격한 변화의 방패 역할을 한다. 왕족들은 주요 각료직을 차지하고, 정부와 군부 사이의 다리 역할을 한다. 정당은 금지되었지만, 일종의 대표 장치가 만들어져서 전통적 정권에 제도적 겉치장을 더 했다. 예를 들어, 자문위원회(Consultative Council)는 왕족은 참여하지 않고 기술관료로 구성되어 국왕에 자문을 하며, 통치자들은 소셜미디어에 제기

푸틴(Vladimir Putin)을 만나기 위해 러시아를 방문한 사우디 왕 알 사우드(Salman bin Abdulaziz Al Saud). 사우디아라비아는 절대왕정에 기반한 정치체제의 고전적 사례이다.

되는 문제들도 지켜본다.

절대왕정의 또 다른 변종은 종교가 공식적 법적 역할을 하는 특이한 정권 유형을 가진 이란에서 찾아볼 수 있다. 이란에는 직접 선출된 대통령과 국회가 있으나, 실권은 이슬람 성직자들이 가지며, 그중 가장 지위가 높은 최고지도자가 있다. 86명의 이슬람 학자들의 모임인 전문가회의(Assembly of Experts)에서 선출된 최고지도자는 종신 국가원수로서 외교, 경제 정책을 비롯한 많은 행정권을 가진다. 정부는 엄격한 전통적 남성 중심 이슬람 규율에 기반하며, 내무장관은 여전히 광범위하게 정보원을 이용하며, 국가는 공포를 통한 통제의 형태로 자의적인 체포를 남용한다 (Ehteshami, 2017).

제왕적 대통령

군주는 일반적으로 세습에 의해 즉위하고, 평생 권좌를 유지하지만, 대통령직에 오른 뒤에 (다시 선거에 임해야 함에도 불구하고) 그 직책을 종신직으로 만들어 가는 많은 권위주의 지도자의 사례가 있다. 그들은 앱터(Apter, 1965)가 제왕적 대통령(presidential monarchy)이라고 묘사한 정권을 형성한다. 이들 중 일부는 아이티의 듀발리에, 시리아의 아사드, 북한의 김일성 일족과 같이 더 극단적으로 나아가 정치적 왕조를 만들었다. 현재 왕조가 아닌 정치지도자 (도표 6.3 참조) 중 기록보유자는 적도기니의 응게마(Teodoro Obiang Nguema)로, 그는 1979년 집권한 이후 여섯 번의 부정선거에서 승리했고, 석유를 통한 부를 지지자 보상에 적절히 이용한 덕분에 이 책이 출판에 들어간 이 시점에 여전히 정권을 유지하고 있었다. 2012년 그는 권력 승계를 염두에 두고 아들 테오도린(Teodoro Nguema)을 부통령으로 임명했다.

이러한 상황에서 행정부는 개인적 성향이 제도보다 더 중요하고 정치가 정부보다 우선시되는 인물주의(personalism) 또는 개인통치 (Jackson and Rosberg, 1982; Kendall-Taylor et al., 2016)로 진화한다. 지도자의 영향력은 종종 지도자가 사람들의 인식을 지배하게 되는 개인숭배(cult of personality)에 반영된다. 그는(현대 시대에 여성 독재자는 없었다) 일상적으로 뉴스 헤드라인을 장식하며, 정치체제의 안정은 과도하게 그의 통제에 의존한다. 그 결과는 취약한 거버넌스, 지도자의 기분에 따른 의사결정, (지도자가 약점을 보이거나 직책에서 제거되었을 때는) 권력 승계를 둘러싼 투쟁으로 나타난다.

인물주의는 특히 아제르바이잔, 벨라루스, 카자흐스탄, 타지키스탄, 투르크메니스탄, 우즈베키스탄, 그리고 물론 러시아 등 권위주의의 과거에서 벗어나는 데 실패한 구소련공화국들에서 명확히 나타난다. 벨라루스의 경우 루카센코(Alexander Lukashenko, 1954년생)가 1994년 선거 승리 후 견고하게 권력을 유지해왔다. 서쪽 인접국들이

제왕적 대통령(Presidential monarchy): 독재자가 대통령직을 가지며, 군주처럼 그 직책을 종신화하려 하는 정권의 형태.

인물주의(Personalism): 권위가 공직자의 직책보다 통치자와 그 후계자, 동료, 피후견, 지지자들 사이의 개인적 연계에 기반하는 거버넌스의 형태.

개인숭배(Cult of personality): 지도자가 언론매체, 선전 선동, 정치제도를 이용해 정치체제의 지배력을 장악하는 방식.

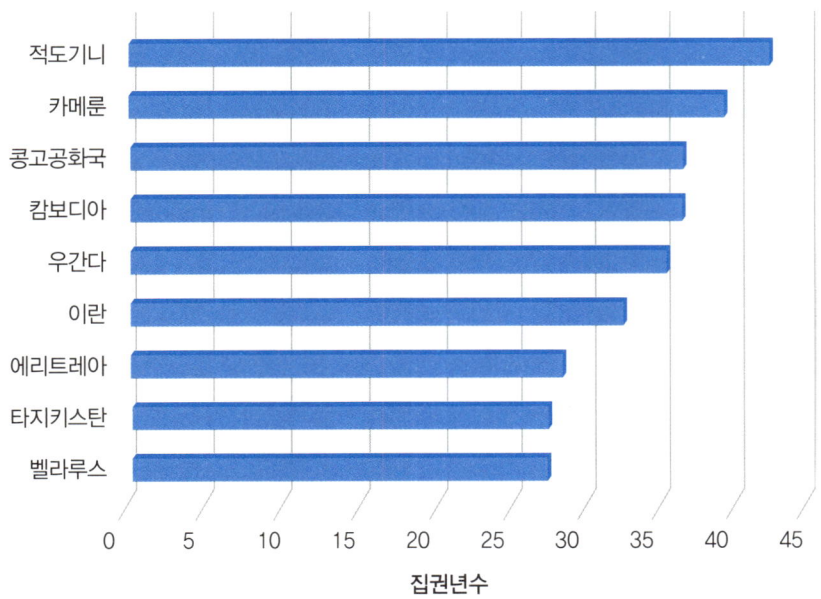

도표 6.3 장기집권 정치지도자 보유국

주: 이 책이 제작 중이던 2021년 중반의 데이터. 우간다는 혼합형 정권으로 간주됨. 그 외의 다른 국가들은 권위주의 정권. 입헌군주제는 제외됨.

대부분 자유시장민주주의를 만들어 가는 동안 루카셴코는 주요 산업의 국가 소유를 비롯한 소비에트 시대의 정책을 지속하고 있다. 그는 러시아의 푸틴과 밀접한 관계를 유지하고 있으며, 유럽의 마지막 독재자라고 묘사되고 있으며, 논란이 많았던 2020년 선거 후 여섯 번째 임기를 시작했다 (제14장 참조).

사하라 이남 아프리카국가들은 오랜 세월 정치체제의 중심에 자리 잡은 강력한 지도자의 통치를 경험해왔다. 무가베(Robert Mugabe)가 1980년부터 2017년까지 통치한 짐바브웨는 좋은 사례이다. 그는 정적들을 공격하고, 반대 세력을 주변화, 분열시키고 부족주의를 부추기는 데 능숙했으며, 그 과정에 경제를 파탄냈다 (Compagnon, 2011 참조). 나이가 들어 건강이 쇠약해지자 무가베의 부인 그레이스(Grace, 사치스러운 쇼핑 습관 덕분에 '구찌 그레이스'로 알려짐)가 무대 뒤에서 권력을 휘두른다는 소문이 퍼지기 시작했다. 결국, 2017년 11월 93세의 무가베는 쿠데타에 의해 권좌에서 제거되었으며, 제1부통령 음낭가과(Emmerson Mnangagwa)가 대통령이 되었으나, 짐바브웨는 거의 변하지 않았다.

한편 북한은 김일성 일족이 나라를 전체주의로 몰아갔다 (French, 2014 참조). 김일성은 1948년부터 1994년까지 최고지도자였으며, 그의 아들 김정일이 세습하였고, 2011년 그 아들 김정은이 세습하였다. 김정은은 조선로동당 총비서, 중앙군사위원회 위원장, 최고사령관을 포함해서 수많은 핵심 직책을 보유하고 있으며 누구로부터도 도전을 받지 않는다. 김정은은 개인숭배도 지속하고 있으며, 정권에 대한 가장 극렬한 반대자를 위한 수용소 네트워크가 있다. 선출된 최고인민회의도 있으나, 연 2회, 수일 정도만 개최되며, 선거는 5년마다 실시되지만 각 선거구에 후보자는 1인만 입후보한다. 한편 경직된 경제체제는 단순히 침체뿐 아니라 대규모 기아를 초래했다. 그러나 김정은의 권력도 무한한 것은 아니다. 그는 중국의 후견과 군부의 계속적인 지지에 의존한다.

일당지배

개인 독재나 제왕적 대통령과 대조적으로, 일부 권위주의는 경제 근대화, 사회 변혁, 국가 재건 등의 명목으로 공적 권위를 독점하는 **일당지배(ruling party)**에 근거한다. 그 수는 감소했으나 일당지배는 여전히 아직 남아있는 공산주의 국가나, 선거에서 계속 절대다수를 차지하는 지배적 정당이 있는 소수의 아프리카국가들에서 볼 수 있다.

세계 여러 지역의 공산당은 한때 20여 개국의 15억 인구, 전 세계 인구의 3분의 1을 지배했다

> **일당지배(Ruling party)**: 하나의 정당에 의해 권력이 통제, 관리되는 정권. (만약 있다면) 정치적 반대세력에게 상징적 기회만 제공.

(Holmes, 1997). 이중 현재 단지 5개국만이 '공산주의' 국가로 남아있으며 (표 6.3 참조), 대부분은 조심스러운 정치적 변화와 빠른 시장경제로의 변화가 진행 중이다. 그럼에도 그중 가장 큰 국가인 중국은 그 규모와 영향력으로 인해 우리가 살펴볼 필요가 있는 모델이다 ('국가개요 6' 중국 참조).

일당지배는 공산당 지배 지역 외에도 찾아볼 수 있으나, 점점 드물어지고 있다. 대부분의 아프리카국가들은 한때 이러한 형태였으나, 이제는 에티오피아, 케냐, 말라위, 탄자니아, 잠비아 등거의 대부분이 경쟁적 다당제, 또는 앙골라, 콩고민주공화국, 모잠비크, 수단 등과 같은 일당우위 체제로 전환되었다. 정당은 종종 운전자라기보다는 차량이며, 진정한 권위는 지배적인 대통령, 군부통치자, 정치 엘리트가 가진다. 다시 말해 지배 정당의 권력과 정당 지도자의 권력을 구분하기가 어려우며, 다수의 권위주의 정권은 정당 지배와 개인 지배의 결합이다. 지도자나 엘리트가 사라지면 정당도 사라진다.

이집트의 국민민주당(NDP: National Demo-

표 6.3 공산당 지배 국가

국가	공산주의 통치 수립	주요 특징
북한	1948년	3대에 걸쳐 김일성 일가가 지배하는 잔인한 전체주의 정권. 강력한 군부 영향력, 공식적으로는 독립과 주체를 강조하는 국가 이념.
중국	1949년	공산당이 엄격한 통제를 유지하면서 성공적인 경제 개혁을 지휘.
쿠바	1961년	카스트로(Fidel Castro)와 그 동생 라울(Raul Castro)이 오랫동안 지배. 2015년 미국과의 관계 개선도 제한적인 변화만을 가져옴.
라오스	1975년	부분적으로 자유화된 라오스 경제는 출발점은 낮았지만, 상당히 성장함.
베트남	1976년(북베트남 1954년)	중국과 마찬가지로 공산당이 정치권력을 독점하면서 경제 개혁을 추진.

국가개요 6
중국

간략소개

중국은 인구 면에서 세계 최대의 국가이고, 경제생산은 세계 2위이며, 글로벌질서를 바꾸어 놓을 정도의 정치적, 경제적인 개혁을 추진하고 있다. 중국은 세계에서 가장 오래된 문화를 가진 나라 중 하나이지만, 일반적으로 중국의 변화는 주로 1949년에 수립된 공산통치 이후에 이루어진 부분에 대해 논의된다. 1976년까지 중국은 마오쩌둥(毛澤東)의 특이하고 강경한 노선의 통제하에 있었으나, 그 이후 수 세대의 지도자들은 친시장적인 개혁을 단행하여 중국을 세계에서 가장 빠르게 성장하는 경제로 변화시켰다. 그러나 정치개혁은 경제분야처럼 빨리 진행되지 않고 있으며, 중국공산당의 방심하지 않는 통제하에 있다. 반대의견은 통제 및 제한되고, 부패는 지속적인 문제이며, 인권탄압이 자행되고 있다. 급격한 변화가 진행 중임에도 불구하고, 대부분의 정치, 경제, 사회 비교 지표에서 중국은 낮은 평가를 받는다.

정부형태	단일국가. 공산주의 공화국. 국가는 1949년 수립, 가장 최근 헌법은 1982년 채택.
행정부	한때 주로 상징적 역할을 하던 주석은 최근 강력한 행정부 직책으로 변화했다. 이전의 5년 임기 1회 연임제도가 2018년에 폐지되었고, 종신제로 대체되었다. 중국공산당 서기장도 강력한 직책이다. 국무위원회는 총리가 이끌며, 정부 부처를 감독한다.
입법부	단원제 전국인민대표대회는 자치구와 성에서 간접선거로 선출되는 3,000명의 대표로 구성되며 임기는 5년. 회기는 짧으며, 회기 이외에는 150명 위원으로 구성된 상무위원회가 업무를 처리.
사법부	독립적인 사법부가 없다. 법을 통한 통치가 강화되고 있으나 사법체계는 여전히 미발달 상태이다.
선거제도	다수의 시와 현에 선거가 도입되었다. 그러나 선거관리는 여전히 당의 감독하에 이루어진다. 고위직의 선출은 간접선거가 일반적이다.
정당	일당제. 중국공산당이 지배적인 정치세력이며, 당의 리더십은 실질적 권력이 행사되는 정부와 병행된다.

인구
13억 9,800만 명

국내총생산(GDP)
14조 3,400만 달러

1인당 GDP
1만 262달러

민주주의 지수 등급
- ✗ 완전한 민주주의
- ✗ 결함있는 민주주의
- ✗ 혼합형 정권
- ✓ **권위주의**
- ✗ 측정안됨

프리덤하우스 등급
- ✗ 자유
- ✗ 부분 자유
- ✓ **부자유**
- ✗ 측정안됨

인간개발 지수 등급
- ✗ 매우 높음
- ✓ **높음**
- ✗ 중간
- ✗ 낮음
- ✗ 측정안됨

중국의 권위주의 통치

중국은 권위주의 정권으로 지도자들의 선호와 정치적 능력에 따라서 중앙정부의 통제는 부침이 있었다. 마오쩌둥 시대에 중국은 전체주의와 혼돈 사이를 오갔으며, 그 후계자들은 중국을 정치, 경제 정책에 있어서 새로운 개방의 방향으로 움직이기 시작했다. 그러한 과정은 2013년 취임한 시진핑(習近平) 주석에 의해서 지난 수년간 잠식, 변화되었다.

정부는 계속해서 중국공산당에 의해 지배되었으나, 시진핑은 2018년 당을 설득하여 주석직을 종신직으로 만들었으며, 그는 반부패 캠페인을 이용하여 통제를 강화했다. 심지어 그는 '새로운 시대를 위한 중국적 사회주의에 관한 시진핑 사상'을 헌법에 포함시켰다. 버클리(Buckley, 2018)는 이러한 통치철학을 세계에서 경제력 및 군사력을 통한 중국의 '대부활', 중국사회의 모든 측면에 공산당의 통제 활성화, 중국 지도부에서 시진핑의 중심적 역할로 요약한다.

시진핑 주석이 베이징에서 중국의 입법부 역할을 하는 전국인민대표대회에서 연설을 하고 있다. 시진핑의 중심적 역할은 중국 정치체제의 권위주의적 심화를 보여 준다.

중국에서 볼 수 있는 정치적 통제의 정도는 그 독점적 지위를 유지하면서도, 동시에 과도한 개입보다 감독을 주로 하는 공산당의 능력에 기인한다. 지역 공동체에서는 권력자들의 비공식적 네트워크가 '누가 먼저 부자가 되는가'를 결정하는데, 이는 자유시장보다는 정치적 시장을 의미한다. 이 권력자들의 동맹은 당원들뿐 아니라, 관료, 지방정부, 군부의 관리들로 구성된다. 지방관리는 자기 소유 기업을 포함하여 선호하는 기업에 계약, 토지, 규제의 편의, 정보, 보급, 수송, 여타 보조금을 제공한다.

민즈너(Minzner, 2018)는 중국의 개혁의 시대는 끝나가고 있다고 결론 내린다. 지도자들은 일당체제의 근본적 변화를 거부했으며, 중국이 정치적 안정과 괄목할만한 경제성장을 성취했지만 현실은 그렇게 긍정적이지 않다. 경제적 균열은 커지고, 중국공산당의 기득권은 깊어졌으며, 과거의 집단지도체제는 1인 지배를 향해 가고 있다. 불확실성이 드리워져 있으며, 세계 최대의 국가가 택하는 새로운 방향에 대해서 많은 질문이 제기되고 있다.

추가 읽을거리

Economy, Elizabeth C. (2018) *The Third Revolution: Xi Jinping and the New Chinese State* (Oxford University Press).

Fewsmith, Joseph (2021) *Rethinking Chinese Politics* (Cambridge University Press).

Joseph, William A. (ed) (2019) *Politics in China: An Introduction* (Oxford University Press).

cratic Party)은 좋은 사례이다. 아랍의 봄 이전까지 그 정당은 강력한 대통령과 대규모 관료제에 기반한 기존 권력구조의 일부를 형성했다. 그러나 이 틀에서 NDP는 하급 파트너로서, 정책결정의 주요 행위자라기보다는 정치적, 사업적 경력을 키우는 장에 가까웠다. 2011년 이집트 혁명으로 장기집권한 무바라크(Hosni Mubarak) 대통령이 권좌에서 제거되고 그 정당은 불법화되었다. 엘시시(Abdel Fattah el-Sisi)는 자신을 무소속이라고 자칭하고, 2015년 선거에서 의회에 선출된 대표자의 약 55퍼센트, 2020년 선거에서 선출된 대표자의 약 20퍼센트가 무소속이라고 주장하지만, 오늘날 이집트에는 수십 개의 정당이 활발히 활동하고 있다.

군부통치

일당지배와 마찬가지로 군부통치(military rule)도 더이상 과거처럼 흔하지는 않다. 20세기 후반에는 군사정부가 아프리카, 중남미, 아시아 도처에서 찾아볼 수 있었다. 오늘날은 군부 쿠데타로 집권한 지도자가 문민 지도자로 변신하거나, 군부가 막후에서 민간정부에 영향력을 행사하는 경우를 더 많이 볼 수 있다. 예를 들어, 2006년 무혈 쿠데타 이후 태국은 군부통치와 문민통치 기간을 경험해왔으며, 문민정부는 종종 군부를 이용해서 반정부 시위를 억제했다. 군사정부가 드물기는 하지만 권위주의 통치의 한 형태로서 여전히 중요하다.

통상적으로 쿠데타(coup d'état), 즉 불법적 권력 찬탈에 의해 시작되는 군부통치는 관료제, 사법부, 경찰을 제외한 모든 주요 정치제도가 중단되며, 군의 위계 원칙과 협상의 부재에 기반해 통치한다. 사하라 이남 아프리카의 많은 경우 군부 지도자는 전형적으로 민간인들이 통치를 제대로 하지 못했다고 주장하면서 권력 장악을 정당화하며, 일단 새롭고 보다 효과적인 정부체제가 성립되면 권력을 민간에 돌려주겠다고 주장한다. 그리고 군부 지도자들은 빈번히 권좌에 무기한 머물기로 결정하거나, 민간 정치인으로 변신을 시도한다.

오늘날 권위주의 정부에서 군부가 여전히 역할을 하는 국가에서 군부는 문민통치자의 지지 기반에 있어서 중요한 요소로 남아있다. 예를 들어, 2011년 아랍 봉기의 성패에는 군부의 입장이 결정적이었다. 시리아처럼 군부가 정권에 충성한 경우는 정부가 단합되지 않은 반대 세력을 물리칠 수 있었다. 이집트처럼 군부가 시위대 진압을 거부한 경우 정권이 붕괴되었다. 따라서 군부통치의 상대적 희소성이 군부의 정치적 영향력 종식을 의미하지는 않는다. 문민통치자들이 장군들을 군대의 직업적 역할로 제한하지 못하면, 군부는 계속해서 정부를 지배, 감시, 제약하고, 민주주의를 손상시킬 것이다.

군부통치(Military rule): 군부에 의해 구성된, 또는 민간 지도자들이 군부 지도자들에 의해 통제되는 정권 유형.

쿠데타(Coup d'état): 통상적으로 군부에 의한 불법적인 정치권력 장악.

부패의 정치적 영향

부패(corruption)는 결코 권위주의 정권에만 한정되지 않으며, 민주주의를 포함해서 사람들이 공직을 사적 이득을 위해 남용하려 하는 모든 사회의 정부나 행정의 모든 수준에서 찾아볼 수 있다. 그러나 부패는 혼합형 또는 권위주의 정권에서 특히 눈에 띄는 역할을 하며, 권위주의 지도자가 휘두르는 권력의 원인이자 결과이다. 19세기 영국정치에 대한 냉소적인 관찰에서 액튼 경(Lord Acton)은 다음과 같이 말했다.

> 권력은 부패하는 경향이 있으며, 절대권력은 절대적으로 부패하는 경향이 있다. 위대한 인물은 거의 항상 악인이며, 권위가 아니라 영향력을 행사할 경우에도 그렇다. 권위에 의한 부패의 경향 혹은 확실성을 더하면 더욱더 그렇다 (Acton, Figgis and Laurence, 1907에서 인용).

부패는 정부 관리, 판사, 관료, 세관원, 심지어 대학 입학처 직원 등 권위를 가진 직책에 있는 사람이 권리에 근거하는 것이 아니라 보상을 대가로 혜택을 제공할 때 발생한다. 보상은 관리들로 하여금 어차피 해야 할 일을 하게 하든가, 더 신속히 하도록 하며, 이 교환에 전형적으로 불법이 개입된다. 가장 우려스러운 것은 부패가 거버넌스의 질과 경제의 효율성을 손상한다는 것이다. 부패는 사적 이익 추구가 공공선을 진작하는 노력을 대치하며, 자원을 가장 필요로 하는 사람들로부터 빼앗으며, 해외자본의 투자를 저해하며, 정부에 대한 대중의 신뢰를 손상하며, 국민 전체의 이익보다 법률 위반을 할 의지와 능력이 있는 사람들의 이익을 우선하게 된다.

정치적 부패는 다음과 같은 여러 형태를 띤다.

- '선거부정'은 선거 결과 조작을 의미하며, 선거구를 자의적으로 획정하거나, 유권자들이 투표하기를 어렵게 하거나, 야당 후보나 지지자를 위협하거나, 선거인 명부를 인위적으로 늘리거나, 허위 투표를 추가하는 방법 등이 있다.
- 정부 관리나 경찰에게 '뇌물'을 제공.
- '알선 수뢰'는 공공사업 계약을 특정 회사가 수주할 수 있도록 관리가 직책을 이용하는 것과 같이 제3자에 혜택을 주기 위해 정부 내에서의 영향력을 파는 행위.
- 앞서 논의된 바와 같이 '후견'은 많은 경우 정당하지만, 지도자가 정치적 지지를 대가로 자격에 맞지 않는 후보자를 관직에 임명하는 경우 부패 행위가 된다.
- '연고주의'는 친인척에게 혜택을, '정실주의'는 개인적 친분으로 혜택을 주는 행위로, 선거 후보자 공천, 정부 관직 임명, 정부 계약 제공 등의 예를 들 수 있다.
- '횡령'은 적도기니 응게마 대통령의 아들 테오도린이 (이 장 앞부분 참조) 정부 자금 1억 7,500만 달러로 부동산, 고급차, 예술품을 사들인 사례와 같이, 공공 자금을 빼돌리는 행위이다. 그는 2017년 10월 프랑스 법정에서의 궐석 재판을 받아 횡령 혐의로 유죄 판결을 받았다.
- '리베이트'는 정부 관리가 직책을 이용해 특정 회사에 계약을 성사시켜 주고 그 대가로 일정 부분을 되돌려 받는 행위이다.

부패(Corruption): 사적 이익을 위해 관직을 남용하는 행위.

부패의 측정과 계량화는 쉽지 않은데, 그 이유는 부패가 개념적으로 불법적이고 은밀한 행위이기 때문이다. 비교를 하기 위한 최선의 지침으로 부패를 억제하고 투명성을 높이는 활동을 하는 베를린 소재 국제투명성기구(Transparency International)가 발간하는 보고서가 있다. 이 연구소는 매년 다양한 정부, 비정부 정보를 이용해서 세계 각국의 부패 인식 등급을 매기는 부패인식 지수(CPI: Corruption Perceptions Index)를 발표한다. 여기서 핵심 단어는 '인식'이다. 이 지수는 부패 자체에 대한 직접적, 객관적 측정에 기반한 것이 아니라 어떤 나라를 아는 사람이 그 나라에 대해 어떻게 인식하는가에 대한 것이다. 부패인식 지수는 은행, 재단, 이익단체들로부터 수집된 정보에 근거한다. 이 지수는 정권의 형태와 밀접히 겹쳐진다. 가장 덜 부패한 나라와 완전한 민주주의가 일치하며, 가장 부패한 나라와 권위주의가 일치한다 (지도 6.1 참조).

가장 선진적인 민주국가조차도 부패가 있다는 사실은 통상 부패인식 지수에서 최고 등급에 위치하는 덴마크나 뉴질랜드의 사례에서 알 수 있다 (그러나 이것이 그들 국가가 가장 덜 부패하다기 보다 그곳에서 부패가 가장 덜 눈에 띈다는 의미이다). 최근 CPI 보고서는 덴마크가 정치와 선거 자금에 있어서 투명성을 결여하고, 정보공개에 관한 법률이 낡았으며, 내부고발자에 대한 보호 제공이 불충분하다고 지적했다. 한편 뉴질랜드는 유엔반부패협약(UN Convention Against

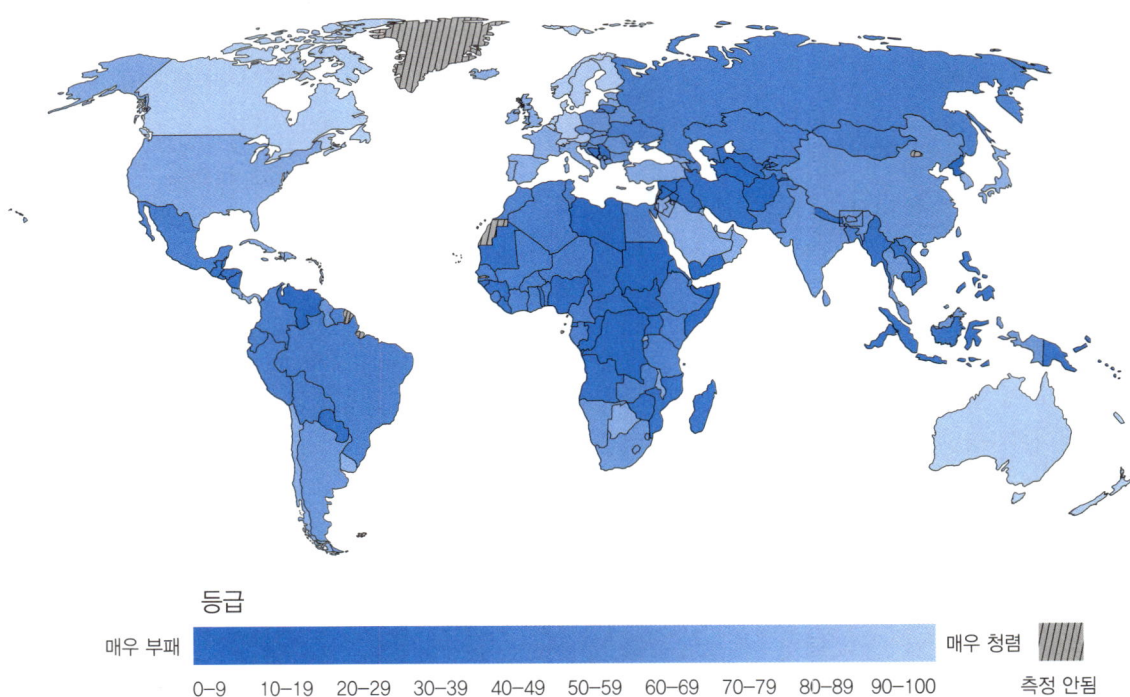

지도 6.1 전 세계 부패 지도

출처: Transparency International (2020). 최신 정보는 https://www.transparency.org 참조.
주: 각국은 100 (매우 청렴)에서 0 (매우 부패) 사이에 등급이 매겨짐.

Corruption)에 서명하지 않은 데 대해 비판을 받았다.

그러나 이런 사항은 부패인식 지수에서 일상적으로 최하위 등급을 받는 북한이나 소말리아의 상황에 비교하면 사소한 우려이다. 북한의 경우 정보는 주로 망명자들로부터 수집되는데, 그들에 의하면 사회 전체에 부패의 문화가 침투해 있음을 알려준다. 랑코프(Lankov, 2013)는 식량 부족, 기본적 자원 부족, 체제에 대한 위협으로 간주되는 행위에 대한 가혹한 처벌 등의 상황에서 뇌물이 기본적 생존의 문제가 되었다고 지적한다. 소말리아도 유사한 문제가 있으며, 후견이나 공공 자금의 횡령 등 북한보다도 더 심한 부패가 존재한다.

권위주의 통치의 미래

제5장에서 보았듯이 세월이 흐르면서 민주주의는 확산되고 권위주의는 축소되었다. 1980년 이후만 보더라도 평화체제연구소(Center for Systemic Peace)가 생산한 데이터에 의하면 (도표 5.3 참조) 민주주의 국가 수는 거의 세 배 증가한 반면 권위주의 국가 수는 그만큼 감소했다. 그러나 권위주의는 여전히 활력을 보여주고 있다. (3분의 1이 넘는 세계 인구를 포함하는) 전 세계 국가의 거의 3분의 1이 여전히 2020년 민주주의 지수에서 권위주의 정권으로 분류되었다. 한편 프리덤하우스는 다소 낙관적인 입장을 취하면서 2020년에 세계 국가의 25퍼센트를 부자유 국가로 분류하였다.

그러나 최근에 권위주의 정권의 수가 다소 증가하였을 뿐 아니라 우리가 오랫동안 민주주의로 간주했던 나라에서 권위주의적 경향이 더 분명해지고 있다. 프리덤하우스는 2005년 이후 매년 자유 지수 점수가 하락하는 국가의 수가 상승하는 국가보다 많다고 지적했다. 2020년 보고서는 전반적으로 걱정스러운 결론을 내렸다.

> 민주주의와 다원주의는 공격을 받고 있다. 독재자들은 국내 반대세력의 마지막 흔적을 지워버리고 세계의 다른 지역에 자신들의 악영향을 퍼뜨리려 애쓰고 있다. 동시에 자유 선거에 의해 선출된 많은 지도자들은 자신들의 관심을 극익의 편협한 해석에 급격히 좁히고 있다. 그러한 지도자들은 … 포풀리즘적 의제를 추구하면서 기꺼이 제도적 안전장치를 무너뜨리고 비판자와 소수자의 권리를 무시한다 (Freedom House, 2020a).

여기서 무슨 일이 일어나고 있는가, 그리고 우리는 어디로 가고 있는가? 권위주의에 저항하기 위해 우리는 무엇을 할 수 있는가? ('문제 탐구 6' 참조) 이들 질문에 명확한 답은 없으며, 민주주의의 퇴행과 권위주의 확산에 대한 설명은 나라마다 환경마다 다르다. 2019년 민주주의 지수(Economist Intelligence Unit, 2020)는 최근의 경향을 시민적 자유 보호의 전반적인 하락, 정부와 선출 공직자에 대한 불신 만연으로 요약하였으며, 지역마다 다른 추세를 보고하였다.

- 민주주의 지수는 1990년대에 떠오른 민주주의의 번영에 대한 희망이 억제된 동유럽의 '민주주의의 병'에 대해 기술했다. 이 지역에 완전한 민주주의로 분류된 나라는 한 곳도 없으며, 절반 이상이 아직도 혼합형 또는 권위주의 정권

문제 탐구 6

어떻게 권위주의를 억제할 것인가?

전해오는 이야기에 따르면 미국의 헌법 초안을 작성한 회의 후에 그 작성자 중의 한 사람인 프랭클린(Benjamin Franklin)에 일단의 시민들이 접근하여 그 회의에서 어떠한 종류의 정부를 만들었는지 물었다. 그는 "공화국, 당신들이 지킬 수만 있다면"이라고 답했다고 한다. 요는 민주주의는 성취하기도 어렵지만 유지하는 것은 더 어렵다는 것이다. 이것이 시사하는 바는 권위주의는 저항하거나 무너뜨리기 어렵고, 권력자는 더 많은 권력을 축적하고 일반 시민들의 이익을 잊어버리는 자연스러운 성향이 있다는 점이다.

권위주의 정부를 지키고 향유하는 유일한 사람들은 그로부터 혜택을 보는 (소규모 특권층) 사람들이나 공동체나 국가의 문제를 해결하는 단기적 해답이라고 생각하는 사람들뿐일 것이다. 한편 인류 대부분의 자연스러운 선호는 (최소한 이론적으로) 민주주의에 수반되는 평등, 선택, 책임, 투명성일 것이다. 그렇다면 어떻게 권위주의를 억제하거나 물리칠 수 있을까?

'이론 적용 6'에서 보았듯이 권위주의 정부의 근본적인 원인이 항상 잘 이해되는 것은 아니지만, 그들이 통치하는 방법은 억압, 위협, 부패, 강압, 포섭 등 상대적으로 분명하다. 그렇다면 권위주의에 저항하는 시작점은 이러한 방법을 이해하고 그에 대응하는 것이다. 권위주의 정부를 제거하는 최선의 방법에 대한 오랜 가정은 권위주의 지도자는 혁명이나 파벌 간 폭력을 막기 위해 퇴진한다는 것이다. 그러나 1800년부터의 사례를 통해 권위주의 통치의 종식에 관한 분석한 연구에서 트리스만(Treisman, 2017)은 의도적인 선택은 대상 사례의 단지 3분의 1에 불과했으며, 3분의 2의 사례에서 정권의 종식은 우연히 일어났다. 지도자는 선거를 실시하거나, 전쟁을 일으키거나 (그 결과 패배하거나), 민중 봉기를 무시하거나, 개혁을 실시하면서 통제력을 상실하는 등 실수를 범해서 권력을 약화시켰다.

그러나 우연에 맡기는 것은 위험한 전략이다. 변화를 가속화하는 최선의 방법은 독재자들에게 가장 중요한 권력의 원천, 즉 많은 사람들의 동의를 거두는 것이라고 스테판과 스나이더(Stephan and Snyder, 2017)는 주장한다. 그것을 실현하는 최선의 방법은 비폭력적 시민 저항이다. 청원, 보이콧, 파업, 기타 저항의 형태가 권위주의를 약화하거나 흔드는 데 무장 저항보다 더 효과적인 방법임을 역사가 보여준다고 그들은 주장한다. 다음의 질문에 대해 생각해보자.

- 권위주의의 원인은 그에 저항하는 최선의 방법에 대해 무엇을 알려주는가?
- 집단적 반항과 완강함으로 충분한가?
- 억압과 폭력에 대해서는 폭력을 통해서만 대응할 수 있을까?

으로 분류된다. 민주주의 지수는 "취약한 정치 문화의 영향, 법치주의 확립의 어려움, 고질적인 부패, 일부 국가의 '자유' 민주주의적 가치 거부, 정치제도를 무시하는 '강력한 인물' 선호가 합해져 민주주의의 기초를 약화시켰다고 지적했다."

- 민주주의 지수는 가장 큰 규모의 혼합형 정권 (이 지역 국가의 3분의 1)과 권위주의 정권 (이 지역 국가의 절반)의 무리를 가진 사하라 이남 아프리카의 '민주주의의 가뭄'을 기술했다. 조

작되고 비효과적인 정치제도, 선거에 가해진 제약, 다원주의의 후퇴, 후견과 지배적 정당의 오랜 통제 등으로 인해 아프리카의 많은 나라의 등급이 하락했다.

- 15~20개국이 권위주의로 분류된 중동과 북아프리카는 민주주의 지수에서 가장 등급이 낮은 지역이며, '어려운 지정학적 환경, 경제적 정체, 부패'로 고통받고 있다.

전반적으로 대부분의 혼합형 정권과 권위주의 정권의 정치 상황이 개선되고 있다는 조짐은 거의 없다. 갑작스러운 지속가능 개선은 희소하며, 제2차 세계대전 이후 이탈리아, 일본, 독일의 괄목할만한 민주화의 성과는 오늘날 권위주의 정권에서 다시 나타날 가능성이 거의 없다. 왜냐하면, 이 사례에서 기존의 권위주의 정권은 전쟁에서 참패했고, 기존 체제를 형성하고 지속시킨 환경이 거의 완전히 제거되었으며, 민주주의로의 이행이 변화를 요구할 권위와 권력을 가진 전승국에 의해 이루어졌기 때문이다. 아프가니스탄이나 이라크와 같이 침공을 통해 민주주의를 강제하려 했던 최근의 사례는 그러한 조건이 전부 또는 대부분 부재했기 때문에 실패했다.

결국, 권위주의와 그 미래의 가능성을 이해하고 그에 저항하는 데 있어서 우리가 직면한 가장 큰 문제는 권위주의에 대한 연구가 부족하고 그에 대한 우리의 가정이 종종 편견에 싸여있다는 점이다. 게디스 등(Geddes et al., 2018)은 정부의 작동에 관한 대부분의 학문적 분석이 민주주의에 초점이 맞추어졌으며, 개별 전제정치에 대해서는 연구가 많이 되었지만, 비교분석이 거의 없다고 지적했다. 그들은 권위주의 정권을 연구하는 데는 여러 가지 어려움이 있다고 지적했다. 독재국가의 의사결정에는 근본적으로 비밀이 많고, 대부분의 결정이 비공식적이며, 권위주의 정부의 작동에 관한 신뢰할만한 데이터가 부족하고, 권위주의 정권의 형태가 매우 다양하다는 점 등이다. 또 독재에 대한 현지조사가 위험하고, 정부에 대한 솔직한 견해를 말할 경우 처벌을 받을지도 모르는 시민들을 인터뷰하기가 어렵다는 점도 덧붙여야 할 것이다.

이러한 모든 이유로 인해서 권위주의 정권의 미래를 알기는 어렵다. 현시점에서는 권위주의가 증가하고 있는 듯 보이지만, 이 추세가 얼마나 지속될 것인가? 코로나19 감염병을 계기로 한 통제는 아제르바이잔, 중국, 이집트, 러시아 등이 그 시민들에 대한 통제를 더욱 강화할 것이라는 추측이 있지만 감염병이 종식되면 이것이 지속될까? 최소한 권위주의의 하나의 원천은 민주주의에 대한 신념의 상실이며, 제5장에서 언급한 포퓰리즘의 부상도 권위주의의 미래를 논의하는 데 포함되어야 한다. 이러한 문제들에 대한 대답이 무엇이든 우리는 권위주의 정부가 정권을 장악하고 유지하는 방식에 대해 더 잘 이해해야 할 필요가 있다.

토론주제

- 혼합형 정권과 권위주의 정권의 핵심적인 차이는 무엇인가?
- 후견은 민주주의와 권위주의에서 어떻게 다른 형태를 띠는가?
- 인물주의가 통상 권위주의 정권과 연상된다고 해도 그것이 민주주의 정부를 이해하고 묘사하는 데 유용한 도구가 될 수 있을까?
- 권위주의 정권의 지배 정당과 민주주의 국가의 우월 정당과는 어떻게 구별될까?
- 한때 흔했던 군사정부는 오늘날 왜 드문가?
- 왜 많은 권위주의 정권은 부패한가?

핵심용어

- 강압(Coercion)
- 개인숭배(Cult of personality)
- 군부통치(Military rule)
- 권위주의 정권(Authoritarian regime)
- 권위주의(Authoritarianism)
- 독재(Dictatorship)
- 부패(Corruption)
- 왕권 신수(Divine right)
- 인물주의(Personalism)
- 일당지배(Ruling party)
- 전제정치(Autocracy)
- 전제정치화(Autocratization)
- 전체주의(Totalitarianism)
- 절대군주(Absolute monarchy)
- 제왕적 대통령(Presidential monarchy)
- 쿠데타(Coup d'état)
- 폭정(Despotism)
- 혼합형 정권(Hybrid regime)
- 후견(Patronage)

추가 읽을거리

Brooker, Paul (2014) *Non-Democratic Regimes*, 3rd edn (Palgrave). 여러 다양한 비민주적 정권의 등장, 그들이 사용하는 수단, 그들의 생존 방식에 대한 분석.

Frantz, Erica (2018) *Authoritarianism: What Everyone Needs to Know* (Oxford University Press). 권위주의의 속성, 배경, 특징, 미래 전망에 대한 분석.

Geddes, Barbara, Joseph Wright, and Erica Frantz (2018) *How Dictatorships Work: Power, Personalization, and Collapse* (Cambridge University Press). 200여개 독재에 대한 데이터를 이용하여 독재자가 권력을 어떻게 쟁취, 유지, 상실하는지 비교 연구.

Heywood, Paul M. (ed) (2015) *Routledge Handbook of Political Corruption* (Routledge). 부패의 의미와 원인에 대한 연구로 세계 여러 지역의 사례를 제공.

Márquez, Xavier (2017) *Non-Democratic Politics: Authoritarianism, Dictatorship and Democratization* (Palgrave). 권위주의 정권의 주요 유형과 권위주의 정부가 권력을 행사하고 유지하는 수단에 대한 포괄적 분석.

Svolik, Milan W. (2012) *The Politics of Authoritarian Rule* (Cambridge University Press). 독재의 원인, 수단, 전략에 관한 비교 연구로 그들이 왜 다른 상황에서 다른 형태를 띠는지 설명.

2부   제도

차례

7장 헌법과 법원
8장 행정부
9장 입법부
10장 관료제
11장 하위 국가정부
12장 미디어

개요

이 책의 제2부는 정부와 정치의 주요 제도에 초점을 맞추고 있다. 0 부는 정부의 규칙이 어떻게 확립되고 이해되는지 설명하는 헌법과 이를 지지하는 법원에 대한 조사로 시작한다. 그 다음에는 행정부, 입법부, 관료조직에 관한 장이 있고, 이 기관들의 상이한 유형을 나열하고, 그들이 속한 정치체제에서 그들의 상이한 구조와 역할을 비교한다. 제2부는 단일행정체제와 연방행정체제를 검토하고 비교하며, 정치과정에서 빠르게 변화하는 미디어의 역할을 평가하는 장으로 마무리한다.

7장

헌법과 법원

차례
- 헌법에 대한 이해
- 기원과 진화
- 법원의 역할
- 사법부의 역할
- 권위주의 정권의 헌법과 법원

개요

지금까지 우리는 주로 핵심개념, 연구방법, 정치체제 유형 등 비교정치학의 전반에 대해 폭넓게 살펴보았다. 이어지는 다음 몇 개의 장에서는 헌법과 헌법에 수반하는 법원에 대한 논의를 필두로 정치제도에 대해 집중적으로 살펴볼 것이다. 헌법은 정치체계의 규칙을 개략적으로 설명하며, 국가의 열망, 정부의 구조, 시민의 권리 등에 대해 많은 것을 말해준다. 법원은 그 규칙들이 존중되고 동등하게 적용되도록 노력한다. 그러나 인간이 불완전하듯이 인간이 만들고 관리하는 법과 제도 역시 불완전하다. 즉, 헌법적 이상과 관행 사이에는 커다란 괴리가 존재하며, 법원의 효율성에 의문이 남아 있다.

이 장은 헌법에 대한 평가로 시작한다. 즉, 헌법이 무엇인지, 헌법이 무엇을 하는지, 헌법의 성격과 지속성, 헌법의 실행 성과는 어떻게 측정될 수 있는지, 헌법이 어떻게 변화하고 발전해 왔는지 등에 대해 살펴본다. 헌법에는 별도의 정해진 표본모델이 따로 없다. 각 나라의 헌법은 길이와 효능 면에서 천차만별이며, 헌법의 열망하는 바와 그것의 실현 사이에 존재하는 간극은 헌법마다 그 정도가 다르다. 다음으로 이 장은 대법원과 헌법재판소 간의 차이점과 사법적극주의의 등장에 대해 검토하면서 법원의 구조와 역할, 헌법과의 관계 등에 대해 살펴본다. 그러고 나서 판사에 초점을 맞춘다. 즉, 판사의 충원방식, 판사의 임기, 그리고 그러한 차이가 사법부의 독립에 어떻게 영향을 미치는지 살펴본다. 끝으로 이 장은 권위주의 정권에서 헌법과 법원의 위상에 대한 평가로 끝을 맺는다.

핵심논제
- 주요 정치원칙과 규칙을 통해 권력지도를 제공하는 헌법은 정부를 이해하는 데 매우 중요하다.
- 국가의 수가 증가함에 따라 헌법의 수도 증가했고, 세계의 절반 이상의 국가가 1990년 이후 새로운 헌법을 채택했다.
- 정부를 제대로 이해하려면 단지 헌법의 내용뿐 아니라 헌법의 지속성과 헌법개정 절차에 대해서도 이해할 필요가 있다.
- 대법원과 헌법재판소의 구별과 마찬가지로 법원의 구조와 역할에 대한 인식도 중요하다.
- 판사들이 적극적으로 정치영역에 관여하게 되면서, 판사의 충원규칙에 대한 이해가 더욱 중요해졌다.
- 권위주의 정권에서는 헌법과 법원이 힘이 없고, 정부는 헌법과 법원을 겉치레로 이용하거나 아예 무시한다.

헌법에 대한 이해

2007~2009년 발생한 글로벌 금융위기와 관련한 문제들의 여파로 2010년 아이슬란드의 지역사회 단체들은 아이슬란드 정치체계의 개혁 방안을 모색하기 위한 목적으로 전국포럼(National Forum)을 조직했다. 합의된 아이디어 중 하나는 새로운 아이슬란드 헌법(constitution)을 제정하는 것이었으며, 특히 시민 주도 과정으로 헌법안을 작성하려고 했다. 2011년부터 선출된 25명으로 구성된 평의회는 새로운 헌법 초안의 작성에 착수하였으며, 이들의 토론내용은 인터넷을 통해 생중계되었고, 일반 국민이 의견을 올릴 수 있는 소셜미디어 사이트가 개설되었다. 헌법안이 정식으로 아이슬란드 국회에 제출되었고, 2012년 구속력이 없는 국민투표에서 국민의 동의를 얻는 데 성공하였다. 그러나 이 헌법안이 국회에서 통과에 실패하면서 이 아이디어는 소멸하였다. 허드슨(Hudson, 2018)에 따르면, 아마도 경제가 회복되면서 정치개혁에 대한 절박한 필요가 없어졌기 때문이다. 그 결과 아이슬란드는 오늘날에도 여전히 기존 1944년 헌법하에서 작동하고 있다.

만약 새로운 아이슬란드 헌법안이 통과되어 채택되었다면, 그것은 크라우드소싱 헌법의 세계 최초의 사례가 되었을 것이다. 비록 이 활동은 실패로 끝났지만, 헌법 작성과정에 일반 국민을 참여시키는 것의 중요성에 대해 세간의 관심을 불러일으켰는데, 이것은 정부의 신뢰 하락과 엘리트주의에 대한 우려로 인해 새롭게 그 중요성이 더 커졌다. 헌법은 그것이 적용되는 해당 국가의 모든 사람에게 영향을 미치기 때문에 헌법을 제정하거나 개정할 때 이상적으로는 헌법 제정 및 개정 과정에 모든 국민이 참여할 수 있도록 기회가 열려있어야 한다. 그러나 현실적으로 대부분 거의 모든 헌법안은 정치인들끼리의 회의를 통해 작성되며, 오직 국가가 새로운 헌법을 제정하거나 기존 헌법을 개정하기 위해 국민투표에 부치는 경우에만 '국민'은 의견을 표명할 수 있다.

헌법은 통치의 튼튼한 기반으로, 국가의 원칙과 열망, 정부 기관의 구조와 권력에 대한 설명, 정부 권력에 대한 제한과 시민의 권리 모두를 설명하고 있는 문서 또는 일련의 문서이다. 헌법이 없는 통치체제는 체제라고조차 할 수 없으며, 지도자나 국민의 변덕에 따라 언제든지 바뀔 수 있는 조직화되지 않은 습관의 더미에 불과하다. 헌법은 정부의 수행 성과를 측정할 수 있는 기준을 제시함으로써 이 문제를 해결한다. 민주주의 국가의 경우 헌법이 제공하는 권위는 예측가능성과 안정성을 높이는 데 도움을 준다. 반면에 권위주의 정권의 경우 헌법 조항은 종종 지배 엘리트의 필요에 맞게 해석되며 때로는 아예 무시되기도 한다.

다음과 같은 몇몇 이유로 최근 수십 년 동안 헌법의 연구에 대한 관심이 늘어났다.

- 1990년부터 2019년까지 112개국이 새로운 헌법을 채택하는 등 헌법 제정 작업이 폭발적으로 증가했다 (Comparative Constitutions Project, 2021).

- 많은 민주주의 국가의 판사와 법원은 위헌심사 또는 사법심사로 알려진 절차를 통해 정치영역에 기꺼이 발을 들여놓게 되었다 (자세한 내용

> **헌법(Constitution)**: 정부의 권한과 제도, 구조 등을 개괄적으로 설명하고 있을 뿐만 아니라 시민의 권리와 정부의 권한에 대한 제한을 명시하고 있는 하나의 문서 또는 일련의 문서들.

- 인권에 대한 새로운 관심이 이에 대한 사법적 개입으로 이어졌다.
- 국내법과 정책이 국제법으로부터 갈수록 점점 더 많은 영향을 받게 되면서 판사는 종종 그로 인해 발생하는 상반된 주장을 중재해야 한다.
- 현대 헌법의 효용성이 떨어지고 있고, 스미스와 비먼(Smith and Beeman, 2020)이 말했듯이 갈수록 점점 더 헌법이 "다수 의지의 직접적인 표현의 확인이 아니라 수단"으로 사용되고 있는 것에 대한 우려가 커지고 있다.

종종 많은 헌법이 저마다 각자 달라 천차만별인 것처럼 보이기 쉽지만, 대부분의 헌법은 4가지 요소를 포함하고 있다는 점에서 모두 비슷한 구조를 가지고 있다 (도표 7.1에 요약). 가장 흔하게 헌법은 민주주의와 평등에 대한 지지 등 막연하지만 고무적인 말로 국가가 지향하는 이상을 선언하여 광범위한 열망을 밝히는 것으로 시작된다. 예를 들어, 브라질 헌법은 다음과 같은 목표로 시작된다.

> 사회적 화합에 기반하며, 국내외 질서에서 분쟁의 평화적 해결을 위해 헌신하는 동포애가 넘치고, 다원적이며, 편견 없는 사회의 최고 가치로서 사회적 및 개인적 권리, 자유, 안전, 안녕, 발전, 평등, 정의의 실현을 보장하도록 운명지어진 민주주의 국가의 설립을 위해 …

헌법의 핵심 부분은 정부구조에 대해 상세하게 설명하고 있다. 즉, 서로 다른 공직과 기관이 어떻게 선출되거나 임명되는지, 그들이 무엇을 할 수 있는지와 없는지에 대해 설명한다. 일반적으로 헌법에는 국민이 정부에 대해 가지고 있는 권리의 목록이 있을 것이고, 헌법개정 관련 규칙에 대한 설명이 포함되어 있을 것이다.

대부분 나라는 성문화된 단일 문서 형태의 **성문헌법(codified constitution, 헌법전)**을 가지고 있지만, 소수의 일부 국가(예를 들어, 영국, 캐나다, 이스라엘, 뉴질랜드, 스웨덴)는 다양한 법원(法源, source)에 근거하는 성문화 되지 않은 **불문헌법(uncodified constitution)**을 가지고 있다.** 영국의 경우 수많은 법령과 관습법, 헌법 전문가가 작성한 의견서, 관습과 전통 등에서 헌법을 찾을 수 있다. 이는 대부분의 나라와 달리 영국은 다른 나라로부터 독립을 쟁취한 적이 없고 새로운 헌법의 제정을 요구하는 급속한 변화 또는 혁명적 변화를 경험한 적도 없기 때문이다. 그러나 스웨덴 헌법의 경우에서 볼 수 있듯이 성문헌법과 불문헌법의 구분이 항상 명확한 것은 아니다. 스웨덴 헌법은 1810년부터 1991년 사이 의회에서 통과된 4개의 법률로 이뤄져 있다. 즉, '정부기구'는 정부의 구조를 설명하고 있고, '왕위계승법'은 군주제의 권력에 대해 다루고 있으

> **성문헌법(Codified constitution)**: 독립적인 단일 문서에 명시되어 있는 헌법.
>
> **불문헌법(Uncodified constitution)**: 여러 문서로 흩어져 있는 헌법.

** 역자 주) 이 책의 이전 제10판에 따르면, 전 세계 모든 헌법은 일정 부분이라도 문서로 되어있기 때문에 헌법의 유형을 '성문'과 '불문'으로 표현하는 것은 다분히 오해의 소지가 있으며, '법전화된 헌법'(즉, 헌법전)과 '법전화되지 않은 헌법' 또는 '성문헌법'과 '비성문헌법' 등으로 표현하는 것이 바람직하다. 요컨대 저자들은 모든 헌법이 설령 헌법전이 아니더라도 글로 쓰인 문서 또는 문서들에 기반하고 있음을 강조한다. 그러나 이 번역서에서는 혼란을 피하기 위해 통념상 널리 받아들여지고 있는 성문헌법과 불문헌법으로 번역한다.

특징	목적
전문	원칙에 관한 감동적 선언을 담거나 때로는 국가의 목적을 명시하여 국민에게 이 문서에 대한 지지를 호소한다.
조직	정부기구의 권력과 구조에 대해 설명한다.
권리	법적 구제를 받을 권리 등 개인의 권리를 다루고 있으며, 흔히 집단의 권리에 대해서도 다루고 있다.
개헌절차	헌법을 개정하는 절차를 규정하고 있다.

도표 7.1 헌법의 특징

며, 한편으로 '언론자유법'과 '표현의 자유에 관한 기본법'은 이름 그대로의 내용을 담고 있다.

민주주의 국가에서 헌법은 네 가지 주요 역할을 한다 (도표 7.2에 요약). 첫째, 헌법은 국가의 최고법 역할을 한다. 이것은 그 국가의 다른 모든 법률과 정부와 관련된 다른 모든 기관의 행위는 헌법에 구속된다는 것을 의미하며, 헌법은 어떤 법률과 행위가 인정되는지 또는 그렇지 않은지를 판단하는 최고규범이다. 몇몇 국가에서는 헌법을 기본법(Basic Law)이라고 명명하거나(독일, 이스라엘, 사우디아라비아) 기초법(Fundamental Law)이라고 명명하여(헝가리, 바티칸공화국) 이 점을 강조하고 있다.

둘째, 헌법은 정부를 구성하는 기관을 수립하고, 그 기관의 구조와 권한을 규정하고, 입법절차를 구체적으로 명시하고, 사르토리(Sartori, 1994)가 말했듯이 정부의 기본틀(frame)을 제공하는 등 권력지도(power map) 역할을 한다. 만약 정부에서 누가 무엇을 하는지(적어도 형식적 의미에서) 그리고 정부가 기능을 수행하는 데 어떤 규칙이 적용되는지 알고 싶다면, 우리가 무엇보다 제일 먼저 살펴보아야 하는 것이 헌법이다.

셋째, 헌법은 법치주의 원칙을 통해 질서를 확립한다 (제5장 참조). 19세기 법률학자 다이시(A. V. Dicey, 1885)의 표현에 따르면, 이것은 누구도 법을 위반한 경우를 제외하고는 처벌받지 않으며, 누구도 법 위에 있지 않으며, 모든 사람이 동등하게 법에 복종해야 하며, 우리가 사람에 의한 통치(인치)를 법에 의한 통치(법치)로 대체하는 것을 의미한다. 법치주의하에서 정치지도자는 자의적으로 권력을 행사할 수 없으며, (적어도 이론적으로는) 권력자도 다른 모든 사람과

역할	특징
국가의 최고법	헌법이 다른 모든 법에 우선한다.
정부기구의 구성	정부기구의 구조와 권한, 책무 등에 대해 개략적으로 설명한다.
법치주의에 대한 뒷받침	모든 국민에게 동등하게 적용되는 법체계를 통해 질서를 유지한다.
국가권력의 통제	정부의 권한을 제한한다.

도표 7.2 민주주의 정권의 헌법

똑같은 법의 적용을 받는다 (Meierhenrich and Loughlin, 2021 참조).

헌법의 네 번째 역할은 국민에 대한 국가의 권한을 제한하는 것에서 찾을 수 있다. 다시 말해, 헌법은 정부가 할 수 있는 것과 해야 할 것을 명시하고 있을 뿐만 아니라 정부가 할 수 없는 것과 해서는 안 되는 것을 명시하고 있다. 이러한 제한은 일반적으로 권리장전(bill of rights)에 명시되어 있으며, 종교의 자유, 언론의 자유, 집회의 자유 등과 같은 전통적인 자유를 포함한다. 새로운 헌법은 때때로 이러한 권리를 더욱 확장하고 있다. 예를 들어, 폴란드 헌법은 "자신의 신념에 따라 자녀를 양육할 수 있는" 부모의 권리와 직업과 직장을 선택할 수 있는 노동자의 자유를 포함하고 있다. 이러한 변화의 결과로 헌법의 전체 길이가 늘어나고 있으며, 가장 최근의 헌법은 (수정조항 포함) 평균 약 3만 단어에 이른다 (Comparative Constitutions Project, 2021). 그러나 권리의 목록이 그 권리가 실제로 존중되는 것을 보장하는 것은 아니다. 칠톤과 버스티그 (Chilton and Versteeg, 2020)가 지적했듯이 권리를 시행하는 것이 항상 쉬운 일은 아니며, 일부 권리(특히 종교단체나 노동조합과 같은 개별 집단에 적용되는 권리)는 언론의 자유처럼 일반적으로 실행되는 권리에 비해 시행이 수월하다.

> 권리장전(Bill of rights): 어떤 국가나 정치공동체에서 시민의 권리에 대한 목록으로, 헌법에 포함되어 있고, 정부의 권력 남용을 억제하기 위해 고안되었다.

기원과 진화

1787년 초안이 작성되어 1789년에 채택된 미국 헌법은 종종 세계에서 가장 오래된 헌법으로 언급되지만, 헌법이 어떻게 정의되고 이해되는지에 따라 이것이 사실일 수도 사실이 아닐 수도 있다. 그리스 도시국가는 완전히 또는 부분적으로 헌법과 같은 역할을 하는 협정을 체결했고, 프랑크족, 롬바르드족, 색슨족, 서고트족을 포함한 많은 초기 유럽 사회는 기본 헌법과 매우 유사한 기능을 하는 성문법을 만들었다. 1215년 서명된 영국의 마그나카르타(Magna Carta)는 많은 점에서 헌법과 유사한 특징을 가지고 있었으며, 영국과 스웨덴은 1600년대 중반에 헌법처럼 기능하는 '정부기구' 법을 통과시켰고, 미국헌법에 앞서서는 13개 주마다 각자의 헌법이 있었고 1781년 비준된 연합규약(The Articles of Confederation)이 있었다.

그렇지만 생각해보면, 의심할 여지 없이 미국 헌법은 다른 많은 나라의 헌법에 적지 않은 영향을 미쳤다. 예를 들어, 폴란드-리투아니아 연합과 프랑스는 1791년 처음으로 성문헌법을 제정했으며, 19세기 국가의 수가 증가함에 따라 헌법의 수도 증가하였다. 노르웨이(1814년), 네덜란드(1815년), 벨기에(1831년), 룩셈부르크(1842년) 등의 헌법은 오늘날에도 여전히 시행되고 있다. 비록 현재 프랑스 헌법은 1958년에 제정되었지만, 프랑스는 1791년부터 1852년까지 무려 10차례에 걸쳐 새로운 헌법을 채택했다.

베스트팔렌 국가체제의 확대와 20세기 수많은 신생독립국가의 탄생으로 헌법의 수가 증가하였다. 많은 헌법은 혼란의 시기를 겪은 후 새로운 시작을 상징했으며 (도표 7.3 참조), 종종 헌법 제정 과정에서 큰 어려움을 겪었으며, 특히 헌법이 불신과 갈등을 해결하기 위해 노력하는 정치 행위자들 사이의 타협의 산물인 경우 더욱 그랬다. 예를 들어, 1990년대에 수십 년간의 아파르트헤이트(인종차별정책)에서 벗어났을 당시, 남아공은 계속되는 인종 간 적개심의 팽팽한 긴장 속에서 이 나라의 다양한 인종공동체의 지도자들이 서로 합의에 도달해야 하는 어려운 과제에 직면했었다. '국가개요 7'을 참조하라.

헌법은 종종 타협에 기초하기 때문에 많은 헌법이 모호하고 심지어 상호 모순적인 문구를 포함하고 있다. 헌법 초안 작성자는 대개 장기적으로 회복력 있는 구조를 만들기보다 단기적인 정치적 해결책 마련에 관심을 가지며, 그 결과 헌법은 종종 의심스러운 파트너 간의 불완전한 합의를 반영한다. 그로 인한 영향 중 하나는 헌법이 때때로 통치자에게 충분한 권위를 부여하지 못하여 정부의 효율성을 떨어뜨리는 것이다. 1948년 이탈리아 헌법의 '가란티스모(garantismo, 보증서)' 특징이 이 문제를 잘 설명해준다. 가란티스모는 이탈리아 정치체제의 모든 정치세력이 일정 지분을 보장받는다는 의미이다. 이탈리아 헌법은 강한 양원제 입법부를 설립하고 지방자치제를 도입하면서 전쟁 전의 파시스트 독재의 부활을 방지하고 정치적 좌파의 급진적 열망을 수용하려고 노력했다. 그로 인해 초래된 것이 중앙정부의 통치력 약화와 비효율적인 거버넌스였으며, 그러한 이탈리아정부의 구조를 바꾸기 위해 2001년부터 2020년 사이에 4차례의 국민투표(그중 두 번만 통과)가 있었다.

헌법의 질을 평가하는 경우 헌법이 얼마나 오래되었는지, 얼마나 자주 교체되었는지 살펴보게 된다. 이렇게 보면, 적어도 표면적으로 최고의 헌법은 가장 오랫동안 지속하고 있는 헌법이며, 헌법을 계속 바꾸는 국가는 아마도 어려움을 겪고 있을 것이다. 이런 점에서 단 하나의 헌법만을 계속해서 유지하고 있는 오래된 나라들(호주, 캐나다, 인도, 영국, 미국 등)과 도미니카공화국이 극명하게 대비된다. 도미니카공화국은 1844년 독립 직후 첫 헌법을 제정하였고 2015년에 39번째 헌법인 현행 헌법을 채택하였다. 그러나 오랜 기간 살아남은 헌법이 반드시 안정적이고 효율적인 헌법을 의미하는 것은 아니며, 도미니카공화국의 사례는 오해를 야기한다. 즉, 도미니카공화국은 불안정성 때문이 아니라 주로 새로운 수정조항

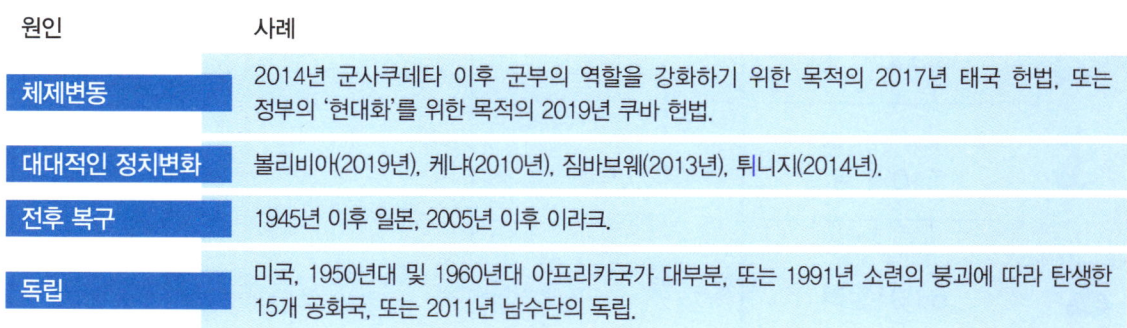

원인	사례
체제변동	2014년 군사쿠데타 이후 군부의 역할을 강화하기 위한 목적의 2017년 태국 헌법, 또는 정부의 '현대화'를 위한 목적의 2019년 쿠바 헌법.
대대적인 정치변화	볼리비아(2019년), 케냐(2010년), 짐바브웨(2013년), 튀니지(2014년).
전후 복구	1945년 이후 일본, 2005년 이후 이라크.
독립	미국, 1950년대 및 1960년대 아프리카국가 대부분, 또는 1991년 소련의 붕괴에 따라 탄생한 15개 공화국, 또는 2011년 남수단의 독립.

도표 7.3 새로운 헌법의 제정 이유

국가개요 7
남아프리카공화국

간략소개

수십 년 동안 남아프리카공화국은 아파르트헤이트로 알려진 제도화된 인종차별 체제하에서 신음했었다. 아파르트헤이트는 흑인, 혼혈, 아시아계 남아공 국민을 희생시켜서 남아공 백인들에게 특권과 기회를 보장했다. 외부 세계의 거세지는 반발과 배척에 직면하여, 1994년 최초의 민주적 선거를 위한 길을 여는 합의에 도달했다. 풍부한 천연자원을 가진 이 나라에 대해 처음에는 기대가 컸지만, 부패가 만연하고, 여전히 실업률이 매우 높고, 많은 사람이 여전히 빈곤에 시달리고 있으며, 세계 최고 수준의 1인당 살인 및 폭력 범죄율을 기록하고 있는 남아공은 심각한 치안 문제에 직면하고 있다. 아프리카에서 두 번째로 큰 경제 규모에도 불구하고(아프리카 최대 경제대국은 나이지리아) 남아공은 주요 지역강대국으로서의 잠재력을 온전히 실현하지 못하고 있다.

정부형태	단일국가. 대통령제공화국. 1910년에 건국하였고, 가장 최근 헌법은 1997년에 제정되었다.
행정부	대통령제. 대통령은 국가원수이자 행정부의 수반으로서 내각을 통솔한다. 총선 직후 국회가 대통령을 선출한다. 대통령의 임기는 5년이며, 중임제한이 있다.
입법부	양원제. 하원인 국회(의원 400명)는 5년마다 선거로 선출되고 상원인 전국주평의회(National Council of Provinces)는 9개 주에서 10명씩 임명한 90명의 의원으로 구성된다.
사법부	법체계는 보통법과 시민법을 혼합하고 있다. 헌법재판소는 위헌 관련 문제에 대해 결정을 하며 국회가 제정한 법률을 무효화 할 수 있다. 헌법재판소는 대통령이 임명하는 12년 임기의 11명의 헌법재판관으로 구성된다.
선거제도	국회의원은 폐쇄형 정당명부를 사용하는 비례대표제 선거제도에 의해 선출된다. 의원 절반은 전국명부에서 선출되고, 나머지 절반은 지역명부에서 선출된다.
정당	일당우위정당제. 1994년 처음으로 다양한 인종이 참여했던 최초의 민주선거부터 줄곧 아프리카민족회의(ANC: The African National Congress)가 지배하고 있다. 웨스턴케이프 주의 제1당인 좀 더 진보적 성향의 민주동맹(Democratic Alliance)이 제1야당이다.

인구
5,900만 명

국내총생산(GDP)
3,510억 달러

1인당 GDP
6,001달러

민주주의 지수 등급
✗ 완전한 민주주의
✓ 결함있는 민주주의
✗ 혼합형 정권
✗ 권위주의
✗ 측정안됨

프리덤하우스 등급
✓ 자유
✗ 부분 자유
✗ 부자유
✗ 측정안됨

인간개발 지수 등급
✗ 매우 높음
✓ 높음
✗ 중간
✗ 낮음
✗ 측정안됨

남아프리카공화국의 헌법

아파르트헤이트에 기반한 국가에서 좀 더 평등하고 민주적인 질서로 남아공의 변모는 20세기 후반의 가장 놀라운 정치변동 중 하나였다. 1996년 아프리카민족회의(ANC)와 백인 중심의 국민당(NP)은 2년간의 치열한 협상 끝에 109쪽에 달하는 새로운 헌법을 1997년에 발효하는 데 합의했다. 컨텍스트 분석(context analysis)으로는 클루그(Klug, 2010)의 연구를 참조하라.

남아공헌법의 전문은 '과거의 정의롭지 못한 것'에 대한 인식으로 시작하여, 분열의 치유가 중요함을 강조하고, 남아공이 '인간의 존엄성, 평등의 실현 … 비인종주의, 비성차별의 실현' 등의 가치에 기초하는 '하나의, 주권, 민주주의 국가'임을 주장한다. 그런 다음 남아공헌법은 정부체제에 대한 설명에 앞서 사생활 보호, 평화롭게 시위할 권리, 이동의 자유, 자유롭고 공정한 선거에 대한 권리 등을 포함하는 매우 긴 권리장전을 담고 있다.

1994년 아파르트헤이트의 종식 이후 남아공을 계속 지배해온 정당인 아프리카민족회의(ANC)를 대표하여 선거운동을 벌이고 있는 남아공 대통령 라마포사(Cyril Ramaphosa)의 지지자들.

비록 새로운 정치체제는 구체제의 기반 위에 세워졌지만, 이 새로운 체제는 또한 이 나라의 9개 주를 대표하도록 설계된 상원, 의회가 상원의원 중에서 선출하는 대통령, 인권의 확대 등과 같은 몇 가지 중요한 변화를 수반했다. 남아공은 이후 5번의 총선과 5번의 대통령선거를 치렀지만, ANC의 독주와 사적 이익을 위한 공직 남용이 정치생활의 일상적인 부분이 되어버린 제도화된 부패로 인해 새로운 남아공 민주주의에 대한 초기의 낙관론은 퇴색하였다.

어떤 사람들은 현행 헌법이 아파르트헤이트 시대 말기에 이루어진 타협 대신에 아프리카 사회의 필요와 현실을 더 잘 반영하는 새로운 헌법으로 대체되어야 한다고 주장해왔다. 또 다른 사람들은 이 헌법이 남아공 국민 모두를 위한 사회적, 경제적, 정치적 권리에 기반한 사회를 만들기 위한 획기적인 시도이며, 그것의 진정한 구현은 아직 달성되지 않았다고 주장한다(Dixon and Roux, 2018). 이 헌법의 효과는 무엇보다 이전에 존재했던 헌법과 비교하여 판단되어야 하며, 그런 점에서 새로운 남아공이 이룩한 성과는 실로 놀랍다.

추가 읽을거리

Butler, Anthony (2017) *Contemporary South Africa*, 3rd edn (Palgrave).

Dixon, Rosalind, and Theunis Roux (eds) (2018) *Constitutional Triumphs, Constitutional Disappointments: A Critical Assessment of the 1996 South African Constitution's Local and International Influence* (Cambridge University Press).

Du Plessis, Carien, and Martin Plaut (2018) *Understanding South Africa* (Hurst and Company).

이 채택할 때마다 새로운 헌법을 공포하는 관행을 따르기 때문에 그동안 많은 새로운 헌법 제정이 있었다. 실제로 이 나라의 '새로운' 헌법은 이전 헌법과 크게 다르지 않았다.

얼마나 오래되었나보다 더 중요한 것이 헌법의 열망과 현실 사이 또는 헌법에 명시된 바와 실제로 실현된 것 간의 차이가 얼마나 큰지 여부이다. 이는 1917년 제정 당시부터 급진적이면서도 진보적이었던 멕시코 헌법의 사례에서 분명하게 볼 수 있는 문제이다. 멕시코 헌법은 모든 종류의 차별을 금지하고, 무상교육을 제공하고, 남녀평등을 실현하고, 하루 8시간으로 노동시간을 제한하고, 사적 응징을 금지하는 원칙을 담고 있다. 비록 많은 멕시코 사람들은 너무 많은 목표가 실제로 달성되지 않았다고 주장하지만, 그들은 헌법이 아직 진행 중이라고 생각한다. 한 연구분석 (Castagnola and Noriega, 2017)은 멕시코 대법원이 1990년대 이후 멕시코의 민주주의로의 전환을 돕는 데 실패한 것이 문제라고도 주장한다.

미국의 최근 상황 전개는 열망과 현실 간의 괴리 문제에 대한 또 다른 통찰력을 제공한다. 미국의 헌법은 2001년 9·11 테러사태 발생 이후 전혀 바뀌지 않았음에도 불구하고, 콴타나모 수용소에서 발생한 테러용의자에 대한 불법 구금과 고문 행위가 세상에 폭로되고 정부기관에 의한 전화통신 및 전자통신 감청이 증가하면서 미국에서 개인의 권리가 제대로 보호되고 있는지에 대해 의문이 제기되었다. 미국의 제도화된 성차별과 인종차별 문제는 여전히 헌법에 담긴 열망과 현실 간의 괴리를 보여주고 있다. 여성은 여전히 똑같은 일을 해도 남성보다 적은 임금을 받으며, 정계와 재계에서 유리천장을 깨기 위해 고군분투하고 있다. 한편, 2013년 이후 흑인에 대한 인종적 동기의 폭력에 대한 관심을 고조시킨 '흑인 생명도 중요하다(Black Lives Matter)' 운동의 출현은 "더욱 완벽한 연방을 형성하고, 정의를 확립하며, 국내의 안녕을 보장하고 … 우리와 우리 후손에게 자유와 축복을 확보할 목적으로"라고 미국헌법 전문에 명시된 목표를 실현하지 못하고 있음을 부각시켰다.

헌법의 성공 여부를 진단하는 또 다른 척도는 헌법이 개정되는 방식과 개정된 횟수에 있다. 시대, 필요, 기대는 변하며, 그에 따라 헌법도 변화해야 하는 것이 당연하지만, 그렇다고 해도 어느 정도까지만 변화해야 한다. 즉, 너무 지나치게 많은 수정이나 너무 쉽게 이루어지는 수정은 헌법의 안정성을 훼손할 수 있고, 반면 너무 적은 수정 또는 너무 어렵게 이뤄지는 수정은 헌법의 정체를 초래할 수 있다. 여기서 쟁점은 **경성화(entrenchment)** 인데, 이 용어는 일반 법률안의 처리에 비해 개헌안 통과에 요구되는 기준이 더 높고 더 광범위함을 설명하는 용어이다 (Barber, 2016 참조).

연성헌법(flexible constitution) 의 경우 헌법 개정이 비교적 수월하고, 반면에 **경성헌법(rigid constitution)** 의 수정에는 일반적으로 '초다수결'

경성화(Entrenchment): 헌법개정을 위한 법적 절차에 관한 문제.

연성헌법(Flexible constitution): 종종 보통의 법률안이 통과되는 방식과 똑같은 방식으로 수월하게 개정이 가능한 헌법.

경성헌법(Rigid constitution): 상대적으로 까다로운 개정 절차를 요구하는 경성화된 헌법.

또는 '이중다수결'이 요구되므로 개헌이 상대적으로 좀 더 어렵다 (표 7.1의 개헌절차 사례 참조). 한편으로 호주, 러시아, 미국 등의 헌법에서 볼 수 있는 경직성은 안정적인 정치적 틀이라는 이점을 제공하며, 새로운 지도자나 정부가 권력을 잡은 후 헌법을 바꿀 가능성을 억제하기 때문에 정부에 이롭다. 반면에 유연성은 즉각적인 적응이라는 이점을 제공한다. 뉴질랜드에서는 이러한 유연성이 1980년대와 1990년대 선거제도 개혁과 정부 행정개혁을 가능케 했고, 영국의 경우에는 이러한 유연성 덕분에 1999년에 헌법상 큰 소동 없이 중앙정부의 주요 권력을 스코틀랜드 지방정부와 웨일즈 지방정부에게 이양할 수 있었다.

가장 극단적인 형태의 경성화는 **영구조항(eternity clause)** 또는 어떤 형태의 수정도 허용하지 않는 조항을 두는 것이다. 이 아이디어는 가장 흔히 제79조 3항에 인간의 존엄성에 대한 존중 원칙, 헌정질서, 독일 연방구조 등의 개정은 "허용되지 아니한다"라고 명시하고 있는 독일의 기본법(Basic Law)과 관련이 있다. 프랑스 헌법과 튀르키예 헌법은 자국 정치체제의 공화주의적 성격을 보장하고 있고, 이란 헌법은 정부와 법률의 이슬람적 성격을 바꾸는 헌법개정을 금지하고 있다. 이러한 조항은 일반적으로 구정권과의 단절을 강제하기 위해 고안된 것이지만, 이는 또한 헌법을 죽은 자의 산 자에 대한 독재라고 보는 사람들에게 논쟁에서 사용할 총알을 제공하기도 한다. 그들은 새로운 상황에서는 과거의 해결책이 때로는 현재의 문제로 바뀐다고 주장할 수 있다.

영구조항(Eternity clause): 양도 불가능한 것으로 간주되며 수정하거나 삭제할 수 없는 헌법의 요소.

표 7.1 헌법개정 비교

국가	개헌요건	경성화 수준
나이지리아	상하 양원 각각의 2/3 이상 찬성과 주의회 2/3 이상의 찬성.	경성
독일	상하 양원 각각의 2/3 이상의 찬성.	연성
러시아	하원에서 2/3, 상원에서 3/4, 지방의회에서 2/3가 찬성.	경성
미국	상하 양원 각각의 2/3 이상의 찬성과 2/3 이상의 주의 찬성.	경성
스웨덴	기존 의회 및 선거를 통해 새롭게 구성되는 의회에서 연속적으로 과반수 찬성.	연성
아일랜드	상하 양원 각각의 과반수 찬성과 국민투표에서 과반수 찬성.	경성
이란	헌법회의에서의 심사, 그리고 국민투표에서 과반수 찬성.	경성
인도	상하 양원 각각의 2/3 이상의 찬성과 상하 양원 전체의석의 과반수 찬성.	연성
캐나다	상하 양원 각각의 찬성과 전체 국민의 절반 이상을 차지하는 2/3 이상의 주의 찬성.	경성
호주	상하 양원 각각의 찬성. 그 후 국민투표에서 투표자의 과반수 찬성과 과반수 이상의 주의 찬성.	경성

헌법개정 절차의 핵심요소는 입법부의 역할이다. 한 가지 시나리오에 따르면, 의회의 우위에 대해 강한 신념을 가진 유럽국가의 경우와 같이 헌법은 단순히 의회의 과반수 찬성으로 손쉽게 개정될 수 있다. 또 다른 시나리오에 따르면, 입법부가 단독으로 개헌을 승인할 수 없으며, 헌법은 입법부보다 우위에 있다. 예를 들어, 호주에서 개헌은 연방 의회의 동의를 얻어야 할 뿐만 아니라 대부분 주와 국가 전체에서 동시 과반수를 얻어야 하는 국민투표를 통과해야 한다. 호주에서는 총 44개의 개헌안이 발의되었으며, 그중 8개만이 통과에 충분한 지지를 얻었다. 가장 최근 통과된 것은 1977년 개헌안이다.

공식 개헌절차 이외의 방법으로도 헌법개정은 가능하다. 이러한 장치 중 가장 중요한 것이 위헌심사(헌법재판소의 판결, 다음 절을 참조)와 정부 규칙의 일부 측면을 변경하는 새로운 법률의 통과이다. 마지막으로 단순한 관습과 전통을 잊어서는 안 된다. 즉, 정부 구조와 관련하여 헌법에 구체적으로 명시되어 있지는 않지만, 완전히 전통으로 자리 잡은 것이 있다. 예를 들면, 전 세계적으로 통치 과정에서 정당이 중요한 역할을 하고 있지만, 헌법이 항상 정당에 대해 많이 언급하고 있는 것은 아니다.

법원의 역할

헌법은 저절로 만들어지지 않으며, 저절로 시행되지도 않는다. 헌법은 위헌적인 법률과 관행의 폐지를 통해 헌법 조항을 보호하거나 판결할 수 있는 기관의 지원이 필요하다. 법률이나 정책, 정부 행위의 합헌성 여부를 결정하는 사법심사(judicial review, 위헌심사)의 권한을 행사하는 법원과 사법부(judiciary)가 그 역할을 담당한다. 헌법의 수가 증가함에 따라 법원의 수도 증가했지만, 나라마다 각자 다른 방식으로 법원을 설치하고 있다. 즉, 일부 나라는 사법심사에 집중하는 전문적인 헌법재판소를 별도로 설치하고 있으며, 다른 나라는 사법심사와 파기(cassation) 권한을 혼합하고 있는 대법원을 가지고 있고, 일부 나라는 오직 파기 권한만 가지고 있고, 또 다른 일부는 다른 권한과 기능을 가진 복수의 법원을 가지고 있다 (비교정치학에서 제도적 접근법의 중요성을 보여주는 법원의 역할, '이론 적용 7' 참조).

처음에는 사법심사에 관한 조항을 담은 헌법이 거의 없었지만(종종 사법심사의 원형으로 여겨지는 미국헌법조차 그렇다). 즉, 미국 대법원은 1803년 판결을 통해 이 권한을 스스로 획득했다), 그 후 많이 바뀌었다. 그 결과, 법원은 점점 더 정부에서 중요한 역할을 하게 되었는데, 긴스버그(Ginsburg, 2008)가 거의 모든 민주주의 국가뿐만 아니라 여러 권위주의 정권으로까지 확산된 '글로벌 제도적 규범'이라고 묘사한 발전이었다. 허슐(Hirschl, 2008)은 심지어 법조지배체제(juristocracy) 또는 판사에 의한 정부의 등장에

> **사법심사(Judicial review)**: 정부의 공직자에 의해 제안되거나 취해진 헌법에 위배되는 법률이나 행위를 무효화시킬 수 있는 법원의 권한. 헌법재판(constitutional review)이라고도 한다.
>
> **사법부(Judiciary)**: 헌법에 따라 법률을 해석하고 적용하는 법원체계 내의 판사를 총칭하는 용어.
>
> **파기(Cassation)**: 하급법원의 판결을 재심리할 수 있는 국가 최고법원의 권한.

이론 적용 7

제도주의

통치제도에 관한 연구는 오랫동안 일반 정치학, 특히 비교정치의 핵심 관심사였다. 사실, 제도는 오랫동안 정치학의 핵심 주제로 여겨졌고, 흔히 서술에 치중하고 이론개발에 관심이 적은 접근법을 사용하는 제도주의(institutionalism)가 정치학을 지배했다. 제도주의는 1960년대에 행태주의 운동이 등장하면서 잠시 인기를 잃었지만 ('이론 적용 14' 참조), 1980년대에 사회구조 및 정치구조에 관한 새로운 연구가 개발도상국의 통치제도 개혁과 결합하여 신제도주의(new institutionalism, 또는 새로운 제도주의)로 알려진 것이 등장하면서 다시 인기를 회복했다 (March and Olsen, 1984).

이러한 개혁은 정부의 공식적인 규칙뿐만 아니라 제도가 어떻게 정치적 결정에 영향을 미쳤는지, 제도와 사회의 상호작용, 공식 제도 내에서의 비공식적 행동 패턴 등에 대하여 살펴보았다. 이 접근법은 연구자들 상당수가 민주화 과정을 좀 더 잘 이해하는 데 관심이 있었던 국가 간 연구를 수행함에 따라 비교정치연구에 도움을 주었다.

제도주의 접근법의 이점 중 하나는 제도가 어떻게 작동하는지뿐만 아니라 제도의 장단점이 무엇인지, 제도를 더 효율적으로 만들기 위해 무엇을 할 수 있는지 알려줄 수 있다는 것이다. 제도주의 접근법은 또한 제도는 새로운 상황에 대응하여 끊임없이 변화하고 있으며, 종종 제도화(institutionalization) 과정의 대상이 된다는 것을 우리에게 상기시켜준다. 제도화는 제도가 처음 만들어진 후 규칙과 절차를 개발하고, 내부적으로 복잡해지고, 위치를 확고히 하고, 주위 환경과 명확히 구별되고, 외부행위자가 통치기구의 일부로 받아들여지면서 시작된다. 제도화는 새로운 요구와 기회뿐만 아니라 변화에 대한 압력에 대응하여 진화하면서 지속된다.

우리는 또한 제도가 사회세력과 독립적으로 작동하는 경우가 거의 없기에 우리에게 정치체계에 대한 전체 이야기를 알려주지 못한다는 것도 잊어서는 안 된다. 예를 들어, 많은 권위주의 정권에서 정부의 전체 상부구조는 겉으로 드러나는 외양에 불과하며 그 이면에는 개인적 네트워크와 교류가 정치를 추동하는 핵심 원동력으로 작동하고 있다. 심지어 민주주의 국가에서조차 특정 제도적 합의가 누구에게 혜택을 주는지 묻는 것은 항상 가치 있는 일이다. 어떤 제도가 특정한 목적을 위해 새로 만들어질 수 있는 것처럼 그 제도는 또한 책임자의 이익을 위해 봉사해야 살아남을 수 있다.

관한 책을 쓰기도 했다.

대략적으로 얘기하여, 헌법에 대한 권한을 가진 법원은 두 종류이다. 즉, 대법원과 헌법재판소이다.

제도주의(Institutionalism): 통치제도의 구조와 역동성을 집중적으로 탐구하는 정치 및 정부에 관한 연구접근법이다.

신제도주의(New institutionalism): 제도주의가 부활한 것으로 공식 규칙에 관한 연구에 머물지 않고, 제도가 어떤 식으로 결정에 영향을 미치고 이익을 규정하는지에 대해 살펴본다.

제도화(Institutionalization): 조직이 역사, 기억, 안정성, 영속성 등을 강화해가는 과정이다.

독일 연방헌법재판소의 재판관들이 자신들의 최근 결정을 발표하고 있다. 독일 헌법재판소의 성공은 헌법재판소 모델(대법원과 대비되는 모델)의 도입을 촉진하는 데 일조했다.

대법원

이 법원은 일반 법원이 사법심사에 관여할 수 있지만, 최종 항소법원의 역할을 하고 헌법 문제뿐만 아니라 관습법과 성문법 문제에 대해 판결을 하는 단 하나의 전국 법원, 즉 대법원이 있는 분산형 시스템에서 찾아볼 수 있다. 미국 대법원의 선례에 기초하기 때문에 때로는 미국 모델로 알려진 이 모델은 헌법을 수호하기 위한 좀 더 전통적인 접근 방식이며, 이러한 대법원은 이 책의 '국가개요' 글상자에 소개된 나라 중 이집트, 프랑스, 독일, 러시아, 남아프리카공화국을 제외한 대부분 나라에서 발견된다. 문제를 약간 복잡하게 하는 것은, 몇몇 나라들의 경우 다른 이름으로 통하는 대법원을 가지고 있다는 점이다. 예를 들면, 호주와 홍콩에서는 '최고법원(High Court)'이라고 한다. 문제를 좀 더 복잡하게 하는 것은, 스페인을 포함하여 몇몇 유럽국가에서는 대법원의 판결(일부 또는 전부)에 대해 헌법재판소에 항소할 수 있다는 점이다. 한편, 미국은 연방대법원뿐만 아니라 50개 주마다 주 대법원을 가지고 있고, 캐나다는 연방법과 주법의 모든 사안에 대해 판결을 내릴 수 있는 연방대법원만 가지고 있다.

대법원은 주로(전적으로는 아니지만) **구체적 규범통제(concrete review)**를 사용하며, 이는 심판대상이 '사건성 및 쟁송성'을 구비하고 있음을 의미한다. 즉, 대법원은 기본적으로 법률이 이미 적용되었거나 적용되려는 경우, 그리고 관련 당사자들이 법적 지위를 가지고 있는 구체적 소송사건이 있는 경우 소송사건을 심리하는데, 이는 법으로 인해 실질적 또는 잠재적 피해가 발생했음을

> **구체적 규범통제(Concrete review)**: 특정 사건의 맥락에서 법률이나 정책, 정부 조치의 위헌 여부 판단.

표 7.2 대법원과 헌법재판소의 비교

	대법원	헌법재판소
심사 형식	주로 구체적.	주로 추상적.
상소 기능	네.	아니오.
지위	법적 지위를 가진 사람 누구나 소송을 청구할 수 있다.	오직 특정 기관만이 소송을 청구할 수 있다.
사례	호주, 브라질, 캐나다, 중국, 인도, 일본, 멕시코, 나이지리아, 스웨덴, 튀르키예, 미국.	오스트리아, 이집트, 프랑스, 독일, 동유럽국가 대부분, 러시아, 남아프리카공화국, 영국.

의미한다. 구체적 규범통제를 사용하는 대법원의 원형은 미국이다. 미국 연방대법원은 미국의 주나 외국의 대표가 재판 당사자인 소송사건에 대해 **초심관할권(original jurisdiction)**을 가지고 있지만, 주요 역할은 **상소심 재판 권한(appellate)**에 있다. 다시 말해, 위헌 문제는 일반 사법체계 어느 단계에서나 제기될 수 있으며, 대법원은 헌법상 중요한 문제를 제기한다고 생각되는 소송사건만을 심리한다. 즉, 대법원에 소송사건의 재심리를 요청하는 상고는 대부분 기각되고 있다.

2020년을 예로 들면, 미국 대법원은 그해 일 년 내내 트럼프 대통령의 금융기록, LGBTQ 노동자의 직장 권리, 어린아이로 미국에 온 이민자 보호법 폐지, 종교 학교에 대한 주 정부의 지원, 선거인단에 선출된 사람들은 대통령선거 선거인단 투표에서 일반 유권자로부터 다수표를 얻은 후보자에게 반드시 투표해야 한다는 주 정부의 요구 사항 등 여러 다양한 사안에 대해 판결을 내렸다.

초심관할권(Original jurisdiction): 소송사건의 제1심 법원이 되는 권한.

상소심 재판 권한(Appellate): 법원이 다른 하급법원이 내린 판결에 대해 심리하는 권한.

그러나 이 장의 뒷부분에서 살펴보듯이, 미국 대법원 판사의 임명과 그들의 판결은 정치적으로 비난의 대상이 되고 있으며, 대법원이 정치적 독립성을 유지하고 있는지 의문이 제기되고 있다.

헌법재판소

이 법원은 일반 법원이 아닌 오직 헌법재판소만이 사법심사에 관여할 수 있는 중앙집권적 시스템에서 발견된다 (Vanberg, 2015). 오스트리아 헌법재판소가 대표적이고, 유럽국가 대부분에서 발견되기 때문에 때로는 유럽형 모델로 알려져 있으며, 이 형태는 1920년 오스트리아 헌법을 작성하고 새로운 오스트리아 헌법재판소의 재판관으로 10년 동안 재직했던 켈젠(Hans Kelsen, 1881~1973년) 판사의 생각에 바탕을 두고 있다. 헌법재판소는 또 하나의 입법부로서 기능하는데, 진짜 입법부와 차이점은 헌법재판소가 헌법의 규범에 부합하지 않는 법률을 뒤집을 수 있다는 점에서 '마이너스 입법'을 행한다는 점이다.

또 한 가지 주요 차이점은 대법원이 주로 특정 소송사건에 기초하여 구체적 규범통제를 사용하는 반면, 헌법재판소는 일반적으로 구체적 사건에 대한 고려 없이 추상적으로 법률 또는 정부 행위의 합헌성 여부를 판단함을 의미하는 **추상적 규범통제(abstract review)**를 실천한다는 것이다. 구체적 규범통제와 다르게 추상적 규범통제는 일반적으로 반드시 정부, 행정부, 입법부의 의원 집단 등과 같은 특정 공공기관의 헌법소원 청구가 있어야만 시작할 수 있다. 헌법소원 청구는 법률안이 통과되기 이전 또는 통과된 후 정해진 기간 내에 할 수 있으며, 헌법재판소는 일반적으로 사건 심리를 거부할 수 없다. 독일, 스페인, 동유럽의 많은 나라 등과 같은 일부 국가의 헌법재판소는 추상적 규범통제와 구체적 규범통제를 둘 다 사용할 수 있으며, 미국의 연방대법원처럼 대법원이 추상적 규범통제를 사용하여 결정을 내리는 사례도 있다.

오스트리아에서 기원한 헌법재판소 모델은 제2차 세계대전 이후 유럽대륙의 여러 나라에 의해 도입되었으며, 2005년 기준으로 전 세계 국가의 약 절반이 이 모델을 채택하였다 (Horowitz, 2006). 사법심사 권한 이외에도 주와 연방 정치기관 간의 분쟁을 판결하고, 개인의 권리를 보호하며, 전복을 시도하는 집단과 개인으로부터 헌법과 민주 질서를 수호할 수 있는 독일의 연방헌법재판소(FCC: Federal Constitutional Court)의 성공이 이 모델의 확산을 촉진하였다 (Langenbacher and Conradt, 2017).

시민들이 모든 다른 사법적 조치를 밟은 후에 헌법재판소에 직접 청원할 수 있도록 허용한 헌법소원 규정 덕분에 FCC의 명성은 더욱 높아졌다. 코머스(Kommers, 2006)는 독일 헌법재판소를 '독일 민주주의의 수호자'로 묘사하였으며, 선거권, 선거공영제, 선거제도, 군소정당의 권리 등에 대한 독일 헌법재판소의 결정을 그 예로 들었다. 2021년 초 독일 헌법재판소는 기후변화 관련 주목할 만한 결정을 내렸는데, 기후변화가 인권에 대한 위협이라고 판단했을 뿐만 아니라 2019년 독일 기후변화법의 일부 측면이 2030년 이후 온실가스 배출 목표를 설정하지 않아 젊은 세대에게 너무 큰 부담을 안겼다고 판단했다.

사법부의 역할

법원을 이해하기 위해서는 법원이 어떻게 구성되어 있고 또 어떤 권한을 보유하고 있는지 이해할 필요가 있을 뿐만 아니라 판사의 정치적 역할 수행과 판사가 **사법소극주의(judicial restrain)**와 **사법적극주의(judicial activism)** 사이의 스펙트럼에서 어디에 위치하는지 이해할 필요가 있다. 프랑스의 철학자 몽테스키외(Montesquieu)의 말을 빌리자면, 판사들은 어느 정도까지 '법의 입'으로서 기능해야 하는가, 헌법의 문자적 의미를 객관적으로 적용해야 하는가(이것이 인간적으로 가능한 범위 내에서), 판사들의 개인적 가치와

추상적 규범통제(Abstract review): 법률이나 정책, 정부의 행위 등의 합헌성에 대한 법원의 권고(흔히 구속력 결여).

사법소극주의(Judicial restraint): 선출된 정부 부처에 대한 존중의 표시로 판사는 명백히 위헌이 아닌 한 법을 폐지해서는 안 된다는 견해.

사법적극주의(Judicial activism): 협소한 법적 논증에서 탈피하여 잠재적으로 공공정책에 영향을 미치려는 판사의 의지.

이데올로기적 성향이 그들의 판결에 영향을 미치는 것을 어디까지 허용해야만 하는가? 세계의 많은 나라에서 판사들이 사법소극주의에서 사법적극주의로 옮겨가는 추세에 있으며, 그리고 방글라데시, 인도, 남아프리카공화국, 캐나다, 미국과 같은 먼 곳에서의 연구들은 판사들이 예전에는 선출된 정치인과 국가 입법부에 맡겨졌을 정치영역에 더 기꺼이 개입하게 됨에 따라 그러한 추세의 의미에 대해 숙고하였다 (Coutinho et al., 2015 참조).

미국보다 사법적극주의가 더 많이 발전된 나라는 거의 없으며, 미국 대법원이 쟁점에 대해 어떤 방향으로 표결할 것인지에 대한 논의는 종종 헌법의 원칙보다 9명의 대법관 중 보수주의자와 자유주의자의 상대적 수로 집약된다. 아마도 가장 악명 높게도, 미국 대법원은 정당노선을 따라 표결하여 2000년 대통령선거의 결과를 결정하였고, 그에 따라 부시(George W. Bush)가 논쟁의 여지가 있는 플로리다주 선거인단 선거에서 승리하여 최종적으로 대선에 승리하였다. 분노한 한 평론가는 대법관 다수가 "소송당사자의 개인적 정체성 및 정치적 성향"에 근거하여 결정했기 때문에 그 표결을 "미국 대법원 역사상 가장 부패한 결정 중 하나이며, 법관 선서의 위반"으로 표현했다 (Dershowitz, 2001). 2021년 바이든 대통령 취임 몇 달이 채 지나지 않아 대법원의 나이 많은 대법관 일부가 얼마나 빨리 퇴임할 것인지, 그리고 보수주의자들이 지배하는 대법원의 새로운 대법관 임명에 바이든이 어떤 영향을 미칠 수 있는지에 대한 추측이 나돌았다.

이와 대조적으로, 1958년 프랑스 제5공화국의 수립 시점까지 거슬러 올라가는 프랑스 헌법위원회(또는 헌법평의회)는 사법소극주의로 유명하다 (Espinosa, 2017). 적어도 이에 대한 설명 중 일부는 프랑스 헌법위원회에서의 토론과 그 구성원들의 투표는 대중에게 공개되지 않으며, 이는 프랑스 헌법위원회가 구성원들의 이념적 균형에 따라(미국 대법원의 경우처럼) 규정되기보다는 프랑스 헌법위원회가 하나의 통합 기관이라는 생각을 확산시키는 데 도움이 된다는 것이다. 프랑스 정당의 이념적 다양성으로 인해 프랑스 헌법위원회의 정치적 성격 또한 약화되며, 이는 민주당이나 공화당으로 기울어지는 미국 판사들의 양자택일과 대비된다. 마지막으로 이 두 법원의 대조적인 임기가 영향을 미친다. 종신제(엄밀히 말하면, '착한 행동[(good behaviour]'**)로 인해 미국 대법원의 업무에서 정치적 이해관계가 더 크며, 프랑스 헌법위원회의 9년 단임제는 판사의 좀 더 빈번한 교체와 이념적 성향의 잦은 변화를 가져온다.

사법소극주의에서 사법적극주의로 전환되는 주요 이유로 다음 네 가지를 들 수 있다.

- 사회 규제에 대한 의존이 증가하면서 법원의 개입이 장려되고 있다. 예를 들어, 동성결혼에 반대하기로 한 정부의 결정은 전쟁을 일으키거나 세금을 인상하기로 한 결정과 달리 사법부의 도전을 불러일으킬 수 있다.
- 판사가 인권을 보호하는 데 좀 더 중요한 역할을 맡게 되면서, 여러 국가에서 인권의 확대는 사법적극주의를 촉진하였다.
- 국제조약은 판사가 인권, 무역, 금융, 보건, 환

** 역자 주) 물의를 일으키지 않고, 성실히 근무하는 한, 잘 처신하는 한 종신이 보장된다는 의미로서의 착한 행동.

경과 같은 다양한 주제에 관한 협정을 근거로 판결을 내릴 때 국내법의 한계를 벗어날 수 있는 추가 수단을 제공한다.

- 특히 대표적으로 정당 등 다른 많은 기관과 기구들의 위상이 추락하면서, 상대적으로 청렴하고 공정하다는 평판을 유지하고 있는 판사들이 새롭게 권위를 얻게 되었다.

사법적극주의의 성장은 **사법부 독립**(judicial independence)에 대해 의문을 제기하는데, 왜냐하면 법원이 법률 및 정부 행위의 합헌성 여부에 대해 객관적으로 평가하려면, 법관이 독립적이어야 할 필요성이 있기 때문이다. 독립성에 대한 여러 척도 중 핵심은 판사가 어떤 식으로 충원되는지, 얼마나 오랫동안 임기를 유지하는지 여부이다. 표 7.3과 '문제 탐구 7'을 참조하라. 만약 판사의 선발이 정치인에 의해 좌지우지된다면, 사법부는 어쩌면 단지 당파적 권력을 강화하게 되며, 이는 권력통합(권력분산이 아닌)을 초래한다. 판사와 정치인 간에는 일정한 거리를 둘 필요가 있다.

이러한 척도의 한쪽 끝에는 중국과 같은 나라들이 있는데, 법원의 모든 임명이 중국공산당이 지배하는 입법부에 의해 이뤄진다. 이곳에서 판사가 공산당이 임명한 사람이라는 것은 의심의 여지가 없으며, 판사가 최대 두 번의 5년 임기를 수행한다는 점은 법원에 새로운 아이디어를 불러온다는 측면에서는 논란의 여지가 있다. 판사의 임명과 판결에 높은 정치적 이해관계를 보장하

> **사법부 독립**(Judicial independence): 법원이 입법부와 행정부, 또는 정부 외부 행위자의 정치적 영향력으로부터 자유로워야 한다는 생각.

표 7.3 재판관 임명 방식 비교

국가	재판관 수	임기	절차
나이지리아	21	정해진 임기가 없다. 70세까지 나이 제한.	국가사법위원회가 추천하고 대통령이 임명, 상원이 임명동의.
독일	16	12년 단임. 68세까지 나이 제한.	입법부가 선출. 2/3 찬성 필요.
러시아	19	12년 단임.	대통령이 지명하고 연방회의가 다수결로 임명동의.
미국	9	종신제.	대통령이 지명, 상원이 다수결로 임명동의.
영국	12	정해진 임기가 없다. 임명되었을 때 나이에 따라 70세 또는 75세 나이 제한.	추천위원회가 지명한 후, 총리의 조언을 받아들여 군주가 임명.
이탈리아	15	9년 단임.	5명은 대통령이 임명, 5명은 의회에서 선출, 5명은 다른 법원에서 선출.
인도	31	정해진 임기가 없다. 65세까지 나이 제한.	대법원장 및 4명의 대법관의 추천으로 대통령이 임명.
중국	13	5년 임기, 재임까지 허용.	중국공산당이 지배하는 입법부가 임명.

문제 탐구 7

법관의 독립성을 보장하는 방법은 무엇인가?

어쩌면 직관적으로 법관의 정치적 독립이 효과적인 헌법의 핵심적 기초이며, 이는 다시 민주주의의 핵심적 기초라고 생각할 수 있다. 그러나 사법부의 독립이 의미하는 바가 무엇인지는 오랫동안 논쟁의 대상이 되어왔으며, 특히 법적 독립(de jure, 사법체계의 공식 규칙에 기초)과 사실상의 독립(de facto, 사법체계를 둘러싼 정치적 현실에 기초)의 차이에 대해 질문이 제기되었다. 사법부의 독립을 어떻게 측정해야 하는지에 대해서도 질문이 제기되었으며, 이는 사법부의 독립이 어떻게 가장 잘 보호되는지에 대한 질문을 제기한다.

멜톤과 긴스버그(Melton and Ginsburg, 2014)는 6가지 헌법적 특징의 목록을 개발하였으며, 그들은 이것이 사법부의 독립을 비교하여 측정하는데 활용될 수 있다고 확신한다.

- 헌법에 판사의 독립을 명시적으로 진술.
- 판사의 재임 기간.
- 판사 및 관련 기구의 선임절차.
- 판사 및 관련 기구의 해임절차.
- 판사의 해임 조건.
- 판사의 급여 보장.

이러한 6가지 특징을 사용하여 헌법에 대한 풍부한 정보를 담고 있는 미국 기반 웹사이트인 비교 헌법 프로젝트(Comparative Constitutions Project, 2021)는 전 세계 사법부의 독립성을 비교하여 일부 예상치 못한 결과를 산출했다. 오직 4개국(아르헨티나, 불가리아, 감비아, 네팔) 만이 6가지 특징을 모두 가지고 있는 반면, 민주적으로 매우 천차만별인 몇몇 국가(캐나다, 쿠바, 북한, 스웨덴, 베네수엘라 포함)는 각각 오직 하나의 특징만을 가지고 있고, 미국과 러시아 둘 다 3가지 특징을 가지고 있다. 확실히, 판사와 법원에 대한 법적 보호는 우리에게 많은 것을 말해주지 않으며, 멜톤과 긴스버그 자신도 공식 헌법 진술이 실제로 사법 독립에 미칠 영향에 대해 회의적임을 인정한다.

- 이러한 발견이 사법적 독립성을 축적하고 달성하려는 측면에서 우리에게 남긴 것은 무엇인가?
- 이것이 우리가 이것을 볼 때 또는 누락된 것을 발견했을 때 직관적으로 가장 쉽게 이해할 수 있는 것인가?
- 스웨덴이 어떤 측면에서는 북한과 미국, 어떤 측면에서는 러시아에 비유되는 것을 보고 우리는 놀라야 하는가?

는 방식으로 법원을 설계한 미국에서는 정치 또한 판사임명을 설명하는 핵심 요인이다. 미국 대통령이 미국 대법원 및 하급 연방법원 판사 후보를 지명하면, 지명자는 미국 상원의 표결에서 상원의원 과반수의 동의를 얻어야만 한다. 더 나아가, 종신 임명은 판사의 교체가 거의 없다는 것을 의미하며, 임명은 수년간, 심지어 수십 년간 법원의 정치적 균형에 영향을 미칠 것이다.

이 척도의 다른 쪽 끝에는 법관 임명과 이에 따른 법원의 판결이 덜 정치적인 독일이나 영국과 같은 나라들이 있다. 판사는 입법부에 의해 임명되거나 선출될 수도 있고, 행정부에 의해 지명되거나 임명될 수도 있으며, 독립적 인사위원회 또는 다른 판사에 의해 임명될 수도 있다. 그 대안으로, 그리고 더 전통적인 방식으로는, 최고법원의 일부 판사는 어떤 한 방식으로 임명되고, 다른 하급법원 판사는 또 다른 방식으로 임명된다. 아울러 종신 재직에 대한 제한이 있을 것이며, 이는 고정된 임기, 나이 제한, 또는 둘 다의 형태를 취할 수 있다.

독일에서는 헌법재판소의 재판관들이 입법부에 의해 선출되며, 이것이 정치화를 조장하는 수단으로 보일 수도 있지만, 사실 그렇지는 않다. 첫째, 입법부(연방하원)에는 여러 정당이 참여하고 있어 미국 상원에서 볼 수 있는 민주당과 공화당 양당 중 하나를 선택해야 하는 정치적 양자선택을 피할 수 있다. 그런 다음 연방하원의 정당들이 지명자를 놓고 협상을 벌이며, 정당들 사이에서 폭넓게 지지를 받을 수 있는 재판관 후보자를 찾는데, 후보자가 하원의원 3분의 2 이상 압도적 다수로 동의를 받을 것을 요구하기 때문에 이와 같은 자질이 더욱 중요하다. 마지막으로, 독일 헌법재판소 및 그외 많은 다른 유럽국가의 헌법재판소의 경우 판결은 반드시 합의(미국처럼 다수결이 아니라)에 의해 내려야 한다는 조건으로 인해 정치의 역할은 축소된다.

권위주의 정권의 헌법과 법원

2017년 이란에서 경제문제로 촉발된 대규모 시위는 집권 정부에 반대하는 시위로 빠르게 바뀌었다. 시위를 주동한 것으로 추정되는 사람 중에 프랑스로 망명해 살고 있던 반체제 인사 루홀라 잠(Ruhollah Zam)이 있었는데, 그는 프랑스에서 아마드뉴스(AmadNews)라는 웹사이트와 텔레그램 앱의 메시지 채널을 운영했다. 2019년 10월에 잠은 이라크로 유인되어 체포되었고, 그의 의지와 반대로 이란으로 송환되었다. 그는 텔레비전에서 자신의 '범법 행위'를 자백할 것을 강요당했고, 그 후 배심원 없이 비밀리에 열린 이란 혁명법원에서 간첩 및 반역을 의미하는 데 사용되는 용어인 '지구상의 부패'로 기소되었다. 그는 사형을 선고받았고, 이란 대법원에서 판결이 확정되어 2020년 12월에 처형되었다.

거의 모든 면에서 이 사건은 두 가지 헌법 모델의 차이점을 강조한다.

- 헌법과 법치주의를 존중하는 독립적인 사법부에 의해 보호되는 민주주의 정권.
- 최고법원의 지원을 받는 비밀절차를 이용하여 정치적 반대자를 사형에 처할 수 있는 이란과 같은 권위주의 정권.

민주주의 국가와 비교할 때 권위주의 정권에서 법의 채택과 적용은 종종 자의적이며, 검증된 원칙보다는 지도자와 엘리트의 정치적 목표와 목적에 기초한다. 어떤 국가도 법을 완벽히 평등하게 적용하는 국가는 없지만, 이 점에 있어서는 민주주의 국가가 권위주의 정권보다 훨씬 낫다고 할 수 있으며, 권위주의 정권의 많은 정치적 약점은 헌법적 약점에 기인한다. 권위주의 정권이 헌법을 가지고 있지 않은 것은 아니다. 헌법안을 작성하고 채택하는 데 가끔 오래 걸리지만(예를 들어, 미얀마는 2008년 헌법안을 작성하여 채택하는 데 17년이 걸렸다) 권위주의 정권 역시 헌법을 가지고 있기 때문이다. 긴스버그(Ginsburg, 2020)는 의문을 제기했다. 산출된 문서가 종종 무의미하고 명백히 가짜 문서가 정당성을 창출하는 데 어려움을 겪는 상황에서 권위주의 정권이 헌법에 신경을 쓸 이유가 있을까? 그가 제시한 답변 중 하나는 권위주의 정권의 헌법은 민주주의 국가에서 헌법이 하는 것과 동일한 기능을 수행하며(예를 들어, 기관의 책임을 둘러싼 갈등의 최소화), 동시에 운영 매뉴얼, 광고판, 청사진, 장식 등으로도 사용된다 (도표 7.4 참조).

이러한 목적을 위해 헌법을 이용하고 법의 틀과 겉으로 사법부의 독립을 유지하면서, 이에 더하여 많은 권위주의 정권은 헌법과 법원의 권위를 무시하도록 고안된 전략을 사용한다. 그러한 전략으로는 비상사태의 선포, 사법체계의 교묘한 조작, 특별법원의 사용 등이 있다. 그 중 첫 번째, 즉 정상적인 정부가 중단되는 **비상사태(state of emergency)** 선포는 헌법을 전면 폐기하는 효과를 가진다. 그린(Greene, 2018)은 비상사태의 이면에 있는 조건을 다음과 같이 정의한다.

> 위협이 임계치를 넘어선 것으로 여겨질 정도로 심각하다고 국가가 판단하여 지정한 위기로서 정상적인 조건에서는 허용될 수 없는 국가의 긴급하고, 예외적이며, 결과적으로 일시적 조치를 필요로 한다.

여기에서 핵심은 '일시적'이라는 단어이다. 자연재해로 인해 비상사태가 종종 선포되고 있고 코로나19 팬데믹에 대응하기 위해 전 세계적으로 수많은 비상사태가 선포되었지만, 민주주의 국가에서는 이러한 상황이 무한정 지속할 것이라고 또는 정치적 목적을 위해 사용될 것이라고 예상하기는 어렵다. 반면에 권위주의 정권에서는 2016년 베네수엘라, 2020년 키르기스스탄과 태국에서 일어난 것처럼 시위대로부터 정권이 위협을 받고 있다고 생각되는 경우 비상사태(때로는 계엄상태라고 말한다)가 선포될 수 있다. 한편 '일시적' 비상사태는 수년간 지속되고, 국가안보나 인도적 지원에 대한 우려를 앞에 내세워 정치권력의 확대를 숨길 수 있도록 해준다.

장기간 지속되었던 비상사태와 **계엄령(martial law)**의 역사로 인해 '끝없는 비상사태'의 이야기를 촉발한 이집트만큼 이 문제를 심각하게 경험

> **비상사태(State of emergency)**: 정부가 자연재해, 시민소요, 무력충돌 등을 처리하기 위해 자신에 스스로 추가의 권한을 부여하는 상황이다.

> **계엄령(Martial law)**: 민간 법률이 일시 정지된 기간 동안 군사정부 또는 점령군이 공표한 법.

역할	특징
운영 매뉴얼	정부가 어떻게 기능해야 하는지에 대한 지침을 제공하며, 그에 따라 지도자에게 몇 가지 제약을 가한다.
광고판	국내외 청중 모두에게 지배자의 의도를 알린다.
청사진	있는 그대로가 아니라 어쩌면 있을 수 있는 것을 설명하여 사람들에게 동기를 부여한다.
장식	실제로 지도자에 대해서는 제약을 가하지 않으면서 권리를 보호하는 것처럼 보이게 한다.

도표 7.4 권위주의 정권의 헌법
출처: Ginsburg(2020)에 기초.

한 나라는 거의 없다. 영국의 이집트 점령통치 기간 동안 1914년부터 이집트가 독립한 1922년 사이에 계엄령이 선포되었다. 제2차 세계대전 기간 동안 계엄령이 다시 선포되었고, 제1차 아랍-이스라엘전쟁의 결과로 1948~1950년에 다시 선포되었으며, 나세르(Gamal Abdel Nasser)의 집권으로 귀결된 자유장교혁명 동안에 선포되었고 그 이후 1952~1956년에 다시 재차 선포되었다. 1958년 정부의 비상 권한에 관한 새로운 법률이 공포되어 대통령은 "공공안전이나 치안질서가 위협받을 때는 언제든지" 비상사태를 선포할 수 있게 되었다. 사실상, 전시 계엄령 조치가 항시적 통치 도구로 변했다.

새로운 법이 즉시 발효되어 1964년까지 시행되었으며, 1967년 이스라엘과의 6일 전쟁 중에 다시 도입되어 1980년까지 시행되다가 이슬람 무장세력에 의해 사다트(Anwar Sadat) 대통령이 암살된 후 다시 도입되었다. 비상사태는 사다트의 후임자인 무바라크(Hosni Mubarak)의 재임기간 동안 계속 지속되었으며, 무바라크는 테러 위협 때문이라고 변명했다. 비상사태 동안 그의 정부는 헌법상의 권리를 정지하고, 검열을 합법화하고, 재판 없이 구금을 허용하고, 경찰의 권한을 확대하여 국민적 분노를 일으켰으며, 이러한 분노가 2011년 '아랍의 봄' 동안 무바라크 정권의 전복으로 이어졌다. 2012년 5월 비상사태는 마침내 끝났고, 콥트 교회에서 발생한 폭탄테러로 45명이 사망한 후 2017년 4월에 다시 선포되었다.

비록 새로운 2014년 이집트 헌법은 미래의 비상사태를 3개월로 제한하고 기간 연장을 위해서는 의회의 승인을 요구하였지만, 1958년 비상사태법의 개정안이 이집트 의회를 통과하여 엘시시(Abdel Fattah el-Sisi) 대통령에게 비상사태를 선포할 수 있는 새로운 권한을 부여했다. 표면상의 이유는 코로나19 및 보건 비상사태에 대처할 필요성과 관련이 있었지만, 이 개정안은 대통령에게 학교, 대학, 법원, 정부시설 및 기업 등을 폐쇄하고, 모든 종류의 공개모임을 제한하고, 상품과 서비스의 가격을 통제할 수 있는 권한을 부여했다 (Human Rights Watch, 2020).

일부 권위주의 정부가 헌법을 우회하기 위해 사용하는 두 번째 전략은 판사의 충원, 훈련, 평가, 승진, 징계 등의 절차를 통해 판사를 간접적으로 조종하는 것이다. 예를 들어, 베네수엘라 대통령 차베스(Hugo Chávez) 행정부(1999~2013년)는 베네수엘라 대법원의 역할을 약화하기 위해 교묘한 수단과 그다지 교묘하지 않은 수단을 섞어서 사용하였다 (Taylor, 2014). 그는 관련 법의 개정 없이 대법원의 실효성을 약화하기 위해 대법원 판사들을 협박하고 주요 판결에 불복하겠다고 위협하기 시작했다. 그러다가 2004년 법을 개정하여 대법원의 의석을 20석에서 32석으로 늘리고, 늘어난 12석에 차베스 지지자들을 새로 임명했다. 차베스가 임기 중 사망하였던 2013년 3월까지 일련의 점진적 변화는 베네수엘라 행정부에 대한 사법부의 견제를 거의 모두 없앴다. 대법원은 심지어 2017년 베네수엘라 입법부의 권한을 잠시 빼앗았다. 즉각적인 대중적 항의가 있었지만, 대법원은 계속 차베스의 후계자인 마두로(Nicolás Maduro) 정부에 의해 통제되었는데, 그는 필요하다고 느낄 때는 언제든 입법부를 우회할 수 있으며 대법원의 반대에 부딪치지 않을 것이다.

헌법을 우회하기 위한 세 번째 전략은 마치 사법부가 독립되어있는 것처럼 눈가리고 아웅하는 것이 아니라 정권이 지시하는 바를 무조건 맹종하여 따르는 특별법원을 활용하는 것이다. 일반법원은 그대로 유지시켜 자국의 사법제도가 온전하다는 얄팍한 이미지를 전 세계에 심으면서, 반면 정치적으로 중요한 사건은 특별법원으로 보내진다. 그 사례를 미얀마에서 찾아볼 수 있다. 미얀마는 군인을 재판하기 위한 것처럼 들리지만 실제로는 군사정부 시절 민간인을 재판하는 데 '군사재판소'를 이용했다. 이와 같은 군사재판소는 1962년에서 1988년 사이 윈(U Ne Win) 장군 정권 시절 기능하였으며, 군사재판소는 재판대상 범위를 확대하여 결국에는 군사정부에 대한 위협으로 여겨지는 거의 모든 범죄에 대한 재판을 담당할 수 있었다. 2021년 3월 전국 여러 지역에 계엄령이 선포되면서 군사재판소가 부활하였으며, 이 재판소는 한달 전 민간정부로부터 정부의 공식 권한을 찬탈한 군사정부에 대해 저항한 혐의가 있는 사람 거의 모두를 기소할 수 있었다.

일당지배 국가에서 법원은 정치권력을 제한하는 존재보다는 지배정당의 정책목표 실현을 도와주는 조력자로 활동한다. 중국은 현재 1982년 채택된 제4차 헌법을 가지고 있는데 이 중국 헌법은 권위주의 헌법이 갖는 광고판 기능의 좋은 사례이다. 이 헌법은 중국의 유구한 역사와 "찬란히 빛나는 문화"와 "영광스러운 혁명 전통"을 창조한 인민의 역할에 대한 짧은 회상으로 시작한다. 이어서 20세기 동안 "제국주의와 봉건주의"의 타도는 "중국 인민"이 국가권력을 장악하고 "나라의 주인"이 되는 결과를 낳았다고 서술하고 있다. 만약 사실이라면, 어떻게 시진핑이라는 한 명의 지도자는 자신의 교리(새로운 시대를 위한 중국특색의 사회주의에 대한 시진핑 사상)를 중국 헌법에 사상적으로 큰 영향을 미치고 있는 인물들(마르크스, 레닌, 마오쩌둥, 덩샤오핑)의 명

쿠바 극회가 2019년 4월 비준된 새 헌법을 논의하기 위해 열렸다. 바뀐 내용 중 하나는 쿠바 대통령의 5년 임기를 두 번으로 제한하는 것이었다.

단에 추가할 수 있었을까? 중국 헌법 제1조에는 다음과 같은 엄중한 알림/경고가 포함되어 있다. 즉, "중국공산당의 영도는 중국특색 사회주의의 최고의 본질적 특성이다. 어떠한 조직이나 개인이 사회주의체제를 파괴하는 것을 금지한다."

실제로, 중국에서 '법에 의한 지배'는 권력 행사의 제한을 의미하기보다는 법을 통한 정치권력의 행사를 의미한다. 법원은 여러 다른 관료기구 중 하나로 간주되고 있으며, 법원의 판결이 헌법에 위배되는지 여부를 심리하는 헌법재판은 이뤄지지 않고 있고, 법원의 많은 판결은 쉽게 무시된다. 판결내용은 공표되지 않고 있으며, 까다로운 사건에 대해서는 종종 판결을 내리지 않고 그냥 내버려둔다. 민주주의 국가의 사법기관에 비해 중국의 사법기관은 전문성이 떨어지며, 법조인들의 수준 역시 높지 않다. 그동안 많은 발전에도 불구하고, 재판절차는 여전히 무고한 사람을 보호하는 장치가 미흡하다. 여전히 경찰은 대체로 무책임하며, 반정부인사들은 아직도 재판 없이 감옥에 잡혀가고 있으며, 공산당 관료들은 여전히 법 위에 군림하고 있다. 아직도 공산당이 지배하고 있기 때문에 여전히 권력이 헌법과 인권보다 우위에 있으며, 반면 장(Zhang, 2012)이 지적했듯이 정치적 권리 및 종교적 권리는 아직도 휴면상태에 있다.

민주주의 정권을 검토하든 권위주의 정권을 검토하든, 헤드라인을 장식하는 정부와 정치의 발전을 물밑에서 변화하고 있는 흐름과 구별하는 것은 항상 중요하다. 법원의 결정이 헤드라인을 장식하는 경우는 상대적으로 거의 없으며, 헤드라인을 장식하는 경우는 주로 대중의 관심이 높은 문제에 현저한 영향을 미치기 때문이다. 한편 법원의 일상적인 업무 및 업무의 기반이 되는 헌법원칙은 대중의 큰 관심을 끌지 못하는 상태에서 일이 진행된다.

예를 들어, 이 점은 러시아와 관련하여 핸들리(Hendley, 2014)가 주장한 바이다. 그녀는 2012년 모스크바 대성당에서 푸틴 반대 행사를 개최한 후 펑크록 그룹 푸시 라이엇(Push Riot)이 유죄판결을 받은 것 또는 야당 정치인 나발니(Alexei Navalny)의 반복적인 체포 등과 같이 국제적으로 헤드라인을 장식했던 사건을 지적하고, 이러한 사건과 다른 사례들 때문에 러시아의 법률이 "국가가 반대자들에게 자신의 의지를 강요하기 위해 사용하는 도구"라는 이미지를 갖게 되었음에 주목한다. 또한, 그녀는 그것이 행정부에 비해 판사가 상대적으로 힘이 없다는 우려에도 불구하고 분쟁을 해결하기 위해 갈수록 점점 더 법원을 많이 이용하고 있는 러시아인의 일상생활에서 법의 역할을 흐리게 한다고 주장한다.

헌법상의 선언과 법원의 역할과 관계없이 대부분의 권위주의 정권이 인권에 대해 형편없는 성적을 가지고 있음은 무척 명백하다. 우리가 민주주의와 부패에 대해 검토한 지표들에 대한 확실한 비교 자료는 부재하지만, 인간자유 지수(Human Freedom Index)는 몇 가지 유용한 통찰력을 제공해준다. 미국과 캐나다의 2개의 싱크탱크가 관리하고 있는 이 지수는 인간의 자유를 '소극적 자유 또는 강제적 억압의 부재'로 정의하고, 이동의 자유, 종교의 자유, 결사의 자유, 표현의 자유 등과 같은 시민적 자유와 경제적 자유를 혼합한 지표를 비롯하여 거의 80개의 지표를 사용한다. 10이 자유도가 가장 높음을 의미하는 0에서 10까지의 척도를 기준으로 2018년 조사한 국가들의 평균점수는 6.92였고, 중동, 북아프리카, 동유럽, 남아시아, 사하라 이남 아프리카지역 등이 가장 낮은 수준인 것으로 나타났다. 가장 낮은 점수를 받은 국가는 높은 점수를 받은 국가와 대비하여 도표 7.5의 으른쪽에 표시되었다.

이 도표에서 볼 수 있듯이, 짐바브웨는 좋은 상황이 아니다. 정치적 갈등의 증가와 경제침체의 시기를 경험한 후 2013년 새로운 헌법이 제정되었으며, 이는 짐바브웨 사람들의 삶이 좀 더 안전해질 것이라는 희망을 품게했다. 그러나 2013년 선거에서 짐바브웨 의회 전체 의석의 72퍼센트, 또 2018년 선거에서 66퍼센트의 의석을 차지한 집권여당 ZANU-PF(짐바브웨 아프리카 민족연맹-애국전선)는 헌법조항의 시행을 지연하고 표현의 자유 및 집회의 자유가 제한되고 있는 문제의 해결을 차일피일 미루며 질질 끌고 있다. 언론의 자유와 학문의 자유는 여전히 제한되고 있고, 정권에 반대하는 사람들에 대한 탄압이 일상적으로 이뤄지고 있으며, 사유재산권이 종종 무시되고, 군대는 정권 유지에 동원되고 있고, 법원은 지배 정권의 목적에 부합하도록 재판을 조작하고 있다. 그들의 취약성은 이미 막강한 짐바브웨 대통령의 권한을 더욱 확대하는 헌법개정을 막지 못했던 2021년에 확연히 드러났다.

인권기록이 좋지 못한 권위주의 정권의 또 다른 사례가 이란이다. 이란의 헌법은 "진리와 꾸란의 정의에 대한 오랜 믿음을 바탕으로 이란의 국민이 승인한" 이슬람공화국과 "숭고한 인간의 존엄성과 가치" 및 사법부의 독립에 관한 고상한 청사진 형식의 성명을 제시하고 있다. 그러나 많은 활동가가 정치범으로 감옥에서 비참한 삶을 살고 있으며, 이란의 사형집행률은 아마도 중국

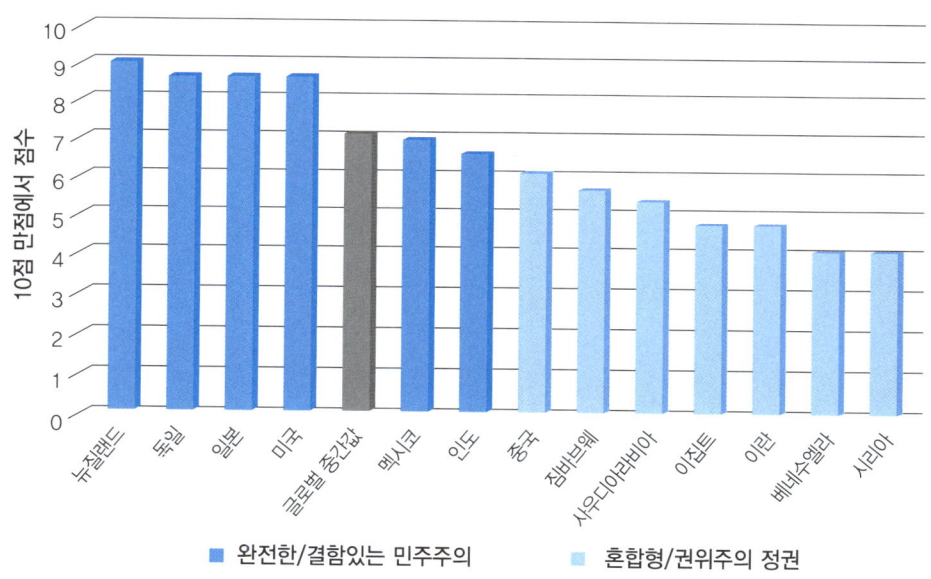

도표 7.5 인간자유 지수

출처: Vásquez and McMahon (2020)에 기초하였다. 2018년 데이터에 근거하였다. 오직 162개 나라만이 순위에 포함되었다. 순위에 포함되지 않은 나라로는 아프가니스탄, 벨라루스, 쿠바, 북한, 소말리아 등이 있다. 최신 정보에 관해서는 카토연구소 웹페이지 (https://www.cato.org)를 참조하라.

다음으로 세계 제2위이다. 이란에는 배교(이슬람 종교 포기)와 모하레베('신에 대한 증오') 등을 포함하여 많은 행위가 사형죄에 해당하며, 여성과 소수자들은 많은 종류의 차별에 직면해 있다. 이란의 사법체계는 권력을 제한하는 장치가 아니라 권력이 행사되는 통로이다.

　요약하면, 권위주의 정권의 법원과 헌법은 권리의 보호와 국가의 안정의 중요성에 관하여 선언하고 있는 것이 무엇이든 간에 정부의 권위주의적 성격이 겉으로 드러나는 것을 감추어주는 겉치레에 불과하다. 권위주의 정권의 법원과 헌법은 러시아 귀족 포템킨(Grigory Potemkin)이 1787년 황후 예카테리나 2세가 크림반도를 여행하는 동안 황후에 깊은 인상을 주고 기운을 북돋기 위해 지은 가짜 마을에 관한 가상의 이야기를 떠올리게 한다. 그 후 '포템킨 마을'이라는 용어는 무엇인가가 뒤에 숨겨져 있는 구멍이나 거짓 구조물을 의미하게 되었다. 불행히도 이 개념은 많은 권위주의 정권의 헌법(뿐만 아니라 입법부 및 선거, 다음 장들 참조)에 적용된다.

토론주제

- 짧고 모호하여 해석의 여지를 남긴 헌법, 또는 길고 상세하여 오해의 여지를 남기지 않은 헌법, 이 둘 중 어느 것이 더 좋은가?
- 대법원과 헌법재판소 각각의 장점과 단점은 무엇인가?
- 한 나라의 헌법의 안녕을 위해 사법소극주의와 사법적극주의, 둘 중 어느 것이 더 좋은가?
- 판사를 충원하는 제일 좋은 방식은 무엇인가? 그리고 임기제한이 있다면, 가장 바람직한 임기제한은 무엇인가?
- 판사와 법원의 독립을 보장하기 위한 최선의 보호 방식은 무엇인가?
- 권위주의 정권에서 헌법의 네 가지 역할 중 가장 그럴듯한 역할은 무엇인가?

핵심용어

- 경성헌법(Rigid constitution)
- 경성화(Entrenchment)
- 계엄령(Martial law)
- 구체적 규범통제(Concrete review)
- 권리장전(Bill of rights)
- 불문헌법(Uncodified constitution)
- 성문헌법(Codified constitution)
- 비상사태(State of emergency)
- 사법부 독립(Judicial independence)
- 사법부(Judiciary)
- 사법소극주의(Judicial restraint)
- 사법심사(Judicial review)
- 사법적극주의(Judicial activism)
- 상소심 재판 권한(Appellate)
- 신제도주의(New institutionalism)
- 연성헌법(Flexible constitution)
- 영구조항(Eternity clause)
- 제도주의(Institutionalism)
- 제도화(Institutionalization)
- 초심관할권(Original jurisdiction)
- 추상적 규범통제(Abstract review)
- 파기(Cassation)
- 헌법(Constitution)

추가 읽을거리

Ginsburg, Tom, and Alber to Simpser (eds) (2014) *Constitutions in Authoritarian Regimes* (Cambridge University Press). 권위주의 정권에서의 헌법의 설계, 내용, 결과 등에 관한 논문을 모아 편집한 책.

Harding, Andrew, and Peter Leyland (ed) (2009) *Constitutional Courts: A Comparative Study* (Wildy, Simmonds & Hill). 헌법재판소에 관한 비교연구로 유럽, 러시아, 중동, 중남미, 아시아 등의 사례에 기초한다.

Issacharoff, Samuel (2015) *Fragile Democracies: Contested Power in the Era of Constitutional Courts* (Cambridge University Press). 헌법재판소가 외부위협과 국내 권력의 강화로부터 보호하기 때문에 튼튼한 헌법재판소는 권위주의에 대한 강력한 해독제라고 주장한다.

Rosenfeld, Michel, and András Sajó (eds) (2013) *The Oxford Handbook of Comparative Constitutional Law* (Oxford University Press). 헌법의 역사, 유형, 원리, 절차, 구조에 관한 비교연구 논문을 모아 편집한 책.

Smith, Rogers M., and Richard R. Beeman (eds) (2020) *Modern Constitutions* (University of Pennsylvania Press). 전 세계 곳곳의 최근 헌법 발전을 비교하고 점차 증가하고 있는 법치에 대한 권위

주의적 압력을 평가하기 위해 미국 헌법을 기준점으로 사용하였다.

Van Dijk, Frans (2020) *Perceptions of the Independence of Judges in Europe: Congruence of Society and Judiciary* (Palgrave Macmillan). 동유럽 여러 나라에서 판사에게 가해지는 정치적 압력에 관한 연구서.

8장

행정부

차례
- 행정부의 이해
- 대통령제 행정부
- 의회제 행정부
- 준대통령제 행정부
- 권위주의 정권의 행정부

개요

이번 장은 어느 형태의 정부에서건 리더십의 최상층부와 가장 주목도가 높은 관직에 초점을 맞춘다. 우리가 대통령, 총리, 수상, 독재자 또는 폭군 가운데 누구에 대하여 논하든지 정부, 혹은 행정부라는 피라미드 구조의 최정점에 앉아 있는 사람들은 긍정적이건 또는 부정적이건 보통 대중의 가장 큰 관심을 받는다. 최소한 민주주의에서 행정부는 개별적인 지도자들이 아니라 내각 등을 구성하는 장차관들을 포함한 사람과 기관의 거대한 네트워크로 구성되는 것이 확실하다. 그렇다고 해도 통상적으로는 한 인물이 정부에서 가장 잘 알려진 얼굴이 된다. 이 인물은 정부의 의제를 설정하고, 정부의 성패를 좌우할 수 있는 주목을 끌며, 대중적 국내외이익에 초점을 맞추어서 활동을 하며, 외국 행정부에 대하여 자국을 대표한다.

이번 장은 국가원수와 정부수반 사이의 서로 다른 과업을 구분함으로써 행정부의 역할에 대하여 살펴보는 것으로 시작한다. 그 다음으로 이 장은 민주적 행정부의 세 가지 주요 형태, 즉 대통령제, 의회제(한국에서는 의원내각제 또는 내각책임제로 부르기도 한다 – 역자 주), 그리고 준대통령제(한국에서는 이원집정제 또는 분권형 대통령제로 부르기도 한다 – 역자 주)에 대하여 하나씩 살펴본다. 이번 장은 의회제의 다양한 하위 형태와 의회 내 연합의 경험에 특별히 초점을 두고 정부의 역할과 권한을 비교하고 대조할 것이다. 그 다음으로 이번 장은 지도자들이 민주주의 국가에서보다 더 많은 권력을 누리지만 사람이나 임기에 대한 공식적인 보호를 덜 받는 권위주의 정권의 행정부를 살펴볼 것이다. 이러한 특성은 필연적으로 자신들의 지위에 접근하는 방식에 영향을 준다.

핵심논제

- 정치적 행정부는 정책수립, 정책수행의 관리감독, 리더십 제공과 위기관리 등을 포함한 다양한 역할을 담당한다.
- 행정부는 어느 정치체제에서는 융합되어 있고 또 다른 정치체제에서는 분리된 채로 국가원수와 정부수반이라는 기능을 수행한다.
- 대통령제는 상이한 형태를 갖지만 권력이 대통령과 정부 부처 사이에 공유되는 속성이 있다.
- 의회제에서 행정부는 의회에 의하여 구성이 되며, 행정부의 권력은 의회 내 정당 지지의 균형에 강하게 의존한다.
- 준대통령제는 대통령제와 의회제의 요소들을 조합하고 있다. 준대통령제는 상대적으로 사례가 적고 덜 연구되어 있다.
- 권위주의 정권의 행정부는 민주주의 국가들에서보다 제약을 덜 받을 뿐 아니라 권력을 얼마나 더 유지할 수 있을지에 대한 보장이 거의 없다.

행정부의 이해

2021년 9월 캐나다인들은 누가 국가를 운영할지 결정하기 위하여 총선에 참여했다. 2019년 총선 이후 소수정부를 이끄는 자유당(Liberal party)의 트뤼도(Justin Trudeau) 총리는 다수정부를 형성할 만큼 충분한 의석을 확보하기를 희망했다. 그러나 그의 인기는 떨어지고 있었고, 상대적으로 새로운 지도자인 오툴(Erin O'Toole)이 이끄는 야당인 보수당(Conservative party)에 대한 의구심도 만연해 있었다. 총선에서 자유당은 득표수에 있어서는 2등을 했지만, 단순다수 소선거구제 덕분에 (제14장 참조) 과반수에 조금 모자라는 의석을 차지하면서 제1당이 되었다. 트뤼도 총리는 의연하게 1/3보다 적은 표로 캐나다 하원 의석을 47퍼센트를 차지한 자유당으로 두 번째 소수정부를 형성했다. 2/3 이상의 유권자가 거부한 정당이 세계에서 앞서가는 민주주의 국가 가운데 하나에서 다시 한번 정부를 통제하게 되었고 행정부를 구성하게 되었다.

트뤼도가 차지한 공직은 정부의 핵심에 위치하는 정치적 **행정부**(executive)의 한 사례인데, 이 정치적 행정부는 트뤼도와 같은 총리는 물론 대통령, 내각, 정부 장관을 의미하는 국가 최고 수준의 행정부를 구성하는 정치적 리더십을 제공한다. '행정부'라는 용어는 또한 조금 더 낮은 수준에서는 주지사와 시장을 의미하기도 한다. 비교를 위한 제도주의적 접근법 ('이론 적용 7' 참조)

행정부(Executive): 법과 정책의 집행을 관리하고 감독하는 데 책임을 지는 정치적 기관으로 대체로 국가 리더십이라는 아이디어와 연관되어 있다.

은 정부의 작동하는 힘으로서의 행정부의 역할에 초점을 맞추었는데, 그 내용은 우선순위를 정하고, 지지를 동원하며, 문제에 반응하고, 위기를 해결하며, 정책을 결정하고, 집행을 감독하는 것이다. 권위주의체제에서 행정부는 때때로 진정한 권력을 행사하는 유일한 기관이기 때문에 추가적인 이론적 접근법들을 통해서 이해해야만 한다.

일시적 정치적 행정부(선거에 의해 선출되거나 고정된 임기로 임명되고 정책을 만드는)를 정책실행 임무를 수행하는 직업관료들과 구분하는 것이 중요하다. 적어도 민주주의 국가에서 정치적 행정부의 구성원들은 가장 흔하게는 선거와 같은 정치적 수단을 통하여 선택받고, 똑같은 방식에 의하여 교체되며, 정부 행위의 최종적인 책임을 진다. 이에 비하여 관료는 주로 직접적으로 공적인 책임을 지지 않는 공무원으로 구성되고, 관료조직의 최상층에 있는 장차관들은 대체로 정부의 교체에 따라 왔다가는 정치적 피임명자들이다. 제10장에서 살펴볼 것이지만 관료들의 절대다수는 선출되지 않는다.

민주주의에서 행정부를 이해하는 것은 헌법적인 장치를 이해하는 것으로부터 시작된다. 최고위 정치적 행정부는 선출되는 동시에 자신의 권력을 제한하는 규정에 종속된다. 그들은 규칙적인 선거에 임해야 하고, 그들의 업적은 여론조사와 대중매체에 의하여 측정된다. 이와 반대로 권위주의 정권에서는 헌법적이고 선거적인 통제는 아예 없거나 효율적이지 않다. 권위주의 행정부의 범위는 헌법보다는 정치적 현실에 의하여 제한되고, 행정부는 공식적인 규칙보다는 비공식적인 관계에 의하여 영향을 받아 더 유동적인 경향이 있다.

행정부는 크게 대통령제, 의회제, 준대통령제, 그리고 권위주의라는 네 가지 주요 형태가 있다. 네 가지 주요 형태는 행정권을 나누고 통제하기 위한 대조적인 방식으로 이해될 수 있다. 민주적인 대통령제와 준대통령제에서는 헌법이 행정부, 입법부, 사법부 사이의 견제와 균형체제를 구축한다. 의회제에서 행정부는 의회에 의해서 구성되고, 의회의 신임 유지에 따라 성공 여부가 결정되며, 행동의 자유는 종종 정부의 과업을 공유하기로 합의한 정당 사이에 연합을 유지할 필요성에 따라 제약을 받는다. 이와 대조적으로 권위주의 정권에서 행정부는 제약을 적게 받는 편이다.

이렇게 말했지만 사실 이러한 형태에 대하여 어떤 고정불변의 원형들이 있는 것은 아니다. 행정부의 형태는 헌법적 규정, 공직 관리자의 리더십(leadership) 스타일 ('이론 적용 8' 참조), 행정부와 입법부 관계의 변화하는 균형 상태에 따라,

리더십(Leadership): 이상적으로는 자발적이고 기꺼이 해야 하지만 그렇지 못할 때는 위협과 강압을 사용하여 사람들에게 동기를 부여하거나 영감을 주어 공동의 목표를 달성하도록 이끄는 능력.

상이한 국가들 내와 사이에서 시간에 따라 변하고 다양화된다. 어떤 나라들은 네 가지 형태 가운데 하나에 꼭 맞지만 다른 나라들은 몇 가지 형태의 혼합적인 특징을 가지며, 심지어 권력의 변화에 따라 하나의 형태에서 다른 형태로 서서히 바뀌기도 한다.

행정부의 서로 다른 정치적 역할을 이해하기 위해서 우리는 먼저 행정부가 한 국가나 주, 시의 정부를 이끄는 개인을 의미하는 것 이상이고 사실 복수의 사람들과 공직을 포괄하는 집합체라는 점을 이해해야 한다 (도표 8.1 참조). 대통령과 총리가 행정부의 가장 두드러진 구성원이지만 그들은 혼자 통치하는 것이 아니라 보좌관, 장관, 관료, 그리고 독립적인 기관에 상당히 의존한다. 또한, 행정부는 통치하기 위해서 정책을 만들고 리더십을 제공하는 것 이상일 뿐 아니라 정부의 다른 기관들과 협조해야 한다. 행정부는 주로 입법부가 하는 입법도, 사법부가 맡은 법을 해석하는 일도 하지 않는다.

우리는 또한 행정부의 두 가지 서로 다른 차원의 일을 구분할 필요가 있다.

역할	특징
대의	정부에서는 유권자의 이익을, 다른 국가에 대해서는 자국의 이익을 대표.
집행	관료를 통하여 관리 감독하고, 법과 정책을 집행하며, 법질서를 유지.
정책 수립	정책의 우선순위와 정부의 이익을 정의.
리더십	정부와 국가에 전반적인 방향을 제시.
임명	정부 내 다른 고위직 임명.
안보	국내외적 위협에 맞서 국가의 단일성과 통합을 보호하고 유지.
위기 대응	정치적, 안보적, 공공안전과 자연적 위기 상황에 대한 정부의 대응을 주도.

도표 8.1 민주주의 정권의 행정부

이론 적용 8

리더십 이론들

리더십 기술은 행정부의 작동에 매우 중요하다. 방향을 제시하는 데 어려움을 겪는 대통령 또는 총리라면 힘겹게 통치할 테지만, 다른 사람들로 하여금 공동의 목적을 따르게 하고 이를 추구하게 영감을 불러일으킬 수 있다면 그 이상을 성취할 수 있다. 리더십을 정의하는 것은 쉽지 않다. 리더십이 실제로 작동할 때, 그리고 리더십이 부재할 때 우리는 리더십의 속성을 파악하는 경향이 있다. 그러나 강하고 약한 리더십 사이의 차이를 설명하는 것은 또 다른 차원의 문제이다. 시대에 따라 리더십의 정의도 바뀐다 (Northouse, 2022).

정부와 정치를 이해하는 데 있어서 리더십의 명백하고 중요한 역할에도 불구하고, 그리고 최소한 플라톤까지 거슬러 올라가는 정치적 리더십에 대한 오랜 관심에도 불구하고, 정치학은 리더십에 관한 이론들을 발전시키는 데 상당히 태만했다. 제2차 세계대전 이후 수십 년 뒤에나 리더십 이론들이 사용되었고 이마저도 구조주의나 합리적 선택과 같은 다른 이론적 접근법들에 대한 관심에 의하여 압도되었다가 최근에야 다시 부활하는 흐름이 보였다. 필레(Peele, 2005)가 정치학자와 리더십 연구자가 서로 더욱 밀접하게 교류하는 것을 알린 것이 오래되지 않았고, 헬름즈(Helms, 2011)가 정치적 리더십을 비교적으로 연구한 것은 심지어 더 최근의 일이다.

다음을 포함하여 기업계에서 나온 리더십에 대한 상당히 다양한 이론들이 있다.

- '행태적(behavioural)' 또는 '스타일(style)이론': 어떻게 지도자들이 행동하는지에 초점을 맞추고 그들의 특징이 다른 사람들에 의하여 복사되고 회피될 수 있다고 가정한다. 이러한 접근법에서 리더십 성공의 가장 좋은 예측법은 지도자의 행위를 연구하는 것이다.
- '상황(contingency 또는 situational)이론': 지도자들이 작동하는 맥락을 연구하고 최고의 지도자들은 변화무쌍한 상황들에 적응할 수 있다고 본다.
- '위인(Great Man)이론': 좋은 지도자들은 가르쳐지거나 배울 수 없는 천성적인 기술들과 특징들 때문에 태어나는 것이고 리더십을 가지고 있다고 주장한다.
- '경영(management) 또는 거래(transactional)이론': 자신들의 목적을 달성하기 위하여 보상과 처벌이라는 방식을 이용하여 감독하고 조직하는 지도자들의 능력에 초점을 맞춘다.
- '참여(participatcry)이론': 지도자들은 다른 사람들이 정책결정에 관여하고 자신은 주로 촉매자로서 역할을 선호한다.
- '권력(power)이론': 지도자들이 임무를 완수하기 위하여 권력과 영향력을 이용하는 방식에 대하여 주목한다.
- '관계(relationship)이론': 지도자들과 다른 사람들 간의 상호작용들에 초점을 두는 방식을 강조한다.

리더십의 규칙들에 대하여 이해하는 것, 그리고 지도자들이 어떻게 권력을 쥐고 다른 기관들과 협력하며 권력을 잃게 되는지를 이해하는 것은 모두 정치제도 연구의 중요한 부분들이다. 그러나 정치학은 명백하게도 여전히 기업계로부터 배울 것이 너무 많다.

- **국가원수(head of state)**는 국가의 대표이고 정치를 넘어서서 국가의 모든 시민들의 일반적인 이해를 위하여 일할 것으로 기대된다. 민주주의체제에서 국가원수가 하는 많은 일은 상징적이다. 예컨대 외빈을 영접하고, 외국을 방문하고, 전쟁이나 국가적 위기의 시기에 리더십을 발휘한다. 명목상의 우두머리와 정치인 사이의 구분은 때때로 불명확하고 특별히 한 사람이 국가원수와 정부수반을 동시에 맡는 대통령제 또는 절대 군주제 국가들에서는 더 그렇다.

- **정부수반(head of government)**은 정부의 정치적 지도자이다. 정부수반은 선출되거나 또는 선출된 정치인들에 의하여 임명되는데 권위주의 정권에서는 때때로 덜 투명한 다른 방식을 통하여 권력을 쥔다. 정부수반은 보통 자신의 당파적 선호를 감추려는 노력을 거의 하지 않고, 모든 시민들의 폭넓은 이해를 대변하기보다는 자신의 정당, 유권자, 지지자들로부터 지지를 유지하는 데 더 관심을 가진다.

두 가지 차원 사이의 차이에 대한 고전적인 분석은 『이코노미스트(The Economist)』의 편집장이었던 영국의 해설가 배지호트(Walter Bagehot)에 의하여 이루어졌다. 그의 책 『영국헌법(The English Constitution)』(1867)에서 그는 헌법의 가장 중요한 두 가지 요소, 즉 위엄있는 부분(국민들의 존경을 이끌고 유지한다)과 효율적인 부분(헌법이 작동하고 규정하게 만든다)에 대하여 서술했다. 미국, 멕시코, 나이지리아와 같은 대통령제 행정부에서는 이 두 부분들, 즉 상징적인 것과 정치적인 것이 대통령직 하나에 혼합적으로 수행된다. 이와 달리 의회제에서는 국가원수와 정부수반의 역할이 상징적인 부분과 정치적인 부분을 쉽게 차별화할 수 있도록 두 사람에 의하여 수행된다.

의회제의 정부수반은 선출된 총리 또는 수상이지만, 국가원수는 다음 둘 중 한 형태를 택한다(표 8.1 참조).

- **공화정(republics)**에서 행정권이 거의 없는 대통령이 아일랜드와 같이 국민투표에 의하여 선출되거나, 이스라엘과 같이 의회에서 선출되거나, 또는 특별한 선거인단에 의하여 선출되기도 한다. 이 특별한 선거인단은 독일에서처럼 종종 국회의원과 함께 지방정부의 대표로 구성된다.

- 드물게 국가원수는 세습되는 군주가 되기도 한다. 벨기에, 덴마크, 네덜란드, 노르웨이, 스페인, 스웨덴, 영국과 같이 7개의 유럽국가들은 세 개의 공국(안도라, 모나코, 리히텐슈타인)과 하나의 대공국(룩셈부르크)과 함께 **입헌군주제(constitutional monarchy)**이다. 말레이시아의 최고 국가원수는 선출된 군주라는 매우 희귀한 사례이다. 입헌군주들은 정치에서는 한발 물러서 있으나 왕으로서 영향력은 특히 위기의 시기나 과도기에 때때로 중요해질 수 있다.

국가원수(Head of state): 선출되거나 또는 임명되며, 군주의 경우에는 세습되는 국가의 명목상 우두머리 또는 형식적인 지도자.

정부수반(Head of government): 자신의 정당과 정책에 동조하는 유권자의 지지로 선출된 정부의 지도자.

공화정(Republic): 정부의 모든 구성원들이 선출되거나 혹은 선출된 관리들에 의하여 임명되는 정치제체이다. 다시 말해 왕이 없다.

입헌군주제(Constitutional monarchy): 군주에 의하여 이끌어지는 국가이나 군주의 정치적 권력은 헌법적 규정에 의하여 상당히 제한된다. 절대군주와 대조된다 (제6장 참조).

표 8.1 의회제에서 국가원수의 선출 방식

국가	국가원수	선출 방식	임기
호주, 캐나다, 자메이카	영국의 군주, 총독이 대표함	총독은 총리나 정부에 의하여 지명받고 영국의 군주로부터 인준.	영국 군주의 의지
오스트리아*	대통령	결선투표제에 의한 직접선거.	6년
독일*	대통령	하원과 주(Land)의회 합동회의에서 선출.	5년
인도*	대통령	연방과 주의회의 선거인단에서 선출.	5년
이탈리아*	대통령	의회와 지방의회 대표의 합동회의에서 선출.	7년
일본	천황	세습(장자상속).	종신
말레이시아	최고 국가원수	선출(9개 주의 통치자 가운데).	5년
스페인	군주	세습(장자상속).	종신
스웨덴	군주	세습(장손상속).	종신
영국	군주	세습(장손상속).	종신

* 공화국.

준대통령제에서 역할분담은 좀 더 복잡하다. 준대통령제에는 대통령과 총리가 모두 있으나 총리의 일은 좀처럼 국가원수의 역할을 맡는 데까지 나가지는 않는 반면, 대통령은 두 가지 역할에 모두 걸쳐 있다. 대통령이 대중의 지지를 받고 의회 안에서 강력한 지지를 확보하고 있는 경우에는 국가원수와 정부수반 역할을 모두 하는 경향이 있다. 그러나 대통령이 지지가 낮고 안정적인 과반수를 확보하지 못한 정당에 속하여 의회에서 분투하고 있다면 국가원수로서의 역할에 더 초점을 두고, 그 대신 총리가 정부수반으로서 역할을 더 맡는 경향이 있다.

대부분의 행정부는 여전히 남성으로 구성되지만 여성이 최고위 선출직을 맡는 숫자가 증가하고 있다. 이제 여성이 대통령이나 총리로 선출될 때 과거와 같이 더 이상 주목을 끌지 않는 상황이 되었다. 1960년 7월 실론(현재의 스리랑카)선거에서 반다라나이케(Sirimavo Bandaranaike) 총리가 근대의 최초 여성 정부수반으로 선출된 이후 40여 개 국가에서 여성이 행정부의 대표로 뽑혔다 (표 8.2 참조).

세계적으로 여성이 정부에서 장관직을 차지하는 숫자도 점차 증가하고 있다. 핀란드, 프랑스, 아이슬란드, 노르웨이, 스페인, 남아프리카공화국, 스웨덴, 스위스를 포함한 몇 개의 국가들에서는 여성이 정부의 최고위급에서 남성과 같은 수만큼 있거나 거의 같아지고 있다. 많은 여성 장관들은 여전히 전통적으로 여성들의 이해와 좀 더 가깝게 연관되어 있다고 이해되는 교육이나 사회정책 분야에 종사하지만, 국방, 재무, 외교와 같이 좀 더 영향력 있는 분야로 옮겨가는 중이다 (Paxton et al., 2021). 이러한 발전에도 불구하

표 8.2 여성 행정부 수장(일부)

국가	이름	재임 기간
스리랑카	반다라나이케(Sirimavo Bandaranaike)	1960~1965년, 1970~1977년, 1994~2000년
인도	간디(Indira Gandhi)	1966~1977년, 1980~1984년
이스라엘	메이어(Golda Meir)	1969~1974년
영국	대처(Margaret Thatcher) 메이(Theresa May) 트러스(Mary Elizabeth Truss) – 역자 주	1979~1990년 2016~2019년 2022년
도미니카	찰스(Eugenia Charles)	1980~1995년
노르웨이	브룬틀란(Gro Harlem Brundtland)	1981년, 1986~1989년, 1990~1996년
필리핀	아키노(Corazon Aquino) 아로요(Gloria Macapagal Arroyo)	1986~1992년 2001~2010년
파키스탄	부토(Benazir Bhutto)	1988~1990년, 1993~1996년
폴란드	슈코카(Hanna Suchoka) 코파치(Ewa Kopacz) 시드워(Beata Szydło)	1992~1993년 2014~2015년 2015~2017년
방글라데시	하시나(Sheikh Hasina)	1996~2001년, 2009년~
뉴질랜드	클라크(Jenny Clark) 아던(Jacinda Arden)	1999~2008년 2017~2023년 – 역자 주
인도네시아	수카르노푸트리(Megawati Sukarnoputri)	2001~2004년
모잠비크	디오고(Luisa Diogo)	2004~2010년
독일	메르켈(Angela Merkel)	2005~2021년
칠레	바첼레트(Michelle Bachelet)	2006~2010년, 2014~2018년
라이베리아	설리프(Ellen Johnson Sirleaf)	2006~2018년
아르헨티나	키르치네르(Cristina Fernández de Kirchner)	2007~2015년
아이슬란드	시그로아도티르(Jóhanna Sigurðardóttir)*	2009~2013년
호주	길라드(Julia Gillard)	2010~2013년
브라질	호세프(Dilma Rousseff)	2011~2016년
한국	박근혜	2013~2016년

* 세계 최초 공식적인 여성 동성애자 정부수반.

고 유리잔은 반 이상 비어 있다. 절대다수의 국가에서는 기업의 최고위 경영진들과 마찬가지로 대부분의 장관들이나 의원들이 여전히 남성이다 (제9장 참조).

대통령제 행정부

세계에는 많은 대통령들이 있으나 그들이 다 똑같은 것은 아니라는 사실을 인정하는 것이 중요하다. 한쪽 끝에 있는 의회제의 대통령은 보통 국가원수로서 의례적인 역할을 담당하지만 행정적인 권한이 없는 명목상의 우두머리다. 그 다음으로 **대통령제 행정부(presidential executive)**의 대통령은 선거로 뽑히고 중심적인 정치적 역할을 수행한다. 다른 한쪽 끝에 있는 많은 권위주의 정권들은 대통령을 사회에서 유일하게 중요한 정치적 기관으로 만드는 식으로, 거의 군주와 같은 독재자가 될 정도로 권력을 축적시킨다. 물론 이들 세 가지 유형 아래 다수의 하부유형이 있고, 따라서 메지(Mezey, 2013)가 주장했듯이 "대통령제는 헌법적인 범주 이상의 것이며 공공의 인식, 정치적 행위, 공식적 비공식적 권력의 배열 집합을 포함한다."

민주주의의 형태에서 대통령제 행정부는 한 사람이 국민투표를 통하여 형성된 권위를 활용하여 독립적인 의회와 더불어 통치하는 지배형태이다 (표 8.3 참조). 선거는 보통 대통령이 복무할 수 있는 임기의 횟수 안에서 국민들의 직접투표로 실시된다. 대통령은 정부를 이끌고 또한 국가원수로 일한다. 대통령은 의회의 인준을 남겨두기는 하지만 재판부와 정부 부처의 수장 등 여러 중요한 정부 기관장들을 임명한다. 대통령과 의회는 정해진 임기를 위하여 선출되고 대통령은 의회를 해산하지 못하며 의회는 탄핵과 같은 절차를 통해서만 대통령을 자리에서 물러나게 할 수 있다 (제9장 참조). 어느 하나도 서로를 자리에서 내쫓을 수 없기 때문에 각자 일정한 자율성을 보유하는 권력의 분립이 있다.

대통령제 행정부는 강점과 단점을 모두 가진다. 강점 가운데 일부는 아래와 같다.

- 대통령의 고정된 임기는 많은 의회제 국가들에서 발견되는 연합의 잠재적인 불안정성을 피해 연속성을 제공한다.
- 대통령선거에서 승리하기 위해서는 후보들이 국가 전체에 걸쳐 광범위한 지지를 형성시켜야 한다.

표 8.3 대통령제 행정부

■ 선출된 대통령은 정부를 이끌고 고위직을 임명한다.
■ 대통령과 의회의 고정된 임기는 누구도 서로를 자리에서 끌어 내릴 수 없게 한다.
■ 대통령들은 보통 두 번 등 임기가 특정한 횟수만큼 제한된다.
■ 행정부와 의회 사이에 겸직하는 경우가 거의 없다.
■ 대통령은 정부수반이면서 국가원수이기도 하다.
■ 사례: 아프가니스탄, 인도네시아, 나이지리아, 필리핀, 미국, 대부분의 중남미국가들.

대통령제 행정부(Presidential executive): 행정부와 입법부가 분리된 직접선거에 의하여 선출되며 서로 다른 권력과 책임이 있다.

- 한 나라 전체에서 선출된 대통령은 의회에서 대표하는 지역적 이해들 사이의 시시한 싸움에서 초연할 수 있다.
- 대통령은 국내적으로는 물론 국제적으로 익숙한 인물로서 국가적 통합의 자연적인 상징을 제공한다.
- 대통령제가 본질적으로 권력분립이기 때문에 제한적 정부를 촉진한다.

대통령제의 가장 큰 약점은 오직 한 정당이 대통령 자리를 차지하고 나머지는 모두 진다는 사실이다. 대통령이 정치노선을 초월할 수 없거나 또는 의회에서 야당의 제약을 받는다면 대통령제는 승자독식의 게임이 된다. 더 큰 문제는 행정부와 입법부가 서로 동의하지 않을 때 정부가 때때로 긴급한 문제들을 해결할 수 없게 만드는 교착상태가 발생할 수 있다. 대통령제는 또한 일부 의회제 국가에서처럼 야당 지도자들의 반대에 맞서는 자연스러운 결집의 순간이 없다. 특별히 대통령제에는 야당 원내대표(Leader of the Opposition)라는 의회제적 아이디어와 자연스럽게 동격이라고 할 것이 없다 (이번 장의 다음 부분 참조). 또한, 대통령은 종종, 자신의 정당이 소수 의석만을 확보한 파편화된 의회와 일해야 하고, 사실상 연합정부를 이끌어야만 하게 되면서 스스로가 정치적 소수라는 것을 깨닫는다 (Chaisty et al., 2018).

대통령제 행정부는 아메리카 대륙에서 주로 볼 수 있는데, 미국이 대표적 사례다 (Han, 2017; Edwards et al., 2018). 법집행을 관리감독하는 일반적인 의무와 더불어 미국의 대통령은 행정명

행정부의 최고위층까지 진출한 여성들이 증가하는 가운데 대표적으로 두 사람이 있다. 2005년부터 2021년까지 독일의 총리를 역임한 앙겔라 메르켈과 1996년부터 2001년, 그리고 2009년 이후 현재까지 방글라데시의 총리를 맡고 있는 셰이크 하시나이다.

령, 성명서, 선포 등을 내릴 수 있는 권한과 같이 대통령에게 부가적인 권력을 부여하도록 시대에 따라 해석되어 온 명백한 임무(최고 사령관과 같은)가 주어졌다. 동시에 미국의 대통령들은 때때로 의회와 중요한 권력을 공유하기 때문에 손이 묶여 있다고 느끼곤 한다.

- 대통령은 최고 사령관이지만 의회만이 전쟁을 선포할 수 있다.
- 대통령이 정부 고위직 임명권을 가지고 조약도 서명할 수 있으나 반드시 상원의 동의가 따라야 한다.
- 대통령이 입법에 거부권을 행사할 수 있으나 의회는 이를 무효화할 수 있다.
- 대통령이 아니라 의회가 재정을 관리한다.

대통령제의 규범은 대통령이 의회와 분리되어 선출된다는 것이다. 브라질을 사례로 한 '국가개요 8'을 참조하라. 따라서 대통령의 생존(성공이 아니더라도)은 의회에 있는 정당의 숫자와 무관하고, 대통령은 지역구에서 선출되는 의회 구성원들과 달리 국가 전체와 연계되어 있다. 하지만 이와 달리 남아프리카공화국에서는 대통령이 직접선거가 아니라 의회 구성원들의 선거에 의하여 뽑힌다. 대통령은 또한 2018년 다양한 부패혐의로 의회의 신임투표에서 패배하자 사임한 주마(Jacob Zuma) 대통령과 같이 유사한 방식으로 의회의 선택에 의하여 자리에서 쫓겨날 수 있다. 이와 같이 대통령을 의회에서 선출하는 희귀한 형태의 정치적 영향을 결정하는 상황은 아파르트헤이트 이후 남아프리카공화국 시기 아프리카민족회의(African National Congress)라는 정당의 지배적 지위 때문에 복잡해졌다. 의회선거에서 뚜렷한 과반수 정당이 탄생하지 않는다면 대통령선거가 어떻게 전개될지 관심을 끌게 될 것이다.

민주적인 대통령제를 규정하는 특징들 가운데 하나는 권력분립(separation of powers)이다. 행정부가 이끌고 집행하며, 의회는 법을 만들고 법원은 판결을 내린다. 실제에 있어서는 약간의 중첩이 분명히 있지만 책임의 핵심은 일반적으로 명백하고 전형적으로 인사의 분리에 의하여 강화된다. 대통령이나 내각의 구성원들이 입법부의 일부가 아니고 따라서 두 기관들 사이의 거리가 더 벌어진다. 유사하게도 국회의원이 정부에서 봉사하고 싶다면 의원직을 사임해야 한다. 이는 대통령이 의원들의 지지를 얻기 위하여 자리를 약속하는, 스스로 능력을 제한하는 것을 의미한다.

선거방법의 차이는 이해관계의 자연적인 상이성을 반영한다. 의원들은 자신들의 지역구에 있는 유권자의 지지에만 의존하지만 대통령만은 전국 단위에서 선출된다. 이러한 차이는 대통령이 의회의 특별하고 지역적인 이해를 벗어나 국가적 의제를 추구하게 함으로써 정치적인 역동성을 발생시킨다. 따라서 한 직책에 대한 집중에도 불구하고 대통령제 정부는 권력을 나눈다. 이러한 체제는 행정부에게 의회와 타협할 것을 요구하고 또 의회도 행정부와 타협할 것을 요구하며 이를 통하여 독재가 아닌 숙의를 보장한다.

> 권력분립(Separation of powers): 행정부, 입법부, 사법부가 구분되나 상호보완적 권력관계, 이에 따라 어느 하나도 독자적으로 통치하지 못하고 이상적으로는 모두 함께 통치해야 한다.

의회제 행정부

최고 행정가가 의회와 분리되어 있고 독립적으로 선출되는 대통령제와 반대로 의회제 행정부(parliamentary executive)는 의회와 유기적으로 연계되어 있다. 통상 총리인 정부수반은 대체로 의회 안에서 가장 다수당의 수장이거나 연합정부를 이끄는 정당들 가운데 하나의 수장이고, 항상은 아니지만 대체로 국가를 이끄는 동안 의회의 의석을 유지하고 있으며, 독립된 국가원수와 함께 일하면서 별도의 선거나 임기 제한에 종속되지 않는다 (표 8.4 참조). 대통령과 마찬가지로 총리는 다른 주요 정부 기관들에 임명권을 가지나, 의회에서 인준 절차는 매우 드물게 진행된다. 마지막으로 대통령제 행정부와 구분되는 두 가지 다른 중요한 요소는 총리가 제9장에서 자세히 나오듯이 신임투표에서 지면 자리에서 쫓겨나고 의회의 임기가 완료되기 전에 새로운 총선을 실시할 수 있다는 점이다.

대통령제와 대조되는 의회제의 핵심적인 고유의 특징들 가운데 하나는 행정부의 권력이 선거 결과 형성된 정당들 사이의 균형에 달려 있다는 점이다. 세 가지 가능한 결과가 있다.

다수정부

여기에서는 하나의 정당이 다른 정당들에 비하여 의석의 명백한 과반수를 확보하면서 이기고 그

> **의회제 행정부(Parliamentary executive)**: 입법부에서 행정부가 형성되는 제도로서 의원직을 유지하고 의회에 책임을 지며, 행정부를 유지하기 위해서는 의회 안의 다수파를 구성해야만 한다.

표 8.4 의회제 행정부

- 총리(prime minister 또는 chancellor, premier)는 보통 여당이나 정당연합의 수장이다.
- 정부들은 입법부에서 형성되고, 총리는 의회 안의 다수파 자리를 잃거나 신임투표에서 질 경우 해임된다.
- 행정부는 임기 횟수에 제한을 받지 않는다.
- 행정부는 집합적인데, 총리가 전통적으로 같은 장관들 가운데 첫째(first among equals)인 내각이라는 형태를 취한다.
- 총리는 비정치적인 국가원수와 함께 일하는 정부의 수반이다.
- 사례: 유럽과 카리브해 연안 국가의 대부분, 호주, 캐나다, 인도, 이라크, 일본, 뉴질랜드, 파키스탄.

정당의 지도자가 보통 강력한 통치권을 보유하는 총리가 된다. 총리가 의회 안 정당의 구성원들을 엄격하게 통제할 수 있는 것을 감안하면 다수정부(majority government)는 총리를 강력한 지위에 놓는다. 이러한 사례는 단순다수 소선거구제가 한 정당에게 하원 안에 과반수 의석을 제공하고 (제15장 참조) 이에 따라 총리에게 한 정당에서 내각을 다 임명하도록 보장해주는 영국에서 자주 발생한다. 집권당이 내각과 의회를 장악하고 있기 때문에 보통 의회 안에서 의제의 지배력이 보장된다. 동시에 총리는 자기 당론과 미래에 총리가 되기를 기다리며 총리에게 압력을 행사하는 야당 원내대표가 속한 주요 야당의 정책들과 균형을 맞춰야 한다.

국가개요 8
브라질

간략소개

면적과 인구로 세계에서 다섯 번째로 큰 브라질은 또한 세계에서 가장 큰 민주주의 국가 가운데 하나이다. 남미에서 가장 중요한 국가이고 BRICs 안에서 러시아, 인도, 중국과 어깨를 나란히 하면서 개발도상국들 사이에 영향력을 더 광범위하게 확대하고 있다. 그러나 브라질은 여전히 많은 국내 문제를 겪고 있다. 빈부격차가 크고 아마존 유역의 산림파괴가 글로벌 생태계에 끼치는 영향이 크며 부패가 정부의 모든 수준에서 만연하다. 코로나19에 대한 브라질의 대응도 불충분했다. 에너지 자급자족을 의미하는 석유 발견도 있는 반면, 경기침체나 늘 같은 정치로의 회귀가 브라질의 계속된 발전에 먹구름을 드리우고 있는 등 최근의 경제적 상황은 엇갈린 신호를 보내고 있다.

정부형태	연방국가. 대통령제공화국. 26개 주와 연방 수도 구(district)를 포함. 1822년 건국되었고 가장 최근 헌법은 1988년 채택되었다.
행정부	대통령제. 대통령은 직접선거로 선출되며 두 번까지만 연임가능한 4년 임기.
입법부	양원제. 연임가능한 4년 임기 513명으로 구성되는 하원. 연임가능한 8년 임기로 주마다 3명씩 선출되는 81명 규모의 상원.
사법부	주와 연방의 이원체제. 상급법원 판사는 대통령에 의하여 종신직으로 지명되고 상원에서 인준. 연방대법원이 헌법재판소 역할. 11명이 대통령에 의하여 지명되고 상원에서 인준. 종신직이나 70세에 은퇴.
선거제도	대통령과 상원은 결선투표제. 하원은 비례대표제.
정당	다당제. 10여 개 이상의 정당들이 4개의 주요 연합과 무소속 정당들의 무리를 구성

인구 2억 1,100만 명

국내총생산(GDP) 1조 8,400억 달러

1인당 GDP 8,717달러

민주주의 지수 등급
- ✗ 완전한 민주주의
- ✓ 결함있는 민주주의
- ✗ 혼합형 정권
- ✗ 권위주의
- ✗ 측정안됨

프리덤하우스 등급
- ✓ 자유
- ✗ 부분 자유
- ✗ 부자유
- ✗ 측정안됨

인간개발 지수 등급
- ✗ 매우 높음
- ✓ 높음
- ✗ 중간
- ✗ 낮음
- ✗ 측정안됨

브라질의 정치적 행정부

브라질은 대통령제 행정부를 가졌지만, 미국의 대통령제 행정부보다 더 많은 헌법적 권한을 대통령에게 부여한다. 브라질 대통령은 특정한 분야에서 법령을 선포할 수 있고, 의회에게 즉각적인 결정을 강제하는 식으로 법안이 긴급하다는 것을 선언할 수 있으며, 국회에서 법안을 제안할 수 있고, 만약에 의회가 예산안을 통과시키지 않는다면 효력을 발휘할 수 있는 예산안을 매달 제출할 수 있다. 동시에 브라질 대통령은 의회가 자신의 의지를 굽히도록 하는 것이 보다 어려운, 미국에는 없는 정부의 두 가지 특징이 있다.

첫째, 비례대표제 덕분에 브라질의 대통령들은 상당히 더 복잡한 정당 지형에 직면해 있다. 2018년 10월 의회선거에서 무려 30개 정당이 하나 이상의 의석을 차지하는 결과를 낳았다. 총 513개 하원의석 가운데 52석 이상을 얻은 정당은 하나도 없는데 17개 정당은 10개 또는 그 이하의 의석을 얻어 4개 그룹을 형성했다. 친여 성향의 정당연합은 71퍼센트의 의석을 확보했다.

둘째, 정당규율이 매우 예외적으로 약하다. 의원들은 종종 임기 중간에 정당을 바꾸고 정당에 대한 충성심을 보이기보다는 자기 지역구의 자원배분에 더 관심을 갖는다. 이에 따라 브라질의 대통령들은 충성심을 키우기 위한 시도로 폭넓게 여러 정당들에 소속된 장관들을 임명함으로써 비공식적인 연합을 형성해야 한다는 의무감을 가지고 있다. 그 결과 메로와 페레이라(Melo and Pereira, 2013)가 주장했듯이 헌법적으로 강력한 대통령과 건강한 정치경쟁으로부터 비롯되는 견고한 견제와 균형체제가 혼합된 다당제 대통령제가 형성되었다.

브라질 정치에서 형성된 연합은 유럽의 의회제 정부에서 볼 수 있는 신중하게 공들여 만들어진 정당 사이 연합보다는 훨씬 더 비공식적이고 실용적이며 불안정하다. 대통령제에서는 결국 연합의 붕괴가 반드시 정부의 붕괴를 의미하는 것이 아니고 연합을 유지하는 유인을 감소시킬 뿐이다. 따라서 중남미 헌법들은 대통령에게 더 중요한 정치적 역할을 부여하지만 이러한 외양은 믿을 수 없다. 중남미의 경험은 민주적인 환경에서 활약 중인 대통령들이 자신들의 정책을 안전하게 추진하는 데 있어서 내재적인 어려움을 겪게 된다는 사실을 확인시켜준다.

보소나로 브라질 대통령이 브라질리아에 있는 플라나우토 대통령궁에서 연설하고 있다 (2022년 말 대통령선거에서 패배한 뒤 새로운 대통령이 취임하기 전에 대통령궁을 떠나 미국으로 가버렸다 – 역자 주).

EVARISTO SA/AFP via Getty Images

추가 읽을거리

Bianchi, Bernardo, Jorge Chaloub, Patricia Rangel, and Frieder Otto Wolf (eds) (2021) *Democracy and Brazil: Collapse and Regression* (Routledge).

Lapper, Richard (2021) Beef, Bible and Bullets. *Brazil in the Age of Bolsonaro* (Manchester University Press).

Roett, Riordan (2016) Brazil: *What Everyone Needs to Know* (Oxford University Press).

연합정부

여기에서는 어느 한 정당도 명백한 과반수 의석을 차지하지 못해서 보통 이념상 서로 가까운 위치에 있는 두 개 또는 그 이상의 정당들이 함께 통치하도록 만든다. 연합정부의 성공은 연합의 상대들이 서로에게 적합한 거래를 성사시키는 범위에 달려 있다. 두 개의 정당이 과반수 의석을 차지하는 과반수 연합(majority coalitions)은 가장 안정적이나, 더 많은 수의 정당들이나 때때로 작은 정당들로 구성된 연합은 덜 안정적이고, 연합정부의 상대 정당들이 과반수를 결여하고 있는 소수 연합(minority coalitions)은 잠재적으로 가장 안정적이지 않다.

어떤 경우에는 선거 전에 유권자들에게 선택의 결과에 대하여 더 많은 정보를 제공하여 이에 기초한 결정을 내리도록 돕는 방향으로 연합이 약속되거나 조율된다. 그러나 대체로 선거 뒤 퇴임을 앞둔 정부가 관리자로서 남아있는 동안 연합이 형성된다. 보통 수일 내에 합의가 이루어지지만 더 복잡한 협상은 더 오래 걸리기도 한다. 2010년부터 2011년 사이 벨기에는 11개 정당들이 의석을 차지한 하원이 심각하게 분열되었기 때문에 새로운 정부를 구성하는 데 무려 541일(18개월)이라는 기록을 세우기도 했다. 2019년부터 2020년 사이 벨기에는 비슷한 문제를 겪으면서 새로운 정부를 구성하는 데 무려 16개월이 걸렸다.

연합정부(coalition governments)는 대부분의 유럽 대륙에서 가장 빈번한데 그 기록들은 다양하다. 덴마크는 1909년부터 다수정부가 없었고 1980년대 이후에는 소수 연합이 주를 이루었다. 독일에서는 두 개의 주요 정당(기독민주당[Christian Democrats]과 사회민주당[Social Democrats])이 결부된 거대 연합(grand coalitions)이 드문 일이 아니다. 다른 한편 이탈리아에서는 제9장에서 보겠지만 다른 일이 펼쳐진다.

소수정부

캐나다에서 나타나듯이 어느 사례들에서는 선거 뒤에 어느 한 정당도 과반수 의석을 차지하지 못하고 정당들 사이에 합의가 이루어지기 어려워서, 하나의 정당이 소수로서 또는 두 개의 정당들이 소수 연합을 구성하게 된다. 예컨대 소수 연합은 연합정부가 일상인 스웨덴에서는 2014년 총선에서 사회민주당(Social Democrats)과 녹색당(Greens)이 38퍼센트를 득표했고 의회에서 39퍼센트의 의석을 차지하면서 역사상 가장 약한 소수 연합정부가 되었다. 소수정부(minority government)는 의회(Riksdag)에서 다른 정당들의 비공식적인 지지가 있어야 효율적으로 통치할 수 있다. 집권 연합의 지위는 사회주의 정당인 좌파당(Left Party)이 추가로 참여하게 된 2018년 선거 이후에도 좀처럼 개선되지 않았다.

내각

의회제 정부의 또 다른 주요 특징은 **내각(cabinet)**

연합정부(Coalition government): 정부가 서로 공직을 나눠 가지는 두 개 또는 그 이상의 정당들이 서로 합의를 통하여 형성된다.

내각(Cabinet): 중요한 정부 부처의 수장들로 구성된 기관. 때때로 장관회의로 불린다. 대통령제보다는 의회제에서 더 중요하다.

또는 장관회의(coucil of ministers)다. 이 기관은 대통령제 행정부에도 있지만 정책결정에 있어 강력하거나 대통령에게 자주 쓰이지 않는 반면, 의회제에서는 내각의 역할이 위원회를 통해 정부로 이어진다. 내각은 행정부와 관료 사이의 주된 연결고리이고 총리가 되기를 희망하는 야심가들을 위한 발판 또는 두덤이 될 수도 있는 곳이다. 대부분의 장관은 의회의 구성원이지만, 스웨덴과 같은 몇몇 국가들에서는 이러한 소위 이중 권한이 허용되지 않는다.

총리, 내각, 장관 사이에서 관계의 동학은 의회제 정부의 세 가지 다른 모델을 탄생시킨다 (표 8.5 참조). 의회제 정부에서 원칙은 수평적인 관계라기보다는 위계적 관계다. 독일은 하원(Bundestag)에서 총리를 임명하는 '총리 민주주의(chancellor democracy)'라고 알려졌고 하원에 대한 책임은 주로 총리실을 통하여 이루어진다 (Langenbacher and Conradt, 2017). 총리는 의회에 응답하고 장관은 총리에게 응답해야 한다. 독일에서 강력한 총리의 지위는 "총리가 일반적인 정책지침을 결정하고 책임을 진다"고 규정한 독일 헌법인 기본법(Basic Law)으로부터 나온다.

어떤 경우에는 총리들이 점차 더 강력해지고 더 두드러진다는 관점에서 총리실이 대통령화된다는 우려가 생기고 있다. 이것은 거버넌스가 점차 복잡해지면서 부분적으로 총리실이 자신의 정책에 대한 공공 보도를 더 확대하려고 만든 커뮤니케이션 사무실을 더 많이 설치하면서 대중매체에 대한 노출이 많아지고, 최고 행정가에 대한 국제적 역할이 증대되며, 정책 조율이 필요해지면서 생기는 현상이다 (Poguntke and Webb, 2004). 이러한 추세는 행정권의 가장 효과적인 설계에 대한 새로운 질문들을 제기했다 ('문제 탐구 8' 참조).

두 번째 모델은 대통령제에서보다 심사숙고와 집합적인 리더십을 더 유도한다는 장점을 가지고 있는 내각형 정부이다. 이 모델은 작은 국가들에서 가장 잘 작동하는데, 이는 많은 큰 국가들에서는 결정의 수나 복잡성이 내각회의 석상에서 모두 다 해결되지 않는다는 것을 의미한다. 핀란드는 내각형 정부가 작동 중인 좋은 사례인데, 법적으로 핀란드 내각(Finnish State Council)은 광범위한 정책결정 권한을 가지고 있고 총리가 주로 내각회의의 의장이고, 바로 이러한 회의들에서만

표 8.5 의회제 정부의 모델

유형	특징	사례
총리형	총리가 각 장관들을 직접 다루는 지배적인 인물이다. 장관들은 그를 따르는 사람이다.	독일, 영국
내각형	내각 안에서 전체적인 정책을 토론으로 결정한다. 장관들은 집합적인 행위자다.	핀란드
장관형	총리나 내각의 지시 없이 개별적으로 각 장관이 일한다. 장관들이 지도자다.	이탈리아, 일본, 네덜란드

주: 이러한 특징들 가운데 제도화되거나 헌법으로 규정된 것은 하나도 없다. 대신 모든 것이 정치와 전통으로 형성되어 있다.

문제 탐구 8

무엇이 행정부에 가장 효율적인 설계인가?

사회에서는 자기 일을 완수할 충분한 (독재자가 되지 않을 정도, 그렇다고 아무것도 못 하지는 않을 정도의) 권위와 권력을 가지는 지도자가 필요하다. 행정부의 최근 일처리를 비교해 보면 우리는 중국, 북한, 러시아와 같이 정말 많은 권력을 가진 사례를 충분히 찾을 수 있고, 이스라엘, 이탈리아, 일본과 같이 일상적으로 한쪽 팔이 뒤로 묶인 채 일하는 사례도 얼마든지 찾을 수 있다.

이 장에서는 행정부의 서로 다른 종류를 설명하고 비교하였다. 그러나 비교가 우리에게 알려주는 이상적인 행정부의 형태는 과연 무엇인가? 직책에 대한 규칙은 이야기의 일부일 뿐이고 지도자들의 개성이 반드시 기억되어야 한다. 이러한 의미에서 셰익스피어의 연극 〈십이야(Twelfth Night)〉의 등장인물인 말볼리오(Malvolio)의 대사, "어떤 이들은 위대하게 태어나고, 다른 이들은 위대함을 이루고, 또 다른 이들은 자신들에게 위대함을 떠 맡긴다"를 기억할 만하다. 또한 '위대하게(great)'와 '위대함(greatness)'이라는 용어들이 이 인용문에서 '약하게(weak)'와 '약함(weakness)'과 서로 대체될 수 있다는 사실을 이해하는 것도 가치 있다.

'이론적용 8'에서 논의했던 리더십에 대한 이론으로 되돌아가 보면, 여기에서 중요한 점은 지도자들은 자신들의 임무에 대해 서로 다른 역량을 보인다는 점, 그리고 만일 위기 상황에 통치하게 된다면 자신들이 위대하거나 나약한 취급을 받을 준비를 해야 한다는 점이다. 전후사정이 매우 중요해서, 행정부의 효율성은 대개의 경우 단순히 체제를 작동하게 유지하는 능력으로 정의되면서도 어떠한 경우에는 더 위대한 리더십, 그리고 아마도 통치에 있어 더 큰 책임부담을 요구받게 될 것이다. 코로나19에 대응하는 도전이 이에 맞는 최근의 사례이다.

이번 장에서 제공된 행정부의 서로 다른 유형을 떠올리면서 아래의 질문들을 고민해보라.

- 대통령제 행정부 같이 행정부와 입법부를 분리하는 것이 더 나은가? 또는 의회제같이 두 자리를 합치는 것이 나은가? 아니면 준대통령제와 같이 두 기관들 사이에 행정부의 기능을 나누는 것이 나은가?
- 상이한 사회의 정치문화, 그리고 행정부가 이끌며 지도해야 하는지 아니면 단순히 통치만 하면 되는지에 대한 서로 다른 기대감은 행정부의 기능에 어느 정도로 영향을 주는가?
- 이들 중 어떤 모델이 지도자에게 너무 많은 권력을 집중시키지 않으면서도 지휘하게 할 가능성이 큰가?

결정이 내려지고 타협이 이루어진다. 그러는 동안 총리와 개별 장관들은 핀란드의 복잡한 다당연합(multi-party coalitions)의 제약을 받는다.

세 번째 모델은 장관형 정부인데, 장관들은 총리나 내각의 지시를 덜 받으며 일한다 (이것은 장관이 연합 협정[coalition agreement]의 요구에 일상적으로 제약을 받는 연합정부에서는 예외이다 [Moury, 2013]). 예를 들어, 네덜란드에서는 총리가 장관들을 임명하지도, 해임하지도, 또 교체하지도 않는다. 내각 일원들이 정부의 공식적인 지도자 아래가 아니라 그와 함께 봉사하는 것이다. 이러한 조건에서는 장관이 총리나 내각보

지도 8.1 행정부 유형

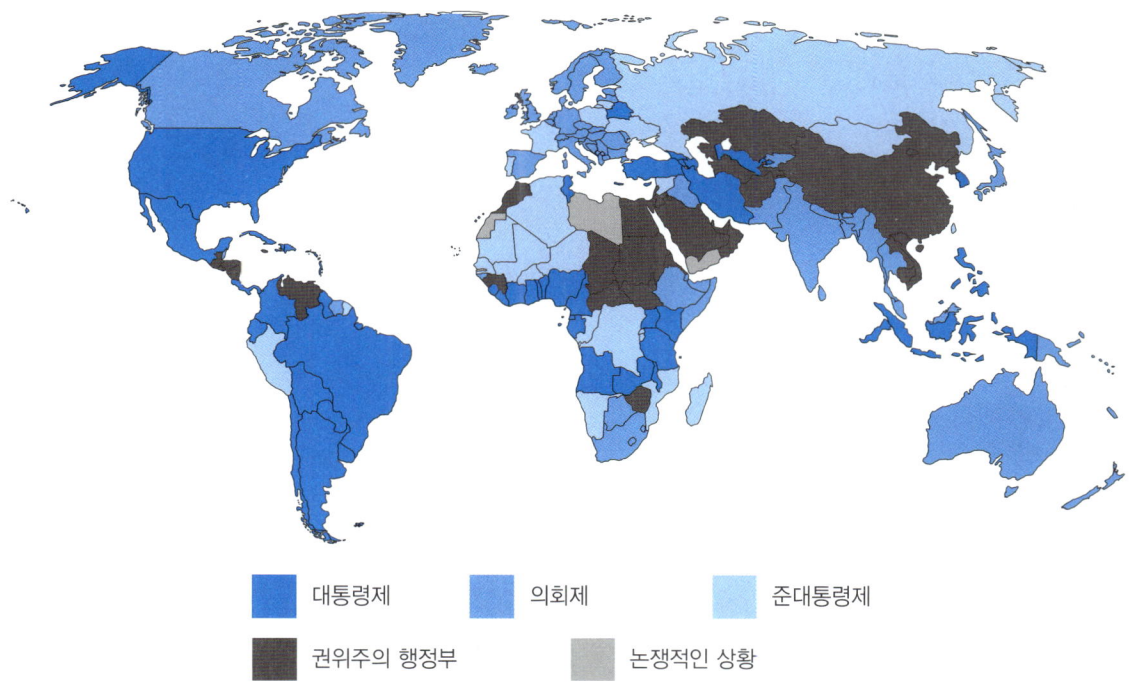

다는 자신의 정당에 충성하게 되어 총리의 위상은 축소된다. 정부수반은 수장(chief)이나 행정가(executive)라기보다는 숙련된 조정자(conciliator)라고 하는 게 더 잘 어울린다. 인도에서 한때 빈번했던 다당 연합도 총리에게 공공연히 도전했다는 사실이 잘 알려져 있다 (Mitra, 2017).

준대통령제 행정부

세 번째 형태의 행정부는 장점과 단점을 가지는 고유한 특징을 보유하는 아주 뚜렷한 시스템으로서 대통령제와 의회제의 혼합이다. **준대통령제(semi-presidential)** 행정부, 또는 이중적 행정부로 알려진 행정부에서는 선출된 대통령, 그리고 의회에 책임을 지는 총리와 내각이 있다. 대통령은 직접선거로 선출되는 국가원수이고, 통상 대통령에 의하여 임명되지만 의회에서 과반수의 지지를 확보해야만 하는 총리와 정부수반의 역할을 공유한다. 대통령은 보통 감독권을 가지고 외교와 경제분야에 책임을 지며 필요하다면 긴급조치권을 쓸 수 있으나 총리는 대부분 일상적인 국내 정부에 책임을 진다 (표 8.6 참조).

준대통령제가 약 20여 개 국가에서 채택되어 있다는 사실에도 불구하고 주요한 행정부의 형태들 가운데 가장 덜 연구되는 분야 가운데 하나이다. 준대통령제에 대한 상대적으로 최근에 유일

> **준대통령제 행정부(Semi-presidential executive)**: 선출된 대통령이 임명된 총리와 별도로 선출된 의회와 함께 존재하는 제도.

표 8.6 준대통령제 행정부

- 선출된 대통령과 임명된 총리의 혼합이다.
- 통상적으로 대통령이 총리를 임명하고 의회를 해산할 수 있다.
- 대통령이 제한된 횟수만큼 고정된 임기 동안 일한다.
- 총리와 내각은 대통령과 의회에 함께 책임을 진다.
- 대통령은 국가원수로서 일하고 총리와 함께 정부수반으로서 책임을 공유한다.
- 사례: 프랑스, 몽골, 폴란드, 러시아, 스리랑카, 우크라이나, 아프리카의 몇몇 과거 프랑스 식민지 국가들.

하게 진행된 총체적인 연구를 알기 위해서는 엘지(Elgie, 2011)를 참조하고, 러시아와 동유럽의 준대통령제에 대한 연구는 캐리어(Carrier, 2016)와 브렁크리크과 큐바(Brunclik and Kubát, 2019)를 참조하라. 라니오와 세델리우스(Ranio and Sedelius, 2020)는 준대통령제가 "유럽에서 가장 보편적인 헌법적 장치"라고 주장하지만 그들의 준대통령에 대한 정의는 오스트리아, 아이슬란드, 아일랜드 등, 보통 의회제 행정부로 간주되는, 약한 대통령을 보유하는 여러 국가를 포함한다.

의회제 행정부와 매우 비슷하게 준대통령제에는 대통령와 총리 사이의 상대적인 권력에 따라 하부 유형들이 있다.

- 핀란드, 프랑스, 폴란드와 같이 총리-대통령제(premier-presidential system)체제에서 대통령은 국민투표로 선출되고, 내각을 이끄는 총리를 선택하며, 의회가 총리와 내각을 사퇴시킬 수 있는 유일한 권력을 갖는다.
- 러시아와 같이 대통령제-의회제(presidential-parliamentary)체제에서는 대통령은 국민투표로 선출되지만, 총리와 내각은 대통령과 의회에 응해야 한다.

대통령의 정당이나 연합이 의회에서 과반수를 확보한 상황에서는 권력의 우위는 대통령에게 있고, 총리와 내각은 대통령의 주도권을 따라야 하며, 총리는 의회에서 대통령의 계획 통과를 위해 노력한다. 그러나 유권자가 야당이나 야권 연합에게 의석의 과반수를 주었을 경우, 대통령은 동거정부(cohabitation)라고 알려진 체제에서 선택의 여지 없이 야당과 함께 일해야만 한다. 대통령은 보통 야당 출신 총리를 인준할 수밖에 없고 총리는 국가이익에서 대통령과 협력해야 하며, 두 지도자는 사실상 거대 연합(grand coalition)과 같은 상황에 참여하는 셈이다. 야심찬 총리는 또한 나중에 대통령에 출마할 기초를 다지려고 자리를 활용할 수 있다.

프랑스는 준대통령제 행정부의 원형이다 (Bell and Gaffney, 2013 참조). 1946년부터 1958년 사이 12년 동안 23명의 총리를 경험한 불안정한 제4공화국으로부터 벗어나고자 하는 노력에서 제5공화국 헌법은 1959년부터 1969년 사이 첫 번째로 집권한 드골(Charles de Gaulle)과 같이 압도적인 존재에 적합한 대통령직을 창조하도록 설계되었다. 프랑스의 권력은 다음과 같이 나누어진다.

> **동거정부(Cohabitation)**: 대통령이 한 정당에 의하여 차지되고 의회는 다른 정당에 의하여 통제되는 상황의 준대통령제에서 발견된다.

- 대통령은 국가적 독립과 헌법의 수호자로 여겨지고, 군대를 이끌고, 조약을 협상하며, 국민투표를 실시할 수 있고, 장관회의를 주재하며, (법안에 거부권을 쓸 수는 없지만) 의회를 해산할 수 있고, 총리를 (해임할 수는 없지만) 임명하며 총리의 추천에 의하여 장관들을 임명하고 해임할 수 있다.
- 총리는 드골이 '우유 값'과 같이 평범한 일이라며 거절한 바 있는 국내 현안들에 주로 집중한다. 대통령에 의하여 임명되지만 의회에 책임을 지는 총리는 공식적으로 장관들을 임명하고 대통령의 성향과 특색에 맞춰서 그들의 일상적인 일을 조율한다. 의회가 불신임투표 뒤에 총리와 장관회의를 사임시킬 수 있는 권한은 준대통령제에 의회제적 요소를 제공한다 (제9장 참조).

프랑스에서는 2017년 마크롱 대통령의 정당과 그 연합이 의회에서 여유있는 과반수를 차지했을 때처럼 같은 정당이 행정부와 입법부를 동시에 통제할 때 모든 국정업무가 쉬워진다. 하지만 1986년부터 1988년까지 좌파 미테랑(François Mitterrand) 대통령이 보수파 시라크(Jacques Chirac) 총리와 권력을 나누어야만 했을 때와 1997년부터 2002년까지 시라크가 대통령이 되어 좌파 조스팽(Lionel Jospin) 총리와 함께 권력을 나누어야만 했을 때에는 동거정부가 들어섰다.

준대통령제에서 대통령과 총리 밑에 정부의 일상적인 정치는 고위 장관들에 의하여 수행되나 장관회의는 의회제의 내각보다 덜 중요하다. 장관회의의 일이란 토론보다는 다소 의례적이고, 장관들은 자신의 주어진 정책영역에서 일정한 경력을 가지고 자리를 맡았기 때문에 자율성을 가지며, 총리와 대통령의 개입은 때때로 전반적인 의제를 부과하기보다는 분쟁을 해결하기 위하여 이루어진다.

준대통령제의 주목할 만한 특징 하나는 민주

푸틴(Vladimir Putin) 대통령(오른쪽)과 미슈스틴(Mikhail Mishustin) 총리(왼쪽)가 내각회의를 위하여 도착하고 있다. 푸틴은 두 직책 가운데 대통령직이 훨씬 더 강력해지도록 만들어냈다.

주의에서도 권위주의 정권에서도 준대통령제가 채택되어 있다는 사실이다. 권위주의 정권의 대표적인 준대통령제 사례로는 러시아를 들 수 있다. 1999년부터 2008년까지, 그리고 2012년부터 현재까지 대통령인 푸틴은 그의 목적을 위하여 준대통령제의 본질을 잘 활용하고 있다. 직접적으로 선출되는 대통령과 대통령에 의하여 지명되고 의회(Duma)에서 인준받는 총리가 공존하는 전형적인 특징에 더하여 푸틴은 광범위한 일련의 인상적인 권력들을 보유한다.

- 푸틴은 국가원수이고, 최고 사령관이며, 헌법의 수호자이다.
- 푸틴은 다른 국가기관들의 결정을 유보시킬 수 있고, 포고령을 발효할 수 있으며, 의회의 동의 없이 장관들을 해임시킬 수 있다.
- 헌법에 의하면 푸틴은 "국가의 국내외 정책의 기본적인 방향을 결정"할 수 있고 "국가권력기관들의 통합적인 기능과 협력을 보장하는" 임무를 부여받고 있다.

푸틴은 의미있는 반대파를 제거하고 통제력을 유지하기 위해 헌법 내에서 노력함으로써 한 걸음 더 나아갔다. 그는 2008년 두 번째 임기가 끝나면 대통령 자리에서 물러날 수밖에 없었다. 그러나 그는 총리가 되고, 약한 대통령 메드베데프(Dmitry Medvedev)가 2012년 푸틴의 성공적인 복귀까지 자리를 맡아주는 방식을 통하여 계속해서 권력을 붙잡을 수 있었다. 그때쯤 대통령의 임기는 4년제에서 6년제로 길어졌고 푸틴은 2018년 대통령선거에서 아주 쉽게 예정된 승리를 거두어 권력을 훨씬 더 강화할 수 있었다. 2020년

표 8.7 행정부의 비교

특징	대통령제	의회제	준대통령제	권위주의
선출방식?	직선, 전국 선거.	의회를 통한 간선.	대통령은 직선, 전국 선거. 총리는 간선.	대통령은 직선, 전국 선거. 군주는 선거 없음.
분리된 국가원수?	아니오.	예.	아니오.	아니오.
의원겸직?	아니오.	예.	총리만, 대통령은 안 됨.	아니오.
권력분립?	예.	아니오.	어느 정도.	제한된 정도.
고정임기?	예.	아니오.	대통령만.	예. 그러나 횟수 제한 없음.
해임방식?	임기 만료, 대통령선거의 패배, 탄핵, 사임.	의회 선거 패배, 신임투표 패배, 정당지지 확보 실패, 사임.	대통령은 임기 만료, 대통령 선거의 패배, 탄핵, 사임. 총리는 의회 선거 패배, 신임투표 패배, 사임.	정치적 지지의 상실, 군주의 사망.
내각의 역할?	대체로 주변적이고 개인적.	대체로 중심적이고 집합적.	대체로 주변적이고 개인적.	주변적.
의회 다수당과 공조?	예, 그러나 약화됨.	오직 소수정부에서만.	예, 그러나 약화됨.	예, 그러나 일어날 가능성이 적음.

에 그는 한발 더 나아가 자신에게 아무런 제약 없이 2024년 선거에 다시 출마할 수 있도록 허용하는 식으로 임기를 '재조정(reset)'하는 국민투표를 실시한 결과, 이전에는 재집권을 위하여 필요했던 휴식기를 가지지 않고 잠재적으로 2036년까지 대통령직을 유지할 수 있게 되었다.

권위주의 정권의 행정부

2021년 4월 차드의 장기집권 대통령 데비(Idriss Déby)는 정부를 전복하려는 반군들에 대항하여 차드군에 직접적인 지휘권을 행사했다. 1990년 당시 대통령이었던 아브레(Hissène Habré)에 대항하여 반군을 이끌었던 군 장교 출신인 데비는 당시 바로 한 주 전 68세의 나이에 여섯 번째로 대통령에 당선되었다. 31년 재임 기간 동안 차드는 세계에서 가장 탄압적이고 빈곤한 나라가 되었고 데비정부는 반복적인 반대와 반군시도를 겪어 왔다. 그는 재선을 축하하는 통상적인 기념행사를 개최하기보다는 반군 전선을 방문하기로 했고, 거기에서 총에 맞아 심각한 부상을 입은 후 곧 사망했다. 이는 '왕정 쿠데타(dynastic coup)'라고 비하되는데 데비는 그의 아들 마하마트(Mahamat)가 이끄는 군부(military junta)에 의하여 교체되었다.

헌법 규정과 정치적 현실이 민주적인 행정부가 할 수 있는 것과 할 수 없는 것을 규정하는 반면, 권위주의 정권의 행정부를 이해하는 것은 더 복잡하다. 권위주의 정권에도 헌법과 규칙이 있지만, 민주적 행정부에 비해 정책을 실행하는 데 있어 훨씬 제약이 적고, 개인 신변의 안전은 공식적으로 거의 보호받지 못해 때때로 위험에 처한다. 이것이 **권위주의 행정부(authoritarian executive)**를 만들어내지만 (표 8.8 참조), 권력은 과장되어서는 안 된다. 정부 안에서는 어느 누구의 권력도 항상 제한들이 있으나 종종 권위주의 지도자의 권력은 헌법 규정의 반영이라기보다는 (살아있는 동안) 자신의 이익을 위하여 정치제도를 조작하는 공직자들의 능력을 반영한다. 데비 대통령의 경우는 공직에 남아 있는 임기를 제한하는 가장 극단적인 형태에 맞서는 지도자의 사례이다.

제6장에서 보았듯이 권위주의 행정부에는 절대군주와 제왕적 대통령(presidential monarch)

> **권위주의 행정부(Authoritarian executive)**: 헌법적 혹은 정치적 제약이 적은 대통령제 행정부 또는 군주.

표 8.8 권위주의 행정부

- 대통령이나 군주라는 직책에 집중된 가장 중요한 권력과 관련하여 직책(office)보다는 그 자리를 맡는 공직자(officeholder)가 종종 더 중요하다.
- 절대군주는 주로 세습되고, 대통령제의 군주는 선거를 통하지만, 결과는 보통 부정투표, 위협, 반대자의 주변화(marginalization)로 보장된다.
- 임기제한은 헌법에 의하기보다는 권력을 유지할 수 있고 살아남아 있을 수 있는 능력에 의하여 정해진다.
- 다른 모든 정부 기관들은 계속 주무를 수 있도록 후견하는 행정부에 종속적이다.
- 대통령 또는 군주는 국가원수이고 사실상 정부수반이다.
- 사례: 중국, 쿠바, 콩고민주공화국, 이집트, 카자흐스탄, 사우디아라비아, 베네수엘라.

라는 두 가지가 있다. 그 가운데 절대군주는 정부를 통제하고, 어떠한 반대도 허용하지 않으며(또는 조금만 허용하며), 의회와 사법부가 약하다. 역사적으로 1643년부터 1715년까지 다스렸던 프랑스의 루이 14세(King Louis XIV)부터, 1689년부터 1725년까지 군림하던 러시아의 표트르 대제(Peter the Great)까지 사례들이 풍부하고, 오늘날 절대군주들의 권력은 그렇게 완전하지는 않지만, 여전히 인상적이다. 제6장에서 논의되었던 아랍의 전통적인 왕조들에 더하여 최근의 사례들은 남부 아프리카에 있는 에스와티니의 음스와티 3세(King Mswati III)와 서남아시아에 있는 브루나이의 볼키아(Hassanal Bolkiah)를 포함한다. 이들 사례에서 군주들은 통치보다는 지배를 강조하는 가부장적 형태(patriarchal style)를 활용한다.

두 번째로 권위주의 행정부의 가장 흔한 형태는 제왕적 대통령, 즉 군주처럼 기능하는 대통령이다. 이러한 대통령은 많은 경우 임기 제한이나 경쟁적 선거에 출마하는 것을 포함한 민주적인 행정부가 가지는 헌법적이고/또는 정치적인 제한의 대부분을 결여하고 있다. 임기 제한이 있음에도 불구하고 지배적인 정당은 야당 후보들이 이기지 못하도록 확실하게 만들 수 있고, 때때로 독재자는 규칙들을 계속해서 바꿔서 무제한적으로 자리에 남아 있다. 권위주의적 대통령은 마지못해서 재선에 도전하는 것처럼 시늉을 하지만 지속적인 승리를 보장하기 위하여 반대자들을 억압하고 지지자들에게 충성을 유도하면서 과정을 조작할 수 있다 (제14장 참조). 예를 들어 이러한 일은 1996년과 2001년 선거에서 승리했고, 그 뒤에는 임기 제한을 없앴으며, 2006년, 2011년, 2016년, 2021년 조작된 선거에서 계속적으로 이겼던 데비 대통령의 경우에서 볼 수 있다. 이러한 수단을 통하여 독재자는 독재를 창조했던 것이다 (Ezrow and Frantz, 2011).

스볼릭(Svolik, 2012)이 지적했듯이 독재자들은 자신들이 합의를 집행하도록 그들을 돕는 독립적인 정치권력은 물론 공식적인 정부 기관들의 작동을 규정하는 규칙의 도움이 부족하다. 이에 따라 그들은 승리하고 권력을 휘두르기 위하여 더 극단적인 방법들에 의존하는 경향이 있으나 그들은 또한 민주적인 정부에 비하여 훨씬 더 큰 개인적 위기들에 직면하게 된다. 그들은 예컨대 억압하기 위하여 군을 활용하지만, 만약 군이 정권 생존의 근본이 된다면, 이번에는 군이 정권에 대항할 수 있는 지렛대를 확보한 셈이고 군 또한 극단적으로 몰리면 정권에 등을 돌리게 된다.

제왕적 대통령은 자신이 다른 지도자들과 차별성이 있거나 그들보다 높은 자리에 있고 싶어 하는 지도자에게 자연스러운 기반이 된다. 이러한 체제에서 대통령은 국민들로부터 직접적으로 권력을 위임받았다는 점을 활용하여 사법부와 입법부 같은 기관들에 대한 영향력을 행사하게 된다. 통상적으로 이 기관들을 완전히 명목상의 지위로 격하시키지는 않지만(지도자는 국가업무를 계속 진행시키려면 특히 사법부와 관료제가 필요하다), 기관들 사이에 권력을 나누어주기보다는 자기 자신이나 지지자들에게 집중시키려는 노력을 한다. 바로 이러한 제도화의 결여가 권위주의 행정부의 중요한 특징이고 이는 제6장에서 논의했던 인물주의 전통(tradition of personalism)이라고 하겠다.

대부분의 절대군주에게 승계는 세습에 의하여

보장되며, 몇몇 현역 제왕적 대통령들은 그 자리를 이어받도록 가족 구성원들을 성공적으로 준비시켜왔다. 그러나 공식적인 승계 절차가 불충분하면 지도자의 임기 종료 이후뿐 아니라 준비기간에 잠재적인 후계자들 사이의 갈등을 불러일으킬 수 있다. 제왕적 대통령들은 경쟁자들을 극복할 수 있으면 자기 자리를 유지할 수 있는데, 이는 위협을 예의주시하고 경쟁자가 너무 강해지지 않도록 준비되어야 한다는 것을 의미한다. 그 결과 정치가 정책보다 앞선다.

더 나아가 패배의 대가는 크다. 권위주의 정권의 정치는 말 그대로 살고 죽는 문제이다. 민주주의 국가의 지도자들이 자리에서 물러날 때 그들은 종종 고액의 특강을 할 수 있고, 거액을 받아 회고록을 쓰고 팔며, 고액을 받는 자문역으로 임명되거나 또는 좋은 일들을 위한 재단을 설립하기도 한다. 축출된 독재자들은 가혹한 운명을 각오해야 하는데, 심지어 '은퇴' 이후에는 오래 살지도 못할 수 있다. 운이 좋은 독재자들은 추방지에서 부유하게 살 수 있지만 다른 이들은 감옥에서 비참하게 살고, 또 다른 이들은 길거리에서 처형당하기도 한다. 이런 것을 감안하면 제왕적 대통령들의 지배방식이 무자비하다는 것은 놀랍지 않다.

최근에는 독재자들이 리비아에서와 같이 순식간에 폭력적인 혼란 상황으로 붕괴되는 것은 드물다. 1969년부터 괴짜 독재자 카다피(Muammar Gaddafi)가 통치한 리비아는 전제정치의 고전적인 사례가 되었다. 카다피는 군부 쿠데타로 집권했고 결코 선거를 허용하지 않았다. 2011년 2월 리비아가 내전으로 무너졌을 때 카다피는 체포를 피하려고 옮겨 다녔으나 같은 해 10월 말 건설현장의 배수용 관에 숨어 있는 것이 발견되다가 결국 맞아 죽었다. 그의 후계에 대해서는 아무런 준비가 없었고 2015년 유엔의 중재안으로 새로운 정부를 출범시키기로 했지만 대중의 인정을 얻지 못한 채 두 번째 내전이 발발했다. 리비아의 사례는 권위주의 정권의 정부가 때때로 한 명의 지도자와 지나치게 가깝게 결부되어 결국 그가 사라졌을 때 체제도 무너질 수 있음을 보여준다.

동시에 인물주의(personalism)는 때때로 절대적인 것이라고 할 수 없는데, 그 이유는 많은 독재자들이 스스로 군, 종족집단의 지도자, 지주, 사업가, 관료, 다국적 기업, 자기 세력 가운데 분파들을 포함한 다른 정치행위자들에 의하여 제약을 받는다는 것을 깨닫기 때문이다. 지도자들은 살아남기 위해 가능한 지지 연합을 유지하는 차원에서 자리를 배분해야만 한다. 이것이 바로 개인적 지배(personal rule)가 부패와 가깝게 연결되어 있고, 세계에서 가장 부패한 지도자들의 무리가 권위주의 정권의 대통령직을 가진 사람들을 많이 포함하고 있는 이유이다. 여기에는 필리핀의 마르코스(Ferdinand Marcos, 1972~1986년), 자이르(Zaire, 지금의 콩고민주공화국)의 모부투 세세 세코(Mobutu Sese Seko, 1965~1997년), 인도네시아의 수하르토(Suharto, 1967~1998년), 튀니지의 벤 알리(Zine Al-Abidine Ben Ali, 1987~2011년), 적도 기니의 응게마(Teodoro Obiang Nguema Mbasogo, 1979년 이후) 등의 사례가 있다.

개인적 지배체제는 강력한 제도의 발전을 저해하면서 중동에서 수 세기 동안 생존했다. 붙박이 독재자들이 이끌었던 몇 국가들에서 좌절한 국민들이 부패하고 보수적인 정권들에 대항하여 시위를 벌이자 아랍의 봄이 독재자들의 취약점을 노출시켰고, 독재에서 민주주의로 전환하는 실질적 도전들이 일어났다. 문제는 30년의 집권에 항거하는 시위가 발생하면서 2011년 무바라크(Hosni Mubarak) 대통령이 자리에서 쫓겨났던 이집트에서 드러났다. 2012년 역사상 첫 번째 경쟁적인 선거에서 무르시(Mohamed Morsi)가 승리했고 이집트의 미래에 대한 낙관론에 근거가 되었다.

그러나 무르시가 이슬람주의 무슬림형제단(Islamist Muslim Brotherhood) 출신이기 때문에 긴장감이 외국, 특히 미국에서 커졌다. 무르시가 권위주의의 징조를 보이기 시작하자 2013년 7월 총사령관 엘시시(Abdel Fattah el-Sisi)가 이끄는 군부 쿠데타로 제거되었다. 그는 스스로 군복을 양복으로 바꿔 입고 민간인으로 둔갑했고 2014년 5월 선거에서 승리했으며 얼마 가지 않아 야당에 대한 인내심을 거둬들였다. 민주주의를 향한 짧고 희망적인 시도 뒤에 이집트정부는 옛날 방식으로 바로 되돌아갔다. 이것이 대부분의 이집트인들이 원했던 것이 아니었고 엘시시 정권에 대한 반대도 커졌지만, 이집트의 다른 정치적 제도들은 개인적 지배로의 회귀에 대하여 저항하기에 너무 약하고, 엘시시는 일반적으로 부정선거라고 평가받는 2018년 3월 선거 이후 두 번째 임기를 시작했다.

권위주의 행정부의 한 변형은 중국, 쿠바, 라오스, 북한, 베트남과 같은 아직 남아있는 다섯 개의 공산주의 정권에서 발견된다. 이들은 행정부, 입법부, 사법부가 일당제에 의하여 서로 긴밀하게 결합된 방식이라는 점에서 매우 구분되는데, 리더십은 단순히 행정권을 보유하는 것 이상이다. 최소한 최근까지 중국은 중국공산당(CCP: Chinese Communist Party)의 정치적 지배 아래 준대통령제로서 형식적인 특징들의 일부를 복합적으로 가졌으나 모든 것이 보이는 대로는 아니다.

- 내각, 의회, 지지하는 기구들의 네트워크를 포함하는 중국의 복잡한 정부구조에도 불구하고, 이 기관들은 당 지도부에 의하여 취해진 결정들을 정당화하는 정도의 일을 할 뿐이다.
- 누가 권력을 가지는지 밝히는 것은 공식적인 직함이나 공직의 문제라기보다는 기관, 개인적인 네트워크, 체제 내 주요 인물들의 지위 사이의 연계에 대한 이해의 문제이다. 예컨대 1978년부터 1997년 사망할 때까지 덩샤오핑(鄧小平)이 중국의 '최고지도자(paramount leader)'였으나, 그가 맡은 가장 고위직은 당 부서기와 당 군사위원회 위원장이었을 뿐이다. 1993년까지 그가 차지했던 유일한 지위는 중국의 교량협회 회장직이었다. 장쩌민(江澤民)은 중국의 국가주석이자 중국공산당의 총서기였으나, 덩이 여전히 중국의 실권자였다.

중국이 1990년대 고립으로부터 벗어났을 때 규칙들에 대한 변화들은 민주주의 국가처럼 보이는 행정부를 만드는 방향으로 향하는 듯했다. 정점에는 중국의 지도부에 의하여 지명되는 국가주석이 있고 그는 전국인민대표대회에서 최대 두 번 할 수 있는 5년 임기로 선출(또는 인준)된다. 국가주석은 처음에는 주로 명목상의 국가원수였으나 전국인민대표대회에서 인준받아 내각과 기능상 비슷한 국무원의 모든 구성원들을 임명할 수 있는 권한 등 전통적인 행정권을 많이 갖게 되었다. 국가주석은 또한 전통적으로 중국공산당과 중앙군사위원회의 총책임자이다. 이 자리들은 엄청난 정치적 권력을 제공한다. 동시에 국가주석은 사실상 정부수반이자, 주석에 의하여 지명되고 전국인민대표대회에서 인준받는 고위 당원인 국무원 총리와 함께 일해야 한다.

2013년부터 반대와 부패를 척결하고 인터넷 검열을 지지하며 중국을 위하여 좀 더 강력한 대외정책을 펼치는 시진핑(習近平)이 국가주석이 되고 중국에 더 통제력을 행사하면서 변화가 발생했다. 2018년 3월에는 그가 중국공산당의 국가주석 연임제한 헌법 규정을 바꾸면서 그의 지배력을 강화시켜 나갔다. 중국의 과거 최고지도자의 귀환이 분명하다.

군부 지도자들은 아마 민간은 물론 군 기관들을 모두 통제할 수 있다는 점에서 권위주의 행정부의 궁극적인 형태라고 하겠다. 최근에는 과거보다 군부 지도자가 흔치 않고 심지어 완벽한 군부 지도자는 드물다 할지라도, 자리를 유지하기 위해 군부를 만족시키려 하는 민간지도자들이 아직도 많다. 만약에 민주주의 국가에서 위대한 권력이 위대한 책임으로부터 나온다면 나이지리아의 사례와 같은 독재에서 권력은 거대한 위험들로부터 나온다. 1960년 독립 이후 나이지리아에는 15명의 지도자가 있었다. 군 출신에서 민간인으로 변신한 2명을 포함한 6명의 민간 대통령들과 9명의 군부 지도자들이다. 15명 가운데 3명은 군부 쿠데타로 자리에서 쫓겨나 죽임을 당했고 4명은 자리에서 쫓겨나 목숨만 유지했다. 그들은 모두 언제나 반대파를 조직할 준비가 되어있고 만일 필요하다면 자신들을 제거하기 위해 쿠데타를 일으킬 군부 내의 비판에 주의를 기울여야 했다.

대부분의 국가와 대중매체는 오직 중요한 동맹국들이나 적대국들에 관심을 가지기 때문에 이러한 권위주의 행정부가 항상 국제적 주목을 끄는 것은 아니나, 이들은 민주적 행정부보다는 더 흔하게 존재한다. 제5장과 제6장에서 살펴보았듯이 2020년 민주주의 지수(Democracy Index)에서 완전한 민주주의와 결함있는 민주주의가 합하여 75개 국가인 데 비하여 혼합형 또는 권위주의 정권은 도합 92개국이다. 세계자유 지수(Freedom in the World) 등급에서도 49개 국가들이 부자유(Not Free)로, 또 63개 국가들이 부분 자유(Partly Free)로 분류된다. 이러한 이유들로 권위주의 행정부의 특징, 권위주의 행정부를 유지시키는 힘, 그 권력을 제한하는 데 필요한 조건, 다른 기관들과 더 권력을 나누는 것에 대하여 더욱 관심을 갖는 것이 중요하다.

토론주제

- 국가원수와 정부수반의 역할을 나누는 데 따른 장점들과 단점들이 무엇인가?
- 현실적으로 어느 정도까지 민주적 대통령들이 정치에서 초연하여 국가이익을 대변할 수 있을까?
- 의회제의 총리형 정부 또는 내각형 정부 가운데 가장 효율적이고/또는 가장 민주적인 선택은 무엇인가?
- 총리들이 지나치게 대통령처럼 변했는가? 만약 그렇다면 왜인가?
- 준대통령제가 대통령제와 의회제 행정부의 장단점을 서로 상쇄시키는 유용한 타협안을 제공하나?
- 권위주의 지도자들이 경험하는 잠재적으로 거대한 위험과 불확실성은 때때로 통치하기 위하여 극단적인 방식을 쓰는 것을 어느 정도 설명하는가?

핵심용어

- 공화정(Republic)
- 국가원수(Head of state)
- 권력분립(Separation of powers)
- 권위주의 행정부(Authoritarian executive)
- 내각(Cabinet)
- 대통령제 행정부(Presidential executive)
- 동거정부(Cohabitation)
- 리더십(Leadership)
- 연합정부(Coalition government)
- 의회제 행정부(Parliamentary executive)
- 입헌군주제(Constitutional monarchy)
- 정부수반(Head of government)
- 준대통령제 행정부(Semi-presidential executive)
- 행정부(Executive)

추가 읽을거리

Andeweg, Rudy B., Robert Elgie, Ludger Helms, Juliet Kaarbo, and Ferdinand Müller-Rommel (eds) (2020) *The Oxford Handbook of Political Executives* (Oxford University Press). 행정부가 어떻게 작동하고 정부에 어떠한 영향을 미치는지에 대한 장들로 편집된 모음집.

Elgie, Robert (2011) *Semi-Presidentialism: Sub-Types and Democratic Performance* (Oxford University Press). 어떻게 준대통령제의 다른 형태들이 민주주의의 질과 지속성에 영향을 주는지 살펴보고 있다.

Krasno, Jean, and Sean LaPides (eds) (2015) *Personality, Political Leadership, and Decision Making: A Global Perspective* (Praeger). 국가를 이끄는 사람들에 대한 특징과 행위에 대한 통찰력을 제공하는 민주적이고 권위주의적인 지도자들에 대한 연구.

Meng, Anne (2020) *Constraining Dictatorship: From Personalized Rule to Institutionalized Regimes* (Cambridge University Press). 사하라 이남 아프리카에 초점을 두고 이 책은 어떻게 어떤 독재들은 제도화되는 데 비하여 다른 독재들은 인물주의에 의존하는지 살펴본다.

Mezey, Michael L. (2013) *Presidentialism: Power in Comparative Perspective* (Lynne Rienner). 역사, 상대적인 권력, 바뀌는 개인적 성격을 살펴보는 대통령제에 대한 비교적 연구.

Rhodes, R. A. W., and Paul't Hart (eds) (2014) *The Oxford Handbook of Political Leadership* (Oxford University Press). 서로 다른 종류의 행정가들에 대한 장들을 포함하는 정치적 리더십에 대한 일반적인 연구.

9장

입법부

차례
- 입법부에 대한 이해
- 기원과 진화
- 단원 또는 양원?
- 의원과 의원의 직무
- 권위주의 정권의 입법부

개요

입법부는 일반적으로 직접 선출되며, 흔히 행정부와 달리 나라 전체가 아니라 개별 선거구를 대표하는 책임을 갖고 있기에 시민과 가장 가까운 정부기구라고 할 수 있다. 입법부는 유권자 이익의 대표, 법률안의 심사, 감독을 통한 행정부의 통제, 공공지출의 검토, 정책에 대한 지지 또는 반대 등 통치에 없어서는 안 되는 필수적인 여러 가지 일도 수행한다. 따라서 입법부 및 입법부의 의원들이 유권자들에게 항상 인기가 있는 것은 아니며 많은 정치학자들이 입법부가 거의 끊임없는 권력쇠퇴 상태에 처해 있다고 묘사하고 있는 것은 역설적이다. 이는 입법부가 한때는 상대적으로 힘이 있었음을 암시하는데, 꼭 맞는 말은 아니다.

이 장은 입법부의 다양한 형태 및 입법부가 수행하는 다양한 역할에 대한 검토로 시작한다. 이 장에서는 단원제 입법부와 양원제 입법부의 차이점에 대한 논의에 앞서 입법부가 어떻게 생겨나서 발전했는지 살펴본다. 그런 다음 이어서 의원과 대표성의 본질에 대해 살펴볼 것이며, 특히 입법부에 대한 국민의 신뢰 약화 문제를 살펴보려고 하는데, 이 문제는 직업정치인 현상으로 인해 더욱 심해졌고, 더 많은 유권자로 하여금 의원의 임기 제한을 시행하는 경우의 장단점에 대해 숙고하게 하였다. 마지막으로 권위주의 정권에서 입법부의 역할을 살펴보고, 이 체제에서의 입법부가 힘이 없는 허약한 기관으로 보일 수 있지만, 지도자와 지배엘리트에게 여러 용도가 있음을 지적하면서 입법부의 역할을 살펴볼 것이다.

핵심논제

- 입법부는 일반적으로 국민을 대표하고 법률을 제정하는 데 있어 중추적 역할을 하는 것으로 여겨지지만, 이것만이 입법부의 유일한 기능이라고 할 수는 없다.
- 입법부가 법률의 제정에 관여하는 정도는 입법부의 행정부와의 관계와 정당 간 힘의 균형에 따라 그 정도가 다르다.
- 대부분의 나라는 단원제 입법부로 충분하다. 그 밖의 나라에서는 두 번째 원이 대표성의 질적 향상에 큰 도움을 준다.
- 모든 대표자가 똑같지 않으며, 대리자, 수탁자, 정당인, 중재자 등 그들의 일을 설명하는 여러 가지 모델이 개발되었다.
- 입법부는 종종 직업정치인의 본거지라고 비난받는데, 직업정치인은 집단적으로 자신이 대표하는 국민과 크게 다른 사회적 배경과 이해관계를 가진 정치계급을 형성한다.
- 대부분의 권위주의 정권에서도 입법부가 존재하며, 온건 반대파의 포용이 권위주의 정권에서 입법부의 역할을 이해하는 열쇠이다.

입법부에 대한 이해

이탈리아는 역사적으로 오랜 세월 동안 불안정한 정부를 경험했다. 이는 부분적으로 제2차 세계대전 이후 과거 무솔리니(Benito Mussolini, 1922~1943년 재임)의 독재로 이어졌던 권력 집중을 피하기 위한 노력으로 인해 야기되었다. 이탈리아 의회에서 의석을 가진 정당의 수가 너무 많았기 때문에 이탈리아는 안정적인 연합정부를 구성하는 것이 무척 어려웠고, 그 결과 주기적으로 정부가 해체되었다. 즉, 1946년에서 2021년 사이에 60개 이상의 정부가 있었고, 평균적으로 1년도 채 생존하지 못했다.

이 문제를 해결하고 의회의 활동을 간소화 하기 위한 노력의 일환으로 2020년 9월 국민투표가 실시되었으며, 이탈리아 국민들은 압도적 다수로 의회의 의석수를 3분의 1 이상 줄이는 아이디어에 찬성하였다. 『이코노미스트(*Economist*)』(2020)는 이 투표결과가 "많은 이탈리아 국민들이 오만방자하고 부패하기 쉬우며, 몰아내는 것이 사실상 불가능하다고 여겨지는 지배 엘리트에 대한 불신"을 표출한 것이라고 결론지었다.

대부분의 사람들이 정부의 대표성 개념의 중심에 입법부(legislature)가 놓여있다고 생각하지만, 때때로 겉으로 보이는 것과는 다르다. 즉, 입법부는 통치하는 기관이 아니며, 일반 시민을 얼마나 제대로 대표하는지 의문이고, 입법과정에 있어서 흔히 부분적인 역할만을 한다. 그보다는 오히려 시민과 정부를 연결하고 행정부에 대한 통제에서 입법부의 중요성을 찾을 수 있다. 그러나 입법부의 활동은 종종 능동적이기보다는 피동적이고, 입법부 구성원 간의 분열로 인해 어려움이 가중되며, 적어도 민주주의 국가에서는 정당의 역할에 크게 영향을 받는다. 예전에 영국의 정치철학자 밀(John Stuart Mill, 1861)은 입법부가 통치하는 일에 "근본적으로 부적합"하며, 입법부의 적절한 역할은 정부를 "감시 및 통제"하고 사회의 "고충처리위원회와 … 의견 제시 회의"로 활동하는 것이라고 주장했다. 이 분석이 그 후 얼마나 변했는지 여부가 여전히 논쟁의 대상이 되고 있다.

오늘날 민주적 입법부는 거버넌스 과정과 국민 의지의 표출에 기여한다. 즉, 입법부는 입법을 질적으로 향상시키고, 행정부에 책임을 묻고, 대중의 주요 관심 사안에 큰 영향을 미치는 중요한 청문회를 개최할 수 있다. 입법부는 일반적으로 그 구성원들이 종종 상당히 다른 시각과 가치를 소유한 다른 동료들과 동일한 장소에서 함께 일해야 하는 커다란 정부기구이다. 새로운 법률의 내용, 국가예산 항목, 새로운 공공정책 등이 문제이며, 타협을 이루는 것이 어려울 수 있다. 또한, 의원들은 행정부 및 법원과 공유하는 복잡한 힘의 역동성 내에서 자신이 일하고 있다는 사실을 잊어서는 안 된다.

한편, 권위주의 정권에서는 의회의 위상을 둘러싸고 의견이 엇갈리고 있다. 입법부는 온건 반대자의 포섭을 도와주고, 중심부와 주변부를 통합하고, 엘리트를 충원하고, 변화에 대한 요구에 타협하는 데 유용할 수 있다. 동시에, 최근 연구에 따르면 권위주의체제에서 각 나라의 입법부의

입법부(Legislature): 공공문제를 숙고하고, 법률을 제정하고, 유권자를 대표하며, 행정부의 활동을 강화하는 일을 하는 다수의 의원으로 구성된 대의기구.

역할에는 무척 미묘한 차이가 있다. 즉, 입법부가 지배 권력의 행사에 사용되는 정도는 행정부와 입법부, 정당 사이의 복잡한 삼각관계와 입법부가 지배 정권의 반대자들을 포섭하는 데 사용되는 정도에 달려 있다.

입법부의 역사가 오래되었음에도 불구하고, 우리는 입법부에 대해 아직도 잘 모르는 것이 많으며, 크레펠(Kreppel, 2014)이 지적했듯이 우리는 입법부의 호칭에 대해서조차 의견일치를 이루지 못하고 있다. 의회를 의미하는 영어단어로 legislature, assembly, congress, parliament 등이 혼용되고 있지만, 이 단어들 각각은 다른 의미를 내포하고 있다.

- 용어 'assembly'는 일반적으로 정치적 목적이 있든 없든 무관하게 사람들의 모임으로 이해되며, 세계의 많은 입법부는 국회(National Assembly)라는 이름을 사용한다.
- 용어 'congress'는 입법부와 행정부의 2권분립 정치체제에서 볼 수 있는 입법부의 한 종류이다. 즉, 지배군주 또는 대통령제 행정부와 함께 하는 입법부이다.
- 용어 'parliament'는 의회제 또는 준대통령제 행정부와 같이 행정부가 입법부로부터 나오는 정치체제에서 볼 수 있다.

크레펠은 미국 의회(US Congress)가 상대적으로 힘이 세고 영국 의회(British Parliament)가 상대적으로 힘이 없는 것에서 볼 수 있듯이 일반적으로 'congress'가 더 큰 자율성을 갖고 있기 때문에 'parliament'에 비해 힘이 더 세다고 주장한다. 그러나 브라질과 멕시코와 같이 강한 행정부를 가진 나라에서 상대적으로 약한 'congress'와 이스라엘, 이탈리아, 일본과 같이 행정부가 약한 나라에서 상대적으로 강한 'parliament'가 있을 수 있다. 우리가 그 차이를 이해하는 방법은 의회가 수행하는 여러 가지 역할을 우리가 어떻게 이해하느냐에 달려 있는데, 의회의 역할 중에서는 다음 세 가지가 두드러진다. 즉, 입법, 대표, 통제 등이다 (도표 9.1에 요약).

입법

무엇보다 입법부가 하는 일은 법률의 제정 및 개정과 관련이 있다. 입법부를 뜻하는 용어 'legislature'의 어원은 라틴어의 lex('법'을 의미)와 lator ('제안자' 또는 '운반자'를 의미)에서 유래하고 있다. 그러나 이러한 역할을 너무 문자 그대로 받아들여서는 안 된다. 왜냐하면 새로운 법률의 제정과 기존 법률의 개정은 주로 의원들의 손에 달려 있지만, 그러한 법률의 제정 및 개정에 대한 아이디어는 입법부 외부에서 시작되었을 수 있기 때문이다.

호주, 영국, 뉴질랜드 등처럼 상대적으로 약한 입법부를 가진 의회제에서는 주로 행정부가 새로운 법률의 제안(법안제출이라고 함)을 주도하고, 법안은 흔히 큰 문제 없이 의회에서 통과된다. 입법부는 법안을 놓고 토론하고 약간의 수정을 가할 수 있지만 궁극적으로 행정부의 요구를 따른다는 점에서 입법부의 역할은 흔히 피동적이다. 이와 대조적으로 이탈리아와 일본과 같이 상대적으로 강한 입법부를 가졌거나 벨기에, 노르웨이, 스웨덴과 같이 연합정부의 역사가 있는 의회제에서는 의사결정의 무게중심이 입법부 쪽으로 좀 더 치우쳐 있다.

역할	특징
입법	새로운 법안을 심의하고, 수정하여, 통과시킨다.
대표	일반적으로 정당에 소속되어 정당의 이름으로 유권자의 이익을 대변하고 촉진한다.
통제	행정부의 정책에 대한 찬성이나 반대를 통해 행정부를 통제하거나 감독한다.

도표 9.1 민주주의 정권의 입법부

반면에 상대적으로 강한 의회를 가진 대통령제하에서의 입법부는 입법활동에 있어서 더 많은 자율성을 갖는다. 예를 들어, 미국에서는 공식적으로 오직 하원의원만이 법안을 발의할 수 있다. 그렇지만 대통령은 행정부를 대신해서 법안을 발의해 줄 우호적인 하원의원을 찾아내어 이 문제를 해결할 수 있고, 대통령은 자신이 반대하는 법률안이 의회에서 통과되는 경우 거부권을 행사할 수도 있다. 대통령제에 내재 되어있는 권력분립은 입법부에 대한 행정부의 영향력을 제한하는데, 이러한 현상은 분점정부(divided government)에 의해 더욱 강화된다. 분점정부는 대통령이 입법부의 상원과 하원 둘 중 하나에서 또는 상원과 하원 모두에서 다수정당이 아닌 소수정당 소속일 때(즉, 여소야대 상황) 발생한다.

대표

입법부의 두 번째 역할은 유권자의 이익과 관심사를 유권자를 대신하여 정부에 대변하는 것이다. 행정부는 시민들로부터 상대적으로 더 멀리 떨어져 있고 광범위한 국가적, 국제적 쟁점과 문제에 더 관심을 쏟고 있지만, 입법부 의원들은 더 작은 지역을 대표하고 지역의 요구에 집중할 수 있는 더 많은 시간과 기회를 가지고 있다. 그러나 의원들이 이 일을 얼마나 잘하느냐는 유권자로부터 무엇을 듣느냐와 의원의 응답성, 당파적 분열의 정도에 달려 있다.

입법부가 공공의 이익을 가장 잘 대의 하는 방법에 대하여 다양한 의견이 있다. **기술적 대표성(descriptive representation**, 또는 인구사회학적 대표성이라고도 한다 – 역자 주)의 개념은 입법부가 그들이 대표하는 사회와 닮은 꼴인 것이 가장 좋다고 주장한다. 이것은 입법부가 "일반 대중처럼 생각하고 느끼고 판단하고 행동할 수 있도록 반드시 입법부는 전체 국민의 정확한 축소판이어야 한다"고 주장한 미국 제2대 대통령 애덤스(John Adams)의 견해였다 (Adams, 1856). 또 다른 대안으로, 의원은 자신의 지역구의 유권자만이 아니라 모든 유권자의 **집단적 대표성(collective representation)**에 초점을 맞추어야 한다는 견해가 있다. 1774년 영국 의회에 당선된 직후 정치인 버크(Edmund Burke)의 주장을 생각하라. 즉, 그는 자신의 선거구에 대해 아무것도 모른다고 인정하면서, 의회는 "상이하고 적대

기술적 대표성(Descriptive representation): 의원들이, 예를 들어 성별, 계급, 인종 등의 측면에서 그들이 대표하는 더 큰 인구집단의 축소판처럼 보여야 한다는 생각.

집단적 대표성(Collective representation): 의원들은 자신이 당선된 지역구의 유권자만이 아니라 모든 유권자의 이익을 대변해야 한다는 생각.

적인 이해관계를 가진 대사들의 회의"가 아니라 "하나의 이익, 전체의 이익을 위한 국가 심의회의"라고 주장했다 (Burke, 1774).

실제로 대표는 일반적으로 정당을 통해 이뤄진다. 유권자는 종종 소속 정당을 기준으로 자신의 대표자를 선택하고 평가하며, 유권자와 대표자 둘 다 같은 정당 소속일 경우 유권자는 대표자를 좀 더 쉽게 접근이 가능하고, 응답성이 좋고, 신뢰할 수 있는 사람이라고 생각한다. 대부분의 경우 승리한 후보자는 선거과정에서 정당에게 신세를 졌고, 따라서 원내 표결에서는 대체적으로 정당의 명령이나 기대에 부합하는 방향으로 투표한다. 이것은 의원들이 당의 방침을 따를 것이 예상되는 의회제에서 특히 그렇다. 그러나 그러한 압력이 입법부를 대의기구로 만든다는 주장은 논쟁의 여지가 있는 주장이다 ('문제 탐구 9' 참조).

통제

입법부가 수행하는 세 번째 역할은 정부를 통제하는 역할이다. 이는 두 가지 주요 형태를 취한다. 그 중 첫 번째는 행정부의 활동을 강화시키는 것이며, 이는 지원이나, 보완, 상쇄, 차단 등을 의미할 수 있다. 사용하기에 가장 적합한 용어는 정치체제의 특성과 정치세력의 균형에 따라 다르다. 브라질, 멕시코, 미국과 같은 대통령제에서는 별도로 선출되는 대통령이 대통령직을 유지하기 위해 호의적인 소속 정당 의원들에게 의존할 필요가 없다. 그럼에도 불구하고 의원들은 행정부의 국정 주도 능력을 결정하는 데 중요한 역할을 한다. 여당이 주도하는 입법부는 효과적인 지도력 발휘를 위한 탄탄대로를 제공하는 반면, 야당에 의해 지배되는 입법부는 걸림돌과 장애물을 놓을 것이다.

이와 대조적으로 의회제에서는 정부가 입법부의 정당 간 의석분포에 거의 전적으로 의존한다 ('국가개요 9'를 참조하라). 레버(Laver, 2006)에 따르면, 궁극적으로 의회제에서 입법부의 가장 중요한 역할은 '정부를 만들고 파괴하는 것'에 있다. 행정부는 입법부에서 다수(또는 최소한 실행 가능한 소수)의 지지 없이는 집권도 체제 유지도 할 수 없다. 더구나 입법부에서 여당이나 연합정부의 힘이 정부의 안정에 영향을 미친다. 제8장에서 보았듯이, 원내 다수 의석을 차지하고 있는 하나의 정당에 기반을 둔 정부는 소수정부보다 더 안정적일 가능성이 크다.

입법부의 행정부 통제의 두 번째 형태는 행정부가 직무수행, 문제해결, 위기관리, 예산관리 등에 책임을 다하도록 감독하는 것이다. 대통령제에서 이러한 역할의 중요성은 정당 간의 균형 여부, 입법부가 여대야소 상황인지 여부, 행정부가 입법부와 긍정적이고 건설적인 관계를 맺고 있는지 여부 등에 달려있다. 이와 대조적으로 의회제에서 입법부는 일반적으로 행정부에 의해 주도되지만, 입법부는 행정부의 활동을 감시하는 데 사용할 수 있는 여러 가지 수단을 갖고 있다.

- '질의응답(Questions)'은 구두나 서면으로 지도자와 장관에게 묻는 것이다. 예를 들어, 영국에서는 하원의원들이 관료와 장관들에게 수많은 질의를 하며, 좀 더 다채로운 행사 중 하나는 매주 열리는 '총리 질의응답 시간'이며, 총리와 야당대표가 무대 위에서 맞대결을 펼친다.
- '대정부질문(Interpellations)'은 핀란드, 프랑스, 독일 등 일부 유럽 입법부에서 사용하는 대

문제 탐구 9

입법부가 대의기구라는 것을 어떻게 확신할 수 있는가?

입법부는 대의기구라고 주장할 수 있지만, 입법부는 그들이 대표하는 사회를 거의 닮지 않았다. 즉, 의원들은 일반적으로 일반 국민보다 더 부유하고, 더 많은 교육을 받았고, 경제 및 문화 엘리트의 일원일 가능성이 크다. 문제는 부분적으로 현역이 누리는 이점에 있다. 일단 당선이 되면, 의원은 접촉, 친근함, 경험을 축적하게 되며 그 결과 상대적으로 의원직에서 물러날 가능성이 적고, 그러므로 입법부의 사회적 구성이 바뀔 가능성도 적다. 그 결과는 잭슨(Jackson, 1994)이 한 때 '3A'로 묘사한 오만(arrogance), 무관심(apathy), 퇴보(atrophy)일 수 있다.

의원의 교체율은 정당의 지도자에게 적어도 약간의 새로운 피의 수혈을 허용하고 있는 정당명부식 비례대표제를 사용하는 나라에서 가장 높다 (제14장 참조). 한편, 다수제 선거제도를 사용하는 나라의 의원교체율은 일반적으로 낮은데, 극단적인 사례가 미국이다. 미국에서는 인지도, 선거운동자금 모금 및 당의 지원, 게리맨더링 효과(제14장 참조) 등 덕분에 현역의원의 재선 확률은 90퍼센트를 상회한다 (Bardes et al., 2018).

입법부의 대표성 결여 문제에 대한 한가지 잠재적 해결방안은 의원의 교체율이 높아지고 의원의 다양성이 커질 것을 기대하여 의원의 임기 제한(term limits) 제도를 도입하여 시행하는 것이다. 민주주의 국가는 행정부의 임기를 제한하며, 행정부가 약 8~10년 이상 계속 임기를 유지하는 경우가 매우 드물지만, 국회의원에 대해 임기 제한을 적용하는 경우는 거의 없다. 매우 드문 예외적 사례로 멕시코는 3년 임기의 하원의원에게는 4연임까지, 6년 임기의 상원의원에게는 단 한 차례 연임만을 허용하고 있다.

우리가 입법부를 어떻게 대의기관으로 만들 것인지에 대해 생각하는 경우 우리는 반드시 대표성이 정확히 무엇을 의미하는지에 대해 생각해 보아야 한다. 임기 제한에 대한 구체적 아이디어와 관련하여 다음 질문에 대해 생각해 보아라.

- 우리는 오직 입법부가 사회의 사회적, 정치적 균형을 반영하는 경우에만 입법부가 대표성을 가질 것이라고 기대할 수 있는가?
- 임기 제한이 입법부에 더 많은 다양성을 가져오고 입법부가 사회의 변화하는 요구와 구성에 뒤처지지 않고 따라가도록 하는 데 도움이 될까?
- 임기 제한은 가장 뛰어난 의원을 공직에서 물러나게 하며, 의원이 자신의 지역구 및 유권자와 장기적인 관계를 발전시키는 것을 더욱 어렵게 만드는가?

안적 형태의 심문이다. 일종의 불신임안 형태인 질문은 즉각적인 답변을 요구하는 중요한 질문으로, 이어지는 짧은 토론시간 후에 정부의 답변에 대해 수긍하여 인정할 것인지를 놓고 표결을 실시한다.

- '긴급현안질문(Emergency debates, 또는 Urgent debates)'은 행정부에게 책임을 묻기 위한 좀 더 중요한 수단이다. 예를 들어, 뉴질랜드에서는 2021년 코로나19 팬데믹에 대한 경보단계 변경처럼 비록 새로운 법률이 필요한 것은 아

임기 제한(Term limits): 선출되는 정치인에게 최대 선수를 제한하거나 계속해서 연임하는 것을 금지하는 규칙.

니지만 정부의 즉각적인 관심이 요구되는 주요 공공문제를 중점적으로 다룬다.

의회제에서 입법부가 행정부에게 책임을 물을 수 있는 가장 중요한 두 가지 수단은 불신임투표(vote of confidence)와 해임안(censure motion)이다. 불신임투표는 정부가 계속 권력을 유지할 것인지에 대해 의결하는 것으로, 지도자의 교체를 초래할 수 있으며 심지어 새로운 선거로 이어질 수 있다. 이에 관한 사례가 2011년 캐나다에서 실시된 불신임투표이다. 하퍼(Stephen Harper)가 이끄는 보수당 소수정부가 범죄 및 법인세 감면에 관한 새로운 제출 법안의 재정적 세부내용을 공개하지 않았다는 이유로 불신임투표에 부쳐졌다. 불신임결의안의 통과는 새로운 선거를 촉발하였으며, 그 선거는 결국 보수당의 손에 놀아났다. 그 선거에서 보수당은 기존 의석수보다 더 많은 의석수를 얻었으며 하퍼는 다수정부를 구성할 수 있었다.

프랑스와 스웨덴에서는 불신임결의안의 가결은 재적의원(표결에 참여한 의원이 아니라)의 과반수의 찬성을 요구한다. 또 다른 나라에서는 불신임결의안이 별도로 제출되지 않으며, 정부가 표결에서 지는 경우 정부를 해산해야 한다고 느낄 만한 중요한 표결이면 그 어떤 것이라도 불신임결의로 간주한다. 전형적인 사례는 예산안이 부결되는 경우이다. 스웨덴을 포함한 몇몇 국가에서는 불신임투표가 정부 전체뿐만 아니라 개별 장관을 대상으로 실시될 수도 있다.

불신임투표는 행정부를 퇴진시키거나 제한할 수 있는 다른 수단이 있는 대통령제에서는 사용되지 않는다. 그러한 다른 수단 중 가장 일상적인 것이 대통령의 소속 정당이 아닌 다른 정당이나 정당들이 의회를 지배하는 경우에 발생하는 것으로 대통령이 자신의 의제를 추구할 수 있는 능력을 제한하는 것이다. 좀 더 극단적인 경우는 헌법이 대통령에 대한 소환(recall)을 허용하는 경우인데, 의회에서 의결 요건이 충족되는 경우 대통령은 임기가 남아있더라도 해임될 수 있다. 소환 투표는 이전 선거에서 해당 공직이 얻은 표의 최소비율(일반적으로 약 25퍼센트)이 서명한 청원서의 제출로 시작된다. 선거가 신임투표라면 소환은 불신임투표이며, 무능하거나 부패한 현직 대통령을 공식 임기가 정상적으로 끝나기 전에 해임함으로써 거버넌스를 개선할 수 있도록 고안된 방안이다. 소환은 볼리비아, 에콰도르, 베네수엘라 등에서 가능하며, 최근에는 브라질과 멕시코에서 고려되었고, 미국의 경우에는 많은 주 정부 및 지방정부 공직자들에 대한 소환이 허용되고 있다. 소환이 사용된 가장 유명한 사례는 2003년 캘리포니아 주지사가 소환되어 배우 슈왈제네거(Arnold Schwarzenegger)가 주지사직을 승계하였을 때였다. 2021년 주로 코로나19 팬데믹 정책에 대한 반대자들의 비판으로 촉발되

불신임투표(Vote of confidence): 정부의 신임을 묻는 입법부의 표결. 정부가 표결에 패하는 경우 일반적으로 정부의 해산이 요구된다.

해임안(Censure motion): 명시된 이유로 정부 또는 정부의 특정 구성원에 대한 반대를 표명하기 위해 고안된 입법부의 표결.

소환(Recall): 선출직 공직자에 대해 정상적인 임기 중에 해임 여부를 결정하는 일반 시민 또는 국민이 참여하는 투표.

국가개요 9
영국

간략소개

세계에서 가장 오래된 국가 중 하나이며, 의회제의 종주국인 영국과 이를 이루는 4개의 지역(잉글랜드, 스코틀랜드, 웨일스, 북아일랜드)은 1945년 이후 많은 변화를 경험했지만, 향후 반드시 해결해야 할 불안한 문제가 여전히 남아있다. 복지국가의 건설 그리고 오늘날 복지국가의 붕괴, 제국의 종식, 국가의 경제적 및 군사적 쇠퇴 등은 국가의 역할 및 세계에서 영국의 역할에 대한 재정립을 요구했다. 2014년 스코틀랜드 분리독립 국민투표의 부결이 영국의 미래를 둘러싼 논쟁을 종식시키지 못했으며, 2017~2021년 국민여론이 심각하게 갈라진 상태에서 메이(Theresa May)와 존슨(Boris Johnson)의 보수당 정부는 탈퇴 조건을 협상하느라 고군분투하였으며, 2016년 국민투표에서 유럽연합을 탈퇴하기로 한 유권자들의 충격적인 결정은 훨씬 더 많은 의문을 불러일으켰다.

정부형태	단일국가. 의회입헌군주국. 국가형성 시점은 1066년으로 추정된다. 성문헌법이 없음.
행정부	의회제. 정부의 수반은 제1당 또는 정당 연합의 대표인 총리이고, 총리가 내각과 공동으로 통치한다. 국가의 원수는 국왕이다.
입법부	양원제. 즉, 하원(House of Commons, 650명의 의원)은 5년 임기로 선출되고 연임이 가능하며, 선거로 뽑지 않는 상원(House of Lords, 약 790명의 의원)은 세습귀족과 종신귀족, 영국 국교인 성공회의 고위 성직자 등으로 구성된다.
사법부	2009년 12명의 판사로 구성된 대법원의 신설은 사법부의 독립을 강화시켰다. 대법원 판사는 임명된 시점에 따라 다르지만 70세 또는 75세에 의무적으로 은퇴해야 한다.
선거제도	하원 의원은 소선거구 단순다수제를 사용하여 선출된다. 스코틀랜드, 웨일스, 북아일랜드의 지방 의회 등과 같은 다른 기관에 대해서는 여러 다른 선거제도가 사용되고 있다.
정당	비록 전통적으로 우파인 보수당과 좌파인 노동당 등 두 정당이 지배하고 있지만, 다당제이다. 군소정당과 지역정당 또한 상당한 수준의 지지를 얻고 있다.

인구 6,680만 명

국내총생산(GDP) 2조 8,000억 달러

1인당 GDP 4만 2,330달러

민주주의 지수 등급
- ✓ 완전한 민주주의
- ✗ 결함있는 민주주의
- ✗ 혼합형 정권
- ✗ 권위주의
- ✗ 측정안됨

프리덤하우스 등급
- ✓ 자유
- ✗ 부분 자유
- ✗ 부자유
- ✗ 측정안됨

인간개발 지수 등급
- ✓ 매우 높음
- ✗ 높음
- ✗ 중간
- ✗ 낮음
- ✗ 측정안됨

영국 의회

영국 의회는 종종 '의회의 원조'로 알려져 있으며, 의회제 입법부의 기틀이 되는 모델이다. 전통적으로 영국 의회는 언뜻 보기에 불가능한 조합인 전능과 무기력함이 혼재되어 있다. 즉, 불문헌법과 밀접하게 관련이 있는 의회주권은 이 나라에서 그보다 더 높은 권위가 없음을 의미하기 때문에 영국 의회는 전능한 기관으로 여겨지지만, 집권당이 소속 의원들의 철저한 통제를 통해 의회를 권력을 행사하는 기관이 아니라 권력의 도구로 변질시켰기 때문에 영국 의회는 무기력한 기관으로 여겨진다.

오늘날 영국 의회는 불확실한 위치에 놓여있다. 북아일랜드, 스코틀랜드, 웨일스 의회의 활동 덕분에 영국 의회는 이들 지역에 권력을 빼앗겼고, 유럽의회로의 권한 이양은 영국의 EU 탈퇴에 찬성하는 브렉시트 찬성 운동가들이 제기한 불만 중 하나였다. 역설적이게도 브렉시트를 둘러싼 논쟁에서 의회는 메이 행정부와 대립하였으며, 이는 더 많은 의회 권력의 요구로 귀결되었다.

런던의 영국 의회 의사당. 의회 시스템은 영국에서 처음 생겨났고, 그 결과 의회에 관한 대부분의 비교연구는 영국의 선례를 참조한다.

의원들 스스로 더욱 헌신적으로 변했다. 그들은 점점 더 전문직과 사업가 경력을 가지고 있다. 갈수록 증가하고 있는 유권자의 민원처리에 더 많은 시간을 투자하고 있으며, 반면에 회의장 의석에 앉아 있는 시간은 줄어들었다. 영국 의회가 소통이 부재하고 구식이라는 오랜 견해가 최근 몇 년 사이 바뀌었고, 의회는 더 유능하고 독단적이게 되었으며 정부에 대해 더 많은 통제를 가하게 되었다 (Russell, 2016). 동시에 영국 의회는 다른 많은 입법부와 마찬가지로 정부에 대한 신뢰 약화 문제로 어려움을 겪고 있는데, 이는 오늘날의 정치혐오가 등장하기 이전부터 문제였다 (Clarke et al., 2018).

영국 상원은 불확실한 위치에 있다. 거의 800명의 상원의원이 선거를 통해 선출되지 않았으며 주로 임명된 종신 의원으로 구성되어 있지만, 개혁(최종적으로 합의가 이뤄지는 경우)에는 상원의원 선거에 관한 실질적인 조치가 포함될 가능성이 크다. 그와 같은 발전으로 인해 어쩌면 상원이 좀 더 적극적으로 행정부에 도전하게 될지도 모른다. 그러나 영국 의회는 자신의 기량을 향상시키는 동안에도, 그동안 영국 의회가 가장 잘해왔던 역할을 계속 수행할 것이다. 즉, 국가, 정부, 지도자를 대상으로 중요한 문제를 토론하는 토론의 장으로서의 역할을 수행할 것이다.

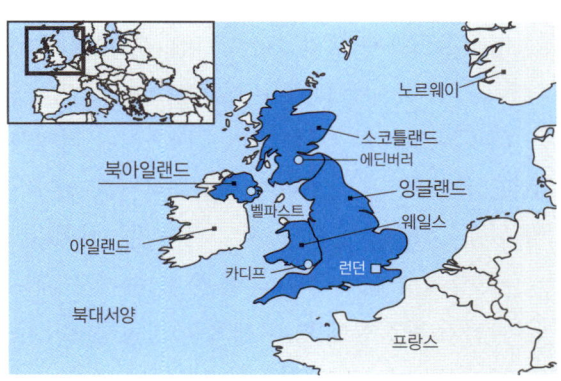

추가 읽을거리

Jones, Bill (2021) *British Politics: The Basics*, 2nd edn (Routledge).
Leston-Bandeira, Cristina, and Louise Thompson (2018) *Exploring Parliament* (Oxford University Press)
Sobolewska, Maria, and Robert Ford (2020) *Brexitland* (Cambridge University Press).

었던 주지사 뉴섬(Gavin Newsom)의 소환 시도는 실패로 끝났다.

또 다른 선택 대안은 **탄핵(impeachment)**이다. 충분한 수의 의원들이 찬성하는 경우 입법부는 대통령을 해임할 수 있다. 오스트리아, 독일, 인도, 아일랜드, 이탈리아처럼 탄핵이 가능한 의회제에서는 국가의 원수인 대통령에게 이를 적용할 수 있으나, 탄핵이 사용된 적이 단 한 번도 없다. 이 과정은 브라질, 프랑스, 이란, 파키스탄, 필리핀, 한국, 튀르키예, 러시아, 미국과 같이 대통령이 행정부의 수반인 나라에서는 좀 더 정치적으로 중요하다. 트럼프가 2020년과 2021년 두 차례 탄핵을 당한 미국에서는 탄핵안 제출까지만을 의미하지만, 다른 나라에서는 대통령을 공직에서 물러나게 한 성공한 탄핵을 말한다. 최근 몇 안 되는 성공한 탄핵사례 중 하나를 브라질에서 찾아볼 수 있다. 2016년 브라질 의회는 인기 있는 사회정책의 적자를 메우기 위해 다른 항목의 정부 예산을 옮겨서 사용한 예산 전용 혐의로 탄핵 당한 호세프(Dilma Rousseff) 대통령의 해임을 의결했으며, 부통령 테머(Michel Temer)가 대통령이 되어 잔여임기 동안 대통령직을 수행했다.

기원과 진화

입법부의 현대적 형태는 비교적 최근에 발전했고, 행정부와 정당의 역할이 발전함에 따라 많은 변화를 겪었지만, 입법부의 역사는 오래되었다.

> **탄핵(Impeachment)**: 입법부에서 표결을 통해 현직 대통령(또는 정부의 장관이나 판사와 같은 또 다른 공직자)을 해임.

서양 전통에서 가장 초기의 의회는 아테네의 에클레시아(Ecclesia)이며, 2년간의 군복무를 마친 모든 남성 시민이 의회에 참석할 수 있었다. 훗날 유럽의 궁정에서는 군주가 귀족들과 만나서 주요 소송 사건을 재판했다. 점차적으로 이러한 의회는 더욱 정착되고 구조화되어, 성직자, 귀족, 도시민 등 당시 사회를 구성하던 다양한 '계급(estate)'을 대표하게 되었다. 13세기와 14세기에 군주는 좀 더 지속적으로 전쟁, 행정, 통상, 과세 등의 문제에 대해 각 계급의 지도자들과 상의하기 시작했다. 이런 일이 일어나면서 의회는 보다 더 안정적으로 정부의 일부가 되었다.

현존하는 세계에서 가장 오래된 의회는 930년에 설립된 아이슬란드의 '알팅(Althing)'이다. 1188년 레온의 왕 앞폰소 9세에 의해 오늘날의 스페인에서 세계 최초의 의회가 설립되었으며, 두 번째는 1254년 포르투갈에서, 3번째는 1265년 잉글랜드에서 생겨났다. 그러나 후자의 경우에는 단 두 차례만 회의를 소집했으며 오늘날 영국 의회의 기초가 마련된 것은 14세기가 되어서였다. 유럽의 다른 의회는 흔히 공식기관이 아니라 비공식 모임으로 더 늦게 천천히 발전하였다.

제3장에서 설명한 다양한 물결 속에서 새로운 국가가 등장함에 따라 새로운 정치체제의 수가 증가했으며, 그와 함께 입법부의 수도 증가했다. 그러나 이러한 일이 일어나고 있는 동안에도 행정부와 정당의 권력 및 영향력 확대에 직면하여 입법부의 쇠퇴를 한탄하는 연구가 발표되었다 (다음을 참조, Bryce, 1921; Wheare, 1963). 메지(Mezey, 2020)에 따르면, 이러한 결론은 실제적이고 절대적인 쇠퇴에 근거하기보다는 실제로 존재한 적이 없는 입법부의 이상화된 과거 '황금

기'와의 대비 및 미국 하원의 상대적 힘과의 비교에 근거한다. 그는 또한 헌팅턴의 제3의 민주주의 물결(1974~1991년)에 대한 많은 희망이 열매를 맺지 못했고, 중남미, 아시아, 아프리카 등에서 입법부가 항상 튼튼하게 뿌리를 내린 것은 아니며, 모든 입법부는 여전히 행정부가 누리는 이점에 취약하다고 주장한다. 즉, 입법부는 중요하거나 인기 높은 정치인을 거의 배출하지 못하는 대규모 기관이며 종종 정치적으로 분열되어있는 기관이다. 이는 행정부(심지어 지지율이 낮은 대통령이나 총리도 포함)가 정치 리더십을 주도하게 해준다.

오늘날 전 세계 대부분의 나라에 입법부가 존재하지만, 각 나라의 입법부는 구조, 권력, 자율성, 정치체제 내에서의 위상 등 측면에서 각양각색이다. 미국 하원은 입법과정을 지배하고 있고 미국 대통령의 권한을 제한할 수 있는 여러 수단을 보유하고 있기에 아마도 틀림없이 여전히 세계에서 가장 힘이 센 입법부이다. 이와 정반대로, 사우디아라비아의 마즐리스 아쉬-슈라(Majlis Ash-Shura 또는 자문회의)가 아마도 세계에서 가장 허약한 입법부일 것이다. 마즐리스 아쉬-슈라는 지배군주를 도와 함께 일을 하고 있으며, 1993년에 설립되었고, 모든 구성원을 국왕이 임명하며, 법안을 통과시키거나 시행할 수 있는 권한은 없고 단지 새로운 법안을 제안할 수만 있다.

입법부의 중요성 및 유권자와 가장 가까운 관계에도 불구하고 입법부가 항상 높은 인기를 누리고 있는 것은 아니다. 정부의 신뢰 약화를 보여주는 데이터를 살펴보면, 입법부는 종종 확연하게 낮은 수치를 보인다. 도표 9.2는 유럽연합(EU) 회원국의 국회에 대한 비교 여론조사 데이터를 보여준다. 2000년대 초 이후 여론조사는 EU국가에서 입법부의 신뢰수준이, 나라별로 다소 뚜렷한 차이가 있지만, EU 전체적으로 25~40퍼센트 감소하였다는 것을 발견했다.

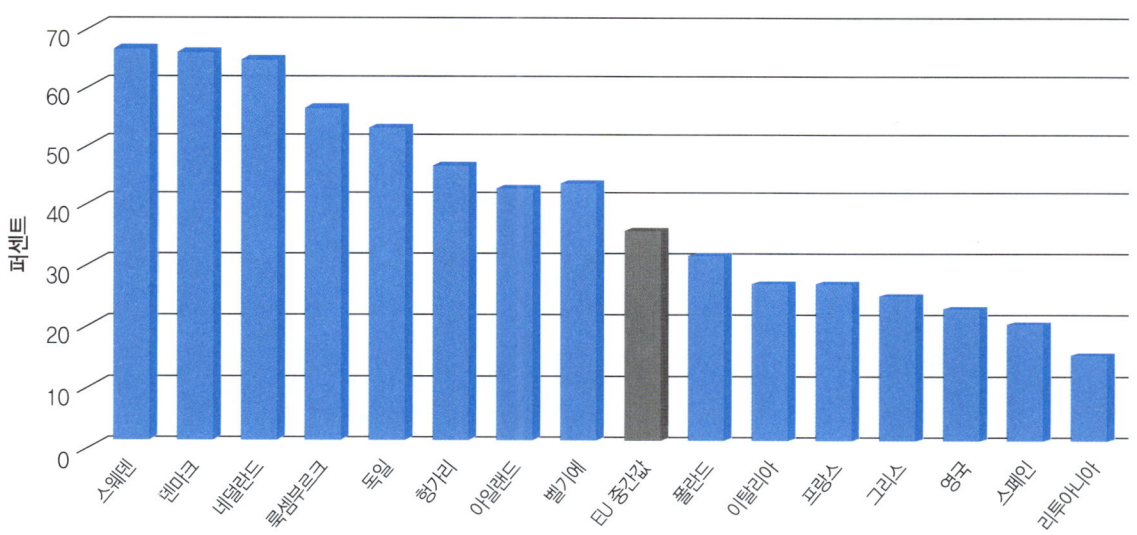

도표 9.2 유럽국가의 입법부 신뢰수준 비교

출처: European Commission (2020)에 근거한다. 숫자는 국가의 입법부를 신뢰하는 경향이 있는 사람들의 비율을 나타낸다.

- 스칸디나비아국가의 입법부는 주로 높은 수준의 대중적 지지를 얻고 있지만, 여전히 단지 60~65퍼센트 수준에 머물고 있다.
- 이탈리아 의회는 이 장의 시작 부분에서 간략하게 서술하였던 문제들로 인해 의회에 대한 대중적 지지는 형편없을 정도로 나쁜 수준이다.
- 영국 의회의 오랜 수명과 역사조차 영국 의회에 대한 대중의 신뢰를 떨어뜨리고 있는 당파성을 상쇄하기에는 충분하지 못하다.

1970년대 이후 실시된 갤럽 여론조사에서 의회의 직무수행 긍정평가 수준은 40퍼센트 이상을 넘긴 적이 거의 없는 미국의 상황도 그다지 낫다고 할 수 없다. 9·11테러 사건 이후 역경에 직면하여 국가적 단결 정서가 직무수행 긍정평가 수준을 사상 최고치인 84퍼센트까지 끌어올린 짧은 순간이 있었지만, 그 후로는 급격히 하락하여 2013년 9퍼센트로 역대 최저치를 기록했고, 그 외에는 2010년 이후 줄곧 약 10~20퍼센트 수준에서 맴돌고 있다 (Gallup, 2021). 그 효과는 미국 유권자들 사이에서 증가하고 있는 현역의원 반대운동과 트럼프가 워싱턴DC에서 "늪의 물을 빼겠다"(워싱턴DC의 기성정치의 폐단을 개혁하겠다는 의미 – 역자 주)고 대선후보로서 약속한 공약(지키지 않았지만)으로 나타났다. 이러한 낮으면서도 떨어지고 있는 비율은 임기 제한의 시행을 통한 의원 물갈이를 촉진하는 것이 갖는 장점을 둘러싸고 미국인들 사이에 토론을 촉발했다.

미국 의회 의원들이 대통령의 연례 연두교서(State of the Union) 연설을 듣기 위해 모였다. 미국 의회는 세계에서 가장 힘이 센 입법부 중 하나이지만, 또한 미국 의회는 미국 국민들 사이에서 인기가 없으며, 많은 미국 국민이 하원의원들의 당파적 성향에 대해 비판한다.

단원 또는 양원?

입법부의 구조적 특성 중에서 입법부를 구성하는 원의 수보다 중요한 것은 거의 없다. 60퍼센트에 약간 못 미치는 나라들 대부분은 작거나 동질적이기 때문에 하나의 원으로 구성된 **단원제(unicameral)** 의회로도 차질 없이 기능을 수행하는데 충분하다 (Inter-Parliamentary Union, 2021). 그러나 역사, 정치, 현실적 필요성 등의 이유로 인해 그 외 다른 국가들은 두 개의 원으로 구성된 **양원제(bicameral)** 의회를 가지고 있다. 이는 흔히 주로 상대적으로 큰 나라 및 민주주의 국가에서 발견되며, 연방국가에서 찾아볼 수 있는 입법부의 보편적 형태인데, 일반적으로 제2원이 연방을 구성하는 주나 지역을 대표한다.

양원제의 경우 하나는 일반적으로 제1원(하원), 다른 하나는 제2원(상원)으로 알려져 있다. 이러한 상원과 하원 명칭의 기원은 명확하지 않지만, 아마도 영국 의회가 한때 귀족원과 평민원으로 나누어졌던 방식으로 거슬러 올라갈 수 있는데, 그 당시 성직귀족과 세습귀족이 보다 더 배타적인 '상원'을 구성하였다. 어쩌면 직관적인 생각에 반하는 것일 수 있지만, 일반적으로 하원(그 사례는 도표 9.3 참조)이 상원보다 힘이 더 세다. 하원은 종종 예산문제에 대해 단독으로 또는 지배적으로 통제권을 가지며, 거의 항상 새로운 법안을 처음 발의하며, 상원에서 제안한 거부권이나 수정안을 무효화 할 수 있고, 일반적으로 상원보다 규모가 더 크다. 상원의 의석수가 평균 95명인 데 비해 하원의 의석수는 평균은 254명이다 (Inter-Parliamentary Union, 2021).

단원제와 양원제 사이의 선택은 민주주의에 대한 대조적인 시각을 반영한다. 단원제 의회는 국민의 통제권에 대한 다수제 아이디어에 의해 정당화되는데, 국민의 직접선거에 근거하는 의회는 국민의 의사를 반영하며 방해를 받아서는 안 된다는 논리이다. 또한 단원제는 책임성이 높고, 경제적이며, 신속한 결정을 내릴 수 있다. 반면에 양원제 의회는 상원이 견제와 균형을 제공하고, 상원의원의 임기가 일반적으로 더 긴 덕분에 상원에서는 좀 더 심도 있는 토론이 가능하며, 상원의 규모는 상대적으로 소규모이기 때문에 더 많은 합의를 이룰 수 있고, 잠재적으로 하원의 억압적 다수에 맞서 개인과 집단의 이익을 보호할 수 있다는 이유 등으로 정당화 된다. 제2원은 또한 심의기구이다. 즉 두 번째 생각을 위한 두 번째 원이다.

의회가 상원과 하원, 두 개의 원으로 구성되어 있는 경우 **약한 양원제(weak bicameralism)**로 알려진 상하원 관계에서는 하원이 일반적으로 상원에 대해 우위를 점한다. 전형적으로 연방제가 아닌 단일국가(제11장 참조)에서 발견되는 이러한 약한 양원제에서는 정부의 생존이 의회의 신임 여부에 달려 있다. 한편, 대통령이 국민에 의해 직접 선출되고 대통령의 임기가 입법부의 지지 여부에 달려 있지 않은 대통령제에서는 행정부가 하나의 원에 치중할 필요가 없다. 이러한 상황에서 **강한 양원제(strong bicameralism)**가 등

단원제(Unicameral)와 양원제(bicameral): 입법부가 몇 개의 원으로 구성되었는지 보여주는 용어.

약한 양원제(Weak bicameralism): 하원이 상원을 압도하는 경우 발생하며, 최우선적으로 정부의 책임에 초점을 맞춘다.

명칭	사례
Chamber of Deputies	아르헨티나, 브라질, 칠레, 체코공화국, 아이티, 이탈리아, 멕시코, 루마니아, 르완다.
National Assembly	앙골라, 불가리아, 쿠바, 프랑스, 헝가리, 쿠웨이트, 파키스탄, 남아프리카공화국, 한국, 튀르키예, 베네수엘라, 베트남.
House of Representatives	호주, 이집트, 인도네시아, 일본, 네덜란드, 뉴질랜드, 나이지리아, 필리핀, 태국, 미국.
House of Commons	캐나다, 영국.
House of the People	아프가니스탄, 인도.
Majlis (협의회)	이란, 몰디브, 오만, 카타르, 사우디아라비아.

도표 9.3 하원의 사례

장할 수 있는데, 특히 연방제와 결합되는 경우 더욱 그렇다. 미국 의회는 이와 같은 유형의 상원과 하원의 관계를 가장 잘 보여주는 좋은 예이다. 주의 대표자라고 하는 헌법적 지위를 갖고 있기에 미국의 상원은 미국의 통치과정 전반에 걸쳐 나름의 중요한 역할을 수행하고 있다.

양원제 의회와 관련 두 번째 질문은 상원의원의 선출방식과 관련이 있다. 만약 상원과 하원이 서로 다른 공공이익을 대표하지 않는다면, 양원제 의회는 장점이 별로 없다. 만약 상원 의석수와 하원 의석수가 똑같고, 상원과 하원의 의원이 똑같은 방식으로 선출되고, 동일한 권한을 갖고 있다면, 이탈리아 사례처럼 상원과 하원은 서로 그저 다른 하나를 그대로 복제한 것에 불과하다. 그와 같은 복제를 피할 수 있는 방법 중 하나는 상원의원과 하원의원을 각기 다른 방식으로 선출하는 것이다. 3가지 방식이 있다. 즉, 직접선거, 간접선거, 임명 등이다 (도표 9.4 참조).

강한 양원제(Strong bicameralism): 대통령제 연방제 국가에서처럼 상원과 하원이 힘의 균형을 이룰 때 발생한다.

놀랍지도 않게 가장 일반적이고 대중적으로 인기가 높은 방식은 직접선거이다. 흔치 않은 간접선거의 예를 프랑스에 찾아볼 수 있는데, 프랑스 상원의원은 각 '주(départements)'별로 선거인단에 의해 선출된다. 선거인단은 광역의회 의원, 시장, 시의회 의원, 해당 지역의 국회의원(하

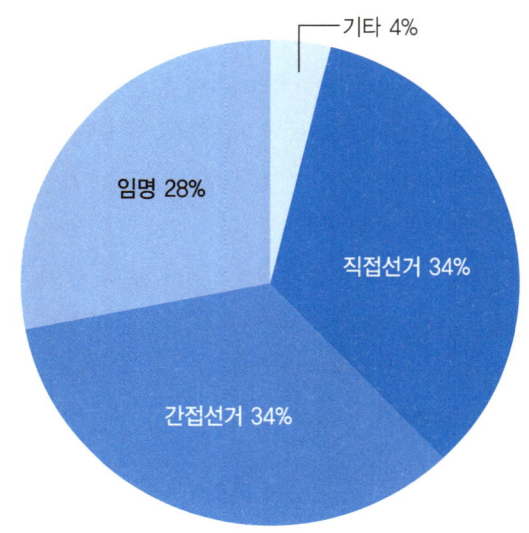

도표 9.4 상원의 선출

출처: Inter-Parliamentary Union (2021). 상원의 수가 아니라 전체 의석수를 기준으로 한다. 비교하자면, 제1원(하원) 의원의 95퍼센트는 선거를 통해 직접 선출된다.

원의원)으로 구성되는데, 상원이 정치적으로 보수적 성향을 유지할 수 있도록 농촌지역에 가중치를 부여한다.

임명의 사례는 캐나다에서 찾아볼 수 있다. 캐나다 상원의원 105명 전원을 총리의 추천으로 총독(여전히 캐나다의 국가원수인 영국 국왕의 대리인)이 임명한다. 이 때문에 캐나다 상원은 대통령이 임명하는 러시아 연방의회(이 장의 뒷부분 참조)만큼이나 비민주적으로 보일 수 있다. 그러나 캐나다 총리는 지역적 관심사에 민감하며, 총리와 소속정당이 같은 여당의원뿐 아니라 무소속 및 야당의원을 임명할 수 있다. 어쨌든 상원이 하원의 의사에 반하는 경우가 거의 없으며, 전통적으로 상원은 하원에 비해 상대적으로 덜 당파적이다.

상원의원이 직접선거를 통해 선출되는 경우조차 상원과 하원의 차이점은 보통의 경우 상원의 임기가 하원의원의 임기에 비해 상대적으로 더 길다는 것이다. 일반적으로 하원의 임기가 4년 또는 5년이고, 반면에 상원의 임기는 5년 또는 6년이다 (표 9.1 참조). 선거주기에 시차를 두는 경우 상하 양원의 차이는 더욱 뚜렷해진다. 미국 상원의원은 6년 임기이며, 매 2년마다 상원 전체 의석의 3분의 1을 선거를 통해 새로 선출한다. 반면에 프랑스 상원의원은 3년 임기이며, 3년마다 절반을 새로 뽑는다.

연방제 구조(제11장 참조)는 상원의 대표성을 왜곡하는 부적절한 효과를 낳을 수 있다. 큰 주는 과소대표되고 작은 주는 과다대표된다. 예를 들어, 미국 상원은 50개 주마다 2명의 상원의원을 선출하는데, 이는 캘리포니아의 4,000만 명의 주민이 와이오밍의 58만 명의 주민과 동일한 수의 상원의원에 의해 대표된다는 것을 의미한다. 각각의 주마다 3명의 상원의원이 있는 브라질 상

표 9.1 상원의 비교

국가	명칭	의원수	임기(년)	선발 방법
독일	Bundesrat	69	다양	주 정부가 임명한다.
러시아	Federation Council	166	6	대통령의 '동의'를 얻어 지방의회와 행정부가 선출한다.
멕시코	Senate	128	6	직접선거. 각각의 주에서 제1당이 해당 주의 2개 의석을, 제2당이 1개 의석을 차지하며, 전국단위로 32명의 상원의원을 선출한다.
미국	Senate	100	6	각각의 주에서 유권자가 직접선거로 선출한다.
아일랜드	Senate	60	5	총리가 11명을 임명하고, 직능별 집단에서 43명을, 두 개 대학에서 6명을 선거로 뽑는다.
인도	Rajya Sabha	245	6	주 의회에서 간접선거로 233명을 선출하고, 대통령이 12명을 임명한다.
호주	Senate	76	6	각각의 주에서 유권자가 직접선거로 뽑는다.

출처: Inter-Parliamentary Union (2021)의 데이터에 기초.

에서도 이와 같은 종류의 불균형이 발견된다. 남부의 상파울루(인구 4,400만 명)와 북부의 아마파(인구 75만 명)가 똑같은 수의 상원의원에 의해 대표되고 있음을 의미한다.

하원의 경우에는 의원의 수가 일반적으로 좀 더 균형적인 대표성을 갖는 방식으로 배분된다. 미국 하원과 브라질 하원의 선거구는 인구수가 균등하게 설계되어 있다. 그러나 미국의 경우가 브라질의 경우보다 훨씬 낫다. 브라질의 경우 의원 한 명당 시민의 수는 최소 5만 3,000명에서 최대 57만 명으로 정치적 대표성의 평등(즉, 표의 등가성 – 역자 주)을 크게 훼손한다.

의원과 의원의 직무

입법부를 기관으로 이해하는 것도 중요하지만, 의원과 의원이 직무를 수행하는 방식에 대해 이해하는 것도 중요하며, 그러므로 정부에 관한 제도적 발상에서 행태적 발상으로 논의를 전환한다. 의회의 의원들이 대표할 것으로 기대되지만, 어떻게 대표가 이뤄지는지에 대해서는 의견이 분분하다. 최소 4가지 **대표 모델**(models of representation)이 등장했지만 (도표 9.5 참조), 가능성은 거의 무한하다. 영국 하원에 대한 한 연구(Searing, 1995)는 정책 주창자, 이념주의자, 야심가, 전문가, 다방면의 지식을 가진 사람, 출세주의자, 방관자 등 12개 이상의 모델을 제시했다.

이러한 모델들이 유용한 평가 기준을 제공하고 여러 다른 곳(시간과 공간)에서 의원들의 일하는 방식에 대한 비교 통찰을 제공하는 데 사용될 수 있지만, 많은 선출직 공직자는 유권자나 정당과의 관계에 근거하여 이해되기보다는 통치 엘리트로서 이해된다. '이론 적용 9'를 참조하라. 과거의 아마추어 정치인은 직업정치인에게 자리를 내주었는데, 이들은 다른 직업을 알지 못하고, 유권자의 배경 및 이익과 동떨어져 있으며 종종 특정 이해관계에 포획된 **정치계급**(political class)의

> **대표 모델**(Model of representation): 선출된 공직자가 유권자 및 지역구의 이익을 대표하는 방식을 이해하기 위한 수단.
>
> **정치계급**(Political class): 비슷한 배경, 관심사, 가치관을 가진 전문정치인 집단.

유형	특징
대리자(delegate)	의원은 더 큰 국가이익에 상관없이 자신을 뽑아준 유권자의 선호에 따라 대리자처럼 행동할 것이 기대된다.
수탁자(Trustee)	의원은 자신의 유권자와 지역구의 최고 이익이라고 간주 되는 것을 행동하기 위해 최선의 판단과 경험을 사용한다.
정당인(Partisan)	의원은 정당의 구성원이며, 당의 방침에 따라 결정을 내릴 것이 기대된다.
중재자(Mediator)	의원들은 시민들을 대표할 수 있는 선거구로 통합하여 정부와 유권자들 사이에서 중재해야 한다.

도표 9.5 대표 모델

출처: 중재자 모델은 윌리엄스(Williams, 1998)에 의해 제시되었다. 또한, Blomgren and Rozenberg (2012) 참조.

일부가 되었다. **직업정치인(career politicians)**은 종종 가치 있는 경험을 보유하고 있지만, 특히 그들이 유권자의 다양성과 이익을 반영하지 않는 경우 그들의 부상은 대의민주주의에 대한 위협으로 해석될 수 있다. 정치계급의 존재는 많은 사람들이 정치적 자리를 위해 경주하는 것을 더 어렵게 만들고, 비슷한 방식으로 생각하고 행동하는 의원들의 모임을 만들어 낸다 (Allen, 2018).

대표에 대한 또 다른 우려는 역사적으로 남성의 입법부 지배이다. 비록 여성의원의 수가 증가하고 있지만, 성평등을 달성한 나라는 거의 없으며 많은 나라가 여전히 한참 부족하다 (도표 9.6 참조). 이에 더한 몇 가지 가능한 이유가 있는데, 일부 이유는 특정 국가와 문화와 관련이 있고 또 다른 이유는 좀 더 보편적이다.

- 많은 남성(특히 유럽이외 지역)은 여전히 여성을 공직에 선출할 준비가 되어 있지 않다.
- 여성들은 공직에 출마하는 데 필요한 자원에 접근하거나 주요 정당의 후보자로 공천받는 데 있어 상대적으로 더 많은 장애물에 직면한다.
- 남성보다 여성은 공직에 출마할 자격이 있다고 생각할 가능성이 적고 남성보다 덜 경쟁적이고 위험을 회피하려고 한다 (Lawless and Fox, 2012).
- 일부 국가(주로 중동지역)에서는 여성은 선출직 공직에 출마할 수 없다. 예를 들어 사우디아라비아에서 최초로 여성이 공직에 선출된 것은 2015년이었다. 한편, 예멘에서는 2020년 하원(마즐리스)의원 301명 중 단 한 명만이 여성이었다.
- 입법부는 여전히 여성보다 남성에게 유리한

> **직업정치인(Career politician)**: 정치를 통해 상근직, 성취적 직업을 얻는 것을 기대하는 정치 외에는 제한된 경험을 가진 의원.

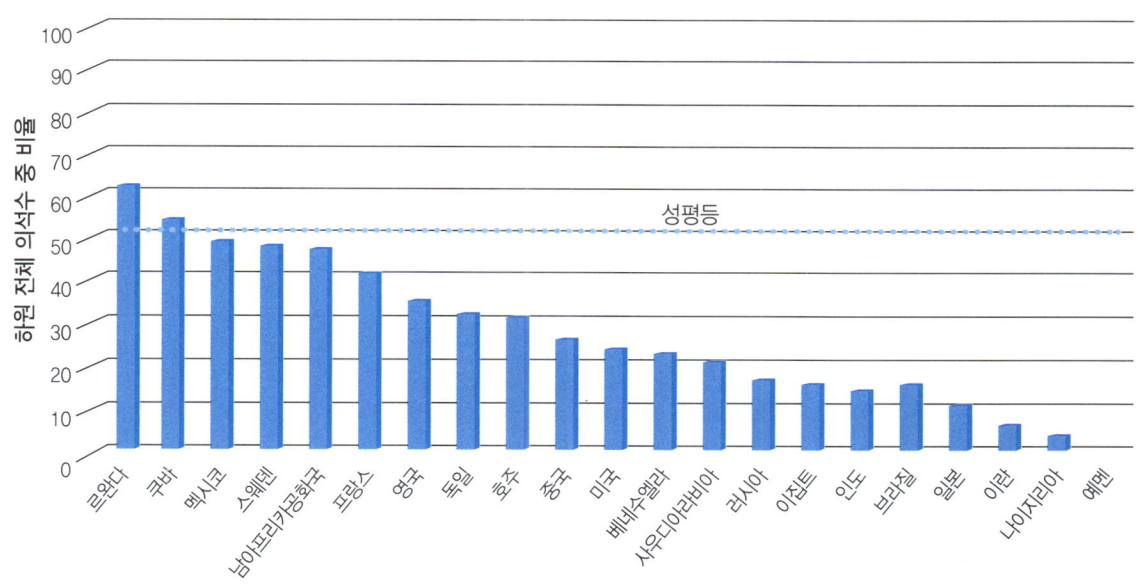

도표 9.6 입법부의 여성의원 수 비교

출처: Inter-Parliamentary Union (2021)의 자료에 기초한다.

이론 적용 9

엘리트이론

정부에 대한 가장 일관된 비판 중 하나는 정부는 대표해야 할 시민들과 소통이 없다는 것과 지배엘리트에 의한 통치로 치우쳤다는 것이다. 입법부는 시민과 유권자와 가장 가까운 것으로 보이는 정치기구임에도 불구하고 행정부만큼이나 이와 같은 불만의 대상이 되고 있다. 적어도 이론적으로는 대통령, 총리, 판사 등보다 의원을 접촉하는 것이 약간 더 수월하다. 그러나 실제로는, 의원들은 멀리 떨어져 있고, 유권자보다는 정당의 지도자나 특수이익단체의 말을 듣는 데 더 관심이 많은 것으로 널리 알려져 있다.

엘리트이론(elite theory) 접근법은 특정한 자질과 기술을 가진 소수의 사람이 의사결정과정을 지배한다는 관점에서 정부를 분석한다. 엘리트이론은 19세기 말 20세기 초, 그리고 이탈리아 경제학자 파레토(Vilfredo Pareto)와 독일 사회학자 미헬스(Robert Michels)의 연구로 거슬러 올라가는 오랜 역사를 갖고 있다. '엘리트'가 지배계급을 뜻하는 단일 집단인지 아니면 권력과 영향력을 놓고 서로 경쟁하는 많은 집단의 무리인지에 대해 오랫동안 의문이 제기되었다. 엘리트주의에 대한 개념 정의가 시간과 장소에 따라 다르다는 것을 고려할 때 후자 쪽일 가능성이 더 크다. 즉, 어떤 경우에는 엘리트 집단의 일원이 되기 위해서는 단지 지배적인 인종 및 종교집단의 교육을 잘 받은 남성이면 되지만, 또 다른 경우에는 부와 유전, 지위 등이 결합하여 작용한다고 주장할 수 있다.

- 엘리트이론의 대표적인 주창자 중 한 명인 미국 사회학자 밀스(C. Wright Mills)는 자신의 1956년 책 『파워엘리트(The Power Elite)』에서 적어도 1950년대 당시 미국정부는 재계와 군부와 정계의 지도자들의 연합(군산복합체 – 역자 주)에 의해 지배되고 있다고 주장했다. 그는 또한 그들이 주로 백인 남성이라고 말했을 수도 있지만, 그렇지는 않았다. 이후 미국에서 엘리트 집단의 다양성이 커졌지만, 아직도 재계와 군부와 정계의 지도자가 지배한다는 생각은 여전히 상당 부분 진실이다.
- 한편, 사하라 이남 아프리카에서는 사회분열이 복잡하기 때문에 해당 국가의 지배적인 인종집단 출신이며 도시지역에 기반하는 전문가일 가능성이 큰 지도부를 중심으로 다양한 사람들이 엘리트 계층에 포함될 것이다.
- 중국에서 엘리트 정치는 새롭게 부상한 부유한 기업가 계층과 함께 중국공산당의 상층부와 관료, 군부의 연합에 기반한다.

엘리트이론을 정부와 정치에 대한 이해에 적용하는 데 있어 첫 번째 단계는 엘리트를 구성하는 사람들, 그들이 엘리트에 포함되기 위한 자질, 정부에 영향력을 미치기 위해 그러한 자질을 이용하는 방식을 파악하는 것이다. 이 일은 처음에는 쉽게 보일지도 모르지만 항상 쉽지만은 않다.

엘리트이론(Elite theory): 경제적 부, 나이, 인종, 성별, 교육, 또는 이들의 조합에 있어서 유리한 입장의 소수가 사회권력을 휘두른다는 이론.

성차별 기관(gendered institutions)이다. 예를 들어, 가족 구성원으로서의 역할에 적정한 시간을 쓰기 어렵게 하는 여성에게 달갑지 않은 근무시간을 가지고 있다 (Kittilson and

Schwindt-Bayer, 2012).

75개 이상의 국가 (Hughes et al., 2017)가 여성의원의 수를 늘리기 위한 공식적인 방법을 도입했지만, 이는 비교적 최근의 발전이다. 3가지 주요 방법 중 가장 오래된 방법이자 가장 드문 방법은 '지정의석(reserved seats)'으로, 정당이 정당득표율에 비례하여 배분되는 특별의석에 여성의원을 공천하는 것이다. 예를 들어, 파키스탄에서는 국회 의석 342석 중 60석이 여성 전용 의석이다. 이 방법은 세계에서 여성의원의 비율이 가장 높은 르완다에서도 사용되고 있다. 하원의원 80석 중 24석이 여성 전용이며, 그 외 다른 여성후보자들은 직접 선출된다.

두 번째이자 가장 일반적인 방법은 '정당 할당(party quota)'이다. 비례대표제와 정당명부제가 가장 일반적으로 사용되고 있는 유럽 (제14장 참조)에서 유행하고 있는 이것은 정당이 여성 후보자의 수(또는 보다 중립적으로 각 성별의 후보자 수)를 할당(일반적으로 25~50 퍼센트)하는 경우 발생한다. 명색뿐인 미약한 노력에 그치는 것을 미연에 방지하기 위해 추가 규정은 의무적으로 일부 여성후보자를 정당명부의 상위순번에 올리거나(비례대표제) 승리 가능한 지역구에 공천할 (다수제) 것을 요구할 수도 있다.

중남미국가에서 일반적으로 사용되는 세 번째 방법이자 가장 최근의 방법은 '법적 강제(legal mandate)'이다. 이것은 법률로 명시된 의무사항이고 모든 정당이 적용대상이라는 점을 제외하고는 정당 할당과 유사하다. 아르헨티나는 1991년에 이와 같은 법률을 제정한 최초의 국가이며, 그 후 거의 모든 중남미국가들이 이를 도입했다. 의무적 요구 범위는 볼리비아, 코스타리카, 에콰도르, 멕시코, 파나마의 50퍼센트에서부터 아르헨티나와 브라질의 30퍼센트, 파라과이의 20퍼센트까지 다양하다 (Piscopo, 2015). 그러나 목표의 설정이 반드시 그 목표의 달성을 의미하지는 않는다. 예를 들어, 브라질은 1997년 법률로 30퍼센트를 규정하였지만 2020년에는 오직 상원의원의 14퍼센트, 하원의원의 15퍼센트만이 여성의원이었다. 와일리와 도스 산토스(Wylie and dos Santos, 2016)에 따르면, 여성에게 불리한 조건은 선거운동 자원을 여성후보자에게 상대적으로 더 적게 제공하고, 이길 수 없는 지역구에 여성후보자를 공천하는 것 등을 포함한다.

현재 무척 많은 나라가 성별 할당제를 도입하고 있지만, 이상하게도 성별 할당제가 고위 공직에 선출되거나 임명되는 여성의 수에 미치는 영향에 대해서는 알려진 바가 거의 없다. 비평가들은 할당제가 여성을 남몰래 해친다고 주장해왔다. 왜냐하면 할당제가 여성이 정부 내에서 남성과 동등하게 대우받을 수 있는 능력을 손상시키고, 능력에 기반한 리더십 개념을 약화시키는 정치적 낙인의 한 형태로 보일 수 있기 때문이다. 그러나 스웨덴을 사례로 사용한 오브라이언과 릭네(O'Brien and Rickne, 2016)의 연구는 할당제가 여성의원의 수뿐만 아니라 이를 고위공직으로 올라가는 발판으로 사용할 수 있는 여성 정치인의 수도 증가시켰다는 사실을 발견했다.

성차별 기관(Gendered institution): 의도적이든 의도적이지 않든 여성보다 남성에게 유리한 공식 규칙과 비공식 관행에 따라 운영되는 조직체.

권위주의 정권의 입법부

트럼프 지지자들이 2021년 1월 미국 의회를 습격하자 언론은 자주 이 사태를 권위주의 정권에서 벌어진 유사한 사건들과 비교했다. 선거결과에 대해 항의하도록 지지자들을 부추긴 선거에 패배한 후보자에 의해 촉발되었든, 또는 반란을 조장하기 위해 권위주의 정권에 반대하는 사람들에 의해 촉발되었든 간에 입법부에 대한 공격은 민주주의 국가에서는 매우 드문 일이지만 민주주의 국가가 아닌 나라에서는 드문 일이 아니다. 예를 들어, 2020년 11월 과테말라에서 일어난 예산 반대 시위가 국회에 대한 공격으로 이어져서 시위대가 의사당에 침입하여 건물 일부를 불태웠던 사건을 생각할 수 있다. 불과 1년여 전 에콰도르에서는 경제 긴축정책에 반대하는 시위대가 수도 키토(Quito)에 소재한 국회를 점거하였으며, 경찰이 최루탄을 사용하여 시위대를 국회의사당에서 몰아낸 후에야 간신히 사태가 종식되었다. 최근 몇 년 동안 볼리비아, 아이티, 니카라과 등 여러 곳에서도 이와 비슷한 충돌이 발생하였다.

이러한 종류의 폭력적 충돌은 권위주의 정권의 시민들이 정부에 대해 가질 수 있는 좌절이 표출된 것이고, 일반적으로 행정부에 비해 입법부의 주변 경비가 허술하기 때문에 입법부가 상대적으로 공격하기 쉬운 표적이라는 인식이 반영된 것이다. 또한, 시위자들은 실제로 일어난 경우는 거의 없음에도 불구하고 의원들이 지도부에 반대하여 시위에 동참하도록 독려할 수 있다는 희망을 품는다. 권위주의 정권에서 입법부의 역할은 잘 이해되지 않는다. 왜냐하면 권위주의 정권은 민주주의 정권보다 훨씬 덜 투명하여 내부 작동에 대해 배우고 좀 더 잘 이해하는 데 필요한 정보에 접근하기가 상대적으로 더 어렵기 때문이다. 시위자들이 권위주의 정부에서 입법부의 위상을 더 잘 이해한다면, 이 기관이 반대세력 편으로 입장을 전환할 가능성에 대해 덜 낙관적일 것이다.

비록 권위주의 정권의 입법부의 형태는 한 정당이 전체 또는 대부분 의석을 장악하고 있는 형태(중국의 경우)로부터 야당이 의회를 지배하지는 못하더라도 목소리를 낼 수 있을 만큼 충분한 의석을 차지하는 형태까지 각양각색이지만, 사우디아라비아와 같은 소수의 예외적인 사례를 제외하고 모든 권위주의 정권은 어느 정도 입법부라고 할 수 있는 것을 가지고 있다. 간디 등(Gandhi et al., 2020)에 따르면, 권위주의적 입법부에 관한 연구들 대부분은 세 가지의 분석 관점 중 하나를 취한다. 첫 번째는 일반적으로 정부를 만장일치로 지지하는 원내 표결과 함께 주로 고무도장 기능을 수행하면서 그 존재가 민주주의의 겉모양을 제공하는 허울뿐인 정치기구에 불과하다고 무시하는 분석 관점이다. 이는 구미가 당기는 솔깃한 결론이지만, 이 분석 관점에 대해서는 갈수록 점점 더 많은 의문이 제기되고 있다. 예를 들어, 올마크(Allmark, 2012)는 10개국(미얀마, 북한, 사우디아라비아, 시리아 포함)을 대상으로 하는 연구에서 입법부가 때때로 반대의견을 위한 플랫폼이 될 수 있고, 국내 반대세력을 강화하고, 시민의 정치교육을 촉진할 수 있음을 발견했다.

두 번째 관점은 권위주의적 입법부가 민주적 기관으로 발전할 가능성을 잠재하고 있다고 보는 관점이며, 권위주의적 입법부와 민주적 입법부가 다른 점은 단지 정도의 차이에 불과하다고 생각한다. 위원회 제도, 행정부 외부의 집단 및 행위자와의 정책연합 형성 등 권위주의적 입법부의 내부 구조는 민주적 입법부의 구조와 많은 점에서 동일한 특징을 가지고 있다. 그러나 동시에 권위주의적 입법부의 의원은 민주적 입법부의 의원보다 다음 선거를 덜 걱정하고, 의원직 유지를 위해 불법적 수단을 사용할 수 있고, 유권자에게 응답하기보다 지배 엘리트의 이익을 유지하는 데 더 많은 관심을 기울일 것이다. 간디 등(Gandhi at al., 2020)이 언급했듯이 독재 정권의 입법부는 행정부로부터 자율적인 경우가 거의 없으며, 실제로는 종종 집권당이나 행정부의 확대에 불과하다.

세 번째 관점은 권위주의적 입법부가 권력을 공유하고 반대의견을 표명할 수 있는 포럼의 역할을 하지만 엘리트의 이익을 지지하는 방식으로만 정치에 관여한다고 주장하는 중도적 노선을 취한다. 다시 말해, "명목적으로 민주적인 기관이 뚜렷하게 권위주의적인 목적에 봉사한다"(Gandhi et al., 2020). 이러한 관점은 권위주의적 입법부의 역할이 한때 생각했던 것보다 더 미묘하고 더 정교하다는 인식의 확산에 기초한다. 슐러와 말레스키(Schuler and Malesky, 2014)가 확인한 추세로, 이것의 초기 징후는 학자들은 권위주의적 지도자가 탄압에 의존하기보다는 반대파를 포섭하거나(아래 참조), 힘을 실어주거나, 약화하기 위해 입법부를 이용하는 데 더욱 의존한다고 보는 추세에 반영되었다.

예를 들어, 권위주의적 제도와 여성의 권리에 대한 연구에서 도노와 크레프트(Donno and Kreft, 2019)는 인권의 측면에서 독재 정권이 민주주의 국가보다 나쁜 성과를 보였지만, 여성의 권리를 증진하기 위해 법을 사용한다는 측면에서 많은 독재 정권이 실제로는 놀라울 정도로 좋은 성과를 보여주었음을 발견했다. 이는 여성의 권리를 증진하는 것이 예를 들어 복수정당을 허용하거나(야당이 공개적으로 등장), 선거를 실시하거나(권력을 빼앗길 위험성 증가), 선거를 조작하는(시간과 노력, 아마도 노골적인 탄압이 필요) 것 등에 비해 상대적으로 정치개혁을 덜 위협적인 방식이라고 생각할 수 있기 때문이다. 이와 대조적으로, 개선된 성평등은 정권에 대한 폭력적인 반대의 위험을 줄이고, 지지연합의 규모를 확대한다. 집권여당을 위한 여성조직을 만들고, 성별 할당제를 사용하고, 여성에 대한 폭력이나 성희롱에 관한 법률을 통과시키는 것 등은 여당이 통제를 잃지 않으면서 양보하고 지배력을 강화하는 데 입법부를 활용할 수 있는 방법이다.

권위주의적 입법부가 수행하는 잠재적 또는 실제적 역할(도표 9.7에 요약) 중에서, 가장 중요한 것이 포섭(co-option)이다. 권위주의적 지도자들은 여론에 대해 걱정할 필요가 없을지 모르지만, 항상 엘리트 내부에서의 도전에 직면하거나 통제의 전리품을 공유해야만 한다는 요구에 직면한다. 그런 이유로 통치자들은 적을 달래고 정부의 영역으로 끌어들여 적을 무력화시키려고 시도하여 무력화시키는 것이 전술적으로 더 나을 수 있다. 스트롬세스 등(Stromseth et al., 2017)은 다음과 같이 언급했다. "야당인사에게 대의원으로서 테이블의 자리 및 좋은 급여를 주는 것은 잠재적 말성꾸러기를 포섭하는 방법이다." 그렇게 함으로써 권위주의적 지도자들은 잠재적으로 정권

> **포섭(Co-option, co-optation)**: 지도자가 정치운동세력이나 반정부인사에게 통치체제의 일원이 되도록 회유하여 반대세력을 무력화시키는 과정.

역할	특징
포섭	온건한 반대자들을 통치체제에 포함시킨다.
충원	엘리트에 충원할 수 있는 잠재적 후보군을 제공하며, 신뢰할 수 있는 사람인가 여부를 평가할 수 있는 유용한 초기 시험평가로 활용된다.
양보	간디(Gandhi, 2008)에 따르면, 독재자를 위해 입법부가 집단의 요구를 전달하고, 지도자가 대중의 시위에 굴복하지 않고 양보할 수 있는 수단이다.

도표 9.7 권위주의 정권의 입법부

을 불안정하게 만들거나 위협할 수 있는 반대세력을 미연에 제거하고 통제를 유지할 수 있다. 영화 〈대부(The Godfather)〉의 등장인물 중 한 명은 다음과 같이 말했다. "친구는 가까이 두되, 적은 더 가까이 둬라."

권위주의적 입법부가 수행하는 두 번째 역할은 새로운 엘리트 구성원을 충원하는 통로 역할을 하는 동시에 통치체제에 대한 그들의 충성심을 시험하는 것이다. 민주주의적이든 권위주의적이든 모든 정부체제는 새로운 피를 충원해야 하는데, 권위주의적 지도자가 어떻게 입법부를 충원을 위한 인재풀로 사용하여 의원들의 성과를 관찰하고 정권의 목표를 지지할 수 있는 사람들과 강경한 반대파들을 구별하는 것을 보는 것은 어렵지 않다.

권위주의적 입법부가 수행하는 세 번째 역할은 통치체제의 기반을 위협하지 않으면서 반대파와 비판자들에게 양보하는 수단 역할이다. 이 현상은 협의적 권위주의(consultative authoritarianism, Teets, 2013)로 설명되었으며, 중국의 전국인민대표대회(전인대)가 개설한 온라인 참여 포털(사람들이 의견을 게시할 수 있는 정부 웹사이트)에 대한 연구를 통해 설명되었다(Truex, 2014). 이 연구는 사용자들 사이에서 정권에 대한 만족감과 반응성이 더 높았지만, 이는 교육수준이 낮고 정치적으로 배제된 사용자들에게만 적용된다는 것을 발견했다. 베트남 국회에 관한 또 다른 연구(Schuler, 2012)에 따르면, 반대의견을 경청하는 명백한 관용은 경쟁자를 찾아내어 제거하면서 집권 공산당 내부에서 토론을 허용하는 것보다 일반 시민들이 말하는 것을 듣는 것에 덜 관심이 있다.

중국의 사례는 일당제 국가에서 정권이 여러 아이디어에 아주 조금 더 개방적이 되면서 입법부가 약간의 중요성을 획득하는 추세를 잘 보여준다. 법치주의에 대한 강조가 커지면서 전인대의 위상이 높아졌으며, 전인대는 부패에 대한 대중의 적개심을 더욱 빈번하게 언급하였다. 많은 투표가 더 이상 만장일치가 아니며, 회의 진행 절차의 조정이 다소 어렵게 되었으며, 위원회의 권한이 확대되고 있으며, 일부 전문적 지원을 받을 수 있게 되었으며, 공산당은 자신의 제안에 대한 전인대의 반응을 미리 살펴보아야 한다.

그러나 지방정부와 군대를 통해 간접적으로 선출된 거의 3,000명의 의원을 가진 세계 최대의

> **협의적 권위주의(Consultative authoritarianism)**: 권위주의 정권에서 지도자는 비판자들과 반대자들에게 정권이 그들의 말을 들을 준비가 되어있다(어느 정도까지는)는 느낌을 주는 데 입법부를 이용한다는 견해.

중국 전국인민대표대회의 규모 자체는 언제나 깊은 인상을 주지만, 유감스럽게도 규모가 이 기관이 갖고 있는 힘을 의미하지는 않는다. 전인대는 주로 공산당의 결정을 승인하기 위한 목적으로 일 년에 단지 한 차례 회의를 개최하고 있다.

입법부인 전인대는 여전히 강력한 위계구조를 유지하고 있다. 전인대는 일 년에 딱 한 번 2주 동안 회의를 개최한다. 민주주의 국가의 위원회 중심 의회의 경우보다 더 심하게 전인대의 영향력은 전인대 내부의 소규모 집단을 통해 발휘된다. 이들 중 가장 중요한 것이 상무위원회이다. 연중 내내 주기적으로 회의를 소집하는 약 150명으로 구성되며, 이들 대부분은 공산당원으로, 이는 중국 지도층에게 또 하나의 통제 기제를 제공해준다.

일반적으로, 그리고 제7장에서 설명한 포템킨 마을의 개념을 다시 언급하면, 이집트 입법부의 역사가 보여주듯이, 권위주의적 입법부는 겉으로 눈에 보이는 것보다 훨씬 더 왜소하다. 어떤 형태로든 1923년 이후 이집트에는 입법부가 존재했지만, 행정부는 항상 입법부의 표결을 무효화하거나 원내에 우호적인 의원 과반수를 확보하기 위해 선거를 조작할 수 있는 힘을 가지고 있었다. 이집트 입법부는 1971년 인민회의(People's Assembly)로 이름을 바꾸었고, 대통령의 권한을 제한하는 것으로 여겨지는 몇 가지 헌법상의 권한을 갖게 되었다. 인민회의는 정부가 제출한 법안을 거부할 수 있고, 법안을 발의할 수 있고, 국가예산을 면밀하게 통제할 수 있으며, 정부정책에 대해 토론할 수 있게 되었다. 그러나 실질적으로 마지막 사항은 거의 의미가 없었으며, 워터베리(Waterbury, 1983)는 의회의 토론을 다음과 같이 다채롭게 묘사했다. "정상적인 패턴은 … 위원회에 회부된 정책을 혹평하여 산산조각 내고 … 알아낸 것을 대대적으로 보도하라고 언론에 주고, 그런 다음 의회 전체가 아주 약간의 수정을 거쳐 정책을 승인하였다."

2014년 인민의회는 새로운 하원(House of Representatives)으로 대체되었지만, 강력한 행정부와 상대적으로 허약한 입법부라는 이집트 전통은 계속될 운명처럼 보였는데, 하지만 이것은 다른 이유 때문이었다. 과거 인민의회가 대통령이 조정하는 집권여당인 국민민주당에 의해 지배되었던 반면, 새로운 의회는 너무 많은 수의 정당들로 인해 어려움을 겪고 있다. 2015년 선거에서 거의 20개의 정당이 의회에 진출하였으며, 하원 의원의 거의 60퍼센트가 무소속 의원이었고, 엘시시(Abdel Fattah el-Sisi) 대통령의 정부에 대한 항의 표시로 유권자의 투표참여율은 겨우 10퍼센트에 그쳤다. 2020년에도 상황이 크게 개선되지 않았다. 13개 정당이 의석을 얻었고(집권당 국민의 미래[Nation's Future]가 과반수 의석을 차지), 하원 의원 20퍼센트가 무소속이고, 유권자의 투표참여율은 30퍼센트를 약간 밑돌았다. 그 결과 이집트 입법부는 정부에 대해 반대의견을 제시하는 곳으로는 비효율적이다.

전반적으로 입법부, 지배군주, 여당 간의 관계는 명확하지 않다. 독재자는 여당이 입법부의 다수 의석을 확실하게 장악하도록 하거나(필요한 경우 선거를 조작하기 위해 불법적인 수단을 사용) 정부의 중요한 권력 대부분을 행정부가 갖고 있게 함으로써 정권을 유지할 수 있다. 라이트와 에스크리바-폴치(Wright and Escriba-Folch, 2012) 또한 입법부가 "잠재적인 권위주의적 경쟁자와 민주주의자가 되려는 사람 모두에게 독재자의 약속을 더 신뢰할 수 있게 함으로써" 독재자가 권력을 유지하도록 도움을 줄 수 있다고 언급했다. 따라서 입법부는 현재의 독재자가 경쟁자에 의해 대체될 가능성과 민주화 가능성 둘 다 모두 감소시킴으로써 독재자를 지원할 수 있다. 반면에 만약 경쟁자가 민주화에 관심이 없지만 독재자를 또 다른 독재자로 교체하는 것에 더 많은 관심이 있다면, 입법부는 권위주의적 지도자를 불안정하게 만드는 효과를 얻을 수 있다. 요컨대, 독재자는 반대의견에 관심이 있다는 인상과 반대의견을 엄격하게 통제한다는 인상 사이에서 반드시 균형을 유지해야 한다.

푸틴(Vladimir Putin) 치하의 러시아 사례는 권위주의적 지도자가 입법부에 대한 명백한 조작을 통해 다당제하에서 권력을 유지하고 있는 것을 보여준다. 그는 특히 상원인 연방평의회(Federation Council)를 표적으로 삼았는데, 러시아 헌법에 연방평의회의 대표자 선출 방법에 대한 명확한 규정이 없는 점을 악용했다. 헌법 95조는 단지 연방평의회는 85개 러시아 '주체'(subject, 지역과 공화국)마다 각각 2명의 대표자를 가져야 한다고 명시하고 있다. 처음에 그들은 선출되었지만, 1995년에 각 지역의 현직 행정 수반 및 입법부 수장으로 대체되었다.

2000년 처음으로 대통령이 된 직후 지역 지도자들의 권한을 제한하고자 푸틴은 국가두마(State Duma, 하원)를 통해 새로운 법률을 제정하여, 지방의회와 행정부가 임명한 상근 대표자로 그들을 대체하였다. 2012년 또 다른 변화가 있었는데, 각 주체에서 한 명의 의원은 지역 입법부 의원에 의해 선출되고, 두 번째 의원은 지역 주지사가 임명했다. 그러나 실제로는 푸틴의 고문들이 대표자들의 임명을 최종적으로 결정한다 (Slider, 2019[1]). 연방평의회가 대통령이 지명한 고등법원 판사의 임명에 대해 승인해야 하고, 대통령이

---

1) Slider, Darrell (2019) 'A federal state?', in Richard Sakwa, Henry E. Hale, and Stephen White (eds) *Developments in Russian Politics 9* (London: Red Globe Press).

내린 계엄령 또는 비상사태선포을 승인해야 하기 때문에 그 연장선 상에서 푸틴은 이러한 결정을 통제한다.

요약하면, 권위주의 정권의 입법부는 상대적으로 속이 텅 빈 기관이다. 민주주의체제에서도 입법부는 직관적으로 생각할 수 있는 것보다 왜소한 경우가 종종 있지만, 적어도 행정부와 입법부 사이에는 균형을 이루는 무언가가 있으며, 이는 정부의 토대의 중요한 기초가 된다. 그러나 권위주의체제에서는 권력의 균형이 확실히 행정부한테로 쏠려 있으며, 입법부는 입법과 대의과정을 보완하기보다는 주로 지도자의 도구로 기능한다.

토론주제

- 민주적 입법부가 수행하는 3가지 역할 중 어떤 것이 (a) 가장 중요한가? 그리고 (b) 가장 영향력이 큰 것은?
- 전적으로 동일한 종교적, 인종적 배경과 농촌 지역 중년 남자로만 이뤄진 입법부가 나라를 효과적으로 대표할 수 있을까? 만약 그렇지 않다면, 그 이유는?
- 연방제가 아닌 국가에서, 양원제 입법부는 어떤 실질적인 목적을 수행하는가?
- 이 장에서 설명한 네 가지 대표 모델 중 설명도구 또는 지침원칙으로 가장 설득력 있는 것은 무엇인가?
- 임기제한은 좋은 아이디어인가 나쁜 아이디어인가?
- 권위주의체제에서 진정으로 중요한 기관은 오직 행정부뿐인가? 아니면 입법부와 관련된 세 가지 역할이 우리가 처음 가정한 것보다 좀 더 중요하다고 생각하는가?

핵심용어

- 강한 양원제(Strong bicameralism)
- 단원제(Unicameral)
- 대표 모델(Model of representation)
- 기술적 대표성(Descriptive representation)
- 성차별 기관(Gendered institution)
- 소환(Recall)
- 불신임투표(Vote of confidence)
- 약한 양원제(Weak bicameralism)
- 양원제(Bicameral)
- 엘리트이론(Elite theory)
- 임기제한(Term limits)
- 입법부(Legislature)
- 정치계급(Political class)
- 직업정치인(Career politician)
- 집단적 대표성(Collective representation)
- 탄핵(Impeachment)
- 포섭(Co-option)
- 해임안(Censure motion)
- 협의적 권위주의(Consultative authoritarianism)

추가 읽을거리

Arter, David (ed) (2013) *Comparing and Classifying Legislatures* (Routledge). 유럽, 중남미, 아프리카 사례에 대한 장과 함께 입법부에 관한 지식의 발전 수준에 대하여 살펴보고 있다.

Blomgren, Magnus, and Olivier Rozenberg (eds) (2012) *Parliamentary Roles in Modern Legislatures* (Routledge). 유럽, 호주, 뉴질랜드 사례를 사용하여 의원들이 수행하는 다양한 역할에 대한 논문들을 모아 편집한 책이다.

Fish, M. Stephen, and Matthew Kroenig (2011) *The Handbook of National Legislatures: A Global Survey* (Cambridge University Press). 국가 입법부의 자율성, 능력, 영향력, 권한 등을 기준으로 입법부의 권한에 대한 평가를 자세하게 다루고 있는 참고서이다.

Khmelko, Irina, Rick Stapenhurst, and Michael L. Mezey (eds) (2020) *Legislative Decline in the 21st Century: A Comparative Perspective* (Routledge). 12개국 이상의 사례를 모아 편집한 책으로 입법부의 힘이 약화되고 있다는 생각을 검토하고 있다.

Loewenberg, Gerhard (2016) *On Legislatures: The Puzzle of Representation* (Routledge). 입법부가 작동하는 방식에 내재된 수수께끼 및 모순에 대해 검토하고 있다.

Martin, Shane, Thomas Saalfeld, and Kaare W. Strøm (eds) (2014) *The Oxford Handbook of Legislative Studies* (Oxford University Press). 입법부에 관한 연구논문을 종합하여 편집한 책이다.

10장

관료제

차례
- 관료제의 이해
- 기원과 진화
- 관료제는 어떻게 조직되는가
- 관료는 어떻게 충원되는가
- 권위주의 정권의 관료제

개요

행정에 책임을 지는 기관의 네트워크로서 관료제는 정부 구조의 핵심 요소이다. 관료제는 운전면허를 신청하든, 세금을 납부하든, 자산을 매입하든 대부분의 사람들이 직접 접촉하는 정부의 유일한 부분이다. 이러한 중요성과 익숙함에도 불구하고 관료제는 종종 제대로 이해되지 않으며, 그들의 성취를 칭찬하는 만큼 실패에 대해 빈번히 비난한다.

20세기 초 베버(Max Weber)가 관심을 가지기 전까지 거의 연구되지 않았으나, 관료제에 대한 고정관념은 관료들이 위계적이고, 절차에 따라 움직이며, 고객의 필요에 반응하지 않는다는 것이다. 이런 시각은 지나치게 단순한 것으로, 관료제의 현실을 더 잘 파악하려면 우리는 그 역동성, 구조, 그들의 업무에 가해지는 정치적·직업적 압력, 그리고 그들이 어떻게 변하는지를 더 잘 이해해야 한다.

이 장은 관료제의 핵심 특징에 대한 개괄과 그 비교로 시작한다. 이어서 우리는 전자정부에 이르기까지 관료제의 진화에 대해 살펴본다. 그리고 이 장은 민주주의 국가에서 정부 부처와 부처 내의 여러 부서부터 공공 서비스 제공을 위해 점점 더 많이 이용되는 중앙부처 이외의 공공기관에 이르기까지 관료제가 어떻게 조직되는지를 살펴본다. 그 다음 우리는 관료가 어떻게 충원되고, 책무성이 담보되는지 알아보고, 민주주의 국가와 부분적으로 상당한 유사성 (그리고 중요한 차이점)을 가지는 권위주의 정권의 관료제에 대해 검토한다.

핵심논제

- 관료제의 주요 역할은 정책을 자문하고 집행하는 것이지만, 그 일을 얼마나 잘하는지는 국가마다 차이가 있다.
- 베버의 관료제 모델은 근대 관료제를 이해하는 전통적 출발점이다.
- 외주 용역과 전자정부는 관료제의 작동이나 대중과의 관계의 방식을 변화시켰다.
- 민주주의 정권에서 공공 부문은 정부 부처와 규제 기관을 포함하는 복잡한 네트워크이다.
- 공무원의 질을 결정하는 2개의 주요 요인은 그들이 어떻게 충원되는지, 그리고 어떻게 책임성을 유지하는지이다.
- 권위주의 정권하에서 정치기관들이 주변화되는 경향이 있지만 관료제는 예외이다. 독재자는 그들의 의지를 실행하는 관리들 없이는 지배할 수 없다.

관료제의 이해

뉴질랜드는 정치, 경제, 사회의 국제 비교에서 일상적으로 최고 등급을 받는다. 예를 들어, 최근 이 나라는 민주주의 지수에서 북유럽국가들과 함께 최상위 5개국에 들었다. 그 이유는 부분적으로 뉴질랜드가 이후 1980년대 후반부터 '공무원법'이 통과된 2020년까지 지속한 관료제 개혁에 있다 (Hunt, 2019). 이 최근 변화의 목표는 정부 부처 간 연계를 강화하고, 명확한 정책 목표를 설정하고, 공무원의 부처 간 이동을 더 쉽게 하는 것이다. 이 법은 또 아동 빈곤이나 기후변화 같은 최우선 순위 문제 대응을 위해 기관장들이 협업하는 것을 가능하게 했다 (뉴질랜드가 인구 500만 명 미만의 상대적으로 작은 나라라는 점이 도움이 된다).

관료제(bureaucracy, 또는 공무원이라 알려진)에 대한 연구는 행정부 정치인들을 뒷받침하는 정부 부처와 공공기관의 네트워크에 초점을 맞춘다. 이 네트워크는 2개의 주된 업무가 있다. 그들은 정책이 수립되기 전에 정치인들을 자문 및 보좌하며, **공공행정**(public administration)이라고도 불리는 합의된 법이나 정책의 집행을 돕는다 (도표 10.1 참조). 부처의 장이 각료나 장관에게 데이터를 공급하거나, 소득세 신고를 검사하여 세수를 파악하거나, 항공기 추락 사고 원인을 규명하려 하거나, 우리가 정부 부처를 접촉하려 할 때 전화 응대를 하거나 하는 이 모든 것이 관료제라 불리는 체계의 일부분이다.

관료제에 대한 연구는 전통적으로 정부 부처에서 임금을 받는 정규직 직원에 초점을 맞추었으나, 그것을 넘어서 준독립적 기관, 지방정부, 심지어는 공공서비스의 외주 용역이 증가하는 가운데 비정부기구나 민간 기업을 포함하는 더 광범위한 거버넌스체제에 점점 더 관심을 가지게 되었다. '관료제'라는 용어는 빈번히 공공 네트워크에 한정되지만 '공공행정', '공공관리' 같은 용어는 더 광범위한 의미의 공공 부문을 지칭하는 데 사용된다. 관료제의 개념은 더 확장되어, 대학, 정당, 기업 등 어떤 대규모 조직의 행정 직원도 관료제로 생각될 수 있으며, 그 조직의 속성에 따라 공공 관료제에서 볼 수 있는 것과 동일한 인센티브, 제약, 동기 등을 가진다.

관료제를 이해하기 위해서 우리는 그것이 어떤 구조를 가지는지, 관료들이 어떻게 충원되고 어떻게 그들의 책무가 담보되는지, 부처들은 어떻게 서로 관계하는지, 서비스는 어떻게 제공되는지를 알아야 한다. 최선의 신입 직원을 충원하고, (특히 저숙련, 저임금 업무의) 공공기관의 직

> **관료제(Bureaucracy)**: 문자 그대로 관리들에 의한 통치. 비교정치의 맥락에서는 공공행정을 구성하는 사람과 조직을 의미.
>
> **공공행정(Public administration)**: 정부 정책의 집행.

역할	특징
자문	정책 과정의 일부로서 정치적 지도자들에게 자문과 정보를 제공.
집행	법, 규제, 정책의 집행을 총괄하고 일관성을 유지.

도표 10.1 관료제의 역할

원에게 소명의식이나 서비스 의식을 심어주는 것은 쉬운 일이 아니다. (공공 보건의료체계의 의사나 간호사와 같은) 핵심 공공 서비스를 제공하는 전문인들은 가장 높은 소명의식을 가질 것이다. 그러나 서류를 다루면서 레드 테이프(red tape, 불필요한 요식행위나 절차)로 서비스를 지연시키는 사무직 관리들에 대한 정형화된 시각은 여전히 어느 정도 현실을 반영한다.

타당하든 부당하든, 관료들은 빈번히 경직성, 위계, 창의성 결여, 상상력 있게 생각하고 세월에 따라 변하기보다 과거의 전례에의 집착과 연상된다. 그러나 관료제는 지난 수십 년간 공공 서비스 개혁의 노력으로 인해 상당한 변화를 겪었다. 이 장의 후반부에서 볼 수 있듯이 (최소한 선진 민주주의 국가에서) 현대 관료제를 이해하는 데는 2개의 주요 주제가 있다. 많은 서비스가 민간 수탁자에게 이전되는 외주 용역과 인터넷을 통한 정보와 서비스 제공으로의 이행이 그것이다.

관료제의 질에 대한 평가는 세계은행이 작성하는 세계거버넌스 지수(Worldwide Governance Indicators)에 제시되고 있다. 측정되는 16개 지표 중 하나가 정부의 효과성이다. 이는 '공공 서비스 질에 대한 인식, 공무원의 질, 정치적 압력으로부터의 독립성'으로 정의된다. 이들 지표는 의견 조사, 비정부기구로부터 얻은 인상, 이코노미스트 인텔리전스 유닛과 같은 상업적 정보 회사, 지역 개발은행과 같은 공공 부문 기관 등 다양한 정보원으로부터 집계된다.

> **레드 테이프(Red tape)**: 절차와 규칙에 얽매이는 관료제의 고전적인 이미지. 16세기 유럽국가에서 행정 서류를 붉은 테이프로 묶었던 관행으로부터 파생된 용어.

2019년 조사의 일부 결과는 도표 10.2에 제시되었다. 민주주의 국가들이 전반적인 등급이 높다는 것은 예상대로이며, 권위주의 정권(이중 다수는 실패 국가)은 그렇지 않다. 북유럽국가들이 최상위 등급인 것도 예상대로이며 (그러나 싱가포르는 100점 만점으로 최고 등급), 전 세계에서 가장 곤경에 처해 있는 국가들은 최하위 등급이다 (예멘 0.5, 아이티 1.4). 여타 등급 평가체계와 마찬가지로 상대적 위치에 대한 설명은 제공되지 않으며, 그러한 설명을 추구하는 노력은 관료제에 대한 다양한 양과 질의 연구들에 의해서 방해를 받는다.

효과성이 높은 유럽 관료제라는 일반적인 현상에 있어서 하나의 눈에 띄는 예외는 그리스의 사례이다. 최근 그리스의 많은 정치, 경제적 문제들이 느리고, 비효율적이고, 부패하고, 그리스의 경제 회복에 방해가 되는 관료제에 기인함은 잘 알려져 있다. 그리스 정치체제의 속성을 요약하면서 페더스톤(Featherstone, 2020)은 그 복잡성, 약한 국가의 전통, 국가기관의 피후견주의(clientelism)와 부패, 낮은 사회적 신뢰 수준, 약한 시민사회, 직업 관료제에 대한 정치의 우위 등을 분석한다. 부분적으로 이러한 문제들의 결과로 그리스는 알바니아, 불가리아와 함께 유럽에서 정부 효과성 점수가 최하에 위치하며, 기업환경 지수(Doing Business Index)에서 경제협력개발기구(OECD) 국가 중 최하위에 위치한다 (제17장 참조).

대조적으로, 약한 민주주의의 약한 관료제라는 일반적 현상의 눈에 띄는 예외로 싱가포르의 사례가 있다. 싱가포르는 결함있는 민주주의로 분류되며 최근 민주주의 지수에서 근소한 차로 혼합형 정권으로의 강등을 면했으나, 정부 효과

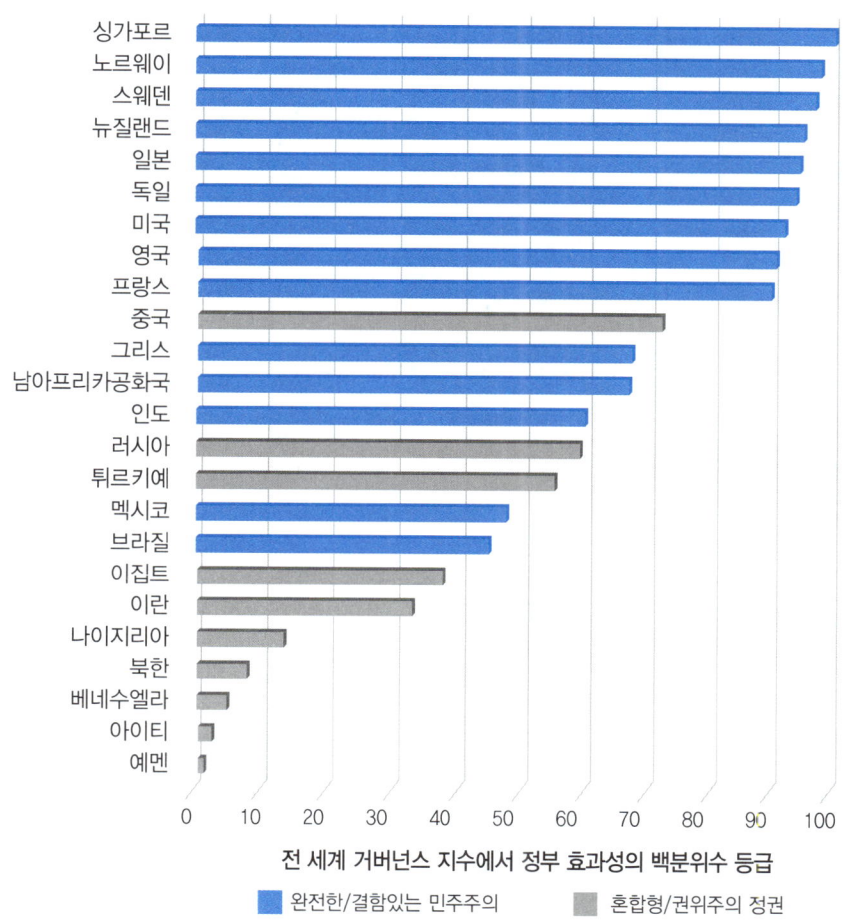

도표 10.2 정부 효과성에 대한 인식 비교

출처: World Bank (2021c) 데이터에 근거. 각국은 최고 100에서 최저 0 사이에 점수가 부여됨.

성에서는 100점을 받았다. 그 이유는 많지만 그 중에도 영국 관료제의 효율성 계승, 단일 도시국가라는 싱가포르의 작은 규모, 능력 있는 인재의 충원과 리더십을 장려하는 정책, 명확한 목표, 정부 부처 업무에 대한 구조화된 피드백 등을 들 수 있다 (Wang, 2020).

관료제에 대한 상반되는 견해의 이면에는 최소한 부분적으로 관료제의 책무성과 관련성이 있다 ('문제 탐구 10' 참조). (최소한 민주주의에서) 정치지도자들은 선거에 의해 제거될 수 있으며,

언론매체에 의해 항상 감시되고 평가되며, 여론조사 결과에 따라 정치적 능력이 상승 또는 하강하지만, 관료들은 주로 소속 부처에 대해서만 책임을 진다. 그 결과 관료들의 책무성을 담보하는 것은 **내부 고발(whistleblowing)**을 포함하여 비공식적 통로에 주로 의존하게 된다.

> **내부 고발(Whistleblowing)**: 정부 부처 (혹은 어떤 대규모 조직에도 해당) 내의 개인이나 집단이 잘못된 문제(부정, 부패, 비효율)를 외부에 공개하기로 결정하는 것.

싱가포르의 경제적 성공은 부분적으로 관료제의 효율성 덕분이라고 본다 (이 사진은 코로나19 봉쇄기간 중의 모습임).

내부 고발은 빈번히 정부 부처의 남용, 부정, 낭비를 드러냈으나, 그것은 관료들의 책무성을 담보하는 구조적인 방법이라기보다는 기회주의에 너무 의존하게 된다. 또 내부 고발은 문제가 일어난 후에 드러내는 경향이 있다. 그러나 애당초 문제가 발생하지 않도록 구조가 설계된 것이 더 효율적일 것이다. 또 미국가안보국 컴퓨터 자문역인 스노든(Edward Snowden)이 2013년 미국의 감시체계에 관한 비밀문서 수천 건을 공개하고 러시아로 망명한 근래의 가장 유명한 사례에서 알 수 있듯이 내부 고발은 고위험, 고비용의 선택이다.

기원전 6세기 공자가 정한 원칙에 근거해서 중국은 최초의 **능력주의**(meritocracy) 제도를 설정하여, 관료들은 시험을 통해 직책에 임명되고 황제가 나라를 다스리는 데 사용되었다 (이것은 평상시에는 잘 작동했으나, 전쟁 후와 같이 상황이 안 좋을 때는 무너졌다). 한편 중세 유럽에서 사무직 고용원이 왕가의 직원으로서 군주 개인의 지휘하에 봉직했다. 근대 관료제가 부상했을 때 많은 그 속성 중 많은 부분(정기적 임금, 연금, 공개 채용 등)은 공직이 군주 개인을 위해 봉직한다는 생각을 극복하려 노력하는 가운데 채택되었다.

근대 관료제에 대한 최초의 체계적인 연구는 독일의 사회학자 베버(1864~1920년)에 의해 이루어졌으며, 그의 주장 중 많은 부분은 여전히 관료제의 속성에 대한 우리의 이해에 영향을 미친

기원과 진화

고대 왕국과 제국은 대부분 일정 형태의 관료제를 가졌으며, 그중 가장 유명한 사례는 중국이다.

능력주의(Meritocracy): 진급과 리더십이 재능, 자격, 성과에 근거하는 체계.

문제 탐구 10

관료제의 책무성을 어떻게 담보할 수 있을 것인가?

영국에서 2016년 6월 브렉시트 투표로 이어진 캠페인에서 유럽연합(EU: European Union)에 가해진 가장 빈번한 불만은 그것이 '선출되지 않고 책무성이 없는' 관료들에 의해 움직인다는 것이었다. 이는 기만적인 주장이다. 왜냐하면, 어떤 EU 회원국 정부 부처 공무원도 선출되지 않았으며, EU 기구의 고위직은 각국 정부와 마찬가지로 선출된 정부에 의해 임명되었기 때문이다. EU 관료들은 간접적으로 책무성이 담보된다. 왜냐하면 (각국의 직업 관료들과 마찬가지로) 그들은 회원국 정부들과 EU 기구의 임명된 지도자들에 대해 책임을 지기 때문이다. 그렇다면 왜 모든 다른 관료제에도 결여된 속성을 가지고 비판을 가하는가?

베버는 관료제의 책무성 담보의 어려움과 그들이 선출된 정부의 목표를 방해하는 상황을 경고했다. 논평가들은 관료제의 전문성, 영속성, 규모, 집행의 통제 역할로 인해 그들은 정치적 지시의 단순한 전달자 이상임을 인정한다. 민주주의 정부는 점점 더 책무성의 해석을 확대하여 고위 관료가 순전히 정치적 결정의 조언자나 집행자라기보다는 자신의 행동을 설명하도록 요구한다. 이러한 방식으로 책무성은 관료제의 힘에 대한 베버의 우려를 인정하면서 동시에 잠재적으로 완화한다.

특히 고위 공직자는 자기 부처의 장관에 대해 책무성을 가질 뿐 아니라, 행정부, 예산을 통제하는 입법부, 입법부 위원회, 심지어 사법부에 대해서도 책무성을 가진다. 끝으로 외주 용역은 책무성의 통로를 변화시켰다. 왜냐하면, 계약의 발주와 갱신은 성과와 직접 연계가 되기 때문이다.

잠재성이 충분히 발휘되지 못하는 유럽의 독특한 책무성의 도구는 **옴부즈맨(ombudsman)** 이다. 행정 실책의 고충을 조사하는 공적 감시 기관인 옴부즈맨은 1809년 스웨덴에서 최초로 설치되었으나, 그 아이디어는 훨씬 후에 다른 곳에서 채택되어, 1919년 핀란드, 1945년 이후에는 여타 민주주의 국가들, 1995년에는 EU에도 설치되었다 (Hoffmann and Ziller, 2017 참조). 옴부즈맨은 오늘날 약 90개국에 존재하지만, 대부분 지방 또는 부처 수준에서 작동한다. 국가 차원의 옴부즈맨을 가진 나라는 대부분의 유럽국가들, 아르헨티나, 호주, 보츠와나, 감비아, 인도네시아, 뉴질랜드, 나이지리아, 페루 등이 있다. 한 사람이 공공 부문 전체를 담당하거나, 특정 분야마다 위원이 임명되기도 한다.

- 관료들의 책무성을 담보하는 최선의 방법은 무엇인가?
- 더 많은 나라들이 옴부즈맨 아이디어를 채택할 수 있을까, 아니며 외주 용역이 더 좋은 방법일까 (이 장의 후반부 참조)?
- 정치적으로 임명된 부처의 기관장을 통해 간접적으로 관료들의 책무성을 담보하는 것이 충분할까?

다. 베버의 모델은 공공행정을 엄격한 위계로 보는 제도적 시각에 근거한다. 이러한 관료제에서는 능력에 따라 충원되고 진급하는 급여를 받는 관료가 명확한 규칙과 조직화된 목표에 따라 합리적 결정을 내린다 (도표 10.3 참조). 베버의 모

옴부즈맨(Ombudsman): 공공 부문의 행정 실책에 대한 주장을 조사하는 입법부에 의해 임명된 공직자.

델은 공직을 관리적이고 경영적인 성격보다는 전문가적이고 법률주의적으로 본다. 그의 주된 주장은 관료제가 산업의 기술과 군대의 조직이 민간 영역에 도입되는 수단을 제공하여 국가의 운영을 더 효과적으로 만들었다는 것이다.

베버의 아이디어가 유럽대륙에서는 영향력이 있었지만, 공무원 제도가 실용주의적인 방식으로 형성된 북미에서는 그렇지 않았다. 유럽적인 군주제나 국가 전통이 부재한 북미에서 공공관리는 처음에는 정치적 결정의 일상적 집행으로 간주되었다. 예를 들어 미국에서 초기의 철학은 보통 사람들에 의한 거버넌스였다. 거의 모든 시민들이 거의 모든 공직에 자격이 있다고 가정되었다. 전문직 공무원 제도는 엘리트주의적이고 비민주적이라고 생각되었다.

이러한 관료제의 민주주의적 이론은 **엽관제(spoils system)**를 편리하게 뒷받침해주었다. 엽관제는 1832년 미 상원의원 마시(William L. Marcy)가 연설에서 사용한 '전리품은 승자의 몫'이라는 문구에서 기원한 용어이다. 미국에서 새로운 대통령이 선출되면 당시에는 규모가 작았던 연방정부의 거의 모든 직원이 교체되었다. 이 관행은 최소한 펜들턴법(Pendleton Act)이 연방정부 공무원 충원과 관리를 위한 공무원제도위원회를 설치한 1883년까지 지속되었다. 캐나다에서 능력주의 원칙은 1908년에 도입되었고 1918년 공무원법을 통해 전면 도입되었다.

대부분의 나라에서 새로운 정부 부처를 설치하는 데 있어서 유사한 단계를 밟았으며 이는 국가의 확대를 반영하는 패턴이었다. 처음에는 전형적으로 재정, 법질서, 국방, 외교 담당 부처였다. 영국의 재무부는 1066년 노르만 침략까지 거슬러 올라가며, 프랑스 외교부는 최소한 16세기까지, 미국의 국무부와 재무부는 1789년까지 거슬러 올라간다. 후에 각국은 농업, 무역, 노동 등 새로운 기능을 담당하는 새로운 부처를 설치했다.

대공황과 두 차례의 세계대전은 정부의 업무를 확대했으며, 관료제의 규모도 증가했다. 동시에 서유럽 및 미주 국가들, 특히 북유럽국가에서 제2차 세계대전 후 수십 년간 완성된 복지국가(제18장 참조)는 보조금, 수당, 연금 지급을 위해 대규모 부처를 필요로 했고, 사회보장, 교육, 보

> **엽관제(Spoils system)**: 선출직 정치인이 정부 관직을 선거에서 지원받은 사람들에게 배분하는 후견에 기반한 관행.

구분	특징
업무	업무의 상세한 정의.
결정	해당 문제에 규칙을 체계적으로 적용하여 이루어짐.
충원	증명된 (또는 최소한 잠재적인) 능력에 근거.
경력	능력 있는 관료는 안정적인 고용과 급여를 기대할 수 있고, 진급은 연공서열과 능력에 따라 이루어짐.
구조	하급자는 상급자의 권위에 복종하는 엄격한 위계.

도표 10.3 관료제에 관한 베버의 모델

건, 주택을 담당하는 새로운 부처가 설치되었다. 이어서 1960년대 말 이후 거의 대부분의 국가에 환경이나 여성 관련 부처가 생겼다. 1970년대에 이르자 공공 부문 고용은 영국과 북유럽국가 전체 고용의 거의 3분의 1에 달했다.

그러나 모든 것이 순조롭지는 않았다. 왜냐하면, 20세기가 저무는 수십 년간 관료제에 대한 신념이 하락하고, 개혁의 요구가 고조되었기 때문이다. 민주주의 국가에서 추진한 하나의 시도는 정부 서비스의 외주 용역(outsourcing) 형태로 나타났다. 이것은 많은 정부가 오랫동안 외부 계약자에게 물품이나 서비스 제공을 의존했던 전통 위에 이루어졌다. 외주 용역은 더 많은 업무와 서비스가 정부에서 민간 부문으로 이전되면서 증가했다. 이는 부분적으로 인터넷 덕분에, 그러나 주로 정부의 비용 절감 의지로 인해 나타난 현상이다. 외주 용역 업무의 사례로는 쓰레기 수거, 수도나 하수 처리, 보안 서비스, 장비 서비스, 기술 지원, 공립학교나 병원 경영, 민간 교도소 운영 등이 있다.

외주 용역의 증가 추세에는 비용과 혜택이 있다. 긍정적인 면에서 보면, 외주 용역은 사업자 사이의 경쟁으로 효율성과 고객 만족을 촉진하고, 성과가 낮은 고용인을 쉽게 해고할 수 있으며, 비용을 절감할 수 있다. 부정적인 측면에서, 외주 용역은 서비스의 질 저하를 초래할 수 있으며, 민간 계약자들을 사용함으로 인해 (면밀한 선택과 감시가 없다면) 직접적, 정치적 책무성이 저하될 수 있다. 또 처음 어떤 분야에 진출한 민간 기업은 정부 부처에 비해 지식이나 경험이 부족할 수 있다. 그리고 외주 용역으로 대응할 수 있는 데는 한계가 있다. 왜냐하면, 모든 정부 서비스가 민간 계약자에 의해 제공될 수 있는 것은 아니기 때문이다 (예, 경찰).

또 다른 개혁의 시도는 신공공관리(NPM: new public management)로 알려진 관료제에 대한 시장 지향적 접근을 통해 추진되었다. 1980년대 초 미국에서 레이건 행정부와 영국의 대처정부에 의해 처음 도입된 NPM의 목표는 민간 기업의 방식을 이용하여 정부 부처의 효율성과 반응성을 제고하고, 관리자의 책무성을 개선하고, 공공 지출을 감축하는 것이었다 (Christensen and Laegreid, 2016). 그 아이디어 중에는 공공 조직을 수평적, 수직적으로 분할하고, 보다 독자적인 기관과 특화된 '단일 목적' 기관을 설치하는 것 등이 있었다. 관리자는 더 자유롭게 기관을 운영할 수 있었고, 공공과 민간 기관이 정부 계약 수주에 경쟁을 할 수 있었다. 이러한 개혁의 중요성은 관료의 업무는 단순히 확정된 규칙을 사례에 적용하는 것이라는 베버의 견해에서 명백히 탈피했다는 점이다.

이 접근의 선구적인 나라 중의 하나는 뉴질랜드이다. 1980년대와 1990년대에 뉴질랜드는 아마도 "서구 민주주의 국가의 개혁 중 가장 포괄적이고 급진적인 일련의 개혁을 추진했다" (Pollitt and Bouckaert, 2017). 그 새 모델의 한가지 특

외주 용역(Outsourcing): 이전에 공공 관료제가 통제하던 서비스를 민간 업자가 제공하도록 고용하는 관행.

신공공관리(New public management): 1980년대에 부상한 관료제에 대한 접근으로, 시장 지향적인 원칙이 관료제를 더 효율적으로 만들 것이라는 아이디어에 기반함.

징은 민간 업자가 세금 징수와 같은 매우 민감한 분야까지도 담당하는, 외주 용역에의 광범위한 의존이다. 그러한 방식을 통해 뉴질랜드 중앙정부의 관료는 1988~2000년 사이에 거의 75퍼센트 감소했다. 또 서비스 구매자 (예, 교통부)와 제공자 (예, 도로를 담당하는 트랜짓 뉴질랜드[Transit New Zealand]) 사이의 관계를 관리하는 용역 계약이 도입되었다. 2020년에는 공공행정에 있어서 뉴질랜드의 높은 성과를 지속할 것으로 기대되는 더 많은 개혁 (이 장의 앞 부분 참조)이 단행되었다.

오늘날 NPM에 대한 관심은 정점을 지났지만, 그 장기적인 효과는 관료의 수 변화 등에서 여전히 작용하고 있다. 이것은 정부 규모와 공공 프로그램을 통해 교육, 보건 등의 서비스를 제공하려는 각국 정부의 선택을 알 수 있는 지표이다. 기록과 보고의 문제로 인해 데이터는 완전하지 않지만, OECD 국가의 관료 수는 어느 정도 힌트가 된다 (도표 10.4 참조). 고용 규모로 볼 때, 부유한 북유럽국가들의 공공 부문이 가장 크고, 한국과 일본이 가장 작다. 북유럽국가들의 관료 수는 복지국가의 규모와 정도를 반영한다. 한편 일본 관료의 수가 적은 것은 지방자치체에서 근무하는 많은 관료들, 활발한 민영화 정책 (국영철도와 전신전화의 민영화 등), 한때 엘리트 조직으로 알려진 일본 관료제의 고위직이 연루된 부패 스캔들 세 가지 현실을 반영한다.

관료제에 있어서 가장 최근 추세는 정부, 정부 부처, 시민 사이의 새로운 소통 채널을 개발하기 위해 인터넷으로 창출된 기회를 활용하는 전자정부(e-government)이다. 예를 들어 전자정부

> **전자정부(E-government, or digital era governance)**: 공공 서비스 제공을 위해 정보통신 기술을 이용하는 것.

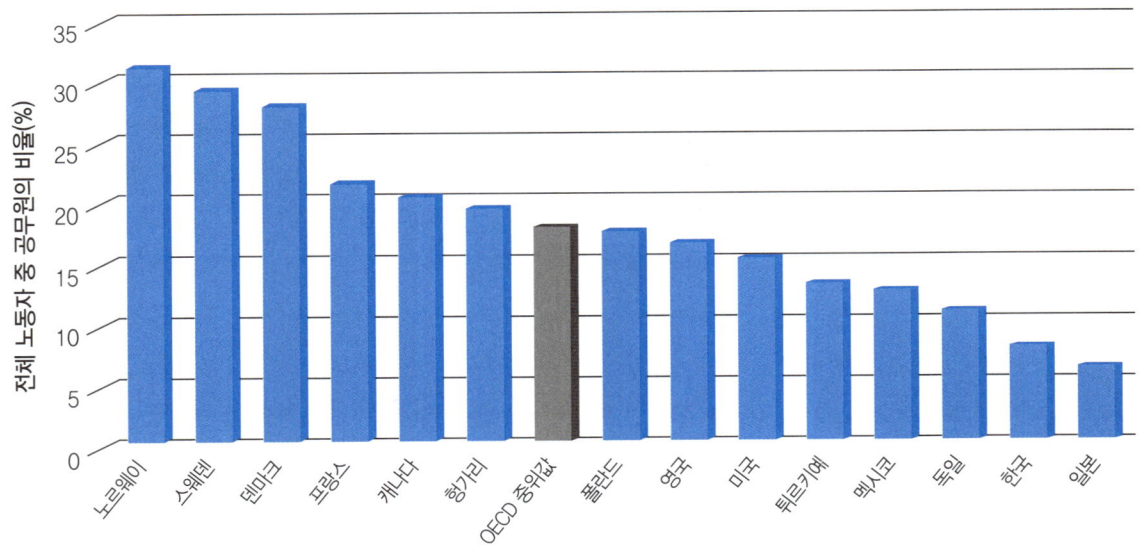

도표 10.4 관료제의 규모 비교

출처: International Labour Organization에 근거. Organization for Economic Cooperation and Development (2021b)에 인용됨. 2019년 수치. 모든 수준의 정부 포함.

는 시민들이 정부에 관한 정보를 보다 즉각적으로 찾을 수 있고, 혜택을 신청하거나, 예약을 잡을 수 있다. 전자정부는 부유하고 인터넷이 널리 보급된 나라에서 가장 발전했으며, 빈곤하고 인프라가 취약한 나라에서 가장 덜 발전했다. 도표 10.5는 유엔이 조사한 국가 중, '국가개요'에서 다루는 일부 국가의 정부 서비스 온라인 제공의 효과성 등급을 보여준다.

외주 용역과 마찬가지로 전자정부에도 긍정과 부정의 효과가 있다. 전자정부는 시민이 정부 부처나 공공 정부에 쉽게 접근할 수 있게 해주며, 정부의 비용을 축소해준다. 그러나 그것은 또한 정부에 대한 사이버공격 위험성을 높이며, 정부가 쉽게 시민을 감시할 수 있게 해주며, 민간 기업이나 외국 등 제3자에 대한 무단 정보 제공과 같은 정치적인 오용의 새로운 기회를 만들어준다. 안보 위협에 대응하여 정부가 문자 메시지, 전화 통화, 인터넷 사용 등 개인의 전자 데이터에 접근할 수 있다는 사실은 전자정부에 대한 시민들의 의심을 고조시켰다.

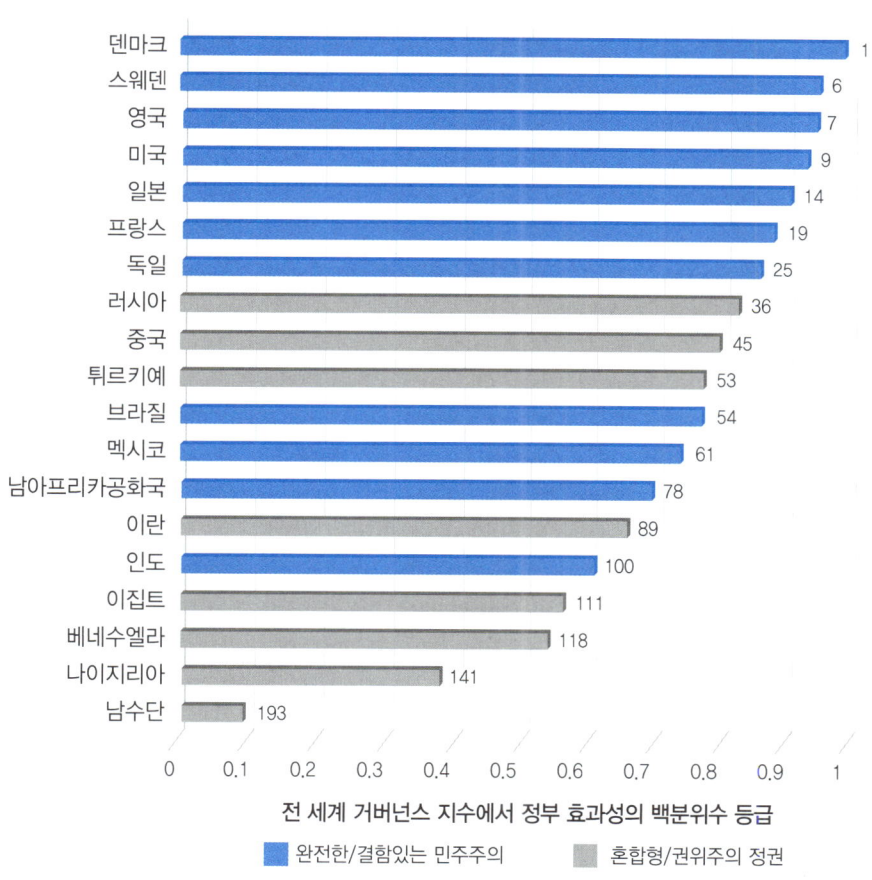

도표 10.5 전자정부 비교

출처: UN Department of Economic and Social Affairs (2020)에 근거. 각국은 1.0(최고)에서 0.0(최저) 사이에 점수가 매겨짐. 점수는 절대적이 아니고 상대적임. 그래프 각 항 최우측의 숫자는 등급을 나타냄. 2020년 자료로서 정부 서비스의 온라인 제공의 효과성을 평가함.

제12장에서 살펴보듯이 우리는 정보에 대한 접근이 불평등함을 기억하는 것이 중요하다. 예를 들어, 유럽에서 고정 또는 무선 광대역 서비스 제공은 거의 포화상태에 이르렀으나, 대부분의 아프리카는 매우 낙후되어 있다. 국가 내에서도 인구가 많은 지역이 그렇지 않은 지역에 비해 서비스 접근이 용이하다. 호주는 후자의 상황을 보여주는 사례이다. 호주는 1990년대 중반부터 전자정부 확대 정책을 추진해 세계에서 가장 디지털화된 정부를 가지고 있지만, 인구가 집중된 소수의 대도시와 접근이 어려운 분산된 소규모 농촌을 가진 광대한 나라이다 (제11장 참조).

관료제는 어떻게 조직되는가

행정부, 입법부, 사법부체계와 마찬가지로, 관료제도 다양한 권력을 가지며 여러 형태가 있다. 관료제의 구조와 명칭은 나라마다 다르며, 우리가 그들을 연구함에 있어서 구조적 요인을 고려하는 것은 매우 중요하다 ('이론 적용 17' 참조). 관료제에는 각 부처, 부처 내의 각 부서, 정부 부처 이외의 공공기관 등 3개의 주요 유형과 수준이 있다.

부처 (또는 성)

근대 관료제의 중심부는 일부 국가에서 부처(department) 또는 성이라고 불리는 조직으로 구성된다. 부처의 총수는 국가에 따라 대체로 12~24개 사이에서 다양하다. 거의 모든 경우에 외교, 경제, 사법, 보건, 환경을 다루는 부처가 있으며, 중요시되는 정책이나 중앙정부의 책임 영역에 따라 다른 부처가 추가된다. 이들 핵심 부처는 내각의 지위를 가지는데, 그것은 부처의 장이 각료회의 구성원인 장관임을 의미하며, 그로 인해 그들은 정부에서 중심적인 역할이 주어지며, 행정부 수장에 용이하게 접근할 수 있다.

중앙부처의 행동 범위와 조직은 각국 정부마다 다르며, 예를 들어 경제 정책, 재정, 투자, 통화 정책 등의 책임을 배분하는 데 있어서 다양하게 접근한다. 한편 몇몇 나라는 문화부가 있으나 없는 나라도 있고, 미국은 내각 수준에 보훈부가 있는 거의 유일한 나라이다. 대부분 국가는 에너지 부처가 하나인 반면 나이지리아는 에너지, 석유 자원, 전력이 각각 다른 부처이다. 끝으로, 부처는 주기적으로 개칭, 분할, 통합되어 전체적인 부처의 지형이 바뀐다. 예를 들어 2016~2020년에 영국에는 EU 탈퇴를 주관하는 부처가 있었으며, 일본에는 2021년 교육, 문화, 스포츠, 과학 기술을 담당하는 부처가 있었다 (일본 관료제에 대한 더 자세한 사항은 '국가개요 10' 참조).

베버의 원칙을 반영하여 일반적으로 부처의 내부 구조는 위계적이다. 그 정점에는 정치적 임명직이고 정부가 교체되면 바뀌는 장관이 있다. 그 아래에 정년이 보장되는 직업공무원들이 있는데, 고위직 공무원은 이들 부처를 이끌면서 행정적 책임을 지고 정치가와 관료 사이의 중요한 연결 역할을 한다. 이론상 장관은 지시하고 공무원은 집행하지만, 행태주의적 접근으로 비교해보면 현실은 더 복잡하고 충격적이다. 정년직 직업

> 부처(또는 성, Department [or ministry]): 장관이 직접 관리 통제를 행사하는 행정 단위. 대개 공식적 위계 구조를 가지고, 법률에 의해 설치되며, 일반적으로 내각 수준의 지위를 가진다.

관료들은 한시적인 정치적 임명직 장관들보다 더 오래 봉직하고, 경험과 정보가 더 많으며, 타 부처의 동료들과 더 밀접한 네트워크를 가지고 있다. 이러한 상황에서 장관들은 부처에서 효과적인 정치적 리더십을 발휘하는 데 필요한 기량을 충분히 보유하고 있지 않다.

부처를 정치적으로 통제하는 데는 두 개의 요인이 도움을 준다. 첫째, 부처 내에 장관이 임명할 수 있는 직책이 많을수록, 자신의 지시를 따르도록 하기가 쉽다. 둘째, 장관에게 정치적 조언을 하는 참모들을 제공함으로써 정책방향을 잡아나가는 데 도움을 준다. 그러한 참모들은 부처의 정년직 공무원의 일부가 아니기 때문에 장관의 눈과 귀가 되어줄 수 있고, 관료제의 위계질서 속에 묻혀버릴 수 있는 이슈들을 장관에게 보고할 수 있다. 프랑스에서 장관들은 장관의 직접 통제하에 있는 15~20명의 개인 보좌관의 지원을 받는다. 이 모델은 EU의 관료제 및 행정기구 역할을 하는 유럽 집행위원회에도 반영되어, (장관에 해당하는) 위원들이 EU 출신 회원국을 적절히 배분한 보좌관 조직을 가진다. 직업 관료들은 다루기 힘든 장관보다 자기들이 더 오래갈 것임을 알지만, 장관의 개인 보좌관들은 현직 장관에게 효과적인 지원을 제공하는 데 자신의 위치가 달려 있음을 알고 있다.

부서

중앙정부 부처는 보통 국이나 과 등의 **부서(divisions)**로 구성되며, 각각은 부처의 일정 업무영역을 책임진다. 표 10.1은 호주 내무부의 사례로, 부서는 대테러, 조직범죄, 위기 조정 등 모든 업

표 10.1 호주 내무부의 부서와 청

■ 국경 통제
■ 아동착취 대응센터
■ 범죄정보위원회
■ 정부 위기조정센터
■ 정부 핵심기간시설센터
■ 연방경찰
■ 범죄학연구소
■ 안보정보기구
■ 금융거래보고 및 분석센터
■ 항공해운안보국
■ 대테러조정센터
■ 영연방 초국적 중대 및 조직범죄 조정
■ 사이버안보 경찰국

출처: Australian Department of Home Affairs (2021).

무를 담당한다. 부서는 부처의 업무 단위이며, 부서를 구성하는 국은 실제 업무를 수행한다. 그들은 정부의 중추적 단위이고, 경험을 축적하는 곳이며, 실제로 중요한 결정이 내려지는 장소이다.

위계의 구조는 항상 명확한 것은 아니며, 실제 업무가 정확히 조직도와 일치한다고 생각하는 것은 오류이다. 정보가 행정의 피라미드를 상하로 순조롭게 움직이는 경우는 거의 없다. 예를 들어 독일의 14개 연방 부처의 많은 국들은 많은 전문성이 있기 때문에 위로부터 제안된 개혁을 저지

> **부서(Division)**: 중앙부처의 업무 단위로, 장관에게 보고하지만, 종종 상당한 독자성을 가진다. 국, 과라는 용어도 쓰이고, 혼란스럽지만 부처 내에서 규모가 큰 부서를 부(department)로 지칭하는 경우도 있다.

국가개요 10
일본

간략소개

일본은 근대 민주주의의 이상이 자신만의 독특한 전통을 가진 사회에 접목된 국가의 주요 사례이다. (아시아 대륙과의 물리적 단절로 인한) 오랜 세월의 고립, 제2차 세계대전 이후의 재건으로 잘 알려진 일본의 역사는 자신의 정체성을 잃지 않고 변화할 수 있는 사회의 가능성을 보여준다. 일본 근대성의 가장 명확한 상징은 그 경제적, 기술적 발전이다. 일본은 세계 제3의 경제대국이며, 글로벌 자본과 금융의 중요한 원천이고, 많은 세계 유수의 기업의 본거지이다. 그러나 일본의 정치체제는 파벌, 의리, 집단적 정체성 등 일본의 전통 관념에 의해 지장을 받고 있으며, 그 결과 최근 민주주의 지수에서 결함있는 민주주의로 강등되었다가 다시 완전한 민주주의로 회복된 바 있다.

정부형태	단일국가. 상징적 왕이 있는 의회민주주의. 국가수립일은 논란의 여지가 있으며, 가장 최근 헌법은 1947년에 채택.
행정부	의회제. 정부 수반인 총리는 제1당의 당수 또는 최대 연합이 추대한 인물로, 내각을 통솔하며 통치한다. 국가원수는 천황이다.
입법부	양원제. 하원(정원 465명)은 연임 가능한 4년 임기로 선출. 상원(정원 242명)은 하원보다 덜 중요하다.
사법부	15명의 법관으로 구성된 대법원은 위헌심사의 권한을 가지나 적극적으로 행사하지 않는다. 통상 대법관은 내각에 의해 임명되며, 그 후 치르는 총선에서, 그 이후에는 10년에 한 번 유권자의 확인을 받으며, 70세가 정년이다.
선거제도	혼합형 다수대표제. 하원의 296명은 1인선거구에서 단순다수제로, 179명은 정당명부식 비례대표제로 선출. 상원은 146명이 단기비이양식 투표로, 96명은 비례대표제로 선출.
정당	다당제. 보수정당인 자민당이 장기집권. 민주당은 사회적으로 자유주의, 일본유신회는 민족주의를 표방하며, 공산당도 활동하고 있다.

	민주주의 지수 등급	프리덤하우스 등급	인간개발 지수 등급
인구 1억 2,600만 명	✓ 완전한 민주주의	✓ 자유	✓ 매우 높음
국내총생산(GDP) 5조 1,000억 달러	✗ 결함있는 민주주의	✗ 부분 자유	✗ 높음
	✗ 혼합형 정권		✗ 중간
1인당 GDP 4만 247달러	✗ 권위주의	✗ 부자유	✗ 낮음
	✗ 측정안됨	✗ 측정안됨	✗ 측정안됨

일본의 관료제

대부분의 다른 민주주의 국가와 비교했을 때 일본의 관료제는 대단히 강력하다. 그들의 권위는 배타성에서 비롯된다. 2017년 2만 500명의 공무원 시험 응시자 중 1,900명 (9퍼센트)만이 합격하였다 (*Japan Times*, 2017). 관료로서의 경력은 높은 지위와 좋은 혜택, 은퇴 후 민간 부문이나 지자체에서의 좋은 재취업 가능성 등을 의미한다.

일본에서는 상대적으로 약한 입법부와 정당, 정부 부처 장관의 빈번한 교체 (일본 내각의 짧은 수명에 기인함, 제8장 참조), 정부 부처와 사회와의 긴밀한 연계, 법률의 기술적 내용을 구체화하는 명령 (종종 법의 의도를 바꾸는 효과) 등으로 인해 관료의 영향력이 강해진다 (Hayes, 2017). 후생노동성 관료 미야모토 마사오가 "일본의 권력은 90퍼센트를 관료가, 10퍼센트를 정치인이 쥐고 있다"고 다소 과장하여 말한 것은 놀라운 일이 아니다 (Beason and Patterson, 2004에 인용).

중앙정부와 관료제가 소재한 도쿄 중심가의 사무직 근로자들. 일본의 관료제는 매우 어려운 채용 시험제도와 장시간 근무로 유명하다.

관료제는 전후 일본의 재건에 상당한 역할을 했으며, 집권 자민당 및 재계와 밀접히 연계되어 있다. 전후 고성장 시대의 일본은 소규모의, 능력주의적 관료제가, 주로 설득을 통해서, 대체로 시장의 틀 속에서 급속한 경제성장을 유도할 수 있다는 매우 좋은 사례가 되었다. 그러나 이러한 상황은 1990년대에 국가가 유도한 디플레이션과 뇌물 사건에 관료가 연루된 사실을 배경으로 변했으며, 대기업들은 은퇴한 관료들을 고용하는 데 조심스러워졌다. 더 근본적으로는, 대기업들이 전 세계적 규모로 운영되고, 외국 기업들이 일본에 진출하면서 관료들은 더 이상 글로벌경제 속의 산업에 전략적 방향 제시를 할 수 없게 되었다. 그럼에도 일본의 관료제는 여타 민주주의 국가들에 비해 여전히 강력하고, 전문적이며, 남성 위주이고, 소규모이다.

추가 읽을거리

Hayes, Louis D. (2017) *Introduction to Japanese Politics*, 6th edn (Routledge).

Neary, Ian (2019) *The State and Politics in Japan*, 2nd edn (Polity).

Stockwin, Arthur, and Kweku Ampiah (2017) *Rethinking Japan: The Politics of Contested Nationalism* (Lexington).

하거나 피해갈 수 있는 능력이 있다. 지식의 독점은 변화를 무력화할 잠재력이 있다. 대부분의 민주주의 국가에서 정부 부처의 국들은 담당 분야의 오랜 경험에서 생긴 그들만은 풍토가 있다. 이처럼 내부적으로 뿌리 깊은 입장은 정치적 시도에 대한 자연스러운 냉소를 불러일으키고, 많은 신임 장관들은 담당 부처를 새로운 방향으로 이끌어 가는 데 어려움을 겪는다.

중앙부처 이외의 공공기관

중요성이 더해지고 있는 또 다른 유형의 공공 조직은 중앙부처 이외의 공공기관(non-departmental public body)이다. 이들은 정부부처에 대해 공식적으로 최소한 준독립적인 관계하에서, 별도로 운영되는 주체이다. 많은 민주주의 국가에서 이들 공공기관의 수는 증가하여, 학자들의 연구뿐 아니라, 실무가들이 정부가 전체적으로 일관성 있게 움직이도록 하는 과제를 어렵게 만든다.

이들 기관에는 (우편, 보건 서비스와 같은) 국가 소유 조직, 정부 서비스를 제공하는 계약자 기관, 정부 자문기관, 공공이익이 걸려 있는 사회적 활동의 측면을 규제하는 기관 등이 있다. 이들은 정부가 설치하고 예산을 부담하지만, 중앙부처의 부서와 달리 부처의 일상적인 통제로부터 자유로운 모호한 위치에 있다. 일단 임명되면 그 임직원들은 상당한 자율성을 가지고 행동한다.

이러한 기관이 만들어지고 유지되는 데는 몇 가지 이유가 있다.

- 정부부처에서 용인되는 것보다 더 유연하고 저비용으로 운영.
- 특정 문제를 해결하라는 단기적인 압력에 대응.
- 중앙부처가 정책을 수립하는 데 더 집중할 수 있도록.
- 일상적 운영에 대한 정치적 관여로부터 보호.

이들 기관 중 한 유형이 규제기관(regulatory agency)이다. 규제기관은 (수도나 에너지 같은) 자연적 독점사업, 통신, 선거, 식품 표준, 환경보호 등의 분야에서 정부 규제의 집행을 감독하기 위해 설치된다. 규제기관은 거의 모든 자유민주주의 국가에서 수가 증가하고 있는데, 그 이유는 부분적으로 민간부문에 의해서는 적절히 판단될 수 없는 리스크에 대처해야 하기 때문이다. 예를 들어 신약 출시에 있어서 그 혜택과 부작용의 위험을 적절히 판단하는 것은 수익을 추구하는 제약회사보다는 공공이익을 고려하는 전문가의 과제이다. 특히 영국은 식품표준청, 오브컴(Ofcom, 통신산업 규제기관) 등 규제기관을 열심히 설치하여, 오늘날 140개 이상이나 되는 기관이 국가가 사회를 규제 및 감독하는 주된 수단으로 사용되고 있다.

미국은 가장 발전된 독립 규제기관체계를 가지고 있다. 최초로 만들어진 조직은 주간통상위원회(Interstate Commerce Commission, 1887~1995년)이며, 후에 연방통신위원회, 환경보호청, 연방통상위원회, 증권거래감독위원회 등 다수가

> **중앙부처 이외의 공공기관(Non-departmental public body)**: 정부로부터 한 단계 또는 몇 단계 분리되어 운영되며, 따라서 경영상의 유연성과 정치적 독립성이 주어진다.

> **규제기관(Regulatory agency)**: 특정 분야의 표준을 만들고 집행하는 독립된 정부 기구.

설치되었다. 이러한 기구의 발상은 그들이 기술적이고, 비정치적인 방식으로 운영되어야 한다는 것이다. 규제를 만들고, 집행하며, 규제관련 분쟁을 해결하는 권력에도 불구하고, 위원들은 대통령의 지휘를 받지 않으며 기구 설치법에 정한 구체적인 이유가 있을 때만 대통령이 해임할 수 있다.

EU도 많은 규제를 시행하고 있다. 그 규제는 모든 회원국에 적용되며, EU의 법은 일반적으로 기술 표준이나 목표 시한까지 실행이 의무화된 목표를 설정한다. 그 과정에서 EU는 의약품, 약물 중독, 의료보건, 작업장 안전, 신약, 상표, 해양 및 항공 안전, 식량 안전, 질병 예방, 전자통신 등 분야의 정책 집행을 감독하는 수많은 규제기구를 설치하였다 (McCormick, 2020, 제15장 참조). 새로운 화학물질의 등록과 같이, 많은 경우에 EU는 글로벌 표준을 만들었으며, 주요 무역 상대국의 규제까지 변하도록 만들었다.

관료는 어떻게 충원되는가

충원은 관료제에 관한 논란의 핵심에 있다. 관료가 어떻게 충원되는지, 어떤 사람들이 충원되는지에 대해서 면밀한 연구가 수행되었으며, 그 결과들은 우리에게 관료제의 속성에 대해 많은 것을 말해준다. 이 지점은 입법부의 구성원에 대한 제9장의 논의와 겹치는 부분이 있다. 관료제는 그들이 서비스를 제공하는 사람들과 관련하여 대표성이 있어야 하는가, 아니면 성별, 계급, 민족 등 그들이 누구인지에 상관없이 모든 사람을 평등하게 봉직해야 하는가?

여기서 주된 차이는 **통합적(unified) 충원**과 **부처별(departmental) 충원**인데, 전자는 관료조직 전체의 차원에서 이루어지는 것이고 후자는 기술적 능력에 따라 특정 부처 차원에서 충원되는 것이다. 영국은 통합적 접근의 예로, 행정은 지적 능력으로부터 나오며, 경험에 의해 성숙해지는 판단의 기술로 간주된다. 전문지식은 중요하지만 좋은 행정가는 다양한 부처에서 근무해야 하며, 그렇게 함으로써 더 균형이 있는 것으로 간주된다.

통합적인 충원의 한 변형은 부처의 특정 업무 담당을 충원하는 것이 아니라 '공무원단'에 충원하는 것이다. 프랑스는 이러한 접근의 예이다. 경쟁적 시험을 통해 공무원을 외교공무원단, 재무공무원단 등에 충원한다. 여기서 충원은 전문화된 명칭을 가진 '공무원단'에 선발되는 것이지만, 그것은 공공과 민간부문을 포괄하는 엘리트 집단으로의 진입을 의미하며, 통상 주어진 시점에 '공무원단'의 3분의 1 이상은 자신이 속한 영역이 아닌 다른 영역에서 근무하고 있다 (Halpern et al., 2018).

부처별 충원 모델에서는 각각의 부처가 세분화된 전문가를 충원한다. 재무부는 경제학 전공자, 보건부는 의학 전공자를 고용한다. 충원은 엘리트 관료조직이나 '공무원단'이 아니라 특정 직책

> **통합적 충원(Unified recruitment)**: 관료조직 내의 특정 업무가 아니라 조직 전체 차원에서 충원하는 접근으로, 행정업무는 기술적 지식이 아니라 지적 능력과 교육을 필요로 한다고 본다.
>
> **부처별 충원(Departmental recruitment)**: 특정 부처나 업무에 적절한 기술적 자격을 근거로 충원하는 접근.

에 대해 이루어진다. 공무원이 이직하면 그들은 종종 정부 내 다른 부처가 아니라, 민간부문의 유사한 업무로 이동한다. 이러한 접근은 네덜란드, 뉴질랜드, 미국 등 국가가 상대적으로 약한 나라에서 흔히 볼 수 있다. 일례로 네덜란드에서는 부처들이 각각 자기들의 충원 조건을 정하며, 통상 특정 분야의 교육이나 전문성을 요구한다. 일단 임명되면 직업적인 유동성은 제한적이며, 공무원으로 남아있는 한 같은 부처에서 전 경력을 쌓게 된다 (Andeweg and Irwin, 2020). 젊고 재능 있는 졸업생들을 엘리트 관료제 또는 '공무원단'에 충원한다는 관념은 희박하거나 아예 없다.

능력에 따른 충원이라는 일반적 규칙에 대한 한 가지 예외는, 고위직을 공직의 배경이 있는 중류층 또는 상류층 집안 출신의 남성들이 대부분 차지하는 문제를 해소하기 위해 실시하는 **차별시정 조치(affirmative action)**이다. 여기서 목표는 관료제가 일반 국민들의 성별, 인종, 교육, 경제적 배경별 분포를 더 잘 반영하도록 하는 것이다. 의회의 귀속집단 대표성 개념 (제8장 참조)과 관련이 있는 논리로, 차별시정 조치에 대해서는 다양한 찬성 의견이 있다.

> 특정 집단과 직접 접촉하는 업무를 가진 공무원은 그 자신이 동일한 집단에 속할 경우 업무처리를 더 잘 할 수 있다.
> 다양한 배경을 가진 공무원이 채용되면 분열된 사회의 안정에 도움이 된다.
> 다양하고 대표성 있는 관료제의 의사결정은 국민 전체가 수용할 가능성이 높다.
> 공공부문에서 소수집단이 채용되면 그 효과가 민간 부문을 포함하여 노동 시장 전체 파급될 것이다.

최소한 민주주의 국가에서 오늘날 여성은 전체 노동인구와 비교해서 관료제 내에서 더 높은 비율을 점하고 있다 (도표 10.6 참조). 이것은 차별시정 조치뿐만 아니라 정부가 여성의 근로를 보다 쉽게 해주는 유연한 근무조건, 유급 육아휴직, 보육 지원, 기타 혜택을 제공하였기 때문이다. 그러나 이 수치는 부분적으로는 여성이 아직도 비서직, 시간제, 사회 서비스직에는 과다 대표되고, 고위 관리직에는 과소 대표되어 있기 때문이다 (OECD, 2021).

관료제 내 여성의 위치는 더 광범위하게 정부나 정치에 있어서의 여성의 불평등한 위치의 원인이면서 동시에 그것을 반영하기도 한다 ('이론 적용 10' 참조). 그것은 여성의 견해가 남성의 견해보다 중시되지 않으며, 여성 문제는 활발히 다루어지지 않기 때문이다. 그것은 관료체계의 고위급에서 남성과 여성의 불균형으로 초래된 문제를 반영하는 것이기도 하다. 미국에서의 여성과 정치에 대한 잘 알려진 연구『권력에의 길과 정치적 영향(*Paths to Power and Political Influence*)』(Dolan et al., 2020)은 선거, 캠페인, 행정부, 입법부, 사법부에 관한 내용이 있으나, 관료제에 대해서는 피상적인 언급에 그친다는 사실은 시사하는 바가 크다. 관료제가 권력에의 접근에 있어서 평등을 장려했는지에 관해 더 면밀히 연구해야 할 때가 된 것 같다.

차별시정 조치(Affirmative action): 여성, 소수민족, 기타 소수집단의 충원을 강조함으로써 과거의 차별적 유산을 극복하기 위해 설계된 정책.

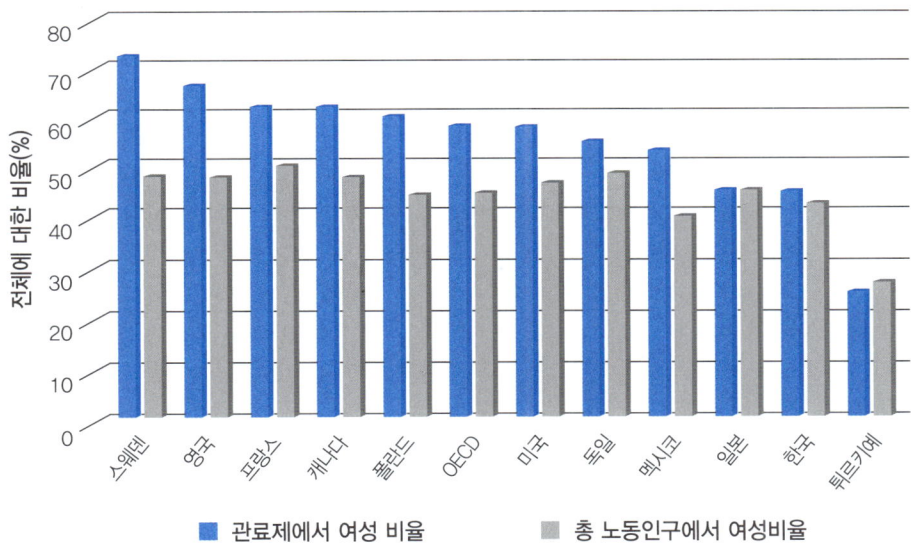

도표 10.6 관료제와 노동인구에서 여성의 비율

출처: International Labour Organization, OECD (2021)에서 인용. 2019년도 수치.

권위주의 정권의 관료제

이 장은 세계에서 가장 성공적이고 효율적인 관료제를 가진 나라 중의 하나인 뉴질랜드의 사례로 시작되었다. 그와 대조적인 사례로 부패와 비효율적 관료제를 가진 혼합형 정권 케냐를 들 수 있다. 호프(Hope, 2017)는 케냐를 "아프리카에서 가장 포식자적인 국가 중의 하나"이며 "부패가 사회의 모든 수준에 만연해있고, 경찰과 관료에 대한 뇌물이 일상이 되어있는 약탈 경제"라고 묘사했다. 이 분석은 국가 위험도 평가를 제공하는 온라인 서비스 GAN Integrity (2020)에 의해서도 뒷받침되고 있다. 그것은 케냐에서 광범위한 탈세를 포함하여 '공공 서비스에 만연한 부패' 문제를 지적한다. 이러한 부패의 특징은 잘 알려져 있으나, 그 원인은 빈곤, 정치 리더십의 부재, 민족 분열 등을 제외하고는 충분히 이해되지 않고 있다.

권위주의 정권의 관료제는 민주주의의 관료제와 유사한 기본적인 자문과 집행의 역할을 수행하지만, 그들의 업무는 다르게 정의되고 적용된다. 자문의 경우 독재자는 관료들에게 사회가 직면한 문제와 그 대응에 대한 최선의 자문을 요구하는 것이 아니라, 자신의 통제력 행사와 지배 엘리트에 혜택을 제공하는 데 도움이 되는 자문을 요구할 뿐이다. 집행에 있어서 초점은 최선의 결과를 만드는 것이 아니라 엘리트의 이익을 높이는 데에 있으며, 이것이 전체적으로 열등한 정책과 이 장에서 앞서 논한 세계거버넌스 지수가 보여주는 권위주의 관료제에 대한 낮은 평가로 이어진다해도 그러하다.

도표 10.7은 그 지표들이 가장 문제가 많은 나라들에 적용된 양상을 보여준다. 적도기니, 아프가니스탄, 콩고민주공화국, 아이티, 소말리아,

이론 적용 10

페미니즘

이 책의 참고문헌을 일견해보아도 우리는 정부와 정치에 대한 연구가 (최소한 출간된 경우만 보면) 남성에 의해 주도되고 있음을 알 수 있다. 이는 불행한 일이다. 왜냐하면, 다양한 시각을 포함하지 않고서는 우리가 어떠한 인간사에 대한 분야도 결코 진정으로 이해할 수 없기 때문이며, 그 가장 중요한 시각 중의 하나가 페미니즘(feminism)이다. 물론 페미니스트인 남성도 많지만, 그로 인해 학문이 여성의 시각이나 다른 젠더 정체성을 가진 학자들을 충분히 포함한다는 것을 의미하지는 않는다.

정부와 정책에 대한 페미니스트 아이디어는 19세기 말로 거슬러 올라가며, 당초에는 투표권을 포함하여 이전에 부정되던 여성의 권리 획득 노력에 반영되었다. 페미니즘은 젠더 평등을 주장하지만, 그 이후 페미니즘의 초점은 제9장에서 논의된 정치제도 및 과정의 젠더화에 대한 비판과 대응에 맞추어졌다. 그 목표는 여성의 복속을 종식시키고 정부와 정치의 이해 및 운영에 보다 포용적인 시각을 제공하는 것이다. 페미니스트 시각은 정치제도 및 과정이 어느 정도 공정하고, 정의롭고, 공평하고, 대표성이 있는지에 대한 분석이 포함된다. 페미니즘이 제기하는 질문은 정부에 있어서 여성의 역할뿐 아니라, 제도 및 과정이 얼마나 페미니즘의 견해와 가치를 포함하는지를 포함한다.

페미니즘에는 자유주의, 급진적, 마르크스주의, 사회주의, 생태주의, 자유지상주의, 포스트모더니즘, 서구, 제3세계 등 다양한 형태가 있다. 페미니스트 정치이론의 목적은 젠더 역할이 정부와 정치에 대한 우리의 이해에 어떤 영향을 미치는지 이해하는 것, 다른 이론적 접근에 페미니스트 시각을 반영시키는 것, 젠더 평등을 추구하는 것이다. 페미니스트 정치이론에 대한 견해에서 브라이슨(Bryson, 2016)은 "서구 정치이론은 거의 전부 남성에 의해 쓰였으며", 오늘날에조차도 많은 남성 정치이론가들은 여성의 이익과 우려를 "정치적으로 중요하지 않고 이론적으로 재미가 없다"고 보는 것 같다고 주장한다. 다시 말해 페미니스트 정치이론은 "사회에 도전하고 변화시키기 위해 사회를 이해하려고 노력한다."

이러한 생각의 연장선에서 새롭게 제시된 것이 '거버넌스 페미니즘'이다. 핼리 등(Halley et al., 2018)은 이것을 '페미니스트와 페미니스트 아이디어가 인간사에서 통치 의지를 행사하는 모든 형태'를 기술하는 방법이라고 본다. 그들은 페미니즘이 거버넌스의 제도 속을 침투하여, 법률, 제도, 관행을 변화시키는 데 성공했다고 주장한다. 이는 투표권, 교육 및 직업에의 공식적으로 평등한 접근, 기혼 여성의 계약 체계 권리, 자산의 취득 및 관리, 행위에 대한 민-형사상 책임 등 여성이 한때 부정되었던 권리에 접근하게 된 사실에 반영된다. 페미니스트이론은 이러한 변화의 원인과 영향을 더 잘 이해할 수 있는 길을 제공해준다.

예멘과 같은 나라가 왜 등급이 그렇게 낮은지, 왜 지난 20년간 거의 진보를 이루지 못했는지 이해하기는 그다지 어렵지 않다. 대부분의 실패, 또는 실패하고 있는 국가는 전쟁, 내전, 민족 분열, 자연재해로 큰 피해를 입었거나, 뿌리 깊은 부패를

> 페미니즘(Feminism): 성별 간의 정치, 경제, 사회적 평등을 주장하는 이론.

경험하고 있으며, 효과적인 거버넌스체제 구축에 실패했다. 아이티와 예멘은 문제가 더 심각하다. 아이티는 10~16만 명의 희생자를 내고 기간시설을 파괴한 2010년 최악의 지진 후유증에 시달리고 있으며, 예멘은 2014년 시작된 내전으로 정부가 붕괴되었다. 아프가니스탄과 이라크는 미국 주도의 군사 개입이 정부의 효과성 제고에 거의 영향을 미치지 못했다. 그러나 보스니아 헤르체코비나, 부룬디, 에티오피아, 라이베리아 4개의 사례에서 전쟁 종식은 거버넌스 개선에 도움이 되었다. 그러나 에티오피아에서 이 상황이 얼마나 지속될지는 두고 볼 일이다.

나이지리아의 사례는 흥미롭다. 1960년 독립했고, 석유 의존도가 높은 경제를 가진 나이지리아는 사하라 이남 아프리카에서 가장 크고 역동적인 나라 중의 하나이다. 그 나라는 여러 차례 군사 정부를 겪었으나 그들이 집권한 중에도 항상 유지했던 제도는 관료제이다. 정치적 권좌에 오른 군인들은 정부를 계속 운영하기 위해 관료들의 지식과 경험을 필요로 했으며, 따라서 관료들은 직책을 유지했다. 예를 들어, 두 번째의 군사정부 시기(1983~1999년)에 군통치위원회는 군의 명령을 집행하기 위해 일단의 고위 관료들과 함께 일했다. 이를 배경으로, 관료제의 긴 수명을 고려하면 나이지리아의 모든 제도들 중에 관료제가 상대적으로 효율적일 것이라고 생각할지도 모른다. 그러나 사실 나이지리아는 사회구조에 내재된 부패의 해악으로 인해 1999년 민간 정부 복귀 후 정부 효과성 면에서 거의 진전이 없다 (2020년 부패인식 지수에서 나이지리아는 179개국 중 149등급이었다).

이 사례가 보여주는 것은 민주주의에서의 관

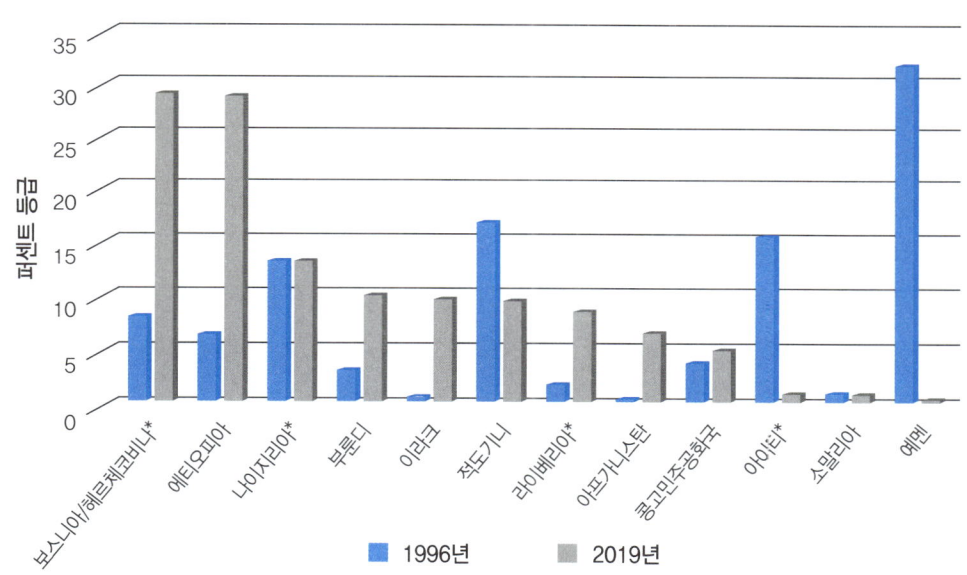

도표 10.7 정부 효과성 변화

출처: World Bank (2021c) 데이터에 근거함. 전 세계 거버넌스 지표의 정부 효과.
* 혼합형 정권. 그 외 다른 나라는 권위주의 정권.

료제의 위치와 권위주의 정권에서의 관료제의 위치를 구별하는 것이 어렵다는 점이다. 이 책의 대부분의 장에서 대체로 명확한 차이가 있다. (선거, 경쟁적 정당, 자유롭게 조직된 이익집단 등) 대표의 제도와 통로는 민주주의 정권에 비해 권위주의가 명확히 약하다. 왜냐하면, 통제와 영향력이 상향적이기보다 하향적이기 때문이다. 그러나 관료제의 경우는 통칙이 적용되지 않는다. 독재자는 선거나 입법부를 조작하거나 심지어는 없앨 수 있으나, 국가를 계속 운영하려면 (민주주의 국가와 마찬가지로) 관료제 없이는 통치가 어렵다는 것을 알게 된다.

실제로 권위주의 정권의 관료제에 대한 이야기가 전부 부정적인 것은 아니며, 권위주의 정권하에서도 관료제가 어떻게 경제발전에 긍정적인 역할을 할 수 있는지에 대한 많은 논의가 있었다. 예를 들어, 1950~1960년대에 관료들은 중동, 북아프리카 몇몇 국가에서 경제 근대화 추진에 기여했다. 중남미에서 이 현상은 아르헨티나 정치학자 오도넬(O'Donnell, 1973)이 아르헨티나, 브라질, 칠레, 우루과이와 같은 나라에서 관료제가 억압적 군사 정권하에서 경제 개혁을 추진한 방식을 묘사한 **관료적 권위주의(bureaucratic authoritarianism)**라는 용어를 만드는 계기가 되었다. 후에 유사한 현상이 인도네시아, 말레이시아 등 높은 경제 성과를 거둔 동남아시아에서 반복되었으며, 그 효과는 (아르헨티나, 브라질과 마찬가지로) 이들을 권위주의로부터 벗어나는 데 도움이 되었다.

관료적 권위주의와 관련된 새로운 개념은 **발전국가(developmental state)** (또는 경성국가)이다. 이 개념은 존슨(Johnson, 1982)이 후발 산업국가로서 정부가 산업화에 활발히 개입한 사례인 일본을 묘사하는 데 사용하였다. 그 이후 이 용어는 경제 정책이 강력한 관료 엘리트에 의해 지도되고 관리되는 나라를 광범위하게 묘사할 때 사용되고 있으며, 그 사례로는 인도, 인도네시아, 말레이시아, 태국, 그리고 중국, 베트남 같은 권위주의 국가가 있다. 일본과 한국의 모델을 모방하여, 대부분의 이들 발전국가는 급속한 경제 발전을 이루었으며, 일부 사례에서는 민주화도 이루었다. 이 용어는 국제정치경제에서 나오지만 (제18장 참조), 정부가 도약의 수준까지 경제 발전을 추진하기 위해서 유사 권위주의적인 방법을 사용하는 관료제의 도움을 받고, 지속적인 성장이 민주화의 압력을 생성하는 현상에 대해서도 조명해준다.

중국은 이러한 과정의 중요한 사례이다. 소(So, 2015)는 중국이 이전에 몇몇 (지금은 더욱 민주주의인) 아시아국가의 뒤를 따라서 혁명국가에서 발전국가로 이전했다고 주장한다. 중국의 국가의 자율성은 정책을 수립-집행하고, 반대자를 억압하고, 국내외의 투자를 유치하고, 그리고 관료제가 국유 기업을 수익성 있는 기업으로 전화하는 핵심 역할을 부여하는 능력을 주었다고 주장한다. 그러나 중국에서 모든 것이 순조로운 것은

관료적 권위주의(Bureaucratic authoritarianism): 군부의 비호를 받는 관료들이 경제적 안정을 유지하는 정권.

발전국가(Developmental state): 효율적인 관료제에 의존하여 규제, 계획을 통해 경제에 활발히 개입하는 국가.

아니다. 특히 러시아와 함께 중국은 소위 **정실자본주의(crony capitalism)**의 효과로 문제를 겪고 있다. 이 문제는 권위주의 정권뿐 아니라 미국, 영국, 인도 등 민주주의 국가에서도 볼 수 있다.

페이(Pei, 2016)가 '엘리트 간의 결탁'이라고 묘사했던 정실자본주의 문제는 중국의 시진핑 주석이 2012년 반부패 정책을 추진하는 배경이 되었으며, 그 결과 다수의 관료가 투옥되었다. 페이는 이러한 결탁한 부패의 형태는 개인적 부패보다 더 파괴적이라고 주장한다. 왜냐하면, 그것은 국가의 조직을 침식하고, 탐지가 어려우며, 범죄자에게 더 큰 재정적 보상을 주며, 정부가 공공재를 제공하는 능력을 잠식한다. 최악의 경우 "공직자, 기업가, 조직 폭력배로 구성된 부패 네트워크가 지방정부를 장악하고 지방 마피아 국가로 변화시킨다"고 페이는 주장한다.

권위주의 정권에서 관료제가 성공적인 근대화를 추진한 사례가 있지만, 관료제가 성장을 촉진하기보다 저해하는 사례도 있다. 이에 대한 하나의 설명으로 발전국가와 대조적으로 국가의 잠재력보다 권력자와 그 지지 엘리트를 배를 불러 주기 위해 작동하는 **포식국가(predatory state)**의 개념이 제시된다. 그 결과 부룬디, 중앙아프리카공화국, 차드, 콩고민주공화국, 기니, 말리, 니제르, 소말리아, 수단 등의 사례에서 볼 수 있듯이 국가는 실패의 경계를 맴돌게 된다. 이들 국가는 모두 실패 국가, 권위주의 정권, 저소득 경제, 비효과적인 정부로 고통받는 국가의 불명예를 안게 되었다.

칼루 등(Kalu et al., 2018)은 식민지 시대 종식 이후 사하라 이남 아프리카에서 포식국가의 문제의 원천은 식민주의라고 본다. 이들 국가는 '근원적으로 소수의 혜택을 위해 대중을 착취하기 위해 설계된 거버넌스 구조'라고 주장한다. 독립 이후 새로운 지도자들은 스스로를 '큰 인물'로 내세우고, 법치를 무시하며, 물려받은 착취적 제도 위해 통치하게 되었다. (관료제를 포함하는) 이들 제도는 엘리트를 위해 국민들과 자원을 체계적으로 착취하는 방법을 배웠으며, 그 결과 개발은 실패하고 빈곤은 지속되었다.

어떤 국가가 석유나 주요 광물처럼 수익성 높은 자원이 풍부할 경우 부패의 기회는 더 심화되고 강해진다 (제18장의 자원의 저주에 관한 논의 참조). 우리가 제6장에서 살펴본 바와 같이 응게마(Teodoro Obiang Ngeuma) 대통령이 1979년부터 통치한 적도기니의 사례는 좋은 본보기를 제공해준다. 적도기니는 인구 130만 명에 알바니아나 아이티와 비슷한 면적의 영토를 가진 서아프리카의 작은 국가이다. 거기서 1990년대에 석유가 발견되었고, 초기에는 급속한 경제성장을 이루었다. 그러나 성장은 지속되지 않았으며, 적도기니는 오늘날 세계에서 가장 빈곤하고 부패한 나라 중의 하나이다. 한편 통치자 일가와 정치 엘리트는 상당한 부를 축적하였고, 정부는 빈번히 진보의 상징으로 새로운 건물이나 고속도로를 자랑하지만 보통 시민들은 빈곤에 허덕인다 (Saadoun, 2019).

> **정실자본주의(Crony capitalism)**: 경제발전이 정부 관료와 업계 유력자들 사이의 긴밀한 관계에 의존하는 현상으로 특별 세금감면이나 공공사업 계약, 인허가, 보조금 제공을 통해 이익을 줌.
>
> **포식국가(Predatory state)**: 국가가 관료제, 군부, 정치지도자와 같은 지배 집단의 사적 이익을 위해 작동하는 체제.

적도기니의 응게마 대통령의 수십 년간 지속된 부패한 정부는 포식국가의 속성과 그 결과를 잘 보여준다.

이들 다수의 포식국가에서 권위주의 지도자들은 정치적 보상으로 공직 임명권을 이용하며, 그로 인해 정치와 행정의 미묘한 구별을 잠식한다. 이런 공공연한 접근은 과잉 노동력(특히 최근 대학 졸업자들)을 행정으로 흡수하는 데도 이용된다. 공공부문 확장은 빈번히 지지를 사거나 반대 세력의 부상을 막는 데 이용되며, 그 결과 이 지역 대부분에서 비농업 고용의 대부분을 공공 고용이 차지하게 된다 (Smith, 2013). 일단 임명되면 공공 근로자들은 친족관계에 뒤따르는 의무감으로 인해 자신의 가족, 민족 집단을 보상하는 데 자신의 특권적 위치를 이용하며, 더 광범위한 시민들의 이익은 무시하게 된다.

이러한 상황에서 관료제는 팽창되고, 과도하게 정치화되고, 비효율적이 되며, 진보를 가로막으며, 개발의 효과적 도구로서 작동할 수 없게 된다. (상품 수출과 같은) 국부의 주된 원천이 국가의 통제하에 놓이면서, 공공 고용은 부를 획득하는 지름길이 되며, 관료적 부르주아를 형성한다. 최근에 들어서야 국제기구의 압력으로 인해 **행정 역량(administrative capacity)** 구축의 강조를 통한 공공부문 억제 시도가 있었다 (Turner et al., 2015).

관료제의 정치적 역할에서 벗어나 정치적 역할을 들여다보면 민주주의와 권위주의 정권의 차이가 생각보다 크지 않은 또 다른 측면이 있다. 수평적 이동을 억제하는 전문화에 대한 베버의 아이디어에도 불구하고 관료제는 선출직 정치의 경험만큼이나 정치 엘리트 충원의 경로가 될 수 있다. 이익집단, 입법부, 정부 부처 사이에 빈번히 존재하는 긴밀한 정치적 관계에 관해 논의하는 제16장에서 이를 볼 수 있다. 관료들이 사업

> **행정 역량(Administrative capacity)**: 공공정책의 효과적인 관리와 실행을 통해 사회적 문제를 해결할 수 있는 관료제의 능력.

이나 정치적 경력을 추구하는 발판으로 국가 행정의 권력을 이용하는 비슷한 역동적 관계를 권위주의 정권에서도 볼 수 있다.

러시아는 좋은 사례이다. 허스키(Huskey, 2010)에 의하면 영향력 있는 지위나 정부 고위직을 향한 주요 경로로서의 공산당이 제거되고, 통제를 강화하려는 푸틴정부의 시도 덕분에 관료 경력은 기업이나 정치 경력을 제치고 영향력과 고위직을 향한 통로가 되었다. 그 결과 정치와 행정분야 고위직들은 러시아 전체 국민의 사회적 배경에 대한 대표성이 없고, 엘리트 응집성이 높아지면서 개방성이나 정치적 경쟁이 감소했고, '정치적 엘리트는 거대한 관료제 속에 원자화된 행위자가 되고, 유일한 보호는 비공식 네트워크에의 소속, 또는 대통령에 대한 충성뿐인 상황'이 되었다.

러시아 고위직 관료의 권력은 푸틴 대통령하에서 명목상 연방국인 러시아 국가의 중앙집권화로 더욱 심화되었다 (제11장 참조). 슬라이더(Slider, 2019)는 러시아 관료제의 구조는 고위직의 권력을 강화하는 데 기여했다고 지적한다. 중앙에서 각 부분에 이르는 권위의 단일 통로 대신 연방 부처와 기관이 각각 자신의 지휘계통을 관할하는 수십 개의 통로가 있다. 이는 모스크바에서 일하는 연방 공무원과 지방 공무원 수가 폭발적으로 증가하는 결과를 초래했다. 분권화를 통한 정부 효율성 제고와 부패 감축의 제안에도 불구하고 푸틴 대통령은 자신의 통제력 강화에 도움이 되는 중앙집권적 체계를 선택했다.

이 책의 다른 장에서 다루어진 주제와 마찬가지로 권위주의 정권의 관료제와 공공행정에 관한 더 많은 연구 (특히 비교적인 연구)가 필요하다. 그들은 민주주의 국가의 관료제와 유사하지만, 과거에는 민주주의 국가에도 더 흔했던 통제와 후견의 도구로 보다 노골적으로 사용된다. 그 결과 부패와 비효율이 권위주의의 관료제에서 더 보편적이며, 이 문제는 그들 정권이 더 효과적으로 통치하고 시민들의 기본적 행정 요구에 대응하는 능력을 저해한다.

토론주제

- 관료제를 생각할 때 가장 먼저 떠오르는 이미지는 무엇이며, 그 이미지는 현실을 얼마나 반영한다고 생각하는가?
- 외주 용역: 좋은 생각인가 나쁜 생각인가? 민간 업자가 수행할 수 없는 또는 수행해서는 안 되는 서비스가 있는가? 있다면 그것은 무엇이며, 왜 그런가?
- 전자정부는 관료제의 속성을 어떻게 바꾸고 있는가? 그 변화는 긍정적인가 부정적인가?
- 고위 관료는 선출되어야 하는가? 그러한 변화는 어떤 영향을 미칠까?
- 더 많은 국가에서 정부 부처의 장관이 정치적 자문을 하는 직원을 도입하도록 해야 할까?
- 민주주의체제와 권위주의체제 사이에 관료제의 효율성의 상관관계가 약한 이유는 무엇일까?

핵심용어

- 공공행정(Public administration)
- 관료적 권위주의(Bureaucratic authoritarianism)
- 관료제(Bureaucracy)
- 규제기관(Regulatory agency)
- 내부 고발(Whistleblowing)
- 능력주의(Meritocracy)
- 레드 테이프(Red tape)
- 발전국가(Developmental state)
- 부서(Division)
- 부처(Department)
- 부처별 충원(Departmental recruitment)
- 신공공관리(New public management)
- 엽관제(Spoils system)
- 옴부즈맨(Ombudsman)
- 외주 용역(Outsourcing)
- 전자정부(E-government)
- 정실자본주의(Crony capitalism)
- 중앙부처 이외의 공공기관(Non-departmental public body)
- 차별시정 조치(Affirmative action)
- 통합적 충원(Unified recruitment)
- 페미니즘(Feminism)
- 포식국가(Predatory state)
- 행정 역량(Administrative capacity)

추가 읽을거리

Balla, Steven J., and William T. Gormley (2017) *Bureaucracy and Democracy: Accountability and Performance*, 4th edn (CQ Press). 관료제가 어떻게 작동하고 그들에게 어떤 압력이 가해지는지를 보여주는 전형적인 연구.

Basu, Rumki (2019) *Public Administration in the 21st Century: A Global South Perspective* (Routledge). 서구적 시각을 넘어서 공공행정의 변화를 평가.

Halley, Janet, Prabha Kotiswaran, Rachel Rebouché, and Hila Shamir (2018) *Governance Feminism: An Introduction* (University of Minnesota Press). 페미니스트와 페미니스트 아이디어가 지방, 국가, 국제적 수준의 정부에서 더 유력하게 부상하게 된 현상에 대한 평가.

Peters, B. Guy (2018) *The Politics of Bureaucracy: An Introduction to Comparative Public Administration*, 7th edn (Routledge). 충원, 예산, 책무성 등을 포함, 관료제에 대해 비교하는 입문.

Van der Meer, Frits M., Jos C. N. Raadschelders, and Theo A. J. Toonen (eds) (2015) *Comparative*

Civil Service Systems in the 21st Century, 2nd edn (Palgrave). 서유럽과 동유럽, 아시아, 아프리카의 관료제에 대한 내용을 포함하는 편집된 서적.

Van der Wal, Zeger (2017) *The 21st Century Public Manager* (Palgrave). 조직 관리자나 관리자가 되기를 희망하는 사람들을 위한 저술이지만 관료제의 세계에 대한 유용한 분석을 제공함.

11장

하위 국가정부

차례
- 하위 국가정부의 이해
- 단일체제
- 연방체제
- 지방정부
- 권위주의 정권의 하위 국가정부

개요

정부와 정치의 비교 연구는 대부분 국가 차원의 활동에 초점을 맞추는 경향이 있지만, 지역과 지방 차원의 활동도 쉽게 비교할 수 있다. 국가 행정부, 입법부, 법원의 기능적 활동은 모두 지역과 지방 수준에서 발견할 수 있고, 특히 연방제에서 두드러지며, 이는 주어진 국가의 정부와 정치에 대한 어떤 연구도 지역 차원을 무시할 수 없다는 것을 의미한다. 시민들의 삶에 가장 직접적으로 영향을 미치는 많은 서비스들은 지역 및 지방정부로부터 나오며, 국가 공무원들보다 지방 공무원들을 더 접근하기 쉽다. 그럼에도 불구하고 지방선거의 투표율은 전국선거보다 낮고, 대부분의 유권자들은 국가정치보다는 지방정치에 덜 관심을 갖는 경향이 있다.

이 장은 정부의 여러 계층 간의 수평적 및 수직적 상호작용에 대한 검토로 시작한다. 그런 다음 국가 행정에서 가장 일반적인 두 가지 모델인 단일모델과 연방모델을 살펴본다. 단일체제는 대부분의 국가에서 발견되며, 더 작고 동질적인 국가에서 가장 잘 작동된다. 연방체제는 많지 않지만, 세계 대부분의 큰 국가에서 발견되어 그 범위와 세계적인 중요성이 강조된다. 그 다음, 이 장은 지방정부의 구조와 기능을 살펴보고, 특히 도시정부의 중요성에 대해 언급한다. 이 장은 거리감이 있고 엘리트적인 국가정부보다 지방정부가 시민들에게 더 중요한 권위주의 정권에서 하위 국가정부의 역동성에 대한 검토로 끝난다.

핵심논제

- 정치적 비교의 공통단위가 국가라고 해도 지역정부와 지방정부의 중요성을 무시해서는 안 된다.
- 대부분의 국가는 지역단위와 지방단위가 국가정부에 종속되는 단일 형태의 정부를 사용한다.
- 지방정부의 강화는 단일국가 내에서 국가 및 지방정부의 관계를 기반으로 하는 중요한 추세다.
- 연방정부는 두 단계 이상의 독립된 권한을 가진 정부로 구성되어 있으며, 큰 국가나 분산적인 국가에서 가장 많이 발견된다.
- 지방정부는 여전히 시민이 국가를 가장 자주 만나는 곳이지만, 그것은 마땅히 수행되어야 할 것보다 훨씬 덜 연구된다.
- 권위주의 정권에서 하위 국가정부는 민주적인 정부의 하위 국가정부보다 공식적인 권력과 독립성이 낮지만, 권위주의 통치자들은 권력을 유지하기 위해 지역 지도자들에게 의존하는 경우도 가끔 있다.

하위 국가정부의 이해

코로나19 팬데믹의 가장 심각한 영향을 받은 나라 중 하나는 브라질이었다. 브라질은 당시 미국의 트럼프와 비슷한 보수적 포퓰리즘 강령으로 2019년 1월 취임한 군 출신 보우소나루(Jair Bolsonaro) 대통령 행정부에 의해 통치되었다. 트럼프와 마찬가지로 보우소나루는 (2020년 7월 코로나19에 직접 감염되었음에도 불구하고) 코로나19가 인플루엔자보다 나쁘지 않다고 주장하고, 국가 봉쇄를 거부하며, 2021년 초 브라질 국민들에게 사망자가 증가한다고 "불만을 가지지 말라"고 하여, 브라질의 많은 주지사 및 시장들과 갈등을 빚었다. 대부분의 큰 나라들처럼 브라질은 연방 행정체계를 가지고 있으며, 중앙의 지원이 없는 상황에서 많은 주지사들이 백신을 제조업체로부터 직접 구매하겠다는 계획을 발표했고, 상파울루와 리우데자네이루의 시장(市長)들은 자체 봉쇄를 시행했다.

브라질의 사례는 연방체제에서 발견되는 공유 정부가 보여주는 효과 중 하나를 보여준다. 브라질의 정책은 연방정부, 26개 주 정부, 브라질리아 연방 수도 구역, 그리고 거의 6,000개의 지방 자치단체에 의해 만들어지고 시행된다. 우리가 이 장의 뒷부분에서 볼 수 있듯이, 이런 종류의 연방주의는 정부를 국민들에게 더 가깝게 만드는 이점을 가지고 있으며, 브라질만큼 큰 나라(면적 기준으로 세계 5위, 인구로는 6위)를 통치하는 실용적인 방법이다. 그러나 이는 국가정책의 시행을 어렵게 만들고, 많은 면에서 코로나19에 대한 브라질의 대응을 약화시켰다.

국가정부 또는 중앙정부(용어 상호 교환 가능)가 국가 전체의 이익, 그리고 주권국가들 사이에 존재하는 관계와 관련이 있는 반면, 하위 국가정부는 국가 수준 이하의 정부에 초점을 맞추는데, 이는 국내문제에 중점을 둔다는 것을 의미한다. 하위 국가정부는 다양한 종류의 중간 수준의 정부(국가 내의 주, 도, 구)와 더불어 시, 군, 읍이라는 종류의 지방정부를 포함하며, 자치시, 지자체, 직할시 등으로 불린다. 하위 국가정부가 수행하는 정확한 역할은 국가마다 다르지만, 그들 모두 정치적, 법적, 경제적, 때로는 문화적 책임을 수반한다 (도표 11.1 참조).

모든 국가는 **단일체제(unitary system)** 또는

> **단일체제(Unitary system)**: 국가정부가 주권을 보유하며 지방 또는 지역 단위는 독립적 권력을 거의 가지지 못한 체제.

역할	특징
관리	국가정부를 대신하여 지방 업무를 관리한다.
시행	국가의 법과 정책, 지방의 법과 정책의 시행을 감독한다.
정보	지역사회의 현황과 필요에 대해 국가정부에 보고한다.
투자	지역경제, 교육 및 교통과 같은 서비스에 대해 투자한다.
문화	지역의 문화 차이를 인식하고 보호한다.

도표 11.1 민주주의 정권의 하위 국가정부

연방체제(federal system) 두 가지 방법 중 하나로 하위 국가정부를 조직한다. 전자의 경우 국가정부가 단독 주권을 가지는데, 이는 하위 국가정부는 중앙정부가 부여한 만큼의 권한만을 가지고 국가정부의 재량에 따라 존재하는 것을 의미한다. 후자의 경우, 국가 및 하위 국가수준의 정부가 독립적인 권한을 가지고 있지만, 이러한 권한이 어떻게 분할되고 사용되는지는 국가마다 다르다. 이 도식은 단일체제의 성격을 가지는 연방체제(러시아 등)와 연방체제에 더 가까운 기능을 하는 단일체제(영국 및 스페인 등) 때문에 더욱 복잡해진다.

연방헌법을 채택하고 있는 국가는 20여 개밖에 안 되지만, 여기에는 세계 대부분의 대국들(중국은 제외)이 포함되어 있기 때문에 세계인구의 많은 부분인 37퍼센트를 차지한다. 한편, 유엔 회원국들 중에 90퍼센트가 단일국가이지만 그들 중 많은 국가들은 규모가 작은 국가들이기 때문에 그들의 인구는 세계인구의 63퍼센트를 점유한다 (중국을 제외하면 단지 43퍼센트가 된다) (World Bank, 2021a의 데이터에 근거하여 계산함).

단일체제에서 정부와 정치는 국가수준에 집중하는 경향이 있다. 하위계층도 여전히 중요하지만, 가장 중요한 정치적 이슈는 국가수준에서 다루어지며, 시민들은 자신들이 국가 정치공동체의 일부라는 인식을 더 많이 갖고 있다. 국가정부는 국가적인 영향을 미치는 결정을 내리는데, 예를 들어 영국과 아일랜드 같은 나라가 브라질보다 코로나19를 이겨내기 위한 국가 봉쇄를 시행하는 것이 더 쉬웠다. 대조적으로 연방체제에서는 하위 국가 단위가 더 독립적이고, 그들의 의제가 더 우선시될 수 있으며, 시민들의 정치생활이 더 중요하게 고려된다. 게다가, 그들은 독립적인 권력을 가지고 있기 때문에, 연방 내의 주들은 단일체제 내 하위 국가정부의 경우보다 국가정부에 비해 더 많은 영향력을 가지고 있다.

비교정치에서 공통적으로 분석하는 단위가 국가이지만, 경찰과 응급서비스, 대중교통, 토지이용계획, 도로정비, 폐기물처리 등 공공사업을 포함한 우리의 일상생활과 밀접한 사안을 다루는 지자체를 무시해서는 안 된다. 현재 전 세계인구의 절반 이상이 도시에 살고 있는 상황에서, 도시정부가 어떻게 구조화되고, 어떻게 결정을 내리고, 국가정치에서 어떠한 역할을 하는지를 이해하는 것이 점점 더 중요해지고 있다. 한편, 권위주의 정권에서 지방정치는 종종 멀리 떨어진 도시 엘리트들의 결정보다 사람들에게 더 현실적이고 즉각적인 것이다.

세계의 모든 국가는 공식적으로 연방 또는 단일국가이지만, 유럽연합의 거버넌스를 이해하는 방법에 대한 도전으로 촉발된 다양한 수준의 정부 간의 관계를 설명하는 데 도움이 되는 세 번째 개념인 **다층거버넌스(MLG: multi-level governance)**가 최근 수십 년 동안 등장했다 (Marks, 1993). 이 용어는 니만 등(Niemann et al., 2019)에 의해

> **연방체제(Federal system)**: 둘 또는 그 이상 수준의 정부들이 주권을 공유하고, 각기 독립된 권력과 책임을 보유한 체제.

> **다층거버넌스(MLG: Multi-level governance)**: 권력이 수직적이고 수평적으로 정부의 서로 다른 수준에 배분되고 공유되는 행정체계다. 초국가 수준으로부터 지역 수준까지 정부의 다양한 층은 상당한 정도의 상호작용을 한다.

다음과 같이 정의된다.

> 영토적으로 결속된 한 지역 내의 서로 다른 수준에서 정치적으로 독립적이지만, 다른 면에서는 상호의존적이면서 다층적인 사적이고 공적 행위자들이 결정을 하는 제도이며, 지속적인 협상/숙고/이행의 과정을 거친다. 이들 중의 어떠한 수준에서도 배타적인 정책적 권한을 가지지 않으며 정치적 권위의 안정적인 위계질서를 유지한다.

정부의 어떤 수준도 단독으로 행동해서는 대부분의 정책문제를 해결할 수 없다는 주장에 기초하여, 여러 수준이 서로 협력해야 한다는 결론이 도출된다. 다층거버넌스와 함께, 민주주의의 정책 입안자들과 이익단체들은 교통 및 교육과 같은 특정 기능분야에서 일관된 정책을 수립하기 위해서 여러 계층이 토론하고, 설득하고, 협상하는 자신들을 발견한다. 이와 관련된 협력은 동일하거나 비슷한 수준에서 일하는 공무원들에게만 국한되지 않는다. 오히려 특정 분야의 국제, 국가, 지역 및 지방 공무원들은 모든 계층의 상호작용을 통해 자체 정책 네트워크를 형성할 것이다. '정부(government)' 대신 '거버넌스(governance)'라는 용어를 사용하는 것은 단순히 조직 자체보다는 기관 간의 이러한 관계를 강조한다. 그 역동성은 유럽연합에서 대표적으로 나타나는데, 유럽연합은 국제에서 지역까지 모든 수준의 협력과 영향력을 통하여, 정부의 이익과 다른 모든 수준에서의 이익을 가져오는 독특한 방식이다 (도표 11.2 참조).

다원주의(제16장 참조)와 마찬가지로, 다층거버넌스는 공공, 민간, 자발적 단체 등 다양한 분야의 행위자들이 사회를 조정하는 데 도움이 된다는 것을 인정한다. 예를 들어, 교육분야에서 중앙정부 부처는 학교의 교육성과를 향상시키기를 원하겠지만, 그 목표를 달성하기 위해서는 공공 부문(교육 당국 등) 내의 하위계층뿐만 아니라, 학부모회, 교원노조, 민간 부문 공급업체와 교육연구자 등 더 넓은 이해관계를 가진 기관들과 더

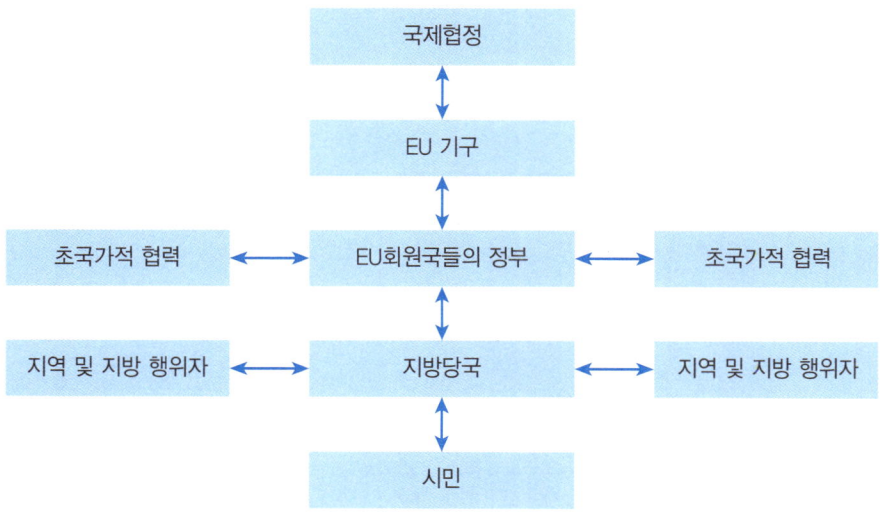

도표 11.2 유럽연합의 다층거버넌스

불어 일해야 할 것이다.

다원주의와 마찬가지로 다층거버넌스는 긍정적인 측면 또는 부정적인 측면으로 묘사될 수 있다. 긍정적인 측면에서 다층거버넌스는 관련된 이해당사자들 간에 주고받기를 통해 공통문제에 대한 해결방안을 찾는 실용적 관점을 포함한다. 부정적인 측면에서 다층거버넌스는 민주적 통제, 그리고 비주류 성향의 단체와 사고(思考)의 침투에 대해 내부 집단들이 저항함으로써 규칙이 복잡하고 더디게 발전하는 양상을 보인다.

다층거버넌스를 이해하려면 정부의 모든 계층이 제공하는 자료 (표 11.1 참조)와 전체 정치체제가 작동하는 방식을 이해해야 한다 ('이론 적용 11' 참조). 전형적으로 국가 차원에서는 대부분의 정치적 가시성, 대규모 예산 및 전략적 목표가 가장 큰 부분이며, 지역 및 지방 차원의 공무원들은 자체적인 파워 카드를 갖게 되는데, 그 내용은 정부가 직면한 문제에 대한 자세한 지식과 제안된 구제책의 품질을 판단할 수 있는 능력을 포함한다. 하위계층이 자원과 열정을 모두 가질 경우 차이를 만들 수 있다. 그렇지 않을 경우 관심을 잃게 되고, 정책적 목표를 달성할 수 있는 중앙정부의 능력이 제한된다.

단일체제

세계의 대부분 국가들은 단일정부 형태를 가지고 있는데, 이는 그들이 여러 단계의 행정체계를 가지고 있지만, 주권은 궁극적으로 국가정부에 있다는 것을 의미한다. 지역 및 지방정부가 존재하고 정책을 수립하고 시행할 수 있지만, 국가정부의 영역이 아닌 사안에 대해서만 활동할 수 있다. 이러한 중앙의 패권을 반영하여, 많은 단일국가의 입법부는 국가이익과 하위 국가이익의 균형을 맞추기 위한 제2 의회가 필요 없기 때문에 오직 한 개의 의회만 보유하고 있다.

단일체제의 틀은 영국, 프랑스, 일본처럼 군주나 황제에 의한 지배의 역사를 가진 사회에서 자연스럽게 나타났다. 이런 상황에서 권위는 수도에 위치한 역사적 핵심으로부터 발산된다. 단일구조는 작은 민주주의 국가들에 있어서 정상적인

표 11.1 정부의 4개 층

수준	특징	사례
초국가적 (supranational)	국가 수준 이상에서 작동되며, 공통 관심사를 가진 두 개 이상의 국가들을 통합한다.	유럽연합.
국가 또는 중앙 (national or central)	국가 차원에서 활동하고, 국가 전체의 이익에 초점을 맞춘다.	세계의 주권, 준 또는 사실상의 국가.
지역(regional)	국가와 지방정부 사이의 중간 수준에서 작동한다.	연방체제 내의 주 또는 도, 또는 단일국가 내의 지역.
지방(local)	지방 이익에 초점을 맞추어 시민과 가장 가까운 수준에서 활동한다.	군, 읍, 면, 구.

이론 적용 11

시스템이론

이 책의 다른 모든 '이론 적용' 상자들은 정치학자들이 정부와 정치를 비교 연구하기 위해 가장 자주 사용하는 이론에 초점을 맞추고 있다. 여기에서는 놀라운 잠재성에도 불구하고 정치학에서 이해를 구하는 데 거의 사용되지 않는 이론(또는 많은 정치학 이론이 여러 형태로 나오기 때문에 집합적인 이론)에 집중한다. 자연과학에 기원을 둔 시스템이론(system theory)은 한 단위의 부분이 전체와 어떻게 관련되는지 연구하는 데 관심을 가지며, 이는 기관의 부분들이 어떻게 서로 잘 연결되거나, 정치 시스템의 상이한 기관들이 어떻게 함께 작동하는지, 그리고 상이한 시스템을 어떻게 비교하는지 연구하는 데 도움이 된다.

정부와 정치를 이해하기 위해 시스템이론을 적용하려는 노력은 캐나다 태생의 정치학자 이스턴(David Easton)의 연구로 거슬러 올라간다. 그의 책 『정치시스템(The Political System)』은 정부를 수요(투입)와 결정과 행동(산출)의 시스템으로 인식했다. 일반적으로 정치학, 특히 비교정치학에 대한 명백한 가치에도 불구하고, 시스템이론은 이 이론 자체가 예측력이 너무 적고, 세계 다른 나라들의 정치시스템을 이해할 수 있도록 변환이 될 수 없는 특징을 가진 미국의 정치모델에 중점적으로 기초하고 있다는 비난을 받으며 1970년대에 냉대받기 시작했다.

시스템이론은 국제관계의 연구에서 가끔 사용된다. 국제체제의 구조, 그 체제를 형성하는 다양한 영향과 힘, 체제와 체제 내 국가들과의 상호관계를 설명하는 데 도움이 된다. 정부를 묘사하는데 시스템이라는 단어가 자주 사용되지만, 시스템이론은 비교정치학에서 별로 사용되지 않는다. 예를 들어, 정치제도, 의회제도, 정당제도, 선거제도를 논할 때 시스템이론은 거의 사용되지 않는다. 그것은 또한 단일정부든 연방정부든 국가를 구성하는 다양한 수준의 정부 간 상호작용을 더 잘 이해하기 위한 미개발된 잠재력을 가지고 있는 것으로 보인다.

정부와 정치 연구에 상이한 이론들이 사용되는(혹은 사용하지 않는) 이유를 추측하는 것은 흥미롭다. 우리가 '이론 적용 1'에서 보았듯이, 문제는 비교정치학 학자들이 이용할 수 있는 이론의 부족한 숫자, 이론이 종종 희생되는 일시적인 유행성, 사회과학 연구에 종종 수반되는 불확실성, 정치이론에서 서양 사고의 지배성의 조합에 있다. 이 목록에 우리는 다섯 번째 과제를 추가할 수 있다. 정부와 정치의 많은 상이한 요소들의 역학을 우리가 아직도 별로 잘 이해하지 못하고 있다는 점이다. 이러한 모든 상황을 고려할 때, 우리의 이해가 변화함에 따라 계속해서 변화하는 다양한 이론적 접근의 가능성에 대해 열린 마음을 가질 가치가 있다.

형태이며, 특히 강한 민족적 또는 문화적 분열이 없는 나라에서 채택되어 사용된다. 라틴 아메리카에서 에콰도르, 파라과이, 우루과이와 같은 거의 모든 작은 국가들은 단일체제를 운영하고 있다. 동유럽국가들은 탈공산주의 헌법에 단일구조를 채택하였는데, 그 국가들은 연방주의를 러시아가 구소련 지역을 지배하는 비정상적인 장치로 생각하였다.

> 시스템이론(System theory): 전체와 관련된 단위(예: 정부 또는 국가)의 요소의 구성 및 상호 작용에 대한 연구.

연방주의의 복잡성과는 대조적으로 (이 장의 후반부에서 논의), 단일구조는 간단하고 효율적일 수 있다. 모든 중요한 정치 및 경제적 카드를 쥐고 있는 하나의 중앙정부가 있고, 다른 수준들은 중앙이 허락한 것만을 할 수 있다. 그러나 단일정부는 종종 분권화되어 있기 때문에 주권의 위치가 정치현실에 대한 정확한 지침이 되는 경우는 거의 없다. 실제로, 최근 수십 년 동안 많은 단일국가에서 세 가지 다른 방법 중 하나를 사용하여 더 많은 기능에 대한 책임을 더 낮은 수준으로 떠넘기려는 노력이 이루어지고 있다.

그 중 첫 번째(그리고 가장 약한)는 중앙정부가 정부 부처의 국가본부에서 일하는 공무원의 기능을 해당 부서의 지역 또는 지방사무소에서 일하는 직원에게 재분배하는 **탈집중화(deconcentration)**다. 이는 작업을 확산시키고, 국내의 더 가난한 지역에 일자리와 새로운 소득을 가져다줄 수 있고, 덜 비싼 지역으로 활동을 이동하도록 허용함으로써 비용을 절감하며, 중앙 부처가 실행보다는 정책결정에 집중할 수 있도록 한다. 연방체제의 한 사례는 미국에서 오랫동안 정착된 교도소를 도시에서 농촌으로 이전하여, 농업, 광산 및 임업의 감소로 고통받는 일부 지역에 새로운 일자리를 창출하는 것이다 (Eason, 2017). 수많은 미국의 작은 도시들은 일자리와 경제적 안녕을 위해 교도소에 의존하게 되었고, 아이러니하게도 그들은 대부분의 죄수들이 자기 지역에 오도록 하는 도시 공동체의 범죄에 의존하게 되었다.

두 번째이자 정치적으로 더 중요한 권력분산은 **위임(delegation)**에 의해 이루어진다. 이것은 중앙정부에서 준자치단체(semi-autonomous bodies)로 권한을 이전하거나 위임하는 것을 포함하는데, 이 단체는 중앙정부의 완전한 통제하에 있지 않으면서 중앙정부에 책임을 지고 있다. 이러한 단체의 사례로는 주택, 교통 및 지역개발을 다루는 기구가 있다. 지지자들은 위임을 정부가 시민들에게 더 가까이 다가가기 위한 수단으로 보고 있지만, 비평가들은 많은 정책 문제들이 국가차원에서 통일된 방식으로 더 잘 처리될 수 있다고 주장한다.

북유럽국가들은 지방정부가 국가차원에서 합의된 많은 복지 프로그램을 시행하는 위임의 고전적인 사례를 제공한다. 특히 스웨덴은 국가의회(Rikstag)가 지역 및 지방 당국에 광범위한 업무를 위임해 왔다. 주 의회는 의료, 교통, 관광에 중점을 두고 있으며, 지자체는 교육, 도시계획, 재난구호, 상하수도, 폐기물 관리, 민방위 등을 담당하고 있다. 이러한 광범위한 위임은 공무원에 대한 투명성, 책임성, 자율성과 함께 '스웨덴 모델'로 묘사된 것의 일부를 구성한다 (Levin, 2009).

세 번째이자 가장 급진적인 탈중앙화의 형태는 **이양(devolution)**이다. 이는 중앙정부가 의사결정 자율성(일부 입법권 포함)을 하위 수준으로 이전할 때 발생한다. 예를 들어, 스페인은 한때 중앙에서 엄격하게 통제하던 나라였는데, 1975년 프랑코(Francisco Franco)가 사망하고 민주

탈집중화(Deconcentration): 중앙정부 업무가 수도의 관청에서 지역이나 지방의 관청으로 옮겨지는 과정.

위임(Delegation): 중앙정부의 책임이 중앙정부에 책임이 있는 준자치단체로 넘어가는 과정.

이양(Devolution): 중앙정부가 일부 의사결정 권한을 지역화된 자율적 거버넌스 구조로 이전하는 과정.

주의로의 전환이 이루어진 후에 지역의 권한이 강화되었으며, 이후 이양이 빠르게 진행되었다. 북부의 바스크(Basque) 지역은 상당한 수준의 자치정부를 유지하고 있으며, 2006년에 동부지역의 카탈루냐(Catalonia)가 별개 민족으로서의 지위를 승인받았다. 스페인은 가끔 사실상의 연방으로 취급되지만, 이론적으로는 아직 단일국가이면서 이양이 이루어지고 있다.

영국에서도 권력은 많이 이양되어 있다 (Bailey and Budd, 2016 참조). 런던에는 국가정부와 의회가 있으며, 영국은 공식적으로 단일국가이지만, 1990년대 후반 북아일랜드, 스코틀랜드, 웨일스에 이양된 지역의회가 만들어졌다. 지역의회들은 이론적으로 런던에서 법을 바꾸면 폐지될 수 있고, 북아일랜드의 문제는 2002년부터 2007년 사이에 지역의회가 중단되고 선거가 연기되는 결과를 초래했다 (연방체제에서는 이러한 상황이 발생할 수가 없다). 그러나 영국의 지속적인 통합은 런던정부와 지역정부 간의 균형을 맞추는 데 크게 좌우된다. 스코틀랜드 상황의 민감성은 2014년 스코틀랜드 독립 국민투표에 의해 두드러졌다. 비록 55퍼센트의 유권자들이 이에 거부했지만, 거의 45퍼센트가 찬성했고, 그 이후 여러 차례의 여론조사에서 독립에 대한 의견이 균등하게 나뉘어졌다.

많은 단일국가의 주요 발전은 **지역정부(regional government)**라는 중간 계층의 생성과 확장이다 (여기서 '지역'이라는 용어는 국가정부 수준 이하의 정부를 묘사하기 위해 사용되었으며, 이는 가끔 발생하는 국가 그룹 간의 협력을 의미하지 않는다). 휴즈 등(Hooghe et al., 2010)은 1950년에서 2006년 사이의 고소득 국가 42개국을 대상으로 한 연구에서 2개국만 지역권위가 감소했으며, 29개국은 증가했다는 점을 발견했다. 나라가 클수록 이 중간 계층은 더 강력한 경향이 있었다. 이러한 발전의 결과로, 프랑스, 이탈리아, 폴란드와 같은 단일국가는 이제 지역, 도, 지방의 세 가지 하위 국가정부를 보유하고 있다 (표 11.2 및 '국가개요 11' 프랑스 참조). 중국은 지방부터 마을까지 5단계에 걸쳐 훨씬 더 발전했다. 그 결과는 복잡한 다층정부체제이다.

많은 지역들은 국가 내의 불평등에 대한 관심을 끌어내고 불평등을 줄이기 위한 정책을 촉발하기 위해 중앙정부가 만든 단위로 시작되었다. 그러나 대부분의 큰 단일국가에서는 특정 지역조

> **지역정부(Regional government)**: 단일국가에서 국가정부보다는 하위이지만 지방(local)과 군(county)보다는 상위인 중간 수준의 정부.

표 11.2 단일국가에서의 하위 국가정부

	프랑스	이탈리아	영국	폴란드	스웨덴	중국
최상층	16	20	4	16	–	33
중간층	96	103	35	380	20	2,862
최하층	36,683	8,101	434	2,478	290	41,636

출처: Loughlin et al. (2011)의 유럽통계.

국가개요 11
프랑스

간략소개

프랑스는 독특한 전통을 보다 경쟁적인 세계에 적응시켜야 하는 도전에 직면한 중요한 유럽국가이다. 프랑스는 탁월한 민족정신을 창조한 1789년의 프랑스혁명의 장기적인 영향을 받고 있는 예외주의의 명성이 있는 국가이다. 혁명에 의해 건설된 미국 등 다른 국가들과 마찬가지로 프랑스는 국가건설을 위한 이상에 기반하고 있다. 미국의 이상이 다원주의에 기반하고 있는 반면, 프랑스는 자유, 평등, 박애의 혁명적 이상의 실현을 목표로 하고 있다. 1945년 이후 국가가 현대화, 도시화, 산업화되면서 프랑스의 독특함이 줄어들게 되었다. 제국이 해체되면서 프랑스는 유럽연합에 새로운 기반을 둔 중급세력의 강대국이 되었으며, 프랑스 사회는 북아프리카로부터와 서아프리카의 이민으로 더 복잡해지고, 경제와 지배 엘리트들은 세계화의 도전을 받게 되었다.

정부형태	단일국가. 준대통령제공화국. 국가 형성 시기에 대해서는 의견이 분분하며, 가장 최근의 헌법(제5공화국)은 1958년에 제정되었다.
행정부	준대통령제. 직선되는 대통령은 5년 임기에 재임이 가능하고, 국회에 책임이 있으며 각료회의를 이끄는 총리와 함께 통치한다. 부통령은 없다.
입법부	양원제. 연임이 가능한 5년 임기로 선출되는 하원(577명)과 6년 임기로 지방정부를 통해 간접 선출되는 상원(348명)이다.
사법부	프랑스 법은 나폴레옹 법전(1804~1811년)에 기초한다. 헌법위원회의 중요성이 부각되고 있으며, 2008년 이후 위헌심사의 권한을 보유하고 있다. 이 기구는 9명의 법관으로 구성되어 있으며 그들의 임기는 9년 단임이다. 이들은 대통령, 상원, 하원이 3명씩 임명한다. 프랑스의 역대 대통령 중 3명도 위원회에서 활동할 수 있지만 실제로 활동하는 사람은 거의 없다.
선거제도	대통령선거와 의회선거에 결선투표제가 실시되며, 1차 투표에서 승리하기 위해서는 과반수 득표가 필요하다.
정당	다당제. 녹색당, 좌파당, 급진당의 지지를 받는 사회주의자들이 좌익을 지배하고, 공화당(옛 대중운동연합)이 우파를 지배하며, 중도신당(앙 마르슈! 또는 전진!)이 2017년 마크롱(Emmanuel Macron) 대통령 승리의 밑거름이 됐다. 극우 성향의 국민총궐기대회(National Rally)도 상승세를 보이고 있다.

인구
6,700만 명

국내총생산(GDP)
2조 7,000억 달러

1인당 GDP
4만 494달러

민주주의 지수 등급	프리덤하우스 등급	인간개발 지수 등급
✗ 완전한 민주주의	✓ 자유	✓ 매우 높음
✓ 결함있는 민주주의	✗ 부분 자유	✗ 높음
✗ 혼합형 정권	✗ 부자유	✗ 중간
✗ 권위주의		✗ 낮음
✗ 측정안됨	✗ 측정안됨	✗ 측정안됨

프랑스의 단일정부

프랑스는 하위 국가정부를 지속적으로 재조직하여 현재 16개 지역(regions), 96개 '도(départements)', 거의 3만 7,000개의 '시(municipalities)'의 3단계로 구성되어 있다. 이러한 복잡한 전체 그림에 더하여, 프랑스령 기아나와 과들루프를 포함한 5개의 해외지역 또는 카운티, 그리고 도와 시를 하나로 묶는 '연합공동체(intercommunalities)'도 있다. 한편, 프랑스 3대 도시인 파리, 리옹, 마르세유는 '아롱디스망(arrondissements)'으로 나뉜다.

프랑스는 한때 매우 중앙집권적인 정치체제로, 단지 두 개의 하위 국가정부, 즉 '도(départements)'와 '코뮌(communes)'을 가지고 있었다. 도의 네트워크는 19세기 초 나폴레옹에 의해 설립되었으며, 각 조직은 자체적인 도지사(prefect)와 선출된 의회에 의해 운영된다.

사회당 후보인 이달고(Anne Hidalgo)는 2014년 파리 시장에 선출된 첫 여성이 된 후 지지자들에게 답례하고 있다. 그녀는 2020년 6년 임기로 재선되었다.

나폴레옹은 도지사들을 '작은 발을 가진 황제들'이라고 불렀지만, 실제로 도지사는 단순히 지역과 지방위원회들을 감독하기보다는 그들과 협력해야 한다. 도지사는 명령을 아래로 전달하는 것과 마찬가지로 위쪽의 이익을 대변하는 도의 대리인이다. 1972년에 도는 22개의 지역으로 묶여졌고, 각 지역에는 선출된 자체적인 의회와 더불어 자문의 역할을 하는 지역의 경제와 사회위원회들이 설치되었다 (2016년에 지역은 16개로 축소되었다).

한편, 정부의 기본 단위는 '코뮌(commune)'이며, 시장과 의회에 의해 통치된다. 코뮌의 규모는 수십 명에서 수만 명까지 다양하지만, 대부분은 1,500명 미만의 인구를 가지고 있다. 최근에 작은 코뮌은 이웃 코뮌과 병합하는 경향이 나타나고 있다. 최근 들어 국가의 재정적자를 축소하기 위해 프랑스정부는 지방정부에게 예산을 줄이도록 압력을 넣고 있다. 그럼에도 불구하고, 모든 코뮌은 규모에 상관없이 동등한 권력을 보유하고 있다.

프랑스에서는 국가 정치인이 자신의 고향의 시장이 되거나, 시장이 국가 정치인이 되더라도 그 직에 남는 경우가 있다. 이와 같이 다른 계층의 직위를 동시에 가지는 것은 프랑스에서 직위의 축적(cumul des mandats, accumulation of offices)으로 알려져 있다. 1985년과 2000년에 규칙이 강화되었지만, 가장 흔한 축적인 지방시장직과 국회의원 겸직은 아직 허용되고 있다. 이러한 제도는 권력 분산화의 시대임에도 불구하고 프랑스 공적 권위체의 융합적 성격을 보여주는 프랑스의 전통이다.

추가 읽을거리

Cole, Alistair (2017) *French Politics and Society*, 3rd edn (Routledge).

Drake, Helen, Alistair Cole, Sophie Meunier, and Vincent Tiberj (eds) (2021) *Developments in French Politics 6* (Red Globe Press).

Elgie, Robert, Emiliano Grossman, and Amy G. Mazur (eds) (2016) *The Oxford Handbook of French Politics* (Oxford University Press).

직이 곧 설립되었고 중앙정부가 계획을 분산시킬 수 있는 행정 수단이 되었다. 지역조직들은 교통을 포함한 경제발전과 사회기반시설을 책임졌다. 이 조직들은 항상 직접 선출되는 것은 아니었고, 일반적으로 지역 내부로부터의 상향보다는 중앙으로부터의 하향에 의해 만들어졌다. 지역들은 이제 전체적으로는 국가보다 낮지만 지방보다 높은, 중간 수준의 가치 있는 관점을 제공한다. 지방정부의 융합은 효과적일 수 있지만, 전통적인 공동체들이 많은 주민들에게 중요하다는 점을 고려할 때, 더 큰 정치적 비용을 지불해야 융합이 달성될 수 있다.

회원국들이 광범위한 정책영역에서 협력하기 위해 노력했음에도 불구하고 유럽연합에서 지역주의가 고무되었다. 회원국 내에서 지역정체성에 대한 더 큰 인식과 함께 유럽 차원의 통합이 진행되고 있다. 유럽지역개발기금(European Regional Development Fund)은 중앙정부를 통하지 않고 지역에 직접 투자하고 있으며, 유럽연합은 하위국가기관으로 구성된 지역위원회(Committee of the Regions)를 보유하고 있다. 지역협력은 EU의 빈곤지역에 대한 투자와 유럽횡단 교통 및 에너지 공급 네트워크 구축을 포함하여 회원국 간의 경제적 및 사회적 차이를 줄이는 것을 목표로 하는 EU 결속정책 개발의 핵심이 되고 있다 (Mcann, 2015 참조).

연방체제

중앙정부가 지배하는 단일체제와 달리 연방체제의 권위는 견고하고 독립적인 권력을 가진 다른 수준의 정부 간에 공유된다 (Palermo and Kössler, 2016). 개념적으로 적어도 두 가지의 수준이 있어야 하지만, 전형적으로 국가, 지방, 지역의 세 가지가 존재한다 (이 용어는 혼동이 될 수 있다. 국가 또는 중앙정부는 연방정부로 알려져 있고, 지방정부는 주, 지방 등으로 불리거나, 독일과 오스트리아는 '랜더[Länder]'로 부르고 있다. 표 11.3 참조). 연방주의는 크거나 분열이 심한 국가에서 가장 잘 작동되는데 브라질, 인도, 러시아, 미국을 포함한 20여개 국가가 연방이라는 법적 정의를 충족한다. 규모와 다양성에도 불구하고 중국은 단일국가를 유지하고 있는데, 그 이유는 단일체제가 공산당으로 하여금 국가를 통제하기 쉽게 하기 때문이다 (이 장의 뒷부분 참조).

연방 내부관계에 있어서의 핵심은 국가 또는 지방의 층이 서로를 폐지시킬 수 없다는 것이고, 연방체제가 단일체제와 구분되는 핵심은 지역정부가 자체적으로 보유한 권력에 상관없이 그 위상이 헌법상 보호된다는 점이다. 연방제는 특정 기능들을 각 층에 할당하는데, 중앙정부는 대외관계(국방, 외교, 무역, 이민) 및 화폐와 같은 핵심적인 국내 기능에 대해서 책임을 진다. 한편, 지역은 보통 교육, 교통, 주택, 법 집행을 담당하며, 나머지 권력은 대체로 중심이 아닌 지역에 있다. 이 잔여 권력의 지역정부 귀속은, 예를 들면, 미국의 제10차 수정헌법에 의해 보장된다. "헌법에 의해 미국에 위임되지 않은 권한 또는 헌법에 의해 주에 위임하는 것이 금지되지 않은 권한은 각각 주 또는 국민에게 소유된다." 거의 모든 연방국가에서 주정부들은 상원을 통해서 국가정책 결정에 목소리를 내고 있는데, 상원에서 각 주는 동등하거나 거의 동등한 대표권을 가진다.

표 11.3 세계의 연방국가들

국가	연방으로 수립된 해	인구(세계순위)	영토면적(세계순위)	연방 내의 단위 숫자
인도	1947	2	7	29개 주, 7개 연방직할지
미국	1789	3	4	50개 주, 1개 수도지구
파키스탄	1947	5	33	4개 주, 2개 연방지구, 2개 자치령
브라질	1891	6	5	26개 주, 1개 연방지구
나이지리아	1960	7	31	36개 주, 1개 연방수도지역
러시아	1991	9	1	85개 구역: 주, 공화국, 3개의 연방도시 포함
멕시코	1810	10	13	31개 주, 1개 연방지구
에티오피아	1952	12	27	10개 주, 2개 특별시
독일	1949	16	62	16개 주(Länder)
캐나다	1867	37	2	10개 주, 3개 준(準)주
호주	1901	52	6	6개 주, 2개 준(準)주
벨기에	1993	76	137	3개 지방정부
스위스	1848	98	132	26개 주(canton)

기타 연방국가들
아르헨티나 미크로네시아 남수단
오스트리아 네팔 수단
보스니아 헤르체고비나 팔라우 아랍에미리트
이라크 세인트키츠네비스 베네수엘라
말레이시아 소말리아

과도적 또는 준연방
코모로 스페인
콩고민주공화국 남아프리카공화국

출처: Watts (2008)의 목록에 기초함. 이 표에서 연방국가는 인구가 큰 순서대로 작성되었다. 이 표에서 빠진 인구 10위 이내의 국가는 중국(1), 인도네시아(4), 방글라데시(8)이며, 이 모든 국가는 단일국가다.

　연방을 만드는 동기는 적극적이기보다는 소극적인 경향이 있다. 분리의 결과에 대한 두려움은 독립하려는 자연적인 욕구를 극복한다. 함께 하는 것은 특히 강력한 경쟁자들에 대응하여 규모 있는 경제적, 군사적 보너스를 활용하는 데 도움이 된다. 예를 들어, 미국의 원래 13개 주들은 부분적으로 약탈 세계에서 취약하다고 느꼈기 때문에 함께 결합했다. 동시에 미국 연방주의자들도 통일된 시장이 경제발전을 촉진할 것이라고 믿었다.

지도 11.1 세계의 연방국가들

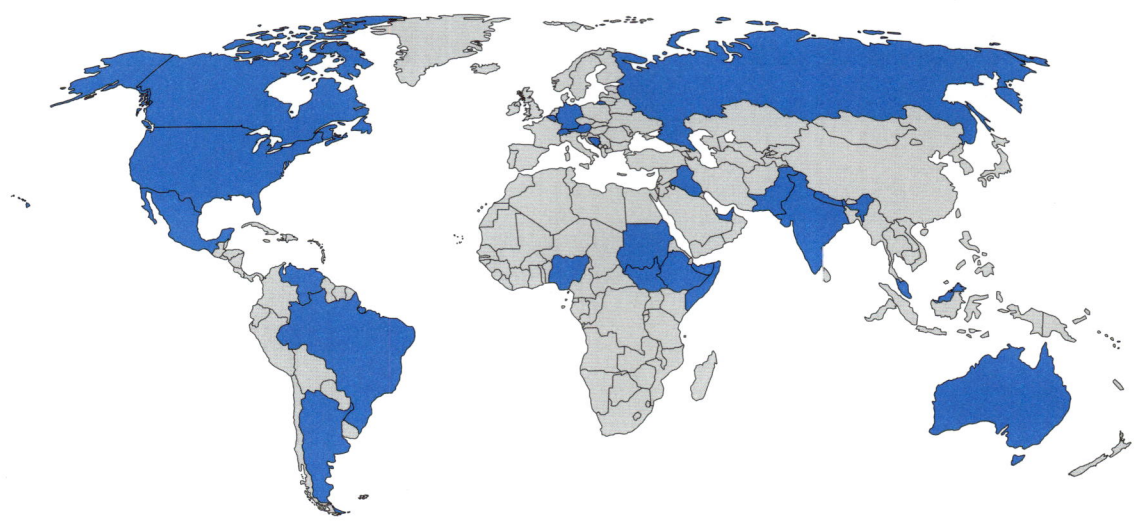

더 최근의 동기는 벨기에 경우와 같은 **민족 연방주의(ethnic federalism)**다. 벨기에는 1830년에 건국되었으며, 오랫동안 프랑스어와 네덜란드어를 사용하는 시민들 사이에 분열을 겪어왔고, 마침내 1993년에 3개의 지역을 가진 연방이 되었다 (지도 11.2 참조).

- 네덜란드어를 사용하는 북부 플랑드르(Flanders).
- 프랑스어를 주로 사용하는 남부의 왈로니아(Wallonia), 독일어를 사용하는 작은 공동체 포함.
- 2개 언어를 사용하지만 주로 프랑스어를 사용하는 수도인 브뤼셀 지역.

그러나 벨기에는 여전히 투쟁을 계속하고 있으며, 내부 분열을 해결하기 위해 연방주의를 특

민족 연방주의(Ethnic federalism): 상이한 민족집단에 대한 자치권을 인정하는 데 기반을 둔 연방정부 체제.

별히 권장할만한 사례는 아니다. 주요 문제는 두 개의 주요 민족 공동체만 관련되어 있기 때문에 한 집단의 이득은 대개 다른 집단의 손실이 된다는 점이다. 연방은 인종적 분열을 초월할 때(확립하기보다는)와 사회적 분열을 감소시킬 때(강화하기보다는) 더 효과적이다. 예를 들어, 스위스는 벨기에보다 더 많은 성공을 거두어, 26개의 칸톤, 4개의 언어(독일어, 프랑스어, 이탈리아어, 로망슈어) 그리고 2개의 종교(가톨릭과 개신교)를 안정적인 연방 틀로 통합했다. 대조적으로 나이지리아는 연방주의로 분열을 극복하기 위해 고군분투해왔다. 1960년 3개 지역(region)으로 독립했고, 1963년 네 번째 지역이 추가되었는데, 1967년 12개 주로 대체되었으며, 이후 특정 민족집단을 중심으로 한 주의 발전을 막기 위한 노력으로 국가라는 케이크를 더 작은 조각으로 잘라왔다. 현재 36개의 주와 연방 수도 영토가 있지만, 지역주의, 민족분열, 종교분열은 나이지리아 통합의식을 구축하려는 노력을 계속 방해하고 있다.

지도 11.2 벨기에의 지역

단일정부체제에 대해 고정된 틀이 없는 것처럼, 연방은 내부 역학 및 정부에 가져다주는 장점과 단점 면에서 차이가 있다 ('문제 탐구 11' 참조). 기준선은 전체와 부분 사이에 획일적이고 논리적으로 권력이 나뉘는 정교하게 구성된 배열인데, 이런 일은 절대 일어나지 않으며 시간과 장소에 따라 내적 관계가 달라진다. 20세기 대부분의 연방에서는 국가경제의 부상과 경제 및 노동력의 확대로 세수가 증가함에 따라 부가 중앙으로 유입되어 국가정부가 꾸준히 권력을 장악하는 것이 일반적이었다. 그러나 1980년대 이후 이러한 경향은 덜 명확해졌고, 중앙정부와 지역정부의 상대적 권력에 대한 다른 생각들로 이어졌다.

이중적 연방주의(dual federalism)가 미국에 독창적인 영감을 제공한 반면, 독일과 오스트리아는 **협력적 연방주의(cooperative federalism)**라는 대조적인 개념으로 기울었다. 미국은 주들이 연합하여 제한된 기능을 가진 국가정부를 구성하는 계약에 기반을 두고 있지만, 독일과 오스트리아 연방주의는 구성단위들을 하나로 묶는 연합국가에 대한 공유된 약속과 함께 수준 간의 협력이라는 생각에 기초하고 있다. 그러나 두 경우 모두 작동원리는 **보충성(subsidiarity)**이다. 국가정부는 전반적인 리더십을 제공하지만, 집행은 하위 단계에 맡겨져 있다. 즉, 분열보다는 업무의 분할인 것이다.

이중적 연방주의(Dual federalism): 정부의 국가 및 지방 수준에는 분명히 별개의 책임이 있다.

협력적 연방주의(Cooperative federalism): 층들이 혼합되어 있으며, 누가 궁극적인 책임을 갖고 있는지 확인하기가 어렵다.

보충성(Subsidiarity): 결정은 실행 가능한 가장 낮은 수준에서 이루어져야 한다는 원칙.

문제 탐구 11

정치공동체를 조직하는 가장 좋은 방법은 무엇인가?

이 장의 초점은 가장 일반적인 두 가지 옵션인 단일 접근법과 연방 접근법에 중점을 둔 정치공동체의 조직이다. 근본적인 가정은 우리 모두가 국가에 살아야 한다는 것이고, 국가들은 단일체제 또는 연방체제로 조직하는 것 중에서 선택할 수 있는 일종의 법적 권한을 가지고 있다는 것이다. 제3장에서 보았듯이, 인간이 항상 국가를 조직한 것은 아니었고, 국가는 종종 내부 결속력과 안정성에 문제가 있었으며, 일부 관찰자들은 국가가 더 나은 방법을 강구할 수도 있다고 생각한다. 아마도 정치공동체를 조직하는 다른 더 나은 방법들이 있을 것이고, 대안적인 선택들에 대해 더 창의적으로 생각할 때가 되었다.

한 가지 참고할만한 사례는 연방국가지만 세계 어느 나라보다 느슨하고 자기 통치방식이 더 위임된 스위스에 의해 제시된다. 1291년 연방헌장이 체결된 이후 법적, 정치적 형태를 갖추었으나, 1848년까지 합의되지 않은 헌법을 가진 스위스는 당시까지 완전히 독립된 26개의 주(canton)로 구성된 느슨한 연합체였다 (공식적으로는 스위스연합[Swiss Confederation]이었다). 연방의회는 양원제로 구성되며, 한 개의 의회는 국민을 대표하고 다른 하나는 주를 대표한다. 행정권은 정부로서 집단적으로 활동하는 7명의 연방평의회(Federal Council)에 부여되며, 그 구성원 중 한 명이 1년 교대로 대통령에 임명된다. 연방의회가 입법기관이지만, 주에는 자체 지방정부가 있고, 스위스 유권자들에게 주요 정책문제에 대한 의견을 묻는 국민투표가 매년 여러 번 실시된다 (제14장 참조).

또 다른 참고 사례는 유럽연합에 의해 제시되는데, 이 장과 '국가개요 3'에서 볼 수 있듯이 27개 주권국가가 권위와 많은 자원을 모아서 힘을 결합하고 세계에서 가장 부유한 시장을 개방하기 위해 어느 정도의 독립성을 포기한 독특한 사례다. 스위스의 작은 규모와 위임된 성격과는 대조적으로, 유럽연합은 회원국 내의 국가 및 지방과 공존하는 초국가적 수준의 거버넌스다.

- 이 두 가지 사례, 그리고 단일 및 연방체제를 다루는 이 장에서 인용된 사례들이 우리에게 말해주는 정치공동체를 조직하는 가장 바람직하고 효율적인 방법은 무엇인가?
- 모든 상황에 적합한 '획일적' 접근 방식이 있는가, 아니면 모든 상황이 중앙 집중화와 이양을 결합하는 고유한 접근방식을 가질 자격이 있는가?
- 우리가 스스로를 국가의 시민보다는 글로벌 시민으로 여기고, 세계 거버넌스의 한 형태가 될 수 있는 효과적인 글로벌 기관을 구축하기 위해 더 노력하는 사례가 있는가?

1949년 등장 이후 독일은 독립성이 아닌 상호의존에 기반을 두고 있다. 모든 주(Länder)들은 전체의 성공을 위해 기여하도록 되어있고, 그 대가로 그들은 중앙으로부터 존중받을 권리를 갖는다. 연방정부가 정책을 만들고 각 주들이 그것을 시행하는데, 이는 헌법 요건(83조)에 "주는 연방법을 자체의 관점으로 시행하도록 한다"고 명시되어 있다. 그러나 이러한 협력 정신은 의사결정이 번거롭고 불투명해졌다는 인식이 커지면서 압력을 받고 있다. 2006년 헌법 개혁은 베를린과 주 사이에 더 명확한 책임 노선을 확립하기 위해 고안되었으며, 예를 들어 주에게 교육과 환경보호에 관하여 보다 확대된 자율성을 부여했다. 비록 이러한 조치는 협력적 연방에서 벗어나 보다 확대된 보충성 원칙으로의 이동을 의미하였지만, 주와 연방정부 사이의 협의는 독일 정치관례에서 깊게 자리 잡고 있다.

또한, 연방 내 모든 주의 규모, 부, 영향력이 비슷하면, 이는 일관성과 균형을 위해 도움이 되겠지만, 역사적 상황으로 인해 일부 주가 다른 주보다 더 크고, 부유하고, 강력하도록 진화했다.

- 인도에서는 북쪽의 우타르프라데시(Uttar Pradesh) 주가 동쪽의 미조람(Mizoram)보다 182배 더 큰 반면, 마하라슈트라(Maharashtra, 뭄바이 수도가 위치)의 경제는 미조람의 100배가 조금 넘는다.
- 브라질의 상파울루(Sao Paulo) 주는 호라이마(Roraima) 주보다 인구가 88배 더 많다.
- 멕시코에서는 인구의 15퍼센트 이상이 멕시코시티와 그 주변에 살고 있는데, 멕시코시티는 1인당 국내총생산으로 측정했을 때 이 나라에서 가장 부유한 지역이기도 하다.

연방주의를 정의하는 데 있어서 도전은 '법적으로(de jure)' 연방이지만 '사실상(de facto)' 단일국가로 기능하는 국가들과 법적으로 단일체제이지만 어떤 면에서는 **준연방(quasi-federations)** 으로 기능하는 국가들의 발전으로 인해 심화되었다. 전자의 예로는 영국에 의해 식민지화된, 여러 주들로 이루어진 말레이시아가 있다. 민주주의 지수가 결함있는 민주주의로 평가하는 말레이시아는 세계에서 가장 인종적으로 다양한 국가 중 하나이며, 공식적으로 13개 주와 3개 영토로 구성된 연방이다. 그러나 국가정부는 보통의 연방체제보다 지방 결정에 대한 통제권을 훨씬 더 많이 보유하고 있다. 중앙집권화는 1974년부터 2013년까지의 선거에서 10연승을 거둔 국민전선(Barisan Nasional) 정당 연합의 우세로 고무되었다. 야당의 부상이 보다 분권화된 형태의 연방주의로 이어질 수 있다는 전망이 있었지만 (Wah, 2015[1]), 2018년 선거에서 승리했음에도 불구하고 야당은 결속력 유지에 어려움을 겪었다 (Ufen, 2021).

남아프리카공화국은 준연방의 사례다. 1910년 설립된 남아프리카연합(Union of South Africa)은 서로 다른 독특한 역사를 가진 4개의 영국 식민지를 하나로 묶었고, 호주와 캐나다의 선례를 따라 연방을 형성했을 수도 있었다. 그러나 그렇게 되지 않고, 1994년 지도가 9개의 주를 만들기 위해 다시 그려질 때까지 단일체제하에 4개의 주가 계속 유지되었다 (지도 11.3 참조). 각 주에는 수상과 내각이 있으며, 국가지방의회로 알려진 상원은 각 주의 대표자로 구성된다. 각 주는 인구 차이와 관련 없이 의회에 10명의 의원을 대표로 보내고, 각 주 의회에서의 정당 지지를 반영하여 각 주의 대의원 내에서 정당에 따른 분열이 생긴다. 이는 연방체제라고 할 수도 있지만, 그 나라의 중앙집중식 통제의 오랜 전통은 계속되고 있다.

준연방(Quasi-federations): 공식적으로는 단일국가이지만 일부 연방의 특징을 지니고 있는 행정체제.

1) Wah, Francis Loh Kok (2015) 'Centralised Federalism in Malaysia: Is Change in the Offing?', in Meredith L. Weiss (ed) *Routledge Handbook of Contemporary Malaysia* (Abingdon: Routledge).

지도 11.3 남아프리카공화국의 주들

지방정부

전 미국 하원의장 오닐(Tip O'Neill, 1912~1994년)은 '모든 정치는 지방적'이라고 말한 적이 있다. 그는 대부분의 정치인들의 성공은 지방의 정치문제를 이해하고 다루는 능력과 밀접하게 연관되어 있다고 했고, 이는 지방정부(local government)의 중요성을 상기시켰다. 지방정부는 단일국가와 연방국가 모두에서 발견되며, 대부분의 사람들의 필요와 이익에 가장 가까운 정치사업이 일어나는 곳이다. 물론 국가정부가 다루는 경제 및 안보문제는 모든 시민들에게 매우 중요하지만, 대부분의 사람들이 보다 가깝게 느끼는 것은 좋은 학교와 안전한 거리 같이 보다 즉각적으로 필요한 것들이다. 공공서비스를 최종 전달하는 지방정부의 역할을 고려하면, 그간 비교정치에서 잊혀진 층위로 인식되어 왔던 지방정부는 더 이상 그렇게 인식되어선 안 된다.

지방정부는 기껏해야 제한된 규모의 덕목을 보여준다. 지방정부는 자연 공동체를 대표할 수 있고, 시민들이 접근할 수 있으며, 지방정체성을 강화할 수 있고, 정치에서 실질적인 교육을 제공할 수 있고, 고위직에 채용의 발판을 제공할 수 있고, 시민들이 제일 처음 들를 수 있는 곳일 수 있으며, 사람들에게 가장 중요한 종류의 자원을 즉시 배분할 수 있다. 그러나 지방정부는 약점도

> **지방정부(Local government)**: 카운티(county), 타운(town), 시(city)와 같이 지리적으로 한정된 가장 낮은 층위의 정부 (우리나라의 경우, 시 군 구 정도로 생각하면 됨 – 역자 주).

지니고 있다. 그들은 서비스를 효율적으로 제공하기에는 너무 작고, 지방공동체들 사이의 빈부 차이가 형성되며, 우선적으로 고려되는 업무를 추진할 수 있는 충분한 재원확보 능력이 부족하며, 지방 엘리트들에 의해 쉽게 지배된다.

친밀감과 효율성 사이의 균형은 시간이 지남에 따라 변화한다. 20세기 후반에는 지방정부들이 더 효율적이 되도록 장려되었고, 이는 더 큰 단위들로 발전했다. 예를 들어, 스웨덴 지방자치단체의 수는 1951년 2,500개에서 1974년 274개로 감소했고 (Rose, 2005), 오늘날에는 290개가 있다.

20세기 말이 되면서 지방선거의 투표율 감소에 대응해야 할 필요성에 자극받아 시민 참여에 대한 관심이 다시 살아나는 조짐이 나타났다. 예를 들어, 1995년에 노르웨이는 "해당 지방자치단체의 대다수 주민의 희망에 반하는 합병을 더 이상 추진해서는 안 된다"고 결정했다 (Rose, 2005). 효율성과 참여의 문제 간 이러한 순환은 두 가지 가치 간 실질적인 절충점뿐만 아니라 두 가지 가치 간 안정적인 균형에 도달하는 데 어려움이 있음을 시사한다.

지방정부는 두 가지 주요 업무를 관장한다.

- 경찰 및 응급서비스, 공공 도서관, 토지 이용 계획, 대중교통, 초등 및 중등 교육, 공원 및 레크리에이션, 도로정비, 거리 청소 및 폐기물 관리를 포함한 다양한 지역 공공서비스를 제공한다. 이 목록은 국가마다, 그리고 단일체제와 연방체제 사이에 차이가 있다.
- 국가 복지 정책을 시행한다.

지방정부 기능에 대한 정적인 묘사만으로는 최근 수십 년 동안 지방정부의 역할이 어떻게 진화해 왔는가를, 특히 규모가 큰 지방정부가 수행하는 중요한 역할을 밝히기가 어렵다. 특히 영어권 세계와 유럽대륙의 대부분(제10장에서 보았듯이)에서 두드러지는 한 가지 중요한 경향은 지방정부 당국이 영리 또는 비영리 비정부기구에 외주 용역(outsourcing)을 줌으로써 자신들의 직접적인 서비스 기능을 줄이려 한다는 점이다. 이론적으로, 대부분의 지방정부 서비스는 하청될 수 있으며, 이를 통해 효율성과 서비스 품질에서 잠재적인 이득을 얻을 수 있다. 그러나 실제로 이러한 하청에 의한 이득이 항상 달성되는 것은 아니고, 이러한 이유로 하청을 통해 서비스를 제공하는 것이 지방정부가 직접 제공하는 것보다 더 나은지 여부에 대한 의문은 제기된다.

지방정부를 구성하는 방법에는 크게 두 가지가 있다 (표 11.4에 요약). 첫 번째이자 가장 전통적인 방법은 선출된 의원들에게 권위를 집중시키는 '의회제도(council system)'다. 의회는 주요 지방 서비스를 다루는 강력한 위원회를 통해 운영되며, 상대적으로 적은 권한을 가진 시장이 있다. 시장은 의회 또는 중앙정부에 의해 임명된다 (유럽의 시장에 대한 연구는 Heinelt et al., 2018 참조).

의회제도의 한 가지 예는 인도와 그 이웃국가인 방글라데시, 네팔, 파키스탄에서 발견되는 '판차야트(panchayat, 일명 5인 회의)' 네트워크이다. 전통적으로 마을이 분쟁을 해결하기 위해 선택된 존경받는 원로집단으로 구성된 인도의 판차야트가 점차 중요하게 되면서 (그리고 보다 구조적인 성격을 갖게 되면서) 행정적인 기능이 지방 수준으로 이전되었으며, 더 '큰 판차야트'(마을 의회)가 형성되고 선거를 통해 '사르판치'(선출된

표 11.4 지방정부의 구조

유형	설명	사례
의회제도	선출된 의원들은 작은 하위집단 또는 기능위원회들을 통해서 작동되는 지방의회를 구성한다. 선출되지 않는 시장은 지방의회 또는 중앙정부에 의하여 임명된다.	호주, 벨기에, 이집트, 영국, 인도, 아일랜드, 네덜란드, 남아공, 스웨덴.
시장-의회제도	선출된 시장은 행정수반으로서의 역할을 한다. 지역구에서 선출된 지방의원들은 입법과 재정적 권한을 보유한 의회를 구성한다.	브라질, 일본, 폴란드, 시카고와 뉴욕을 포함한 미국 전체 도시들의 절반.

지도자)가 존재하게 된 이후 더욱 중요해졌다. 현재 인도에는 3개 층의 '판차야트'가 존재하고 있다. 첫째는 개인 마을로 인도에 60만 개 정도가 있으며, 둘째는 마을들이 무리로 뭉친 것들이며, 셋째는 29개의 주이다. 재정적인 측면에서는 한계가 있지만, '판차야트'는 헌법에 의해 보호되며 인도의 문화가 마을의 자치라는 이상을 실현하도록 하는 역할을 수행하고 있다.

지방정부를 조직하는 두 번째 방법은 시장-의회제도(mayor-council system)이다. 이 모델은 의회제보다는 대통령제의 성격에 가까우며, 선출된 시장과 선출된 의회 사이의 권력 배분에 기반하고 있다. 시장은 최고 행정집행관이며, 의회는 입법권과 예산 승인권을 보유하고 있다. 이 제도는 브라질, 일본, 그리고 많은 미국의 대규모 도시들(뉴욕, 로스앤젤레스, 시카고 등)에서 채택

인도 우타르프라데시(Uttar Pradesh) 주 한 마을의 판차야트(panchayat, 5인 회의)에 모인 농부들이 지방정부가 취득한 토지를 반환하라는 자신들의 요구를 기각한 인도 대법원의 판결에 대한 대응을 논의하고 있다.

되어 사용되며, 이러한 고도의 정치적 구조는 이들 내에 도시의 다양한 이익이 대표되도록 허용하고 있다. 시장은 시 전체에 걸쳐서 시행된 선거에서 선출되지만, 지방의원들은 특정구역에서 당선된다.

시장과 의회에게 주어진 권력은 다양한 모습을 보인다. '강한 시장'의 형태(뉴욕시의 사례)에서 시장은 의회의 동의 없이 부서의 장들을 임명하고 해임하는 권한을 보유하고 있는 권위와 책임의 중심인물이다. '약한 시장'의 형태(런던의 사례)에서는 지방의회가 시장에 대하여 긴밀한 통제를 유지하면서 입법과 행정의 권위를 보유한다. 강약을 떠나서 선출된 시장은 적어도 그 지역의 대표성을 보유한다.

세계 대부분의 사람들이 현재 도시와 근교에 살고 있기 때문에, 그들이 어떻게 가장 잘 통치되는지에 대한 문제는 더욱 절실해졌다. 조시-가니와 클라크(Joshi-Ghani and Clark, 2019)는 "도시들은 이제 우리 시대의 조직 단위다. 그러나 우리는 도시 리더십이 얼마나 효과적인지에 대해 몇몇 일화를 제외하고 알고 있는 것이 거의 없다"고 주장한다. 빈곤을 줄이고, 탄소 배출을 줄이고, 사회 불안을 해결하고, 생산성을 향상시키기를 바라는 우리의 희망을 위해서 도시가 수행하는 역할 때문에, 도시 리더십은 매우 중요하다고 그들은 계속 주장했다. 우리는 도시와 교외의 상호 의존성을 어떻게 가장 잘 다룰지에 대해 합의할 수조차 없다. 도시와 교외지역이 단일 대도시 지역으로 취급되어야 한다는 주장은 전통적인 경계를 감안할 때 해결하기 어려운 것으로 입증되었다. 문제를 복잡하게 만드는 것은, 도시가 모두 같은 것은 아니라는 점이다. 대도시는 작은 도시와 다르고, 성숙한 도시는 새로운 도시와 다르고, 새로 부상하는 주의 도시들은 오래된 주의 도시들과 다르다. 또한, 도시는 시골지역보다 훨씬 다양하다. 그들의 경계는 부자와 가난한 사람, 원주민과 이주자, 흑인과 백인, 동성애자와 이성애자, 신자와 무신론자, 그리고 인간 사회에 알려진 거의 모든 다른 조합을 포함한다.

호주의 사례가 보여주듯이 모든 국가가 대도시 거버넌스에 성공한 것은 아니다. 호주는 시드니, 멜버른, 브리즈번, 퍼스, 애들레이드 등 5대 주도가 있는 도시들의 국가이며, 여기에 호주인들의 3분의 2가 산다 (지도 11.4 참조). 대도시를 가진 대부분의 다른 나라들은 탈중앙화 정책을 추구해왔지만, 호주에서는 그러한 일이 일어나지 않았다. 호주에서는 국가의 연방구조 때문에 주정부가 여전히 대도시 거버넌스에 대한 많은 권한을 가지고 있다. 그 결과들 중 하나는 멜버른과 같은 도시들이 세계에서 가장 살기 좋은 도시 순위에서 높은 순위를 차지하고 있는데, 그것은 주로 그들의 중심지가 경제성장 측면에서 교외보다 훨씬 더 잘 운영되기 때문이다. 놀랄 것도 없이, 호주의 도시정부 개혁에 대한 요구가 흔하게 발생한다 (Tomlinson, 2018).

권위주의 정권의 하위 국가정부

논리적으로 생각해 보면 인구가 세계에서 가장 많고 국토 면적으로도 세 번째로 큰 중국이 연방으로 통치되어야 한다. 22개 성중에 6개의 성(광둥성, 산둥성, 허난성, 쓰촨성, 장쑤성, 허베이성)은 각기 7,000만 명 이상의 인구를 보유하는데, 이는

지도 11.4 호주의 도시

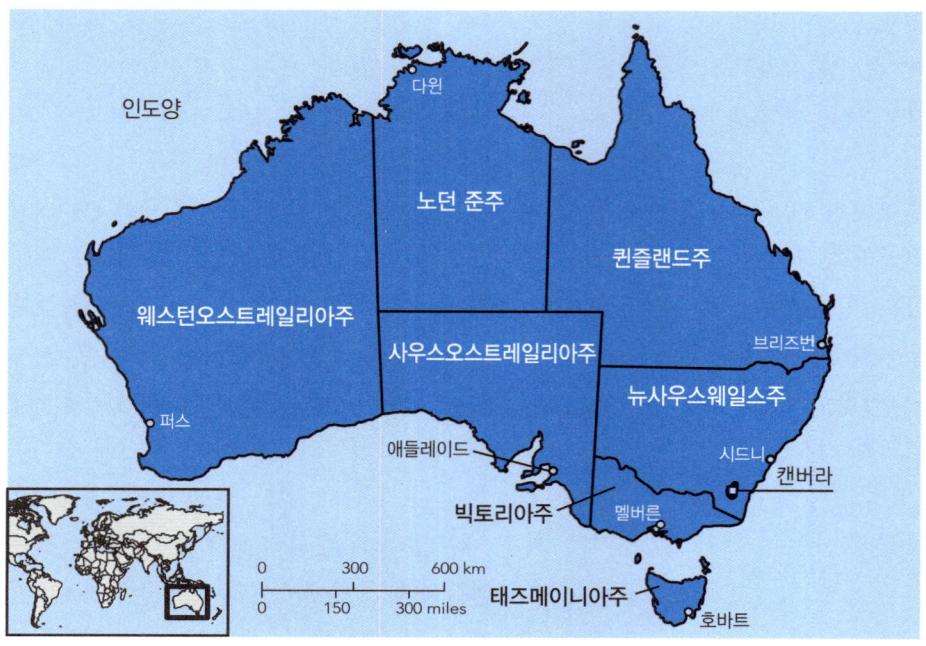

대부분의 단일국가보다 많은 인구다. 중국 남부의 광둥성만 해도 인구가 거의 1억 500만 명에 달해 필리핀과 거의 맞먹는다. 중국에는 세계에서 가장 큰 도시들(상하이, 베이징, 충칭 포함)이 몇 개 있으며, 1억 500만 명 이상의 사람들이 실질적인 소수민족들의 구성원인 경우도 있다. 중국 남부의 장족만 해도 유럽연합 27개 회원국 중 6개국을 제외한 모든 국가의 인구보다 많다.

이러한 놀라운 숫자에도 불구하고, 중국은 베이징의 지방에 대한 준제국(quasi-imperial) 통치를 통해 중국공산당이 더 많은 통제권을 행사할 수 있다는 단순한 이유로 확고하게 단일체제를 유지하고 있다. 중국에는 성을 거쳐 시, 현, 향, 촌으로 내려오는 여러 단계의 정부가 있지만, 정말로 중요한 것은 당 지도자를 국가직과 지방직 사이에 순환시킴으로써 당의 통제력을 강화하는 당의 권한이다. 몇몇 지방 지도자들은 당의 중앙정치국에서 일을 하고 있으며, 이 핵심 기관의 구성원 대부분은 자신의 경력 중 어느 시점에 지방 최고위직에서 일을 했던 경험을 보유하고 있다.

권위주의 정권의 중앙과 주변부 관계를 연구하면 비민주국가에서 하위 국가정부의 상대적 약점을 확인할 수 있는데, 이 정권의 권위는 주로 위에서 아래로 흐르고, 상향식 대표기관은 확연히 종속적이다. 다층거버넌스 개념이 제시하는 다원적 정책수립은 거의 이루어지지 않으며, 보다 일반적인 설명인 '중앙-지방 관계'가 정치적 현실을 보다 정확하게 이해하는 방법이다. 그러한 상황에서 지방정부의 책임자인 시장에게 필요한 주요 기술은 몸을 낮추고 국가정부의 실질적인 권력자들에 대한 도전을 피하는 것이다.

그러나 권위주의 정권에서 지방정부를 완전히

무시하는 것은 잘못된 일일 것이다. 실제로 최근 중국에 대해서 진행된 연구는 중앙과 지방 간의 균형이 바뀌었음을 시사한다. 몇 년 전 종(Zhong, 2015)의 연구에 따르면, 10년 이상의 행정 및 경제개혁의 여파로 중앙정부는 많은 지방에서 점점 더 멀어져가고 덜 중요해졌으며, 중앙정부의 동원능력이 약화된 것으로 나타났다. 중앙정부의 정책이 점점 더 무시되었고, 지방 공무원들은 중앙에서 지시하는 경제계획보다 지역 또는 심지어 개인적 프로젝트에 더 관심을 가졌다. 이러한 효과적인 분권화는 중국의 지방들이 새로운 정책의 실험실이 될 수 있게 해주었지만, 또한 가끔은 그들 사이의 불평등이 강조되어, 국가의 붕괴 가능성에 대한 우려의 표현으로 이어졌다.

권위주의 정권에서 하위 국가정부는 완전히 가치가 없는 것은 아니며, 도표 11.3에 요약된 몇 가지 중요한 역할을 한다. 이들 중 첫 번째는 평행정부(parallel government)로서 기능하는 것이다. 집권당이나 제왕적 대통령에 의해 국가국력이 행사될 때, 하위 국가정부는 지역에 강한 존재감을 드러낸다. 그리고 그 지역에서 하위 국가정부의 권위는 국가 공무원들을 능가하며, 집권당은 모든 사람들에게 누가 책임을 갖고 있는지 확인시켜주는 작업을 한다. 이러한 지역적 존재는 도시의 지배 엘리트들에게 지역이익과 연락하는 유용한 방법이 될 수 있다.

권위주의 정권에서 하위 국가정부가 수행하는 두 번째 역할은 제6장에서 언급된 후견(patronage)과 제13장에서 언급된 피후견주의(clientelism)를 위한 통로 역할을 하는 것이다. 지방 관청을 이용하여, 국가 통치자는 지역 거물들의 지지를 효과적으로 사들이고, 지역 거물들은 자신들의 지지자들에게 국가 자원을 선택적으로 분배하여 자신의 지위를 유지한다. 후견은 새로운 것이 아니고 권위주의 정권에만 국한된 것도 아니다. 중세 군주들처럼 국가 통치자들은 권력을 유지하기 위해 지방 지도자들에게 의존하며, 이는 통상적으로 우리가 민주주의에서 기대하는 것보다 더 개인적이고 덜 공식적인 중앙-지방관계를 초래한다. 특히 작은 나라에서 지역 지도자들의 권력 장악력은 지방기관에 내재되어 있지 않다. 대신, 그러한 통치자들은 국가수준에서 활용되는 권위주의적 패턴을 복제하여 개인적인 방식으로 자신들의 영지를 지배한다.

중동과 같은 세계의 일부 지역의 정치체제와 사회를 이해하는 데 있어 후견과 피후견주의는 매우 중요하다. 이러한 습관은 엘비라 등(Ruiz de Elvira et al., 2019)이 묘사하는 '의존 네트워크(dependency network)' 또는 '관련된 후견인, 중개자, 피후견인 각각의 관계에 대한 모든 확인 또

역할	특징
평행(parallel)정부	집권당이나 대통령적 군주제에 의한 국가정부와의 평행적 지배 제공.
후견의 통로	국가 지도자들은 지방정부의 지원에 대한 답례로 호의를 제공한다.
전통적 리더십의 유지	많은 권위주의 정권들과 가난한 민주주의체제에서, 전통적인 지도자들은 여전히 권위를 가지고 있고 때때로 국가적 영향력을 행사한다.

도표 11.3 권위주의 정권의 하위 국가정부

는 재협상이 상호의무가 인정되거나 재해석되는' 조정을 할 정도로 발전했다. 이는 두 가지 방향의 기대를 하게 한다. 매일의 뇌물은 부정적이지만 피할 수 없는 것으로 여겨지면서도, 일부 지배 엘리트들이 호화롭게 살고 정파 내에서 권력을 유지하려는 노력은 모욕적인 것으로 간주된다.

권위주의 정권에서 하위 국가정부가 존재감을 드러내는 세 번째 방법은 **전통적 통치자(traditional rulers)**를 유지하고 이용하는 것인데, 전통적 통치자가 중요하다는 사실은 현대적 기관으로 도입된 하위 국가정부가 취약하다는 사실을 반영한다. 나이지리아가 이러한 사례이다. 많은 식민지에서 영국은 지방 통치자들의 위상을 강화하여 그들을 통해 간접적으로 통치하였고, 이러한 간접통치의 장기적인 결과는 이러한 전통적인 엘리트들이 오늘날까지도 영향력을 유지하고 있다는 점이다. 나이지리아의 소코토(Sokoto) 주만큼 이 결과를 명확히 보여 주는 곳은 없는데, 소코토는 1976년에 설립되었지만 한때 아프리카에서 가장 크고 안정적인 정치제도 중 하나였던 이슬람 칼리프 국가에 기원을 두었다. 오늘날에도 나이지리아의 약 9,000만~1억 명의 이슬람교도들의 정신적 지도자인 술탄의 역할을 통해서 영향력을 행사하고 있다 (Buba, 2018). 소코토 주는 주지사가 이끌 수도 있지만, 2006년 이후 술탄인 아부바카르(Muhammadu Sa'adu Abubakar) 3세의 영향력은 더 광범위하게 느껴진다. 그 효과는 전통적인 이슬람 리더십이 하위 국가정부와 공존할 수 있도록 하는 것이다.

볼드윈(Baldwin, 2016)은 지방 사람들이 국가 자원에 접근하기 위해 사용했던 제도를 연구하기 위해 대학원생으로 잠비아로 여행을 갔지만, 곧 그 제도들이 완전히 없어진 것을 발견했다고 언급함으로써 민주주의 아프리카국가들의 전통적인 추장들에 대한 연구를 전개한다. 정당이나 정부부처 모두 시골 마을에서는 별로 존재감이 없었고, 그녀는 그들이 전통적인 지도자들에 의해 일상적으로 통치되고 있다는 것을 발견했다. 1960년대와 1970년대에 많은 신생 독립 아프리카국가들이 추장들을 제거하고 왕을 퇴위시키려는 노력을 했음에도 불구하고, 그들은 계속해서 살아남았다. 볼드윈은 "전통적 기관들의 전체 위계가 형식적인 국가들과 병행하여 존재했다"는 것을 발견했고, 이러한 기관들은 도시 지도자들에 의해 활발하게 계발되고 착취되었다. 분명히 전통적인 지도자들의 정치적 역할은 지금까지 받은 것보다 훨씬 더 많은 관심을 받을 만하다.

권위주의 정권에서 정치공동체가 어떻게 조직되는지에 대한 더 큰 그림을 보면, 권위주의 지도자들은 통제력을 유지하기를 원하기 때문에, 단일 행정체계를 통해 통치하는 중국 모델을 따를 것이라고 가정하는 것이 논리적일 수 있다. 그럼에도 불구하고, 에티오피아, 이라크, 나이지리아, 파키스탄, 러시아, 수단, 베네수엘라를 포함한 세계 연방국가의 약 절반이 혼합형 정권 또는 권위주의 정권이다. 그러나 이들은 주요 정치적 이슈에 대해 고도의 중앙 집중식 제어가 작동되는 보다 직접적인 형태의 연방이다.

확실히 연방국가이지만, 보통의 연방제보다 중앙으로부터의 독립성이 떨어지는 러시아의 경

전통적 통치자(Traditional rulers): 아시아 또는 사하라 이남 아프리카에서 식민지 행정부 권력이 갈아치운 통치자들처럼, 근대적 정부체제가 도입되기에 앞서 그 직위에 있었던 통치자.

소코토 주의 술탄(가운데)과 같은 전통적인 지도자들은 공식적인 정치적 권력의 대부분을 잃었을지 모르지만, 그들은 종종 지역사회와 문화에서 중요하고 영향력 있는 인물로 남아 있다.

우를 생각해 본다. 러시아는 옐친(Boris Yeltsin, 1991~1999년) 대통령의 집권하에서 지방분권이 실시되었지만, 푸틴(Vladimir Putin)은 권력의 재중앙화를 감독하여 몇 가지 성공적인 발전을 이루었다 (Slider, 2019).

- 지역 행정부가 제공하는 정보에 의존하지 않고 지역 행정부의 업무를 더 잘 감시할 수 있는 행정체계 구축.
- 하위 행정 단위를 감독하기 위해 러시아를 7개의 초헌법적 연방 '구(okrug)'로 분할. 각 구는 대통령의 '대리인'에 의해 감독되는데, 대리인의 우선적 업무는 지역법이 연방법과 일치하는지 확인하는 것이다. 또한, 대리인들은 각 지역의 연방정부 지부가 모스크바에 충성하는지를 확인한다.
- 모든 지역 지도자들로 하여금 이전의 정당 소속을 포기하고 집권당인 통합러시아(United Russia)에 합류하도록 하며 모든 지역의회에서 통합러시아가 다수당이 되도록 노력한다.
- 제9장에서 보았듯이, 대통령에게 의회 상원의 구성원을 임명할 수 있는 권한을 부여하여 연방의회의 권한을 축소한다.

이러한 장치들을 통해 푸틴은 러시아 국민을 통치할 수 있는 중앙국가의 역량을 강화했으며, 너무도 강화된 나머지 과거 로스(Ross, 2010)는 러시아가 '연방국가를 가장한 단일국가'가 되었다고 결론지었다. 분명하게 푸틴의 개혁은 러시아에서 '주권 민주주의'라고 부르는 것을 만드는 자신의 프로젝트에 기여했다. 푸틴이 보기에 주권 민주주의는 다층거버넌스의 불확실한 다원적 토대 위에 구축되는 것이 아니라, 인구를 통제할 수 있는 효과적인 중앙국가를 포함하는 러시아의 이익에 우선권을 부여하는 것이다. 그 토대 위에서, 러시아는 여전히 적대적인 국제환경에서 입지를 강화하려고 한다.

러시아는 크고 다양한 국가이면서 전통적인 국가건설 과정이 아닌 제국의 산물로 가장 잘 생각될 것이다. 베네수엘라는 훨씬 더 작고 동질적인 국가이며, 운명적으로 권위주의적인 연방국가가 되었다. 1821년 독립과 동시에 연방주의를 택했고, 주로 해안 지역에 3,100만 명의 인구가 집중되어 있음에도 불구하고 오늘날에도 연방제를 유지하고 있다. 그러나 러시아와 마찬가지로 베네수엘라는 명목상으로만 연방이다. 정치적 불안정, 석유로 인한 부, 포퓰리즘적 군사독재의 결합이 권력 이양을 막았고, 연방정부는 선거, 교육, 보건, 농업, 노동에 대한 통제권을 포함한 정치권력의 가장 큰 몫을 차지하고 있다. 각 주가 자체 법률을 제정할 권한을 행사하는 경우, 베네수엘라의 연방법을 기본 틀로 사용해야 한다(Brewer-Carías and Kleinheisterkamp, 2013).

말과 행동의 차이를 경험하는 또 다른 권위주의 연방 정권은 에티오피아다. 아프리카에서 가장 오래된 독립국가이자, 무솔리니의 이탈리아가 1935년부터 1941년까지 잠시 동안 점령한 것을 제외하고 식민지가 되지 않은 몇 안 되는 아프리카국가 중 하나로 유명한 이 나라는 1994년까지 단일체제로 통치되었다. 그 후, 에리트레아(Eritrea, 1962년 에티오피아에 합병된)의 독립을 초래한 전쟁을 포함한 수년간의 혼란과 내전을 겪은 후, 이 장의 앞부분에서 논의된 민족 연방주의의 개념에 기초하여 새로운 행정체계가 만들어졌다. 민족집단들을 기반으로 9개의 주가 만들어졌으며, 그들은 높은 수준의 정치적 자치권과 심지어 원한다면 분리될 수 있는 헌법적 권리를 가지고 있었다. 실제로 자치권은 집권당(에티오피아 인민혁명민주전선)이 행사하는 통제와 민족 간 갈등을 통제하려는 노력 덕분에 제한적으로 되었다. 에티오피아는 1850년대로 거슬러 올라가는 국가체제를 가지고 있지만, 80개 이상의 다양한 민족이 살고 있으며, 대부분의 소수 집단은 다수 집단이 중심인 지역에 사는 것에 분개한다.

가장 안정적이지 않은 권위주의 정권에서 하위 국가정부의 공식 기관은 군벌(warlords)의 형태로 기회주의적 그리고/또는 비공식적인 통제에 의해 탈취된다. 이는 새로운 현상과 거리가 멀고, 어떤 면에서는 아마도 세계에서 가장 오래된 정치지배의 형태일 것이다. 군사력에 대한 통제를 바탕으로 한 군벌들은 유럽, 중국, 일본, 몽골의 역사에서 발견되며, 최근 들어 아프가니스탄, 콜롬비아, 라이베리아, 소말리아 등 세계 여러 지역에서 이러한 현상이 나타나고 있다. 펠밥-브라운 등(Felbab-Brown et al., 2018)은 많은 군벌의 등장이 국내 정부기관의 붕괴로 인한 결과이며, 정부의 붕괴로 인한 공백에 침투했으며, 아마도 지역인구 사이에서 인기와 지지를 획득하려는 시도를 한다고 주장한다. 그들은 심지어 종종 국가의 정당성을 훼손하는 그들만의 지속적인 제도를 개발하기도 한다.

군벌에 대한 현지연구는 당연히 위험하지만, 그들의 동기와 방식에 대한 우리의 이해는 세계 여러 지역에서 군벌의 새로운 중요성 덕분에 점

> 군벌(Warlords): 약한 국가에서 불안정한 중앙정부가 유지될 때 군사력과 후견의 방식을 사용하여 국가를 지배하려는 비공식적 지도자.

차 향상되고 있다. 라이베리아, 시에라리온, 콩고민주공화국에서 군벌들의 역할을 연구한 르노(Reno, 1997)는 군벌과 약한 국가의 관계를 다이아몬드, 코발트, 목재 등 풍부한 자원과 연결시켰다. 마텐(Marten, 2012)은 군벌이 일부 봉건 아시아와 유럽의 선조들과 같은 국가 설립자들은 아니며, 민병대에 의존하여 자원을 탈취하고 국가관리들에게 지지를 강요하고 위협을 한다고 주장한다. 국가의 공식적 제도가 국가를 발전시키지 못하거나 단순히 실패할 경우 군벌들은 잔인한 정치적 통제수단으로 상황을 장악하는 능력을 확대시켜 나간다. 말레자크(Malejacq, 2019)는 아프가니스탄의 군벌에 대한 연구에서, 군벌은 강력하고 중앙집권적인 국가의 출현을 막기 위해 다양한 형태의 권력을 사용하는 과정을 통해 권위를 행사하는 동시에, 불안정하고 폭력적인 국가에서도 지속적이고 유연한 형태의 거버넌스를 제공한다고 주장한다.

권위주의 정권에서 하위 국가 및 지방정부에 대한 연구에는 충족되지 못하는 잠재력이 분명히 있으며, 특히 학자들의 중앙정부에 대한 상대적 매력 때문에 지방정부가 간과되는 경향이 있다. 우리는 권위주의 정권에서 국가 행정부가 강하고 입법부가 상대적으로 약하다는 것을 알지만, 하위 국가정부를 과소평가하는 것은 권위주의 정권에서 정치와 정부의 완전한 역동성을 정의하지 못하는 것이다. 이는 또한 정부와 국민이 어떻게 서로 관계를 맺는지에 대한 불완전한 그림을 우리에게 남겨주는데, 이는 시민들이 국가 지도자보다 지방 지도자들과 더 긴밀한 관계를 맺어야 한다는 중요한 사항을 누락시키는 결과를 초래한다.

토론주제

- 어떤 상황에서 단일체제가 더 적절한 정부 형태이고 어떤 상황에서 연방체제가 더 적절한가?
- 왜 단일체제나 연방체제의 정확한 모형은 없으며, 이것이 중요한가?
- 모든 지방정부는 국가정부를 복제해야 하고, 선출된 입법부와 행정부 시장이 이끌어야 하는가?
- 도시정부의 증대하는 권력의 효과는 무엇인가?
- 왜 지방정부는 국가정부보다 훨씬 덜 연구되는가?
- 때때로 지방정부가 중요한 권위주의 정권의 경험은 민주주의의 권력이 너무 중앙집권화 되었음을 시사하는가?

핵심용어

- 군벌(Warlord)
- 다층거버넌스(Multi-level governance)
- 단일체제(Unitary system)
- 민족 연방주의(Ethnic federalism)
- 보충성(Subsidiarity)
- 시스템이론(Systems theory)
- 연방체제(Federal system)
- 위임(Delegation)
- 이양(Devolution)
- 이중적 연방주의(Dual federalism)
- 전통적 통치자(Traditional ruler)
- 준연방(Quasi-federation)
- 지방정부(Local government)
- 지역정부(Regional government)
- 탈집중화(Deconcentration)
- 협력적 연방주의(Cooperative federalism)

추가 읽을거리

Hueglin, Thomas O., and Alan Fenna (2015) *Comparative Federalism: A Systematic Inquiry*, 2nd edn (University of Toronto Press). 다른 사회에서 연방주의가 이론과 실제에서 어떻게 작동하는지를 비교하는 연방주의의 의미에 대한 조사.

Kerley, Richard, Joyce Liddle, and Pamela T. Dunning (eds) (2019) *The Routledge Handbook of International Local Government* (Routledge). 지역 정치기관 및 공공 정책에 대한 에세이 모음집.

Parker, Simon (2011) *Cities, Politics and Power* (Routledge). 도시정부와 그 권력의 구조와 사용방식에 대한 연구로, 유럽, 아메리카, 중국의 사례를 통해 설명.

Rapoport, Elizabeth, Michele Acuto, and Leonora Grcheva (2019) *Leading Cities: A Global Review of City Leadership* (UCL Press). 100개국 202개 도시를 대상으로 한 연구를 바탕으로 한 도시 리더십과 도시 거버넌스 현황 비교 검토.

Rozell, Mark J., and Clyde Wilcox (2019) *Federalism: A Very Short Introduction* (Oxford University Press). 복잡한 주제에 대한 간략한 소개를 제공하는 시리즈의 일부로서, 이 시리즈는 미국의 연방주의 모델을 세계적인 맥락에서 분석.

Watts, Ronald J. (2008) *Comparing Federal Systems*, 3rd edn (McGill-Queen' University Press). 연방의 설계와 작동을 광범위한 수준에서 고찰.

12장

미디어

차례
- 미디어에 대한 이해
- 기원과 진화
- 미디어 자유도 비교
- 소셜미디어와 탈진실의 세계
- 권위주의 정권의 미디어

개요

매스미디어는 정치적 담론의 중심에 있다. 매스미디어는 정부와 시민에게 정보를 제공하고, 공공의제를 설정하는 데 도움을 주며, 표현의 한계를 정해주고, 우리가 직접 경험하지 못하는 정치세계에 대한 인식지도(실제가 아닌 우리의 주관적 인식에 의해 그려진 정치세계 – 역자 주)를 그리게 해 준다. 동시에 최근 매스미디어는 변화를 겪고 있는데, 그로 인해 우리는 정부와 정치에서 매스미디어의 역할이 어떻게 변화할지 잘 알지 못한다. 우리는 신문이 정치적 커뮤니케이션을 지배했던 때로부터, 방송(처음에는 라디오, 그 다음에는 텔레비전)의 시대를 거쳐, 전 세계 수많은 출처로부터 전례 없는 양의 즉각적인 정보를 제공하는 인터넷 시대로 이동했다. (정보의) 소비자는 이제 피지배자와 정부 간 관계와 정치적 토론의 성격을 변화시키면서, 무엇이 뉴스를 구성하는지 정의하는 일에 직접 관여하지만, 그 어느 때보다도 잘못된 정보에 노출되기도 한다.

이 장은 미디어 영향의 핵심 메커니즘에 대한 논의를 포함하여 매스미디어의 정치적 역할에 대해 살펴보는 것으로 시작한다. 그런 다음 매스미디어의 기원과 진화, 매스미디어의 정치적 역할이 어떻게 변했는지 살펴보고, 전 세계적으로 미디어 자유에 대한 도전과 미디어 소유권의 집중화 현상이 낳은 결과에 대해 살펴본다. 그 다음에는 소셜미디어, 허위정보, 탈진실 세계의 생성 간의 연관성에 대한 논의가 이어진다. 이 장은 권위주의 정권의 정부와 정치에서 미디어의 위치와 권위주의 통치자들이 독립적인 저널리즘을 제한하는 방식에 대한 평가로 끝마친다.

핵심논제

- 정치정보의 자유로운 흐름은 민주주의와 권위주의 정권 간 차이점을 보여주는 핵심적인 검증 기회를 제공한다.
- 미디어가 영향을 끼치는 4가지 주요 메커니즘(강화, 의제설정, 틀짓기, 점화)이 있으며, 인터넷으로 인해 그 동학이 변화하고 있다.
- 매스미디어 기술의 변화가 최근 수십 년간 가속화되면서, 뉴스가 형성·전달·수신·흡수되는 방식에 영향을 미치고 있다.
- 미디어 자유에 대한 제약이 증대하고 있는데, 이는 민주주의 국가에서도 예외가 아니다. 민주주의 국가에서는 미디어 소유권의 집중화가 특히 문제이다.
- 인터넷은 더 많은 정치정보를 더 널리 사용할 수 있게 해주었지만, 반향실·정보조작·허위정보의 문제 또한 악화시켰다.
- 연구에 따르면, 민주주의 국가와 권위주의 정권 간 정치적 커뮤니케이션의 질적 차이는 언뜻 생각하는 것과 달리 명확하지 않다.

미디어에 대한 이해

거의 모든 자유도 평가에서 코스타리카는 대부분의 이웃국가와 확연히 차이가 난다. 북서쪽으로는 멕시코의 마약 전쟁과 온두라스의 강력 범죄로부터 멀지 않고, 남동쪽으로는 베네수엘라의 정치적 격변으로부터 멀지 않은 인구 500만 명이 갓 넘는 이 나라는 민주주의 지수에서 완전한 민주주의로 평가되며, 영국, 프랑스, 미국, 일본보다 훨씬 높은 언론자유도로 평판이 자자하다 (Reporters Without Borders, 2021). 그 평판은 오랫동안 유지된 비교적 평화로운 역사(1949년 군부가 민간에게 통제권을 양도함)와 표현의 자유에 대한 강력한 헌법적 보장의 조합에 근거하고 있다. 코스타리카 언론인은 언론자유에 관한 진보적 법률의 보호를 받으며 위협이나 기타 형태의 협박을 거의 당하지 않는다.

불행히도 이 이야기는 세계의 다른 많은 지역에선 그다지 도움이 되지 않는데, 열린 거버넌스의 오랜 역사를 가진 민주국가에서마저도 언론의 자유가 도전받고 있기 때문이다. 프랑스에 기반을 둔 '국경없는 기자회(Reporters Without Borders)'는 2021년 세계언론자유 지수(World Press Freedom Index)에서 저널리즘이 73개국에서 심각하게 방해를 받거나 완전히 봉쇄되고 있고 또 다른 59개국에서 제약받고 있는데, 이 두 국가군을 합치면 세계 모든 나라 수의 거의 4분의 3을 대표하고 있다고 경고했다. 언론인이 자신의 견해로 인해 공격 받거나 투옥되거나 심지어 살해되는 곳에서 제약은 분명하지만, 언론의 소유가 소수의 대기업에 집중되어 있거나 여론을 조작하고 선거에서 유권자의 선택에 영향을 미치기 위해 허위정보가 의도적으로 사용되고 있는 국가에서 제약은 덜 명백하고 어쩌면 더 은밀할 것이다.

열린 **정치적 커뮤니케이션(political communication)**은 민주정부의 수립과 유지를 위한 중요한 기반이다. 지속적인 정보의 교환이 없다면, 의미 있는 정치참여가 불가능하고, 정부는 시민들이 생각하거나 필요로 하는 것에 대해 거의 알지 못하며, 시민들은 정부가 하는 일(또는 하지 않는 일)에 대해 거의 알지 못할 것이다. 대중의 수준에서 그러한 의사소통은 **매스미디어(mass media)**를 통해 제공된다 (명사 미디어[media]는 미디엄[medium]의 복수형이며, 많은 복수형과 마찬가지로 비록 단수형 용어로 더 자주 사용되지만 여기서는 복수의 의미로 사용된다). 매스미디어는 많은 사람들이 동시에 닿을 수 있는 채널로 신문, 잡지, 라디오, 텔레비전, 소셜미디어 등을 포함한다.

민주국가에서 매스미디어는 정보의 자유로운 흐름을 장려하고 정부의 책임을 유지하는 데 중요한 역할을 한다 (도표 12.1 참조). 달(Dahl, 1998)의 주장에 의하면, 민주주의 정권은 그가 계몽된 이해라고 지칭한 것을 얻기 위한 기회를 제공해야만 한다. 즉 정치공동체의 각 구성원은 '적절한 정책대안과 그 정책이 초래할 수 있는 결과에 대해 평등하고 효과적인 학습 기회'를 가져

> **정치적 커뮤니케이션(Political communication)**: 정치정보가 생산되고 보급되는 수단과 그것이 정치과정에 미친 결과.
>
> **매스미디어(Mass media)**: 많은 사람들에게 도달하는 텔레비전, 라디오, 웹사이트와 같은 커뮤니케이션 채널.

역할	특징
보도	뉴스 취재, 주의를 요하는 이슈 홍보, 사람들에게 정보를 계속해서 제공.
감시	선출직 공무원과 정부부처에 공적인 책임을 물음.
연결	시민사회 내 사람들을 연결하는 접착제를 제공.

도표 12.1 민주주의 정권의 미디어

야 한다. 이와는 대조적으로 권위주의 정권의 지도자는 잠재적 도전자에 대해 우위를 점하는 수단으로 미디어를 통제한다. 미디어 채널은 제한되고 조작되며 시민들은 종종 정치 뉴스를 접하기 위해 루머밀(rumour mill, 일단의 사람들이 가십이나 근거 없는 주장을 만들고 퍼뜨리는 과정 – 역자 주)을 포함한 비공식 채널에 더 많이 의존해야 한다.

미디어는 정보의 원천일 뿐만 아니라, 보거나 듣는 정치뉴스에 대해 우리가 무엇을 어떻게 생각할지를 형성하는 복잡 미묘한 역할을 할 수도 있다. 케이드 등(Kaid et al., 1991)에 따르면, 우리가 지도자와 정당으로부터 직접 정보를 받든 매스미디어를 통해 간접적으로 정보를 받든, 해당 정보는 최소한 세 가지 '현실'을 만드는 가치판단과 편향에 놓이게 된다.

- 실제로 발생한 사건의 '객관적' 현실.
- 정부와 시민이 인식하는 사건의 '주관적' 현실.
- 미디어에 의해 사건이 다루어지고 제시되는 사건의 '구성된' 현실.

이러한 현실이 어떻게 구성되고 형성되는지는 미디어 영향의 다양한 메커니즘에 대한 몇 가지 주장과 함께 오랫동안 논쟁의 대상이었다 (도표 12.2 참조). 텔레비전이 (여러 매체 중에서)

두각을 나타내기 전인 1950년대에는 '최소효과모델'로도 알려진 강화이론이 지배적이었다 (Klapper, 1960). 이 이론의 주장은 사람들이 **자기선택(self-selection)** 과정을 통해 미디어에 접근한다는 것이다. 즉, 사람들은 자신의 관심사와 전망을 뒷받침하는 정보를 소비했고(선택적 노출로 알려진 현상), 정보를 자신의 의견과 일치하도록 해석했고(선택적 해석), 자신의 신념에 어긋나는 정보는 잊어버렸다 (선택적 회상). 요컨대, 미디어는 청중에게 영향을 미칠 수 있는 능력이 거의 없었고, 가장 중요한 영향의 메커니즘은 독자와 청중이 대의명분에 충실하고 선거일에 투표장에 나오도록 독려하면서 기존 성향을 강화하는 것이었다.

미국 미디어 일부에 존재하는 양극화된 환경에서 볼 수 있듯이 강화이론은 최근 몇 년 동안 부활했다. 전형적인 〈폭스뉴스(Fox News)〉의 시청자나 『월스트리트저널(Wall Street Journal)』의 독자는 뉴스 보도를 우연히 접한 결과 우파로 전향한 종전의 자유주의자이기보다는 이러한 매체에 끌린 보수주의자일 가능성이 높다. MSNBC, CNN, 『뉴욕타임즈』가 중도와 자유주의자에게

> **자기선택(Self-selection)**: 개인의 취향에 따른 미디어 출처의 선택. 예를 들어, 이미 보수적인 사람들은 필시 보수적인 뉴스 출처를 선택할 것이다.

역할	특징
강화	미디어는 기존 의견을 강화한다.
의제설정	미디어는 우리가 생각하고 있는 것에 영향을 미친다.
틀짓기	미디어는 사건이 서술되는 방식을 결정한다.
점화	미디어는 특정 이야기 속 사건을 넘어 사건을 해석하는 방식에 영향을 미친다.

도표 12.2 미디어 영향의 기제

설교하는 것 같이, 어느 정도까지 〈폭스뉴스〉와 『월스트리트저널』은 최소한 이미(보수주의로 – 역자 주) 전향한 사람에게 설파하는 것이다. 이 장의 뒷부분에서 살펴보겠지만, 강화는 인터넷과 소셜미디어가 정치적 커뮤니케이션에 미치는 영향의 핵심이기도 하다.

미디어 영향의 두 번째 메커니즘은 의제설정 또는 미디어가 반드시 우리가 생각한 것은 아닐지라도 우리가 생각하는 무엇인가에 대해 영향을 미친다는 생각이다. 특히 텔레비전 뉴스의 압축적 특성으로 인해 보도의 범위는 종종 매우 선택적이다. 보도되지 않은 사건은 가시성이 없는 반면, 보도된 사건(특히 여러 매체에서 다루어진 사건)은 대중에 의해 더 광범위하게 논의된다. 한때 미국 저널리스트 리프먼(Walter Lippman, 1922)이 말했던 바와 같이, 언론이 "한 에피소드 그리고 또 다른 에피소드를 어둠에서 꺼내와 시야로 가져오는 끊임없이 움직이는 탐조등의 빛과 같다"는 것은 여전히 사실이다. 예를 들어, 선거운동에서 텔레비전과 소셜미디어는 우리의 관심을 주요 후보자와 승리를 위한 경주로 유도할 것이다. 그와 반대로, 비주류 후보와 정당은 주목을 덜 받기 때문에 종종 부차적인 존재로 보일 것이다.

뉴스 프로그램은 종종 예외적이거나 때로는 잠시 긴장을 풀기 위해 기발한 것에 초점을 맞추기 때문에, 그 내용이 언제나 사건을 대표하는 기록은 아니다. 정책 실패는 정책 성공보다 더 많은 관심을 받는다. 부패는 극적이지만 청렴은 그렇지 못하다. 지겨운 주제의 새로운 전개보다 참신한 이야기가 더 많이 취재될 것이다. 또한, 익숙한 것은 익숙하지 않은 것보다 우선적으로 선호되기 때문에, 우리는 편집자들이 우리가 관심을 가질 것이라고 생각하는 세계의 일부로부터 더 많은 뉴스를 듣게 될 것이다. 결과적으로 의제설정은 선택적이고 균형 잡히지 않은 세계의 이미지를 생성한다.

미디어 영향의 세 번째 메커니즘은 이야기의 틀, 즉 보도가 사건에 대한 서사를 구성하는 방식이다. 문제의 원인, 해결 방법, 평가를 포함하여 문제의 특정 측면에 초점을 맞춤으로써 미디어는 시청자와 독자가 주제를(자신들이 초점을 맞춘 것과 – 역자 주) 유사한 방식으로 해석하도록 권장한다. 이것은 미디어 영향을 설명하려는 보다 최근의 시도이며, "이야기를 하는 사람이 사회를 지배한다"는 플라톤의 관찰을 반영하여 정치를 이해하는 해석적 접근의 대표적인 예이다. 기자의 말, 카메라의 이미지, 인터넷 헤드라인은 시청자의 특정 반응을 유도하는 서사를 제공하면서 이야기를 구성하는 데 도움이 된다.

틀짓기가 작동하고 있는 다음의 예에 대해 생각해 보라. 노숙행위는 사회적, 경제적 아니면 정신건강상의 문제인가? 기후변화의 맥락에서 얼마나 많은 가뭄, 갑작스런 홍수, 산불의 예가 보도되었는가? 특정 유럽국가들에서 미디어는 유럽연합 회원국인 것을 비판적으로 묘사하는가 아니면 긍정적으로 묘사하는가? 사형선고를 받은 범죄자는 정의의 심판을 받은 것인가, 아니면 잔인하고 이례적인 형벌을 받은 것인가? '이야기'라는 개념이 암시하고 있듯이, 기자는 취재된 사건을 (뉴스의) 수신자와 연결하는 조직화된 서사로 바꾸어야만 한다.

마지막으로, 미디어는 사람들로 하여금 한 주제를 다루는 데 내재된 기준을 다른 주제에 적용하도록 권장하면서 점화효과를 가질지도 모른다. 예를 들어, 서유럽에서의 테러공격과 이민에 대한 지지 간 연관성에 대한 연구 (Solheim, 2021)는 예상하다시피 대체로 테러공격이 부정적인 영향을 미치지만, 항상 그런 것은 아니라는 사실을 발견했다. 이 연구는 하이퍼캐셔(Hypercacher) 슈퍼마켓과 파리의 『샤를리 에브도(Charlie Hebdo)』 풍자 신문 사무실에 대한 공격이 있었던 2015년 1월 동안 실시한 여론조사를 사용했고,** 뉴스보도가 테러공격을 어떻게 다루었는가에 따라 프랑스 내부보다는 외부에서 이민정책의 선호도에 더 부정적인 점화효과가 있다는 사실을 발견했다.

** 역자 주) 샤를리 에브도 테러는 2015년 1월 7일 프랑스의 풍자 주간지 『샤를리 에브도』 사무실에서 발생한 이슬람 극단주의자들에 의한 테러. 하이퍼캐셔 슈퍼마켓 공격은 2015년 1월 9일 이슬람국가에 충성하는 아메디 쿨리발리가 프랑스 파리 동부에 있는 슈퍼마켓을 공격해 유대인 4명을 살해하고 인질극을 벌인 사건.

이러한 (네 가지) 효과들은 함께 존재하며 측정할 수 있다는 점에서 정량화할 수 있는 한편, 정부와 정치에 대한 미디어의 영향을 설명하려는 보다 더 일반적인 이론들이 서로 경쟁하며 다양하게 존재한다 ('이론 적용 12' 참조). 미디어 기술이 변화함에 따라, 또한 디지털미디어와 세계화가 가져온 변화에 대해 새로운 통찰력을 제공하는 연구에 힘입어 이러한 이론들은 변화해 왔다. 이러한 미디어 효과들이 서로 다른 문화에서 그리고 국제적 맥락에서 작동하는 방식을 더 많이 이해함에 따라 미디어 효과에 대한 오래된, 주로 서구적인 이론의 대부분은 변화되어야 했다.

기원과 진화

1776년 미국 독립선언에 대한 영국의 반응이 다시 미국에 차츰 알려지는 데 50일이 걸렸다. 1991년경 전 세계 시청자들은 사막의 폭풍작전(이라크가 점령한 쿠웨이트에 대한 미국 주도의 침공) 방송을 실시간으로 시청했다. 오늘날 스마트폰이나 노트북에 있는 버튼 몇 개만 누르면 문자 그대로 엄청나게 다양한 뉴스출처를 접할 수 있기 때문에 우리 대부분은 전 세계의 뉴스를 즉시 볼 수 있다는 사실을 당연하게 여긴다. 즉각적이고 끊임없이 바뀌는 코로나19 팬데믹에 대한 최신 정보는 아주 좋은 예이다.

지난 세대 동안 매스미디어는 더욱 세계화되고 파편화되고 상호작용하게 되었다 (McNair, 2018). 그리고 이러한 변화의 결과 중 일부를 우리는 이해하고 있지만, 나머지는 여전히 진화하고 있으며, 한때 우리가 충분히 예측가능하다고

이론 적용 12

미디어이론

미디어가 정치적 현실의 구성과 형성에 미치는 영향에 대해 서로 충돌하는 주장이 있는 것처럼 미디어와 정치의 관계를 보다 일반적으로 이해하는 최선의 방법에 대한 상충하는 이론이 있다. 미디어이론들을 살펴보고 그 주장을 비교하는 한 가지 방법은 그 이론들을 시간의 순서대로 나열하는 것이다 (Ward, 2015 참조).

- 언론에 대한 최초의 견해는 적어도 한때 서구의 군주, 군대, 교회의 관리, 기타 엘리트집단의 태도를 설명하였던 '권위주의이론'이다. 이 견해에서 언론의 목표는 통치자의 권력을 강화하는 것이었으며, 이는 20세기에 언론을 선전 수단으로 생각한 전체주의 및 공산주의적 사고로 진화했다. 이후 권위주의이론은 국민이 아닌 국가를 위해 언론이 존재한다는 권위주의 정권의 견해로 진화했다.
- 자유언론 또는 '자유지상주의이론'은 신문이 국민을 대변하고 공적인 표현의 자유가 있어야 한다는 주장과 함께 18세기에 등장했다. 이 이론은 모든 미디어가 정부의 간섭 없이 '개방된 생각의 시장'에서 자유롭게 운용되어야 한다는 견해로 발전했다. 실제로 이 견해는 이상에 지나지 않았는데, 정부는 안보나 안정이 위협받는다고 느껴지거나 사회적 이해들이 충돌할 때 간섭했기(계속해서 간섭하기) 때문이다.
- 20세기에는 사회에 대한 미디어의 책임을 강조하는 '사회적 책임이론'이 등장했다. 비록 미디어는 자유롭지만, 믿을 수 있고 종합적인 뉴스를 제공하고 다양한 가치와 의견의 토론장 역할을 함으로써 공익에도 기여해야 한다.
- 그 이후로 '발전이론'(미디어의 자유는 중요하지만 정치·경제·사회 발전의 요구보다 덜 중요하다), '대안 미디어이론'(풀뿌리 사회에 가장 가까운, 소규모·비상업적·참여적인 미디어가 최선이다)을 포함하여 미디어에 대한 새로운 이론적인 관점이 발전하였다.

실제로는 미디어 유형의 다양성과 시민의 삶에서 미디어가 수행하는 역할의 다양성을 반영하여, 이들 이론적 접근방식들을 조합함으로써 대부분의 국가를 연구하고 비교할 수 있다.

생각했던 많은 것들이 변덕스럽고 예측불가능하게 되어버렸다. 가장 우려되는 점은, 뉴스가 정치적 목적으로 언제나 악용되고 왜곡되어 왔지만, 그 왜곡의 정도가 심해졌고 메시지를 변조하는데 사용되는 수단이 더욱 정교해졌다는 사실이다.

비록 지금 변화가 두텁고 빠르게 다가오고 있지만, 매스미디어의 부상은 거슬러 올라가 2세기를 채 넘지 않은 비교적 최근의 발전이었다 (표 12.1 참조). 구텐베르크 인쇄기는 1453년 활자로 인쇄를 시작했고, 최초의 신문은 1605년에(지금의 독일에서) 발행되었지만, 우리가 매스미디어라고 생각하는 것의 대부분은 19세기와 20세기에 이루어진 기술의 발전과 함께 출현하여 대중 차원에서 커뮤니케이션을 가능하게 했다. 이것은 국가의 시민들을, 그리고 다른 큰 정치단위를 연결하는 접착제를 제공하면서, 흩어져 있는 사람들이 경험을 공유할 수 있게 되었음을 의미한다.

19세기와 20세기 초 대량부수발행 신문이 가장 먼저 등장했는데, 공용어에 대한 광범위해진 문해력은 신문의 확산을 독려했다. 신문의 우위는 20세기 극장의 뉴스영화, 라디오, 그 후엔 텔레비전과 같은 방송으로 대체되었다. 방송은 서면보다는 구두로, 좀 더 추상적인 형식보다는 직접적인 형식으로 대중과 의사소통이 이루어지게 해 주었고, 뉴스는 몇 시간 또는 수일이 지나 방송되는 것이 아니라 점차로 생중계 되었다. 1920년대 영국과 네덜란드가 자신들의 제국 전역에 방송하기 위해 처음 사용한 이후, 통신도 나치 독일, 미국, 소련, 기타 주요 서방 국가에서 사용한 단파 라디오의 발전과 함께 서서히 국제화되었다.

제2차 세계대전 이후 소수의 국영 라디오와 텔레비전 채널이 공중파 방송을 장악하고 국가적 사건과 인기 오락 프로그램을 공유하는 제공하는 등, 애초에 방송의 영향은 상대적으로 약했다. 방송이 정치인들에게 미친 영향은 좀 더 극적이었다. 청중들 바로 앞에서 하는 대중연설은 과장된 말과 극적인 몸짓을 장려했지만 방송 스튜디오에서 직접 (청취자의) 거실로의 전송은 좀 더 차분한 어조를 필요로 했다. 마치 사적인 대화를 하듯 수많은 사람에게 말하는 것은 예술이었는데, 1930년대 라디오로 미국인들에게 생중계된 루스벨트(Franklin Roosevelt) 대통령의 '노변 담화'(난롯가에서 나누는 담소 - 역자 주)로 대표되는 접근 방식이다. 그의 서민적 어법의 영향은 명백했고, 그는 시민 전체라기보다는 시민 한 사람에게 말

표 12.1 매스미디어의 진화

시기	변화와 결과
19세기후반 20세기 초	대중적인 신문이 등장하여 종종 대량 발행된다.
1930년대	라디오의 등장으로 뉴스가 퍼지는 데 걸리는 시간이 크게 단축되고 정치인이 처음으로 유권자의 가정에 직접 방송할 수 있게 된다.
1950~1960년대	텔레비전이 가장 대중적인 매스미디어가 되지만 처음에는 채널이 거의 없었고 대부분의 뉴스는 지역 뉴스였다.
1970~1980년대	채널 수의 증가, 케이블과 위성을 통한 (프로그램의) 배포, 비디오 사용의 증가와 함께 TV 시청자가 파편화되기 시작한다.
1990년대	인터넷, 휴대전화 사용, 24시간 글로벌 텔레비전 뉴스의 등장으로 국제 커뮤니케이션이 확대된다.
2000년대	휴대전화가 유선전화를 대체하기 시작하고, 접속기회가 저소득 국가로 확대된다. 인쇄된 종이신문의 독자층이 급감한다.
2010년대	시민 간 수평적 의사소통을 확대하는 소셜미디어의 지속적인 확장. 인터넷은 스마트폰을 통해 접속할 수 있게 되었고, 스트리밍(인터넷상 음성 및 동영상 실시간 재생기술 - 역자 주)이 구조화된 텔레비전의 선택권을 대체한다.
2020년대 초	스마트폰과 노트북은 부유한 지역사회에서 대부분의 사람들이 선호하는 장치이며, 디지털 비디오는 텔레비전 방송을 따라잡고, 인쇄 매체는 계속 위축되고 있다(von Abrams, 2020).

했으며, 그럼으로써 정치적 신뢰를 얻었다. 이러한 방식으로 방송, 특히 라디오는 정치적 커뮤니케이션의 범위뿐만 아니라 스타일도 변화시켰다.

이러한 변화는 1950년대 텔레비전이 등장하기 시작했을 때 더욱 그러했는데, 후보자와 지도자는 자신이 말하는 내용뿐만 아니라 말하는 동안 자신의 모습에 대해서도 생각해야 했다. 1960년 미국 대통령선거에서 TV로 방영된 닉슨(Robert Nixon)과 케네디(John F. Kennedy)의 토론은 처음으로 이러한 사실을 통렬히 깨닫게 해 주었다. 네 차례의 토론이 있었지만, 가장 많이 분석된 것은 첫 번째 토론이었다. 닉슨은 긴장한 것 같았고 몸이 좋지 않은 것처럼 보인 반면, 케네디는 건강하고 여유로워 보였다. 텔레비전으로 토론을 시청한 대다수의 사람들은 케네디가 토론을 더 잘했다고 느꼈던 반면, 라디오를 들은 대다수의 사람들은 닉슨이 더 잘했다고 생각했다. 이제 텔레비전은 선거캠페인의 중심으로 이동했으며, 후보자와 지도자는 텔레비전 화면에 자기 자신이 어떤 방식으로 보이는지에 대해 엄청난 주의를 기울이게 되었다.

방송 또한 저소득 국가의 정치적 커뮤니케이션에 상당한 기여를 했는데, 인쇄매체와 비교할 때 두 가지 주된 강점을 지니고 있기 때문이다. 즉, 사용자에게 물리적으로 배포할 필요가 없으며, 읽을 수 없는 사람들에게도 접근할 수 있다. 이 요인들은 라디오와 위성 텔레비전의 확산에 중요한 역할을 했으며 격오지 마을 사람들은 공동으로 사용하는 라디오나 텔레비전 주변에 모여 최신 뉴스를 듣거나 시청할 수 있었다. 많은 국가에서 라디오와 텔레비전에 각각 오직 하나의 국유채널이 있으며, 별로 중요하지 않은 내용이더라도 뉴스의 첫 번째 소식은 보통 국가 지도자의 활동에 초점을 두었다.

24시간 글로벌 텔레비전 뉴스의 부상은 정치적 커뮤니케이션의 세계화를 보여주는 예이다. 이것은 1980년 미국에서 방송을 시작한 CNN과 같은 전국 뉴스전문 방송국의 창설과 함께 시작되었다. 1985년 CNN International, 1991년 BBC World, 독일의 도이췌 벨레(Deutsche Welle, 1992), 카타르의 알자지라(Al Jazeera, 1996), 일본 NHK World(1998), 러시아 RT(2005), 프랑스 24(2006)가 그 뒤를 이었다. 이들 방송국은 항상 수익성이 있었던 것은 아니며, 케이블이나 위성에 접근할 수 있는 시청자에게만 닿는다. 하지만 글로벌 텔레비전은 우리가 선택할 수 있는 정치 정보 출처의 폭을 넓히며, 정치 이슈에 대해 우리가 좀 더 글로벌한 관점을 갖게 해 준다.

불과 수십 년 만에 일어난 이 모든 변화는 1990년대 디지털 기술의 탄생과 성장에 의해 크게 영향을 받았다. 이것은 정치적 커뮤니케이션이라는 연못에 잇따라 돌을 던지는 효과를 가져왔다. 그것은 잔물결과 교란을 일으켰는데, 이는 효과를 밝히기 위해 종종 연못의 외곽을 살펴보는 것을 어렵게 했다. 이 모든 것은 매우 짧은 시간에 일어났다. 최초의 상업용 **인터넷(internet)** 제공업체는 1980년대로 거슬러 올라간다. 월드와이드웹(World Wide Web)은 1989년에 만들어졌고, 구글은 1998년에 설립되었으며, 그 1년 후 Wi-Fi가 등장했다. 그리고 우리가 현재 **소셜미디**

> **인터넷(Internet)**: 표준화된 통신규약을 통해 연결된 글로벌 컴퓨터 네트워크 시스템으로 월드와이드웹(World Wide Web)과 이메일 같은 서비스를 제공.

카타르에 본사를 두고 있지만 전 세계에서 프로그램을 이용할 수 있고, 여러 국가에 사무실과 저널리스트가 있는 알자지라(Al Jazeera)에 대한 이야기는 24시간 방송하는 글로벌 텔레비전의 부상을 보여준다.

어(social media)와 연관된 대부분의 사이트, 습관, 기대는 생긴 지 10년에서 20년밖에 안 되었다 (표 12.2 참조).

현재 우리 중 많은 사람들이 소셜미디어의 세계에 살고 있지만 인터넷에 대한 접근성이 평등과 는 거리가 멀다는 점을 인식하는 것은 중요하다. 2005년에서 2019년 사이에 인터넷 사용은 전 세계인구의 17퍼센트에서 51퍼센트로 증가했지만, 접속자 비율은 유럽에서 83퍼센트, 아메리카에서 77퍼센트로 높았던 데 반해 아시아와 태평양에서는 인구의 45퍼센트만이, 아프리카에서는 고작 29퍼센트만이 접속했다 (보다 자세한 것은 제13장 참조). 접속되지 않은 많은 사람들에게 있어 문제는 전기 및/또는 컴퓨터 및/또는 스마트폰

소셜미디어(Social media): 사용자가 만든 콘텐츠의 교환(거래)에 집단적 또는 개별적 접근을 용이하게 한 대화형 온라인 플랫폼.

표 12.2 소셜미디어의 형식

유형	특징	예
소셜네트워크	사람들이 서로를 연결하고, 미디어를 업로드하고, 정보와 아이디어를 공유할 수 있게 해 준다.	Facebook(2004년 설립), YouTube(2005년 설립), Google+, Instagram, LinkedIn, Pinterest, Reddit, Snapchat, TikTok, VK(러시아).
협업 사이트	사용자가 콘텐츠를 게시할 수 있게 해 준다.	Wikipedia(2001 설립), Quora.
블로그 및 전문 블로그	사용자가 공통 관심사에 대해 아이디어를 공유하고 온라인 대화를 할 수 있게 해 준다.	Twitter(2006년 설립), Tumblr, Weibo(중국).

및/또는 광대역 서비스에 대한 접근 여건이 열악한 것이지만, 또 다른 접속되지 않은 이들은 인터넷을 제한하고 검열하는 권위주의 정권에 살고 있다. 그리고 뉴스를 위해 인터넷을 사용하지 않거나 선별적으로만 사용하는 사람들이 많이 있다.

지역공동체 및 한 나라 '안'에서도 인터넷 접근에 있어 중요한 차이가 존재한다. 예를 들어, 젊은 사람들은 노인들보다 인터넷에 더 연결되어 있는데 이것은 다가올 세대변화를 암시하고, 다른 한편 두드러진 도-농 구분 (도표 12.3 참조)이 존재하는데 이것은 지난 장에서 논의된 소도시(town)와 도시(city)의 지배적인 역할을 강조한다. 비록 서구 인터넷 거대기업에 상응하는 중국 인터넷기업의 부상으로 인해 무게중심이 바뀌고 있지만, 서구의 인터넷 지배가 새로운 형태의 정보제국주의를 만들어냈다는 주장도 제기될 수 있다 (Jin, 2015). 중국 기업으로는 바이두(검색엔진), 웨이보(트위터에 상응), 타오바오(온라인시장), 요우쿠(유튜브에 상응)가 있다.

소셜미디어의 등장으로 인한 보다 더 극적인 효과 중 하나는 뉴스 제공에 있어 쌍방향의 출현이다. 오랫동안 라디오 전화접속은 일반인들이 자신의 또래들이 현안 문제에 대해 토론하는 것을 들을 수 있게 해주었다. 소셜미디어는 사이버 공간에서 훨씬 더 크고 더 많은 청중에게 동일한 기능을 수행한다. 메시징 서비스와 소셜미디어는 개인 대 개인(P2P) 상호교환을 허용하는데, 이는 정치인에서 유권자로의 하향식 커뮤니케이션을 몰아내는 경향이 있다. 쌍방향 미디어 외에는 잘 모르는 새로운 세대는 정치인들이 아직 적절한 해답을 찾지 못한 중요한 질문을 제기한다. "전자장치를 통해 관심사를 공유하는 다른 사람들과 소통할 수 있는 선택지가 있는데 우리가 왜 당신의 말을 들어야 하는가?"

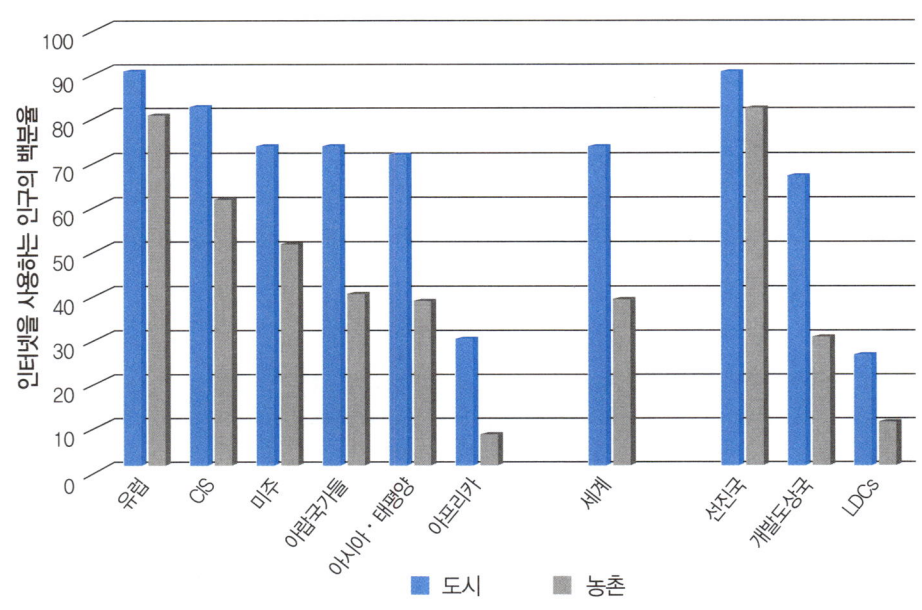

도표 12.3 인터넷의 사용: 도시-농촌 구분

출처: International Telecommunication Union (2020) 기준. CIS = 독립국가연합(구 소련), LDCs= 저발전국.

이러한 전환이 갖는 정치적 의미는 상당하다. 이전 세대가 텔레비전 화면에 나오는 모든 것을 수동적으로 보고 신문에서는 종종 더 이상 새롭지 않은 뉴스를 읽는 반면, 디지털 뉴스는 사용자 중심이고 지속적으로 업데이트된다. 이에 대응하여 정치지도자와 정당은 이메일, 문자, 소셜미디어를 통해 개인화된 값비싼 접촉 기술을 사용하는 등 더 광범위하고 정교한 마케팅 전략을 사용하고 있다. 이렇게 더욱 분열된 미디어 환경에서 정치인은 페이스북, 인스타그램, 트위터에 팔로워를 두고 스포츠인, 영화배우, 리얼리티 TV 쇼와 경쟁해야 한다. 정치인들이 짧은 인터뷰나 그보다 더 짧은 광고를 통해 자신의 의제를 표현하는 배우게 되면서, 결코 하찮지 않은, 인상적인 한 마디는 훨씬 더 중요해진다.

쌍방향 소통의 속도와 질을 결정하는 것이 오직 선의의 인간들뿐이었다면, 우리는 이것을 아이디어 경쟁의 장이 건전하게 발전하는 것으로 볼 수 있었을 것이다. 불행하게도 이러한 상호작용에는 악의를 가진 사람들도 관여하고 있으며, 이 장의 뒷부분에서 살펴보겠지만 '뉴스'의 정의는 속이려는 사람들의 영향을 점점 더 많이 받아 예전보다 더 협소해졌다 (가짜 뉴스를 구분해 내야 하는 상황이 되었음을 말함 – 역자 주).

미디어 자유도 비교

오늘날 우리는 뉴스를 따라잡는 데 도움이 되는 다양한 미디어 채널을 가지고 있다는 인상을 가질 수 있지만(예를 들어, 휴대폰 소유자는 전 세계 미디어 매체에 즉시 접근할 수 있고 스마트 스피커가 있으면 전 세계 라디오 방송국을 생중계로 들을 수 있지만), 보이는 것이 다가 아니다. 지도 12.1이 보여주는 바와 같이, 자유롭고 독립적인 미디어는 세계에서 가장 강력한 민주주의 국가에서만 발견되는 희귀한 산물이며 대부분의 아시아, 중동, 아프리카에서는 상대적으로 드물다. 이 지도는 프리덤하우스(Freedom House)에서 생성한 데이터를 기반으로 하는데, 프리덤하우스는 세계 미디어 자유에 관한 2019년 보고서(Freedom House, 2019)에서 다음과 같은 결론을 도출하였다.

- 미디어의 자유는 전 세계적으로 악화일로에 있다.
- 여러 민주주의 국가의 포퓰리즘적 지도자들은 일치단결하여 언론의 독립성을 제한하려고 시도해 왔다.
- 미디어의 자유에 대한 위협은 실제로 존재 하기도 하고 그 권리에 대한 우려도 불러일으키지만, 그것을 '진정으로 위험한' 것으로 만드는 것은 그것이 민주주의의 상태에 미치는 영향이다.
- (미디어 자유도) 등급 매기기의 긍정적인 면은, 기회가 주어졌을 때 언론의 자유가 억압으로부터 회복될 수 있다는 사실을 경험적으로 보여주었다는 점이다.

우리는 권위주의 정권에서 미디어가 어떻게 제한되고 통제되는지 이 장의 뒷부분에서 살펴 볼 것이며, 이번 절에서는 민주주의체제에 적용되는 제약사항에 대해 살펴볼 것이다. 민주주의체제에서 우리는 미디어의 자유가 보다 일반적으로 정치적 자유와 함께 존재할 것이라고 합리적으로 기대할 수 있었다. 유감스럽게도, 이러한 기대는

지도 12.1 세계의 미디어 자유도

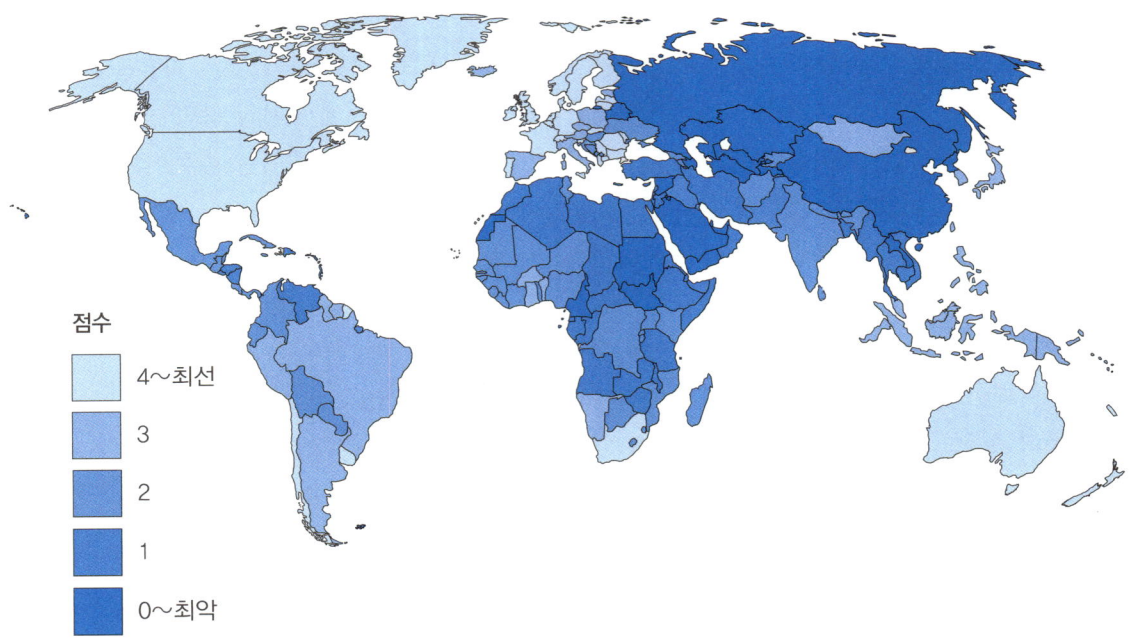

점수
- 4~최선
- 3
- 2
- 1
- 0~최악

출처: Freedom House (2019)에 근거.

정치지도자와 정당이 자신의 목적에 맞게 미디어를 조작하려고 노력했던 오랜 역사를 바탕으로 여러 가지 방식으로 도전을 받았다.

최근 수십 년간 더욱 해로운 동향 중 하나가 아이디어의 시장을 위협하는 일종의 **미디어 집중(media concentration)**이라는 점에서 제약의 일부는 시장 주도적이다. 이 현상은 초기 일반대중을 대상으로 한 신문의 부상으로 거슬러 올라가며, 신문이 새로운 경쟁에 직면하여 문을 닫거나 합병하기 시작한 텔레비전 초창기 몇 년간 계속되었고, 그 이후로도 쭉 지속되었다. 슐로스버그(Schlosberg, 2017)의 주장에 따르면, 민주주의에서 집중된 미디어 권력이 초래할 위험은 "빠르게 진화하고 다양한 방식으로 강화되고 있으며, … 주요 미디어 브랜드의 의제 영향력은 감소하지 않았을 뿐만 아니라 집중되면서도 분산된, 대중적이면서도 사회적인, 개방적이면서도 폐쇄된 미디어 환경에서 점점 불투명해지고 있다."

이 예들을 잘 살펴보라.

- 2016년 호주 미디어 시장 수익의 90퍼센트는 다음 4개 기업(뉴스 코프 오스트레일리아, 페이팩스 미디어, 세븐 웨스트 미디어, APN 뉴스 앤드 미디어)에 돌아갔다 (Lidberg, 2019).
- 2020년 영국에서는 3대 출판사가 전국 신문시장의 80퍼센트를 장악했으며 디지털 뉴스시장에도 대거 진출했다 (Van Der Merwe, 2020).
- 멕시코에서는 전국 방송 텔레비전 시장의 96퍼센트 이상이 3개 회사(Televisa, TV Azteca,

미디어 집중(Media concentration): 갈수록 줄어들고 있는 대기업에 의한 미디어 소유권의 통합.

Imagen TV)에 의해 통제되고 있으며, 그루포 텔레비사(Grupo Televisa, 멕시코시티에 본사를 두고 있는 국영 종합미디어 그룹 – 역자 주)는 세계 최대의 스페인어 미디어 네트워크로 전 세계 스페인어권 지역에 방송한다.

- 더욱 광범위하게, 우리는 프랑스의 비방디(Vivendi), 독일의 베르텔스만(Bertelsmann)과 같은 지역 미디어 기업뿐만 아니라 뉴스 코포레이션(News Corporation)과 타임 워너(Time Warner)와 같은 글로벌 기업, 페이스북, 구글, 애플, 아마존과 같은 인터넷 거대기업의 세계에 살고 있다(Birkinbine et al., 2017). 특히 페이스북의 지배력은 우려를 불러일으키는데, 르포르(Lepore, 2021)는 페이스북을 "세계에서 가장 위험한 독점 기업 중 하나"라고 묘사한다. 한 사람(설립자이자 최고 경영자인 마크 저커버그)이 거의 전적으로 통제하는 페이스북은 거의 30억 명의 활성 사용자를 보유하고 있으며, 프렌켈과 강(Frenkel and Kang 2021)의 주장에 따르면, 잘못된 정보와 그것이 조장하는 감정적 논쟁에 대해 걱정하기보다는 글로벌 지배라는 목표를 우선시한다.

미디어 소유권의 집중은 다음과 같은 몇 가지 이유로 문제가 된다. 그것은 편집권의 독립성이 떨어진다는 것을 의미하고, 미디어 다원주의와 다양성에 위협을 가하며, 미디어의 편집 정책을 그 소유기업의 이익과 결부시키고, 공익에 봉사하는 미디어의 능력을 훼손하며, 온라인 출처와 함께, **망 중립성(net neutrality)** 개념을 위협한다. 권위

> **망 중립성(Net neutrality)**: 인터넷 서비스 제공자는 모든 인터넷 통신을 동등하게 취급해야 하며 접근성, 콘텐츠, 사용자 또는 출처를 근거로 차별하지 않아야 한다는 생각.

주의를 나타내는 주요 지표가 언론의 검열 또는 통제인 것처럼 민주주의를 나타내는 주요 지표는 그러한 통제의 부재이다. 법이 언론의 자유를 보호하는 동안에도 시장이 덜 개방되고 경쟁이 치열해짐에 따라 미디어 배출구의 소유자는 제약을 가할 수 있다.

민주주의에서 미디어에 대한 또 다른 제약은 포퓰리즘 사상과 이를 옹호하는 지도자의 영향력에 의해 좌우된다는 것이다. 포퓰리즘(제5장에서 살펴보았듯이)이 정치 엘리트로부터 권력을 빼앗아 '국민'에게 되돌려주는 것으로 여겨지지만, 역설적이게도 실제로는 종종 한 엘리트를 다른 엘리트로 교체하고 그 과정에서 언론의 자유를 억제하려는 시도를 의미했다. 예를 들어 미국의 트럼프(Donald Trump) 행정부(2017~2021년)는 '가짜 뉴스'에 대한 반복적인 불만, 허위정보의 형태로 그러한 뉴스의 적극적인 확산, 미디어에 대한 비방 및 트럼프 스스로 언론인을 '인간쓰레기' 또는 '국민의 적'으로 규정하는 것으로 악명이 높았다. 그의 전술은 새로운 것이 아니었다. 독일 나치당은 종종 '거짓 언론(Lügenpresse)'을 비판했고 스탈린(Joseph Stalin)은 '인민의 적'이라는 표현을 광범위하게 사용했다. 그럼에도 불구하고 트럼프의 전술은 여러 독재 정부들에 의해 받아들여졌고, 독재 정부들이 비판자들에게 종종 유사한 용어(인간쓰레기, 국민의 적 등 – 역자 주)로 대응하게 해 주었다(Downie, 2020). 트럼프는 궁극적으로 그가 좋아할 법한 공공 의제에 대해서는 통제력을 행사하는 데 실패했는데, 그것은 노력이 부족해서가 아니었다.

한편 헝가리에서 오르반(Viktor Orbán, 1998~2002년 집권, 2010년 이후 재집권)정부는 정부

에 대한 공식적 견제장치를 약화시키고, 언론인을 검열하고 위협하며, 미디어를 정치체제에 포섭하고, 친정부 미디어 회사들로의 미디어 통합을 촉진했고, 짜키(Csaky, 2019)가 서술한 바와 같이, 이들 회사를 이용해 미디어 지형에 정부의 정치적 메시지를 범람시켜 새로운 정치현실을 조작함으로써, 정부가 정치의제를 지배하고 공적 토론에서 민감한 이슈를 배제하고 궁극적으로 공공영역을 통제하고 조작할 수 있게 한다.

서유럽에서 공영 라디오와 텔레비전이 계속해서 중요한 이유는 (헝가리 오르반정부가 미디어 환경에 초래한 것과 같은 – 역자 주) 이러한 결과를 보정하기 때문이다. 대부분의 민주주의 국가에서 공영 방송은 여전히 활발하게 활동하며 안목 있는 청중을 위해 고품질의 균형 잡힌 정치 보도를 제공한다 (미국의 내셔널퍼블릭라디오[NPR], 영국의 BBC, 독일의 ARD, 스웨덴의 SVT/Radio, 그리고 유럽의 여러 나라들이 텔레비전 시청료를 징수함으로써 공영 텔레비전을 지원한다는 점에 대해 생각해 보라). 최근 조사 (Matsa, 2018)에 따르면 성인들은 계속해서 공영방송에 대한 높은 애착을 가지고 있는데, 예를 들어, 영국 성인의 절반이 BBC에서 주로 뉴스를 얻는다고 답했고, 스웨덴과 네덜란드의 경우 40퍼센트에 약간 못 미치는 성인이 공영 텔레비전을 주요 뉴스 출처라고 답했다.

공공 미디어에 대한 상대적으로 높은 신뢰 수준은 민주주의 국가에서 미디어가 직면한 또 다른 문제를 더욱 강조하는데, 해당 미디어에 대한 대중의 신뢰가 감소한다는 점이다. 2001년부터 정부, 기업, 미디어, 비정부 조직에 대한 신뢰 수준을 조사해 온, 제4장에서 소개된 에델만 트러스트 바로미터(Edelman Trust Barometer)는 이에 대한 하나의 예이다. 27개국에 대한 연구를 기반으로 한 2021년 설문조사에 따르면, 응답자의 56퍼센트가 온라인 검색 엔진을, 53퍼센트가 전

오르반 헝가리 총리. 그의 민족주의적 포퓰리즘은 그의 권좌를 강화하고 헝가리 언론의 자유를 훼손하는 시도와 연관돼 있다.

통 미디어를, 35퍼센트만이 소셜미디어를 신뢰하는 것으로 나타났다 (Edelman Trust Barometer, 2021). 대다수의 사람들은 언론인들이 의도적으로 오도하려고 하며, 언론사는 대중에게 알리는 것보다 이념이나 정치적 입장을 지지하는 데 더 관심이 많다고 생각했다. 동시에 4명 중 1명만이 양호한 '정보 위생(information hygiene)'을 누리고 있다고 답했는데, 즉, 뉴스에 참여하고, 반향실(echo chambers)을 피하고(다음 절 참조), 받은 정보를 확인하고, 검증되지 않은 정보를 확대시키지 않는다고 답했다. 언론에 대한 신뢰가 낮은 한, 언론의 자유는 항상 위태로울 것이 분명하다.

소셜미디어와 탈진실의 세계

반 다이크와 해커(van Dijk and Hacker, 2018)의 주장에 따르면, 매스미디어의 디지털 혁명이 확고히 자리 잡기 시작하면, 개선된 정보 검색, 더 많은 공개 토론회, 심지어 더 높은 정치참여율 등과 같은 많은 긍정적인 정치적 효과가 생길 것으로 기대되었다. 하지만 실제 이야기는 엇갈린다. 좋은 소식은 소셜미디어가 정부와 시민 간 그리고 시민 상호 간 소통하는 방식을 변화시키는 동안 인터넷을 통해 엄청난 양의 새로운 정보를 사용할 수 있게 되었다는 것이다. 정치지도자와 정당은 시민들과 더 자주, 더 직접적으로 소통할 수 있으며, 이전에는 소통할 수 없었던 사람들이 이제는 소셜미디어를 통해 연결되어 정치 행사나 시위에 같은 생각을 가진 사람들이 조직적으로 참여할 수 있게 되었다.

나쁜 소식도 몇 가지 있다. 첫째, 정치정보의 출처가 너무 많아 사용자가 압도될 수 있고, 사용자는 자신의 기존 가치와 선호도와 일치하는 출처와 정보를 찾음으로써 (그리고 그것들에 의해 강화되어) 출처와 정보를 제어하고 싶은 유혹에 빠질지도 모른다. 인터넷 이전에는 사람들이 서로 상반되는 정치적 사고에 노출될 가능성이 더 많았다. 이제 그들은 **반향실(echo chamber)** 효과를 느낄 가능성이 더 크다. 정치적 논쟁의 질적 수준 또한 인터넷 사용자가 도처에 존재하고 종종 익명인 **인터넷 트롤(internet troll)**과의 말싸움에 휘말릴 수 있는 방식으로 인해 훼손되었다. 그 결과는 결국 자유로운 생각의 시장에 대한 방해, 편향과 닫힌 마음의 강화, 신화의 고취와 사건에 대한 편협한 해석이다. 수스테인(Sustein, 2017)은 서로 정치적 견해가 다른 사람들이 서로를 이해하는 것조차 점점 더 어려워진다는 것이 놀랄 일은 아니라고 말한다.

디지털 시대의 두 번째 문제는 특히 소셜미디어 사용자가 자동화된 보트나 로보-트윗과 같은 '컴퓨터를 사용한 선전(computational propaganda)'의 이용을 통해서나 (Howard and Woolley, 2018), 과거의 습관에 근거한 이야기를 제공하는 점점 더 정교한 알고리즘에 의해 조작된 견해를 가질 수 있다는 것이다. 미국 선거에서 **보트(bot)**

반향실(Echo chamber): 닫힌 시스템 안에서 아이디어가 순환되고 사용자는 자신이 믿는 가치를 확인하거나 확대하는 정보의 출처만 찾는 현상.

인터넷 트롤(Internet troll): 선동적이고 자극적인 댓글을 게시하여 의도적으로 기분을 상하게 하거나 온라인 논쟁을 시작하는 하는 사람.

보트(Bot): 정치적 메시지의 대량 배포를 포함하여 인터넷에서 자동화된 작업을 실행하는 응용 프로그램.

의 사용에 대한 베시와 페라라(Bessi and Ferrara, 2016)의 연구는 특정 후보를 지지하고, 다른 후보는 반대하고, 인터넷 사용자에게 가짜 뉴스가 있는 웹사이트를 알려주고, 주요 단어나 문구가 포함된 트위터의 메시지를 자동으로 리트윗하고, 검색 엔진을 탐색하고, 구체적인 기준을 충족하는 뉴스 이야기를 게시하고, 트위터를 자동으로 게시하는 데 보트가 사용되어왔다는 사실을 발견했다.

보트의 식별 수단이 개선됨에 따라, 허위정보의 유포는 인간이 관리하는 가짜 인터넷 계정으로 옮겨가 쉽게 감지하기 어렵게 되었고, 허위정보의 확산 작업을 위해 홍보 회사가 고용됨에 따라 더욱 전문화되었다. 온라인상에서 여론을 조작하려는 정부와 정당의 시도를 감시하는 옥스퍼드 인터넷 연구소(Oxford Internet Institute)에 따르면, 조직적인 허위정보 유포 활동이 실시된 국가의 수는 2017년 28개국에서 2020년 81개국으로 늘었다. 호주, 영국, 독일, 스웨덴, 미국과 같은 민주주의 국가들도 그 중에 있었다(Bradshaw et al., 2020). (소셜미디어를 사용하여 민주주의를 훼손하려는 권위주의 정권의 시도에 대한 논의는 이 장의 뒷부분을 참조).

디지털 시대의 세 번째 문제는 허위정보(disinformation)의 확산이다. 연구에 따르면, 대부분의 사람들은 전통적인 미디어의 경우보다 인터넷이 훨씬 더 광범위한 견해에 접근할 수 있다는 데 동의하지만, 또한 인터넷은 극단주의적 견해와 음모론의 영향력을 증대시켰고 진실과 허구를 구분하는 데 있어 사용자에게 새로운 문제를 제기한다. 인터넷은 한때 정보의 고속도로로 묘사되었지만 아마도 게이트가 있는(외부자의 접근을 통제하는 — 역자 주) 정보 커뮤니티의 연속으로 간주하는 것이 더 나을 것이며, 그 커뮤니티들 다수는 보이는 것과는 다르다. 사용자들이 뉴스의 출처를 덜 찾아보고 보트, 알고리즘, 반향실의 영향을 더 많이 받기 때문에, 그들은 탈진실 세계(post-truth world)로 알려진 것의 영향에 더 쉽게 노출된다 ('문제 탐구 12' 참조).

허위정보는 이제 어디서나 볼 수 있고 명백히 유해하기 때문에 그 출처와 영향에 대한 새로운 비교연구를 많이 촉발했다. 예를 들어, 탈진실 세계의 영향에 대한 분석에서 파르카스와 쇼우(Farkas and Schou, 2019)는 특히 서구사회가 지식인, 언론인, 정치지도자에 의해 유포되는 허위정보로부터 "포위공격을 당하고 있다"고 경고하는데, 이러한 추세는 그들이 보기에 민주주의 핵심을 훼손하는 것이다. 한편, "트롤 군대, 기만 로봇, 정크 뉴스 작전, 정치 공작원으로부터 어떻게 민주주의를 구할 것인가"라는 부제가 달린 책에서, 하워드(Howard, 2020)는 공적 인물을 공격하고 음모론을 퍼뜨리며 분열을 일으키는 '거짓말 기계'의 소행에 대해 경고한다. 데이비스 등(Davis et al., 2020)은 확신하는 것은 아니지만, 주류 뉴스 미디어가 "노골적인 왜곡보다는 엘리트(관점)을 조장하는 보다 미묘한 의제설정을 취급"하는 경향이 있다고 주장한다.

> 허위정보(Disinformation): 고의적으로 오도할 목적으로 퍼진 오도된, 거짓의 또는 편향된 정보 (오정보 [misinformation]는 오도할 의도와 상관없이 제공된 거짓 정보).

> 탈진실 세계(Post-truth world): 여론과 정책을 형성하는 데 있어 객관적인 사실과 증거보다 감정과 개인적인 신념에 호소하는 것이 더 영향력을 갖게 되었다는 발상.

문제 탐구 12

우리는 거짓 뉴스로부터 우리 자신을 어떻게 보호할 수 있는가?

미국에서 트럼프 행정부의 출현은 오래된 문제에 대해 새로운 관심을 불러일으켰다. 즉, 우리가 읽고, 듣고, 보는 뉴스(그리고 그러한 뉴스에 대한 지도자의 주장)의 정확성이다. 트럼프는 기자회견에서 기자들을 "믿을 수 없는 사람들"이자 "가장 부정직한 사람들"이라고 묘사하며 '가짜 뉴스'의 위험성을 정기적으로 경고했다. 그러나 그는 거짓 정보의 유포로 악명이 높았다. 『워싱턴 포스트』에서 수집한 데이터에 따르면 트럼프는 재임 4년 동안 총 3만 573건의 거짓이거나 오해의 소지가 있는 주장을 했다(Kessler et al., 2021). 여기에는 취임식 당시 군중의 규모, 두 번의 탄핵 재판을 둘러싼 상황, 코로나19 팬데믹의 심각성에 대한 주장이 포함됐다. 그는 또한 2020년 11월 대통령 선거에서 자신의 패배를 인정하지 않았고 이후 몇 달 동안 자신이 승리했다고 주장했다.

마을 사람들 간 구두로든, 텔레비전이나 인터넷을 통한 글로벌 규모로든 간에 뉴스는 공유되는 한 항상 조작과 왜곡의 대상이 되어 왔다. 노골적인 거짓말을 하거나 부정확한 내용이 전달될 수 있으며, 잘못된 인상을 심어주기 위해 선별적으로 사실을 만드는 미묘한 노력을 기울일 수 있으며, 사실이 전혀 보도되지 않거나 뉴스가 단순히 독자, 청취자 또는 시청자가 갖고 있는 가정에 부합하지 않는다는 이유로 '가짜'로 묘사될 수 있다. 중국과 같은 공산주의 정부를 포함한 권위주의 정권은 특히 그러한 조작에 능숙하다. 히틀러가 『나의 투쟁(*Mein Kampf*)』에서 암시하고 있듯이, 큰 거짓말일수록 사람들이 그것을 믿게 될 가능성이 높다.

해커가 웹사이트에 침입하여 정보를 변경할 수 있고, 소셜미디어를 조작하여 많은 수의 잠재적 청중에게 거짓 정보를 소개할 수 있으며, 일반 사람들이 온라인 댓글 게시를 통해 왜곡에 참여할 수 있게 된 것은 인터넷이 가져온 결과이다. "거짓은 진실이 그 신발을 신는 데 걸리는 시간 안에 전 세계를 여행할 수 있다"는 속담은, 온라인에서 복제되고 유포됨으로써 '소문의 폭포수(rumour cascades)'에 놓일 수 있는 거짓과 허위진술 덕분에 새로운 의미를 갖게 되었다. 수천 개의 '소문의 폭포수'를 관찰하면서 보소기 등(Vosoughi et al., 2018)은 거짓이 "모든 범주의 정보에서 진실보다 훨씬 더 빠르고, 더 깊고, 더 광범위하게 퍼지며," 가짜 뉴스는 정치뉴스에 있어 특히 문제이고, 적어도 자동화된 인터넷 보트만큼 일반인들의 행동이 가짜 뉴스를 유포한다고 결론지었다.

- 뉴스의 개별 소비자로서 우리는 거짓 뉴스의 영향으로부터 자신을 보호하기 위해 무엇을 할 수 있는가?
- 정확한 뉴스와 거짓 뉴스를 구별하기 위해 우리는 무엇을 할 수 있는가?
- 다양하고 양질의 출처에서 나온 뉴스를 취하고, 뉴스를 평가할 때 건전한 회의적 입장을 취하는 것만으로도 간단히 문제를 해결할 수 있는가?
- 우리는 의심이 가는 이야기에 대해 팩트 체크를 해 나갈지, 또는 매스미디어의 출처와 우리가 알기 원하는 분야의 학자와 전문가들의 작업과 결합해 보아야 할지 고민해 봐야 하는가?

허위정보에 대한 대부분의 논의가 인터넷과 소셜미디어를 가장 많이 사용하는 국가에 초점을 맞추었지만, 문제는 그 (영향이 미치는) 범위가 글로벌하다는 점이다. 이는 코센티노(Cosentino, 2020)의 지적으로, 그는 정부에 대한 신뢰 수준의 감소와 경제적 불평등의 지속(그리고 실제로는 성장)을 허위정보와 결부시킨다. 그는 외국의 선거결과에 영향을 미치려는 러시아의 트롤, 미얀마의 무슬림에 대한 불교도의 폭력을 지지하는 허위진술을 퍼뜨리는 페이스북 사용자, 2018년 브라질 대통령 선거에서 허위정보를 퍼뜨리는 데 도움을 준 왓츠앱(WhatsApp) 사용자, 미주와 유럽의 소셜미디어 사용자가 퍼뜨린 시리아의 알아사드(Bashar al-Assad) 정권에 대한 허구적 이야기를 구체적인 사례로 인용한다.

물론 이 중 어느 것도 새로운 것은 없다. 왜냐하면, 역사는 뉴스와 정보를 조작하려는 시도의 사례로 가득 차 있기 때문이다. 그러나 프리덤하우스의 글로벌 민주주의에 대한 연례 보고서에 반영된 바와 같이 문제는 더욱 심각해졌다. 이 보고서는 중국, 러시아, 북한, 사우디아라비아, 수단, 시리아에서 계속되는 통제에 주목하지만, 헝가리, 이스라엘, 인도, 심지어 미국과 같은 민주주의 국가의 경향에 대해서도 경고한다. 사용된 방법에는 정부가 지원하는 소유권의 변경, 규제 및 재정 압력, 언론인에 대한 공개 비난, 우호적인 미디어 출구에 대한 선제적 지원(국가 계약, 유리한 규제 결정, 국가 정보에 대한 우선적 접근법과 같은)이 포함된다고 보고서는 적고 있다. 그 목표는 "언론이 대중보다는 권력을 가진 사람들에게 봉사하게 하는 것"(Repucci, 2019)이라고 보고서는 결론짓는다.

권위주의 정권의 미디어

2020년 6월, 에티오피아 수도 아디스아바바 교외에서 34세의 음악가 훈데사(Hachalu Hundessa)가 총에 맞아 사망했다. 그는 마침 에티오피아에서 가장 큰 민족 집단인 오로모(Oromo)의 정치 활동가이기도 했으며, 그의 죽음은 에티오피아 여러 지역에서 시위를 촉발했다. 아흐메드(Aiy Ahmed) 에티오피아 총리는 훈데사를 '빛나는 젊은 예술가'라고 묘사하며 '이 악행'에 대한 전면적인 조사를 발표하며 유감을 표명했다. 그러나 몇 시간이 채 지나지 않아 에티오피아의 여러 지역 사람들이 인터넷 접속 문제를 보고했으며, 정부가 훈데사의 살인에 대한 공개 토론을 억제하고 시위를 통제하기 위한 의도적인 노력의 일환으로 전국의 인터넷을 다운시켰다는 사실이 곧 확인되었다. 이후 2주간 인터넷은 작동되지 않았다.

당시 에티오피아인 5명 중 1명이 겨우 인터넷에 접속할 수 있었음에도 에티오피아는 세계 최초로 전국적인 인터넷 폐쇄조치를 시행한 국가가 되었다. 방글라데시, 콜롬비아, 나이지리아, 러시아, 세네갈, 우간다를 포함한 다른 많은 국가들이 지역적인 인터넷 폐쇄를 시행했지만(NetBlocks, 2021), 어느 나라도 정부가 국가 정보통신 시장에 대한 통제권을 포기하길 계속 거부하는 에티오피아 권위주의 정권만큼 심하진 않았다. 이 인터넷 폐쇄는 한때 인쇄 매체, 이어 방송 매체의 개방으로 일컫던 '언론의 자유'가 '인터넷에서의 자유'를 의미하게 된 방식을 반영했는데, 정부는 점차 구식 매체보다 인터넷의 통제가 쉽다는 사실을 발견한다. 개별 웹 사이트, 모바일 네트워크, 심지어 전체 인터넷을 폐쇄하고, 인터넷 공급자를 규제를 통해 통제하고, 웹 사이트를 검열하고, 온라인 상 발언과 활동에 관한 법률 위반을 처벌하는 일은 비교적 쉽다. 샤바즈와 펑크(Shahbaz and Funk, 2019)는 한때 '해방의 기술'로 여겨졌던 것이 '감시와 선거 조작의 통로'가 되었고, 억압적인 정권이 소셜미디어를 '정치적 왜곡과 사회적 통제를 위한 도구로' 바꾸어놓았다고 주장한다. 일부 결과는 도표 12.4의 비교 자료를 참조하라.

자유롭고 개방된 미디어 환경이 건전한 민주주의의 징후 중 하나인 것처럼 미디어에 대한 엄격한 통제는 권위주의의 조짐이다. 세계언론자유 지수(Reporters Without Borders, 2021)는 언론인에 대한 폭력 사건을 포함하여 미디어에 부과된 수많은 제약을 지적하면서 권위주의 정권 하 미디어의 상태에 대해 암울하게 묘사했다. 2021년 보고서에서 세계언론자유 지수는 "정보에 대한 사람들의 접근이 극적으로 악화되었고 뉴스 보도에 대한 장애물이 많아졌으며" 코로나 19 팬데믹이 정보 출처와 현장 보도에 대한 언론인의 접근을 차단하는 근거로 이용됐다고 결론지었다.

선택된 국가(대부분의 이 책의 국가개요에 포함된)에 대한 결과는 도표 12.5에 나와 있다. 민주주의에서는 좋은 편이고 권위주의 정권에서는 그렇지 않은 것처럼 보이지만, 그림은 그리 간단하지 않다. 민주주의 국가는 정보의 자유로운 흐름의 혜택을 시민들이 누리는 정도를 자랑스러워하고 정보 흐름을 제한하려는 권위주의 정권을 비판할 수 있지만, 두 유형 모두 자기 나름의 방식으로 정보에 제약을 가하면서도 그러한 자랑스러운 메시지를 만들려고 노력한다. 단지 우리가 말할 수 있는 것은, 민주주의 국가에서 정치에 대한 언론 보도는 상대적으로 개방적이지만 권위주의

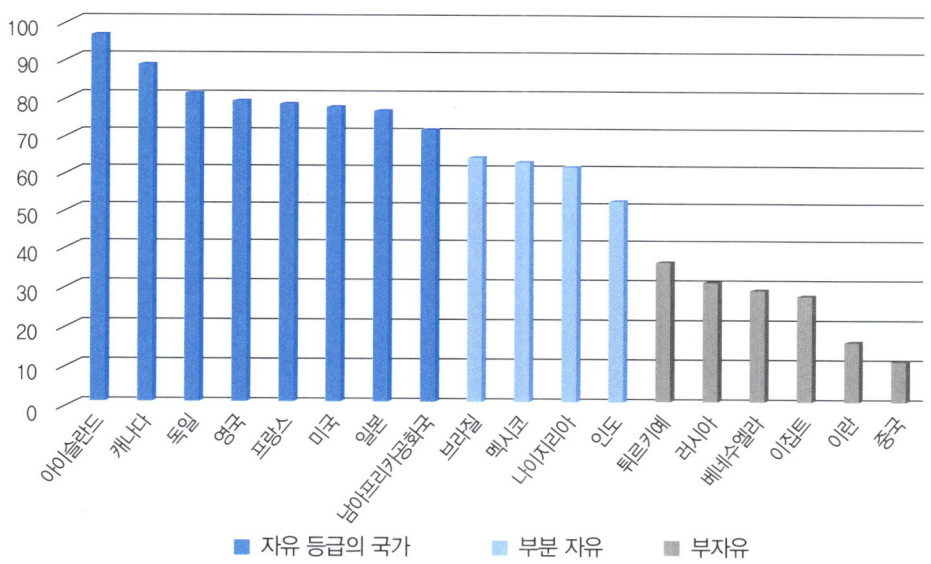

도표 12.4 인터넷 자유도 비교

출처: Freedom House (2021)에 근거. 점수는 100점 만점이며, 높은 점수일수록 높은 자유도를 의미한다. 65개국만이 순위가 매겨졌고 스웨덴은 제외되었다.

정권에서는 상대적으로 제한적이라는 것 정도이다. 하지만, 그렇게 말하면서도, 우리는 권위주의 환경에서 미디어의 역동성에 대해 아는 것이 별로 없다. 왜냐하면 권위주의정부의 지지자들은 그들이 일하는 방식에 대해 솔직하게 말하지 않으려고 하고, 반대자들은 목소리를 내길 꺼리거나 지하 조직화 되었기 때문이다.

그럼에도 불구하고 우리는 민주주의와 권위주의 정권의 미디어 역할을 대조함으로써 많은 것을 배울 수 있다. 전자에서 미디어의 역할은 앞서 보았듯이 정보를 제공하고, 정부에 책임을 묻고, 건강한 시민 사회를 묶는 접착제를 제공하는 것이다. 후자에서 미디어의 역할은 상당히 다르다 (도표 12.6 참조). 무엇보다도 미디어는 정부에 의해 제한되어 뉴스와 정보의 흐름을 통제하고, 반대 의견을 제한하면서 지도자와 여당의 행동을 지지하고 정당화한다. 이렇게 하는 것이 권위주의 정권에서 더 용이한데, 미디어 부문 내 자원이 상대적으로 부족하고, 자원의 부족은 전문성을 제한하고 압력에 대한 취약성을 증가시키기 때문이다. 비판적인 언론인은 괴롭힘을 당하는 반면, 공식 텔레비전 방송국과 보조금을 받는 신문은 정권의 노선을 확대 재생산한다. 그리고 미디어 부문은 종종 자기 검열을 통해 자기 보존 본능을 발달시킨다. 그 결과는 (권력의) 정상으로 향하는 부적절한 정보의 흐름이며, 이로 인해 국가와 사회 간의 격차가 확대되고 궁극적으로 잘못된 결정으로 이어진다.

권위주의 정권의 미디어도 권력과 안보의 이미지를 투영해 정권의 정통성을 강화하기 위한 서사를 제시함으로써 안정을 유지하는 역할을 수행한다. 권위주의 지도자들과 여당은 보통 뉴스에 눈에 띠게 등장하고 그들의 일은 항상 긍정적으로 비춰지며, 문제는 일상적으로 반대자들과

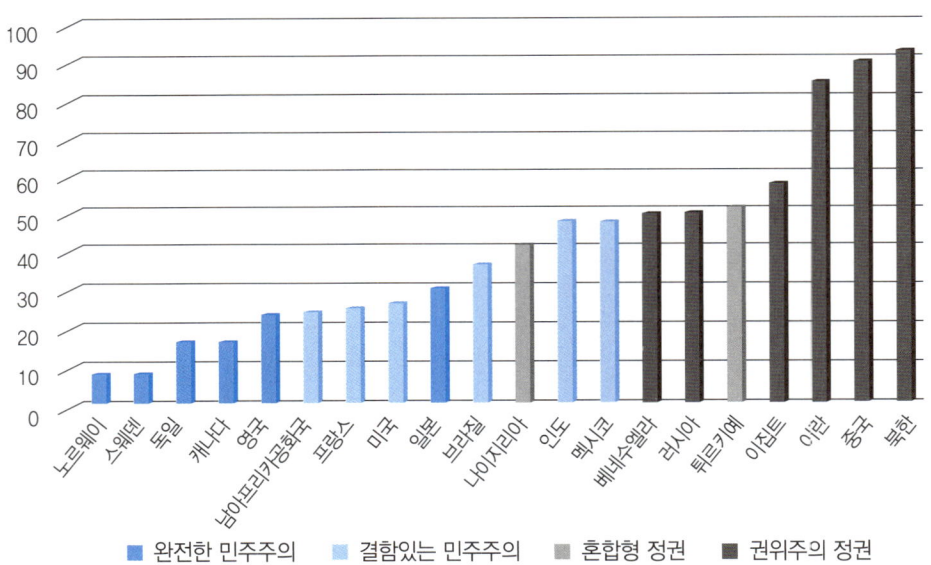

도표 12.5 미디어 자유도 비교

출처: Reporters Without Borders (2021)의 자료에 근거. 점수는 100점 만점이며, 낮은 점수일수록 높은 자유도를 의미한다. 노르웨이(6.7)가 가장 높고 북한(81.2)이 가장 낮다. 최신 정보는 다음을 참조. Reporters Without Borders https://rsf.org.

역할	특징
뉴스 검열	정권에는 좋고 반대의견은 파묻히도록 뉴스와 정보의 흐름을 통제함.
안정화	정권의 정통성을 강화하고 지지자들에게 정권이 정부를 장악하고 있다는 확신을 줌으로써 정권의 안정을 유지함.
반대의 오명화	야당과 대안적 정치사상을 공격하고 그 신용도를 떨어뜨림.
민주주의 훼손	소셜미디어를 이용해 세계 다른 지역의 민주주의를 약화시킴.

도표 12.6 권위주의 정권의 미디어

선동가들의 책임으로 전가되는 반면, (최근 벨라루스와 이란의 반정부 시위가 보여준) 정권에 대한 위협은 '외국의 적' 탓으로 돌려진다. 다음의 예들에 대해 생각해 보라.

- 미디어 자유도에서 '국경없는 기자회'가 꼴찌로 순위를 매긴 북한에서, 언론은 객관적인 정보의 제공이 아니라 정권을 지지하는 선전(propaganda) 목적에 적합하다. 예능 프로그램에는 혁명적 메시지를 전달하는 드라마와 오페라가 포함되며 인터넷 접속은 엄격하게 통제되는 반면, 뉴스는 일상적으로 지도부의 활동과 정부이며 여당인 노동당의 발언으로 이루어진다. 북한 정권은 2021년 중반 김정은 위원장이 경제제재, 식량부족, 코로나19 팬데믹 등의 어려움을 국민들과 함께하고 있음을 넌지시 말하기 위해 심지어 그의 체중 감소를 이용하기도 했다.
- 중국은 소셜미디어를 통해 바이러스가 미국에서 발생했다는 소문을 퍼뜨리면서, 코로나19 팬데믹이 중국에서 발원했다는 증거를 반박하는 데 공을 들였다. 2021년 초 중국 외교부는

"모든 당사자는 외국의 허위정보 유포에 대해 단호히 '아니오'라고 말해야 한다"고 주장했다. "날조된 혐의에 맞서 사실을 조리 있게 제시해 거짓을 근절하고 소문에 대해 해명하는 것은 정당하고 적절하다"(Kinetz, 2021).

권위주의 정권에서 국가가 통제하는 미디어의 세 번째 역할은 가능한 반대파에 제한된 목소리를 내게 하거나(가장 억압적인 정권에서는 전혀 목소리를 내지 못하게 한다), 순전히 부정적인 용어로 그들의 활동을 다루거나, 종종 야당을 약화시키기 위해 자체 허위정보를 유포해 정권에 대한 비판을 '가짜 뉴스'로 일축하면서, 반대파를 고립시키고 반대파의 신용을 떨어뜨리는 것이다. 리스(Lees, 2018)는 의혹의 씨앗을 퍼뜨리는 노력의 일환으로, 그리고 야당 활동을 억제하기 위한 구실로 미디어 신뢰도에 대한 공격이 점점 더 널리 퍼지고 있다고 주장한다. 예를 들어 2017~2018년 탄자니아에서는 4개의 민간 독립 신문과 2개의 라디오 방송국이 보도가 '부정확'하고 '허위정보'를 퍼뜨리고 있다는 정부의 비난이 있은 후 폐쇄되었다.

필요한 자원을 가진 권위주의 정권에 주로 국한되는 네 번째이자 좀 더 새로운 역할은 소셜미

선전(Propaganda): 대중의 마음을 통제하거나 변화시킬 목적으로 특정 정치적 명분이나 이념을 홍보하는 데 사용되는 정보.

디어를 활용하여 정권의 정치적 목표를 달성하는 동시에 세계 다른 지역의 민주주의를 약화시키는 것이다. 옥스퍼드 인터넷 연구소의 연구(이 장의 앞부분 참조)는 정부기관, 정당, 민간 청부업자, 이익단체, 일반 사람들을 포함하여 전 세계 80개 이상의 국가(많은 민주주의 국가 포함)에서 나오는 선전과 허위정보 활동을 발견했다. 최근 한 연구에 따르면 (Schliebs et al., 2021) 중국은 자국 외교관과 국가가 지원하는 미디어 배출구들이 트위터와 페이스북에서 '중국 이야기 잘 전하기' 전략을 추진하는 등 외국 여론에 영향을 미치기 위해 소셜미디어 네트워크를 활용하는 데 특히 적극적이다.

권위주의적 통치자들은 정확히 어떻게 독립 저널리즘을 제한하는가? 프리덤하우스 (Freedom House, 2019)는 2019년 미디어 현황에 대한 연례 보고서에서 다음을 포함하여 경제적, 법적, 초법적 도구의 조합으로 구성된, 미디어 지배 달성을 위한 '비자유주의 정권의 도구 상자'라고 묘사된 것의 개요를 보여주었다.

- 임의적 세무조사.
- 재정적으로 소모적인 비판자들에 대한 소송.
- 법과 허가 관행의 선택적 시행.
- 비판자들을 언어적으로 괴롭히기.
- 충성스러운 뉴스 매체에게 지도자와 정보에 대한 접근을 쉽고 자주 할 수 있도록 허용.

보고서는 또한 (둘 다 결함있는 민주주의 국가인) 헝가리와 세르비아정부의 사례를 인용하여 '유사한 병행 현실'을 구축하려는 활동 사례를 언급했다. 즉, "정부가 자신의 정치적 메시지가 미디어 환경에 넘쳐나게 하면, 권력을 가진 사람들이 정치의제를 지배하고, 공공토론을 민감한 문제에서 벗어나게 해서 궁극적으로 공론장을 통제하고 조작할 수 있다"고 보는 것이다.

일부 나라에서는 표현의 제한이 갖는 모호한 의미를 광범위하게 적용함으로써 미디어를 통제한다 (한 가지 예로 베네수엘라에 대한 '국가 개요 12' 참조). 다른 나라에서는 반정부 언론인이 위협받고, 투옥되고, 강제 추방되거나 살해되는 등 언론에 대한 통제가 보다 강경하다. 문제의 정도는 유네스코의 업무에 반영되어 있는데, 이 기구는 직업 활동 중 사망한 기자들의 명부를 작성하는 전용 웹사이트를 유지하고 있다. 유네스코가 확인한 바로는, 거의 1,460명의 언론인이 1993년과 2021년 중반 사이에 사망했는데, 일부는 분쟁에서 사망했고 다른 일부는 살해당했다 (UNESCO, 2021). 사망자가 가장 많은 5개국은 이라크(201명)와 시리아(113명), 혼합형 정권인 파키스탄(82명), 결함있는 민주주의 국가인 멕시코(125명)와 필리핀(108명)이었다.

비록 권위주의정부들이 공식 언론 매체를 통제할 수 있지만, 그들은 루머밀이나 지하 정보를 통제하는 것이 더 어렵다는 것을 알게 된다. 백지은 (Baek, 2016)은 탈북자들과의 인터뷰를 바탕으로 외국 영화, 텔레비전 쇼, 드라마, 책, 백과사전과 같은 불법 미디어 콘텐츠를 유통하기 위해 큰 위험을 감수하는 북한 주민의 네트워크를 묘사했는데, 이 콘텐츠들 상당 부분은 공무원들이 찾기 힘든 USB 플래시 드라이브에 저장된 것이다. 더 많은 정보는 현재 구식이 된 단파라디오 기술을 통해 접할 수 있다. 백지은의 주장에 따르면, 이러한 정보의 순환은 북한 주민들이 북한 밖에서의 삶을 알게 해줌으로써 그들의 사회적, 정치적 의식에 영향을 미친다.

권위주의 정권에서 인터넷이 정치적 커뮤니케이션에 미치는 영향은 여전히 논쟁거리이며, 많은 분석가들은 정치체제를 강화시킬 수도 약화시킬 수도 있는 양날의 검으로 디지털 기술을 묘사한다 (Foreign Affairs, 2019). 희망과 현실의 간극은 '아랍의 봄'을 둘러싼 사건들이 잘 보여준다. 표 12.3에서 볼 수 있듯이, 새천년의 첫 10년 동안 중동과 북아프리카에서 인터넷 접속은 시민들이 국영 또는 국가가 통제하는 매체의 중개 없이 서로 소통할 수 있게 해주면서 극적으로 늘었다. 이러한 소통은 사람들이 반대와 시위를 조직하는 데 도움이 되었으며, 이는 이집트, 리비아, 튀니지, 예멘 정권의 전복에 이바지했다. 휠러와 민츠(Wheeler and Mintz, 2012)가 보기에, "새로운 공간을 발견하고 창출하여 그곳에서 자신들의 삶을 개선하기 위해 반대 목소리를 내고 자신의 존재를 주장할 수 있는, 새로운 미디어 도구를 사용하는 사람들에 의해" 변화의 토대가 마련될 수 있을 것 같았다.

그러나 제6장에서 보았듯이, 아랍의 봄은 기대했던 것보다 이루어 낸 것이 별로 없었는데, 사람들의 민주정치에 대한 참여 열기가 아랍의 봄을 겪었던 대부분의 국가에서 빠르게 식어버렸기 때문이다. 이들 나라에서 인터넷 접속은 계속해서 증가했지만 권위주의 정권에 대한 통제는 일반적으로 손써보지 못한 채로 남아있다. 인터넷을 배경으로 민주주의가 확산되는 것을 보기보다는 오히려 비민주적인 세계의 대부분은 **디지털 권위주의(digital authoritarianism)**를 경험했다. 이것은 국가 통제, 대규모 검열, 심지어 러시아의 경우와 같이 글로벌 인터넷과 별도로 작동할 수 있는 국내 인터넷 구축에 대한 논의 등을 통한 인터넷 접속에 대한 더 많은 통제를 의미한다. 중국

> **디지털 권위주의(Digital authoritarianism)**: 권위주의 지도자들이 사회적, 정치적 통제력을 높이기 위해 정보기술을 사용하는 것이다.

표 12.3 인터넷과 아랍의 봄

	인터넷 사용자 (명)		2009년 인터넷 사용인구(%)	2011년 정권 전복 여부	2019년 인터넷 사용인구(%)
	2000	2009			
모로코	10만	1,030만	33	×	74
사우디아라비아	20만	770만	27	×	96
튀니지	10만	280만	27	○	67
이집트	45만	1,260만	16	○	57
알제리	5만	410만	12	×	49
리비아	1만	32만 3,000	5	○	22
예멘	1만 5,000	37만	2	○	27

출처: Wheeler and Mintz (2012)의 표 10.1을 수정, International Telecommunication Union (2020)의 2019년 수치로 업데이트.

국가개요 12
베네수엘라

간략소개

베네수엘라는 중남미의 성공 사례가 되었어야 하지만, 정치적, 경제적 문제가 결합되어 최근 민주주의 지수가 혼합형에서 권위주의 정권으로 강등되는 결과를 낳았다. 석유(뿐만 아니라 석탄, 철광석, 보크사이트 및 기타 광물)가 풍부하지만, 대부분의 사람들은 빈곤에 시달리고 있다. 실패의 대부분은 포퓰리즘 좌파 공약으로 1998년 대통령으로 당선된 차베스(Hugo Chávez) 때문일 수 있다. 차베스의 지지자들은 그의 경제 국유화 정책과 확대된 사회프로그램이 가난한 사람들을 도왔다고 주장했지만, 차베스 비판자들은 그 정책들이 인플레이션과 실업에 기여했다고 비난했다. 그는 2013년에 사망했지만, 그의 후임자 마두로(Nicolás Maduro)는 차베스의 유산을 기반으로 계속해서 정치적 통제를 중앙집중화하고, 반대자들을 악마화하며, 경제를 왜곡했다. 그 결과 중 하나는 (국민들의 해외) 탈출로, 2015년 이후 베네수엘라 인구는 5퍼센트 감소했다.

정부형태	연방국가. 대통령제공화국. 23개 주와 수도 구 포함. 1811년 국가 설립. 가장 최근의 헌법은 1999년 채택.
행정부	대통령제로 대통령은 6년 임기로 연임에 대한 아무런 제한이 없이 선출되며, 부통령과 내각의 지원을 받음.
입법부	연임 가능한 5년 임기의 의원으로 선출된 165명의 단원제 국회.
사법부	대법원은 12년 임기의 국회에서 선출된 32명의 법관으로 구성.
선거제도	대통령은 단순다수제를 사용하여 전국 경선에서 선출됨. 국회는 혼합형 비례대표제로 선출되며, 60퍼센트는 1인 선거구 단순다수제로 선출되고 나머지는 비례대표제로 선출.
정당	현재 베네수엘라 통합사회당이 장악하고 있는, 정당의 잦은 변화를 동반한 다당제.

인구 2,850만 명

국내총생산(GDP) 4,820억 달러

1인당 GDP 1만 6,054달러

민주주의 지수 등급
✗ 완전한 민주주의
✗ 결함있는 민주주의
✗ 혼합형 정권
✓ 권위주의
✗ 측정안됨

프리덤하우스 등급
✗ 자유
✗ 부분 자유
✓ 부자유
✗ 측정안됨

인간개발 지수 등급
✗ 매우 높음
✓ 높음
✗ 중간
✗ 낮음
✗ 측정안됨

베네수엘라의 미디어

베네수엘라의 민주주의 지수가 낮은 이유 중 하나는 언론의 자유에 대한 저조한 기록 때문이다. 중남미의 다른 지역과 마찬가지로 베네수엘라 언론 기관의 대부분은 민간 소유이지만 대부분이 친정부적이며, 야당 성향 언론은 정부의 만성적인 개입에 노출되어 있다. 자유와 언론 보고서에서 프리덤하우스(Freedom House, 2019)는 베네수엘라를 부자유로 평가했으며, 국경없는 기자회가 발행한 연례 보고서는 마두로 대통령이 그의 행정부에 대한 비판의 신용도를 낮추기 위한 노력으로 '미디어와의 전쟁'을 자주 언급했음을 지적한다. 민간 독립 미디어에 대한 압력이 커졌다. 이에 사용된 수단은 편집자와 언론사 임원에 대한 여행금지, 언론인이 관련된 사법사건에서 편향된 판결, 신문용지 구매기회 축소, 심지어 언론인에 대한 살해위협을 포함한다.

베네수엘라의 마두로 대통령이 기자회견 중 휴대용 크기의 국가 헌법을 보여주고 있다. 그는 언론 자유조사에서 낮은 순위에 있는 이 나라에서 자신의 메시지를 구체화하고 정치적 주장을 전달할 목적으로 자주 기자회견을 한다.

베네수엘라 헌법은 자유를 보장하지만, 2004년 "라디오 및 텔레비전의 사회적 책임에 관한 법률(2010년에 전자 미디어가 추가됨)"에는 표현을 제한하는 데 사용할 수 있는 문구가 포함되어 있다. 애초에 이 법은 섹스와 폭력이 포함된 프로그램으로부터 어린이를 보호하기 위한 노력으로 추진된 것이었다. 예를 들어, 언론 보도가 '당국에 대한 무례'로 간주될 수 있거나 베네수엘라 시민의 '증오를 선동 또는 조장'하거나 '불안'을 조장할 수 있는 뉴스는 금지될 수 있다. 법규는 또한 대통령이 카데나(cadenas, 정치적 내용을 전달하는 전국 채널, 강제적으로 행정부의 메시지를 전달함 – 역자 주)라고 알려진 것을 전달하거나, 입법부 선거에서 후보자를 대신하여 선전하거나 야당에 대한 공격을 포함할 수 있는 공식 생방송을 하기 위해 정규 TV 프로그램을 중단시키는 것을 허용한다.

헌법은 또한 시민들이 공공 정보에 접근할 수 있는 권리를 보장하고 있지만 언론인들은 이러한 권리를 행사하기가 어렵다고 생각한다. 정부는 정책에 제대로 반영되지 않을 정보에 대한 접근을 적극적으로 금지한다. 예를 들어, 2014년 베네수엘라의 해안 지방에서 모기가 매개하는 질병이 발생할 수 있다는 보고가 나왔을 때, 마두로 대통령은 정부가 재난 경고를 해야 한다고 주장하는 언론인에 대해 테러를 자행하고 있다고 비난했으며 그들을 기소하라고 명령했다. 야당 언론은 계속 작동하긴 하지만, 법에 포함된 암시적 또는 실제적 위협의 결과로 정부에 대한 비판의 강도를 완화하는 경우가 많았다.

추가 읽을거리

Corrales, Javier, and Michael Penfold (2015) *Dragon in the Tropics: Venezuela and the Legacy of Hugo Chavez* (Brookings Institution Press).

Neuman, William (2021) *Things Are Never So Bad That They Can't Get Worse: Inside the Collapse of Venezuela* (St Martin's Press).

Tinker Salas, Miguel (2015) *Venezuela: What Everyone Needs to Know* (Oxford University Press).

과 러시아는 정부가 국내 인터넷 통신을 감시할 수 있도록 하는 감시 기술을 수출하기까지 했다. 야이보케(Yayboke, 2020)는, "정보의 흐름이 점점 더 국가차원에서 좌우되어 아이디어 경쟁을 제한하고, 이미 아무렇지 않게 법을 어긴 사람들에게 유리한 반면 공개적으로 활동하고 규칙을 준수해야만 하는 개인을 억누른다"고 지적한다.

권위주의정부가 인터넷 조작을 통해 통제권을 행사하고 있는 와중에도, 일반인들이 보고 들은 것이 그들을 항상 설득하는 것은 아니다. 예를 들어, 러시아의 경우 인터넷이 주요 정보 출처인 텔레비전(많은 국가에서와 같이)을 대체했다. 2020년 러시아인의 72퍼센트가 주요 뉴스 출처로 인터넷을 사용했는데, 이는 텔레비전을 사용하는 58퍼센트와 소셜미디어를 사용하는 40퍼센트와 비교해 높은 수치이다. 그러나 세 가지 출처 모두에 대한 신뢰 수준은 낮았다. 39퍼센트만이 인터넷을, 23퍼센트는 텔레비전을, 16퍼센트는 소셜미디어를 신뢰했다 (Deloitte, 2020).

지식(또는 적어도, 정보)의 조작이 우리 각자가 가진 힘과 민주적 과정의 건전성에 영향을 미칠 수 있다는 암시와 함께, 지식은 힘이라고 오랫동안 말해 왔다. 디지털 포용과 배제에 대한 평가에서 박소라(Park, 2017)는 디지털 사회가 '가치를 더하고 권력을 재분배'하는 방식의 핵심은 정보이며, "아날로그 세계에 존재했던 동일한 정보가 디지털 네트워크에서 일단 공유되면 그 힘이 기하급수적으로 증가할 수 있다"고 주장한다. 정보가 제공·제한·조작되는 방식에 대해 인터넷과 소셜미디어가 어떻게 영향을 미치고 있는지 이해하려는 우리의 노력은 아직 초기 단계이지만, 경험에 따르면 민주주의 국가에서마저도 지식이 조작되기 위해 아이디어의 자유시장이 훼손되고 권위주의 지도자의 손에 놀아나는 방식으로 새로운 미디어가 종종 사용된다. 이는 면밀히 감시되고 연구될 필요가 있는 불편한 동향이다.

토론주제

- 매스미디어는 여론을 형성하는가, 아니면 반영하는가?
- 거짓 뉴스로부터 자신을 보호하기 위해 보통 사람들이 할 수 있는 일은 무엇인가?
- 우리는 오늘날 뉴스 출처가 너무 다양하고 선택의 폭이 넓다는 데 따른 문제를 경험하고 있는가?
- 인터넷 접근의 불균형이 초래하는 결과는 무엇인가?
- 자유로운 미디어에 대한 제한이 증가하는 현 시대로부터 우리를 되돌리는 데 필요한 것은 무엇인가?
- 선전의 문제는 민주주의체제보다 권위주의체제에서 훨씬 나쁜가, 아니면 대중의 생각에 영향을 미치려는 시도가 단순히 다르게 표현되는 것인가?

핵심용어

- 디지털 권위주의(Digital authoritarianism)
- 망 중립성(Net neutrality)
- 매스미디어(Mass media)
- 미디어 집중(Media concentration)
- 반향실(Echo chamber)
- 보트(Bot)
- 선전(Propaganda)
- 소셜미디어(Social media)
- 인터넷 트롤(Internet troll)
- 인터넷(Internet)
- 자기선택(Self-selection)
- 정치적 커뮤니케이션(Political communication)
- 탈진실 세계(Post-truth world)
- 허위정보(Disinformation)

추가 읽을거리

Davis, Aeron, Natalie Fenton, and Des Freeman (2020) *Media, Democracy, and Social Change: Re-imagining Political Communication* (SAGE). 전통적 매체에서 디지털 매체로의 이동과 허위정보의 영향을 포함해 미디어의 최근 변화의 정치적 의미에 대한 평가.

Iosifidis, Petros, and Nicholas Nicoli (2021) *Digital Democracy, Social Media and Disinformation* (Routledge). 디지털 민주주의, 네트워크 사회, 허위정보와 가짜 뉴스의 동학에 대한 연구.

Kenski, Kate, and Kathleen Hall Jamieson (eds) (2017) *The Oxford Handbook of Political Communication* (Oxford University Press). 정치적 커뮤니케이션의 역사, 현재 모습, 결과, 가능한 미래에 대한 연구들의 선집.

Oliver, Mary Beth, Arthur A. Raney, and Jennings Bryant (eds) (2020) *Media Effects: Advances in Theory and Research*, 4th edn (Routledge). 공공의 지식, 사고, 행태에 미디어가 미친 영향에 대한 연구가 어떻게 전개되고 있는가에 대해 다룬 연구들의 선집.

Robertson, Alexa (2015) *Media and Politics in a Globalizing World* (Polity). 세계화와 기술이 미디어와 정치 간 관계에 미친 영향을 평가.

van Dijk, Jan A. G. M., and Kenneth L. Hacker (2018) *Internet and Democracy in the Network Society* (Routledge). 인터넷이 정치에 미친 영향에 대한 평가로, 한때 예상되었던 긍정적인 영향이 실제 일어났는지 묻고 있다.

3부   과정

차례

13장 정치참여
14장 선거
15장 정당
16장 이익집단
17장 공공정책
18장 정치경제학

개요

이 책의 마지막 부는 사람들이 정부와 정치와 연관되는 방법에 초점을 맞추고 있다. 이 부는 다양한 형태의 정치참여에 대한 조사로 시작하여, 세계적으로 사용되는 다양한 선거제도를 검토하고 비교한다. 그런 다음 두 장에서 정당과 이익 집단, 그리고 정치체제에서 그들의 대조적인 역할을 설명하고 비교한다. 이 책은 정부와 정치의 산출에 초점을 맞춘 장으로 끝을 맺는데, 첫 번째 장은 공공정책과 그것을 이해하고 비교하는 다양한 방법을 다루며, 마지막 장은 정치경제의 특정 주제를 다룬다.

NARINDER NANU / Contributor via Getty Images

13장

정치참여

차례
- 정치참여 이해하기
- 참여의 유형
- 투표
- 여론
- 권위주의 정권의 정치참여

개요

정부의 질은 상당 부분 시민들이 통치과정에 기꺼이 참여하려는 정도 또는 참여할 수 있는 정도에 달려 있다. 참여할 수 있는 많은 다른 경로들이 있지만, 이 장에서는 두 가지에 주목한다. 첫째, 참여의 양이나 질은 정권 유형에 따라서도 다를 뿐 아니라 개별 국가 안에서도 시점에 따라서나 서로 다른 사회적 집단들 사이에서도 다르다. 민주주의 국가에서조차 참여의 수준은 전혀 같지 않다. 둘째, 참여 형태가 더욱 다양해졌지만 많은 사람들이 여전히 스스로 표현하지 않기를 선택하거나 현안에 대한 정보가 부족하다. 물론 권위주의 정권에서는 애초부터 그들의 시각이나 의견이 그다지 고려되지 않는다.

제13장에서는 전통적인 방식부터 비전통적이고 불법적인 것에 이르기까지 사람들이 정부에 참여할 수 있는 많은 방식들에 대하여 살펴보는 것으로 시작한다. 그 다음으로 이 장은 정치적 배제라는 문제도 고민해보고, 어떻게 여성이 정부와 정치에 관여하는지 초점을 맞춰보며, 왜 여전히 남성의 정치참여가 압도적인지 질문을 던지면서 누가 그리고 왜 참여하는지 살펴본다. 제13장은 참여와 여론 사이의 관계를 논하고, 여론이 어떻게 측정되는지 설명하며, 정치적 사건에 대한 다양한 수준의 지식이 주는 함의를 논하기에 앞서 먼저 유권자, 그리고 무엇이 그들에게 동기를 부여하는지 살펴본다. 제13장은 참여의 수준이 때때로 기대보다 높다는 것을 지적하면서 어떻게 참여가 권위주의 정권 안에서 관리되고 제한되는지 논의한다.

핵심논제

- 정부와 정치에 참여할 수 있는 방식은 상당히 많고 다양해서 참여의 정의를 너무 넓게 확장하는 것은 위험할 수 있다.
- 우리는 누가 정치에 참여하고 누가 참여하지 않는지 알지만, 참여의 양상 이면의 이유는 시간과 장소에 따라 다르다.
- 여성의 정치참여가 상당히 증가했지만 높은 지위에 접근하는 데 있어서 불평등은 지속되고 있다.
- 유권자의 습관과 동기는 오랫동안 다양한 설명이론이 개발되었으나 보편적인 답변이 없는 수수께끼였다.
- 여론을 측정하는 과학은 발전 중이나 여전히 이에 맞서는 정치적이고 기술적인 도전도 커지고 있다.
- 권위주의 정권에서 피후견주의(clientelism)와 동원된 참여가 중요한 현상이지만 여론을 측정하는 것은 종종 어렵다.

정치참여 이해하기

대부분의 민주주의 지표에서 자메이카는 좋은 점수를 받는다. 자메이카는 세계자유 지수에서는 자유로, 민주주의 지수에서는 결함있는 민주주의로 평가된다. 선거는 대체로 자유롭고 공정하며, 정당들은 많은 제약 없이 작동하고, 표현의 자유도 보장된다. 오직 하나의 분야, 즉 정치참여와 관련해서만 민주주의 지수 등급의 10점 중 5.0점이라는 상대적으로 낮은 점수를 받는다. 이것은 몇몇 권위주의 정권들보다 낮은 위치이고 베네수엘라와 러시아와 같은 등급이다. 프리덤하우스(Freedom House, 2020d)에 따르면 이는 주로 조직적 범죄와 부정부패의 악영향 때문이다. 강력한 범죄조직들은 자신들의 통제 아래 있는 지역 유권자들에게 영향력을 행사할 수 있고, 자메이카에는 이미 2006년부터 2007년, 그리고 2012년부터 2016년에 여성 총리인 심슨-밀러(Portia Simpson-Miller)가 있었음에도 여성은 정부에서 과소대표되며, 성적소수자(LGBTQ) 집단이 학대와 폭력에 시달린다.

자메이카의 사례는 건강한 민주주의가 결코 효과적인 정부제도와 권리의 보장만을 의미하는 것은 아니고, 시민의 정치참여를 독려하는 환경이라는 것을 다시 한번 깨닫게 한다. **정치참여(political participation)**는 사람들이 정부의 구성이나 정책에 영향을 주고 공공의 현안에 대한 논쟁에 참여하도록 노력하는 방식을 의미한다. 활용되는 참여경로는 시간과 장소에 따라 다르고

왜 사람들이 서로 다른 경로를 택하는지 그 이유는 민주주의 수준과 정부에 대한 공공의 만족(또는 불만족) 수준에 대하여 알려준다. 민주주의 국가에서는 사람들이 정치에 개입할지 말지, 어느 정도 개입할지, 그리고 어느 경로를 통할지 고를 수 있다. 권위주의 정권에서는 선택지가 적고, 견해를 공개적으로 표현하는 것을 허용하기보다는 국민적 지지를 확보하고 있다는 인상을 주도록 설계된 고도의 정치적 조작이 있다.

표 13.1은 우리가 정부와 정치에 참여할 수 있는 여러 가지 방식에 대하여 요약하고 있다. 더 **전통적인(conventional)** 형태들은 선거에서 투표하기, 의원들과 접촉하기, 그리고 선거유세 지지를 포함한다. 전통적 형태에는 몇몇 새로운 선택지도 있는데, 이들은 기술의 변화, 그리고 주장을 신속하게 나타내는 효과적인 방식에 대한 새로운 아이디어들 덕분에 주류가 되었다. 여기에는 블로그, 트위터, 인스타그램에 사진 올리기, 페이스북에서 논쟁하기, 플래시몹 참여 또는 온라인에서 단순히 정치지식을 찾는 것도 포함된다. 더 **비전통적인(unconventional)** 참여 형태는 시위나 조직적인 보이콧에 참여하는 것을 포함하며 이는 '늘 같은 정치(political as usual)'에 지친 젊은이들 사이에서 인기 있다. 다른 한편 가장 좌절하고 주변화된 시민들 사이에서 참여는 국가에 대항하는 테러리스트 행동의 사례에서와 같이, 법률 위반이나 폭력적으로 돌변하는 사태로 번질

정치참여(Political participation): 정부에 영향을 주도록 의도된 개인들의 행동.

전통적 참여(Conventional participation): 공식적 정치과정과 법 테두리 안에서 발생한다.

비전통적 참여(Unconventional participation): 공식적 정치과정과 법 테두리 밖에서 발생한다.

표 13.1 정치참여의 형태

더 전통적인	선거에서 투표
	정당 가입 또는 기부
	이익집단 가입, 지지, 또는 기부
	선출된 대표들과 접촉
	청원에 서명
	클릭티비즘(온라인 참여)
	정치유세에서 자원봉사 또는 선거 출마
	공동체 운동 조직
	정치 집회나 모임 참석
	배지 붙이기 또는 정치적 표어나 포스터 전시
	사회 운동 참여
	후보, 정당, 대의명분에 모금
	공직 출마
더 비전통적	평화적 시위, 항의, 파업 참여
	소비자 보이콧 조직 또는 참여
불법적	사회적 불복종
	건물이나 공공장소 점거
	정당, 후보, 선출직 공무원 업무를 고의적으로 방해
	해킹주의(악의적 사이버 활동)
	정치적인 동기의 범죄
	테러리즘과 암살을 포함한 정치적 폭력

수 있다.

참여의 전통적인 형태와 비전통적인 형태 사이의 구분은 어떻게 그들이 정의되느냐에 대하여 변화하는 관점, 그리고 참여에 유용한 경로가 점차 다양해지는 덕분에 더욱 모호해지고 있다. 띠오카리스와 반디스(Theocaris and van Deth, 2018)가 주장했듯이, 선택지가 점점 더욱 다양해지고 있어서 우리는 스스로에게 더 주의 깊게 물어보아야 한다. 참여를 보았을 때 어떻게 그것이 참여임을 인식할 수 있는지, 그리고 어떻게 지나치게 광범위하게 정의를 확장시키는 덫에 빠지지 않으면서도 참여의 새로운 형태를 판단할 수 있는지 말이다. 우리의 이해가 변화했음은 두 학자의 대조적인 발견에 투영되고 있다. 그라쏘(Grasso, 2016)는 서유럽의 자료들을 이용해서 젊은 시민들이 점차 더 비참여적이고 투표, 정당 지지, 또는 정치적 행동주의(political activism)에도 덜 참여하는 경향이 있는 세대적 전환(generational shift)이 발생하는 중이라고 주장했다. 이에 비하여 피터스(Peters, 2018)는 사람들이 비참여적이라기보다는 그들의 시간과 주의를 참여의 새로운 형태로 재분배하는 것이라고 주장한다.

피터스는 또한 어떻게 우리가 참여를 이해하고 정의해야 하는지에 대한 두 가지 재미있는 질문을 제기했다. 참여가 능동적이고 수동적(정부와 정치에 대하여 배우는 것은 수동적이지만 그래도 참여의 한 형태이다)인 형태를 모두 포함해야 하는가? 그리고 참여가 오직 정부를 향한 활동을 포함해야 하는가? 또는 기업과 같이 정부 바깥에 존재하는 제도를 향한 활동도 참여의 한 형태로 간주될 수 있는가? 띠오카리스와 반디스(Theocaris and van Deth, 2018)는 또한 시민들이 서로 영향을 주려는 노력도 참여로 정의될 수 있다고 말했다. 그 결과 부분적으로, 용어의 전통적 정의로 평가했을 때는 낮은 수준의 참여인 것이 사실은 꽤 높은 수준의 참여일 수 있다. 만약에 우리가 **디지털 행동주의(digital activism)**라는 더 복잡하고 포괄적인 관점을 취한다면 이것은 특히 맞는 말이 된다.

왜 사람들이 참여하는지에 대해서는 여러 가지 설명이 가능하다. 고대 그리스 시대까지 거슬러 올라가는 첫 번째 관점에 따르면, 민주주의 국가에서 집합적인 정책결정에 관여하는 것은 개인의 지평을 넓히고 정치교육을 제공하는, 공동체에 대한 의무이자 개인적 발전을 위한 훈련이다. 이러한 관점에서 참여는 정치체제와 개인 모두에게 혜택을 주고, 비참여자는 다른 사람들의 노력의 덕을 보는 무임승차자이다.

고귀한 이상 대신 실제 현실에 뿌리를 두고 있는 두 번째 관점은, 사람이 선천적으로 정치적 동물인 것은 아니며 높은 수준의 참여는 건강한 민주주의의 상징이라기보다는 정치체제 내에서 해결되지 못한 긴장의 표현이라고 말한다. 민주화, 시위, 그리고 높은 투표율은 사회가 건강하다기보다는 과열되어 있다는 의미일 수 있다. 이와 반대로 평상시에는, 제한된 참여가 사람들이 다른 활동의 추구하는 것을 자유롭게 해주고 사람들의 요구를 맞춰준 체제의 성공을 의미할 수도 있다.

이러한 두 가지 설명에 따르면, 민주주의에서 중요한 것은 시민들이 정치적 사건을 감시하며 필요하다면 참여하게 된다는 점이고, 그 경로가 항상 사용된다는 점이 아니라 그저 열려있다는 사실이다. 슈드슨(Schudson, 1998)은 언젠가 마치 부모가 아이들이 수영장에서 놀고 있는 것을 지켜보는 것처럼 시민들이 비활동적인 때에도 활동할 태세를 갖춘 상황이라고 말했다. 특히 우리가 참여의 몇몇 전통적 형태가 쇠퇴하고 있음을 목도하면서, 경계가 민주주의의 중심 메커니즘으로 간주될 수도 있다. 감시는 참여의 한 형태로 이해되어야 하고 경계는 "행동의 한 형태(a mode of action)"이라고 주장한 로잔발론(Rosanvallon, 2008)은 "주의하고, 경계하며, 보초서는 것이 시민권의 근본적인 특성"이라고 제시했다.

참여의 유형

참여의 경로만이 아니라 누가 참여하고, 어떻게 참여하며, 얼마나 자주 참여하고, 그리고 왜 참여하거나 참여하지 않는지 참여의 유형을 살펴보는 것도 중요하다. 제14장에서 살펴볼 것처럼, 한 가지 잠재적인 문제의 조짐은 많은 국가에서 선거 투표율이 감소하고 있다는 점이다. 제15장에서 살펴볼 예정인 이와 관련된 현상으로, 정당에 대한 지지도 줄어들고 있다. 그러나 투표와 정당 활동은 복잡한 그림의 두 부분일 뿐이다. 투표율과 그 추세는 시간과 국가에 따라서, 그리고 심지어 국가 안에서조차 다르고, 선거와 같은 어떤 활동에서는 하락 추세일지라도, 특히 소셜미디어와 연계된 다른 종류의 활동에서는 상승 추세일 수 있다.

수십 년 동안 민주주의 국가의 참여 수준에 대한 연구들 가운데 가장 주목할 만한 결과는 투표를 제외한 다른 수단을 통해서는 대부분의 사람들이 상당히 적게 참여한다는 사실이다. 참여에 대한 미국의 한 영향력 있는 비교연구는 고대 로마의 비유를 들었다. 밀브래스와 고엘(Milbrath and Goel, 1977)은 사람들을 활동적인 검투사 소

디지털 행동주의(Digital activism): 소셜미디어, 이메일, 팟캐스트, 그 외 다른 디지털 매체를 활용하는 정치적 행동주의. 이것은 또한 인터넷 행동주의, 온라인 행동주의, 그리고 해시태그 행동주의라고 알려져 있다.

집단, 관중을 모은 대집단, 그리고 중간 크기의 무관심자 집단으로 나누었다 (도표 13.1). 이러한 분류는 다른 민주주의 국가에게도 적용되었고 투표 외의 참여 방식을 이해하는 데 영향을 주고 있다. 예를 들어, 조지와 리드너(George and Leidner, 2019)는 개인정보 수집을 거부하거나 정치적 및 사회적 변화를 시도하고 달성하기 위하여 자료들을 사용하는 데이터 행동주의(data activism)를 검투사의 일, 클릭티비즘(clicktivism)을 관중의 예로 들면서 열 가지 서로 다른 디지털 행동주의에 위계를 적용했다.

검투사 비율이 낮은 것은 아마도 놀랍지 않을 것이다. 하지만 그들은 큰 정치적 영향력을 행사할 수 있음에도 불구하고, 사회 각계각층에서 나오지는 않는다. 대부분의 민주주의 국가에서 참여의 정도는 나이가 많고, 교육수준이 높고, 소득이 많은 시민들 가운데 가장 높다. 왜 그런가? 버바 등(Verva et al., 1995)에 따르면 자원과 정치적 관심이라는 두 요인이 중요하다. 우리가 말하는 '자원'이란 지위가 높은 집단에 속한 사람들이 정치에 참여할 시간, 정치를 이해하는 데 필요한 지식, 목소리가 전달될 수 있는 지위, 정치적 견해를 설득력 있게 펼칠 소통의 기술이 있음을 뜻한다.

1996년부터 2015년 사이 50개 이상의 유럽, 아시아, 중남미국가들의 자료를 분석한 마쓰바야시와 사카이야의 연구(Matsubayashi and Sakaiya, 2021)는 그중에서도 특별한 자원, 즉 높은 소득을 받는 사람들의 투표율이 더 높다는 것을 밝혀냈다. 이 연구의 결론은 "만약 유권자들이 기권자보다 더 부유하고 그와 다른 정책적 선호를 가지고 있다면, 정부는 부유층의 선호도에 발맞추는 정책을 만들어낼 가능성이 있다"는 것이다. 이 연구는 소득불평등이 높을수록 매표가 더 자주 발생하며 (이 장 뒷부분 참고) 이런 일이 흔해질수록 저소득 시민의 투표율은 증가하는 반면 고소득 시민은 정치적 영향력을 잃어가면서 그 투표율이 감소할 것이다.

적극적인 참여의 뒤에 있는 두 번째 요인은 정치적 관심이다. 높은 지위에 속한 개인은 참여할 동기도 있고 수단도 가지고 있으므로 정치에 더 참여할 가능성이 있다. 더이상 일상생활 속 문제에 몰두하지 않기 때문에, 그들은 집합행위에 참여하는 데에서 만족을 찾을 수 있다 (Inglehart and Welzel, 2010). 부유한 사람들은 또한 공적 삶의 질이라는 유행을 좇는 데 더 많은 시간을 가지고 정치가 자신들의 자산과 전망에 어떻게 영향을 미치는지 볼 가능성이 있다.

정치적 관중에 관해서는 그 특징을 꼭 집어서 특정하기 어렵고 그 역할도 정보의 이용가능성이

검투사
정치적 전투를 수행
5~7%

관중
정치적 전개 과정을 바라보고 오직 투표를 통해서만 직접 참여
약 60%

무관심자
공식적 정치 모두를 회피 약 35&

도표 13.1 민주주의 정권에서 정치참여

> **클릭티비즘(Clicktivism)**: 트위터를 주고받거나 해시태그를 달거나 온라인 청원을 지지하는 등 온라인 활동에 개입하는 정치참여의 형태이다. 비하적으로 슬랙티비즘(slacktivism)라고 알려져 있다.

증가함에 따라 변화해 왔다. 인터넷과 소셜미디어의 등장으로 사람들이 한 세대 전에는 도저히 불가능했을 세부적인 수준의 정치적 정보를 수집하는 것이 가능해졌고 클릭티비즘을 통하여 그 정보를 재유통하는 것이 매우 쉬워졌다. 만약 말하지 않고 보는 것이 참여의 한 형태라면 정치적 관찰은 참여의 선도적이고 영향력 있는 형태라고 할 수 있다. 관중의 시대에 그린(Green, 2010)은 사람들의 훈련된 시선, 즉 목소리보다는 눈이 자신들 권력의 원천이 되어 버렸다고 말한다.

마지막으로 무관심자란 전혀 참여하지 않는 사람을 의미하는가? 대부분의 민주주의 국가에서 참여란 필요조건이 아니라 선택일 뿐이기 때문에 (그러나 제14장에서 의무투표에 대하여 살펴보라), 그리고 참여의 불평등성은 자원과 관심의 상이성에 깊이 뿌리내리고 있기 때문에 관여하는 정도는 절대 똑같아질 수가 없다. 활동적인 소수가 수동적인 다수의 사회학적 비전형성으로 남아있을 것이다. 참여를 가로막는 것이 정확하게 무엇인가에 대해 어떤 사람들은 참여함으로써 얻는 이익이 하나도 없다는 손익계산으로 설명한다. 다른 사람들에게 그것은 **정치적 배제(political exclusion)**의 문제이다. 무관심한 사람들은 그들이 주변화되었거나 소외되었다고 느끼기 때문에, 또는 자신들의 참여가 어떠한 차이를 만들지 못한다고 믿기 때문에, 정부를 소수의 엘리트에게 지배당하는 제도의 집합이라고 보기 때문에, 또는 단순히 정치에 관심이 없기 때문에 자

> **정치적 배제(Political exclusion):** 사회의 주변적 지위로 인하여 가난한 사람, 소수자, 실업자와 같이 집합적 정책결정과정에 참여하는 것이 좌절되는 사람들의 현상.

아르헨티나 시민들이 코로나19 격리로 인한 위기에 대하여 토론하기 위해 페르난데스(Alberto Fernandez) 대통령 접견을 요구하는 청원서를 돌리고 있다. 그들의 움직임은 소수자들의 참여 사례로, 민주주의하에서 정치적 투쟁을 가장 많이 전개하는 이들은 소수자들이다.

신들을 효과적으로 배제시키거나 배제당한다.

앞에서 '누가' 정치에 참여하는지를 물었다면, 이제 '왜' 참여하는지를 간단하게 묻는 것도 의미 있다. 합리적 선택이론가들('이론 적용 13'을 살펴보라)은 참여하고 정보를 갖는 데 걸리는 시간과 노력의 양, 그리고 투표참여가 어떠한 차이를 실제로 만들 가능성이 상당히 낮다는 것을 감안할 때 투표가 비합리적 행위라고 말한다 (Downs, 1957). 이것이 바로 **참여의 역설(paradox of participation)**이다. 물론 만약 모든 사람이 이런 식으로 생각한다면 아무도 참여하지 않을 것이고 민주주의는 기능을 멈추게 된다. 참여를 위해 노력해야 하는 몇 가지 분명한 이유가 있는데 (도표 13.2 참조), 그 이유는 정부와 정치에 대한 사람들의 관점에 따라 서로 다른 수준의 영향력을 행사할 것이다.

여성의 참여사례를 살펴보면, 민주주의 국가들 사이에 최근 중요한 동향이 명백하고, 제9장에서 보았듯이 몇몇 국가에서는 여성 의원의 비율을 증가시키려는 정책들을 통해 강화되고 있다. 그러나 대부분의 국가에서 여성의 정치참여에 대한 공식적인 장벽은 제거되는 중임에도 불구하고 미묘한 장벽은 여전히 남아있다. 이것은 정치참여뿐 아니라 선거나 공직 임명에도 모두 공통적으로 적용된다 (Paxton et al., 2021). 이는 부분적으로 정치라는 영역에 여성이 상대적으로 늦게 진입했기 때문이기도 하다. 뉴질랜드는 1893년 여성들에게 투표를 세계에서 가장 처음 허용했던 국가이고 핀란드는 1907년 국회에 여성을 처음으로 입성시킨 국가이나 여성 참정권은 제2차 세계대전 이후 새로운 국가들이 수립되면서 함께 광범위하게 확산되었다.

유권자의 투표율을 하나의 지표로 간주하여, 59개 국가에서 실시한 세계가치조사(WVS: World Values Survey) 자료를 통해 2010년부터 2014년 사이 남성과 여성은 각각 61퍼센트와 59퍼센트가 '항상' 투표하고 각각 22퍼센트와 23퍼센트가 '때때로' 투표한다고 답해 거의 비슷한 수준으

> **참여의 역설(Paradox of participation)**: 투표가 투여된 시간과 노력, 한 표가 차이를 만들 가능성의 낮음을 고려할 때 비합리적인 행위라는 생각.

> **합리적 선택이론(Rational choice theory)**: 개인들이 자신들의 혜택을 극대화하고 비용은 최소화한다는 생각에 기초하여 정치와 정부를 연구하는 접근법.

영향	특징
이상주의	민주주의의 가능성을 믿고, 중요한 것을 지키거나 변화를 가져오기를 희망하기.
책임	참여라는 사회적 책임을 느끼기, 투표와 정치적 의견을 자유롭게 표현할 권한을 얻기 위한 희생을 기억하기.
목소리 들리기	사회가 직면한 문제들의 잠재적 해결책의 일부로 여겨지기를 원하기.
동원	현직자들에 반대하거나 반대로부터 위협을 상쇄하기 위하여 정당이나 정치적 지도자에게 격려받기.
즐기기	사회적 소명을 위하여 참여하기, 사회공동체나 경쟁할 때 느끼는 흥분에 동참하기.

도표 13.2 왜 사람들은 정치에 참여하는가

이론 적용 13

합리적 선택

정치참여는 거의 모든 다른 종류의 활동에서 우리 각자가 하는 것과 비슷한 손익계산에 의하여 이루어진다. 이러한 계산을 더 잘 이해하기 위한 하나의 접근법은 합리적 선택이론(rational choice theory)이다. 이 이론은 게디스(Geddes, 2003)가 논했듯이 사람들은 "주어진 목적과 고를 수 있는 대안적 전략 속에서 그 목적에 도달할 가능성을 극대화하는 대안을 고른다는 의미에서 합리적이다." 우리는 각자 본능적으로 스스로가 논리적이고 신중하다고 생각하며 결정을 내리고, 다른 사람이나 국가를 도울 때처럼 행위가 이기적으로 보이지 않을 때에도 돕는 행위가 자기 스스로의 이익, 즉 만족감과 같이 단순한 것을 위한 것인지에 대해 논쟁한다.

합리적 선택이론 접근법은 비록 투표가 유권자들에게 합리적인 일이라 할지라도 정보를 갖춘 유권자가 되기 위해 시간과 노력을 기울이는 일도 반드시 그들에게 합리적인 일은 아니라는 점을 발견하면서, 민주주의 국가의 유권자를 더 잘 이해하기 위하여 사용되어 왔다. 이 접근법의 효과 가운데 하나는 부유하고 힘 있는 사람과 제도가 선거과정에 반비례적으로 영향력을 행사한다는 것이다. 소민(Somin, 2016)이 적어도 미국을 위해 제안한 해결책은 사람들이 관련된 정보를 습득하고 이를 지혜롭게 활용하도록 강력한 유인책을 가질 때 더 좋은 결정을 내린다는 사실에 기초하여, 탈 중앙집중화 및 정부의 제한과 연결되어 있다.

역설적으로 합리적 선택 접근법의 가치는 처음에는 비합리적 행태로 보일 수 있는 것을 넘어 추론을 설명하는 데까지 확장된다. 예를 들면, 2016년에 수많은 정치학 연구결과들이 최선의 이익에 반하는 행위라고 경고했건만 많은 영국 유권자들은 브렉시트를 지지했고 많은 미국 유권자들은 트럼프를 지지했다. 이 두 가지 사건은 이민, 세계화, 국가주권의 상실, 정치적 엘리트에 대한 거부감, 주로 상상 속의 '좋았던 옛날들(good old days)'에 대한 향수에 대한 우려와 연결시키는 정치적 분석의 홍수로 이어졌다. 브렉시트와 트럼프에 대한 선택이 전문가들을 많이 놀라게 했던 것은 사실이지만 후속 연구들은 이 두 가지 선택이 현상유지에 대한 저항의 합리적 형태라고 설명했다.

합리적 선택이론에 있어서 한 문제는 국가들 사이의 다양한 차이를 이해하는 데 제한이 있는, 인간 행위에 대한 보편적인 모델에 기초하고 있다는 것이다. 개인적 목표가 당연시되는 것처럼 상이한 국가적 배경도 그렇게 여겨져야 한다. 그 배경은 개개인에게 가능한 선택지를 결정하고 그 안에서 개인들은 각자의 전략을 추구한다. 한 사람, 하나의 공동체, 또는 한 사회, 또는 한 국가에게 합리적이라고 보일 수 있는 것이 다른 이들에게는 합리적이라고 보이지 않을 수도 있다. 예컨대 민주주의 국가의 유권자들에게는 러시아 유권자들이 푸틴이 (이 장 후반에 나오듯 당연히 선거부정의 도움을 받기는 했지만) 계속해서 공직에 머무르게 하는 것이 비합리적이라고 보일 것이다. 그러나 많은 러시아 유권자들, 특히 젊은 유권자들은 푸틴 행정부가 소비에트 시대의 압정으로의 회귀를 피하려 하는 유권자들의 최고 희망사항을 대변한다고 부분적으로 믿기 때문에 이것이 최선이라고 규정한다 (Troianovski, 2018).

로 투표했음을 알 수 있다 (Solijonov, 2016 참조). 그러나 나라마다 살펴보면 상당한 차이가 드러난다. 여성은 대상국 가운데 약 1/3에서(러시아, 뉴질랜드, 브라질, 남아프리카공화국, 스웨덴 포함)만 더 활동적이었고 남성은 중동, 북아프리카, 아시아(특히 파키스탄, 이집트, 나이지리아, 일본)에서 더 활동적이었다.

그러나 세계가치조사 자료는 설문조사에 기초했고 성별 투표율에 대한 확실한 자료는 좀처럼 수집되지 않는다는 단순한 이유로 인하여 찾기 어렵다. 상당 기간 동안 이러한 자료를 갖춘 몇 안 되는 국가 가운데 하나는 미국이다. 대통령선거에서 성별 간 차이는 여성 위주로 꾸준히 증가하면서 역전되었는데, 이제 여성은 남성에 비해 보통 약 3~4퍼센트 포인트 더 투표한다 (도표 13.3 참조). 거기에는 몇 개의 가능한 이유들이 있다. 예를 들면 더 활동적인 젊은 여성들이 덜 참여적인 어머니와 할머니를 대체하면서 사회적 규범들이 바뀌고 예컨대 낙태, 여성의 권리, 육아, 동일임금과 같은 여성의 이슈들이 정치적 의제에서 새롭게 중요하게 부상하였다 (Wolbrecht and Corder, 2020).

투표

민주주의 정권에서, 정부는 대부분 선출되고, 구성되며, 책임을 지는 방식이기 때문에 투표는 다른 모든 정치적 활동의 출발이 되는 유일한 참여적 행위이다. 투표는 또한 선거부정이 없다면 최소한 이론적으로는 모든 시민이 동등하게 간주되기 때문에 가장 공평한 형태의 참여이다 (선거의 일부 산술적 문제에 대해서는 제14장을 참조). 투표는 더불어 상대적으로 쉬운 형태의 참여이고 선거철에만 짧게 활동적이고 선거와 선거 사이에는 수동적으로 관람하면서 시간을 보낼 수 있어 시민들에게 단지 주기적인 요구만을 한다. 권위주의 정권에서는 부정과 협박이, 투표로 하여금 일반의지의 표현이 아니라 유권자 통제, 그리고 엘리트와 야당 모두를 선출하는 수단을 의미하게 만들기 때문에 더 복잡하다.

투표가 우리에게 참여의 동학을 말해준다는 의미에서 제기되어야 하는 중요한 질문은 어떻게 유권자들이 선택을 결정하느냐이다. 거기에는 사회학적이고 심리학적 영향이 서로 다른 때에 서로 다른 장소에서 서로 다른 역할을 한다는 몇 가

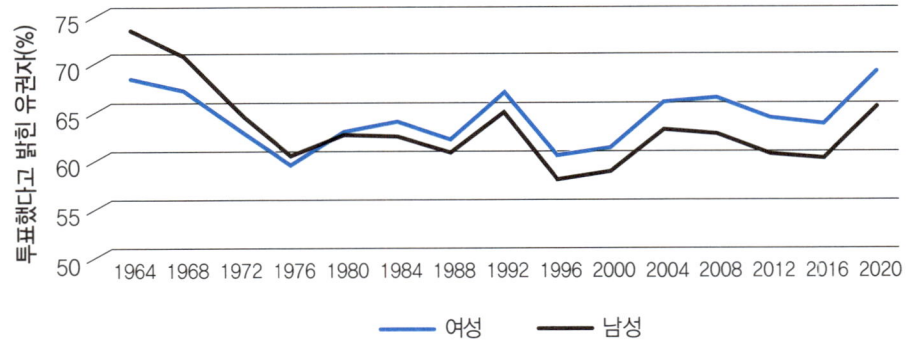

도표 13.3 미국에서 성별에 따른 투표율
출처: United States Census Bureau (2021).

지 답변이 가능하다. 투표 습관에 대하여 우리가 아는 대부분은 도표 13.4에 요약되어 있듯이 네 가지 주요 변수 중심이다.

첫 번째는 산업혁명 시기부터 민주주의 세계 전역에서 유권자 선택의 주요 변수인 **사회적 계급(social class)**이다. 오랫동안 노동계급은 좌파 정당을 지지하는 경향이 있었고 이에 비하여 중산층은 중도나 우파 정당에 더 기댔다. 한때는 특히 과거 계급투표가 상당했던 서유럽국가들에서 계급투표가 줄어들었다. 그러나 많은 노동계급 유권자들이 극우정당을 지지하는 유행을 포함하여 주목할 만한 변화가 있음에도 불구하고 계급투표는 계속해서 줄고 있다. 유럽 유권자들에 대한 오에쉬와 렌월드(Oesch and Rennwald, 2018)의 연구는 극우파가 현재는 주로 중도우파를 뽑는 소상인들과, 이민과 세계화를 향한 극우파의 적대감에 동의하는 노동자들의 표를 얻기 위해 경쟁하고 있다는 사실을 발견한다.

유권자의 선택에 영향을 주는 두 번째 변수는 1992년 미국 대통령선거 동안 노동자들을 당 이념에 충실하게끔 붙들어두기 위한 간판이 클린턴(Bill Clinton) 선거운동본부에 내걸렸을 때 화려하게 드러났듯이, 경제상황이다. 선거 전략가 카빌(James Carville)에 의해 쓰인 간판은 단 세 가지 내용만을 담고 있었다. "변화 대 유지(change vs. more of the same)", "바보야, 문제는 경제야(the economy, stupid)", "건강보험을 잊지 마(don't forget health care)." 여기에서 두 번째는 곧 클린턴 선거운동의 표어가 되었고 그때부터 "바보야, 문제는 적자야(it's the deficit, stupid)" 그리고 "바보야, 문제는 유권자야(it's the voters, stupid)" 같이 다수의 변형으로 나타나 더 보편적으로 사용되는 정치적 어휘가 되었다.

경제투표(economic voting)라는 생각을 지지하는 증거가 시간에 따라 그리고 유럽이나 북미뿐 아니라 중남미, 아시아, 아프리카의 비교연구에 의하여 상당히 많이 축적되어 있다. 루이스-벡과 스테그마이어(Lewis-Beck and Stegmaier, 2019)의 연구는 "정부는 경제가 부진할 때 지고 … 경제가 번창할 때 표를 얻는다" 그리고 "이러한 효과들은 지속적이고, 널리 퍼져 있으며, 강한 경향이 있다"고 결론짓는다. 이를 최근에 심

사회적 계급(Social class): 재산, 교육, 직업, 그리고 지위에 기초한 사회의 위계적 구분.

경제투표(Economic voting): 유권자의 선택과 경제상황 사이에 강한 상관관계가 있다는 이론.

변수	특징
사회적 계급	경제구조가 변하면서 정당의 계급적 기반이 약해지고 있다.
경제	거의 항상 중요하나 그렇다고 항상 결정적이지는 않다.
이슈	범죄와 안전 같은 이슈는 중요하나 이것은 유권자들이 이러한 이슈에 대하여 인지하고 의견을 가지고 있다는 것을 전제한다.
종교	세속화가 득세하면서 감소하는 중이나 아직도 많은 국가들에서는 변수가 된다.

도표 13.4 유권자 선택에 미치는 영향들

각한 경제적 문제를 겪고 있는 그리스와 같이 깔끔하게 보여주는 사례가 없다. 시리자(Syriza)는 2004년 창당된 급진 좌파 연합 정당이고 2008년 총선에서 200석 가운데 단 13석만 확보했다. 경제문제에 대한 대책의 일환으로 실시된 긴축 정책으로 그리스가 고생하던 2012년 한 달 간격으로 열린 두 선거에서는 시리자가 제2의 정당이 되었다. 시리자는 2015년 두 번의 선거에서는 마침내 승리했다. 그중 한번은 시리자가 그리스 의회의 거의 과반수를 장악했고 당대표인 치프라스(Alexis Tsipras)가 총리가 되었다. 경제 문제가 지속되는 상황에 시리자는 2019년 선거에서는 처참하게 패배했고 중도 우파의 신민주당(New Democracy Party)이 과거보다 두 배 이상 성장하여 과반수를 확보했다. 굴라스 등(Goulas et al., 2019)은 이 결과가 유권자들이 좋은 시절에는 현직자를 지지하고, 나쁜 시기에는 응징한다는 사실을 다시 한 번 확증한다고 정리했다.

그들이 부유한 국가에서 살건 아니면 가난한 국가에서 살건, 더 가난한 유권자들의 행동은 재미있는 역설을 만든다. 많은 연구들은 상당히 많은 수의 유권자들이 자신들의 물질적인 이익을 대변하는 것으로 보이지 않는 정당을 종종 지지하고 그보다도 부유한 사람들의 이익을 대변하는 정당들을 지지하는 것으로 보여준다. 예컨대 후버와 스타니그(Huber and Stanig, 2009)는 부유한 국가들에서 상당히 많은 더 가난한 유권자들이 자신들이 혜택을 받을 수 있는 높은 세금과 재분배 정책에 반대하는 정당을 지지한다고 지적한다. 이러한 현상은 2016년 미국 트럼프의 승리에서 엿보인다. 그는 정치적이고 경제적인 엘리트로부터 주변화되었다고 느끼는, 이민을 통제하고 새로운 직장을 만들겠다는 그의 공약을 지지하는 유권자들로부터 상당한 표를 확보했다. 그러나 트럼프가 행정부로 지명했던 사람들의 대부분이 그와 같이 기업에서 경력을 쌓은 부유한 사람들이었고 그의 많은 정책들은 부유한 사람과 기업의 세금 부담을 덜고, 수입 가격을 높이고 수출은 줄이는 효과를 낳는 무역장벽을 세웠다.

다른 종류의 경제적인 유인은 **매표(vote buying)** 이다. 매표는 주로 더 가난하고 더 부패한 사회의 문제로 들리지만 사실 광범위하게 퍼져 있는 현상이다. 정부는 합법적으로 그리고 일상적으로 국제기구 회의에서 다른 정부의 표를 사주는데 (Lockwood, 2013), 예컨대 선출된 대표들이 노력해서 지역구로 가져온 새로운 공장, 학교, 또는 군사시설도 매표라고 정의될 수 있다. 쉐이퍼(Schaffer, 2007)는 좀 더 가난한 사회에서는 현찰과 상품(담배부터 시계, 관, 이발, 쌀가마니, 생일 케이크, 그리고 TV)의 사용이 매표라고 지적하고, 서비스 또한 매표로 활용될 수 있다고 적었다 (이 장의 후반에서 피후견주의에 대한 논의를 또한 참조하라).

아스피놀과 버렌슈코트(Aspinall and Berenshoot, 2019)의 책 『판매 중인 민주주의(*Democracy for Sale*)』은 민주주의를 향한 최근의 움직임에도 불구하고 매표, 유력한 정치인이 부정하게 영향력을 행사하는 일(influence peddling), 정부 사업으로부터 돈 빼돌리기(skimming money)가 일상적 정치 관행의 전부를 차지하는 인도네시아(결함있는 민주주의로 분류) 사례에 주목한다. 저자들은

> **매표(Vote buying)**: 선거에서 유권자들의 지지 대가로 그들에게 정당과 후보가 재화와 혜택을 제공하는 것.

"모든 수준에서, 공식적 정치제도에 물질적인 혜택과 호의가 흐르는 비공식적이고 개인화된 네트워크가 어둠을 드리우고 있다"고 적었다. 인도네시아의 정치인들은 소규모 사업, 현찰, 또는 다른 재화를 유권자나 집단에게 분배함으로써 종종 권력을 획득한다.

또 다른 결함있는 민주주의 국가인 브라질은 정부 안에서 발생한 매표의 사례를 보여준다. 2005년 거대한 추문이 터졌는데 당시 여당인 노동당(Worker's Party)이 많은 수의 의회 지도자들에게 정당이 추진하는 입법에 대한 지지의 대가로 매달 생활비를 나누어 준 것이다. 두둑한 생활비를 뜻하는 멘살렁(Mensalão) 추문으로 알려졌는데 이는 2003년부터 2010년에 재임했던 룰라(Lula da Silva) 대통령 정부를 실각으로 이끌었다. 룰라 자신은 재선에 성공했는데 38명의 피고인들 가운데 25명이 법원에서 다양한 혐의들에 유죄판결을 받았다.**

유권자의 선택에 대한 세 번째 중요한 변수는 고용, 범죄, 안전, 환경, 교육, 공공지출, 세금과 같은 공적인 주제 주변에 넓게 형성된 이슈들이다. 실제로는, 어떤 사람이 **이슈 유권자(issue voter)** 라고 불릴 수 있으려면 넘어야 하는 몇몇 장벽이 있다. 그는 이슈를 인지하고 있어야만 하고, 그 이슈에 대하여 의견이 있어야만 하며, 이슈에

> **이슈 유권자(Issue voter)**: 오직 사회적이거나 인구학적인 변수들에 의존하기보다 자신에게 가장 이해가 걸리는 정책들에 기초하여 선거에서 선택하는 유권자.

** 역자 주) 2018년부터 2019년 사이 룰라는 자금 세탁과 뇌물 수수로 유죄를 선고받고 감옥에서 복역했다. 그러나 2022년 대법원에서 무죄로 인정받은 뒤 대통령선거에서 승리하여 2023년 1월 대통령궁으로 복귀했다.

따라 정당들은 서로 다르다고 믿으며 자신의 입장과 가장 가까운 정당에게 투표해야 한다. 유권자 선택에 대한 초기의 연구들은 오직 소수만이 이 모든 장벽을 넘었다고 주장했으나 나중의 연구들은 특정 정책(그리고 또한 넓은 이념)에 기초하여 투표하는 일이 증가했다고 본다. 맥락이 중요함도 주의할 필요가 있다. 예컨대 아르헨티나에 관한 한 연구 (Lupu et al., 2019)는 선진국보다는 개발도상국에서 가난과 부패가 더 큰 문제이고 정당에 대한 애착이 약하기 때문에 유권자들은 이슈 투표를 좀 더 강조할 수 있다.

이슈 투표의 초기 비교 연구들 가운데 하나에서 프랭클린(Franklin, 1992)은 17개의 민주주의 국가를 분석하면서 이슈 투표의 증가는 대체로 사회적 지위에 기초한 투표의 감소와 정확하게 들어맞는다고 결론지었다. 루이스벡 등(Lewis-Beck et al., 2008)은 나중에 비교할만한 정보가 가장 긴 기간 동안 축적된 미국의 사례에서 비슷한 결론에 도달했다. 루이스벡 등은 교육 수준이 개선된 유권자들 가운데 "이슈 투표가 더 자주 발생할수록 대중적 이슈에 대한 사고 구조에서 전반적인 명료성이 더해지고, 대중의 정치적 사유 안에서 이념적인 주제의 중요성이 강화되었다"고 발견했다. 그래도 유권자가 가진 지식의 질에 대한 의문은 남아서, 제12장에서 살펴보았듯이 문제는 반향실(echo chamber)과 허위정보라는 쌍둥이 효과에 의하여 더 심각해지고 있다. 많은 사람들은 이슈에 대하여 인지하고 있고 그에 대한 견해가 있으나, 얼마나 많은 사람들이 이들 이슈에 대하여 그리고 그 원인과 효과에 대한 세부사항을 많이 알고 있는가?

마지막으로 유권자의 선택에 대한 중요한 변

수는 종교이다. 로즈와 어윈(Rose and Urwin, 1969)이 1960년대에는 "현재의 서방세계에서는 계급이 아니라 종교적 분열이 정당의 중요한 사회적 기초다"고 주장했다. 더 최근에는 에스머와 패터슨(Esmer and Pettersson, 2007)이 "스칸디나비아와 영국을 제외하고 대부분의 유럽국가들에서 종교성이 여전히 선거의 선택을 상당히 결정한다"는 사실을 찾아냈다. 나이지리아 (Nwankwo, 2019)와 미국 (Newport, 2020)과 같이 일부 국가에서는 종교의 영향력이 실제로 증가하고 있다. 브라질에서는 정당체계의 약점이, 선진 민주주의국가에서는 종종 정당에 의하여 발생하는 문화적 분열을 조장하고 신학적 목적과 자신들의 종교 집단의 이익을 증진하기 위해 정치를 활용하는 종교계 지도자들로 귀결되었다 (Smith, 2019). 그러나 종교는 하나의 변수가 아니라 세 가지 주요 측면에서 연구될 수 있다.

- 우리는 종교적인 유권자와 세속적인 유권자를 폭넓게 구분할 수 있다. 종교적인 유권자는 우파에게 투표하는 경향이 있고 세속적인 유권자는 좌파에게 투표하는 경향이 있다.
- 우리는 세부적인 종파에 따라 유권자를 나눌 수 있다. 예컨대 가톨릭 신자들은 우파를 지지하는 경향이 있고 유대교인은 좌파를 찍는 경향이 있다.
- 우리는 그들의 인생에서 종교의 중요성에 따라 유권자를 구분할 수 있다. 종교는 가장 강력한 종교적인 신념을 가진 유권자들의 선택에서 더 큰 변수가 될 것이다. 그들은 또한 더 자주 투표에 참여할 것이다.

산업적 변화가 계급투표 감소에 기여했듯이 세속화(secularization)가 종교적 투표 감소에 영향을 줄 것이라고 예상한다. 사회가 근대화되고 이에 따라 자연스럽게도 좀 더 세속화되고 있다. 명백히, 많은 민주주의 국가에서 종교적 신념이 지속적으로 감소하고 있다 (미국에서도 점점 더 그렇다). 그러나 종교적 투표가 계급투표와 같은 정도로 감소했다는 증거를 찾기는 어렵다. 전반적으로 선거행위의 종교적 기초는 상당하게 영향을 주는 요소로 남아 있는 것으로 보인다.

여론

우리가 만약 참여가 수동적일 수도 또 적극적일 수도 있다는 데 동의한다면, 정치참여의 깊이와 넓이는 여론(public opinion)과 밀접하게 연결되어 있다. 사람들이 그날의 이슈에 대하여 논의하거나 단순히 생각만 할 때도 그들은 정치과정에 참여하고 있는 것이다. 그리고 정치지도자가 '대중(the public)'이 특정한 이슈에 대해 어떻게 생각하는지 끊임없는 논쟁에 참여하고 있다는 것은 아주 당연하고, 오로지 중요한 여론조사는 선거 당일의 투표뿐이라고 때때로 주장하며 일상적으로 부인하면서도, 사실은 여론조사들을 매우 주의 깊게 보고 있다는 것은 조금도 놀랍지 않다. 여론이 끊임없이 특정의 이슈에 관해서 측정되는

세속화(Secularization): 종교적, 사회적, 그리고 개인적 생활에서 종교가 차지하는 공간이 감소하는 것.

여론(Public opinion): 해당 공동체 사회의 구성원들에 의하여 공적인 관심의 대상이 되는 이슈에 대하여 형성된 관점의 범위.

데 비하여 선거는 오직 얼마 만에 한 번씩 실시된다는 점에서 여론은 선거보다 정치적 결정에 훨씬 더 강력한 영향을 행사하는 것은 사실이다. 이러한 관점에서 프랑스혁명 동안에 적용되었던 것이 오늘날에도 여전히 유효하다.

> 여론은 어떤 특정한 장소에서 실시되거나 특정 장소를 대표하지 않는, 언제나 어디에서나 그 스스로 발현된 권력이었다. 따라서 여론은 적극적이고 영구적인 존재로서 사람들의 필수적인 명확한 표시(essential manifestation)가 되었다 (Rosanvallon, 2008).

여론이 어떻게 측정되는지에 대해서는 몇 가지 선택이 가능하다. 그중에서도 으뜸은 **여론조사(opinion polls)**와 **표본 설문조사(sample surveys)**로, 사람들이 믿는다고 주장하는 바를 규명하는 데 전통적으로 선호되어 온 방식이다. 대중은 그 자체로 여론조사나 설문조사에 대하여 의심을 가지고 바라보고 있지만, 여론조사자가 숫자를 어떻게 해석하는지 아는 국가에서는 최소한 선거결과를 예측하는 데서는 그 정확성이 잘 입증되고 있다. 예를 들면, 미국에서 현대 대통령선거에서 궁극적인 승자의 추정 득표수와 실제 최종 결과 사이의 차이가 3퍼센트를 결코 넘지 않는다. 『뉴욕타임스(New York Times)』의 실버(Nate Silver)와 같은 여론조사자는 2008년에 50개 주 가운데 49개 주의 승자, 2012년에는 50개 주의 승자 전부를 정확하게 예측할 수 있었다. 여론조사 대부분은 힐러리 클린턴(Hillary Clinton)이 트럼프를 이길 것이라고 추정했던 2016년에 '틀렸다(getting it wrong)'는 비판을 받았지만 실제로는 그렇게 많이 빗나간 것은 아니었다. 여론조사는 힐러리가 3.2퍼센트 차이로 더 많이 유권자 표를 얻을 것으로 보았으나 2.1퍼센트 차이로 앞섰다. 2020년에는 대부분의 여론조사가 바이든(Joe Biden)이 유권자 표의 51퍼센트를 확보해서 이길 것이라고 정확하게 예측했다.

그러나 선거 투표율이 감소하는 시대에는 유권자가 마지막 순간에나 자신의 마음을 결정하고 설문조사에 대한 응답률을 떨어뜨리며, 여론조사자는 점차 심각한 도전에 직면하고 있다. 예컨대 2015년 영국의 총선에서 집권 보수당(Conservatives)이 이길 의석 수를 심각하게 과소평가했다. 여기에서 하나의 변수는 야당인 노동당(Labour party)의 지지자들이 특히 투표 가능성을 과장하는 경향과 관련이 있어 보인다. 가치와 선택 사이를 구분하는 다른 설명도 있다. 유권자는 아마 보수당과 같은 특정한 정당의 가치를 좋아하지 않았으나 노동당보다는 더 효과적으로 통치할 것이라고 믿었기 때문에 여전히 보수당에게 표를 던졌다 (Booth, 2015).

직관적이지 않다고 느껴지겠지만, 여론조사를 위하여 신중하게 선택된 1,000명의 사람들로 구성된 집단이 더 넓은 인구 전체를 정확하게 대변할 수 있다. 여기에서 중요한 대목은 '신중하게 선택된'이다. 과정은 체계적이어야만 하고 표본은 어떠한 불일치도 '가중치 부여'로 알려진 보정을 받아 전체 인구의 알려진 숫자들과 비교되

여론조사(Opinion poll): 여론을 측정하기 위하여 인구의 체계적인 표본에 대하여 표준화된 방식으로 연속적인 질문을 묻는 것.

표본 설문조사(Sample survey): 여론조사와 유사하나 더 구체적인 설문을 포함하고 있다. 이러한 설문조사는 종종 정부나 학술적인 연구자에 의하여 시행된다.

어야만 한다. 가중치 부여는 표본이 소셜미디어를 통하여 실시되는 여론조사에 참여하기로 동의한 사람들과 같이 자기 선택적(self-selected)일 때 특히 중요하다. 가중치로 보정을 하든 안 하든, 예컨대 애완동물이라는 주제로 대표자와 접촉하는 소수의 유권자처럼 몇몇 자기 선택적 표본을 여론을 측정하는 타당한 근거라고 여겨서는 안 된다. 적어도 여론을 모든 성인 인구와 동일시해서는 안 된다.

표본이 체계적으로 선택된 때라고 할지라도 응답자 개인의 의견을 측정하는 여론조사의 신뢰도에 대하여 과장하여 말하는 것은 틀리지 않다. 여론조사는 보통 질문에 답하는 보통 시민이 아니라 정당이나 언론이 의뢰한다. 그 결과 사람들은 질문에 답하기를 요청받기 이전에는 관련 주제에 대하여 생각해본 적이 없을 수 있고, 의견이 없을 때 그들은 어떠한 의견이라도 내야하며, 또는 '예라고 말하기(yea-saying)'가 가장 쉽고, 아니면 그렇게 하는 것이 사회적으로 받아들여질 수 있기 때문에 어떠한 의견에 대하여 동의하기도 한다. 확실히 여론조사에 있어 위험성은 단순히 여론을 측정 중이라고 주장하는 조사 스스로가 여론 구성을 돕는다는 데 있다.

어떤 점에서는, 여론은 모든 정책결정에 스며들어 있고 이를 추진하며, 정책 토론으로 채택된 방침을 지도하고, 정치인들이 일할 환경을 조성하고, 정부가 해야 할 것과 하지 말아야 할 것을 결정하고, 어떻게 시민들이 정부에 대해 생각하고 선거에 접근하는지에 영향을 미친다. 이러한 조건에서 통상 촉진자(prompt) 아니면 거부자(veto)라는 두 가지 역할 가운데 하나를 수행한다. "여론은 우리가 교통체증에 대하여 무엇인가 할 것을 요구한다"는 촉진자의 사례이고 "여론은 차량이용에 대한 제한을 결코 받아들이지 않는다"는 거부자의 사례이다.

여론을 어떻게 측정할지 혹은 어떻게 이용할지를 결정하는 데 있어 중요한 문제 중 하나는 사람들이 실제로 얼마나 아는지와 관련이 있다 ('문제 탐구 13' 참조). 일반적으로 말하여 대부분의 사람들은 관심있는 이슈에서 멀어질수록 지식의 수준과 이해가 감소하는 식으로 선택적인 정보를 갖는다. 2016년 영국의 EU 회원자격 유지에 대한 국민투표를 둘러싼 사건이 좋은 사례이다. 처음에는 국민투표의 문구가 "영국이 EU의 회원이어야 한다고 생각합니까?"이어야 했다. 그러나 이것은 영국의 선거관리위원회가 충분히 많은 영국인들이 영국이 '이미' 회원국이었는지 모르고 이에 따라 혼란스러워지고 결함 있는 결과를 낳을 수 있다고 경고하자 반려되었다(McCormick, 2014). 질문은 결국 "영국이 EU의 회원으로 남아야 합니까? 아니면 EU에서 떠나야 합니까?"로 던져졌다. 그 뒤에도 질문과 관련하여 많은 문제들이 터졌다.

국민투표를 둘러싼 논쟁은 단순히 틀렸거나 아니면 남거나 떠나는 데 따른 함의에 대한 그릇된 이해에 기초한 찬반(Remainers and Leavers) 양쪽에 의하여 여러 지적들이 제기되면서 문제가 더욱 악화되었다. 정치전문가 또는 경제분석가를 포함하여 단 한 사람도 만약에 영국이 떠나기로 결정한다면 어떤 일이 발생할지 확실하게 아는 사람이 없었다. 직장과 경제에 미치는 많은 영향은 예측되지 않았고 영국정부는 다양한 이슈에 대하여 뜻밖의 복잡한 협상에 내던져진 자신을 발견했다. 그 결과 국민투표 결과에 대한 진정한

문제 탐구 13

우리는 정보가 없는 시민들에게 무엇을 할 수 있나?

정치참여의 질과 양은 시민들의 지식에 부분적으로 영향을 받는다. 사회 문제에 보조를 맞추는 시민들이 그렇지 않은 사람들보다 더 참여할 가능성이 있다. 그러나 대부분의 사람들은 어떤 이슈에 대해서는 정보를 잘 갖추고 있고 다른 것들에 대해서는 그렇지 않으며, 전반적으로 선택적으로 정보를 갖추고 있다고 할 수 있다. 이것은 정보가 없는 시민들이라는, 그리고 낮은 수준의 지식이 정부와 정치에 얼마나 영향을 주는지에 대한 아주 골치 아픈 문제를 제기한다.

이것은 전혀 새로운 걱정거리가 아니다.

- 『공화국(*The Republic*)』에서 그리스의 철학자 플라톤(기원전 425~347년)은 정부가 정보가 없는 대다수의 영향에서 벗어나 박식한 전문가들에 의하여 가장 잘 운영된다고 주장했다.
- 1651년 출간된 『리바이어던(*Leviathan*)』에서 홉스(Thomas Hobbes)는 대중의 역할이란 정부의 구성보다 더 확장되어서는 안 된다고 보았다.
- 미국의 정치인 해밀턴(Alexander Hamilton, 1757~1804년)은 '좀처럼 옳게 판단하거나 결정하지 않'을 수 있는 사람들의 '사납고 변하는(turbulent and changing)' 본성에 대하여 언급했다 (Morris, 1966).
- 마키아벨리(Machiavelli), 흄(David Hume), 그리고 헤겔(Hegel)은 시민의 정부개입은 중요하지만 필요악에 불과하다고 동의했다.
- 영국의 19세기 철학자 밀(John Stuart Mill, 1861)은 여론조사를 '집합적 평범함(collective mediocrity)'의 관점을 대표한다고 간주했고 그들이 더 정치적으로 경쟁력이 있다는 이유에서 대학 졸업생에게 더 많은 표를 주는 가중투표제를 지지했다.

이러한 모든 의구심에도 불구하고 유권자들이 좀 더 정보가 갖춰진 선택을 내리도록 돕는 지름길을 사용할 수 있다고 주장하는 정치학자도 더러 있다. 다운스(Downs, 1957)는 유권자가 선거에서 소속된 정당으로부터 후보자의 정치적 위치를 유추할 수 있다고 생각했고 포프킨(Popkin, 1994)은 유권자가 정치에 대하여 배운 대부분의 정보는 일상생활의 부분으로서 하게 되는 활동의 부산물로서 알게 된다고 주장했다. 포프킨은 미디어가 유권자에게 정치지도자와 정당의 행위, 그리고 그 행위의 적합성에 대하여 설명함으로써 돕고, 선거유세는 이슈를 명확하게 하는 데 기여한다고 언급했다. 루피아(Lupia, 1994)에 있어 지름길의 사용이란, 어떤 경우에 정보가 거의 없는 유권자에게 상대적으로 정보가 잘 갖추어진 유권자의 행위를 모방하도록 하는 것이라 할 수 있다.

그러나 이러한 의견은 소셜미디어가 나타나기 이전의 일이었고 제12장에 논의했듯이 그 이후 가짜 뉴스, 허위정보, 음모론, 탈진실 세계에 대한 우려가 제기되었다는 사실에 주의하라. 어떤 국가에서는 중범죄자를 제외하고, 민주주의 국가와 대부분의 권위주의 정권에 등록된 성인 시민들은 투표하도록 허용되나 그들은 투표해야 하는 이슈에 대하여 오직 부분적인 지식만 가지고 있다.

- 이것이 문제일까?
- 만약에 그렇다면 어떻게 해야 이 문제가 가장 잘 해결될까?
- 우리가 더 나은 공공 교육, 더 좋고 더 반응적인 정부, 더 쉬운 참여, 또는 다른 방법에 의존해야 할까?
- 정보를 잘 갖춘 시민들이 궁극적으로 그렇지 않은 시민들의 효과를 상쇄시키나? 아니면 정보를 잘 갖추지 않은 시민들의 약점이 정보를 잘 갖춘 시민들의 강점을 상쇄시킬까?

함의가 이해되기까지는 수년 또는 수십 년이 걸릴 것이다.

권위주의 정권의 정치참여

홍콩이 영국에서 중국의 지배로 전환되었을 때 홍콩의 민주주의는 '일국양제(one country, two systems)'라고 알려진 방식으로 보존될 것이라는 게 합의의 일부였다. 중국이 얼마나 이러한 약속을 잘 지킬지에 대하여 상당히 많은 의구심이 남아 있었지만, 홍콩은 세계에서 경제적으로나 정치적으로 가장 역동적인 사회 가운데 하나로 항상 평가받는다. 그러나 시진핑(習近平) 총서기(이자 주석)의 영도 아래 있는 중국공산당이 홍콩의 선거법을 고치기 시작했고 이는 2014년의 우산혁명을 촉발시켰다. 시위대는 경찰이 사용하는 후추 스프레이와 최루가스를 막기 위하여 우산을 쓰며 거리로 진출했다. 대부분 과거에는 정치에 무관심했던 홍콩의 젊은 시민들은 정치행위에 참여하도록 자극을 받았고 때때로 폭력적인 경찰의 진압에 직접적으로 저항했다. 2019년부터 2020년 사이에 더 많은 시위가 사법적 독립성과 반체제 인사의 권리를 위협하는 범죄용의자의 중국 송환 계획(이후로는 금지됨)에 맞서 일어났다.

홍콩의 사례는 시민에 대해 통제력을 더 강화하는 권위주의 정권에 대항하는 대중동원의 잠재성과 한계를 동시에 잘 보여주고 있다. 이는 또한 비민주주의 환경에서는 정치참여가 공허한 개념일 뿐이라는 유명한 가정과 모순된다. 결국 권위주의 정권의 본성은 생존과 권력 유지를 보장하기 위하여 대중적 활동의 통제를 추구한다는 것이다. 그럼에도 불구하고 권위주의체제에서 참여를 이해하는 것은, 특히 이들 국가에서 여론을 측정하는 것이 어렵기 때문에 쉽지 않다.

- 대부분의 사람들이 일상적 생존에 초점을 두고 있고 교육과 소통이 제한적인 가난한 국가에서는 지역적 수준을 뛰어넘는 문제라면 어느 것에나 여론 따위는 없을 것이다.
- 표본조사는 대표적 표본을 정의하기가 불분명할 때는 실시하기 어렵다.
- 도시의 엘리트에게 접근하는 것이 가장 쉬우므로 가장 자주 조사대상이 되지만, 이들의 이익과 참여 및 관여의 정도는 지방의 가난한 사람들과는 다를 것이다.
- 사람들은 민주주의 국가에서 사용되는 공식적인 인터뷰 기법에 친숙하지 않고 불편할 수 있고, 자신들의 진짜 감정을 드러내기를 꺼리게 만드는 여론조사자를 의심할 수도 있다.

그럼에도 불구하고 이는 전통적 참여의 비율은 민주주의 국가의 사례에서보다 더 변화폭이 크고(전통적 참여의 비율은 중동과 아프리카에서 높고 아시아에서 낮다), 혼합형과 권위주의 정권에서 발견되는 참여 유형 가운데 일부는 민주주의 국가에서 발견되는 유형과 크게 다르지 않다는 것을 보여준다. 예를 들면 나이 많은 사람들이 더 자주 투표하는 경향이 있는 반면, 젊은 사람들은 덜 전통적인 방식에 더 참여 하는 경향이 있고, 더 교육받은 시민들이 일반적으로 더 참여하는 경향이 있다.

그렇긴 해도 권위주의 정권의 제약과 특성은 반대파와 활동가들이 허용의 폭을 시험하기 때문에 종종 암묵적인 대화의 대상이 된다 (러시아에 대한 '국가개요 13'을 참조하라). 권위주의 통치가는 중앙의 리더십을 직접적으로 위협하지 않는 지역정치와 같은 영역에서만 자유로운 발언을 허용할 것이다. 그들은 또한 TV 방송을 검열하면서도 인터넷 공간 안에서는 의견 표현을 허용하고 있다. 더 나아가 사회가 더 복잡해질수록 통치자는 민감하지 않은 이슈에 대한 대중적 압박에 반응하는 것이 반대의견을 제한하고 정치적 안정을 강화하는 것이라고 깨닫게 된다.

권위주의 정권에서 투표행위는, 민주주의 국가에서는 도저히 받아들여지지 않는 수단을 사용하여 권력을 유지하려는 지도자와 엘리트의 욕망에 의하여 주도되기 때문에 민주주의 국가에서 발견되는 것과는 상당히 다른 영향력의 대상이 된다. 민주주의 정권에서는 유권자가 조작을 포함하여 다양한 영향력에 의하여 형성되는 의견을 가질 수 있으나 어떻게 투표할 것인지는 여전히 궁극적으로 자신에게 달려있어서 투표는 자율적인 행사라고 할 수 있다. 권위주의 정권에서는 정당 수 제한을 통해서, 강압을 통해서, 또는 선거결과를 결정하는 불법적인 수단들의 사용을 통해서 유권자가 선택을 할 때 제한을 받는 경향이 있다.

민주주의와 권위주의 정권 사이에 또 다른 차이는 민주주의 국가에서는 인터넷에 대한 광범위한 접근으로 온라인 참여 정도가 높지만, 인터넷이 더욱 검열의 대상이 되는 권위주의 정권에서는 더 적은 사람들이 인터넷에 접속한다는 점이다. 도표 12.3에서 우리는 세계에서 도시와 지방의 인터넷 접근에 대한 차이를 보여준다. 그러나 이러한 차이를 표현하는 또 다른 방식은 이 책의 국가개요 사례들 간 인터넷 사용에 대한 비교에서 볼 수 있다. 도표 13.5를 참조하라.

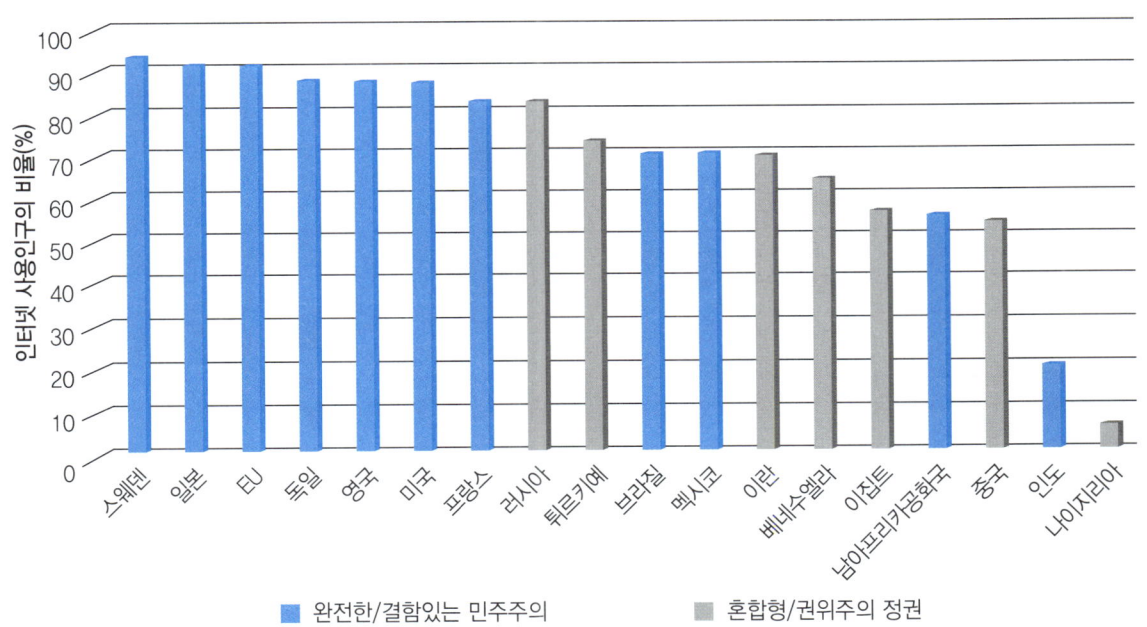

도표 13.5 인터넷 이용: 민주주의-권위주의 구분
출처: World Bank (2021a), 2017~2019년 자료

국가개요 13
러시아

간략소개

러시아는 최근 수십 년 동안 극적인 변화를 겪고 있다. 거의 70년 동안 러시아는 소비에트 사회주의 공화국 연합(USSR: Union of Soviet Socialist Republics)의 지배적인 동맹국으로, 대부분의 서방 사람들이 두려워했고 오해했던 나라다. 1991년 USSR이 붕괴했으나 국가사회주의적 정치경제체제는 여전히 러시아에 그림자를 드리우고 있다. 민주주의에 친숙하지도 않고 동조하지도 않는 문화에서 다당제 민주주의를 정착시키는 것은 민주주의자들에게 도전이었다. 러시아의 지도자들은 강한 행정 권한이라는 국가적 전통을 결코 잊지 않았고, 현재의 러시아를 이해한다는 것은 푸틴 대통령과 그 주변 일당의 행위와 동기를 평가하는 문제이며 이는 곧 국가의 통치제도를 이해하는 것과 다름없다. 푸틴은 2000년부터 2008년 사이에 두 번의 임기를 채웠고 2012년과 2018년에 재선되기 전에는 헌법에 따라서 물러났었다. 큰 변동이 없는 경제와 인구에도 불구하고 푸틴은 자신이 러시아에 적대적인 국제체제에 맞서 합당한 주도적 지위를 거듭 주장하려 애쓴다.

정부형태	연방국가. 준대통령제공화국. 공화국(republics), 주(provinces), 속령(territories)을 포함한 85개의 '주체(subjects)'로 구성. 국가의 형성 시점은 논쟁의 대상이고 가장 최근의 헌법은 1993년에 채택되었다.
행정부	준대통령제. 대통령은 직접선거로 뽑히고 6년 연임제이다. 총리는 의회(Duma)에서 나오고 각료 회의(Council of Ministers)를 이끌며 필요할 경우에 대통령 자리를 승계한다 (부통령은 없다).
입법부	양원제 연방의회이다. 5년 임기의 450명으로 구성된 국가 의회(State Duma)가 있고 상대적으로 약한 166명으로 구성된 연방 회의(Federation Council)가 있다. 각 연방 단위로부터 2명씩 대통령에 의하여 지명된다.
사법부	시민법과 1993년 헌법에 기초한다. 19명으로 구성된 헌법재판소(대통령에 의하여 12년 임기의 재판관이 지명되면 연방 회의에서 인준)와 대법원(민사와 행정 사건 담당)이 있다.
선거제도	대통령은 직선제 결선투표제이고 국가 의회는 정당명부식 비례대표제이다.
정당	다당제이지만 정당이 약하고 불안정하다. 권력을 결정한다기보다는 반영한다. 주요 정당은 푸틴의 권위주의적 지배의 기초를 제공하는 통합러시아당이다.

인구
1억 4,400만 명

$
국내총생산(GDP)
1조 7,000억 달러

1인당 GDP
1만 1,585달러

민주주의 지수 등급
✗ 완전한 민주주의
✗ 결함있는 민주주의
✗ 혼합형 정권
✓ 권위주의
✗ 측정안됨

프리덤하우스 등급
✗ 자유
✗ 부분 자유
✓ 부자유
✗ 측정안됨

인간개발 지수 등급
✓ 매우 높음
✗ 높음
✗ 중간
✗ 낮음
✗ 측정안됨

러시아의 정치참여

러시아는 권위주의 정권의 정치참여 제한에 대한 사례를 보여준다. 한편으로는 러시아가 국내외 현안에 대하여 관심을 갖는 교육 받은 사람들이 있는 격렬한 정치 사회이다. 다른 한편으로는 보통 사람이 차이를 만들어낼 능력에 대한 냉소주의가 광범위하게 퍼져있어 제한을 받고, 미디어에 대한 정부의 통제와 선거 조작으로 인해 장애를 받아 정치참여는 매우 미약하다. 과거 그리고 현재의 권위주의는 정치적 태도에 만연해 있으며, 러시아를 다수의 사람들이 비정상적으로 수동적인 국가로 만들고 있다. 2017년 설문조사에 따르면 48퍼센트의 러시아인들이 여전히 의회나 법원으로부터 간섭을 받지 않고 결정을 내릴 수 있는 강력한 지도자가 좋은 것이라는 의견을 지지했다. 세계적으로는 26퍼센트의 사람만이 이렇게 생각하며 대부분의 유럽국가에서는 그 수치가 13퍼센트로 뚝 떨어진다 (Pew Research Center, 2017b).

모스크바에 있는 한 정보센터가 2018년 총선 결과를 보여주고 있다. 공개적이고 경쟁적인 선거라는 인상에도 불구하고 러시아식 민주주의에 대한 대중적 냉소주의는 자자하다.

(군대나 교회 같이) 그나마 높은 평가를 받는 제도에 대해서도 신뢰하는 사람보다 불신하는 사람이 더 많고, 주로 친구나 가족과의 개인적 네트워크만을 신뢰하는 등 조직에 대한 의심이 넓게 퍼져있다. 정당은 주로 정치인과 대통령의 창조물이고 불안정한 사회 기초 위에 불안정하게 있음을 스스로 입증함으로써 비참하게도 신뢰도 명단의 최하위권에 머물러 있다.

매우 적은 사람만 자발적 공공 조직에 가입하고 노조의 회원 가입률은 낮으며 규칙적인 교회참석도 일반적이지 않다. 매우 적은 조직만 오래 지속되고 많은 회원을 유지한다. 다른 조직들은 정권에 통합되어 있고 외국과의 연계는 푸틴 정권에 의하여 간첩행위로 기소된다. 시민과 국가 사이에 매우 적은 조직만 있기 때문에 대중적 정치참여는 국내 선거에 집중되고 러시아는 뚜렷한 시민사회가 없는 채 남아 있다. 러시아 사람들은 일단은 백성이고, 참여자인 것은 그 다음이다.

2011년 의회선거, 2012년과 2018년 대통령선거에 대한 푸틴의 조작에 대항하는 러시아의 대중적 시위는 하나의 중요한 발전을 의미했다. 모스크바와 같이 큰 도시에 사는 젊고 더 교육을 받은 사람들이 조국의 고도로 조작된 정치에 대한 불만족을 표출했던 것이다. 그러나 적어도 단기적으로 가장 구체적인 결과는 이러한 시위에 대한 (금지까지는 아니지만) 제한을 하는 새로운 법이었다.

추가 읽을거리

Lewis, David G. (2020) *Russia's New Authoritarianism: Putin and the Politics of Order* (Edinburgh University Press).

Sakwa, Richard (2021) *Russian Politics and Society*, 5th edn (Routledge).

White, Stephen, Richard Sakwa, and Henry E. Hale (eds) (2019) *Developments in Russian Politics 9* (Palgrave).

막후에서 권위주의 정권의 참여를 전달하면서 동시에 통제하는 흔한 기술은 제6장에서 보았던 종류의 후견 같은 것이다. 대부분의 정치학 용어들보다 정의상 더 혼란스럽고, 이 장의 앞에서 논했던 매표의 종류와 제16장의 조합주의(corporatism)와 어떻게 다른지 혼동이 있지만 후견은 폭넓게 정치적 지지의 대가로 공적인 자원을 제공하는 것으로 이해될 수 있다. 후견은 민주주의 국가와 권위주의 정권 모두에서 발견되지만 민주주의 국가에서 더 비우호적으로 여겨지고 권위주의 정권에서는 더 자주 나타난다. 이와 관련된 용어는 때때로 선거 피후견주의로 서술되기도 하는 **피후견주의(clientelism)**이다. 이는 특별히 선거에서 지지로 연결되는 후원자의 형태를 가진다.

피후견주의의 한 예는 크라몬(Kramon, 2018)이 그의 책 『표를 위한 돈(Money for Votes)』에서 2013년 케냐의 선거유세 이야기를 소개한 데에서 볼 수 있다. 와이티투(Ferdinand Waititu)라는 후보가 자신의 지역구에서 유권자들에게 일자리를 주고 식량 안보를 개선하겠다고 공약하는 연설이 은밀하게 녹화되었고, 그 뒤 그는 개인적으로 청중들에게 현금을 나누어주었다. 비록 선거에서 졌지만 '그들의 아버지(Baba Yao)'라고 대중적으로 알려진 와이티투는 2년 뒤에 케냐 의회로 진출하였고, 나중에는 지사로도 선출되었다. 2020년 부패혐의에 의한 탄핵조차 그의 계속된 선거 출마를 막는 데 충분하지 않았다.

후견인과 피후견주의에 관련된 또 다른 개념은 **후견-피후견관계(patron-client relationship)**라는 현상이다. 때때로 이 현상은 아마도 종족 또는 종교 같은 전통적인 관계에 기초하여 높은 지위의 후견인과 낮은 지위의 피후견인 사이의 거래에 의하여 촉진된다. '큰 어른/작은 소년(big man/small boy)'이라는 일상적 문구가 상호작용의 본질을 설명한다. 지주, 고용주, 정당 지도자, 정부 장관, 종족 지도자, 종교적 지도자, 자원에 대한 권한이 있는 누구든 후견인이 되며, 그 주위에는 자기 소유의 자원이 없는 피후견인들이 보호와 안전을 얻으려 그 주변을 맴돈다.

후견-피후견관계는 민주주의 국가를 포함하여 모든 정치체제에서 어느 정도 발견되지만 권위주의 정권에서 정치적으로 더 중요하다. 특히 통치 제도가 약한 저소득 국가와 불평등한 사회에서는 후견인과 피후견인의 개인적 네트워크가 일반인을 공식적 정치로 끌어들이는 주된 도구가 될 수 있고 때때로 정치 그 자체의 중심적 조직 구조가 되기도 한다. 피후견인의 참여는 통제되고 동원되나 후견-피후견관계는 정당 또는 하나의 공유된 정치적 견해보다는 개인적 교환에 기초한다. 그들의 비공식성에도 불구하고 이러한 네트워크는 정당과 같은 참여의 더 공식적인 경로를 뒷받침하거나 또는 종종 압도한다.

후견인과 피후견주의는 모두 중동의 정치체제 및 사회에서 '중심적 특징'으로 묘사된다 (Ruiz de Elvira et al., 2019). 이는 후견인과 피후견인이 상호 호혜적인 구속관계에 있는 '의존성의 네트워크(networks of dependency)'로 이어진다. 피

피후견주의(Clientelism): 선거에서 지지의 대가로 물질적 재화를 제공.

후견-피후견관계(Patron-client relationship): 지지의 대가로 받는 호의에 기초한 정치 후견인과 그 피후견인들 사이의 비공식적 위계 관계.

후견주의는 페루의 사례에서처럼 중남미에서도 보편적이다. 페루는 권위주의 정권이라기보다는 결함있는 민주주의이지만 무뇨즈(Muñoz, 2019)의 연구결과는 볼리비아, 과테말라, 온두라스, 베네수엘라 같은 혼합형이나 권위주의 정권에도 또한 적용될 수 있다. 무뇨즈는 이권 분배를 통하여 "정치인들은 선거 유세에서 가난한 유권자들의 참여를 산다"고 주장했다. 이것은 정치인들이 정치적 조직을 임시변통으로 만들고, 후보들의 바람직함을 가난한 유권자들에게 설득하며, 유권자들에게 선거의 생존력이라는 신호를 보내준다. 이는 최종적으로 선거 결과를 정하는 역동적인 선거유세와 함께, 정치인들은 정치조직을 임시변통으로 만들고, 가난한 유권자들에게 후보자의 타당성을 설득하며, 유권자에 대한 선거의 실행가능성을 나타내는 일을 돕는다.

더 공공연하게 권위주의 정권에서 종종 발견되는 현상은 **동원된 참여(mobilized participation)**이다. 시민들이 자기에게 맞는 선택을 스스로 내리는 민주주의 국가에서의 자발적인 참여와 대조적으로 동원된 참여는 조정되고 조작되며 때로는 강제적이기도 하다. 원래 동원된 참여라는 용어는 주로 공산주의 국가 맥락에서 사용되었고 중국의 참여에 대한 논의에서는 아직도 등장하지만, 이 용어는 더욱 폭넓게 적용된다. 자발적인 참여는 사람들이 음식, 오락, 현금지급 등의 대가로 정치적인 행사나 집회에 참여하도록 독려를 받거나 위협에 의해서 참여하게 되는 모든 경우를 유용하게 설명할 수 있다 (동원된 참여는 당대회 같은 대형 행사를 조직하거나 최대한의 언론 보도량을 위해 꾸며낼 때면 민주주의 국가에서도 등장한다).

사하라 이남 아프리카에 있는 많은 권위주의 정권들은 자신들을 향한 열광적인 지지를 표현하기 위하여 동원된 참여를 활용한다. 적절한 사례는 짐바브웨이다. 1980년부터 계속해서 집권한 여당 ZANU-PF(짐바브웨 아프리카 민족 연맹 – 애국 전선)가 정당을 상징하는 빨간색, 검은색, 녹색, 노란색이나 대통령 사진들이 들어간 옷을 입은 많은 수의 '지지자들을' 버스에 태워 운동경기장에서 주기적으로 집회를 열고, 그들이 춤추고 박수를 치며 노래를 부르게 독려함으로써, 전체적으로 그들이 충분히 즐거운 시간을 누리고 있기 때문에 이보다 더 좋은 지도자나 정부를 희망할 수 없다는 인상을 심어주게 했다. 북한은 또한 김정은이 항상 쇼의 스타가 되는 거대한 군대 열병식 또는 열의를 공공연히 드러내는 행사를 개최하는 과정을 잘 조율해왔다. 집단의 구성원들이 그가 나누어 준 지혜의 말 한마디도 놓치지 않기를 바라듯이 주의 깊게 받아 적는 동안, 김정은이 행복하고 활동적인 군인, 노동자, 과학자 집단과 대화를 나누는 상대적으로 소규모의 행사 또한 잘 조직되었다.

민주주의와 권위주의 정권이 서로 의견을 달리하는, 참여에 영향을 주는 하나의 변수는 **정치적 폭력(political violence)**에 대한 잠재성이다. 최악으로는 테러리즘, 암살, 그리고 종족학살과

동원된 참여(Mobilized participation): 정권에 대한 대중적 지지를 표출하기 위하여 설계된 엘리트 통제의 정치참여.

정치적 폭력(Political violence): 정치적 목적을 위하여 사람이나 정부에 의하여 저질러진 폭력.

동원된 참여에 있어서 북한의 탁월함. 북한의 지도자 김정은이 평양에서 열린 그의 전임자이자 할아버지인 김일성의 생일을 기념하는 군대 열병식 뒤에 군중을 향해 손을 흔드는 장면에서 나타난다.

결부될 수 있으나 또한 반대파나 개인이 그 의견 차이를 폭력적인 대치상황으로 확산시키는 상황도 될 수 있다. 민주주의 국가에서 유권자들은 때때로 겁주기에 대처해야만 하나, 그들은 과거와 달리 선거유세를 지지하고 한 표를 행사하기 위하여 좀처럼 자신의 생명을 위험에 빠뜨리지 않는다. 이와 대조적으로 권위주의 정권에서 정권에 의한 겁주기와 국내 차원의 사회적이거나 종족적인 분열이라는 위험한 조합이 때때로 더 큰 정치적 폭력의 가능성을 의미하고, 상당한 경우는 정치적 폭력이 실제로 발생하기도 했다. 이는 특히 선거 기간에 사실인데, 1차적 충돌이 유권자에게 아주 가까운, 경쟁 집단 사이의 직접적이고 단기적인 갈등 때문에 선거 유세가 망쳐졌을 때 그러하다.

정치적 폭력의 문제는 나이지리아에서 특별히 심각했다. 나이지리아는 유권자들이 무엇보다도 종족이나 종교로 정체성을 가지고 정당은 일상적으로 종족적 분열을 반영하며, 종족적, 종교적, 사회적인 긴장은 종종 폭력으로 번지는, 크고 분열되고 변동성이 큰 사회인 혼합형 정권이다. 출처에 따라 사망자 숫자에 대한 추정치가 다르지만 국내적 정치 폭력과 이슬람 극단주의 보코하람에 의한 분쟁으로 인한 폭력을 서로 구분할 필요가 있다. 그렇다 하더라도 시민의 자유와 법치를 위한 국제 사회(International Society for Civil Liberties and the Rule of Law)와 휴먼라이츠워치(Human Rights Watch)는 1999년부터 2010년 사이에 정치적 폭력으로 인하여 살해당한 나이지리아 사람들이 약 1만 1,000명에서 1만 3,500명 정도라고 본다 (Campbell, 2013에서 인용). 2011년부터 2021년 사이에는 또 7만 8,000명이 살해당했고 그 가운데 반 정도는 보코하람 활동의 결과였다 (Council on Foreign Relations, 2021).

그 사이 동부 아프리카의 또 다른 혼합형 정

권인 케냐는 선거 동안 정치적 폭력의 발발 때문에 근심에 빠졌다. 나이지리아와 같이 케냐도 종족적으로 분열되어 있고 중부 케냐의 키쿠유족과 서부 케냐의 루오족이라는 두 개의 주된 집단 사이의 긴장이 오래 지속되어 왔다. 1960년대 케냐는 키쿠유 출신의 민족주의 지도자 케냐타(Jomo Kenyatta)가 통치했고, 그의 주요 정적 중 하나는 루오 출신의 오딩가(Oginga Odinga)였다. 그들의 두 아들 우후루 케냐타(Uhuru Kenyatta)와 라일라 오딩가(Raila Odinga)는 2007년 선거에서 각자 당 조직가로서, 그리고 대통령 후보로서 중요한 역할을 수행했다. 오딩가는 1,300명 이상의 케냐인들이 죽는, 전례가 없는 수준의 사회적 불안정 속에서 선거에 패배했다. 케냐타와 오딩가는 2013년과 2017년 선거에서 서로 대항하여 경쟁했고 두 선거에서 모두 선거부정 혐의와 정치적 폭력에도 불구하고 케냐타가 승리했다.

만약 우리가 정치참여의 손익분석에 동의한다면 우리는 선거나 시위에 참여하는 데 드는 비용이 클수록 사람들이 참여하지 않을 가능성이 더 크다고 합리적으로 가정할 수 있다. 이러한 이유로 가장 용감한 사람은 제외하고, 권위주의 정권에 대한 대부분의 비평가나 반대파는 위험을 피하는 경향이 있다고 가정하는 것이 합리적이다. 그러나 아이타스와 스토크스(Aytaç and Stokes, 2019)는 권위주의 정권의 반대파에 대한 반응이 클수록 시민들이 자신의 목소리가 들리도록 일어설 가능성이 더 크다고 주장한다. 이란은 2018년부터 2021년까지 경제문제들, 가난, 부패, 코로나19에 대한 정부의 대응에 대한 시위와 파업이 반복된 두드러진 사례이다. 이들은 이란 정권의 폭력적 대응을 겪어 2019년부터 2020년 사이에만 1,500명이 살해당한 것으로 여겨진다. 그럼에도 시위는 이어졌고 종종 많은 도시로 확산되었으며 노동자, 교사, 학생, 은퇴자, 사회복지사를 포함한 다양한 집단이 참여했다.

요약하자면 권위주의 정권에서는 정치참여가 민주주의 국가보다 더 조심스럽고 제약되고 제한되어 있다고 가정하는 것이 논리적이나, 이러한 논리가 항상 맞는 것은 아니다. 참여에 활용될 수 있는 경로에 있어서는 서로 유사성이 많기 때문에 권위주의 통치의 영향은 종종, 그 경로가 어떻게 다르게 활용되는지에 대해 설명할 때 빈곤이나 도시-농촌 간 구분이 주는 영향보다도 뚜렷하지 않다. 권위주의 통치의 효과는 민주주의와 권위주의 정권이 참여를 독려하거나 제한하는 방식에 있어서 또한 중첩되는 것이 많다. 이러한 제한은 권위주의 정권보다 민주주의 국가 안에서 더 엄격하게 정치적이고 법적인 검토의 대상이 된다. 그러나 결국에는 보통 사람들이 자신을 표현하고자 하는 욕망은 정치체제에 따라 크게 다르지 않다.

토론주제

- 정치참여가 합리적인가?
- 정치참여가 항상 능동적이어야만 하나 아니면 수동적일 수도 있나?
- 만약 남성과 여성이 정치에 동등하게 참여한다면 그리고 권력의 자리에 동등하게 접근할 수 있다면 그 차이는, 만약에 차이가 있다면, 무엇인가?
- 당신의 경험에 비추어 사회적 계급, 경제, 이슈, 또는 종교 가운데 어느 것이 유권자의 선택에 가장 설득력 있는 설명인가?
- 사람들이 정보를 갖춘 결정을 내리는 것을 돕기 위하여 정보의 지름길을 이용할 수 있다는 주장에 대하여 어떻게 생각하는가?
- 피후견주의, 후견인, 매표의 차이가 무엇인가?

핵심용어

- 경제투표(Economic voting)
- 동원된 참여(Mobilized participation)
- 디지털 행동주의(Digital activism)
- 매표(Vote buying)
- 비전통적 참여(Unconventional participation)
- 사회적 계급(Social class)
- 세속화(Secularization)
- 여론(Public opinion)
- 여론조사(Opinion poll)
- 이슈 유권자(Issue voter)
- 전통적 참여(Conventional participation)
- 정치적 배제(Political exclusion)
- 정치적 폭력(Political violence)
- 정치참여(Political participation)
- 참여의 역설(Paradox of participation)
- 클릭티비즘(Clicktivism)
- 표본 설문조사(Sample survey)
- 피후견주의(Clientelism)
- 합리적 선택이론(Rational choice theory)
- 후견-피후견관계(Patron-client relationship)

추가 읽을거리

Aytaç, S. Erdem, and Susan C. Stokes (2019) *Why Bother? Rethinking Participation in Elections and Protests* (Cambridge University Press). 참여에 대한 비교연구로, 유권자 탄압을 포함한 참여 비용의 증가가 때로는 더 적은 참여가 아닌, 더 많은 참여를 이끌어낸다고 주장하고 있다.

Dalton, Russell J. (2020) *Citizen Politics: Public Opinion and Political Parties in Advanced Industrial Democracies*, 7th edn (SAGE). 이 비교연구는 민주주의에서의 정치적 태도와 행태에 대한 광범위하게 검토한다.

Gethin, Amory, Clara Martínez-Toledano, and Thomas Piketty (eds) (2021) *Political Cleavages and Social Inequalities* (Harvard University Press). 50개국의 자료를 모아 소득, 교육, 재산, 직업, 종교, 종족, 연령, 성별 등의 특성과 유권자 선택 간의 연계를 보여주는 연구의 편집본이다.

Lupia, Arthur (2016) *Uninformed: Why People Seem to Know So Little About Politics and What We Can Do About It* (Oxford University Press). 시민들이 충분한 지식이 없는 원인과 이에 대한 가능한 대응을 한 뛰어난 학자가 평가하였다.

Paxton, Pamela, Melanie M. Hughes, and Tiffany D. Barnes (2021) *Women, Politics, and Power: A Global Perspective*, 4th edn (Rowman & Littlefield). 여성 권리 신장에 대한 분석을 포함하여 정치에서 여성의 지위변화와 세계 여러 지역에 대한 장들의 개괄.

Theocharis, Yannis, and Jan W. van Deth (2018)

Political Participation in a Changing World: Conceptual and Empirical Challenges in the Study of Citizen Engagement (Routledge). 전통적 형태와 새로운 정치적 행동을 대조하면서 정치참여의 변화하는 유형을 이해하기 위한 새로운 방식을 제공한다.

14장

선거

차례
- 선거 이해하기
- 의회선거
- 대통령선거
- 국민투표와 발의
- 투표율
- 권위주의 정권의 선거

개요

선거는 대의민주주의의 핵심이다. 선거는 대부분의 유권자들이 정부와 연결되는 주된 수단이고, 정치인과 정당이 감독관이라기보다는 청원자가 되는 짧은 기간을 제공하며, 공직을 위한 경쟁과 정부에 책임을 지우는 수단이 된다. 또한, 선거유세는 처칠(Winston Churchill)이 언젠가 "정치인의 교육 가운데 선거에서의 투쟁보다 더 필요한 것은 없다"고 말했듯이 유권자와 정당 사이, 그리고 사회와 국가 사이의 대화를 위한 기회를 제공한다. 경쟁적인 선거는 공직자들에게 자신의 일을 이상적으로 수행할 수 있도록 효율성에 기여하는 권위를 부여하고, 선택, 책임성, 정통성을 증진시킨다.

이것은 모두 좋은 것이긴 하지만, 선거가 동등하고 정확한 대표성으로 이어지기를 보장하고, 유권자가 정보에 입각한 선택이든 아니면 어떠한 선택이든 하도록 보장하는 것은 말로만 쉬울 뿐이다. 단순다수제부터 절대다수제와 비례대표제에 이르기까지 다수의 선거제도가 개발되고 시도되었지만 어느 것도 완벽한 형태의 동등한 대표성으로 이어지지 않았다. 이 장은 의회선거와 대통령선거에서 사용되는 제도와 과정을 하나씩 살펴보는 것으로 시작한다. 선거의 결과는 사용되는 방법에 따라 다르며, 대표성과 민주주의 자체에 대한 대조적인 아이디어를 반영한다. 이 장은 다음으로 국민투표와 발의, 투표율의 동학에 대하여 알아본다. 이 장은 선거결과를 적극적으로 조작하는 데도 불구하고 여전히 중요한 정치적 기능을 발휘하는 권위주의 정권의 선거에 대하여 논의하면서 마무리한다.

핵심논제

- 사용 중인 선거제도는 다양하나 모든 선거제도가 표를 의석으로 정확하게 전환한다는 핵심적 목적에는 도달하지 못한다.
- 의회선거에 사용되는 주된 선거제도는 네 가지인데 각기 모두 고유한 장점과 단점을 가진다.
- 행정부 수반을 선출하는 선거는 제도적 장치와 시사하는 바가 상이한데, 그 이유는 1인이 수행하는 대통령직은 정당들이 공유할 수 없기 때문이다.
- 국민투표와 발의는 유권자를 정책결정자로 만들지만, 국민투표가 민주주의에 얼마나 바람직한지에 대한 질문은 남는다.
- 대부분의 민주주의에서 투표율은 하락하고 있는데, 그 이유는 시간과 장소에 따라 다르다.
- 권위주의 정권에서는 선거에 대한 다양한 통제가 이루어지지만, 그 효과는 정치적 선택을 제거하기보다는 제한하는 수준에 그친다.

선거 이해하기

2019년 인도에서 선거가 실시되었다. 세계에서 인구가 가장 많은 두 국가 중의 하나인 인도의 선거 역동성은 놀랄만했다. 9억 명 이상이 투표권을 가지고 있었으며, 비록 단지 6억 1,000만 명만이 실제로 그 권리를 행사했지만, 2019년의 선거는 역사적으로 어떠한 국가 선거에서보다 더 많은 수의 사람이 투표한 것으로 목도되었다. 650개 이상의 정당이 경쟁했고, 8,000명 이상의 후보가 출마했으며, 투표는 4월 11일부터 5월 19일 사이에 7번의 단계 동안 100만 개 이상의 투표소에서 실시되었다. 많은 도전적인 상황에도 불구하고 선거는 상대적으로 순조롭게 진행되어 인도 하원(Lok Sabha)에서 33개 정당이 542석을 나눠갖는 결과로 이어졌다.

이와 같이 선거는 민주주의 과정의 핵심적 위치에 놓여 있는데, 이러한 선거의 주된 목적은 유권자의 선호가 정부를 구성하는 데 반영되는 것을 보장하는 것이다. 선거는 지도자 선출, 투명성과 정통성 제공, 토론과 공공교육 촉진 등 다른 기능도 수행한다 (도표 14.1 참조). 그러나 선거의 중요성에도 불구하고, 유권자가 선거에 접근하는 방식에 대한 질문이 오랫동안 제기되어 왔고 ('이론 적용 14' 참조), 이사카로프(Issacharoff, 2015)가 암시하듯이 선거는 정부를 선택하는 데 완벽한 수단이 결코 아니다.

(그가 질문했다 – 역자주) 선거의 결과로 한 국가의 미래 리더십을 믿어야 하는 데 어떤 가능한 이유가 있는가? 어떤 선거가 공정하더라도, 그 선거가 한 집단이 다른 집단에 해를 끼치고 배제하기 위한 권력을 가질 수 있게 하는 국민투표가 되는 가능성을 완벽히 예측할 수는 없는가?

선거에는 최소한 세 가지의 주된 구조적인 도전이 있다. 첫째, 선거는 누가 통치하는가 하는 질문을 해결할 수 있다고 여겨지는 반면, 긴장과 스트레스를 조장하고 정부의 구성을 결정하는 데 미흡하며, 정치적, 경제적, 사회적이고 종족적인 갈등의 가능성들을 키울 수 있다. 예컨대 인도는 인상적인 선거 통계를 갖고 있지만, 최근 수십 년 동안 국가의 힌두교 다수파 내 극단주의의 심화와 정치체제 내의 위상에 대한 무슬림 소수파의 관심이 부상되는 점을 목격하고 있다. 인도에서 1999년부터 2016년 사이에 정치적 동기로

역할	특징
유권자 선호의 해석	유권자 선호가 정부구성에 반영되는 것을 보장.
지도자 선택	시민들이 자신들의 지도자를 선택하고 책임지게 허용.
투명성	정당과 후보가 자신들의 목적을 설명하고/또는 자신들의 성과를 방어하도록 의무 부여.
정당화	정부체제와 집권자의 행위에 정통성 부여.
토론과 교육	이슈와 문제를 토론할 기회를 제공하고 유권자를 교육하기.

도표 14.1 민주주의 정권의 선거

이론 적용 14

행태주의

이 책에 등장하는 거의 모든 다른 이론적용은 아직도 활발히 사용되는 연구에 대한 이론적, 개념적 연구에 초점을 맞춘다. 여기에서는 과거에 한번 짧게 유행한 후, 지지자들과 비판자들이 그 가치에 대하여 논쟁을 하면서 인기를 잃고, 그 뒤에는 다른 쪽으로 방향을 틀어버린 것에 대해 살펴본다. 우리는 이와 같은 사례로부터 이론을 둘러싼 논쟁의 본질에 대하여, 그리고 이러한 논쟁은 때때로 이론이 어떠한 목적에 기여하는지에 대한 초점을 잃게 하는 결과를 초래할 수 있다는 점 등 많은 것을 배울 수 있다.

제2장에서 보았듯이 행태주의는 개인의 행동에 대한 체계적 분석에 초점을 두어 제도보다 사람을 강조하는 정치학 연구의 한 접근법이다. 행태주의는 정치학이 너무 질적(qualitative)이고 규범적(normative)이기 때문에 과학적이지 않다는 주장들에 대한 반작용으로 1950년대와 1960년대에 등장했다. 행태주의자의 목적은 기술, 직관, 일화 대신 관측되는 행동과 입증 가능한 사실에 대한 통계적 분석을 이용하는 것이었다. 행태주의자는 정부의 제도를 설명하고 이해하려고 노력하기보다는 개인의 행동을 설명하는 '과학적인 방법들'을 사용했다.

이 접근법이 보다 적극적으로 활용된 분야는 선거연구이다. 행태주의는 미국에서 유권자들이 어떻게 한 정당에 대한 자신들의 장기적인 지지를 다른 정당으로 바꾸는지 설명하기 위하여 처음 사용되었고 제15장에서 나오는 정당일체감이라는 아이디어의 발전을 이끌었다. 그 뒤 행태주의는 여러 국가의 선거행태를 비교 연구하는 데 활용되었다. 행태주의 지지자들은 행태주의가 중립적이고 편향되지 않은 방식으로 행동을 설명하도록 이용될 수 있다고 주장했으나, 이에 대하여 비판자들은 사람의 행동은 너무 다양하고 예측불가능하다는 이유에서 주로 의문을 제기했다.

비판자들은 또한 행태주의적 접근법이 너무 양적인 연구에 의존적이고, 신뢰할 만한 자료의 이용 가능성이 나라에 따라 너무 다양하다고 지적했다. 이는 믿을 만한 데이터를 구축하는 것이 여전히 어려운 권위주의 정권의 정부와 정치에 관심을 가질수록 특히나 명백해진다.

행태주의자가 연구 '기법(techniques)'에 초점을 맞추면서 연구의 실질적 '주제(subjects)'에 소홀하게 되었고, 1960년대에 행태주의의 인기가 없어지자 문제를 해결하는 데 있어 더 적실성있고 단도직입적인 후기 행태주의가 등장했다. 예컨대 정치학자 이스턴(David Easton, 1962)은 과학은 가치중립적이 될 수도 없고 그랬던 적도 없으며, 내용이 기법보다 중요하고, 정치학은 정치의 현실감각을 잃어서는 안 되며 연구는 사회에서 실제적으로 이용되어야만 한다고 주장했다. 행태주의의 전성기는 빠르게 왔다가 지나는 것처럼 보였다.

인하여 365건의 살인이 발생한 서뱅골보다 이념적 긴장이 더 많은 폭력을 야기한 주는 거의 없다 (Rawat, 2019).

두 번째 구조적인 도전은 선거의 도덕성을 증진시키거나 선거부정(electoral fraud, 또는 2020년 미국 대선의 경우처럼 선거부정이 '없음'을 사람들에게 설득)에 대응하는 것이다. 시민들이 투

선거부정(Electoral fraud): 선거에 대한 불법적인 간섭.

표할 권리와 표가 인정될 권리가 훼손될 수 있는 방법에는 예컨대 너무 적은 투표소와 선거관리 요원 등 조직적인 것부터 유권자 협박, 투표제도 훼손, 개표 부정, 기술의 발전에 따른 해킹까지 아주 많다. 많은 국가들의 선거에 대한 연구에 기초한 책 『어떻게 선거를 조작하는가(How to Rig an Election)』에서 치즈맨과 클라스(Cheeseman and Klaas, 2018)는 도표 14.2에 요약되어 있듯이 민주주의나 권위주의 정권에 서로 다른 수준의 여섯 가지 전략이 있음을 밝혀냈다. 예컨대 보이지 않는 부정이 미국에는 게리맨더링(gerrymandering)이라는 형태로 나타나고 (이 장 후반 '국가 개요 14'를 참고), 제13장에서 살펴보았듯이 매표(vote buying)는 거의 전 세계적인 현상이다.

선거에 대한 세 번째 구조적인 도전은 산술적인 것이다. 우리는 어떻게 선거에서 모든 유권자들에게 동등한 역할이 부여되고, 그들의 표가 선거결과에 공정하게 반영된다고 확신할 수 있는가? 짧게 답하자면, 우리는 할 수 없다. 아무리 그러려고 해도, 어떠한 선거공식(electoral formula)도 정당이 받은 표를 의회에서 정확하게 같은 비율의 의석으로 전환시킬 수 없기 때문에 모든 선거제도(electoral system)는 수학적으로 균형이 안 맞는다. 명부식 비례대표제(list proportional representation system)를 해결책으로 제시한 벨기에 변호사인 동트(Victor d'Hondt, 1841~1901년)와 프랑스 수학자 생라그(André Sainte-Laguë, 1882~1950년)를 포함한 많은 사람들이 이 문제를 풀기 위해 전념했다. 영국의 변호사 헤어(Thomas Hare, 1806~1891년)와 덴마크 수학자 안드레이(Carl Andrae, 1812~1893년)에게는 그 해결책이 단기이양식투표제(single transferrable vote system)이었다. 이에 비하여 미국의

> 선거제도(Electoral system): 투표용지의 구조(예컨대 정당별 후보 수), 선거공식(electoral formula, 표가 어떻게 의석으로 전환되는가), 그리고 선거구획정(경계를 구분된 선거구들로 나누는 것)을 포함하여 선거를 관리하는 규칙에 대한 일반적인 용어.

방법	특징
보이지 않는 부정	선거에서 정당들이 유리하게 선거구 획정을 조작하기.
환심 사기	현찰, 선물, 서비스를 제공함으로써 매표하기.
분리와 지배	정당과 후보에게 자신의 목적을 설명하고/또는 자신의 기록을 방어하도록 의무를 지우기.
선거 해킹	정부체제와 집권자의 행위에 정통성을 제공하기.
부정투표로 득표수 늘리기	가짜 표를 더하거나 유권자들에게 복수 투표를 허용하기.
법적으로 투표를 무효화하기	정치적으로 통제되는 판사나 법원을 통하여 선거결과를 무효화하기.
포템킨 선거들	선거 선택의 환상을 제공함으로써 국내외 사회를 속이기 (제7장의 포템킨 마을에 대한 설명을 참조하라).

도표 14.2 어떻게 선거를 조작하는가
출처: Cheeseman and Klaas (2018).

건축가 웨어(W. R. Ware, 1832~1915년)는 대안투표제(alternative vote system)를 제시했다. 이 모든 노력들에도 불구하고 우리가 이제 보게 되듯이 모든 선거제도는 고유한 결함을 가진다.

의회선거

각자 고유한 장점과 단점을 가진 네 가지 주요 선거제도가 의회선거를 위해 개발되어 이용되어왔다. 이는 표 14.1과 도표 14.3에 요약되어 있다. 가장 단순한 제도인 소선거구 단순다수제는 안정

표 14.1 의회선거제도 비교

제도	방법	사례들
단순다수제		
소선거구 단순다수제(SMP)	1인 의원 선거구. 가장 많은 표를 얻는 후보가 의석을 차지한다.	방글라데시, 캐나다, 인도, 말레이시아, 나이지리아, 파키스탄, 영국, 미국.
단기비이양식 (SNTV)	복수 의원 선거구. 가장 많은 표들을 얻은 후보들에게 의석들이 돌아간다.	아프가니스탄, 쿠웨이트, 바누아투.
비례대표제		
명부제	후보들의 명부를 활용하는 복수 의원 선거구. 득표의 비율만큼 비례적으로 정당에게 의석이 배분된다.	대부분의 유럽과 중남미, 남아프리카공화국, 튀르키예.
단기이양식(STV)	복수 의원 선거구. 유권자들은 후보들의 순위를 매기고 의석은 공식에 기초한 할당과 일련의 개표에 의하여 배분된다.	호주의 상원, 아일랜드, 인도의 상원, 몰타.
절대다수제		
결선투표제	1인 의원 선거구. 만약 어느 후보도 과반수를 얻지 못하면 최다득표 후보들이 두 번째 즉 결선을 벌인다. 대통령선거에서 더 자주 이용된다.	벨라루스, 프랑스, 아이티, 이란, 베트남.
대안투표제(AV)	1인 의원 선거구. 유권자들이 후보들의 순위를 매기고 승자는 제1선호표의 분배에 따라 결정된다.	호주, 파푸아뉴기니.
혼합제		
병립형, 또는 혼합형 다수대표제(MMM)	일부 의석은 비례대표제에 의하고 나머지는 소선거구 단순다수제 또는 결선투표제에 따라 결정된다. 실제적으로는 둘로 분리된 선거다.	이집트, 헝가리, 일본, 멕시코, 필리핀, 러시아, 한국, 우크라이나, 베네수엘라.
혼합형 비례대표제 (MMP, 연동형 비례제)	비례대표제 의석들이 전체 의석 분배를 조정하기 위하여 사용된다는 점만 제외하고, 위의 혼합형 다수대표제와 유사하다.	볼리비아, 독일, 뉴질랜드.

대부분의 사례는 양원제 의회의 하원을 의미하거나 단원제의 유일 의회를 의미한다. 전체 선거제도 목록을 위해서는 http://www.idea.int. (IDEA: International Institute for Democracy and Electoral Assistance)를 참조하라.

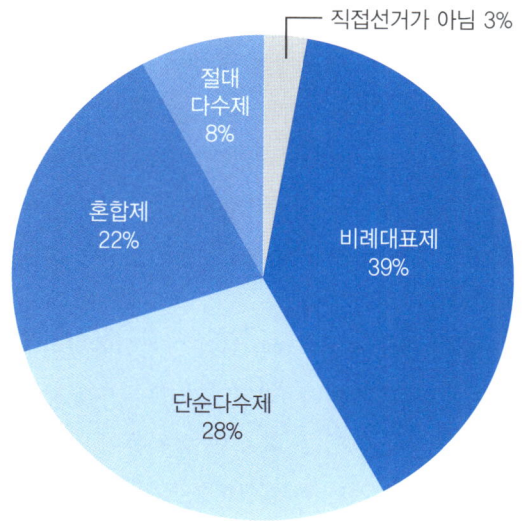

도표 14.3 선거제도

출처: International Institute for Democracy and Electoral Assistance (2021a)에 기초함. 통계는 217개 국가와 속령의 의회에 대한 자료.

적인 과반수 정부를 출현시키는 데 가장 좋은 기록 중 하나이지만, 표의 비율을 그에 비슷한 의석의 비율로 변환시키는 데 가장 취약한 기록 중 하나이기도 하다. 다른 한편으로는 유권자들의 선호를 가장 잘 반영하는 제도, 특히 비례대표제(proportional representation)는 더욱 복잡하고, 종종 잠재적으로 불안정한 연합정부를 출현시킨다.

단순다수제

소선거구 단순다수제(SMP: single-member plurality) 형태는 FPTP(first-past-the-post) 또는 승자독식제(winner-take-all)로 알려져있는데 의회

> **소선거구 단순다수제**(Single-member plurality): 1인의 의원을 가진 지역구에서 가장 많이 득표한 후보가 승자가 되는 선거제도.

에서 1명의 의원에 의하여 대표되는 지역구(혹은 선거구)로 국토를 나눈다. 각 지역구는 두 명 또는 그 이상의 후보들이 경쟁하고 승자는 다른 모든 사람보다 한 표라도 더 얻는 단수다수이건 아니면 50퍼센트 이상 득표하는 과반수이건 가장 많이 득표한 1인이 된다. 단순다수제의 역사는 오래되었지만 점차 덜 보편적이 되어 이제는 주로 영국과 영국의 영향을 받는 국가들에 남아 있다. 그러나 이 국가들 가운데 몇몇은 인도, 파키스탄, 미국, 나이지리아 같이 인구가 너무 많기 때문에 이러한 제도로 투표하는 민주주의 국가에 사는 사람들이 다른 제도를 사용하는 국가에 사는 사람들보다 더 많다 (Farrell, 2011).

소선거구 단순다수제의 주된 장점은 그 단순함과 한 선거구에서 1인 의원을 탄생시킨다는 사실이다. 치명적인 단점은 불균형적 결과의 가능성이다. 여기에서는 국내 몇 지역에서 열렬한 지지자들을 가진 정당이, 옅은 지지자들이 널리 퍼져 있는 정당보다 더 많은 의석을 차지할 수 있기 때문에 전체 투표수가 등가의 의석수로 좀처럼 전환되지 않는다. 다음의 사례를 고려해보라.

- 1945년부터 2019년 사이 영국에서 실시된 21번의 총선 가운데 18번에서 과반수 득표를 하지 못한 하나의 정당이 하원 의석의 과반수를 얻었다.
- 2019년 인도의 총선에서 인도인민당(Bharatiya Janata Party)은 오직 37퍼센트를 득표했지만 의회에서 56퍼센트의 의석을 확보했다.
- 2019년 캐나다 선거에서 집권 자유당(Liberals)이 33퍼센트를 가까스로 넘는 득표로 46퍼센트의 의석을 얻었지만 야당인 보수당(Conservative party)은 34퍼센트를 넘는 표를 확보하

고도 훨씬 더 적은 의석만을 분배받았다 (도표 14.4 참조).

아프가니스탄, 쿠웨이트, 바누아투에서만 활용되는 단순다수제의 희귀한 형태는 단기비이양식(SNTV: single non-transferable vote)이다. 이 제도에서는 모든 지역구가 복수의 의원들로 구성되나 유권자는 그 지역구에서 오직 하나의 후보만 선택할 수 있다. 예컨대 만약 한 지역구에 세 개의 의석이 있고 12명의 후보들이 경합한다면, 유권자는 후보 한 명을 뽑고 최다 득표자 세 명이 의석을 갖게 된다.

비례대표제

세계에서 가장 보편적인 선거제도는 **비례대표제(PR: proportional representation)**이다. 특히

> **비례대표제(Proportional representation)**: 경쟁하는 정당들마다 얻은 득표수에 의석수가 비례하는 선거제도.

유럽과 중남미에서 일반적인데 비례대표제에서는 의회의 의석을 선거에서 정당이 얻은 득표수에 비례적으로 할당하고 유권자들은 후보 개인보다는 정당에 기초하여 선택한다. 어느 한 정당이 의석의 과반수를 좀처럼 확보하지 못하기 때문에 제8장에서 살펴보았듯이 보통 연합정부의 형태로 귀결된다.

비례대표제에는 정당명부제와 단기이양식이라는 두 가지 변형이 있다. 정당명부제가 가장 흔하고 몇 가지 형태가 있다. 복수의 의원들이 지역구를 대표하며, 선거에서 경쟁하는 정당마다 보통 의석수와 똑같은 수의 이름을 적어 넣은 후보명부를 작성하며, 유권자들은 출마한 정당들 가운데 선택한다. 각 정당이 얻은 득표수가 얼마나 많은 수의 후보가 정당의 명부에서 선출될지를 결정하는데, 보통 정당이 사전에 결정하여 명부에 작성한 후보 순서대로 누가 당선될지 결정된다.

벨기에, 남아프리카공화국, 스페인과 같은 나라는 정당 가운데 일관적인 선택(straight choice)만 허용하는 폐쇄형 명부제(closed lists)를 이용

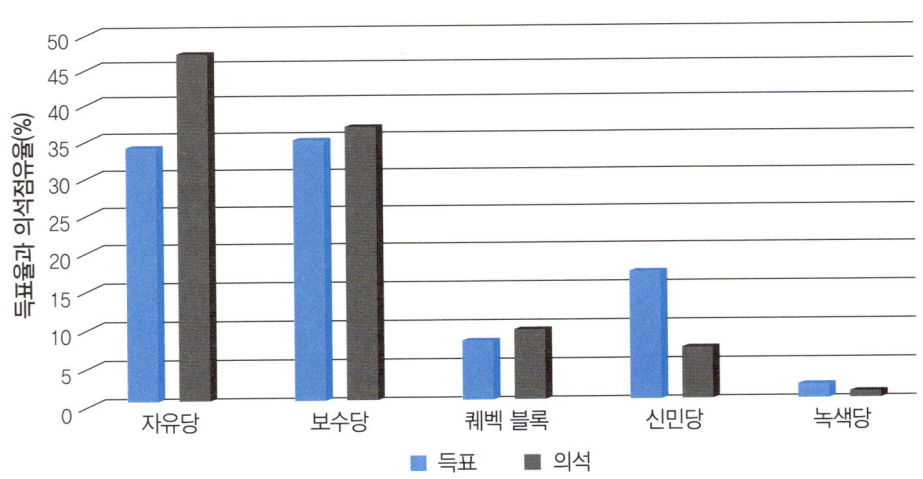

도표 14.4 2021년 캐나다 연방선거

한다. 이 방식에서는 정당의 관계자가 여성이나 소수자를 가장 우선순위에 올리는 등 명부를 작성하는 데 엄청난 통제력을 행사한다. 그러나 대부분의 유럽국가들은 후보들 사이에 최소한의 어떤 선택의 여지를 줄 수 있는 개방형 명부제(open list)를 채택한다. 선호투표제(preference voting)라고도 알려진 이 방식은 유권자들에게 정당명부에서 하나 혹은 그 이상의 후보를 고르게 한다. 주어진 명부에 던져진 표의 총수는 그 정당의 전체적인 대표성을 결정하나, 후보의 선호투표는 서로 다른 수준에서 어떤 후보들이 선출될지에 영향을 끼친다.

두 번째이자 좀 더 드문 변형을 가진 비례대표제는 아일랜드와 몰타에서만 사용되는데, 자신의 지역구에서 출마한 후보들의 순위를 매기기를 요구하는 단기이양식(STV: single transferable vote)이다. 후보들 가운데 한 명이 받은 제1선호표가 사전에 정해진 쿼터에 도달하면 당선되고 제1선호표의 초과분은 제2선호표에 따라 다른 후보들에게 분배된다. 제일 적은 표를 확보한 후보는 제외된다. 이러한 과정은 모든 의석이 다 채워질 때까지 계속된다. 정당명부제와 달리 단기이양식은 후보자 개인에게 표가 던져진다.

대부분의 비례대표제는 봉쇄조항(threshold)을 포함한다. 만약 정당의 득표율이 사전에 설정된 최소치를 충족시키지 못하면 그 정당은 의석을 하나도 못 얻는다. 봉쇄조항은 정부를 과도한 정당의 파편화, 또는 작은 정당이 몸통을 흔드는 문제로부터 보호하는 것을 돕는다. 봉쇄조항은 대부분의 국가에서 3퍼센트부터 5퍼센트까지 다른데 튀르키예에서는 가장 높은 10퍼센트이다. 봉쇄조항의 기준은 이스라엘에서 매우 낮은데 2퍼센트밖에 안 되는 봉쇄조항이 적용된 2013년 선거에서 12개 정당들이 120명으로 구성된 의회(Knesset)에서 의석을 나누었다. 그 가운데 여섯 개 정당은 5퍼센트 이하의 표를 획득하고도

2021년 이스라엘 총선 결과, 퇴진하는 네타냐후(Benjamin Netanyahu) 총리에 대한 반감으로 뭉쳐진 8개 정당 간 복잡한 신생 연합정부가 탄생하자 유권자들이 축하하고 있다.

25개의 의석을 확보했던 것에 비하여 가장 큰 정당(Likud)은 31개 의석만을 확보했을 뿐이었다. 2014년에 봉쇄조항의 기준은 3.25퍼센트로 올려졌으나 의회는 여전히 파편화된 채 남았다. 너무 많은 소규모 정당들이 계속해서 안정적인 정부의 구성을 가로막았기 때문에 이스라엘은 2019년 4월부터 2021년 3월 사이에 4번씩이나 선거를 실시해야만 했다.

절대다수제

명칭이 내포하듯이 절대다수제 선거제도는 모든 후보가 대부분의 유권자들에게 인정받았다는 것을 스스로 증명하지 않는다면 선출되지 못한다는 민주적 주장과 같이, 당선 후보는 과반수의 표를 얻어야만 한다. 보통의 방식은 한 선거구의 모든 후보가 서로 대항하며 출마한 가운데 결선투표(two-round election 또는 runoff election)를 하는 것이다. 만약 한 명이 50퍼센트 이상의 표를 얻으면 그가 승자로 선언된다. 만약 아무도 50퍼센트 기준을 통과하지 못하면 첫 번째 선거(first round)에서 최다득표자 2인 후보자가 곧이어 열리는 두 번째 선거(second round)에서 경쟁하고, 그럼으로써 한 후보가 과반수를 확보하도록 보장한다. 한때 대부분의 서유럽국가들에서 보편적이었지만 현재는 오직 프랑스와 프랑스의 옛 식민국가들의 의회선거에서만 중요할 뿐이다. 결선투표는 대통령선거에서 더 광범위하게 사용되고 있고 그래서 이 장의 뒤에서 좀 더 자세하게 다루어질 것이다.

보기 드문 대안투표제(AV: alternative vote)는 일을 더 복잡한 수준으로 끌어올려서 유권자가 더 많이 고민하게 하는데, 그들은 모든 후보의 순위를 매겨야만 한다. 만약 한 명이 이른바 '제1선호(first preference)' 표의 과반수를 확보하면 그가 당선된다. 만약 아무도 과반수를 얻지 못하면 최하위 후보는 제외되고 그 표는 다시 할당되며 이러한 과정이 한 후보가 과반수를 확보할 때까지 계속된다. 호주와 파푸아뉴기니만이 이 제도를 국가수준의 의회선거에서 사용하지만 즉석결선투표제(instant-runoff) 또는 순위투표제(ranked-choice voting)라고도 알려진 영국, 뉴질랜드, 미국의 일부 지역 선거에서 또한 사용된다. 대안투표제를 영국의 총선에 도입하려는 노력은 부분적으로 유권자들이 너무 복잡하다고 생각했기 때문에 2011년 국민투표에서 무참하게 지고 말았다.

혼합제

선거제도의 네 번째 종류는 그 장점을 극대화하고 단점을 최소화하는 단순다수제와 비례대표제의 혼합에 관련이 있다. 이탈리아, 일본, 멕시코, 러시아, 베네수엘라 등에서 사용되는 가장 단순한 형태는 소선거구 단순다수제/절대다수제와 정당명부제가 서로 별개로 사용되는 병립형(parallel voting) 또는 혼합형 다수대표제(MMM: Mixed member majority)이다. 이 형태는 유권자들이 지역구를 대표하기 위하여 경쟁하는 후보들 가운데 선택하고 더 넓은 지역을 대표하기 위하여 정당명부에서 후보를 고르는 사실상 두 개의 분리된 선거를 치르는 것과 비슷해진다. 예를 들면, 일본의 하원에서는 289명이 소선거구 단순다수제로 선출되고 176명이 비례대표제로 뽑힌다. 유권자는 후보자에 한 표와 정당에게 한 표, 모두 두 표를 행사한다. 정당이 소선거구 지역구와 정당명부에 동시에 후보를 출마시킬 수 있기 때문에 지역구에서 떨어진 후보가 여전히 정당명부 비례대표로 뽑힐 가능성이 있다.

다른 형태의 혼합제는 때때로 '보정적 비례대표제(compensatory PR)'라고도 불리는 혼합형 비례대표제(MMP: Mixed member proportional, 연동형 비례제)인데 이 또한 소선거구 단순다수제와 비례대표제의 혼합에 관련이 있다. 하지만 이 혼합형은 두 제도를 서로 연동시켜 비례명부 득표를 의석의 '추가(top up)'에 활용하여 전반적으로 비례성이 강한 결과를 낳도록 한다. 독일에서는 유권자가 소선거구 단순다수제에 기초하여 299개 선거구에서 대표를 선출하기 위하여 한 후보를 선택하고 비례명부에 기초하여 16개 주(Länder)에서 출마한 정당들 중 하나에 투표함으로써 한 장의 투표용지에 모두 두 표를 던진다.

각 정당이 얻은 표와 똑같은 비율로 소선거구 단순다수제 의석과 비례대표제 의석을 확보하는 것을 이상적으로 희망한다. 그러나 이러한 일은 거의 발생하지 않으므로 약간의 추가 보정이 이루어진다. 만약 한 정당이 비례대표제 투표보다 지역구 투표에서 더 많은 의석을 얻게 되면 다른 모든 정당이 별도의 의석을 받음(균형, 수평화, 보정 의석들로 다양하게 알려졌음)으로써 보상을 받게 되고 그 결과 각 당이 확보한 전체 의석 숫자는 득표율에 더욱 비례적이게 된다.

2017년 선거결과는 그 효과를 보여준다(표 14.2 참조). 기독민주당(Christian Democrats)은 지역구 투표에서 자신들의 득표율보다 훨씬 더 높은 의석점유율을 확보했고 그 결과 별도의 보정이 필요 없었다. 그러나 우파의 독일을 위한 대안(Alternative for Germany), 중도의 자유민주당(Free Democrats), 좌파정당(Left party), 녹색당과 같은 작은 정당이 겨우 9개의 지역구 의석을

표 14.2 2021년 독일 연방선거

정당	지역구 투표			정당명부		전체 의석 수
	득표율(%)	의석 수	의석점유율(%)	득표율(%)	의석 수	
사회민주당	26.4	121	40.5	25.7	85	206
기독민주당	22.5	98	32.8	18.9	54	152
동맹 90/녹색당	14	16	5.3	14.8	102	118
자유민주당	8.7	0	0.0	11.5	92	92
독일을 위한 대안	10.1	16	5.3	10.3	67	83
기독사회당	6.0	45	15	5.2	0	45
좌파정당	5.0	3	1.0	4.9	36	39
기타	7.3	0	0.0	3.6	1	1
합계	100.0	299	100.0	100.0	437	736

확보했고 이에 따라 그들에게 301개 정당명부가 주어졌고 정당 사이에 보정의석을 나누었다. 이 제도는 설명하기도 또 이해하기도 어렵지만 유권자의 선호를 상당히 정확하게 반영한다는 특징을 가진다.

대통령선거

의회선거제도가 다양하고 때로는 복잡하지만 대통령선거제도는 1인 대통령직이 정당들 사이에 공유될 수 없기 때문에 상대적으로 간단하다. 비례대표제는 제외하고, 주로 단순다수제와 절대다수제만이 선택지로 남는다.

단순다수제는 가장 간단하지만 또한 납득할만한 위임받은 권한(mandate)을 파생시키는 데 실패할 수도 있다. 더 많은 정당이 선거에서 경쟁할수록 이러한 문제가 발생할 가능성은 더 커지고, 과반수의 지지를 확보하지 못한 채 당선된 대통령은 신뢰도가 낮고 정책 의제를 관철할 능력도 떨어진다. 라모스(Fidel Ramos)가 1992년 필리핀에서 절대로 대승리라고 할 수 없는 24퍼센트 미만의 득표율로 당선되었을 때 특히 문제가 심각했다. 2016년 두테르테(Rodrigo Duterte)가 39퍼센트의 득표율로 당선되었을 때 조금 나아졌지만 과반수에는 훨씬 못 미쳤다. 그 사이 멕시코에서도 당선자들이 그다지 성공적이지 못했다. 칼데론(Felipe Calderón)이 2006년 얻은 득표율은 겨우 36퍼센트였고 페냐 니에토(Enrique Peña Nieto)는 2012년에 38퍼센트를 얻었을 뿐이었다. 2018년이 되어서야 오브라도르(Andrés Manuel López Obrador)가 안정적으로 53퍼센트를 확보했다.

이러한 이유 때문에 대통령선거에서는 절대다수제 결선투표제(majority two-round system)가 더 자주 활용된다. 첫 번째 선거에서는 모든 자격 있는 후보들이 경쟁하고 만약 한 후보가 과반수의 표를 확보하면 그 후보가 승자로 선언된다. 만약 아무도 과반수를 얻지 못하면 두 번째 선거가 보통 첫 번째 선거로부터 2~3주 뒤에 두 명의 최고 득표자 사이에 실시된다.** 결선투표제는 승자가 과반수 유권자의 지지를 유인하는 것을 보장하는 것은 물론, 결선에 진출하는 두 후보가 첫 번째 선거에서 성공하지 못한 후보에게 접근하도록 하여 더 광범위한 정치기반을 다지도록 촉진한다. 한편, 결선투표는 선거유세 기간과 비용을 배가시키고 첫 번째 선거에서 잠재적으로 위험한 전술투표의 문을 연다.

프랑스는 주목할 만한 사례이다 (Evans and Ivaldi, 2018 참조). 프랑스 유권자들은 첫 번째 선거에서는 마음으로 투표하고 두 번째 선거에서는 머리로 투표한다는 말이 종종 나오는데, 이로써 2002년 대통령선거의 사례에서와 같이 예기치 못했던 놀라운 일이 생길 수 있다 (표 14.3 참조). 현직자 시라크(Jacques Chirac)가 재선을 위하여 출마했지만 인기가 높지 않았고 선거는 법과 질서

위임받은 권한(Mandate): 특정한 영역에서 다른 사람의 이익에 근거하여 행동할 수 있는 권한. 선거에서 생기는 위임받은 권한이란 정부가 특정 경로로 따라가도록 사람들로부터 위임받은 권위.

** 역자 주) 프랑스 대통령 선거의 결선투표는 1차 투표 상위 2명을 대상으로 치러지지만, 하원 의회의원 선거의 경우에는 1차 투표자 유권자 총수의 12.5퍼센트 이상을 획득한 후보들이 2차 투표에 참여할 수 있다.

표 14.3 2002년 프랑스 대통령선거

후보	정당	첫 번째 선거(%)	두 번째 선거(%)
자크 시라크	공화국연합(Rally for the Republic)	19.88	82.21
장마리 르펜	국민전선(National Front)	16.86	17.79
리오넬 조스팽	사회당(Socialist)	16.18	
프랑수아 바이루	프랑스 민주연합(Union for French Democracy)	6.84	
아를레트 라기예르	노동자의 투쟁(Workers' Struggle)	5.72	
11명의 다른 후보들		34.52	
투표수		2,850만 명	3,100만 명
투표율		71.6	79.7

에 대한 우려를 배경으로 치러졌다. 두 명의 주요 경쟁자는 시라크와 그의 사회당 경쟁자인 조스팽(Lionel Jospin)으로 예상되었지만 많은 유권자들은 첫 번째 선거에서 군소 후보들에게 투표함으로써 시라크에 대한 반감을 표출했다. 시라크가 1등으로 집계되었지만 3퍼센트 포인트 정도의 아주 작은 차이였고, 조스팽은 우파 국민전선의 르펜(Jean-Marie Le Pen)에 의하여 3등으로 밀려났다. 이러한 결과에 충격을 받은 대부분의 유권자는 두 번째 선거에서 르펜을 저지하기로 결심했고 투표율은 거의 80퍼센트로 높아졌으며 결국 시라크는 82퍼센트 이상의 높은 득표율을 확보하여 민주 프랑스 역사에서 가장 큰 격차로 승리했다.

여담이지만 인도네시아, 케냐, 나이지리아 세 국가는 지지의 폭과 깊이를 제공하는 추가적인 **분포요건(distributional requirements)**을 채우도록 요구함으로써 간단한 결선투표제 수준을 넘어선다. 심각한 인종적, 지역적, 종교적 분열이 퍼져있는 나이지리아의 경우 대통령에 당선되기 위해서는 지역적은 물론 전국적으로도 지지를 받아야 한다. 첫 번째 선거에서 승리의 조건은 과반수 득표와 나이지리아의 36개 주 가운데 최소한 2/3에서 25퍼센트의 표를 확보하는 것이다. 만약 아무도 이러한 장벽을 통과하지 못한다면 두 번째 선거가 똑같은 요건 아래 다시 치러진다. 만약 여전히 조건을 충족하는 후보가 없다면 최다득표자 두 사람 사이에 세 번째 선거가 단순한 절대다수제로 실시된다.

한편 몇몇 국가들에서는 대통령을 뽑기 위해 간접선거를 활용한다. 여기에는 독일이나 인도처럼 집행권이 없는 대통령이 존재하는 의회제 국가들이 포함되는 반면, 미국은 대통령을 뽑기 위하여 선거인단(electoral college)을 쓰는 유일한 사례이다 ('국가개요 14'와 Alexander, 2019 참조). 선거인단은 원래 '현인들(wise men)'의 의회(assembly)를 통하여 사람들의 목소리를 거르기

분포요건(Distributional requirements): 당선자의 표가 여러 지역 혹은 사회집단에 걸쳐 어떻게 조정되어야하는지 명시한 규정들.

위하여 고안되었으나 최근의 몇몇 대통령선거에서 이 시대착오적인 제도의 위험성이 드러났다.

- 2000년 국민투표의 승자(고어[Al Gore])가 선거인단 투표에서 부시(George W. Bush)에게 패배했다.
- 2008년 오바마(Barak Obama)가 국민투표에서는 53퍼센트를 얻었음에도 불구하고 선거인단 표의 68퍼센트를 확보했다.
- 2016년 힐러리 클린턴(Hillary Clinton)이 트럼프(Donald Trump)보다 280만 표를 더 얻었으나(48.3퍼센트 대 46.1퍼센트), 힐러리는 선거인단 투표 즉, 대통령선거에서 트럼프에게 227표 대 304표로 졌다.

대통령선거의 다른 특징으로 대통령이 의원들보다 임기가 제한될 가능성이 더 많다는 것을 주지할 필요가 있다 (사용되는 선택지에 대해서는 표 14.4 참조). 이러한 제약이 없다면 대통령들이 영원히 재선하기 위해 독특한 지위를 활용할 수 있을 것이라는 두려움이 있다. 그러나 임기제한은 더 이상 재선될 수 없는 대통령이 유권자들에게 직접적으로 책임을 지지 않게 된다는 의도하지 않은 결과를 가질 수 있다. 또한, 대통령은 그 임기가 끝나갈수록 종종 정치적 영향력을 잃을 수 있다. 더욱 까다로운 제약은 멕시코에서 볼 수 있는데, 대통령이나 주지사는 6년 임기 한 번 외에는 더 이상 일할 수 없고, 의원들은 최근까지

표 14.4 대통령선거제도 비교

국가	방법	임기(년)	제한
아르헨티나	두 번(결선투표제)	4	최대 두 번 연임
나이지리아	최대 세 번 투표	4	재선
브라질, 콜롬비아, 이집트, 이란	두 번	4	재선
칠레	두 번	4	연임 금지
미국	선거인단	4	재선
남아프리카공화국	의회에서 선출	5	재선
중국	의회에서 선출	5	무제한
프랑스, 튀르키예	두 번	5	재선
페루	두 번	5	연임 금지
멕시코, 필리핀	단순다수제	6	단임
러시아	두 번	6	두 번 연임
핀란드	두 번(결선투표제)**	6	연임 금지
베네수엘라	단순다수제	6	무제한

** 역자 주) 핀란드는 이 책의 저자들이 원서에 단순다수제를 채택한다고 적었지만 실제로는 단순다수제가 아니라 결선투표제를 대통령선거에 오랫동안 활용하고 있다.

도 연임이 불가능했다.

국민투표와 발의

선거는 시민들이 정부에 참여하는 가장 잘 알려진 수단들이나 그 역할은 오직 누가 결정하는지를 결정하는 것이다. 이와 반대로 유권자들이 국민투표, 발의, 소환에 참여할 때는 보통 직접적으로 정책을 형성하는 집중된 이슈들에 대하여 표를 던지기 때문에 유권자가 바로 결정자가 된다. 그러나 이러한 장치가 필연적으로 민주주의에 좋은 것인지는 의문스럽다.

국민투표(referendum)는 직접 민주주의의 가장 중요한 형태이다. 국민투표들은 헌법 개정 같이 특정한 주제에 반드시 도입되어야 한다는 의미에서는 의무적이고, 과세와 공공지출 같은 몇 가지 주제를 제외하고는 선택적이거나 심지어 헌

> 국민투표(Referendum): 헌법 개정과 같은 공공 정책의 제한된 이슈에 대한 선거인의 투표.

법적으로 금지되기도 한다. 국민투표의 결과는 헌법 개정에 국민적 동의를 요구하듯이 구속적이거나 또는 2016년 영국의 EU 회원국 유지 여부에 대한 투표와 같이 권고적이기도 하다.

위임정부체제인 스위스는 어느 다른 나라보다도 국민투표를 빈번하게 실시하는데, 1940년부터 2021년 사이 원자력, 동성 교제, 이민과 같은 다양한 이슈들에 500번 이상 국민투표를 실시했다 (도표 14.5 참조). 호주도 국민투표를 실시하는데 오직 헌법개정의 경우에 국한된다. 1901년 호주연방의 설립 이후 40회 이상 국민투표가 실시되었지만 1/4 이하에서만 찬성으로 이어졌다. 더 주목할 만한 사항 중 하나는 호주가 영국 국왕과 관계를 끊고 공화국을 선포할 것인지 여부와 관련하여 실시한 1999년 국민투표이다. 거의 55 퍼센트의 유권자들이 반대했지만 그 이슈는 사라지지 않았다. 국가 차원의 국민투표는 유럽연합 회원국 가운데 보편적으로 사용되는데 특히 EU 가입이나 유로화 사용과 새로운 EU 조약들을 채택하는 결정에 점차 더 보편적으로 사용되었다.

국민투표에는 장단점이 있다 (Qvortrup, 2018

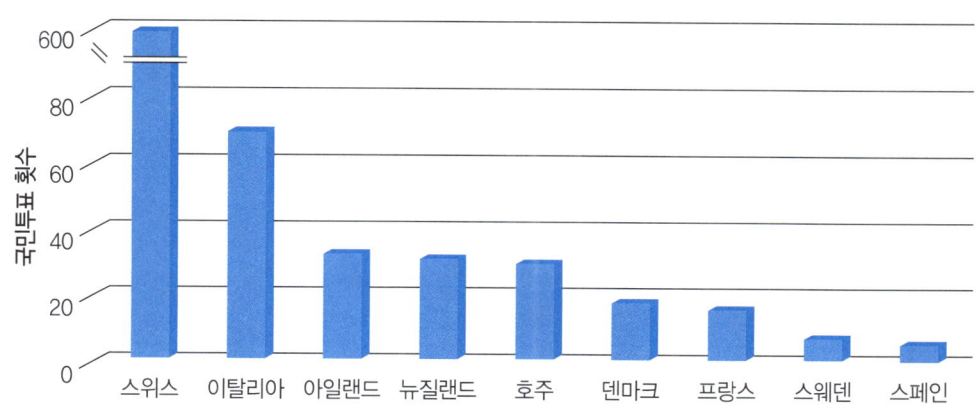

도표 14.5 국민투표의 사용

출처: 1940년부터 2007년 사이의 자료는 Morel (2007)의 표 1에서 수정.

국가개요 14
미국

간략소개

미국은 세계에서 손꼽히는 경제적, 군사적 강대국으로서 최근 몇십 년 동안 글로벌 변화를 이끌고 또 그 변화에 깊이 영향을 받기도 했다. 냉전 동안에는 소련과 그 주변 국가들에 대항하여 서방 동맹(Western alliance)을 이끌었고 '자유세계(free world)'의 정치적, 경제적, 군사적 리더로 여겨졌다. 미국은 더 복잡한 국제적 도전에 대항하기 위하여 계속해서 힘써야만 하고, 글로벌 테러리즘, 감염병, 기후변화에 대한 투쟁에 발목이 잡혀 있으며, 중국과 점증하는 경쟁을 직면하고 있다. 국내적으로 미국은 깊은 정치적 분열, 기록적인 국가부채, 인종 갈등, 낙후하는 기반시설, 커지는 빈부격차, 이민에 대한 우려에 시달리고 있다. 정부 기능의 문제는 최근 미국의 민주주의 지수를 완전한 민주주의에서 결함있는 민주주의로 떨어뜨렸다.

정부형태	연방국가. 대통령제공화국. 50개 주와 콜럼비아 특별구(District of Columbia)로 구성. 국가는 1776년 형성되었고 가장 최근의 헌법은 1787년 채택되었다.
행정부	대통령제. 대통령은 최대 4년 연임이 가능하고, 부통령, 대통령실(Executive Office of the President), 백악관(White House Office), 연방 내각에 의해 지원된다.
입법부	양원제 의회. 435명의 의원으로 구성되는 하원은 연임가능한 2년 임기이고 주마다 2명씩 100명의 의원으로 구성되는 상원은 연임가능한 6년 임기이다.
사법부	대통령에 의하여 임명되고 상원에서 인준되는 종신제의 9명으로 구성되는 연방 대법원이 이끄는 연방과 주 법원의 이원체제.
선거제도	소선거구 단순다수제를 채택하는 몇 안 되는 큰 국가들 가운데 하나. 공식적으로는 대통령이 선거인단에 의하여 간접적으로 선출된다.
정당	다당제이지만 온건한 보수주의 공화당과 온건한 자유주의 민주당이 압도적인 지위를 가진다.

인구
3억 2,800만 명

국내총생산(GDP)
21조 4,000억 달러

1인당 GDP
6만 5,298달러

민주주의 지수 등급
✗ 완전한 민주주의
✓ **결함있는 민주주의**
✗ 혼합형 정권
✗ 권위주의
✗ 측정안됨

프리덤하우스 등급
✓ **자유**
✗ 부분 자유
✗ 부자유
✗ 측정안됨

인간개발 지수 등급
✓ **매우 높음**
✗ 높음
✗ 중간
✗ 낮음
✗ 측정안됨

미국의 선거

미국의 선거는 선출직 공직자의 단순 숫자, 선거유세에서 소비되는 비용의 놀라운 액수, 대통령선거에서 선거인단을 활용함으로써 민주주의가 훼손되는 정도, 의회선거 선거구획정의 조작이라는 최소한 네 가지 점에서 흔치 않고 심지어 독특하다.

대통령부터 주정부를 거쳐 지방의 판사와 보안관에 이르기까지 선출직의 엄청난 숫자는 한때 개척사회(frontier society)를 지배하는 현실적인 요구뿐 아니라 책임성을 강조하는 문화를 반영한다. 게다가 뚜렷하게 미국식 제도인 예비선거 (제15장 참조)는 정당 후보의 선택을 일반 국민에게 개방한다.

선거운동 비용을 많이 지출한다고 승리를 보장할 수 없지만, 광고 예산을 많이 지출하지 않고서 유권자의 관심을 끄는 것은 거의 불가능하다. 최근의 선거에서 선거운동 비용이 눈덩이처럼 불어났는데 2000년 선거철에 30억 달러로부터 2008년에는 50억 달러로, 2016년에는 거의 65억 달러, 그리고 2020년에는 기록적인 140억 4,000만 달러로 늘었다 (Center for Responsive Politics, 2021). 언론의 자유(free speech)라는 이름으로 2010년 대법원의 결정은 선거운동 자금에 대한 이전의 제한들을 없앴고 익명성에 의하여 보호받는 집단의 무제한 지출을 허용했다.

선거인단에 의하여 생긴 비민주적인 결과도 걱정거리이지만 더욱 큰 골칫덩어리는 전형적인 미국식 문제인 **게리맨더링(gerrymandering)**이다. 대부분의 주에서 다수파 정당이 의회의 선거구를 그리는 것이 허용되어 있고, 많은 경우 서로 유리하게 선을 조작하여 종종 소수 인종 출신의 정당 지지자나 유권자의 분포에 기초한 이상한 모양의 선거구를 등장시키기도 한다. 이에 따라 종종 유권자가 의원을 고르는 게 아니라 의원이 유권자를 고른다는 말이 나오는 상황에서 왜곡되고 조작된 선거결과가 나오게 된다. 게리맨더링은 덜 정파적으로 다시 선거구를 획정하라는 연방 대법원의 결정에 따라 2018년 펜실베니아 주에서 시험적인 판례가 발생하면서 법적 도전에 휩싸이고 있다.

미국 선거에 쓰이는 시간과 돈은, 많은 미국인 사이 정치에 대하여 점증하는 냉소주의와 대조된다.

게리맨더링(Gerrymandering): 주로 미국에 연관되어 다른 정당에 비하여 한 정당이 더 유리하게 선거구을 고의적으로 다시 그리는 현상.

추가 읽을거리

Barbour, Christine, and Gerald Wright (2020) *Keeping the Republic: Power and Citizenship in American Politics: The Essentials*, 9th edn (Sage).

Duncan, Russell, and Joe Goddard (2018) *Contemporary United States*, 5th edn (Palgrave).

Wasserman, Gary, and Elliott Fulmer (2019) *The Basics of American Politics*, 16th edn (Pearson).

참조). 첫째, 국민투표는 정부가 선출된 공직자, 정당, 또는 이익집단 대신 유권자로부터 직접 들을 수 있는 통로를 제공한다. 둘째, 국민투표는 현안이 되는 이슈에 대한 유권자의 이해를 향상시키고 그들의 정치적 능력과 정부의 반응성에 대한 신념과 관련하여 자신감을 높이는 것을 돕는다. 셋째, 국민투표는 실시되지 않으면 모르고 지나칠 수 있는 유권자의 의견에 대하여 정치인에게 정보를 제공할 수 있다. 마지막으로 국민투표는 정부가 스스로 결정을 내리기 불가능할 때 국민들에게 이슈를 맡길 수 있는 안전망을 제공할 수 있다.

동시에 국민투표는 몇 가지 문제를 제기한다.

- 국민투표는 조직하고 실시하는 데 비용이 많이 들 수 있다.
- 현안 이슈는 단도직입적인 예/아니오로 선택하기에 너무 복잡하다.
- 국민투표는 논쟁과 분열을 강화함으로써 유권자를 분극화시킬 수 있다.
- 완전히 효과적이기 위하여 유권자는 공부를 해야만 한다.
- 국민투표의 시점이 매우 결정적일 수 있다.
- 너무 잦은 국민투표는 유권자를 지치게 만들어 투표율을 떨어뜨릴 수 있다.
- 유권자의 판단은 때때로 투표용지 위의 특정한 제안보다 더 광범위한 고려사항에 대하여 익숙해져야 한다.

이러한 모든 어려움들에 더하여 국민투표는 유권자 앞에 던져진 질문의 단어 선택의 혼동 때문에 쉽게 손상될 수 있다. 제13장에서 우리는 2016년 영국의 브렉시트 국민투표 설문의 문장에서 문제가 발생했던 것을 보았다. 그보다 2년 전인 2014년에 실시된 스코틀랜드 독립에 대한 국민투표 사례에서 스코틀랜드 국민당(Scottish National Party)은 처음에는 "귀하는 스코틀랜드가 하나의 독립국가가 되어야 한다는 의견에 동의하나요?(Do you agree that Scotland should be an independent country?)"라고 질문을 제안했다. 영국의 선거관리위원회는 "스코틀랜드가 하나의 독립국가가 되어야 하나요?(Should Scotland be an independent country?)"라는 문장이 더 중립적이라고 주장하면서 끼어들었다. 그러나 후에 문장이 독립에 찬성하는 운동(pro-independence campaign)을 긍정적인 예 운동(positive Yes campaign)으로 바꾸고 독립에 반대하는 운동(anti-independence campaign)을 부정적인 아니오 운동(negative No campaign)으로 바꾼다는 우려가 생겼다. 이러한 문장의 미묘함과 느낌은 전통적인 선거에서는 일어나지 않는다.

다음으로 **발의(initiatives)**는 시민들에게 정책을 만드는 주도권을 잡도록 허용한다. 여기에는 두 종류가 있는데 첫째는 국민투표 발의(referendum initiative)로 정해진 수의 시민들이 주어진 제안에 대하여 국민투표를 발의할 수 있도록 허용한다. 대부분 유럽과 중남미에 있는 거의 40개 국가가 이러한 선택을 허용한다. 예컨대 스위스에서는 10만 명의 유권자가 주(canton) 수준에서 새로운 법안, 또는 연방 수준에서 헌법 개

> **발의(Initiative)**: 주어진 제안에 대하여 국민투표를 발의하는 것(국민투표 발의, referendum initiative) 또는 입법부의 의제에 올리는 것(의제 발의, agenda initiative)을 시민들에게 허용하는 절차.

정안을 제안할 수 있다. 미국의 캘리포니아나 다른 서부의 주들에서와 같은 다른 곳에서는 국민투표 발의가 더 광범위하게 제안되거나 이미 존재하는 정책들에 대한 투표로 사용되고 있다.

두 번째 형태는 정해진 수의 유권자들의 동의가 있다면 특정한 주제에 대하여 토론을 강제하는 식으로 의회에서 청원으로 기능하는 의제 발의(agenda initiative)이다. 이러한 기제는 제1차 세계대전 이후 오스트리아와 스페인을 포함한 몇 개의 유럽국가들에 소개되었는데 그 이후 폴란드와 태국 같은 다른 국가로 확장되었다 (International Institute for Democracy and Electoral Assistance, 2021b). 오스트리아의 성공적인 사례 가운데 하나는 튀르키예가 유럽연합 회원국으로 제안되었을 때 국민투표의 실시를 요청한, 25만 명 이상이 서명했던 2006년 발의이다. 영국에서는 최소 10만 명의 서명이 담긴 청원에 대하여 적어도 한 명의 의원이 지지 발언을 하면 하원에서 토론에 상정되어야만 한다.

투표율

지금까지 이 장은 선거의 동학에 대하여 초점을 두었다. 정부와 정치에 대한 비교적 이해를 위하여 마찬가지로 중요한 것은 **투표율**(voter turnout)이라는 문제이다. 만약 유권자가 투표하지 않는다면 선거와 민주주의의 질에 어떠한 영향을 주는가? 투표율은 약 90퍼센트의 높은 투표율부터 20~30퍼센트 같이 낮은 투표율까지 시간과 장소에 따라 다르다. 대부분의 민주주의 국가들에서 평균 투표율은 약 50~70퍼센트이다. 도표 14.6은 국가의 정치적 상태와 투표율 수준 사이에 상관관계가 적다는 것을 보여주는 사례이다. 예컨대 튀르키예와 나이지리아는 모두 혼합형 정권인데 튀르키예는 나이지리아 투표율에 거의 두 배 정도의 투표율을 가진다. 이에 비하여 세 국가가 모두 민주주의로 분류되는데도 호주와 스웨덴의 투표율은 프랑스의 투표율에 두 배 이상이다.

시간에 따른 추세를 보면(도표 14.7 참조), 1950년대 이후 대부분의 민주주의 국가에서 투표율이 떨어졌다. 예를 들면 투표율은 프랑스에서 31퍼센트 포인트 떨어졌고 미국에서는 비록 최근에는 반등했지만 25퍼센트 포인트 낮아졌으며 일본에서는 20퍼센트 포인트, 독일에서는 12퍼센트 포인트 줄어들었다. 무엇이 이러한 하락을 불러왔는지 항상 명확하지 않으며, 제13장에서 참여의 다양화에 대하여 살펴본 것을 감안할 때 이러한 추세에 대하여 걱정해야만 하는 것인지조차 논쟁적이다. 그러나 시민들은 다른 수단을 통해 그리고 덜 직접적으로 여전히 참여할 수 있다. 다른 한편 높은 투표율은 건강한 시민 참여의 표시로 해석될 수도 있고 과도한 정당 경쟁, 정치적 분열, 또는 정부가 택한 방향에 대한 깊은 근심의 결과일 수도 있다.

만일 투표율 하락에 대해 단 한 가지 설명이 존재한다면, 그것은 민주정부의 성과에 대한 만족도 하락, 그리고 투표가 많은 것을 변화시킬 수 없을 것이라는 느낌을 포함하여 투표의 혜택이 비용에 의하여 상쇄된다는 합리적 선택 계산이다. 우리는 이 책의 다른 장들에서 어떻게 정부에 대

> **투표율**(Voter turnout): 전체 유권자 수에 대해 백분율로 표현되는 선거에 참여한 유권자들의 숫자.

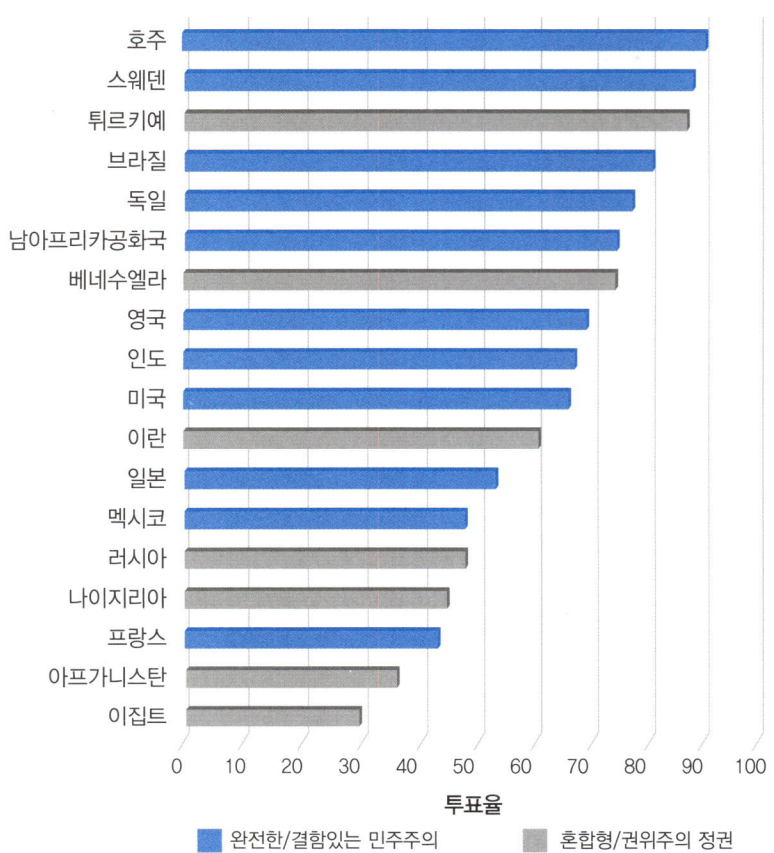

도표 14.6 투표율 비교

출처: International Institute for Democracy and Electoral Assistance (2021c). 이 도표는 가장 최근 의회 선거에서 투표 연령 인구 (voting age population) 대비 통계이다. 전국적 수준에서 의회선거를 열지 않는 중국자료는 없다. 최신 정보는 https://www.idea.int 참조.

한 신뢰가 추락했는지 살펴보았다. 그리고 민주적 원칙에 대한 지지가 강하게 남아 있는데도 정부의 성과에 대해 거세지는 냉소주의는 더 많은 사람이 투표장에서 멀리 떨어지도록 이끌었다. 표 14.5의 높은 투표율을 위한 처방전에 반영되어 있듯이 투표율 감소에도 몇몇 현실적인 이유가 있다.

방정식의 비용이라는 측면에서, 투표율은 유권자들이 미국에서와 같이 스스로 유권자 등록을 하도록 요구할 때 감소한다. 이와 대조적으로 대부분의 유럽국가들에서 유권자 등록은 정부의 책임이고 이러한 방식이 투표율을 높인다. 투표율은 또한 시민들이 평일 동안 몸소 투표해야만 할 때 낮고 그래서 높은 투표율은 주말 투표, 대리투표, 우편투표, 온라인 투표, 슈퍼마켓과 같이 편리한 장소에서 투표하는 것을 허용할 때 촉진될 수 있다. 사전투표의 가능성도 또한 도움이 된다. 예컨대 미국에서 선거일에 앞서서 투표하는 유권자 수가 꾸준하게 증가하고 있어 2020년에 1억 100만 명이 사전투표하는 새로운 기록을 세웠다

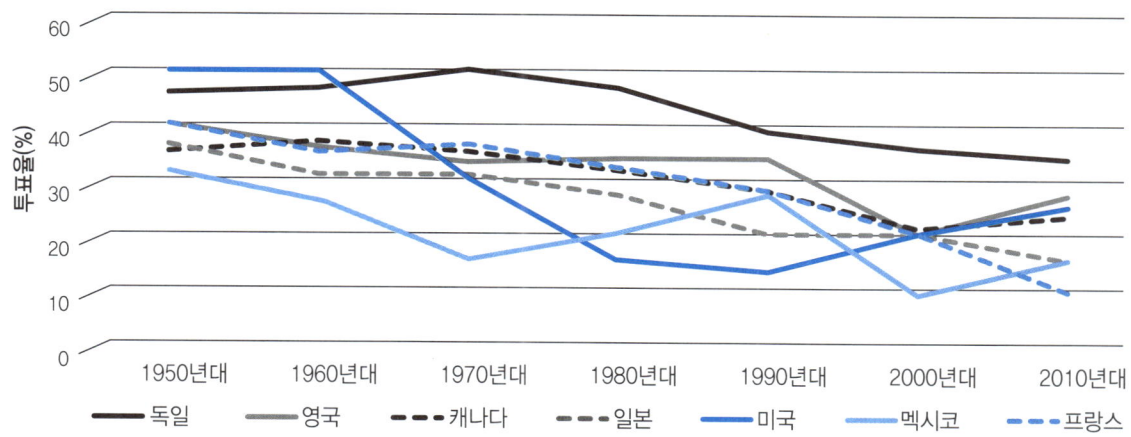

도표 14.7 투표율의 추세 비교

출처: International Institute for Democracy and Electoral Assistance (2021c). 가장 최근 의회 선거의 투표 연령 인구(voting age population) 대비 통계이다.

(United States Elections Project, 2021).

방정식의 혜택이라는 측면에서, 한 표의 영향이 클수록 그리고 승부가 근소한 차이일수록, 적극적인 유권자들은 투표의 비용을 발생시킬 가능

표 14.5 높은 투표율을 위한 처방전

정치제도의 특징	유권자의 특징
의무투표	중년층
자동적 유권자 등록	고학력자
우편투표, 대리투표, 온라인 투표 허용	기혼자
사전투표 허용	고소득자
주말 투표	피고용자
통치자들을 결정하는 선거	자가 소유자
단결력 있는 정당들	강한 정당 충성도
비례대표제	교회에 다니는 사람
박빙의 결과가 예상되는 선거	노조 가입자
적은 유권자	최근에 주소를 바꾸지 않은 사람
고비용 선거유세	과거 선거에 투표했던 사람
동시선거	

출처: Endersby et al. (2006), Geys (2006), International Institute for Democracy and Electoral Assistance (2021b)에 기초.

성이 더 크다. 몇십 년 동안 다수의 연구는 비례대표제가 투표율을 촉진시킨다는 관점에서 가장 효과적인 선거제도라고 주장했는데, 부분적으로 그 이유는 투표의 혜택이 좀 더 명확하다는 이유 때문이다. 표가 의석으로 바로 반영되기 때문에 모든 한 표가 중요하다. 이와 대조적으로 소선거구 단순다수제에서는 많은 선거구가 특정 정당에게는 안전할 수 있는데, 다시 말해 각 표가 결과에 미칠 영향이 거의 없고, 특히 유권자들이 야당을 지지할 경우 그들이 투표할 가능성은 적다는 뜻이다.

투표율을 향상시키려는 시도는 정치적 현실에 민감해야만 한다. 참여 증대가 체제 전체를 이롭게는 하지만, 정당에게 불균등한 영향을 줄 수 있다. 특히 보수 정당은 투표율 촉진 계획에 신중할 텐데 이는 기권했던 사람들이 아마도 반비례적으로 좌파 정당에 표를 던질 것이기 때문이다. 투표율 향상을 위하여 또 다른 직설적이지만 매우 효과적인 방법은 의무투표제(mandatory voting)이다 ('문제 탐구 14' 참조).

권위주의 정권의 선거

치즈맨과 클라스(Cheeseman and Klaas, 2018)는 세계에서 가장 억압적인 정권 가운데 하나로 분류되는 중앙아시아의 옛 소비에트공화국 아제르바이잔의 2013년 선거에 대하여 말한다. 2003년에 처음 대통령이 되었고 거의 20년 뒤 이 책이 출간될 때까지도 대통령 자리에 머무는 알리예프(Ilham Aliyev)정부는 정부의 신뢰도를 높이기 위하여 아제르바이잔 사람이 선거를 주시하는 데 사용할 수 있는 아이폰 앱을 출시했다. 많은 사람들이 새로운 기술을 시험하려고 선거 전에 그 앱을 열었는데 선거결과가 이미 올라와 있는 것을 발견하고는 놀라고 말았다. 그들은 단 한 표도 실제로 던져지기도 전에 누가 이기고 누가 지는지, 그리고 투표율에 대하여 모두 볼 수 있었다. 정부는 이러한 지적에 대해 보이는 결과는 이전 선거의 것이라고 주장했지만, 왜 이번 선거에서 경합하고 있는 후보들이 목록에 있었는지는 설명하지 못했다.

이 이야기는 글로벌 정치의 어려운 현실을 강조한다. 전 세계 열 명 가운데 여섯 명이 권위주의 통치 아래에서 살고 그 가운데 소수는 어떠한 종류의 선거도 없으며, 그 선거결과 또한 종종 신뢰할 수 없는 곳에 산다. 투표는 조작과 부패로 종종 얼룩지고 투표율과 '승자'의 득표율을 때때로 믿지 못하게 만든다. 사정이 그러하다면 권위주의 정권에서 선거는 어떠한 목적을 실현하는가 아니면 단순히 겉치레에 불과한 것인가? 짧게 답하자면, 선거가 조직되고 조작되는 방식이 우리에게 권위주의 정부의 본성에 대해 많은 것을 알려주기 때문에, 선거는 때때로 겉치레 그 이상이다. 또한 여러 가지 실제 기능이 권위주의 지배자와 엘리트를 위한 선거에 의하여 충족된다 (도표 14.8 참조).

완전히 선거를 폐지한 소수의 국가들도 있다. 자문의 권한만 보유하는 의회 구성원을 임명하는 브루나이는 1962년부터 선거를 실시하지 않았고, 소말리아는 1980년부터 2012년 사이에 정부 체제의 붕괴로 인하여 선거 없이 지냈다. 사우디아라비아나 에리트레아는 국가 수준의 선거를 실시하지 않지만 지방 수준에서는 선거를 실시한

문제 탐구 14

투표가 의무적이어야 하나?

낮은 투표율을 문제라고 본다면 어떤 해결책들이 있을까? 표 14.5가 이 논쟁의 많은 실용적인 요소들을 나열하였는데 이 모든 것들이 각자의 방식으로 투표율을 상승시킬 수 있다. 그러나 낮은 투표율의 궁극적인 해답은 투표를 의무적으로 만드는 것이다. 1892년 벨기에에 처음 소개되었고 1914년 아르헨티나와 1924년에 호주가 뒤를 이었으며 현재 약 30개 이하의 국가에서 실시되고 있는데, 몇 개의 국가들은 제재로 벌금, 감금, 공민권 박탈을 활용하여 강제하고 다른 국가들은 그렇지 않다 (표 14.6 참조). 이들 국가의 투표율은 의무투표제를 하지 않는 국가의 투표율보다 평균적으로 7퍼센트 포인트 더 높다 (International Institute for Democracy and Electoral Assistance, 2021d).

의무투표제를 지지하는 주장에는 유권자를 더 잘 대표할 수 있고, 정부의 권위는 강화되며, 비참여적인 유권자와 단체가 정치과정에 동참하게 되고, 유권자는 전반적으로 정보를 알게 되며, 정당은 더 이상 지지자에게 투표하라고 독려하기 위해 많은 자원을 헌신할 필요가 없어진다는 것 등이 있다. 대부분의 시민들은 세금을 내고, 배심원에 참여하며, 전쟁에 참가하는 것을 시민적 의무라고 인정하는데 왜 선거에서 투표하는 데에 작은 노력을 기울이려하지 않을까? 의무투표제를 실시하지 않으면 의식화된 사람의 선거 불참으로 인하여 기권자가 무임승차하게 된다.

그러나 의무투표제에 반대하는 주장 또한 강하다. 의무투표제가 민주주의의 근본적인 부분인 자유로운 선택을 훼손하고, 사람들이 권위주의 정치화에 참여하도록 하며, 정보가 부족하고 덜 열심인 유권자에게 영향을 준다. 브렌넌(Brennan, 2011)은 선거보다 더 민주주의에 필수적인 것은 없지만 "시민들은 투표할 때 무엇이 공공선을 증진시킬 것인지에 대한 타당한 증거에 기반하여 잘 투표해야 한다"고 말한다. 그는 만약 투표를 잘할 능력을 결여한 사람이라면 투표해서는 안 된다고 주장한다. 마지막으로 그는 "만약 높은 투표율이 정치적 선택의 질을 향상시킨다는 증거가 없다면 관심 있는 유권자들과 무관심한 기권자들 사이의 자연스런 역할 분담에 계속 의존하는 것이 왜 안 되는가?"하고 마무리한다.

여기에서 몇 가지 질문이 제기된다.

- 우리는 낮은 투표율을 걱정해야만 하나?
- 만약 그렇다면, 높은 투표율을 촉진하는 수단으로서 표 14.5에 요약된 특징에 초점을 맞춰야 하나?
- 의무투표제가 가능한 대안인가?
- 우리는 전체적 숫자 즉, 사회적 계급, 소득, 교육, 인종이나 다른 요인으로 인한 투표율 차이에 관해 그 숫자가 우리에게 무엇을 말해주는지에 대해 너무 걱정하지 말고 그냥 내버려 두어야 하는가?

다. 한편 마지막으로 남아있는 소수의 공산주의 국가에서 선거는 지배정당체제 안에서 지역수준으로 치러지고, 최고 정점에 이르기까지 점차 상급의 선거를 치르는 식으로 진행된다. 그러나 선택권을 제공하는 것은 조그마한 치장에 불과하고 집권당이 선거에서 패배하거나 심각한 반대에 직면할 가능성은 전혀 없다.

예를 들어, 베트남은 483명의 국회의원을 선

표 14.6 의무투표제 국가

강제적 의무투표		비강제적 의무투표	
아르헨티나	룩셈부르크	볼리비아	가봉
호주	나우루	불가리아	온두라스
벨기에	페루	코스타리카	멕시코
브라질	싱가포르	도미니카공화국	파라과이
사이프러스	튀르키예	이집트	태국
에콰도르	우루과이		

출처: International Institute for Democracy and Electoral Assistance (2021d).

주: 콩고민주공화국, 레바논, 파나마에서도 의무투표제가 실시되나 강제적인지 아닌지 정보가 없다. 칠레, 피지, 이탈리아, 베네수엘라에서는 더 이상 의무투표제가 실시되지 않는다.

출하기 위하여 정기적으로 선거를 실시하고 공산당은 의석의 95퍼센트 또는 그 이상을 지속적으로 확보하며 매우 적은 수의 야당 의원만이 의석을 차지한다. 이외에 중국에서 유권자가 마을 수준의 의회대표를 선출하고 그 대표를 성 단위의 의회 대표를 선출하며 또 그들이 다시 전국인민대표대회에 갈 대표를 뽑는다. 복수의 후보가 선거에 출마하도록 허용되고 비밀투표도 허용되지만 중국공산당의 강령에 대한 명시적인 반대는 금지된다. 힐(Hill, 2019)이 주장하듯이 현대 중국에서 선거의 전통적인 목적은 유권자의 의지를 고양시키는 것이 아니고 정부의 권력과 효율성을 강화시키는 것이다. 중국의 지도자들은 중국인들이 무엇을 원하는지 이미 잘 알고 있고(국부와 권

역할	특징
엘리트의 선출	지배자는 자리를 나눠주는 방식으로 엘리트, 정당 구성원, 큰 사회적 집단을 뽑기 위하여 선거를 활용할 수 있다.
야당의 선출	자리를 나눠주는 방식으로 약간의 야당 구성원이 선출되도록 허용하고 야당을 분리한다.
정보의 생성	선거는 정권으로 하여금 지지자와 반대자를 구분하게 돕고 누구를 보상하고 겁을 주며 또는 처벌할지 알도록 돕는다.
혁명의 방지	가난한 사람들이 투표하고 선출되도록 허용하여 혁명의 위협을 방지할 수 있다.
시민 참여	지방 수준의 제한적 민주주의는 유권자의 참여를 진작하고 지방 정치인이 책임지게 한다.
정통성	선거는 비록 근거없는 주장이라 할지라도 정권이 대중의 의지에 기초한다고 주장할 수 있음을 시사한다.

도표 14.8 권위주의 정권의 선거

출처: Gandhi and Lust-Okar (2009)에서 수정. Michalik (2015)도 참고.

력), 이것은 단호한 국가적 행위를 통해서만 얻을 수 있으며, 국민과 지도자 사이의 강한 연계가 있을 때만 성공할 수 있다.

한편, 대부분의 다른 권위주의 정권에서 선거가 실시되며, 하나 혹은 그 이상의 이유(시민소요 사태, 자연재해, 공공 보건위기 등)로 선거가 연기되더라도 유권자는 언제 선거가 열릴지 알고 있고, 아무리 선거결과가 정해져 있는 경우라 해도 대개 여러 명의 후보와 정당이 경합한다. 이러한 상황에서 지배자들은 때때로 선거 권위주의(electoral authoritarianism)라고 알려진 방식을 추구한다. 사회과학의 많은 개념들과 같이 선거 권위주의에 대한 정확한 의미는 논쟁 중이고 정치체제 유형에 따라 폭 넓게 적용될 수 있다. 쉐들러(Schedler, 2013)는 그 특징들을 다음과 같이 설명한다.

> 정부는 선거에서 계속 이기기 위하여 광범위한 목록의 조작적인 전략을 수행한다. 정부는 정당을 금지하고, 후보를 기소하며, 언론인을 괴롭히고, 유권자를 협박하며, 선거결과를 조작하는 등 이런 것을 계속한다. 정부의 단기적 목적은 선거결과의 불확실성을 없애는 것이고, 궁극적인 목표는 정권교체의 불확실성을 예방하는 것이다. 야당들은 때때로 선거라는 위장에 참여하기를 거부하고 다른 때에는 마지 못해서 참여한다.

다시 말하자면 복수의 후보가 참여하는 정기적인 선거가 실시되기는 하나 투표는 상당히 통제되고 조작적이어서 기존의 정부가 패배할 가능성을 효과적으로 제거하게 된다. 의미 있는 경쟁이 지방 수준에서는 이루어질 수 있지만 국가 수준의 결과를 결정하는 데까지는 허용되지 않는다. 아제르바이잔의 사례에서 보듯 선거결과는 전형적으로 이미 사전에 알려지게 되는데, 이는 정책의 지지를 의미하는 것이라고 정권에 의해 공표된다. 사실상 유권자는 자신들의 의지에 반하여 정부의 일을 '승인(approve)'하도록 이용된 것이다. 소수의 유권자는 조작에 속지만 대부분의 유권자는 개인 신변을 위험에 빠뜨리지 않은 채 문제를 해결할 수 있는 데는 제한이 있다는 것을 또한 발견한다.

이집트는 선거 권위주의가 작동하는 사례이다. 무바라크(Hosni Mubarak, 1981~2011년) 행정부 시기에 다섯 번의 대통령 '선거'가 있었으나 앞의 네 번은 그가 단독후보로 나와 공식적으로는 단 한 번도 94퍼센트 이하를 득표한 적이 없는 사실상의 국민투표였다. 2005년에는 두 명의 상대가 있었으나 무바라크는 여전히 거의 89퍼센트를 득표할 수 있었다. 또한, 무바라크 시절 동안 표면적으로 여러 정당이 경쟁한 일곱 번의 의회선거가 있었지만 그의 집권당(National Democratic Party)은 항상 압도적인 과반수를 확보할 수 있었다. 선거인단 등록이 되지 않아 투표하지 못한 유권자가 많았기 때문에 정권의 명분이 유지될 수 있었다 (도표 14.9 참조). 2010년까지 이집트에는 등록되지 않는 유권자가 2,000만 명 이상으로 투표권 있는 유권자의 5분의 2를 차지하는 수준이었다.

2011년 혁명에 이어 보편적 유권자 자동등록제로 법이 바뀌어 모든 투표 가능한 연령대의 유

선거 권위주의(Electoral authoritarianism): 정권이 권위주의적인 특징은 감추는 반면, 민주적이고 유권자에게 선택을 제공하고 있다는 인상을 주는 방식.

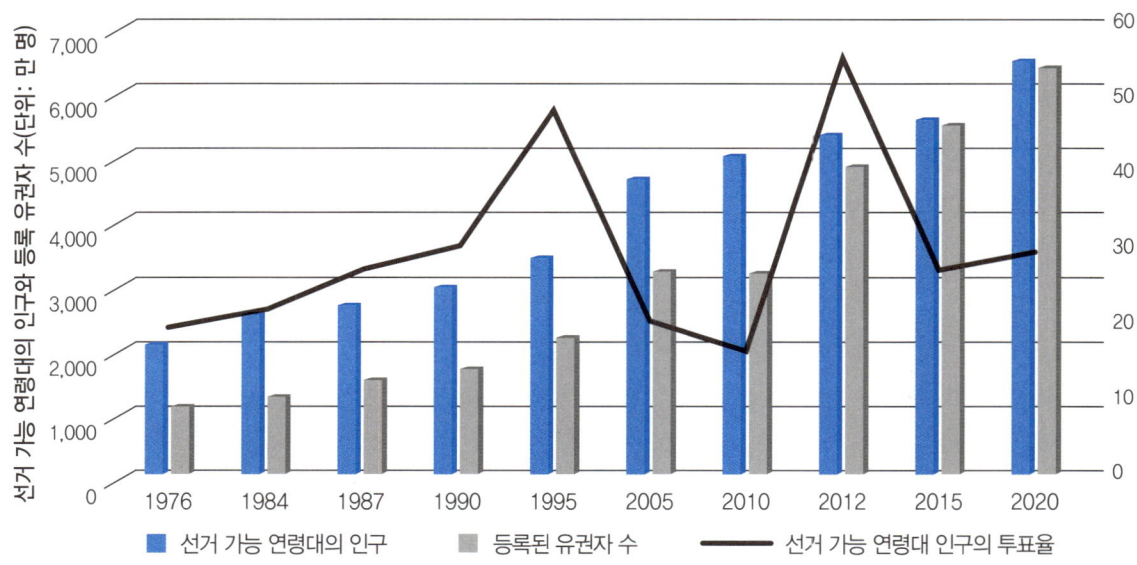

도표 14.9   이집트의 투표율 추세

출처: International Institute for Democracy and Electoral Assistance (2021c). 의회선거에 대한 통계 자료임.

권자들이 등록하게 됨에 따라 2012년에 투표율이 거의 250퍼센트 증가했다. 그러나 이집트의 새로운 민주주의를 향한 열망은 오래가지 않았고 등록 유권자 수가 거의 2015년 수준에 머무르는 한편, 다시금 돌아온 선거부정에 대한 유권자들의 환멸 때문에 투표율도 무바라크 시절 수준으로 떨어졌다. 군부 지도자에서 민간 대통령으로 변신한 엘시시(Abdel Fattah el-Sisi)는 2014년과 2018년 대통령선거에서 97퍼센트의 득표를 주장하며 쉽게 이겼다. 2020년 의회선거까지 엘시시의 국민미래당(Nation's Future Party)이 이집트 하원 의석의 과반수를 통제했다. 확실히, 이집트에서 변한 것은 많지 않다.

자유 선택 뒤에 숨어 있는 조작의 다른 사례는 이란이다. 이란은 대통령과 의회를 위하여 주기적으로 선거를 실시하지만 국가의 최고지도자는 제외이고, 정당에게는 제한이 있으며, 선거는 반체제 인사의 당선 가능성을 떨어뜨리는 이란의 종교 엘리트에 의하여 조작된다. 종신형으로 임명되는 국가의 최고지도자는 1979년부터 이란 정치를 지배해온 보수적 이슬람 의제를 위협할 수 있는 모든 후보를 낙선시키기 위하여 권력을 활용하고, 12명의 성직자와 법관으로 구성된 헌법수호위원회(Guardian Council)는 혁명정신을 지지하는지 확인하기 위해 후보의 자격을 심사한다. 모든 후보는 성직자들이 궁극적인 정치권력을 보유한다는 원칙과 최고지도자의 통치에 대한 충성심을 공표하도록 요구받는다. 이러한 방식으로 잠재적으로 문제를 일으킬 수 있는 많은 후보를 제외시킨다. 헌법수호위원회는 또한 여성의 대통령선거 출마를 금지하기 위하여 후보가 '종교적이거나 정치적 인물'이어야 한다고 헌법적 요건을 해석한다.

스미스(Smyth, 2020)는 경쟁은 아무리 미약

이란에서 지방선거 기간에 유권자들이 투표소에 줄 지어 있다. 이란에서는 선거부정에 대한 기소나 정당이 금지되어있음에도 불구하고, 각기 다른 정책적 입장을 취하는 후보자가 있다.

하다 해도 그 자체로 러시아를 야당의 도전에 대해 서방 관찰자들이 생각하는 것보다 더 취약하게 만든다고 주장했지만, 푸틴(Vladimir Putin)은 선거 권위주의의 숙련된 대표자다. 소비에트 시절 사람들은 자신의 전체 가족을 대표해서 투표하는 것이 허용되었고, 공식적인 투표율은 99.99퍼센트 정도로 매우 높았다. 푸틴은 다당제와 65~70퍼센트 정도로 그저 그런 투표율에 대처해야만 했지만 다양한 수단을 사용함으로써 여전히 승리했다 (White, 2014).

- 정당은 공식적으로 등록되어야만 하는데 이는 사실상 행정부에 의하여 승인되어야만 한다는 의미이다.
- 등록 과정은 비싸고 시간이 많이 든다.
- 미디어, 특히 TV에 대한 접근은 여당과 다른 승인된 정당에게 유리하게 통제된다.
- 대중 시위의 조직은 엄격하게 통제된다.
- 선거일에 공장, 병원, 군사기지 같은 국가지원을 받는 기관에서 일하는 노동자는 여당에 우호적으로 투표하도록 명령을 받는다.
- 개표원에 의한 **득표수 부풀리기(ballot stuffing)** 와 고의적으로 투표용지를 훼손하는 경우가 흔히 퍼져있다.

나이지리아와 튀르키예 같은 혼합형 정권에서 선거는 지배자의 권위를 확인해주는 중요한 역할을 한다. 공공연한 투표 부정은 기피되고, 낮은 투표율과 심지어 패배의 가능성도 배제할 수 없다. 나이지리아는 최근에 민주주의로 향하는 환영받는 흐름을 의미하는 몇 가지 이정표를 통과했다. 나이지리아는 1999년 이래 가장 오랜 기간 중단되지 않고 민간 정부를 겪고 있을 뿐 아니라, 2007년에는 현직자가 임기제한에 걸려 출마할 수

> **득표수 부풀리기(Ballot stuffing)**: 한 투표소에서 다수의 표를 던지거나, 여러 장소에서 투표하는 선거부정의 형태.

없어 행정부가 평화롭게 교체되는 것을 처음으로 목격하였고, 2015년에는 재선을 시도한 현직 대통령이 처음으로 패배하는 것을 경험했다. 불행하게도 나이지리아의 선거는 종족과 종교적인 분극화에 의한 유권자 협박에서부터 공동체 사이의 분쟁, 대중 시위, 정당 회합을 향한 폭탄 폭발, 심지어 후보 암살에까지 이르는 심각한 수준의 폭력에 둘러싸여 있기도 하다 (Angerbrandt, 2018).

혼합형 정권에서는 선거 운동을 하는 동안, 지도자가 자신의 임기 동안에 이룬 실질적 성과를 선전하기 위해 (그는 특히 행정부 공직을 위한 선거판을 지배하려 한다) 텔레비전을 활용하여 미디어를 장악하는 (적어도 사하라 이남 아프리카 지역에서는) '거물 정치(big man politics)'로 알려진 방식이 동원된다. 권위주의 정권에 대조적으로 혼합형에서는 당근(압도적 인물을 위하여 투표하는 이유 제공)과 채찍(야당 지지자들에 대한 위협)이 비슷하게 강조된다. 비록 사하라 이남 아프리카에서 여러 정당이 참여하는 선거라는 진전이 있었지만, 이러한 선거는 제13장에서 우리가 살펴보았듯이 유세 동안 폭력의 발발 또는 선거결과에 대한 분쟁이라는 고유한 문제를 파생시킬 수 있다 (Kovacs and Bjarnesen, 2018).

권위주의 정권의 투표율에 대해서는, 조작된 결과라는 문제 때문에 믿을 수 있는 자료는 찾기 어렵다. 죽은 사람이 투표했다고 명단에 올라 있는 경우가 여러번 되풀이 된다면 우리는 선거부정을 확신할 수 있을 것이다. 그러나 비현실적으로 높은 투표율과 득표율의 격차라는 조작의 또 다른 지표는 알아보기 쉽다. 이라크의 후세인(Saddam Hussein)이 2002년 선거에서 100퍼센트의 투표율에서 100퍼센트의 득표율로 이겼다는 주장만큼 신뢰의 경계를 명백하게 확장한 선거결과는 거의 없다. 이렇게 터무니없는 숫자는 어느 누구도 투표율과 선거결과를 부정하지 못하게 하는 능력까지 포함하는 독재자들의 권력의 표현이자 강화로 보여질 수 있다.

믿을 수 있는 독립적인 자료가 이용 가능하고, 숫자가 더 현실적이라면, 권위주의 정권의 투표율은 때때로 민주주의 국가의 투표율과 비교가 가능하다. 예를 들어, 가장 최근의 선거에서 투표했느냐고 사람들에게 묻는 여론조사에 기초하여 드 미구엘 등(de Miguel et al., 2015)은 알제리, 바레인, 요르단, 모로코, 레바논, 팔레스타인, 예멘의 일곱 개 아랍국가의 투표율이 평균 61퍼센트로 51퍼센트에서 72퍼센트 사이에 분포한다는 것을 발견했다. 엘리트의 이익에 대한 유권자의 거리감과 선거 절차에 대해 있을 법한 냉소주의의 조합을 감안하면 왜 유권자가 투표하는 수고를 마다하지 않는지 묻는 것이 합리적이다. 드 미구엘 등은 유권자는 또한 정책에 대하여 걱정하고 정권과 특히 경제에 대한 업적과 관련하여 자신들의 관점을 표현하기 위하여 선거를 활용한다고 주장하면서 지역 선거에 대한 표준 관념을 거부한다. "경제적 업적에 대한 긍정적인 평가는 개인들을 정권에 대하여 더 긍정적으로 전반적 평가를 하도록 이끌고 이는 결국 투표참여의 가능성을 높인다"고 마무리한다.

어디에서건 선거는 표를 의석으로 전환시키는 과정에서 발생하는 문제 때문에 불완전하다. 민주주의 정권에서는 최소한 유권자에게 자신들의 대표를 고르게 허용하고, 유권자 숫자를 정확하게 의석 숫자로 전환시키려고 시도한다는 선의의 노력이 있다. 한편 권위주의 정권에서는 선택이라는 인상을 심어주기 위해 유권자를 눈가림 장치로 활용하면서 실제로 선택하는 것은 다름 아닌 지배 정권이다. 종종 선거와 그 결과가 지배 정권의 이익을 위해 조작되는 대담한 방식으로 그 문제는 두드러진다.

토론주제

- 완벽한 선거제도라는 것이 과연 있는가?
- 의회와 대통령을 선택하기 위한 가장 좋은 선거제도는 무엇이고 왜 그러한가?
- 투표하는 것이 비합리적인가?
- 낮은 투표율이 좋은가 나쁜가?
- 의무투표제가 좋은 아이디어인가 아닌가?
- 왜 권위주의 정권들이 선거를 실시하나?

핵심용어

- 게리맨더링(Gerrymandering)
- 국민투표(Referendum)
- 득표수 부풀리기(Ballot stuffing)
- 발의(Initiative)
- 분포요건(Distribution requirements)
- 비례대표제(Proportional representation)
- 선거 권위주의(Electoral authoritarianism)
- 선거공식(Electoral formula)
- 선거부정(Electoral fraud)
- 선거제도(Electoral system)
- 소선거구제 단순다수제(Single-member plurality)
- 위임받은 권한(Mandate)
- 투표율(Voter turnout)

추가 읽을거리

Arzheimer, Kai, Jocelyn Evans, and Michael S. Lewis-Beck (eds) (2017) *The Sage Handbook of Electoral Behaviour* (SAGE). 제도적이고 사회적 접근법에 관한 부분을 포함하여 유권자가 어떻게 결정하고 이슈의 역할은 어떠한지 선거행태 연구에 대하여 편집된 모음집.

Cheeseman, Nic, and Brian Klaas (2018) *How to Rig an Election* (Yale University Press). 권위주의 지도자들이 지속적인 집권을 보장하기 위하여 선거과정을 훼손하는 방식에 대한 연구.

Herron, Erik S., Robert J. Pekkanen, and Matthew S. Shugart (2018) *The Oxford Handbook of Electoral Systems* (Oxford University Press). 18개 국가의 선거에 관한 개별 장들을 포함하여 서로 다른 선거제도의 구조와 효과에 대한 연구 모음집.

James, Toby S., and Holly Ann Garnett (eds) (2021) *Building Inclusive Elections* (Routledge). 선거과정에서 불평등을 줄임으로써 선거를 더 공정하게 만들 수 있는 방식에 관한 연구.

Morel, Laurence, and Matt Qvortrup (eds) (2018) *The Routledge Handbook to Referendums and Direct Democracy* (Routledge). 서로 다른 전 세계의 지역에서 국민투표와 그 정치적 효과에 대한 연구들의 편집된 모음집.

Solijonov, Abdurashid (2016) *Voter Turnout Trends Around the World* (International Institute for Democracy and Electoral Assistance). 최근의 투표율 추세와 그 의미에 관련된 자료와 분석으로 가득한, 스톡홀름에 위치한 연구소의 간략한 보고서.

15장

정당

차례
- 정당의 이해
- 기원과 진화
- 정당체제
- 정당의 조직
- 권위주의 정권의 정당

개요

많은 사람들에게 있어서 정당은 가장 흔히 그들을 정부와 연결해주는 통로이다. 정당은 시민들에게 경쟁적으로 정책대안을 제시하고, 시민들한테 정치과정에서 일정한 역할을 하도록 권장하며, 통치할 사람을 정하는 데 있어서 결정적 역할을 한다. 정치에서 정당이 매우 중요함에도 불구하고 시민들이 정당을 좋게 생각하지 않는 현실은 매우 모순적이다. 갈수록 점점 더 정당은 시민의 정치참여 도구가 아니라 정치인 자신들의 이익만을 촉진하는 정치인들만의 통로이자 정치적 분열의 원인으로 여겨지고 있다. 그 결과, 사람들이 다른 정치적 표출 수단을 모색하면서 정당에 대한 지지는 감소하고 있다. 정당은 엘리트들이 대중여론을 조작하는 일상적인 수단이며, 따라서 정당은 권력을 보호하는 방패이자 동시에 권력의 도구이다.

이 장은 제일 먼저 정당의 기원과 역할 변화에 대해 간략하게 개괄하고, 이어서 정당이 전혀 허용되지 않고 있는 국가로부터 일당제, 일당우위 정당제, 양당제, 대부분의 민주주의 국가에서 발견되는 다당제에 이르기까지 세계 곳곳의 다양한 정당체제에 대해 살펴본다. 각각의 다른 정당체제에서 발견되는 정당의 역동성에 대해 살펴보고, 그런 다음 정당의 조직 방식 및 자금조달 방법과 당 지도자 및 공직선거 후보자의 충원방식에 대해 살펴본다. 마지막으로, 이 장은 선택을 제공하고 유권자를 안내하는 역할이 아니라 그와 정반대로 정당이 통제의 수단으로 사용되고 있는 권위주의 정권에서의 정당의 역할에 대해 논의한다.

핵심논제

- 정당은 정부의 기반 마련, 유권자의 안내와 동원, 정치적 이익집약 등을 포함한 다섯 가지 핵심 역할을 한다.
- 정당은 한때 사회의 핵심 주체이자 정치적 동원을 주도하는 세력이었지만, 정당의 영향과 정치적 역할에 대한 환멸이 커지고 있다.
- 정당체제는 여러 가지 형태가 있는데, 여기서 핵심주제는 일당우위 정당제 및 양당제의 쇠퇴와 다당제의 부상이다.
- 정당의 조직은 주로 당 지도자를 뽑고, 공직선거 후보자를 뽑고, 자금을 관리하는 데 중점을 두고 있다.
- 정당에 대한 공적 자금의 증가는 정당의 역할과 성격을 변화시켰다.
- 권위주의 정권에서 정당의 역할에는 갈등 해결, 위협 해소, 선거 관리, 영향력 확대, 유권자 교육 등이 포함된다.

정당의 이해

프랑스만큼 최근 정당 구성에 큰 변화가 있는 나라는 거의 없다. 프랑스에서 정당은 종종 대안적 정강과 정책을 제시하기 위해서보다는 대선후보의 본거지 역할을 하기 위해 존재한다. 더욱 주목할만한 변화 중 하나는 '전진하는 공화국'(La République en Marche! '전진하는 공화국' 정도로 번역할 수 있지만, 흔히 줄여서 *En Marche!* 라고 하며 이는 '전진' 또는 '앞으로' 등으로 번역할 수 있다)이라고 하는 2016년 새로운 중도정당의 창당과 함께 시작되었다. 이 당은 2017년 대통령선거 출마를 계획하던 당시 경제장관 마크롱(Emmanuel Marcron)에 의해 창당되었다. 친기업, 친유럽연합 정강정책을 내세운 마크롱이 대통령선거 결선투표에서 압승하여 프랑스 역사상 가장 나이가 젊은 대통령이 되었고, '전진'은 한 달 후 국회의원선거에서 승리하여 국회 다수의석을 차지하고 마크롱에게 변화의 임무를 부여하였다. 그러나 변화를 약속한 수많은 정치후보자가 그랬듯이 마크롱은 약속을 지키는 것이 무척 어려웠으며, 그의 여론조사 지지도는 급락했고 곧바로 '전진'의 미래는 불확실해졌다.

비록 **정당(political party)**은 정부의 다른 공식기관보다 훨씬 더 새로운 조직이고, 정당 자체는 정부의 공식적인 일부가 아니지만, 좋든 나쁘든 간에 대부분의 정치체제의 작동에 있어서 중심적 역할을 한다. 정당의 역할은 정부의 구성(안정성은 종종 입법부의 원내진출 정당의 수에 달려있다)으로부터 유권자에게 정부의 복잡한 과정을 안내하고, 이익을 결집하고, 대중의 참여를 독려하고, 공직후보자의 충원에 이르기까지 다양하다 (도표 15.1 참조). 비록 정당이 과거에 비해 인기가 없고 종종 공적 생활에 당파적 분열을 일으키거나 조장한다고 비판을 받지만, 만약 정당이 어쨌든 폐지되는 경우 이를 대체할 것이 무엇인지 상상하기조차 쉽지 않다.

정당은 정당이 권력을 독점하고 지배 엘리트의 도구로 악용되는 권위주의 정권에서 가장 힘이 세다. 이러한 상황에서 정당의 임무는 이익을 결집하고 선택을 제공하는 데 있지 않고 권위주의적 지도자가 자신의 권력을 구축, 유지, 표현하는 수단으로 활동하는 데 있다. 정당이 국가지도자로부터 자율적이지 못하고 엘리트의 사회지배 강화에 사용되고 있는 권위주의 정권에서 정당은 훨씬 힘이 없다. 가난하고 인종적으로 분열된 나라의 정당들은 전형적으로 대부분의 민주주의 국가의 정당체제의 기반인 이념적 차이가 부재하고 그 대신 여러 다른 사회집단보다 어떤 한 사회집단의 이익과 동일시된다. 오만과 사우디아라비아와 같은 일부 국가에서는 정당이 전혀 기능하지 못하고 있다.

한편, 비록 유권자와 정당이 연결되는 방식에 중요한 변화가 일어나고 있지만, 민주주의 국가에서 정당은 민주적 선거의 중심에 있다. 논의의 핵심은 **정당일체감(party identification)**의 개념

정당(Political party): 명칭과 이념에 의해 구별되는 집단으로 선거에서 승리하여 정권을 장악하려는 목적으로 공직후보를 낸다.

정당일체감(Party identification): 특정 정당에 대한 장기적인 애착심이며, 이는 유권자에게 정치세계의 로드맵을 제공하는 데 도움이 된다.

마크롱의 2017년 프랑스대선 선거운동. 그의 새로운 정당, '전진'은 대통령선거와 총선에서 승리하였다.

인데, 이는 정당에 대한 열광적인 지지가 아니라 해당 정당을 지지하는 심리적 성향을 의미한다. 특정 브랜드의 휴대폰이나 노트북을 정기적으로 구매하는 것이 구매할 때마다 새로운 모델과 모든 옵션에 대한 전면적인 평가를 불필요하게 하는 것과 마찬가지로, 특정 정당에게 투표하는 것은 영구적인 약속으로 각각의 선거 때마다 다른 대안에 대한 검토를 불필요하게 한다.

많은 사람들에게 특정 정당에 대한 투표는 실용적이고 장기적인 브랜드 선택이며, 어느 곳보다 미국에서의 투표행위가 가장 그렇다. 고착화된 양당체제, 폐쇄형 정당 예비선거, 다수의 선출직 공직자를 선거할 때 동일 정당 후보들에게 일관 투표를 할 수 있는 것 등 미국 정치체제의 독특한 특징이 합쳐진 덕분에 1994년에서 2020년까지 미국 전체 유권자는 지속적으로 민주당과 일체감을

역할	특징
정부	정부의 권력 행사의 기초를 제공한다.
안내	유권자가 선택할 수 있도록 대립적인 정책대안을 유권자에게 제공한다.
결집	이해관계와 요구를 결집하여, 관리 가능한 우선적 순위의 제안으로 만든다.
동원	선거운동, 모금, 투표 등을 통한 유권자의 정치참여를 권장한다.
충원	공직후보자를 충원하고 준비시킨다.

도표 15.1 민주주의 정권의 정당

느끼는 유권자 집단, 공화당과 일체감을 느끼는 유권자 집단, 무당파를 자처하는 유권자 집단 등 3개의 거의 비슷한 규모의 유권자 집단으로 나뉘었다 (Pew Research Center, 2021). (그러나 미국인의 30~40퍼센트만이 자신이 '강한' 정당일체감을 가지고 있다고 생각한다 [Holmberg and Oscarsson, 2020에 인용된 American National Election Studies의 데이터].)

유럽에서는 계급과 종교와 정치 간의 오랜 관계는 약화되었고, 더 광범위한 범위의 쟁점이 중요하게 작용하고 있으며, 유럽 시민들은 선택할 수 있는 정당의 범위가 더 광범위한데, 이는 한 정당에서 다른 정당으로 옮겨갈 기회가 좀 더 많다는 것을 의미한다. 그 결과 유권자와 정당의 유대관계가 **유권자 정당편성 해체(partisan dealignment)**라고 알려진 과정을 거쳐 바뀌었다. 이것은 어떤 정당에 대해서든 정당일체감이 있는 유권자의 비율 감소, 정당에 대한 충성심의 강도 약화, 유권자의 변동성 증가 등으로 나타났다. 구드윈(Goodwin, 2018)은 오랜 세월 동안 글씨가 벽에 깊게 새겨져 있었지만, 변화가 계속되고 있으며, 이는 "유럽이 늘어나고 있는 일련의 도전과제들에 대해 효과적으로 대처하려면 반드시 충족되어야 하는 선제조건인 강하고 안정적이고 이념적으로 응집력 있는 정부를 갖기 어렵게 되었음"을 의미한다고 주장했다.

19개 선진민주주의 국가에 대한 여론조사 데이터를 활용한 최근의 한 연구에서 17개 국가는 정당지지자 비율의 감소뿐만 아니라 정당지지 강도의 약화를 경험하고 있다는 것이 발견되었다 (Dalton, 2020). 영국이 두드러진 사례이다. 1983년과 2012년 사이에 정당일체감을 가진 유권자의 비율은 87퍼센트에서 72퍼센트로 감소했다. 이것이 별로 대단한 일이 아닌 것처럼 보일 수 있지만, 동기간 지지 강도 ('매우 강함'과 '어느 정도 강함'이라고 답한 사람의 수) 역시 크게 약화되었으며, 정당지지는 나이에 따라 더욱 뚜렷하게 갈라졌고(좌파인 노동당은 상대적으로 나이 젊은 사람들로부터 지지를 얻고 있고, 반면에 우파인 보수당은 상대적으로 나이 많은 사람들로부터 지지를 얻고 있다) 선거 때마다 자신의 마음을 바꿀 의향이 있는 사람의 수가 증가했다 (Lee and Young, 2013; Curtice and Simpson, 2017).

스웨덴에서도 유사한 변화를 찾아볼 수 있다. 도표 15.2에서 볼 수 있듯이, 강한 정당일체감 또는 약한 정당일체감을 가지고 있는 스웨덴 국민의 수는 1968년에서 2018년 사이 65퍼센트에서 24퍼센트로 크게 감소하였고, 반면에 정당일체감이 없는 유권자의 수는 7퍼센트에서 24퍼센트로 증가했다. 이를 설명하는 이유로 다음과 같은 요인을 거론할 수 있다. 즉, 스웨덴의 상대적으로 낮은 수준의 정치양극화, 낮은 수준의 정치지식(정치 지식수준이 높은 유권자일수록 더 강한 정당일체감을 가진다)의 효과, 인구 고령화의 효과(스웨덴 인구가 늙어감에 따라 유권자와 정당 간 유대가 약화되고 있다) 등이다.

이렇듯 정당에 대한 생각에 변화를 가져온 요인은 무엇인가? 일국 단위 분석은 종종 국가적 영향에 초점을 맞추지만, 국경을 넘어 여러 다른 나라 간의 비교는 일련의 공통적인 사회학적 요

> **유권자 정당편성 해체(Partisan dealignment)**: 유권자와 정당 간 결속의 약화.

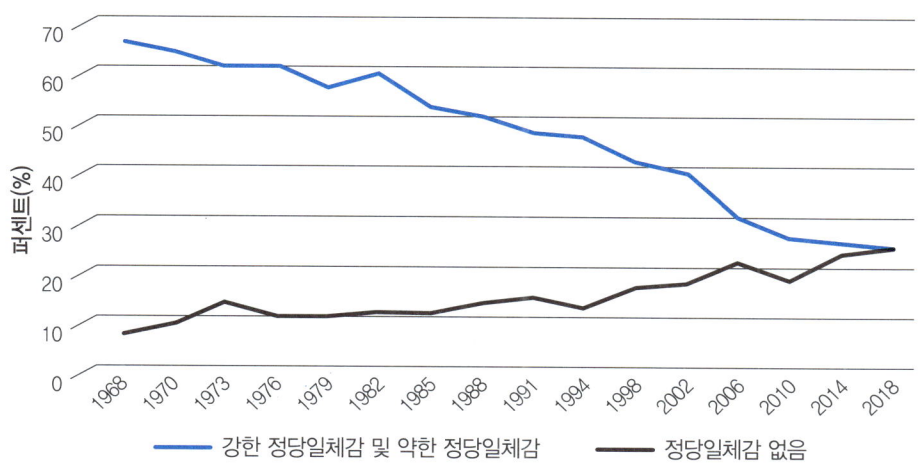

도표 15.2 스웨덴의 유권자 정당편성 해체
출처: Holmberg and Oscarsson (2020)에 인용된 Swedish National Election Studies의 데이터에 근거하였다.

인 및 심리학적 요인을 지적한다 (도표 15.3에 요약). 사회학적으로 역사적 사회균열의 약화, 종교의 위상 변화, 교육의 확대 등이 정치적 정체성의 약화에 기여했다. 한편, 심리학적으로는 여러 가지 요인이 작용하고 있다. 즉, 정당의 당원이 되는 것 이외에도 정치참여 경로의 다양화 (이익집단에 대한 지지를 살펴보는 제13장, 그리고 제16장에서 재차 논의한다), 정당들이 제시하는 일련의 정책들의 정당 간 차이감소, 인구 일부로부터 환멸을 부추기는 반(反)기성정치 포퓰리즘 정당의 부상, 정당 스캔들과 부패로 인한 유권자의 신뢰 감소의 영향 등이 그것이다.

기원과 진화

대부분 사람들이 상상하는 것보다 정당의 역사는 짧으며, 정당의 기원은 기껏해야 19세기 정도로 거슬러 올라간다. 서유럽에서는 늘어나는 유권자의 표를 얻기 위해 대중정당이 등장했다. 20세기

요인	추세
사회균열의 약화	계급적, 종교적 차이의 감소는 정당에 대한 충성심의 약화를 가져왔다.
교육수준의 증가	교육수준이 높은 유권자는 정당의 신호에 크게 의존하지 않으면서 정치적 사건을 해석할 수 있다.
다양화	유권자는 정당으로부터 디지털 행동주의와 같은 다른 정치참여 통로로 옮겨갔다.
정책 수렴	많은 주류 정당들은 정치시장에서 자기 당의 점유율을 높이기 위해 정책적으로 선명하지 않게 되었다.
실망	반기성정치 정서와 스캔들 및 부패사건의 발생에 따른 대중의 정당에 대한 신뢰 약화.

도표 15.3 유권자 정당편성 해체의 원인

전반기에 공산주의 및 파시스트 국가의 집권당은 사회를 재건하기 위해 권력을 독점했다. 훗날 개발도상국에서 민족주의 정당은 식민지 지배자들을 제국주의 본국으로 몰아내는 수단이 되었다. 비록 나라마다 정당의 수와 다양성이 흔히 달랐고 정당과 지도자 및 유권자의 관계도 달랐지만, 20세기가 끝날 무렵 정당은 거의 모든 정치체제의 특징이 되었다.

초기 정당은 주로 두 가지 유형 중 하나였다. 첫 번째 유형은 원내에서 의원들에 의해 만들어진 간부정당(cadre party, 또는 엘리트 정당)이었다. 공동관심사를 중심으로 함께 모였지만, 늘어난 유권자 집단 중에서 한정된 수의 당원들에게만 호소하기 위해 노력했다. 간부정당은 또한 때로는 '코커스(caucus)' 정당으로 알려져 있는데, 이 명칭은 원내 같은 정당 소속 의원들의 폐쇄적 모임을 묘사하는 용어이다. 간부정당은 계속 당 지도부의 권위를 존중하였고, 일반 당원들은 보조적 역할을 맡았다. 가장 대표적인 사례로는 영국, 캐나다, 스칸디나비아국가의 보수당과 미국 최초의 정당(연방주의자 및 민주공화당) 등이 있다.

나중에 정치균열(political cleavage)에 기반하는 대중정당(mass party)이 원외에 설립되어, 특정 사회집단이 정책적 목표를 실현하는 방법으로써 대표성을 획득하도록 도움을 주었다. 20세기로 접어들 무렵 서유럽 전역으로 퍼진 노동계급을 대표하는 사회주의 정당이 그 예이다. 대중정당은 지역 당부에 소속된 대규모 당원을 갖고 있었으며, 간부정당과 달리 소속 의원들을 엄격하게 규율하려고 했다. 대중정당은 정치사회화, 워크숍의 개최, 당보의 발행 등에 있어 중요한 역할을 수행하였으며, 이 모든 것이 당원과 정당 간의 긴밀한 관계 형성을 위해 계획되었다.

간부정당과 대중정당은 충분히 발달하게 되면 포괄정당(catch-all party)으로 발전하는 경향이 있다. 포괄정당은 더 넓은 기반을 가진 정당을 설명하기 위해 독일 정치학자 키르크하이머(Kircheimer, 1966)가 처음 사용한 용어이다. 포괄정당은 사적 도당이라는 원래 이미지에서 탈피하여 특정 사회집단을 대표하기 위해 활동하는 것이 아니라 그 대신 국가이익을 위해 통치하려고 했다. 포괄정당(빅텐트 정당이라고도 알려진 것)은 선거에서 표를 얻을 수 있다면 어느 집단이든 관계치 않고 표를 얻으려고 했으며, 포괄정당의 목적은 대표가 아니라 통치에 있었다.

포괄정당으로 전환의 고전적 사례를 유럽의 기독민주당이 종교를 수호하는 정당에서 좀 더 일반적인 중도우파 정당으로 확장한 경우에서 찾을 수 있다. 또 다른 사례로는 스페인과 영국에서처럼 대중정당이었던 많은 사회당이 지도자 중심의 사회민주당으로 변모한 경우에서 찾아볼 수

간부정당(Cadre party): 엘리트로 구성된 정당의 초창기 유형으로 느슨한 조직을 가지고 있으며 당원 확대에 대한 관심이 제한적이다.

정치균열(Political cleavage): 민족적, 종교적, 언어적, 사회적 차이에 기초하여 비슷한 선거 선호를 보이는 유권자 집단의 출현.

대중정당(Mass party): 정당의 한 유형으로 정치에서 아직 제대로 대표되지 않던 많은 사람을 끌어모으고 그 당원들의 자금지원을 받았다.

포괄정당(Catch-all party): 다양한 정치적 견해와 이념을 표방하여 다양한 유권자들로부터 지지를 얻으려고 노력하는 정당.

있다. 민주주의 국가의 주요 정당 대부분은 이제 포괄정당의 개념에 부합하지만, 정당이 원내에서 기원하였는지 또는 원외에서 기원하였는지가 정당의 스타일, 당지도자의 자율성, 일반 당원의 지위 등에 계속 영향을 미치고 있다. 정당과 이념 간의 연관성 역시 그 과정에서 바뀌었다. '이론 적용 15'를 참조하라.

특히 많은 유럽국가에서 발견되는 최근 또 다른 방향으로의 움직임이 **틈새정당(niche party)**의 부상이다. 틈새정당은 소수의 유권자에게 지지를 호소하는 정당이다. 이러한 정당은 여러 가지 다른 방식으로 정의되었다. 즉, 비중도 또는 극단주의, 제한적 이슈 또는 단일 이슈, 적은 수의 비경제적 이슈에 집중하는 정당, 또는 전통적인 사회적 균열과 유권자 정당편성을 파괴하는 정당 등이 그것이다 (Wagner, 2012의 논의를 참조). '틈새'는 종종 이데올로기적 성향을 띠며, 극우, 민족주의 및/또는 포퓰리즘 의제를 가진 정당을 양산한다. 많은 주류 정당과 달리 틈새정당은 이념적 위치의 조정을 통해 성공한 경우가 거의 없으며, 그 대신 자연적이지만 제한된 지지 집단의 활용을 통해 최선을 다한다. 오스트리아의 자유당과 스위스의 인민당을 포함하여 이러한 정당 몇몇은 연정에 참여했고, 또 다른 정당(예를 들어, 영국의 독립당)은 주요 정당의 의제에 영향을 미치는 데 성공했다.

극우 틈새정당은 정당이 잘 정의된 사회적 이익을 대표하기 위해 등장한다는 주장의 예외적 사례에 해당한다. 실증적 자료에 따르면 극우 틈새정당은 종종 교육수준이 낮고 실직한 젊은 남성의 일시적 지지에 크게 의존한다. 주류 민주주의와 기존 보수정당이 중도로 이동하는 것에 환멸을 느낀 이들 인구집단은 범죄 전반에 대해서뿐만 아니라 변화하는 세계에서 자신들이 경제적, 문화적으로 불안정한 것에 대해서도 이민자, 망명 신청자, 기타 소수자들한테 책임이 있다고 비난하는 정당에게 매력을 느낀다 (Akkerman et al., 2016).

스웨덴에서처럼 틈새정당의 등장으로 평소의 상태가 크게 위협을 받는 나라는 거의 없다. 수십 년 동안 스웨덴은 국제주의, 관용, 관대한 복지체제로 명성이 높았다. 중도좌파의 주요 정당은 오랫동안 스웨덴사회민주당이었는데, 이 당은 일반적으로 총선에서 약 40퍼센트의 득표율을 기록했으며 1932년부터 현재까지 16년 동안을 제외하고는 계속 집권하였다. 그러나 사민당 득표율이 2006년 35퍼센트에서 2018년 28퍼센트(1911년 이후 가장 낮은 득표율)로 최근 몇 년 동안 하락하는 동안 포퓰리즘적, 민족주의적, 반이민적 정강정책을 가진 극우성향의 '스웨덴민주당'에 대한 지지는 2006년 3퍼센트 미만에서 2018년 17퍼센트로 증가했다.

어떤 면에서 정당은 너무 도가 지나쳤다. 정당은 더 이상 지지자들의 이익을 위해 국가를 굴복시키려고 왕성하게 활동하는 사회의 대리인이 아닌 것 같다. 그 대신 정당은 거의 국가의 일부에 가깝다. 정당은 또한 유권자에게 대안을 제시하기보다 자신의 이익(그리고 지도자의 이익)을 증진하고 권력을 경쟁하는 데 흔히 관심을 더 많이 쏟는 것 같다. 그 결과 정당은, 정당 간 경쟁을 통해

> **틈새정당(Niche party)**: 매우 작은 일부 유권자에게 지지를 호소하는 정당으로, 일반적으로 환경과 같은 비경제적 이슈를 강조한다.

이론 적용 15

정치이데올로기

생각(idea)은 정치에서 중요한 역할을 한다. 왜냐하면, 정치행위는 종종 사람들이 그 정치행위에 대해 가지고 있는 '생각'에 의해 동기 부여되기 때문이다. 이것을 이해하는 한 가지 방법은 이데올로기(ideology)의 개념을 통해서이다. 이것은 프랑스혁명 이후 1790년대에 프랑스 철학자 트레이시(Antoine Destutt de Tracy)가 '관념의 과학'을 설명하기 위해 고안한 용어이다. 그 의미가 변한 지 오래고 이데올로기가 이론은 아니지만, 경쟁하는 정치철학과 관련된 '생각'의 모음을 의미한다는 점에서 이론과 관련이 있다. 이것은 흔히 정부의 역할과 공공정책의 목표와 관련하여 서로 다른 견해를 가진 정당들에서 발견된다. 오늘날 이데올로기는 인간의 본성, 국가와 사회 간의 적절한 관계, 이 질서 내에서 개인의 위치에 대한 견해를 표현하는 모든 사유체계로 이해된다 (Baradat and Phillips, 2020).

어떤 특정한 정치적 견해를 이데올로기로 간주해야 하는지는 판단의 문제이지만, 도표 15.4는 다양한 이데올로기를 보여준다. 어쨌든 프랑스혁명으로 시작된 명시적인 이데올로기의 시대는 20세기에 1945년 파시즘의 몰락과 1980년대 말 공산주의의 붕괴 사이의 어딘가에서 끝났다. 환경주의, 페미니즘, 이슬람주의 등과 같은 지적 흐름은 강해졌지만, 오늘날의 사상, 가치, 우선 사항이 얼마만큼 고전적 의미의 이데올로기에 해당하는지는 논란의 여지가 있다.

비록 이데올로기의 시대는 지나갔지만, 우리는 여전히 이데올로기를 거론하는 경향이 있으며, 이데올로기 및 이데올로기와 밀접한 관련이 있는 정당을 좌우 스펙트럼 위에 위치시켜본다. 이러한 습성의 기원은 혁명 시기 프랑스에서 찾을 수 있다. 당시 의회에서는 왕당파는 전통적으로 명예로운 위치인 의장의 오른쪽에 착석했고, 반면에 급진파와 평민이 왼쪽에 착석했다. 오른쪽에 위치하는 것은 귀족, 왕족, 성직자의 이해관계를 지지한다는 것을 암시했으며, 반면에 왼쪽에 위치하는 것은 세속적인 공화국과 시민의 자유를 지지한다는 것을 암시했다.

여전히 정당을 분류할 때 '좌파'와 '우파'라는 단어가 자주 사용되고 있는데, 좌파는 평등, 인권, 개혁 등과 관련이 있고, 우파는 전통, 기성 권위, 국익추구 등을 지향한다. 좌파는 불평등을 줄이기 위한 정책을 지지하고, 우파는 자연적 불평등에 좀 더 순응한다. 좌파는 문화적, 인종적 다양성에 공감하며, 우파는 국민통합을 더 편하게 생각한다. 설문조사에 따르면, 비록 많은 사람이 이러한 좌파, 우파 꼬리표를 단지 특정 정당이나 계급과 동일시하고 있지만, 민주주의 정권의 유권자 대부분은 자기 자신이 좌파인지 우파인지 알고 있다 (Mair, 2009).

비록 좌파와 우파라는 용어가 민주주의 세계 전체에서 잘 통용되어 덕분에 우리는 서로 다른 나라와 시점 간에 정당과 강령을 비교할 수 있지만, 이러한 좌우 성향이 서로 대립하는 특정 문제는 다양하며, 따라서 이 용어를 그 자체로 잘 정의된 생각이라기보다는 여러 가지 생각이 담겨있는 큰 그릇에 부착된 이름표 정도로 이해하는 것이 더 낫다. 정치학의 초점이 확대됨에 따라 이데올로기의 의미도 바뀌었고, 2차원적 이념스펙트럼에 정당을 위치시키는 일이 더 이상 예전처럼 간단하지는 않다. 예를 들어, 중동, 사하라 이남 아프리카, 아시아지역의 정당들의 목표가 확대되면서 좌파와 우파의 의미가 모호해졌고, 이제는 우리가 다양한 정당을 이해하기 위해서는 자유주의 정당으로부터 권위주의 정당까지, 세속주의 정당으로부터 종교 정당까지, 기성 정당으로부터 반기성주의 정당까지, 민족주의 정당으로부터 다문화주의 정당까지 여러 축을 사용할 필요가 있다.

이데올로기	특징
무정부주의	모든 형태의 정부 권위는 불필요하며, 사회는 자발적 협력과 자유로운 결사를 중심으로 가장 잘 구성된다.
공산주의	사유재산의 폐지는 계급이 없고 비착취적이며 자치적인 사회의 출현으로 이어질 것이다.
사회주의	천연자원과 생산수단은 집단적으로 또는 정부에 의해 소유되거나 관리되어야 하며, 생산량은 인구 전체에 의해 동등하게 공유되어야 한다.
자유주의	개인은 자기 자신의 이익이 무엇인지 가장 잘 판단할 수 있는 존재이다. 개인의 자유를 극대화하는 관용 사회를 옹호하고, 자유선거를 통해 선출되는 제한정부를 선호한다.
보수주의	전통적 제도와 관행이 가장 잘 작동하며, 자유시장이 사회적 요구를 충족하는 데 가장 효율적이며, 정부는 가능한 분권화되어야 한다.
파시즘	강력한 리더십과 대중동원, 민족주의와 군국주의에 대한 강조를 통해 국민통합을 이뤄야 한다.

도표 15.4   주요 이데올로기: 6가지 예시

민주주의를 실현하는 것에 대해 점점 더 환멸을 느끼는 듯한 정치참여자들에게 매력을 상실했다.

정당체제

정당을 비교하고 이해하는 최선의 방법은 무정당제, 일당제, 일당우위 정당제, 양당제, 다당제 등 뚜렷하게 구별되는 다섯 가지 유형의 **정당체제(party system)** 중 어디에 해당하는지 살펴보는 것이다 (표 15.1에 요약). 각기 다른 정당체제가 발달한 이유는 시간과 공간에 따라 매우 다양하며, 이 점은 좀 더 개방적인 민주주의 정치체제일수록 좀 더 다양한 정당이 존재할 가능성이 크다는 결론 이외에 그 이상의 일반화를 하기 어렵게 한다. 정당의 수, 다양성, 역할 등에 초점을 맞춤으로써 정당체제의 구조는 우리가 정당들이 다른 정당들과 상호작용하는 방식과 정당 간의 상호작용이 그들이 통치하는 국가에 미치는 영향에 대해 이해하는 데 도움을 준다. 그러나 동시에 정당체제 유형 구분이 항상 명확한 것은 아니고 정당체제가 변화하고 발전한다는 점을 이해할 필요가 있다.

무정당제

정당을 허용하지 않거나 설립된 정당이 전혀 없는 권위주의 정권으로 주로 중동지역에 일부 존재한다. 만약 정당의 활동이 허용된다면 정당으로 발전될 수 있을 몇몇 정치운동이 존재하고 있고, 2011년 사우디 이슬람교도들이 국왕에게 정당 설립을 허락해 달라고 다분히 상징적인 요청을

이데올로기(Ideology): 일관성 있는 신념체계, 공통된 세계관, 또는 정치, 경제, 사회가 어떻게 조직되어야 하는지에 대한 청사진.

정당체제(Party system): 정당의 수, 다양성, 상대적 중요성, 상호작용, 정당을 규율하는 법률 등을 기준으로 하는 정당의 구성.

표 15.1 정당체제 비교

유형	특징	사례
무정당제	통치자의 권위에 대해 도전이 허용된 정당이 전혀 없다.	쿠웨이트, 오만, 카타르, 사우디아라비아, 아랍에미리트.
일당제	오직 하나의 정당만이 중요하다. 다른 군소 '정당들'은 엄격하게 종속된다.	중국, 쿠바, 북한, 라오스, 베트남.
일당우위 정당제	거의 항상 한 정당이 단독으로 또는 다른 정당과 연합하여 집권한다.	알제리, 일본, 헝가리, 러시아, 싱가포르, 남아프리카공화국, 시리아, 탄자니아, 튀르키예.
양당제	두 개의 주요 정당이 단독 집권을 위해 경쟁한다.	호주, 영국, 미국.
다당제	세 개 또는 그 이상의 정당이 경쟁하며, 종종 연합 또는 소수정부로 정부를 이끈다.	유럽 및 중남미국가 대부분.

하기도 했지만, 오만과 사우디아라비아에는 의회가 없고 정당의 설립도 금지되고 있다. 한편, 이란에서는 헌법(제26조)에 근거하여 "그것이 독립, 자유, 국민통합, 이슬람의 기준, 또는 이슬람공화국의 기반에 관한 원칙을 위반하지 않는 한" 정당의 설립이 허용되고 있다. 그러나 이 조항을 해석할 수 있는 다양한 방식으로 인해 이란의 정당들은 허약하고, 공직후보자와 선출직 공직자는 주로 공공 생활에서 이슬람의 역할에 대한 견해 차이로 구별된다. 따라서 보수주의자들은 종교와 정치 사이의 연관성에 대해 상대적으로 엄격한 노선을 따르고, 반면에 실용주의자들과 개혁주의자들은 정치제도와 대중여론을 중시하면서 상대적으로 좀 더 온건한 노선을 취한다.

일당제

일당제(one-party system)는 한때 모든 공산주의 국가뿐만 아니라 대부분의 아프리카국가 및 아랍 국가에서 흔히 볼 수 있던 정당체제이다. 오늘날 일당제는 전 세계적으로 얼마 남지 않은 몇 안 되는 공산주의체제에서만 발견되는데, 이곳에서는 집권 여당이 모든 요구에 답을 하며, 대안적인 이데올로기는 고려 대상이 아니고, 레닌(Vladimir Lenin)이 '민주적 집중제'라고 명명한 현상으로 공산당 내부에 민주주의가 존재한다고 주장한다. 사실, 공산당은 결코 민주적이지 않다. 공산당은 엘리트주의적이고, 부패의 온상이고, 당원 가입이 엄격하게 제한되고, 당원에게는 정치적 영향력과 경제적 특권을 제공하고 당원이 아닌 사람들은 소외시킨다.

중국에서는 중국공산당(CCP)이 모든 중요한 정치적 결정을 독점하며, 다른 모든 정치조직을 통제하고, 사실상 선거결과를 좌지우지하며, 국가와 정부 모두 절대적으로 지배한다. 사실, 중국은 통일전선(United Front)이라는 이름으로 활동하는 대안적 정강 정책을 가진 복수의 '민주적 정당과 단체'를 허용하고 있으며, 무소속 의원을 포함하여 통일전선은 2018~2023년 제13차 전국인민대표대회의 전체의석의 28퍼센트를 차지했다. 그러나 통일전선은 CCP에 의해 조직되었고, 기본적으로 CCP가 통일전선 소속 의원들과 지도자를 선출한다. 그 결과 선거에서 정당의 변화나 정당 간 공개토론을 통하기보다는 CCP 지도부 내부 권력 균형의 변화를 통해 정책변화가 일어난다 (Lam, 2018 참조).

일당우위 정당제

일당우위 정당제(dominant party system)에서는 하나의 정당이 모든 다른 정당들에 비하여 압도적으로 우월한 위치에 있으며, 때로는 다른 작은 정당과 연정을 통해 통치하기도 하지만, 지배정당이 당연히 집권당의 자리를 독차지한다. 지배정당의 막강한 힘은 당내에 분파세력이 형성된다는 것을 의미하며, 이는 내부지향적인 시각과 정책에 대한 무관심, 과도한 출세주의, 부패의 증가 등을 초래한다. 그러나 이것이 일당우위 정당제가 본질적으로 비민주적임을 주장하는 것은 아니며, 한때 절대적인 지배정당이었지만 권력 공유를 배운 정당의 사례가 몇몇 있다. 인도국민회의, 스웨덴의 사회민주당, 이탈리아의 기독민주당, 멕시코의 제도혁명당 등이 그와 같은 사례에 해당한다. 멕시코에 관한 '국가개요 15'를 참조하라.

일본에서는 자유민주당(LDP)이 1993~1996년과 2009~2012년 잠깐의 기간을 제외하고는 1955년 이후 줄곧 집권당의 자리를 지키고 있다. 자민당은 흔히 하나의 통합된 정당으로 여겨지지만, 사실 자민당은 여러 파벌로 이뤄져 있고, 각 파벌에는 파벌을 주도하는 지도자가 존재하며, 이들 파벌이 일종의 당내경쟁을 촉발한다. 자민당이 집권하고 있는 동안 총리는 반드시 자민당 대표가 아니어도 되고, 최대 파벌의 지도자일 필요도 없다. 심지어 어떤 파벌이든 파벌의 지도자가 아니어도 무관하다. 그 대신 여러 경쟁 파벌로부터 가장 많은 지지를 규합하여 정부를 구성할 수 있는 사람이면 누구든지 상관없다. 자민당이 권력을 계속 유지할 수 있는 것은 여러 가지 이유 때문이다. 일본의 전후 경제부흥에 있어서 자민당의 역할, 풀뿌리 지지단체의 엄청난 네트워크, 제대로 된 반대세력으로서의 모습을 보여주지 못하고 있는 야당의 무기력함 등이 그 이유에 해당한다 (Hrebenar and Nakamura, 2016).

지배정당의 또 다른 예는 '결함있는 민주주의'로 평가되는 싱가포르의 인민행동당(PAP)이다. PAP는 1959년 독립 이후 이 도시국가의 모든 선거에서 승리했으며, 때로는 심지어 단지 70퍼센트의 득표율로 의회 의석 전부를 싹쓸이한 적도 있다. 마치 PAP의 지배만으로는 충분하지 않은 것처럼, 싱가포르도 가족 왕조가 권력을 장악하고 있다. 즉, 리콴유(李光耀)가 1959부터 1990년까지 총리를 지냈고, 그의 장남 리셴룽(李顯龍)은 2003년부터 총리(및 당대표)가 되어 2020년 선거까지 내리 네 차례의 총선에서 승리했다. 싱가포르는 세계에서 가장 부유한 나라 중 하나이며, PAP의 절대적 우세는 경제적 부와 민주주의가 함께 한다는 일반법칙을 정면으로 거스른다. 레이스(Reyes, 2015)는 PAP의 성공의 이유로 총리실에 속한 전국선거기관, 야당에게 거의 자원을 주지 않는 선거체제, 정부의 언론통제 등을 언급하였다.

국가개요 15
멕시코

간략소개

중남미의 강대국 중 하나인 멕시코는 1990년대부터 민주화 과정을 거쳤고, 그 결과 더욱 경쟁적인 정치지형으로 바뀌었다. 한편, 멕시코의 경제개혁은 거대한 신흥시장인 멕시코에 더 큰 자유를 가져다주었고 세계 최대 석유 생산국 중 하나인 멕시코의 경제적 기반을 확장하였다. 불행하게도 부패, 파벌주의, 정치적 중앙집중화라는 뒤얽힌 문제들이 여전히 그대로 남아 있고, 되풀이되는 빈부격차 문제도 사라지지 않고 있는데, 이 현상은 8만5,000명 이상의 목숨을 앗아간 2006년부터 시작한 마약과의 전쟁으로 인해 더욱 악화되었다. 정치학자들은 멕시코를 어떻게 하면 가장 잘 설명할 수 있는지를 놓고 의견이 분분하다. 그들의 분석에는 '관료적', '엘리트적', '세습적' 등과 같은 용어들이 빈번하게 등장한다. 멕시코는 민주주의 지수에서 '결함있는 민주주의' 등급을 받았고, 프리덤하우스는 2011년 '자유'에서 '부분적 자유'로 멕시코의 등급을 한 단계 낮췄다.

정부형태	연방국가. 대통령제공화국. 31개의 주와 멕시코시티 연방관할구로 구성. 1821년 건국하였고, 가장 최근의 헌법은 1917년에 제정되었다.
행정부	대통령제. 대통령은 6년 단임으로 선출되며, 부통령은 없다.
입법부	양원제 국회. 하원의원(500명)은 3년 임기로 선출되고 상원의원(128명)은 6년 임기로 선출된다. 의원들의 연임을 금지하고 있다.
사법부	11명의 대법원 판사들은 15년 단임이며, 대통령이 지명하고 상원이 인준한다.
선거제도	단순다수제로 대통령을 선출하며, 혼합다수제로 하원의원과 상원의원을 선출한다. 하원의원 300명은 소선거구 단순다수제로 선출하고 200명은 비례대표제로 선출하며, 상원의원은 소선거구 단순다수제, 차등선거제, 전국단위 비례대표제 등을 혼합한 방식으로 선출한다.
정당	다당제. 멕시코는 오랫동안 일당제를 유지했지만, 1990년대 이후 민주개혁이 정당체제의 확대를 가져와서 오늘날에는 일군의 군소정당과 함께 3개의 주요 정당이 전국과 지역 차원에서 경쟁하고 있다.

인구 1억 2,800만 명

국내총생산(GDP) 1조 2,700억 달러

1인당 GDP 9,946달러

민주주의 지수 등급
✗ 완전한 민주주의
✓ 결함있는 민주주의
✗ 혼합형 정권
✗ 권위주의
✗ 측정안됨

프리덤하우스 등급
✗ 자유
✓ 부분 자유
✗ 부자유
✗ 측정안됨

인간개발 지수 등급
✗ 매우 높음
✓ 높음
✗ 중간
✗ 낮음
✗ 측정안됨

멕시코의 정당

멕시코는 최근 수십 년 동안 일당우위 정당제에서 보다 경쟁적인 다당제로 전환하였고, 이제는 세 개의 주요 정당이 대선에서 승리하여 정권을 차지할 수 있는 위치에 있게 되었다. 즉, 이 나라의 북쪽 이웃 나라 미국 국민보다 멕시코 국민의 정당 선택 폭이 더 넓어졌다. 그러나 이것이 멕시코가 민주주의를 향해 가는 여정을 얼마나 앞당겼는지는 여전히 의문이며, 몇몇 분석가들은 이 나라가 갖고 있는 부패, 파벌주의, 정치적 중앙집중화의 문제를 지적하고 있다.

1929년부터 2000년까지 제도혁명당(PRI)이 권력을 독점하였다. PRI는 모든 대통령선거에 승리했으며, 상원과 하원 모두에서 과반수 의석을 차지했고, 거의 모든 주선거와 지방선거에서도 승리했다. PRI는 지지자들에게 정치적 보상을 제공하고, 멕시코의 주요 사회부문 및 경제부문을 당으로 흡수하고, 선거기간 동안 유권자를 동원하고, 선거과정을 감독하는 등 다양한 수단을 이용하여 권력을 확실히 장악했다.

1990년대에 경제문제가 멕시코를 휩쓸기 시작하였을 때 PRI는 야당에 그 책임을 돌릴 수 없었다. 멕시코 국민은 이제 교육수준이 높아지고 더 부유해졌으며, 자국의 정치체제에서 더 많은 선택의 여지를 제공해달라고 요구했다. 선거규칙이 바뀌어 좀 더 경쟁적인 선거가 실현되었고, 그 결과 PRI는 1997년 첫 전국 의회선거에서 패했고, 2000년 대통령선거에서 사상 처음으로 패하여 좀 더 보수적인 국민행동당(PAN)에게 정권을 내주었다.

선거의 공정성에 대해 의문이 계속 제기되고 있지만 (Camp, 2020), 오늘날 멕시코 유권자들은 정치스펙트럼 전반에 걸쳐 존재하는 다양한 정당 중에서 자신의 지지 정당을 선택할 수 있다. PAN이 우측에, PRI가 중간에, 민주혁명당(PRD)이 좌측에 있고, 2012년 때로는 AMLO로 알려진 오브라도(Andrés Manuel López Obrador)를 위한 선거운동의 기반으로 초당적인 국가재건운동(NRM, Morena)이 창당되었다. 부패, 파벌주의, 마약 폭력 등에 대한 대중의 우려가 팽배한 가운데 AMLO는 2018년 7월 대통령에 당선되었다 (그해 12월 취임).

새롭게 당선된 모레나(Morena) 정당 소속의 주지사들이 여전히 비교적 신생정당인 모레나의 지속적인 성공을 기념하기 위해 멕시코시티에서 열린 회의를 주도하고 있다.

추가 읽을거리

Camp, Roderic Ai, and Shannan Mattiace (2020) *Politics in Mexico: The Path of a New Democracy*, 7th edn (Oxford University Press).

Edmonds-Poli, Emily (2020) *Contemporary Mexican Politics*, 4th edn (Rowman & Littlefield).

Deeds, Susan M., Michael C. Meyer, and William L. Sherman (2017) *The Course of Mexican History*, 11th edn (Oxford University Press).

여전히 패권적 지위를 유지하고 있는 지배정당의 사례로 남아프리카공화국의 아프리카민족회의(ANC)를 들 수 있다. 이 정당은 아파르트헤이트 반대에 대한 문화적 기억과 흑인 유권자 다수의 강력한 지지뿐만 아니라 자신의 지지자들에 대한 보상에 정부여당으로서 갖고 있는 권한을 이용하기 때문에 여러 가지 측면에서 유리한 위치에 있다. 남아프리카공화국에서는 1994년 아파르트헤이트 정권이 끝난 이후 2019년까지 총 여섯 차례의 선거가 있었는데, ANC는 매번 선거에서 57퍼센트 이상의 득표율을 기록하는 놀라운 성과를 얻었다. 하지만 파벌과 부패가 문제이며, ANC의 패권을 위협하고 있다.

양당제

양당제(two-party system)에서는 비슷한 규모의 두 개의 주요 정당이 선거승리를 다투며, 정치경쟁의 틀을 제공한다. 반면 다른 정당들은 정부의 구성과 정책에 거의 영향을 미치지 못한다. 두 개의 거대정당이 번갈아 집권하며, 항상 두 정당 중 한 정당이 의회에서 과반수 의석을 차지한다(선거에서 과반수 득표 여부와 무관하다). 하지만 양당제는 일당우위 정당제와 마찬가지로 갈수록 점점 사라지고 있는 정당체제 유형이다.

1860년 이래 민주당과 공화당이 지배하고 있는 미국이 양당제의 가장 대표적인 사례에 해당한다. 두 정당은 부분적으로는 단순다수선거제도(제14장 참조) 때문에, 그리고 또 부분적으로는 미국 거의 모든 주에서 이 두 정당이 선거구를 획정하여 (게리맨더링으로 알려진 과정을 통해. 미국에 관한 '국가개요 14'를 참조) 자기 정당이 선거에 유리하도록 선거구를 조정할 수 있는 덕분에 거대정당의 위치를 유지할 수 있다. 또한, 대통령 선거에서의 승리를 정치적 산에 비유한다면, 전국적으로 광범위하게 연합세력을 모을 수 있고 선거운동을 하는데 필요한 막대한 선거자금을 모금할 수 있는 거대정당만이 이 산의 정상에 오를 수 있다. 자유시장경제의 성지인 미국에서는 양대정당이 강력한 복점체제(duopoly, 2개의 기업이 전체시장을 석권하는 2사체제를 의미하는 경제학 용어 – 역자 주)를 형성한다. 그러나 인구학적 변화는 여성, 젊은 유권자, 도시 및 교외 지역 유권자, 소수민족 등으로부터 지지를 잃고 있는 공화당이 곤경에 빠지고 있음을 시사한다.

양당제의 또 다른 사례가 호주인데, 호주 역시 비례대표제가 아닌 다른 선거제도로 인해 양당제가 고착되었다. 제2차 세계대전 이후 지속적으로 자유당과 노동당은 둘이 합쳐 의회 전체의석의 80~90퍼센트를 차지하여 양대정당의 지위를 유지해왔다. 농촌지역에 지지기반을 두고 있으며 선거에서 일반적으로 5~7퍼센트 득표하는 훨씬 작은 정당인 국민당이 마침내 양대 정당이 독점하는 미국식 복점체제 형성을 중단시켰다. 호주는 노동당 단독정부와 국민당과 연합한 자유당 연합정부가 번갈아 집권하고 있다.

다당제

다당제(multi-party system)는 현재 민주주의 정권에서 가장 일반적으로 찾아볼 수 있는 정당체제이며, 여러 정당이 각각 충분한 의석을 획득하여 연합정부 참여를 놓고 경쟁할 수 있는 곳에 존재한다. 기본적인 역학은 분열된 사회에서 정당들이 특정 사회집단(또는 환경주의자들과 같은 여론집단)을 대표한다는 것이다. 따라서 흔히 정치적 균형의 사소한 변화에 따라 형성되거나 해체되는 연정과 함께 의회는 타협의 장소 역할을 한다. 유럽이 전형적으로 그와 같은 현상을 제대로 보여준다. 유럽 대부분의 국가들은 9개 주요 정당군(party family, 이 용어는 정당가족, 정당 패밀리 등으로도 번역되고 있다 – 역자 주) 전부는 아니지만 일부 정당군에 속하는 정당을 가지고 있다 (표 15.2와 얼마나 많은 수의 정당이 충분한지에 대한 질문에 관한 '문제 탐구 15'를 참조하라).

덴마크가 좋은 예이다. 단원제 국가인 덴마크에서는 1909년 이래 어떤 정당도 국회(Folketing)에서 단독으로 과반수 의석을 차지하지 못했다. 이 나라의 복잡한 정당체제는 신중한 합의도출의 모색을 통해 유지될 수 있었지만, 스웨덴과 마찬가지로 새로운 정당들이 등장함에 따라 이러한 방식이 다소 어렵게 되었다. 격동의 1973년 선거에서 새로운 신생정당 3개가 의회 진출에 성공했으며, 그 후로 적어도 7개의 정당이 의회에 진출했다. 2015년 선거 직후 다섯 개의 정당이 중도-우파 '블루' 연합을 형성하여 야당진영의 '레드' 연합보다 겨우 5석 더 많은 90석으로 집권하였다. 2019년 사민당이 이끄는 5개 정당 연정을 통해 중도좌파 정당들이 권력을 되찾았다.

2018년 하원의원 선거에서 24개 이상의 정당들이 의회에 진출하여 광범위한 의견과 이익을 대표하고 있는 브라질에는 세계에서 가장 다양하고 다채로운 다당제 중 하나가 존재한다. 10개 정당은 각각 10석 미만의 의석을 갖고 있으며, 친정부연합은 11개 정당으로 구성되어 합쳐

표 15.2 유럽의 주요 정당군

이념성향	사례
극좌	시리자(그리스), 포데모스(스페인), 좌파당(스웨덴).
녹색	연대90/녹색당(독일), 녹색연합(핀란드), 녹색당(오스트리아, 벨기에, 스웨덴).
사회민주주의	사민당(오스트리아, 덴마크, 핀란드, 독일, 헝가리, 스웨덴), 사회당(프랑스), 신페인(아일랜드), 민주당(이탈리아), 민주66(네덜란드), 스페인사회노동당, 노동당(노르웨이, 영국).
중도	중도당(핀란드, 노르웨이, 스웨덴), 민주운동(프랑스), 자유민주(독일), 신민주주의당(그리스), 좌파당(폴란드).
자유주의	인민당(네덜란드), 벤스트레(덴마크), 온건당(스웨덴), 전진하는 공화국(프랑스).
기독민주주의	인민당(오스트리아), 기독민주당(독일), 통일아일랜드당(아일랜드), 인민당(스페인), 폴란드 인민기독당.
보수	보수당(영국, 노르웨이), 국민연합당(핀란드), 공화당(프랑스), 전진이탈리아당(이탈리아).
극우	자유당(오스트리아), 핀란드당(핀란드), 국민연합(프랑스), 동맹(이탈리아), 자유당(네덜란드), 스웨덴민주당, 독일을 위한 대안, 법과 정의(폴란드), 청년민주동맹(헝가리), 복스(스페인).
지역	스코틀랜드 민족당, 기독사회당(바이에른 지방), 신플레미시동맹(벨기에).

문제 탐구 15

이상적인 정당의 수는?

이 장을 쭉 읽어보면, 정당들이 각자 다른 방식으로 발전해왔고, 정부에서 다른 역할을 하며, 정당에 대한 시민의 의견이 엇갈리며, 정당의 힘과 영향력이 항상 유권자의 그 정당에 대한 지지 수준을 보여주는 것은 아니라는 사실을 아마도 금방 깨달았을 것이다. 어쩌면 우리는 적절한 상황에서 정당을 완전히 없앨 수 있다고 주장할 수 있지만, 우리 대부분은 아마도 정당이 정부와 정치에서 불가피한 존재이고 매우 유용한 부분이라는 것에 동의할 것이다.

한편으로는, 정당은 우리가 우리 앞에 놓인 정치적 선택을 더 잘 이해할 수 있도록 도와주고, 의회 의원들과 지도자에게 꼬리표를 붙이는 편리한 방법을 제공하며, 주로 유권자를 교육하고 동원하는 일을 훌륭하게 수행한다. 반면에, 정당 역시 정부와 정치를 조종하는 데 능숙하며, 너무 자주 사회를 분열시키는(때로는 가족끼리도 서로 말하기를 꺼리게 만드는) 당파적 다툼의 중심에 있으며, 종종 공공의 이익보다 자신의 목적을 위해 권력을 추구하는 데 더 관심이 많고, 엘리트주의를 장려한다.

좋든 나쁘든 우리는 정당이라는 짐을 짊어지고 있는 것 같다. 정당이 없는 나라는 정당이 금지된 권위주의 정권(예를 들면, 사우디아라비아)이거나 공식 여당을 제외한 모든 정당이 정부와 정치의 주류에서 배제되고 있는 권위주의 정권(예를 들면, 중국과 북한)뿐이라고 한다. 여기서 시사하는 바는 자유로운 선택이 주어지고 정치가 순리대로 흘러가도록 내버려두면 정당은 항상 성장하고 번영할 것이라는 것이다.

정당이 불가피하다는 것을 고려한다면, 최적의 정당 수에 대한 다음 질문을 생각해보아라.

- 미국의 사례는 우리에게 양당제의 장점과 단점에 대해 무엇을 말해주는가?
- 덴마크 모델(1909년 이래 다수정부는 없었지만, 안정적인 연합정부의 오랜 역사)은 다른 나라에서도 실현 가능한가? 아니면 덴마크 상황에만 맞는 너무 특수한 모델인가?
- 세 개의 정당이 거의 동등하게 균형을 이루고 있는 멕시코 모델은 본받을만한 모델인가?
- 간단히 말해서 골디락스(Goldilocks) 정당체제와 같은 것이 있는가? 아니면 모든 사회가 정당과 관계를 맺는 그들만의 최선의 방법을 가지고 있는가?

서 50퍼센트 이상의 의석을 차지했다. 한편, 거의 의원 4명 중 1명은 무소속이다. 우파정당에 대한 광범위한 혐오(군사정권 시절 브라질의 유산에서 유래), 다수의 군소정당의 약한 규율, 주지사와 같은 다른 행위자가 수행하는 강력한 역할 등으로 인해 브라질의 상황은 복잡하다. 그 결과 의회에서 법안을 통과시키기 위해 크고 불안정한 연합에 의존해야만 하는 대통령을 묘사하는 '연정 대통령제(coalition presidentalism)'라는 이름의 정치체제가 탄생했다 (Gómez Bruera, 2013).

여러 나라에서 발견되는 다당제의 두 가지 중요한 구성요소는 전통적인 정당균열 밖에서 활동하는 틈새정당(앞에서 설명)과 지역 수준 또는 연방국가의 주 수준에서만 활동하는 정당이다. 후자의 경우, 예를 들어 영국에는 스코틀랜드, 웨일즈, 북아일랜드에서만 활동하는 정당이 있고, 독일 기독민주당은 바이에른 주에서만 활동하는 기독사회당과 지속적인 연합을 맺고 있다. 인도의 경우보다 더 다양한 지역정당을 가진 나라는 거의 없으며, 인도에서는 현재 이러한 정당들은 전국수준의 정치로 역할이 확대되었다. 예를 들면, 의회당이 주도하는 통합진보동맹 연합은 2009년 선거 이후 서벵골, 타밀나두, 마하라슈트라 주의 지역정당에 크게 의존했다. 힌두 민족주의 정당인 인도인민당은 2014년과 2019년 선거에서 과반수 의석을 차지했을 때에도 1998년에 처음 형성된 여러 지역정당이 참여하고 있는 연합을 계속 이끌었다.

정당의 조직

대규모 정당은 다층적 조직으로, 당 지도부와 주요 후원자로부터 연구부서, 그 아래에 전국적, 지역적, 지구당 수준에서 일하는 자원봉사자에 이르는 계층구조를 가지고 있다. '정당'을 단일 실체로 언급하는 것이 불가피하지만, 이러한 복잡성은 정당 '조직'이라는 개념이 때때로 너무 거창한 용어임을 의미한다. 일부 저자는 정당과 맥도날드와 같은 프랜차이즈 조직을 비교하기도 했다(Carty, 2004). 프랜차이즈 구조에서 본부는 정책 우선순위를 정하고, 브랜드를 관리하고, 마케팅 활동을 수행하여, 가맹점을 지원한다. 지역의 당직자는 지역 차원에서 후보자 선출과 선거운동과 같은 주요 업무를 수행한다.

오랫동안 독일 학자 미헬스(Robert Michels, 1875~1936년)의 주장이 정당조직에 대한 생각을 지배했다. 『정당(Political Parties)』(1911)과 그의 **과두제의 철칙(iron law of oligarchy)**으로 알려진 것에서, 그는 민주적 성향의 조직조차 지도자와 지원 관료의 지배집단에 의해 지배되는 경향이 있다고 주장했다. 그러나 그의 주장은 유럽 사회민주당의 맥락에서 이루어졌고, 그 후 정당조직의 측면에서 많은 변화가 있었을 뿐만 아니라 전 세계 곳곳의 더 광범위한 사례에 적용하자 약점이 더욱 뚜렷하게 드러났다. 즉, 디펜바흐(Diefenbach, 2019)는 과두제의 '철칙'이 사실 그다지 철칙은 아니라고 주장한다. '정당조직'의 세 가지 주요 부분, 즉 당 지도자의 선출, 공직후보자의 선출, 자금의 관리를 살펴보면 이 점이 더욱 명확해진다.

당 지도자의 선출

당 지도자를 선출하는 방법이 중요한데, 왜냐하면 명백하게도 대부분의 의회제에서는 주요 정당의 지도자가 총리가 될 가능성이 크기 때문이다(그러나 항상 그런 것은 아니다. 즉, 많은 유럽대륙국가에서는 당의장이 정부의 최고위직 후보로 지명되는 것을 허용하지 않으며, 미국에서는 당의 전국위원회 의장과 대통령후보자는 항상 다른 사람이다).

호주, 덴마크, 뉴질랜드를 비롯한 몇몇 의회제 정부에서 전통적인 방법은 당 지도자를 입법부의 소속 의원들이 선택하는 것이다. 또 다른 경우에는 당원들도 참여한다. 예를 들면, 영국 보수당의

> **과두제의 철칙(Iron law of oligarchy)**: 심지어 공식적으로 민주주의를 추구하는 정당에서조차 소수의 지배 엘리트가 정당조직을 지배한다.

경우가 그렇다. 영국 보수당은 당원들에게 입법부의 소속 의원들이 선택한 두 명의 후보자 중 한 명을 선택할 기회를 준다. 비록 이것이 좀 더 민주적인 방식으로 보이지만, 당원 규모가 너무 작아서 전국 정당 수준에 못 미치는 경우 문제가 발생할 수 있다. 이에 관한 산술적 계산이 함축하는 의미도 고려해보자. 즉, 2019년 메이(Theresa May)가 총리직과 당대표직에서 물러났을 때, 그녀의 후임자 존슨(Boris Johnson)은 영국 전체 인구의 0.23퍼센트에 해당하는 16만 명의 보수당 당원들이 참여한 당내선거에서 선출되었다.

후보자의 선출

공직선거 후보자의 공천과 관련해서는 포용적 방식(전체 유권자에게 기회가 주어지는 개방적 투표)부터 배타적 방식(당대표가 선택)까지 여러 다양한 방식이 사용될 수 있다. 정당조직의 복잡성으로 인해 일반적으로 후보자 공천과정은 분권화되어 있다. 몇몇 정당의 경우 공천권이 중앙당 지도부에게 있지만, 심지어 그 경우에도 당 지도자는 일반적으로 그 당의 하위수준에서 작성한 후보자 명단 속에서 공천대상자를 선택한다. 더 흔하게, 지역 당부는 자율적으로 행동하거나 중앙당에서 비준받을 공천후보자를 지명하는 적극적인 활동 주체이다.

대부분의 민주주의 정치체제의 3가지 특징이 공천작업을 제약한다.

- 현직 의원: 선거에서 패한 경우를 제외하고는 현직 의원을 공천에서 배제하는 것은 쉽지 않은 일이다.
- 공직 출마에 적용되는 규칙: 예를 들어, 시민권자만이 공직 후보자가 될 수 있으며, 제9장에서 살펴보았듯이 많은 정당이 성별 할당제를 도입하고 있다.
- 사용되는 선거제도: 비례대표제를 사용하는 나라에서 정당명부를 준비하는 것보다 단순다수제에서 개별 지역구의 후보자를 공천하는 것이 좀 더 분권화된 작업이다.

미국은 공천과정의 개방에 가장 앞선 나라이다. 미국에서는 정당지지자들이 **예비선거(primary election)**를 통해 가장 최고위직으로는 대통령직에 이르기까지 특정 공직의 후보자를 직접 선출할 수 있다. 직접 당원으로 가입하는 전통이 없는 상황으로 대부분 주에서 '지지자'는 사전에 해당 정당에 대해 소속감을 느낀다고 선언하여 **폐쇄형 예비선거(closed primary)**에 참여할 수 있는 사람으로 느슨하게 정의된다. 개방형 예비선거를 실시하는 경우에는 후보자 선출 권한이 더 확대되어 모든 등록 유권자에게 부여된다.

자금 관리

한때는 정당 가입이 정치에 참여하는 핵심 수단이었지만, 제13장에 살펴보았듯이 이제는 더이상 그렇지 않으며, 당원 규모의 감소는 비용(특히 선거운동을 위한 비용)이 늘어나고 있는 상황에서 정당의 소득 감소를 의미했다. 그 결과 정당의 자금조달 문제가 심각해졌다. 당원, 기부자,

---

예비선거(Primary election): 총선 전에 치러지는 선거로 유권자가 총선에서 정당의 이름을 달고 출마할 사람을 결정한다. **폐쇄형 예비선거(closed primary)**는 모든 유권자가 아니라 정당의 등록된 지지자로 한정된다.

국가 등은 정당이 하는 일에 돈을 지불해야 하는가? 개인 기부를 장려해야 하는가(당의 자금 증가와 참여를 독려하기 위해) 아니면 제한해야 하는가(공정성을 유지하고 스캔들을 줄이기 위해)? 기부와 지출에 대한 제한은 언론의 자유를 침해하는가?

대체로 각국의 정당들은 공적 자금을 얻기 위한 싸움에서 승리했다. 전국 정당에 대한 국가 지원은 이제 민주주의 국가에서는 거의 보편적인 현상이다. 글로벌 수준에서, 스웨덴에 기반을 둔 국제 민주주의 및 선거지원 연구소(International Institute for Democracy and Electoral Assistance, 2020)에 따르면 2020년 관련 데이터가 있는 나라 중 3분의 2 이상이 정당에 대해 공적 자금을 지원하였다. 이집트, 인도, 이란, 이탈리아, 말레이시아, 나이지리아, 파키스탄, 필리핀 등은 예외였다. 국가보조금은 또한 서유럽에 비해 당원 수가 훨씬 적은 동유럽의 신생 민주주의 국가에서도 빠르게 발전하였다.

정당에 대한 공적 자금 지원과 관련하여 비용과 편익이 공존한다. 긍정적 측면에서, 공적 자금 지원은 정당 간의 공정한 경쟁의 장을 만드는 데 일조하고, 부패의 기회를 감소시킨다. 부정적 측면에서, 공적 자금 지원은 정당의 당원 모집 동기를 감소시키고, 유권자보다는 국가에 봉사하는 정당을 만드는 경향이 있으며, 대규모 기성 정당에 유리하다. 일부 학자는 공적 자금으로의 전환이 국가와 주요 정당의 단일통치체계로의 융합을 초래했다고 주장한다. 사실상 집권당은 자기 자신에 대한 국가보조금 지급을 스스로 승인하는데, 이는 카츠와 마이어(Katz and Mair, 1995)의 **카르텔정당(cartel party)** 개념에 포착된 과정이다. "음모에 가담한 정당들이 국가의 대리인이 되어 그들 자신의 생존을 보장하는 데 국가의 자원을 이용한다." 카르텔정당의 위험성은 그들이 정치적 기득권의 일부가 되어, 특정 사회집단의 대리인으로서의 그들의 역사적 역할을 약화시키고 정치시장에서 새로운 정당의 성장을 억제한다는 점이다.

권위주의 정권의 정당

이 장은 정당활동의 오랜 역사는 물론 동시에 정당체제 변화의 오랜 역사도 보유하고 있는 민주주의 정권인 프랑스의 정당에 관한 사례연구로 시작했다. 아프가니스탄 사례는 완전히 정반대의 경우를 보여준다. 아프가니스탄은 대부분의 사람들이 인식하고 있는 것보다 오래된 선거와 정당의 역사를 갖고 있다. 아프가니스탄의 첫 번째 현대적 의회는 1949년에 처음으로 회의를 소집했다. 그러나 정치체제에서 정당의 법적 형식적 역할이라는 측면에서 아프가니스탄의 정당 역사는 기껏해야 2001년 정도까지 거슬러 올라갈 수 있다 (Ibrahimi and Maley, 2020). 탈레반의 2021년 복귀 이전에 아프가니스탄 국민들은 여러 차례의 의회선거와 대통령선거를 치렀지만, 모든 선거가 선거부정으로 얼룩졌다. 2018년 의회선거는 선거개혁을 둘러싼 갈등으로 인해 2년간 연기되었고, 유권자 동원 및 유권자의 선택에

> **카르텔정당(Cartel party)**: 공적 자금과 같이 자신의 강력한 입지를 강화하는 게임의 규칙을 정하는 데 정치시장의 지배력을 이용하는 주요 정당.

도움을 주는 데 정당은 오직 제한적인 역할만을 수행했다. 아프가니스탄 대통령에게 주어진 권력은 아프가니스탄 사회의 분열, 정당정치 전통의 부재, 끝없이 길어지는 탈레반의 그늘(영향)과 결합하여 이 나라의 신생정당들을 확실히 주변부에 머물게 했다.

민주주의에서 정당의 역할(지도, 결집, 동원, 충원 등 포함)과 대조적으로 아프가니스탄과 같은 권위주의 정권에서 정당은 일반적으로 통제 수단이며, 그 자체가 힘의 원천도 아니고, 선거가 치러지고 이기고 지는 통로도 아니다. 로슨(Lawson, 2013)이 독재치하의 정당에 대해 말했듯이, "정당은 권력의 방패이자 도구이다. 정당의 기능은 더 힘이 센 다른 기관들(군부 또는 선동가와 그 측근들)이 지시하는 정부 업무를 수행하는 데 있다." 이를 위해 집권 여당은 종종 반제국주의, 국민통합, 경제개발 등의 핵심주제에 기반한 국가적 의제를 추구하는 모습을 보여주지만, 이러한 메시지는 흔히 실질적인 노력이라기보다는 권력을 정당화하는 수단이었다.

그러나 권위주의 정권에서 정당이 전혀 쓸모가 없는 것은 아니며, 게디스(Geddes, 2006)는 정당의 활동을 허용함으로써 독재자가 잠재적 위험에 직면할 수 있지만, 그럼에도 불구하고 갈등의 해결부터 대중교육까지 (도표 15.5 참조) 정당이 할 수 있는 여러 역할이 있다고 주장한다. 장기적으로는 게디스가 '지지자 정당'이라고 묘사한 것이 개별 지도자들뿐만 아니라 정권 자체의 정치적 수명을 연장하는 결과를 가져올 수 있다. 그러나 그러한 지도자들이 아직 살아있거나 여전히 권좌에 있는 한 그것이 사실일 수도 있지만, 독재자가 사라진 후에는 일반적으로 얘기가 달라진다. 1946년에서 2008년 사이 독재에 대한 비교연구를 바탕으로 멩(Meng, 2021)은 여당이 보이는 것처럼 항상 강한 것은 아니며, 권위주의가 오래 지속될 수 있는 비결이 여당일 수 있지만, 그 당을 창당한 지도자가 죽거나 떠나는 경우 여당은 거의 살아남지 못한다고 결론지었다.

예를 들어, 혼합형 정권인 잠비아의 통합민족독립당(UNIP)의 사례가 이를 잘 보여준다. 1959년 창당한 UNIP는 1964년 독립한 잠비아의 첫 정부를 구성했고, 잠비아 대통령 카운다(Kenneth Kaunda)와 마찬가지로 1990년까지 줄곧 집권당의 자리를 유지했다. 그해 폭동과 쿠데타 시도

역할	특징
갈등 해결	독재자의 통치를 종식시키거나 불안정하게 만들 수 있는 정권 내부 갈등을 해결하는 데 도움을 주거나 엘리트 타협을 강제한다.
위협 상쇄	무엇보다 군부를 비롯한 다른 잠재적 위협을 상쇄한다.
선거 관리	선거를 감독하고, 유권자에게 뇌물을 주고, 충성스러운 당원에게 보상을 준다.
영향력 확대	전국에 걸쳐 지지자 네트워크를 구축하여 정부의 접촉범위를 확대한다.
교육	정권의 이념 및 경제정책을 지지하도록 유권자를 교육하고 사회화 한다.

도표 15.5 권위주의 정권의 정당

가 있은 후 1991년에 자유선거가 실시되었고 카운다가 패배했다. 그는 정계를 은퇴했고, 그의 아들 틸옌지(Tilyenji)가 2011년과 2016년에 이 당의 대선후보로 출마하였지만 1퍼센트 미만의 표를 얻는 데 그쳤다. 한때 압도적 다수를 차지했었고 잠비아의 유일한 합법적 정당으로 17년을 보낸 UNIP는 몰락이 확실시 되었으며 2011년 국회에서 마지막 남은 의석을 모두 잃었다.

권위주의 정권인 아이티에서는 정당 약화의 또 다른 변형이 발견된다. 자연재해(예를 들어, 지진)만큼이나 정치적 문제로 고통을 겪고 있는 아이티는 1804년 독립한 이후 현재 23번째 헌법을 시행하고 있다. 이러한 가변성은 아이티의 정치적 난국의 원인이자 결과이며, 아이티의 정당들은 공식 정치제도에 비해 영속성이 떨어진다. 아이티에는 선거가 시행되고 있지만, 선거는 공정하지도 효율적이지도 못하다. 아이티는 정당활동의 오랜 역사를 갖고 있지만, 깊이 사회적으로 뿌리를 내려 오래가는 튼튼한 정당을 발전시키지는 못했다. 정당활동은 주요 대선후보의 선거운동을 중심으로 새로운 정당이 등장하는 대통령선거가 있는 시기에 가장 왕성하다. 정당들은 아이티 민족주의로부터 공산주의, 노동자의 권리, 농민의 이해관계, 현 정부에 대한 반대에 이르기까지 광범위한 문제를 대표한다. 그러나 정당이 소속 정치지도자의 임기보다 훨씬 오래 살아남는 경우는 거의 없다.

흥미로운 부가설명으로, 권위주의 정권의 여당이 민주주의 정권으로의 체제전환 과정에서 살아남지 못할 것이라고 말하는 것은 사실과 거리가 멀다. 실제로 록스톤(Loxton, 2015)이 '권위주의적 후계자 정당'으로 묘사한 사례가 다수 있다. 구체적 사례로는 멕시코의 제도혁명당('국가개요 15'에서 살펴보았듯이 1990년대 후반 정치권력의 독점을 포기한 이후에도 살아남아 심지어 번성하였다), 브라질의 민주사회당, 한국의 민주정의당, 1971년부터 1999년까지 인도네시아의 입법부를 지배한 골카르(Partai Golkar) 등이 있다. 록스톤이 제시한 이러한 정당들의 성공 이유로는 정당브랜드의 상속, 영토 조직, 피후견인 네트워크, 자금조달, 변화와 위기의 시기에 당원들이 함께 하려는 성향 등이 있다.

다시 권위주의 정권에 대한 논의로 돌아와서, 권위주의 정권의 여당이 취약한 이유 중 하나는 민주주의의 정당과 달리 이 정당들은 자연적 정치적 균열이나 경제적 차이를 기반으로 하는 경우가 드물다는 점이다. 그 대신, 이 정당들은 정책적 선호보다는 인종, 종교, 지역정체성에 의해 움직이며, 그렇지 않으면 지도자와 지배엘리트의 이익을 중심으로 움직이고, 유권자에게 정책대안을 제공하거나 가치와 선호를 공유하는 유권자 집단의 이익을 대표하기 위해서가 아니라 지도자나 정권의 권력 유지를 위한 정치적 플랫폼으로 존재한다.

정체성과 정당의 연관성은 나이지리아 사례에서 잘 볼 수 있다. 1960년 영국으로부터 독립하기 이전에도 복수의 정당이 있었고, 일부 정당은 전국적 기반을 가지고 있다고 주장했는데, 북부인민회의(Northern People's Congress)와 같은 다른 정당들은 분명히 지역적 기반이 있었다. 독립 이후에도 정당들은 계속해서 지역적 또는 종족적 노선을 따라 활동하여 1966년과 1983년 두 개의 민간정부가 붕괴되었고, 나이지리아 군사정부 내에서는 권력을 민간에게 이양하는 것이 필연적으로 지역주의의 부활을 가져올 것이라는 우려가 제기되었다. 오늘날 나이지리아에는 종족적 차이보다는 이념적 차이를 주장하는 수많은 정당이 존재하며, 중도좌파 전진보회의(All Progressive Congress)와 중도우파 국민민주당(People's Democratic Party)이 주도하고 있다. 이에 대해서는, 모든 정당은 종교나 종족과 관계없이 모든 나이지리아 시민에게 열려 있어야 한다는 요건과 "인종적 또는 종교적 의미를 담고 있거나 (그들의) 활동이 … 나이지리아의 지리적 영역의 일부에만 국한하는 것으로 보이는" 당명이나 상징, 로고의 사용 금지 등을 포함하고 있는 정당의 설립과 운영에 관한 헌법규정으로 일부 설명할 수 있다.

지도자나 정권이 권력을 유지하기 위한 플랫폼으로서 정당의 역할은 1991년 소련이 붕괴할 당시 경쟁적 정당정치의 역사가 없었던 러시아의 사례에서 잘 볼 수 있다. 언뜻 보기에 러시아는 오늘날 유권자가 선택할 수 있는 광범위한 범위의 다양한 정당이 존재하는 것처럼 보일 수 있지만, 영구적이거나 실질적 영향력을 발전시킨 정당은 거의 없으며, 여론조사에 따르면 이 의혹 투성이 사회에서 정당은 가장 신뢰할 수 없는 공공조직이 되었다 (Levada Centre, 2017). 이는 부분적으로는 단일 지배정당이 정권의 권력 기반을 형성하고 정치의 원동력이 아니라 매개체 역할을 하는 전통이 발달했기 때문이다. 1990년대 초창기에는 1996년 대선에서 결선투표를 실시할 정도로 정당 경쟁이 치열했다. 그러나 그 이후로는 최대정당(1999~2001년에는 통일, 그 후로는 통합러시아)이 압도적으로 지배하고 있다. 도표 15.6을 참조하라. '통합러시아'는 러시아 사람들이 '권력의 정당'이라고 부르는 정당인데, 이는 크렘린궁이 힘 있는 장관, 지역 주지사, 대기업 등으로부터 확실히 지원을 받기 위해 위협과 뇌물을 사용한다는 것을 의미한다.

사하라 이남 아프리카의 정당들은 비슷해 보이는 많은 나라가 매우 다른 기록을 가지고 있다는 점에서 수수께끼이다. 1950년대와 1960년대에 독립한 이후 민족주의 투쟁의 영웅들은 일상

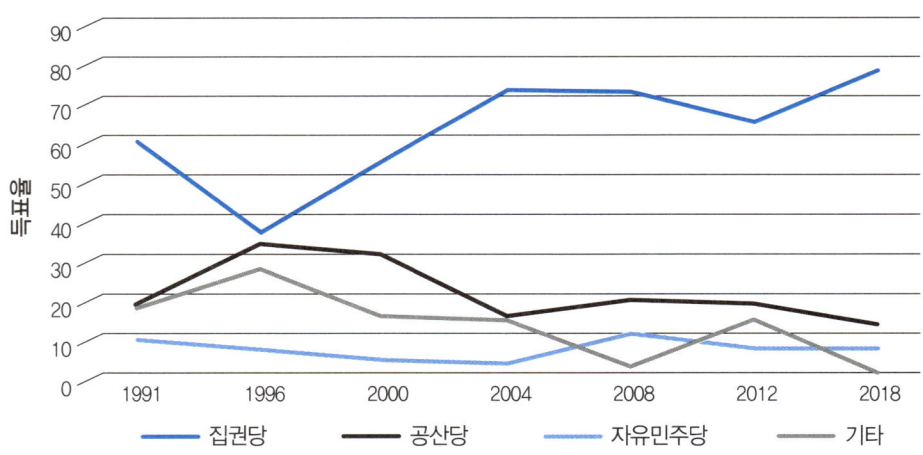

도표 15.6 러시아 대통령선거 추이

출처: Organization for Security and Cooperation in Europe (2021)의 자료에 근거하였다.

적으로 정당 경쟁을 중단시키고 일당제를 확립했다. 즉, 지도자의 사적 수단으로 사용되는 경우조차 공식 정당은 국민통합을 달성해야 한다는 이유로 종종 정당화되었다. 그러나 잠비아의 사례에서 보았듯이 이러한 단일정당은 흔히 허약한 것으로 판명되었다. 이 정당은 종종 자율성과 결속력이 결여되었고, 통합을 실현하기보다는 정치적 반대파를 배제하면서 엘리트의 통제를 강화했다.

일부 사하라 이남 아프리카 정당들이 갖고 있는 문제중 하나는 시간과 노력 면에서 정당에 너무 많은 투자가 집중되어 다른 기관에는 관심이 훨씬 부족하다는 점이다. 예를 들어, 또 하나의 혼합형 정권인 탄자니아에서는 바로 이것이 문제였다. 최근 총선에서 70~75퍼센트의 의석을 획득한 차마 차 마핀두지(CCM), 또는 혁명당이라고 하는 하나의 정당이 수십 년 동안 탄자니아를 지배했으며, 대통령 마구풀리(John Magufuli)가 2015년부터 2021년 코로나19 팬데믹으로 사망할 때까지 탄자니아를 이끌었다. 부패 의혹이 없는 외부인으로 당에 의해 선택된 마구폴리는 처음에는 개혁가처럼 보였고, 관료들이 자리에 있는지 확인하기 위해 예고 없이 관공서를 방문하였으며, 생방송 TV에서 관리들을 해고했다. 그러나 그는 또한 정치적 반대세력을 탄압했고, 이 나라의 대통령이자 당 대표라는 자신의 이중 권력을 이용하여 반대자들을 제거하고, 지지자들을 요직에 임명했다. 일정 부분 기관으로서 당의 상대적 안정성 덕분에, 당지도자의 행동은 탄자니아의 최근 다원주의 경향을 후퇴시키기에 충분했다 (The Economist, 2018).

중동의 정당, 보다 구체적으로는 아랍세계의 정당을 살펴보는 것은 서구 민주주의 국가에서의 기록에만 근거하는 정당 연구가 불가피하게 갖는 한계에서 벗어날 수 있는 좋은 방법이다. 아랍세계 정당에 대한 연구는 정당의 설립을 유발한 이면의 이유가 항상 같은 것이 아니고, 정당이 호소하는 바도 종종 다르며, 정당의 이념적 위치를 파악하는 데 자주 사용되는 이념적 스펙트럼이 항상 꼭 들어맞는 것은 아님을 보여준다. 적어도 세 가지 점에서 아랍정당은 구별 및 차별화된다 (Cavatora and Storm, 2008 참조).

- 전 세계적으로 대부분의 무당제는 중동, 특히 아랍반도에서 발견된다. 즉, 바레인, 쿠웨이트, 오만, 카타르, 사우디아라비아, 아랍에미리트 등이다 (우연치않게, 이들 국가 모두가 권위주의 정권이다).
- 아랍세계에서 볼 수 있는 정당군은 유럽에서 볼 수 있는 정당군과 상당히 다르다 (표 15.2 참조). 여기에는 좌파정당, 세속정당(거의 모든 유럽정당에 적용되는 용어이다), 온건 이슬람정당, 살라피(Salafi) 정당 등이 포함된다. 후자는 당원들이 한때 제도정치에 관여하는 것을 꺼렸으나 '아랍의 봄' 이후 입장이 바뀐 상대적으로 보수적인 근본주의 정당이다.
- 대부분의 서구민주주의 국가에서 다양한 사회학적, 심리학적 요인이 정당에 대한 지지를 추동하는 반면, 대부분의 아랍국가에서는 부족주의와 피후견주의(clientelism)가 지배적 역할을 한다.

아랍세계의 정당에 관한 연구는 아직 초보 단계에 머물러 있으며, 이 지역 대부분의 나라에서 정당정치는 사회적 뿌리가 깊지 않다. 그럼에도 불구하고 캐바토타와 스톰(Cavatorta and Storm, 2018)은 여전히 아랍정치를 이해하는 데

탄자니아 집권당인 혁명당(CCM) 지지자들이 2020년 총선 선거운동기간 동안 운동장에 모였다.

있어 정당(또는 정당의 부재)이 중요하고, 정당에 대한 이해에 있어서 지역적 맥락의 고려가 중요하다고 주장한다. 아랍정당의 사례는 다시 한 번 정부와 정치분야에 연구해야 할 것이 얼마나 많이 남아있는지 일깨워줄 뿐만 아니라, 오랫동안 정치학을 지배해온 유럽과 미국 학자의 관점만이 아니라 다각적 관점에서 이 분야를 이해하는 것이 얼마나 소중한지 일깨워 준다.

아랍에미리트(UAE)의 사례는 정당이 없는 권위주의체제의 본성에 대한 통찰력을 제공해준다. 7개 토후국으로 이뤄진 연방국가인 UAE를 7명의 세습 토후로 구성된 연방최고위원회가 통치하며, 다른 토후들에 의해 임명된 토후 중 한 명이 연임 제한이 없이 5년 임기의 대통령직을 수행한다. 연방최고회의는 행정과 입법 기능을 모두 가지고 있으며, 분기별로 회의를 열고, 총리와 내각을 임명하며, 입법부라기보다는 이사회처럼 운영된다. 40명으로 구성된 연방국가평의회는 구성원의 절반은 임명되고 나머지 절반은 정당 없는 선거에서 선출되며, 그들은 제안된 법률안을 검토하고 내각의 각료에게 질문할 수 있다. 선거는 없고, 언론은 엄격하게 통제되고, 정부가 투명하지 않고, 언론의 자유 및 집회의 자유가 제한되고, 사법부의 독립이 부재하고, 외국인 노동자들이 종종 부당한 대우를 받고 있지만 (Freedom House, 2020e), UAE는 여전히 중동지역에서 가장 덜 부패하고 가장 안정적인 국가 중 하나이다. 설령 선거가 있다고 해도, 투표할 수 없는 상당한 수의 외국인 노동자(총 1,000만 명의 인구의 약 85퍼센트)가 UAE에 거주하고 있는 문제를 어떻게 해결해야 할지 알 수 없을 것이다.

정당은 틀림없이 정치과정의 자연스러운 부분이며, 열린 민주 사회에서 비슷한 견해를 가진 유권자들이 정권을 장악하기 위해 서로 협력할 때

거의 불가피하게 정당이 창당될 것이다. 권위주의 정권에서 정당이 정치적 지배를 독점하는 데 이용되거나 아니면 때로는 전부 금지되고 있다는 점은 정당의 중요성을 반증한다. 그러나 이상적인 정당의 수와 단일정당 내의 선택이 정당 간의 선택을 효과적으로 대체하는 정도와 관련하여 수많은 질문이 제기된다.

토론주제

- 정당은 필요한가? 만약 그렇다면, 정당이 수행하는 가장 가치 있는 기능은 무엇인가?
- 양당제 또는 다당제 중 어느 것이 가장 좋은가?
- 여러분의 나라에는 어떤 종류의 정당체제가 존재하는가? 그 정당체제는 사회분열, 유권자 선호, 정부구조, 또는 다른 어떤 것을 반영하는가?
- 정당이 스스로 지도자와 공직후보자를 선출하는 것이 더 민주적이고 효과적인가 아니면 그 선택을 유권자의 손에 맡기는 것이 더 민주적이고 효과적인가?
- 정당과 선거운동의 자금조달 방법 중 가장 공정하고 매우 민주적인 방법은 무엇인가?
- 권위주의 정권의 정당체제에 대한 연구는 민주주의 정권의 정당체제에 대해 무엇을 말해주는가?

핵심용어

- 간부정당(Cadre party)
- 과두제의 철칙(Iron law of oligarchy)
- 대중정당(Mass party)
- 예비선거(Primary election)
- 유권자 정당편성 해체(Partisan dealignment)
- 이데올로기(Ideology)
- 정당(Political party)
- 정당일체감(Party identification)
- 정당체제(Party system)
- 정치균열(Political cleavage)
- 카르텔정당(Cartel party)
- 틈새정당(Niche party)
- 폐쇄형 예비선거(Closed primary)
- 포괄정당(Catch-all party)

추가 읽을거리

Gauja, Anika (2016) *Political Parties and Elections: Legislating for Representative Democracy* (Routledge). 민주주의 국가가 정당의 행동을 규제하는 방식에 대해 비교연구시각에서 평가하고 있다.

Lawson, Kay, and Jorge Lanzaro (eds) (2010) *Political Parties and Democracy* (Praeger). 아메리카, 유럽, 아시아, 아프리카, 아랍세계의 정당을 살펴보는 5권으로 편집된 연구 모음집이다.

Pettit, Robin T. (2014) *Contemporary Party Politics* (Palgrave). 민주주의 국가의 정당정치에 대해 평가하고 있으며, 다양한 정당체제, 정당 이념, 정당의 구성원, 정당의 미래에 대해 살펴보고 있다.

Riedl, Rachel Beatty (2014) *Authoritarian Origins of Democratic Party Systems in Africa* (Cambridge University Press). 아프리카 정당에 대한 연구서로 권위주의에서 경쟁적 정당체제로의 도전적 전환에 대해 살펴보고 있다.

Rosenbluth, Frances, and Ian Shapiro (2018) *Responsible Parties: Saving Democracy from Itself* (Yale University Press). 여러 민주주의 국가의 정당에 대해 비교연구시각에서 개괄하고 있으며, 정부에 대한 신뢰 회복은 정당의 권력 회복을 의미한다고 주장하고 있다.

Scarrow, Susan E., Paul D. Webb, and Thomas Poguntke (eds) (2017) *Organizing Political Parties: Representation, Participation, and Power* (Oxford University Press). 19개 민주주의 국가에서 정당이 조직되는 방식에 관한 연구를 편집한 모음집으로 정당 조직 방식이 정치생활에 미치는 영향에 대한 이론을 포함하고 있다.

16장

이익집단

차례
- 이익집단의 이해
- 기원과 진화
- 유형과 방식
- 이익집단의 동학
- 권위주의 정권의 이익집단

개요

(정당과 마찬가지로) 이익집단은 주로 공식적 정부 구조 밖에서 설립되고 운영된다. 그들은 별개로 진화했으며, 그들의 주된 목적은 정부에 속하지 않으면서 정책 형성에 영향을 미치는 것 (그리고 때로는 정책을 집행하는 것)이다. 이익집단에는 여러 유형이 있고 목적 달성을 위해 상이한 (직간접적) 방법을 사용한다. 활발한 이익집단 공동체는 건강한 시민사회의 상징이지만, 여러 이익집단의 영향이 균형을 잃는 경우 이들은 엘리트주의를 조장하고 민주주의의 장애가 된다.

이 장은 이익집단의 활동과 정치적 역할에 대한 조사로 시작한다. 이어서 이익집단의 기원과 진화를 살펴보고, 다원주의라는 개념을 비평하며, 정치과정 속에서 이익집단이 수행하는 특권적 역할이 있다는 입장과 자유시장론을 대조한다. 그리고 이 장은 이익집단이 사용하는 영향력의 통로와 그 역동성을 살펴보고, 특정 집단의 설득력에 영향을 미치는 요인에 대해 알아본다. 이어서 사회운동의 특징적인 속성과 효과를 검토하고, 시민사회의 글로벌 상황을 평가하며, 권위주의 정권에서의 이익집단의 위치를 논의한다. 권위주의 정권에서 이익집단은 정권이 사회에 대한 통제를 유지하는 도구, 또는 서비스를 제공하는 비정치적인 수단, 또는 민주화의 추진 세력으로 간주된다.

핵심논제

- 이익집단은 목적, 방법, 영향력의 수준에서 커다란 차이를 보이면서 다양한 형태와 규모를 갖는다.
- 이익집단의 활동은 시민사회의 중요한 일부이며, 시민사회는 시민들이 공유하는 공공의 문제에 대응하기 위해 조직화하는 정부 밖에 있는 영역을 기술하는 용어이다.
- 이익집단의 직접적인 정치적 역할은 오로지 민주주의와 다원주의가 확장됨에 따라 증가했으나, 이익집단의 활동에는 오랜 역사가 있다.
- 대부분의 이익집단은 자기 이익을 보호하거나 (구성원의 이익에 초점), 공익을 촉진하며 (광범위한 이익에 초점), 그들은 정부와 여론에 영향을 미치기 위해 다양한 직간접적 통로를 사용한다.
- 이익집단의 영향력은 그들의 정통성, 구성원, 자원, 제재를 사용할 능력, 국가와의 관계 등에 따라 다양하다.
- 권위주의 정권의 이익집단은 전형적으로 통제의 수단으로 사용되지만, 비정치적인 방식으로 서비스를 제공하기도 한다.

이익집단의 이해

대부분의 부유한 민주주의 정권과 마찬가지로 일본에서 농업은 경제에서 차지하는 비중이 급격히 낮아졌다. 현재 농업 종사 인구는 200만 명(총인구의 약 1.5퍼센트)에 못 미치고, GDP의 1퍼센트를 겨우 넘으며, 정부 보조금으로 유지된다. 그럼에도 일본농업협동조합(농협)의 활동에서 볼 수 있듯이 일본의 농업 이익집단은 정치에서 상당한 영향력을 행사한다. 농협은 농산품의 마케팅과 유통에서의 역할을 이용해서 회원들에게 지속적으로 보조금이 지급되도록 하고, 쌀 수입 관세 축소 노력을 저지하는 등 많은 활동을 하였다. 오늘날 소수의 연안 지역에서만 고래 고기를 소비함에도 불구하고, 농협은 심지어 일본의 상업적 포경 사업 유지에도 기여했다. 농협을 개혁하려는 시도가 있었으나, 별로 성과는 없었으며, 수(Su, 2019)는 그 영향력이 여전히 '독소적'이라고 주장했다.

농협은 이익집단(interest groups) 활동의 하나의 사례에 불과하다. 이익집단은 다양한 규모를 가지며, 서로 다른 방식을 사용하지만, 이들은 정부 공식구조 밖에서 공공정책에 영향을 미치려 하는 점에서 동일하다. 이들은 주로 정책결정자들에게 직접 압력을 행사하거나, 언론매체와 여론을 통해 간접적으로 영향력을 행사하는 애드보커시(advocacy)를 통해서 그러한 활동을 벌인다. 이익집단에는 소비자 단체, 전문직 협회, 사용자 단체, 노동조합, 단일쟁점 집단, 자선단체 등이 있다. 이들은 주로 전국적인 수준에서 활동하지만, 지역 수준과 국제 수준에서도 활동한다. 정당과 마찬가지로 이익집단은 특히 민주주의 국가에서 사회와 정부 사이의 중요한 소통 통로이다. 그러나 정당과 달리 이익집단은 초점이 좁으며, 정부의 일부가 되지 않으면서 다양한 방법으로 정부 정책을 형성하려 시도한다 (도표 16.1 참조).

이익집단은 또한 비정부기구(NGO: non-gov-

> **이익집단(Interest group):** 정부 밖에서 정부에 영향력을 행사하려는 단체. 압력단체, 애드보커시 집단, **비정부기구(non-governmental organization)**로도 알려져 있다.
>
> **애드보커시(Advocacy):** 특정 목적이나 제안을 지지, 촉진, 대변하는 과정으로, 일반적으로 의사결정 기구를 향한다.

역할	특징
애드보커시	집단과 그 구성원의 이익을 정부에 주장.
교육	집단이 관심을 가진 쟁점에 대해 공공, 언론매체, 정책결정자들을 교육하고 정보를 제공.
영향력	여론과 언론매체에 영향력 행사.
동원	구성원이 정치과정에 참여하도록 독려.
감시	정부 활동을 모니터하고 문제가 있을 때 널리 알림.
서비스 제공	정부 업무를 보완하거나 공백을 메우는 서비스를 제공.

도표 16.1 민주주의 정권의 이익집단

ernmental organization)로도 알려져 있는데, 이 용어는 기원이 다르고 이익집단과는 달리 사용된다. NGO는 미국 외교관 모로우(Morrow, 1919)가 국가에 의해 만들어진 국제기구와 구별하기 위해 처음 사용한 것으로 보인다. 그 용어는 제2차 세계대전 이후 유엔헌장이 NGO의 경제사회이사회 참여를 허용하면서 더 광범위하게 사용되었으며 (Grant, 2018), 그 초점은 국제적인 활동에 있었다. 그 이후 NGO라는 용어는 더 널리 적용되었으며, 세계비정부기구협회(WANGO: World Association of Non-Governmental Organizations)는 NGO를 '지방, 국가, 소지역, 지역, 국제 수준에서 조직된, 정부나 정부간 합의에 의해 설립되지 않은 모든 비영리 단체'로 정의했다. 이에는 여러 이익을 대표하고, 애드보커시, 소송, 서비스 제공, 경우에 따라 정부를 상대한 직접 행동 등 다양한 방법을 사용하는, 매우 다양한 단체가 포함된다.

많은 이익집단은 조용히 활동하지만, 그들은 도처에서 활동을 전개한다. 그들은 제안된 법률이나 규제의 세세한 사항을 두고 관료들과 협상하고, 국회 위원회에서 그들의 주장을 관철하려 하고, 언론매체의 보도에 영향을 미치기 위해 기자들을 상대하며, 도움이 필요한 사람을 돕는다. 집합적으로 그들은 건전한 시민사회(civil society)의 중요한 일부가 된다. 민주주의 정권에서 시민들은 공통의 문제를 포착하고, 정부에 의존하지 않고 직접, 집단적으로 문제에 대응하는 공간과 기회가 있다. 민주주의의 건강은 집단을 형성하고 변화를 추구하는 자유에 반영된다 (그러나 이익집단의 필요성은 정부가 중요한 문제에 대응하지 못하고, 그로 인해 시민들의 행동이 촉발되는 상황을 반영할 수도 있다). 반대로 권위주의에서는 이익집단의 활동에 제한되고 건전한 시민사회가 부재하다.

우려스럽게도 민주주의와 권위주의에서 공히 시민사회에 대한 위협이 심화되고 있으며, 에드워즈(Edwards, 2020)는 공동체의 분열과 분절화, 그리고 불관용과 불평등의 증가는 시민사회의 이론 및 실천에 좋은 징조는 아니라고 경고한다. 그는 "권위주의와 여러 유형의 포퓰리즘은 선진 민주주의 국가에서도 자리를 잡았고", 공론장이 소셜미디어의 '필터버블'[**]과 '가짜 뉴스'의 주장들에 의해 "사유화, 상업화, 공동화, 왜곡되었다"고 주장한다. 이로 인해 분열과 분절화에 대응하기가 더 어려워졌다.

이익집단에 대한 논의에서 사회운동(social movements)을 언급하지 않을 수 없다 (표 16.1 참조). 이들은 이익집단보다 더 느슨하게 조직되며, 빈번히 정치적 행동주의에 처음으로 참여하는 사람들로 구성되고, 이익집단이 제도화된 수단을 이용하는 데 반해 사회운동은 목적 달성을 위해 시위, 보이콧, 미디어 행사 등 비제도화된

시민사회(Civil society): 시민들이 공유하는 공공의 문제에 대응하기 위해 상호작용하는 정부 밖에 있는 영역.

사회운동(Social movement): 비제도적이고 종종 비재래적인 방법을 통해, 비기득권의 목표를 추구하기 위해 사회에서 나타나는 운동.

[**] 역자 주) 인터넷 알고리즘에 의해 자신의 관심사에 맞게 제공되는 정보에만 의존해서 사용자가 자신만의 공간에 갇혀지게 되는 것.

표 16.1 사회운동의 예

쟁점	시간 및 장소	초점
공정무역	1960년대 이후, 유럽에서 기원.	개도국에서 선진국으로 수출되는 상품의 생산자를 위한 더 높은 가격과 지속가능한 기술.
칩코운동	1960~1980년대, 인도.	삼림파괴에 저항하는 마을, 농촌 기반의 시위.
무토지농민	1980년대 중반 이후, 브라질.	빈곤층을 위한 토지 개혁과 토지 접근.
반세계화	1980년대 말 이후, 다수 국가.	글로벌기업 자본주의에 권력에 대해 비판적.
LGBTQ+ 권리	1990년대, 주로 선진 민주주의 국가.	레즈비언, 게이, 양성애자, 성전환자, 퀴어 권리.
흑인 생명도 중요하다	2013년 이후, 미국에서 시작하여 국제적으로 확산.	흑인에게 가해지는 폭력과 인종차별주의에 반대.
#미투	2017년 이후, 미국에서 시작하여 국제적으로 확산.	성적 학대, 괴롭힘, 폭력에 반대.

수단을 사용한다(Almeida, 2019 참조). 또 사회운동은 종종 이익집단의 활동 중에 형성되기도 하고, 이익집단과 함께 활동하기도 하며, 새로운 집단의 형성에 이르기도 하며(종종 사회운동 조직이라고 묘사되기도 한다), 빈번히 이익집단의 활동 기법을 차용하기도 하며, (이익집단과 마찬가지로) 사회운동의 목표는 정부의 일부분이 되지 않으면서 정부에 영향을 미치는 것이다. 특히 (페미니즘과 환경주의를 포함하여) 얼마나 많은 사회운동이 이익집단의 활동을 기반으로 형성되고 새로운 운동으로 파생되었는지를 생각하면, 사실 사회운동과 이익집단은 종종 구별하기 어려울 수도 있다.

기원과 진화

이익집단의 기원은 특정하기가 어렵다. 정부가 존재하는 한, 공통의 관심사에 관한 의사결정에 영향을 미치기 위해 협력하는 사람들의 집단은 늘 존재했기 때문이다. 초기의 이익집단들은 (빈민 지원과 같이) 정부가 대응하지 못하는 서비스를 제공하기 위해서, 또 정부에 대해 공통의 이익을 주장하기 위해 협력하는 사람들을 모으기 위해 만들어졌다. 개별 시민들도 자기주장을 하고 정치적 결정에 영향을 미치려 시도할 수 있으나, 집단적으로 하는 것이 전략적으로 더 합리적이며, 집단이 클수록 정부가 더 주의를 기울일 것이다.

특정 이익을 촉진하기 위해 조직된 단체의 초기 사례는 주로 11~16세기 사이에 활발했던 중세 유럽의 길드이다. 두 개의 주요 형태는 특정 마을이나 도시의 상인 길드와 장인 길드였다. 그들은 표준을 설정하고, 가격을 통제하였으며, 경제적 목적 달성을 위해 지방정부에 영향력을 행사했다. 1660년 설립된 런던의 로열소사이어티(Royal Society)의 사례와 같이 더 폭넓은 이익은 종종 협력으로 이어진다. 이 단체는 과학의 수월성 제고를 위해 설립되었으며, 현존하는 이익집단 중 가장 오래된 단체 중의 하나이다 (Davies, 2019).

근대 최초의 이익집단들에는 산업혁명 시대로 거슬러 올라가 빈민 구제를 위해 설립된 자선단체, 정치, 경제, 사회적 쟁점에 관한 캠페인을 위해 설립된 단체 등이 있다. 후자의 예로서 영국에는 다음과 같은 단체들이 있다.

- 노예무역 폐지를 위한 위원회, 1787년 설립.
- 동물학대방지를 위한 로열소사이어티, 1824년 설립.
- 곡물법반대연합은 곡물법(수입 농산품에 대한 관세) 반대 운동을 전개했고, 그들의 역할은 1846년 곡물법 폐지에 중요한 역할을 함.

19세기 후반은 대부분의 유럽과 북미에서 특정 노동자 집단을 대표하는 노동조합이 설립되던 시대이며, 영국노조회의(1868년 설립), 미국노조연합(1881년 설립), 스웨덴노조연맹(1898년 설립) 등 전국 조직도 형성되었다.

이익집단의 성장과 확산은 민주주의 및 다원주의의 확장과 연관성이 된다 ('이론 적용 16' 참조). 그것은 상대적으로 이익집단의 수가 많고 영향력이 강한 오래된 민주주의 국가들과 이익집단이 상대적으로 약한 제2차 세계대전 후 독일, 일본, 스페인을 비교해보면 알 수 있다. 중남미에서 1970~1980년대 군사정부의 시대가 종식될 때까지 이익집단은 국가체제 내의 제도화된 일부분으로서 제한받고 통제되었다. 사하라 이남 아프리카, 남아시아 대부분에서 이익집단은 식민지 시대 종식 이후 겨우 국가의 정치적 행위자로서 등장하기 시작했다.

이익집단의 수나 활동의 변화는 19세기 후반 산업국가에서 기원하고, 경제적 변화가 가정과 일터에서 여성의 새로운 역할로 이어진 여권 운동의 사례에도 반영이 되었다. 후일 제1차 페미니즘의 물결로 알려진 이 현상에서는 여성 투표권을 위한 캠페인을 중심으로 연합했으며, 덴마크여성단체(Danish Women's Society. 1871년 설립), 전국프랑스여성위원회(National Council of French Women. 1901년 설립), 여성사회정치연합(Women's Social and Political Union. 1903~1917년 영국에서 활발히 활동), 국제여성연맹(International Alliance of Women. 독일에서 1904년 설립) 등의 이익집단이 중심적인 역할을 했다.

뒤이어 밀려온 페미니즘의 물결은 계속해서 이익집단의 활동과 중첩된 광범위한 사회운동을 목도했다. 1960년대 제2의 물결은 젠더 불평등 종식에, 1990년대 제3의 물결은 생식의 권리문제에, 2010년대 제4의 물결은 여성의 세력화에 초점을 맞추었다. 일반적인 여성의 권리뿐 아니라, 소득 평등, 여성 보건 및 교육, 경력 개발, 여성 학대 및 성매매 반대와 같은 구체적인 목적을 위한 캠페인을 벌이기 위해 세계 각국에서, 국제적 수준에서 수많은 단체가 설립되었다.

대부분의 이익집단의 활동의 핵심에는 **로비(lobbying)** 라는 현상이 있다. 이 용어는 영국의회의 상원과 하원을 나누는 로비에 시민들이 모였던 관습에서 유래했다. 이 공간에서 한때 시민들은 자기주장을 하고 도움을 요청하기 위해 의원들에게 접근할 수 있었다 (이 용어가 미국 시민들

> **로비(Lobbying)**: 개인, 집단, 조직을 대신하여 선출직 공직자나 관료들의 결정에 영향을 미치려는 시도.

이론 적용 16

다원주의

이익집단의 역할 (그리고 민주주의 일반)을 이해하는 데 있어서 논의는 오랫동안 다원주의(pluralism) 개념을 중심으로 이루어졌다. 이상적인 세계에서 이익집단은 사회의 모든 주요 부문을 대표하며, 각 부문의 이익은 정치적으로 표현될 수 있었다. 집단은 동등한 위치에서 정부에 영향력을 행사하기 위해 경쟁하며, 국가는 어떤 집단에 대해 편견을 가지지 않는다. 새로운 이익과 정체성이 등장하면서, 집단은 그들을 대표하기 위해 형성되며, 빠르게 권력의 과정에 자기 자리를 찾게 된다.

다원주의이론에 대한 비판적 시각을 가진 유명한 분석은 1965년에 정치학자 올슨(Mancur Olson)이 그의 저서 『집단행동의 논리(The Logic of Collective Action)』에서 제시하였다. 그 당시까지, 모든 이익은 대체로 협상 테이블에서 평등한 위치에 있다고 가정되었다. 그러나 올슨은 이익이 분산되어 있는 사람들은 서로를 찾아내고, 스스로 조직하고, 잘 조직화된 협소한 이익과 경쟁하기가 어렵다고 주장했다. 예를 들어, 이것은 일반 시민들이 정책결정자들에 영향을 미칠 수 있는 자금, 자원, 인맥 등을 가진 기업을 상대로 경쟁하는 것이 왜 그토록 어려운지를 설명해준다. 올슨의 분석은 시민들이 정치에 관해 지식을 추구하고 다른 시민들과 연대할 충분한 동기가 없다고 주장한 합리적 선택이론과 유사하다.

그러나 모든 사람들이 이에 동의하지는 않는다. 왜냐하면, 소비자나 여타 분산된 이익을 대표하는 새로운 단체들이 결성되고, 성장했고, 때로는 상당한 영향력을 확보했기 때문이다. 트럼불(Trumbull, 2012)은 분산된 이익이 조직화가 불가능하거나 정책에 영향을 미치기에는 너무 약하다는 믿음은 역사를 잘못 이해한 것이라고 주장한다. 그는 정당화가 조직화보다 더 중요하다고 말한다. 달리 말해 행동가와 규제당국이 그들의 의제와 광범위한 공익을 연계하는 '정통성 연합'을 결성할 수 있다. 예를 들어, 그러한 연합은 유럽에서 농업이나 제약 부문의 영향력뿐 아니라, 개도국에서 일부 다국적기업의 영향력을 제한했다. 다른 시간과 장소에서 다양한 사회운동이 등장한 사실은 개인이나 집단의 이익 이상의 힘이 작용함을 시사한다.

올슨의 주장은 인터넷과 소셜미디어가 등장하기 오래전에 있었으며, 오늘날에는 이익을 공유하는 사람들이 서로를 찾는 일이 훨씬 쉬워졌다. 이것이 새로운 이익집단의 형성으로 이어지지 않을 수 있겠지만, 인터넷을 통해 누구나 애드보커시 웹사이트를 만들고 팔로워를 초대하고, 정보를 게시하고, 쟁점에 대해 토론하고, 생각이 같은 사람과 연대하고, 반대자를 상대할 수 있다. 클릭 한 번으로 계정이나 웹사이트를 만드는 데는 노력이 거의 들지 않으며, 제13장에서 논의된 바와 같이 쟁점에 대한 관여가 클릭티비즘(clicktivism, 댓글을 쓰거나, 트윗이나 해시태그를 공유하는 수동적 온라인 활동) 이상의 큰 진전은 없을지 모른다. 동시에 이러한 온라인 대화는 더 큰 운동에 힘을 합쳐 여론에 영향을 미치고 직접적인 정치적 행동에 참여하는 비공식적 공동체를 형성할 수도 있다.

다원주의(Pluralism): 아이디어, 견해, 가치의 다양성에 대한 관용. 종종 다양한 정치, 경제, 사회적 이익들 간 분산된 권력의 형태로 나타난다.

이 워싱턴 DC의 윌라드호텔 로비에서 그랜트 대통령[Ulysses S. Grant, 1869~1877년 재임]을 만났던 관습에서 유래했다는 것은 오류이다).

개인이나 이익집단도 로비를 할 수 있지만, 로비스트는 일반적으로 기업이나 정부에 영향력을 행사하는 업무를 위해 대리자로 고용된 로비회사를 위해 일하는 전문가들이다 (Godwin et al., 2013과 Bitonti and Harris, 2018 참조). 오랫동안 활동해 온 유럽의 로비스트 크로식(Stanley Crossick)에 의하면 로비스트의 성공은 "적절한 쟁점에 대해 적절한 메시지를 적절한 사람들에게 적절한 형식으로 적절한 시점에 전달"하는 데 달려있다 (Thomas and Hrebenar, 2009에 인용).

로비가 증가하는 데는 세 가지 주된 이유가 있다.

- 정부 규제가 계속 증가하고 있다. 다수의 이익집단을 위해 일하는 전문 로비회사는 각각의 이익집단이 개별적으로 로비할 때보다 정부의 규제를 보다 효율적으로 감시할 수 있다.
- 홍보 캠페인이 점점 더 세련되어지고 있으며, 보통 하나의 통합적인 프로젝트를 통해 이익집단의 회원, 여론, 정부에 모두 영향을 미칠 수 있다. 전문 로비회사는 고객 이익집단이 직접 추진하기에는 너무 복잡한 다면적인 캠페인을 기획, 집행한다.
- 오늘날 많은 기업들은 이익단체를 통하기보다는 정부에 직접 접근한다. 규모에 상관없이 기업들은 정부 기관이나 우호적인 의원에의 접근을 도와주는 로비회사를 이용하면 원하는 결과를 더 빨리 얻을 수 있다고 알고 있다.

오늘날 이익집단의 세계는 매우 넓고 복잡하고 항상 변화한다. 데이터의 질이 다양하기 때문에 정확한 수를 확정하기는 어렵지만, 세계에는 수많은 집단이 활동하고 있다. (특히 소규모) 이익집단은 재정 지원에의 접근이나 쟁점에 대한 여론의 변화에 따라 생기기도 하고 사라지기도 한다. 데이터 출처 중의 하나는 2000년에 설립된 세

표 16.2 전 세계 비정부기구

지역	수	주요 국가
북미(미국, 캐나다)	23,129	미국 21,921
유럽(러시아 포함)	17,944	영국 4,104, 프랑스 900, 독일 607
남아시아 및 동남아시아	5,320	인도 2,269, 이란 31
사하라 이남 아프리카	4,175	나이지리아 1,137
중동	1,048	이집트 103
중미, 카리브해	821	멕시코 115
오세아니아(호주, 뉴질랜드)	655	호주 496
남미	662	브라질 102
동아시아(중국, 일본 포함)	408	중국 63, 일본 146
총계	54,162	

출처: World Association of NGOs (2021)에 근거.

계비정부기구협회(WANGO)이다. 이 단체는 5만 4,000개가 넘는 회원 명단을 가지고 있으며 (표 16.2 참조), 그 대부분은 명단의 75퍼센트를 점하는 북미와 유럽이다. 그러나 이 명단의 정확성과 완결성을 확신하기는 어렵다. 왜냐하면, 대부분 단체의 자체 수록에 의존하고, '비정부'는 중국과 같은 권위주의 국가에서는 다른 의미를 가지기 때문이다. 그럼에도 그 수는 2~3세대 전의 상황과는 매우 다른 그림을 보여준다.

유형과 방식

이익집단은 목적, 방법, 영향력에 따라 다양한 형태와 규모가 있다. 다수는 정치적 행동보다는 실질적, 또는 자선을 목적으로 결성되지만, 공공정책을 수정하거나 불리한 변화를 방지하려는 활동을 시작하게 되면 정치적인 차원을 가지게 된다. 보다 명확히 정치적 역할을 염두에 두고 만들어진 단체들도 있다. 다수는 수백 명의 회원이 단기적인 지역 쟁점에 초점을 맞추지만, 또 어떤 단체는 수백만 명의 회원을 보유하고, 여러 나라에 사무소를 두고, 중앙정부나 국제기구를 표적으로 한다. 그들의 목적이나 활동 방법이 너무 다양하고, 상당 부분 중첩되기 때문에, 서로 구분되는 범주로 유형을 만들기는 쉽지 않다. 그럼에도 우리는 표 16.3에서 그것을 시도해본다.

보호적 이익집단(protective group)은 노동자, 사용자, 전문직 종사자, 은퇴자, 퇴역군인과 같은 이익집단 구성원의 집중된 물질적 이익을 표출하는 가장 유력하고 강력한 하위 유형 몇 가지를 포함한다. 종종 부문별, 또는 기능적 집단으로 불리는 보호적 이익집단은 회원 자격이 제한적이며, 회원의 혜택을 위해서만 활동하며, 대체로 잘 조직되고, 인적 연계가 강하며, 자원이 풍부하다. 그들은 일반적으로 정부와의 관계에서 내부자의 자격이 주어지고, 빈번히 정부가 협의를 하고, 목적 달성을 위해 제재를 가할 능력이 있다. 예를 들어 노동자들은 파업을 할 수 있고, 기업단체는 정부와의 협조를 거부할 수 있다.

> **보호적 이익집단(Protective group)**: 구성원들에게만 한정되는 혜택을 추구하고, 관련 정부 부처에 내부자 지위를 추구하는 이익집단.

표 16.3 이익집단의 유형

유형	하위 유형	이익의 초점
보호적	경제적	기업, 산업, 생산자, 농민, 노동자, 전문직 종사자 등 물질적, 경제적 이익.
	제도적	이익집단으로 조직되지는 않았지만, 정부에 영향을 미치는 공공 조직. 싱크탱크, 예산을 위해 로비하는 정부 부처, 중앙정부에 로비하는 지방정부.
촉진적	공익적	소비자 복지, 공공 보건, 인권, 빈곤, 인도적 문제, 환경 등 일반 대중이 관심을 갖는 쟁점.
	대의명분적	종교 문제, 퇴역군인의 이익, 장애인의 이익 등 보다 특정적이고 집중적인 쟁점. 가정 폭력이나 아동의 권리와 같은 단일쟁점 집단도 포함.

주요 환경 이익단체인 그린피스 활동가들이 아마존 하구의 산호초 조사를 하고 있다. 그린피스는 기후변화와 같은 문제를 강조하기 위한 이벤트를 실행하여 유명해졌다.

한편 **촉진적 이익집단**(promotional group)은 더 광범위한 관점을 가지며, 따라서 이들은 공공, 대의명분, 애드보커시, 사고방식, 캠페인 집단으로도 알려져 있다. 누구나 가입하고 지지할 수 있으며, 회원 및 비회원들을 위해 활동하고, 그들이 관심 있는 쟁점에 관해 정책의 변화를 추구하며, 재난이나 갈등 지역에 의료나 식량 지원을 제공하는 NGO와 같이 종종 직접 개입을 한다. 정부는 대체로 촉진적 이익집단을 아웃사이더로 간주하며, 보호적 이익집단에 비해 정부가 촉진적 이익집단을 상대하는 경우는 드물다. 최근 수십 년간 촉진적 이익집단의 확산은 이익집단 정치의 중요한 추세이다. 그러나 촉진적 이익집단 회원들은 소극적인 경우가 많다. 그들은 기부금을 보내며, 회원 가입을 하고, 집단의 활동에 관한 뉴스를 접하지만, 활동하지는 않는다.

특정 산업의 이익을 대표하는 보호적 이익집단은 정부에 직접 로비할 뿐 아니라 빈번히 이익을 공유하는 단체의 상위 집단인 **정상조직**(peak association)에도 가입한다. 정상조직의 회원은 개인이 아니라 기업, 동종직업 단체, 노조 등 다른 단체들이다. 예를 들어 산업 단체나 개별 기업체는 정부에 대해 기업의 이익을 대표하는 더 포괄적인 단체에, 노조도 노동자의 이익을 대표하는 더 포괄적인 단체에 가입할 수 있다. 정상조직은 공공정책에 영향을 미치는 데 대체로 성공적이다. 왜냐하면, 그들은 상당한 경제적 이익이 연관된 많은 사람들을 대표하기 때문이다. 고용자나 노동자의 이익을 대표하는 정상조직에는 다음

촉진적 이익집단(Promotional group): 보호적 이익집단에 비해 광범위한 쟁점이나 대의명분을 주장하며, 가입이 자유로운 이익집단.

정상조직(Peak association): 정부에 대해 기업이나 노조의 광범위한 이익을 대표하는 상위 단체.

과 같은 사례가 있다.

- 독일의 연방독일사용자단체(Federal Organization of German Employers), 독일노조연합(German Trade Union Confederation).
- 미국의 전미제조업자협회(National Association of Manufacturers), 미국노동총연맹 산업별 조합회의(AFL-CIO: American Federation of Labor and Congress of Industrial Organizations).
- 영국의 영국산업연맹(Confederation of British Industry), 노동조합회의(Trades Union Congress) 등이 있다. 영국산업연맹 웹사이트에 의하면 동 협회는 회원들을 위해 캠페인하고, 정부와 협력하며, 회원 간 아이디어를 공유하며, 회원들이 합리적인 결정을 할 수 있도록 세력화한다 (Confederation of British Industry, 2021).

또 다른 종류의 이익집단은 **싱크탱크(think tank)**, 또는 정책연구소이다. 이 민간단체는 공공정책 및 정치적 토론에 영향을 미치기 위해 연구를 수행한다. 싱크탱크는 그들이 관심 있는 쟁점에 관한 토론을 촉진하고 정부나 의회에 직접 또는 간접적으로 영향을 미치기 위해 보고서를 발간하고, 학술회의나 세미나를 개최한다. 대부분의 싱크탱크는 민간 재원으로 운영되지만, 정부, 정당, 기업과 연계된 곳도 있으며, 국가, 기업, 이념의 의제를 가지기도 한다. 그러한 단체의 연구가 이 책에도 사용이 되었다. 예를 들어 민주주의에 관해서는 프리덤하우스(Freedom House, 미국), 부패에 관해서는 국제투명성기구(Transparency International, 독일), 경제적 자유에 관해서는 프레이저연구소(Fraser Institute, 캐나다), 시민사회에 관해서는 시비커스(Civicus, 남아프리카공화국) 등이다.

이 여러 유형의 이익집단들의 활동은 부분적으로는 그들이 사용하는 직접적 또는 간접적인 통로에 의해 영향을 받는다. 표 16.4 참조.

> **싱크탱크(Think tank)**: 공론 조성, 정치적 변화를 목적으로 특정 정책분야의 연구를 수행하는 민간단체.

표 16.4 이익집단 영향력의 통로

영향력	통로	특징
정책결정자에 대해 직접적으로	각료	정책이 확정되기 전에 부처 장관들과 논의.
	관료제	광범위한 정책보다 변경이 쉬운 세부 사항에 초점.
	입법부	법률과 정책에 관한 견해와 표결에 영향을 미칠 목적으로 국회의원에 로비.
	사법부	법적 다툼을 위해 사용.
여론에 대해 간접적으로	정당	정당과의 배타적 연계는 감소.
	전통적 언론매체	유료 광고 및 우호적인 뉴스 기사.
	소셜미디어	대중과 직접 상대.

직접적 통로

직접적 영향은 정책을 수립하는 주체를 향하며, 로비의 형태에서 가장 빈번히 볼 수 있다. 로비스트의 주된 표적은 정부 고위 관료이다. 이상적으로 로비스트는 특정 정책이 확정되기 전에 그들과 논의하기를 희망한다. 그러나 그러한 특권은 매우 제한적인 일부에만 주어지며, 이익집단 활동의 대부분은 관료제, 입법부, 사법부 3개 표적에 초점을 맞춘다.

(최소한 민주주의 국가에서) 관료제는 중요하다. 왜냐하면 (제10장에서 살펴본 바와 같이) 관료의 사무실에서 정책의 세부 사항이 형성되기 때문이다. 이익집단이 관료에 미칠 수 있는 영향은 관료들의 반응성, 그들의 역할과 권력, 기회의 이용, 쟁점이 시민이나 정부에게 얼마나 중요한지 (쟁점의 현저성이라는 현상으로 알려짐) 등에 달려있다. 이익집단과 관료제의 관계는 양방향적임을 인식하는 것도 중요하다. 관료가 이익집단의 관심 사항을 들어주는 대신 이익집단은 관료에게 정보를 제공한다.

로비의 표적으로서 입법부의 가치는 입법부의 정치적 영향력에 달려있으며, 이 점은 미국과 캐나다의 비교를 통해 드러난다.

- 미국 의회 (특히 위원회)는 정치과정의 핵심 요소이다. 왜냐하면, 의회는 법안이 제안되고, 형성되며, 표결되는 곳이기 때문이다. 의원은 항상 공공의 감시하에 있다. 하원의 2년 선거 주기로 인해 정치인들은 이익집단의 지지율을 항상 의식해야 하며, 선거 운동을 위한 지지와 자금의 원천을 항상 찾아야 한다. 이익집단이 후보자를 지지하는 능력은 의원이 집단의 (특히 자기 선거구에 중요한) 요구에 항상 민감하도록 만든다 (Cigler et al., 2020 참조).

- 캐나다에서 의회는 선제적이기보다는 대응적이며, 그로 인해 이익집단은 의원을 정책결정자라기보다는 여론 형성자로 취급한다. 하원의 표결은 통상 당론을 따르며 (Brooks, 2020), 위원회는 상정된 법안을 거의 수정하지 않으며, 법안의 통과를 거의 저지하지 않는다. 이러한 규율이 강한 상황에서 이익집단이 영향을 미칠 기회가 별로 없다.

이익집단, 관료제, 입법부의 관계는 종종 정치의 가장 핵심 부분이 되어, **철의 삼각(iron triangle)**의 형태를 띠기도 한다. 이러한 형태의 내부자 협의에서 이익집단은 권력의 장에 특권적인 접근이 주어지며, 종종 부패의 온상이 되기도 한다. 일본은 공공정책이 선거 경쟁이나 공개적 논쟁이 아니라 집권 자민당, 관료제, 대기업의 고위 인사가 참여하는 철의 삼각 내의 협상에 의해 결정된다. 따라서 일본에서 중소기업은 상대적으로 소외되었다. 미국에서도 관료제, 의회 위원회, 기업이나 이익집단이 참여하는 유사한 삼각이 존재한다 (도표 16.2 참조). 철의 삼각이 형성되는 쟁점들은 환경 관리, 총기 규제, 은퇴자 이익 등이 있다. 미국은퇴자협회(AARP: American Association of Retired People)는 사회보장이나 의료 프로그램 삭감 및 변화에 반대하는 강력한 단체이다.

최근 언론매체의 관심, 새로운 공익집단의 저항, 폐쇄적이고 심지어 부패한 정책결정에 대해

> **철의 삼각(Iron triangle)**: 정책에 영향력을 행사하는 이익집단, 관료제, 의회 위원회 사이의 유착 관계. 정보, 편의, 지지를 교환하는 3자 관계.

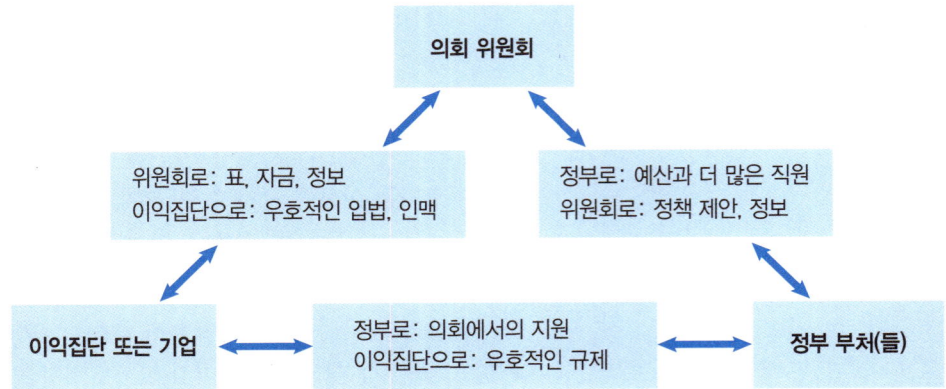

도표 16.2 철의 삼각: 미국의 예

의원들이 더 비판적이 되면서 철의 삼각의 장악력은 약화되었다. 또 정책 쟁점이 더 복잡해지고, 더 많은 집단들이 정책 과정에 개입하면서 내부 거래가 더 어려워졌다. 개방적 정부를 반영하여, 헤클로(Heclo, 1978)가 처음 제시했던 **이슈 네트워크(issue network)** 개념이 부각되었다. 이슈 네트워크는 철의 삼각에 비해 개방적이고 투명하며, 더 많은 이해 관계자들이 결정에 참여하며, 보호적 이익집단에 유리한 편향성이 감소했고, 새로운 집단이 논의에 참여할 수 있으며, 건전한 공공의 주장이 더 중요시된다.

이익집단이 사용하는 마지막 직접적 통로는 사법부이다. (주로 대규모) 이익집단은 법적 조치를 통해 정책에 도전할 수 있다. 미국에서는 특히 전통적으로 이러한 경향이 두드러지나, 최근에는 유럽에서도 사법부를 통하는 사례가 증가하였다. 호프만과 노린(Hofmann and Naurin, 2020)은 유럽인들이 '전통적으로 소송이 빈발하는 미국의 문화를 끔찍하게' 여겼으나, 사법부에 대한 접근이 확대되고, (특히 유럽연합을 통해) 개인의 권리를 직접 행사할 가능성이 증가함에 따라 이익집단(특히 노조)은 영향력 행사의 통로로 소송을 더 이용하게 되었다.

간접적 통로

정부의 밖에서, 여론은 이익집단의 핵심 표적이며, 그 목적은 공공의 인식과 습관을 바꾸고, 공공의 이익을 집약하여 정책 변화를 위해 정부에 압력을 가하는 것이다. 이익집단은 유료 광고, 유리한 전통 매체 보도, 아이디어 확산과 지지자 동원을 위한 소셜미디어 활용 등을 통해 더 광범위한 대상에 영향을 미칠 수 있다.

정당은 영향력 행사의 간접적 통로로서 중요성이 과거에 비해 덜하다. 예를 들어 유럽에서 노조와 사회주의 정당은 노동 계급의 광범위한 이익을 신장하려는 노력에서 오래도록 긴밀한 관계를 유지했으며, 환경 운동은 녹색당뿐 아니라 (공해, 폐기물, 야생동식물에 대한 위협 등) 특정 문제를 다루는 이익집단을 낳았다. 이후 이익집단

> **이슈 네트워크(Issue network)**: 상호 간에 이익이 되는 정책 수립에 참여하는 느슨하고 유연한 일단의 이익집단, 정부부터, 의회의 위원회, 전문가들.

은 더 특화된 반면 녹색당은 더 광범위한 의제를 개발했다. 그 결과 대부분의 이익집단은 정당이 아닌 권력을 좇아서 더 느슨하고 실용적인 연계를 통해 활동을 한다.

언론매체는 여전히 중요하다. 그러나 제12장에서 논의했던 바와 같은 분절화로 인해 이익집단은 (가능한 한 많은 매체를 활용한) 더 광범위한 전략과 지지자들이 가장 관심을 가질 만한 소셜미디어를 겨냥해 최적화된 전략을 동시에 개발해야 했다. 여하튼 이익집단이 추구하는 쟁점에 유리한 내용이 다루어지는 것이 궁극적인 목표이다. 특히 이익집단이 여론은 이미 자기편이라고 감지할 때 그들은 대중과 입법자들에 동시에 호소하면서 점차 양면 전략을 구사한다.

이익집단의 동학

이익집단의 유형과 활동 방법뿐 아니라, 그들이 어떻게 활동하는지를 이해하는 것은 중요하다. 그들은 어떻게 자기 목소리가 들리도록 하며, 그들의 이익을 정책으로 변환시키는가? 일반적으로 이익집단은 그들의 활동을 위한 개방적 환경을 제공하는 민주주의 정권에서 더 큰 영향력을 가진다. 그러나 그들은 동등한 조건에서 경쟁하지 않는다 ('문제 탐구 16' 참조). 어떤 이익집단이 다른 집단에 비해 유리한 편향성이 존재하며, 어떤 집단은 주류 정치의 사고에 더 잘 어울릴 수 있으며, 그 결과는 영향력의 위계로 나타난다. 이는 대체로 정통성, 구성원, 집단의 자원, 정부에 제재를 가할 수 있는 능력, 국가와의 관계 등 다섯 가지 속성에 근거한다.

이익집단이 성취한 정통성의 정도는 중요하다. 왜냐하면, 높은 명성과 도덕적 권위를 가진 이익집단이 가장 큰 영향력을 가질 수 있기 때문이다. 그러나 그 두 개념의 인식과 측정은 쉽지 않다. 구성원이 사회적 존경을 받는 이익집단이 때로는 노조가 한때 그랬던 것처럼 전투적일 수도 있지만, 대체로 기존 질서 속에서 적절한 개혁을 주장하는 이익집단이 급진적 변화를 추구하는 집단보다 더 동조자가 많다. 예를 들어 공익집단은 식품 안전, 저렴한 주택 가격, 의료보건의 개선을 위해 기꺼이 시위를 벌일 것이다. 한편 변호사, 의사 등 전문직을 대표하는 이익집단은 대중의 적대감을 불러일으키지 않으면서 대체로 자기들의 목표를 달성할 수 있다. 경제적 성과에 있어서 기업의 중요성 때문에 정부는 기업의 이익을 대체로 경청한다.

이익집단의 동학을 결정하는 두 번째 속성은 그 구성원 특히 구성원이 규모, 헌신, 그리고 **밀도(density)**이다. 예를 들어, 개별 환경단체의 활동이 연합하여 근본적인 정치, 경제, 사회 변화를 위한 더 광범위한 글로벌 운동이 된 것은 1960년대 이후였다. 초기의 환경단체는 지역에 초점을 맞추었고, 자연의 보호에 관심이 있었다. 오늘날 많은 환경단체는 기후변화에 대한 행동에서 플라스틱 사용 반대, 호랑이나 아프리카코끼리 보호에 이르기까지 다양한 쟁점과 관련하여 거의 세계 모든 나라에서 활동한다. 환경 의식과 환경단체의 회원 수는 동시에 증가했다 (McCormick, 2018).

> **밀도(Density)**: 가입 자격이 있는 사람들이 실제로 이익집단에 가입하는 비율. 밀도가 높을수록 집단의 권위와 협상력이 강해진다.

문제 탐구 16

이익집단은 어떻게 자신의 주장에 사람들이 귀 기울이게 할 수 있는가?

여러 집단들의 시끄러운 요구들, 경쟁하는 의견들, 충돌하는 분석들, 여러 수준의 여론은 모두가 정부 및 정치의 속성인데, 이 가운데 이익집단은 어떻게 자신의 목소리가 반영되도록 할 수 있을까? 물론 그들은 자신들이 항상 정부나 여론의 관심을 받을 것으로 기대할 수 없고, 그들은 상이한 이익을 추구하는 이익집단들뿐 아니라, 비슷한 이익을 추구하는 집단과도 경쟁한다 (예를 들어, 대부분의 민주주의 국가에는 환경 문제에 대중과 정부의 관심을 끌려하는 수십 개의 이익집단이 있다. 그리고 그들은 문제점 또는 그 해결책에 대한 분석에 있어서 항상 견해가 일치하는 것도 아니다).

또 이익집단이 자기 이익을 표출하는 과정이 공정하고 공평한지에 대해 많은 질문이 제기된다. 예를 들어 로비는 민주적 활동의 과정에서 중요한 일부라고 생각되지만, 많은 복잡한 문제를 제기한다. 로비는 뇌물의 점잖은 표현일까? 로비는 강력한 집단이 정부에 접근하는 특권을 제공하며, 정치적 엘리트주의를 조장하는가? 부유한 이익집단이나 기업이 단순히 로비회사에 비용을 지불하여 법안을 저지하거나 규제를 연기하는 것이 가능한가? 이러한 질문에 대한 답은 논란의 여지가 있다. 왜냐하면, 로비스트는 그들의 영향력을 과장하는 경향이 있으며, (일본과 같이) 정부와 핵심 이익 사이에 특히 강한 연계가 있는 나라를 제외하면 정책결정자에 대한 접근이 반드시 정책의 변화를 가져오는 것은 아니다.

이익집단의 성공은 많은 경우 쟁점의 현저성, 대중과 정치의 관심을 끌 수 있는 정도, 동원할 수 있는 자원 등의 조합에 달려있다. 더 많은 자금과 인맥을 가지고, 추구하는 이익이 지배 엘리트의 이익과 가장 근접하는 이익집단이 주변에서 활동하는 집단에 비해 대체로 영향력이 강할 것이다. 그러나 최근 수년간 흑인 생명도 중요하다(Black Lives Matter)나 #미투 운동에 관련된 집단이나 정치적 인물의 사례에서 볼 수 있듯이 예외도 있다. 이 두 사례 모두 쟁점에 대한 대중의 인식이 고조되면서 더 폭넓고 더 많은 동조자에 접근할 수 있었다.

또한, 수많은 이익집단은 주변에서 활동한다. 왜냐하면, 그들은 정치지도자들과 상대하지 못하고, 언론매체가 그들의 활동에 관심을 갖도록 하지 못하기 때문이다. 이익집단은 어떻게 자신의 주장에 사람들이 귀 기울이게 할 수 있는가?

- 목적 달성의 측면에서 어떤 표적(정치적 기관, 지도자 개인, 언론매체, 여론 등)이 이익집단에게 가장 큰 성과를 줄 수 있을까?
- 이익집단은 목적 달성을 위해 어느 정도까지 공식 정치과정을 거치지 않고 (예를 들어, 연구비를 지원한다든지 어려움에 처한 사람들을 돕는 것과 같은) 직접적인 책무를 져야 하는가?
- 중앙과 지역 중 어느 수준의 정부가 이익집단의 활동에 가장 효과적인 표적이 될까?

반면 거의 모든 민주주의 정권의 특히 민간부문에서 제조업의 쇠퇴가 노조 가입 근로자의 비율 감소로 이어지면서 노조의 영향력도 쇠퇴하였다 (도표 16.3 참조). 오늘날 북유럽국가를 제외하면 전체 노동력에서 노조원은 소수이며, 정부나 사용자에 대한 노동자의 협상력은 약화되었다.

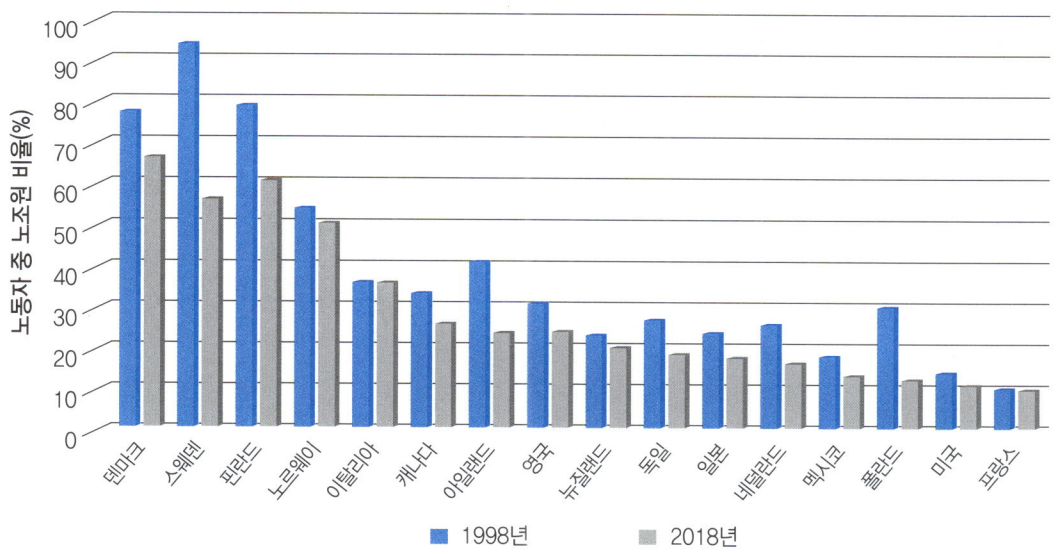

도표 16.3 노조원 비율 비교

출처: Organization for Economic Cooperation and Development (2021c).

이러한 측면에서 뉴질랜드는 눈에 띄는 사례이다. 1985년 노조 가입은 사상 최고에 달해, 전체 노동인구 중 약 절반이 노조에 가입했다. 2018년에 이르자 노조 가입자 수는 5명 중 1명 이하로 감소했다. 그러한 감소는 노조 의무 가입을 폐지한 법이 제정된 1991년에 시작되었으며, 정부 서비스의 구조조정과 민영화로 인해 지속되었다. 노조의 평판도 좋지 않아서, 2016년 조사에 의하면 뉴질랜드인의 30퍼센트만이 노조를 신뢰하여, 언론매체 바로 위 꼴찌에서 두 번째에 위치하였다 (Edwards, 2016). 정규 근로 시간과 낮은 이직률이 특징인 대규모 일터가 근로 시간이 일정치 않은 소규모 일터로 대체되면서 노조는 일터의 변화에도 타격을 받았다.

이익집단의 중요한 세 번째 중요한 속성은 전문지식을 포함하여 그들이 활동에 동원할 수 있는 자원이다. 이익집단의 이익은 종종 매우 초점이 명확하고 특화되기 때문에 그들은 관심이 넓은 정당보다 더 많은 전문지식을 가져올 수 있다. 그들이 가장 효과적으로 자신의 이익을 촉진할 수 있는 통로를 알아내는 표적화는 그 핵심이다. 예를 들어, EU에서 더 많은 결정이 EU 수준에서 이루어지면서 더 많은 이익집단이 주요 EU 기관들이 위치한 브뤼셀에 사무소를 열었다 (Bitonti and Harris, 2018 참조). 이는 그들이 지방, 지역, 중앙정부에 더해 EU 기관들을 상대하는 능력을 높여주었다. 더 광범위한 경제적 이익을 대표하기 위해 여러 부문이나 여러 국가에 걸친 연합이 만들어졌다. 비즈니스유럽(Business Europe), 유럽소비자기구(European Consumers' Organization), 유럽노조연합회(European Trade Union Confederation), 거의 50개 유럽 기업의 CEO가 가입한 유럽경영자원탁회의(European roundtable of Industrialists) 등이 있다. 그 외에도 개

뉴질랜드의 간호사들이 임금 인상과 근로조건 개선을 위해 파업하고 있다. 뉴질랜드에서 노조원 수가 감소하고 있으나 간호사 단체는 여전히 활발하고 노조원을 동원할 만큼 규모가 크다.

별 기업은 직접, 혹은 로비회사를 통해서 자기 이익을 표출한다.

이익집단의 힘을 결정하는 네 번째 요인은 제재를 가할 수 있는 능력이다. 가장 중요한 예는 노조의 파업이다. 그러나 노조의 영향력 감소로 인해 이 방법은 현재 드물게 사용된다. 다른 제재는 이익집단이 정당이나 공직 후보에 대한 지지를 철회하거나 (이익집단이 구성원이 많거나 정당이나 후보에게 중요한 경우에만 의미가 있음), 소비자에게 아동 노동, 안전하지 않은 제품 판매, 탈세 등을 저지르는 회사를 보이콧하도록 촉구하는 경우와 같이 초점이 더 명확하다. 이스라엘은 1967년 아랍-이스라엘전쟁 후, 이스라엘의 요르단강 서안 토지 점령과 정착에 반대하여 시위하는 단체들이 진행한 다수의 제재 캠페인의 표적이 되었다. 표적에는 정착지에 투자하는 은행, 점령지에 공장을 가진 회사들, 점령지역 장벽이나 형무소에 사용되는 기술을 판매하는 회사 등이 포함된다 (Feldman, 2019 참조).

이익집단의 영향력을 결정하는 마지막 요인은 국가체제 내에서의 이익집단의 위치이다. 국가에 대한 특권적 접근의 궁극적인 형태는 개념에 대한 논란이 많이 있는 조합주의(corporatism)이다. 그 가장 기본적인 형태를 보면 조합주의는 일부 선택된 이익집단이 정부와 직접 정책 문제를 협상하고 결정하도록 허용하는 정부와 단체 간 일종의 연합이다. 다원주의와 달리 조합주의는 정치 공동체가 공유하는 필요와 이익을 강조한다. 민주주의 국가에서 조합주의가 작동하는 사례는 다음과 같다.

조합주의(Corporatism): 한 사회에서 선택된 일부 이익집단이 공식적으로 정부에 관여하고 그 접근의 대가로 지지를 제공하는 방식.

- 네덜란드는 노조와 사용자 단체 대표, 정부가 임명한 전문가로 구성된 경제사회이사회가 있다. 그 역할은 정부에 자문을 제공하고 정부와 이사회 구성원 사이에 중재와 협상의 장으로 기능한다.
- 아일랜드에서 60명 정원의 상원은 유권자가 아닌 이익집단을 대표한다. 11명은 수상이 임명하지만, 6명은 아일랜드의 2개 대학에서, 나머지는 농업, 교육, 문화, 상업, 노동을 대표해서 직업별 패널에서 선출된다.
- 글로벌 수준에서 이익집단은 이 장의 앞에서 말한 유엔 경제사회이사회에서 NGO의 협의 역할을 통해 오랫동안 유엔 업무에 목소리를 내왔다. 보다 최근에는 세계은행과 같은 국제기구가 빈곤, 환경 문제, 공동체 개발 등에 있어서 NGO와 더 긴밀히 협력하려 노력하는 가운데 이익집단이 영향력을 행사한다.

아래에서 논의하는 바와 같이 권위주의에서 조합주의는 시민사회를 연상시키는 다원주의의 형태와는 매우 다르게, 정부나 국가가 이익집단에 대한 더 깊은 통제를 가하는 체제를 의미한다.

권위주의 정권의 이익집단

베네수엘라는 세계에서 가장 권위주의적인 국가 중의 하나이며 현재 프리덤하우스 등급에서 부자유 국가로 분류된 유일한 남미국가이다. 여기에는 선거부정, 정치제도에 대한 통제, 부패 등 많은 이유가 있다. 또 2013년 취임한 마두로(Nicolas Maduro) 대통령 정권이 민주주의의 2개 핵심 요소인 표현의 자유와 집회의 자유를 탄압하는 것도 두드러진다. 물론 베네수엘라에도 많은 이익집단이 있으며 그 중 많은 단체 (범죄 포럼, 퍼블릭스페이스, 베네수엘라 사회갈등관측소 등)가 계속해서 자국 내 권력 남용을 보고하고 있다. 그러나 그들 단체의 지도자와 회원들은 협박을 받으며, 공격을 당하기도 하고, 외국 정부와 결탁하여 정권에 반대한다는 혐의를 받으면서도 그러한 활동을 하고 있다 (Freedom House, 2021). 또 그들은 '불관용과 혐오의 메시지' 출판을 금지하는 2017년 혐오반대법에 의해 기소될 수도 있다.

비교적 맥락에서 베네수엘라를 보고, 이익집단의 활동에 대한 더 큰 그림을 위해, 우리는 남아프리카 요하네스버그 소재의 싱크탱크인 시비커스가 발간하는 시민사회의 현황에 관한 연례보고서로부터 많은 것을 알 수 있다. 175개국, 전국단위 4,000개 이상의 이익집단의 연합인 시비커스는 이익집단에 대한 데이터를 수집하고, 시민사회 공간의 개방성 정도에 따라 5개의 범주로 각국의 등급을 부여한다 (지도 16.1 참조). 이 책에서 국가개요에 소개된 나라들의 등급은 표 16.5에서 볼 수 있다.

시비커스의 2017년 보고서(Civicus, 2017)는 전 세계 인구 중 단지 3퍼센트만이 시민사회 공간이 완전히 개방된 나라에 살고 있다고 주장하면서, 다음과 같이 추세를 비관적으로 요약했다.

> 오늘날 세계에서 권력에 대항하여 도전하는 것은 점점 더 위험해지고 있으며, 그것은 보복의 위험을 감수해야 한다 … 억압적 국가, 극단주의적 집단, 대기업과 연결된 범죄 조직 등으로부터 인권과 기본적 자유를 지키는 활동을 하는 시민사회 단체나 행동가들은 공격을 당하는 추세가 나타났다 … 시민사회

지도 16.1 시민사회의 글로벌 현황

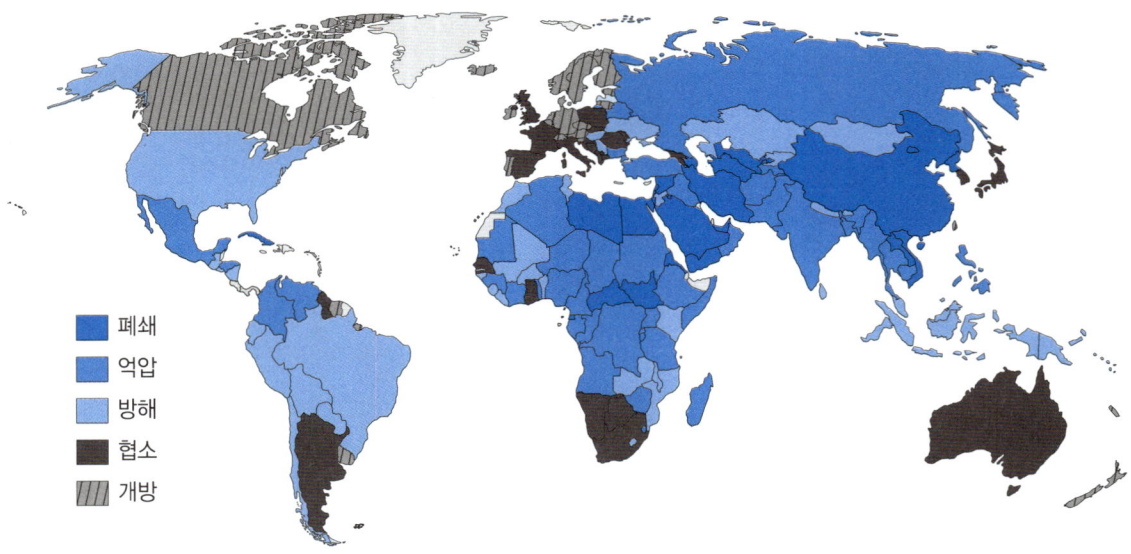

출처: Civicus (2020). 추가 정보는 https://www.civicus.org

공간의 제한은 예외가 아니라 일상이 되고 있다. 이 상황은 글로벌한 비상사태로 간주되어야 한다.

2020년 시비커스 보고서(Civicus, 2020)는 코로나19 감염병의 여파로 나타난 봉쇄의 효과를 경고했다. 많은 사람들이 임시적으로 이 조치의 필요성을 이해했으나, 억압적인 국가에서는 이 기회를 이용해서 "권력 공고화를 위한 탄압 수단을 강화하고, 시민사회와 정치적 반대 세력에 추가적인 제약을 가하는 조치를 도입했다."

민주주의 정권과 마찬가지로 권위주의 정권에서 이익집단의 역할은 정부의 접근 방식, 그들의 영향력과 지위, 그들이 활동하는 국가의 정치, 경제, 사회적 우선순위에 따라 다르다. 민주주의 국가는 다원주의를 장려하지만, 권위주의 정권에서는 이익집단에 가해지는 통제와 제한이 더 엄격하

표 16.5 시민사회 공간 비교

시비커스 등급	완전한 민주주의	결함있는 민주주의	혼합형 정권	권위주의 정권
개방	독일, 스웨덴			
협소	일본, 영국	프랑스, 남아프리카공화국, 미국		
방해		브라질		
억압		인도, 멕시코	나이지리아, 튀르키예	러시아, 베네수엘라
폐쇄				중국, 이집트, 이란

며, 시민사회는 억제된다 (도표 16.4 참조). 권위주의 통치자는 자유롭게 조직된 집단을 권력에 잠재적인 위협으로 보며, 그러한 집단을 탄압하거나 권력구조 내로 포섭하려 한다. 이러한 역학관계의 작동 사례로 이집트에 관한 '국가개요 16'을 보라.

이 장에서 우리는 조합주의가 몇몇 민주주의 국가의 특징이며, 그들이 대체로 잘 작동하고 있음을 보았다. 조합주의는 일부 권위주의 정권에서도 찾아볼 수 있으나, 그 통제의 정도가 훨씬 강하고, 시민사회에 대한 정부의 영향력을 확대하는 데 이익집단을 활용하면서 이들을 인정한다는 것은 엄밀히 말해 더 이상 시민적이지 않다. 공산주의 시대의 중국, 쿠바, 소련이 이러한 사례로, 독립적인 이익집단이 허용되지 않았고, 공산당은 모든 단체를 당의 정책을 위한 소위 '전달 벨트'로 만들었다. 노조, 언론매체, 청년 단체, 전문직 단체 등은 당의 지부에 지나지 않았고, 공산주의 이념을 위해 봉직했다. 그 장기적인 영향은 시비커스 보고서에 반영이 되어, 벨라루스, 러시아는 억압적, 중국, 쿠바, 라오스, 북한, 베트남은 폐쇄적으로 분류되었다.

이러한 전통의 요소들은 보다 권위주의적인 조합주의의 사례인 중국에서 여전히 찾아볼 수 있다. 처음에 중국공산당은 국가와 개인 사이를 가로막는 어느 것도 원하지 않았고, 그래서 당 간부가 지도하고 인민의 고충을 위로 전달하기보다는 당의 정책을 하달하는 일군의 '대중 조직' 활동을 넘어서는 모든 이익집단의 활동은 금지되었다. 그러나 마츠자와(Matsuzawa, 2019)가 '새로운 사회조직'이라고 묘사한 것이 후에 중국에 나타났는데, 이 집단들은 당의 지속적인 통제를 공식화하면서도 마치 시민사회가 존재하는 듯한 인상을 주었다. 이러한 정부가 조직한 비정부기구(GONGOs: government-organized non-governmental organizations), 즉 정부가 설립하고, 재정 지원하고, 직원을 고용하는 단체들은 종종 정부가 제공할 수 없거나 제공하지 않는 서비스를 제공한다. 표 16.6의 예와 같이, 전형적으로 한 부문에 하나의 단체만이 공식적으로 인정된다.

최근 수년간, 중국에서 NGO의 수는 폭발적으로 증가했으며, 몇몇 연구는 중국에 등록된 단체가 50만 개에 달한다고 보았다 (Hasmath, 2016 포함). 그들은 교육, 빈곤 완화, 향토 개발, 환경, 의료보건과 같은 분야, 그리고 중국의 상업이나 투자 이익이 개입된 해외에서 활동한다. 그러나 시진핑 행정부는 최근 NGO의 활동을 제한하는 방향으로 정책을 바꾸었으며, 로브(Loeb, 2017)는 이

역할	특징
통제	시민사회를 통치체제 내로 포함시킴.
후견주의	후견주의의 통로로 활동. 지도자는 지지를 대가로 집단에 보상을 제공함.
선전	정권의 정치적 이념이나 경제 전략을 지지하도록 유권자들을 사회화함.
서비스 제공	특히 지역 수준에서 교육, 의료보건을 포함하는 생활 수준 향상을 위한 서비스 제공.

도표 16.4 권위주의 정권의 이익집단

국가개요 16
이집트

간략소개

이집트는 아랍 민족주의의 선봉 역할 뿐만 아니라 냉전시대와 아랍-이스라엘 갈등에서의 전략적 동맹관계 덕분에 오랫동안 중동의 주요 국가였다. 또 이집트는 민주 시위대가 2012년 이집트 사상 최초의 민주적 선거를 끌어내면서 아랍의 봄의 중심이 되었으나, 스스로를 민간인 대통령이라 칭하는 엘시시(Abdel Fattah el-Sisi)가 주도한 2013년 군사 쿠데타로 실패로 돌아갔다. 이집트는 현재 불확실성에 직면하고 있으며, 그 결과 최근 민주주의 지수에서 혼합형에서 권위주의로 강등되었다. 이집트는 아랍권에서 사우디아라비아에 이어 제2의 경제를 가지고 있으나 천연자원이 부족하다. 이집트는 관광, 농업, 해외 이집트 노동자들의 송금에 크게 의존하고 있으며, 전투적 이슬람주의의 잠재적 위협에 맞서는 한편, 급증하는 인구를 부양하는 데 어려움을 겪고 있다.

정부형태	단일국가. 준대통령제공화국. 근대 국가는 1952년에 형성되었고 가장 최근 헌법은 2014년에 채택되었다.
행정부	준대통령제. 대통령은 중임 가능 4년 임기로 국민이 직접 선출하며, 국민의회에 책임을 지는 내각의 수반인 총리와 함께 통치한다. 부통령은 없다.
입법부	단원제. 국민의회(Majilis el-Shaab)는 정원 567명으로 이 중 540명은 연임 가능한 4년 임기로 선출되며, 27명은 대통령이 임명할 수 있다.
사법부	이집트의 법은 영국, 이탈리아, 나폴레옹 법전이 혼합된 형태이다. 최고헌법재판소는 최근 이집트의 정치적 변화에 밀접히 관여했다. 21명의 재판관은 대통령이 임명하는 종신직이며 70세에 의무적으로 퇴임한다.
선거제도	대통령선거에는 결선투표제가 사용되며, 1차 투표에서 과반수 득표가 필요하다. 국민의회 선거는 혼합형 다수대표제 선거가 사용되는데, 의석의 3분의 2는 정당명부식 비례대표제로, 의석의 3분의 1은 2개의 대선거구에서 다인선거구 단순다수제(multi-member plurality)라는 특이한 제도가 사용된다.
정당	다당제이지만 최근의 불안정으로 인해 유동적이다. 정당들은 광범위한 입장과 이념을 대표한다.

인구
1억 40만 명

국내총생산(GDP)
3,030억 달러

1인당 GDP
3,019달러

민주주의 지수 등급
✗ 완전한 민주주의
✗ 결함있는 민주주의
✗ 혼합형 정권
✓ 권위주의
✗ 측정안됨

프리덤하우스 등급
✗ 자유
✗ 부분 자유
✓ 부자유
✗ 측정안됨

인간개발 지수 등급
✗ 매우 높음
✓ 높음
✗ 중간
✗ 낮음
✗ 측정안됨

이집트의 이익집단

제6장에서 우리는 개인통치에 기반한 권위주의 정치체제에서 정책결정자에 대한 접근이 어떻게 후견주의, 피후견인, 인맥에 의존하는지를, 즉 무엇을 아느냐보다 누구를 아느냐가 중요하다는 격언에 대한 입증을 보았다. 이집트는 그 좋은 사례이다. 이집트는 기업, 농업, 전문직, 종교 집단을 대표하는 다양하고 건강한 이익집단의 공동체가 있는 것처럼 보이지만 정부는 오랫동안 이익집단이 정책결정자에 접근하고 영향을 미치는 것을 면밀히 지켜보았다.

무바라크 행정부(Hosni Bubarak, 1981~2011년) 기간 동안 이집트에서는 이익집단의 수와 범위가 급격히 증가하였다. 상공회의소나 산업연합과 같은 단체는 고정 가격제 폐지를 포함하여 경제 자유화를 위해 로비하였다. 언론인단체나 엔지니어단체 등 전문직 집단은 정부 내 인맥을 이용해서 그 회원들에게 양보를 얻어냈다.

이익집단의 수가 너무 많아져서 무바라크 정부는 이들이 공식적으로 등록되도록 할 필요를 느꼈고, 1999년에는 정부가 집단의 활동에 개입할 상당한 권한을 부여하는 논란의 여지가 많은 법을 통과시켰다. 정부는 이익집단의 이사를 임면할 수 있으며, 이사회 결정을 취소할 수 있고, 심지어는 법원 명령으로 해산할 수도 있다. 이익집단은 정치 활동 참여가 금지되었고, '국가 통합을 해치는' 것을 포함하여, 모호하고 광범위한 여러 범죄로 이익집단 회원들이 투옥될 수도 있다.

2013년 집권 후 엘시시 행정부는 1999년 법을 이익집단이 활동하기에 보다 용이한 법으로 대체하겠다고 공약했다. 그러나 2017년 통과된 새 법은 이익집단이 자유롭게, 독립적으로 활동하도록 하는 데 별로 도움이 되지 않았으며, 엘시시 정부는 2019년 '시민단체 활동 규제에 관한 법'을 제정함으로써, 좀 더 규제되지 않는 활동 공간을 원했던 NGO의 요청을 무시했다. 이 법은 이익집단이 외국 단체나 전문가와 같이 활동하는 것을 금지했고, 여론조사 실시를 금지했으며, 정부가 모호하게 규정된 '위반' 조항을 광범위하게 적용해 벌금을 부과하거나 단체를 해체할 수 있게 하였다 (Human Rights Watch, 2019).

이집트의 유력 전문가 이익집단인 언론인단체의 회원이 카이로에서 개최된 총회에서 투표하고 있다.

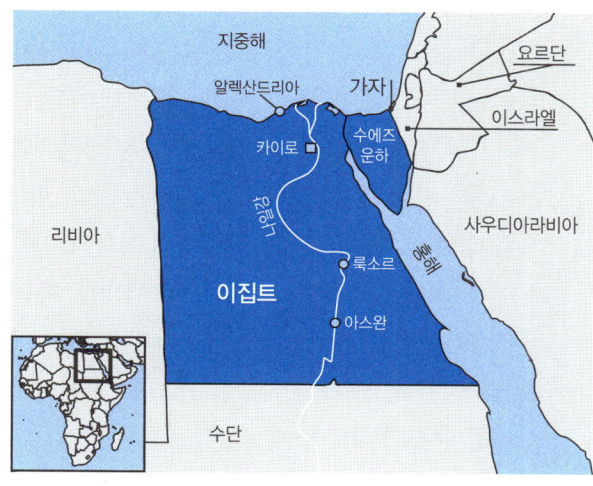

추가 읽을거리

Ketchley, Neil (2017) *Egypt in a Time of Revolution: Contentious Politics and the Arab Spring* (Cambridge University Press).
Springborg, Robert (2018) *Egypt* (Polity Press).
Springborg, Robert, Amr Adly, Anthony Gorman, Tamir Moustafa, Aisha Saad, Naomi Sakr, and Sarah Smierciak (eds) (2021) *Routledge Handbook on Contemporary Egypt* (Routledge).

표 16.6 중국의 사회조직

조직	유형	특징
전중국노조연합	대중 조직	공산당의 전통적인 전달 벨트.
전중국여성연합	대중 조직	전통적으로 공산당이 지도한 단체. 자율적 행동의 공간을 다소 창출.
중국가족계획협회	정부가 조직한 비정부기구	국가가족계획위원회가 지원. 오랫동안 중국의 1자녀 정책 시행을 도움.
자연의 친구	비정부기구	환경 교육분야에서 다소의 자율성을 가지고 활동.

출처: Saich (2015) 참고.

것이 '다원주의에 대해 관용이 없고 사회 통제 능력을 제고하는 거버넌스'로 중국이 되돌아가고 있음을 시사한다고 보았다. 마츠자와(Matsuzawa, 2019)는 중국의 NGO가 실제로는 '비정부적'인 것과는 거리가 멀다고 지적했고, 중국 NGO 관계자들과의 비공식적 대화를 통해 중국이 국가로부터 자율성 있는 시민사회를 가질 가능성에 대한 비관론을 드러냈다.

러시아에서도 유사한 권위주의적 조합주의의 사례가 작동하고 있다. (처음에는 차르, 이어서 공산당, 그리고 푸틴하의) 오랜 중앙집권적 통제의 역사 속에서 이익집단은 러시아의 정당과 마찬가지로 정치체제 내에서 자율적인 조직으로 자리매김하는 문제에 직면해왔다. 1990년대에 수천 개의 새로운 단체가 조직되었으며, 정부는 이들이 반대세력이 아닌 조력자가 될 수 있도록 조치를 취했다 (Robertson, 2014). 그 조치 중에는 '시민들'에게 공공정책에 대한 발언권을 주기 위한 전국 시민회의(Civic Chamber)의 설립도 포함된다. 2005년 시민회의가 처음 열렸고, 머지 않아 지역 시민회의가 여기에 가담함으로써 전국 시민회의가 설립되었다. 그러나 시민회의는 NGO들이 얻기 위해 서로 경쟁하는 연방정부 지원금을 관리하고, 회원 166명 중 42명을 푸틴이 임명하기 때문에 높은 수준의 조작이 수반된다. 중국의 GONGO와 유사하게 국가는 선호하는 집단과 협조하고 다른 집단은 소외시킨다.

중국, 베트남, 러시아 등 개별 권위주의 국가의 이익집단에 관한 많은 연구가 있지만 이들 연구는 이익집단이 정치체제 내에서 수행하는 역할보다는 경제 개발, 공공 의료, 교육, 여타 정부가 효과적이지 못한 정책분야에서의 그들의 역할에 초점이 맞추어졌다. 그들은 이익집단보다는 NGO 또는 시민사회단체로 불려지는 경우가 더 많다. 이는 애드보커시 역할을 하는 단체와 서비스 제공 단체의 차이를 시사한다.

한 수준에서는 대체로 부유한 국가에 기반을 둔 대규모의 국제 NGO가 빈곤 국가(이중 다수는 권위주의)에서 의료 제공, 식량안보, 난민 지원, 재난 구호, 빈곤 완화 등의 분야에서 활발히 활동한다. 옥스팜(Oxfam International, 영국), 컨선 월드와이드(Concern Worldwide, 아일랜드), 엔드파버티나우(End Poverty Now, 캐나다), 케어(CARE International, 스위스) 등은 가장 큰 규모의 단체이다. 이러한 단체의 활동이 사회적, 정치적 발전과 '비가시적 역량 강화'를 촉진하는 데 도움이 된다는 오랜 믿음이 있지만 (Chowdhury et al., 2019), 그들이 미친 영향은 논란의 대상이다.

또 다른 수준에서 지역의 주민들은 통치자에게 직접 위협을 가하지 않으면서, 지역사회를 동원하거나 사회 변화를 위해 일할 목적으로 스스로 서비스를 제공하기 위한 활동을 조직한다. 그 전반적인 효과는 시민들을 지역의 문제에 관여하도록 하고, 정부가 정책을 바꾸도록 장려하지만, 권위주의 정권의 핵심 목표에 도전하지 않는 범위이며, 정치적 권리 증진의 시도로 파급되지 않는다. 이러한 종류의 시민사회 행동주의는 몇몇 지역에서 참여와 변화의 기회를 열어주었다.

이러한 역동성의 중요한 사례는 사막화와 토양 소실을 방지하고 땔감과 소득을 제공하기 위해 나무 심기에 농촌 여성을 동원한 케냐의 그린벨트운동(GBM: Green Belt Movement)에서 찾아볼 수 있다. 그러나 그 운동의 창시자이며 아프리카 여성 최초 2004년 노벨평화상 수상자인 마타이(Wangari Maathai)는 GBM의 활동은 나무 심는 것 이상이며, 아이디어를 심고, 사람들이 왜 그들의 권리를 위해 일어서야 하는지 이유를 부여하는 것이라고 주장했다 (Hunt, 2014에 인용). 최근 수년간 이 운동은 기후변화에 대한 인식 제고 노력을 하고, 더 공개적으로 정치적 애드보커시 활동을 하고 있다. GBM의 웹사이트에 의하면(Green Belt Movement, 2021) 이 운동은 "정치적 책임성 제고와 민주적 공간의 확대를 지속적으로 주장하고 있으며, … 반복해서 토지 탈취, 삼림파괴, 부패의 종식을 요구했다."

두 개의 다른 사례도 권위주의 정권에서 유사한 역학이 작동하고 있음을 보여준다.

- 중국에서 지방정부의 결정에 영향을 미치는 풀뿌리 NGO들이 활동한다는 증거가 있다. 예를 들어, 다이와 스파이어스(Dai and Spires, 2018)에 의하면 환경 문제에 있어서 풀뿌리 NGO가 감시자로 활동하면서 정부 규제의 집행을 모니터하고, 바람직하지 않은 정책에 대항해서 캠페인하고, 환경 문제 해결을 위해 정부에 압력을 가한다. 단순히 권위주의 정권을 지원하기보다 중국의 시민사회는 정치적 영향력 행사를 위해 국가와 관계를 맺을 수 있다고 두 저자는 주장한다.
- 에티오피아의 삼림 정책에 관한 사례연구는 정부가 직접 요청하지는 않았지만, 환경 NGO들이 정책에 영향을 미쳤음을 발견했다 (Ayana, et al., 2018). 그들은 생산적인 시범 사업을 실시하는 등, 간접적이고 위협적이지 않은 방법을 이용하고, 정책결정자들과 제휴하기 위해 신중하게 일함으로써 정책에 영향을 미쳤다.

사회운동의 경우, 그들은 더 강한 반대에 부딪히고 참여자의 생명과 안녕에 더 큰 위협을 받지만, 이익집단과 마찬가지로 그들은 종종 많은 권위주의 정권에서 상당한 역할을 했다. 일상의 생활에서 긴급한 문제에 직면한 사람들이 불리한 정치적 환경 속에서 그들의 상황을 개선하기 위해 협력하면서, 사회운동은 빈민과 소외된 사람들을 동원하는 데 가장 빈번히 초점을 맞추었다. 예를 들어, 무료 급식소를 운영하는 도시 빈민, 토지 개혁을 위해 로비하는 판자촌 거주자들, 군부통치 시절 '사라진' 아들에 관한 정보를 요구하는 어머니 단체, 이 모두가 대중의 정치 활동이 꽃을 피운 예이다. 권위주의에 저항하여 동원된 최근의 시민운동의 사례로는 아랍의 봄, 브라질에서 부패와 경찰 폭력에 항거한 2013년 시위, 홍콩에 대한 중국의 통제 강화에 반대하여 조직된 몇몇 운동 등이 있다.

권위주의 정권에서 이익집단의 활동과 사회운동 효과의 또 다른 측면은 이들 정권에 반대하기보다 지지하기 위해 조직된 집단에 관한 것이다. 그러나 이익집단이나 사회운동이 민주화 세력으로 작동하는 정도가 논쟁거리인 것처럼 그들이 권위주의 통치자의 이익을 증진시키는 정도도 논쟁거리이다. 알제리, 모잠비크, 베트남의 이익집단에 대한 한 연구 (Wischermann et al., 2018)는 이익집단이 종종 그 활동에 있어서 지배 정당의 간섭을 받아들이고 (혹은 최소한 공개적으로 거부하지 않고), 정당의 공식 정책 노선을 지지하며, 그렇게 함으로써 권위주의 정부의 목표에 기여한다고 지적한다. 제13장의 동원된 참여 개념에 덧붙이자면, 운동과 대중 시위는 국민의 지지를 받는다는 인상을 주려는 권위주의 정권에 의해 조직된다는 증거가 있다 (Hellmeier and Weidmann, 2019). 이것은 정권에 반대하는 대중 시위에 대한 반응으로, 때로는 군사 쿠데타의 위험이 높은 시점, 또는 선거 직전에 가장 빈번하게 일어난다.

요약하자면, 권위주의 정권에서 이익집단과 사회운동의 위치는 첫인상이 주는 것보다 더 미묘하다. 이들 정권은 반대 세력의 언론매체나 정당을 강하게 통제하고, 대부분의 권위주의 정권의 시민사회는 억압되고 폐쇄되지만, 집단에 참여하는 것이 시민적 관여의 공간을 열어줄 수도 있다는 증거가 있다. 이익집단은 공개적으로 권위주의 정권에 반대하지는 않을지 모르지만, 그들은 서비스를 제공하거나, 지방의 정책 변화를 압박하면서, (아무리 사소할지라도) 시민사회를 촉진할 수 있다. 동시에 권위주의 정권은 자기들의 활동에 시민사회를 끌어들이든가, 정권을 지지하는 인상을 주는 집단이나 운동을 지원하는 등 그들의 방식으로 시민사회를 이용할 수 있다.

토론주제

- 이익집단은 민주주의에 무엇을 더하고, 민주주의로부터 무엇을 빼가는가?
- 이익에는 위계가 있어서 어떤 집단이 다른 집단보다 유리한 위치에 서는가, 아니면 그 엄청난 수와 다양성으로 인해 이익의 균형이 이루어지는가?
- 특수한 이익은 정치적 생각의 시장 기능을 어느 정도 제한하는가?
- 로비는 민주주의 과정에서 자연스럽고 불가피한가?
- 다원주의는 존재하는가, 아니면 이익집단의 불평등한 영향력으로 인해 근거가 약화된 이론적 가능성에 불과한가?
- 권위주의 정권에서 정당과 이익집단의 역할은 어떻게 다른가?

핵심용어

- 다원주의(Pluralism)
- 로비(Lobbying)
- 밀도(Density)
- 보호적 이익집단(Protective group)
- 비정부기구(Non-governmental organization)
- 사회운동(Social movement)
- 시민사회(Civil society)
- 싱크탱크(Think tank)
- 애드보커시(Advocacy)
- 이슈 네트워크(Issue network)
- 이익집단(Interest group)
- 정상조직(Peak association)
- 조합주의(Corporatism)
- 철의 삼각(Iron triangle)
- 촉진적 이익집단(Promotional group)

추가 읽을거리

Berry, Jeffrey, M., and Clyde Wilcox (2018) *The Interest Group Society*, 6th edn (Routledge). 미국의 이익집단에 대한 기본적인 문헌으로 이익집단의 역사, 활동 방식, 정치적 영향 등의 내용을 포함.

Bitonti, Alberto, and Phil Harris (eds) (2018) *Lobbying in Europe: Public Affairs and the Lobbying Industry in 28 EU Countries* (Palgrave). 유럽연합에서의 로비활동에 관한 분석으로 개별 회원국에 관한 내용을 포함.

Davies, Thomas (ed) (2019) *Routledge Handbook of NGOs and International Relations* (Routledge). NGO의 기원과 활동에 대한 글의 모음으로 NGO가 대응하는 문제, 세계 각지에서의 다양한 활동에 대한 내용을 포함.

Cavatorta, Francesco (ed) (2012) *Civil Society Activism under Authoritarian Rule: A Comparative Perspective* (Routledge). 권위주의 국가에서의 이익집단의 활동에 관한 최근의 연구 중의 하나.

Edwards, Michael (2020) *Civil Society*, 4th edn (Polity). 시민사회의 특징, 그리고 사회적 분열과 분절화가 심화되는 상황에서의 시민사회에 대한 향후 전망.

Zetter, Lionel (2014) *Lobbying: The Art of Political Persuasion*, 3rd edn (Harriman House). 로비활동의 동학에 관한 글로벌한 시각으로 유럽, 미국, 아시아, 중동에 관한 내용을 포함.

17장

공공정책

차례
- 공공정책의 이해
- 정책과정 모델
- 정책 스타일 비교
- 정책확산과 수렴
- 권위주의 정권의 공공정책

개요

공공정책은 정치과정의 결과와 관련된다. 정부의 핵심 목적이 사회의 요구를 관리하고 해결하는 것이라면, 정부가 채택하는 접근법과 정부가 취하는(또는 회피하는) 행동들이 그 정책을 구성한다. 즉, 정책은 우리가 이 책의 모든 이전 장에서 살펴본 정치적 상호작용의 산물이다. 정책은 정치문화, 기관의 상호작용, 시민들의 참여, 그리고 미디어, 정당, 이익집단의 영향에 의해 형성된다. 이 장에서 우리는 최종 결과, 즉 정책이 어떻게 형성되고 시행되는지, 정책 스타일이 국가마다 어떻게 다른지, 그리고 정책과정에 미치는 영향을 살펴본다.

이 장은 공공정책과 정책순환의 차원, 그리고 정책목표를 달성하기 위해 사용되는 도구에 대한 검토로 시작한다. 그런 다음 합리적 접근의 이상주의와 실제 정책결정의 현실을 대조하면서 공공정책의 세 가지 모델을 살펴본다. 이어서 상이한 나라에서 발견되는 정책 스타일과 그 스타일 뒤에 있는 설명을 비교하고 대조한다. 이 장은 정책확산과 정책수렴에 관련된 현상에 대해서, 그리고 공공정책 형성에 어떤 영향을 미치는지에 대해서 살펴본다. 이 장은 권위주의 정권에서의 정책적 역학에 대한 검토로 끝난다. 표면적으로는 민주적이고 권위주의적인 정책입안자들이 직면한 문제와 채택한 대응은 많은 유사점을 지니고 있지만, 실제로는 결정적인 차이도 있다.

핵심논제

- 공공정책을 연구하는 것은 정부가 무엇을 하는지(또는 하지 않는지)와 정부가 일하는 제도적 틀을 이해하는 것을 포함한다.
- 정부가 활용할 수 있는 다양한 정책수단은 크게 채찍, 당근, 설교로 나눌 수 있다.
- 정책수립을 논리적 목표를 가진 합리적인 과정으로 상상하는 위험은 항상 존재한다. 점증적 및 쓰레기통 모델은 유용한 현실감을 제공한다.
- 대부분의 국가는 유사한 정책요구를 가지고 있지만, 그러한 요구에 대응하는 방법은 채택하는 다양한 정책 스타일에 의존한다.
- 정책확산과 수렴에 대한 연구는 여러 국가에서 정책이 어떻게 유사한 방향으로 발전할 수 있는지를 설명하는 데 도움을 준다.
- 기관 간의 힘의 균형으로부터 정책입안자들의 방법, 동기, 자격, 우선순위에 이르기까지 거의 모든 점에서 민주적 정권과 권위주의적 정권은 중요한 방식의 차이가 있다.

공공정책의 이해

2020년 초 코로나19 팬데믹의 발생과 초기 확산에 대해 많은 정부가 준비되지 않았고 최선의 조치에 대한 결정을 내리지 못했다. 그중에는 세계에서 네 번째로 많은 인구(2억 7,000만 명 이상) 보유국이면서 민주주의 지수에서 결함있는 민주주의이며, 의료와 교육에 많은 투자를 해 온 신흥 중산층 경제국가인 인도네시아가 포함되었다. 논리적으로는 팬데믹에 대응하기 위해 잘 준비해야 했지만, 2월 보건부 장관의 첫 번째 대응은 인도네시아에 코로나 사례가 없는(그날까지) 신의 개입에 감사하고, 앞으로도 이 상태가 유지되는 최선의 방법으로 기도를 지속하도록 권고했다(van der Ang, 2020).

3월부터 감염사례가 보고되기 시작하고 환자수가 증가하자, 상대적으로 긍정적이었던 이전의 상황은 검사를 적극적으로 하지 않는 정책 때문이라는 것이 분명해졌다. 인도네시아정부는 다른 많은 나라들과 마찬가지로 봉쇄와 경기 부양책의 조합으로 감염 확산에 대응했지만, 대중의 정치적 신뢰 수준이 하락하는 것을 막기 위해 노력을 했다. 불충분한 검사 문제는 계속되었고, 코로나19는 빠르게 확산되었으며, 2021년 중반 인도네시아는 인도를 제치고 아시아의 팬데믹 진원지가 되었다.

이 사례는 우리에게 **공공정책**(public policy)의 역동성, 즉 정부의 활동에 대한 집합적 개념의 예를 제공한다. 공공정책은 하나의 결정 또는 일련의 결정 이상을 말하는데, 오히려 지도자들이 자신들의 직책에 기대되는 요구, 그리고 대중의 요구와 필요에 대한 대응의 본질을 다룰 때 채택하는 접근 방식을 기술한다. 지도자들의 선택은 자신의 우선순위, 정치적 이념, 공공정책에 부과된 요구, 경제환경, 정치체제의 특성, 가용 예산을 포함한 여러 가지 영향에 의해 주도된다. 정책은 목표(예: 팬데믹 통제)와 수단(봉쇄제도 도입 및 백신 접종 장려)으로 구성된다.

정당이나 후보자들이 정권을 장악한 후, 그들이 추구하는 (그리고 피하는) 행동과 취하는 입장이 그들의 정책이 될 것이다. 정책은 보통 공개 성명, 정부 프로그램, 법률 및 조치의 형태로 표현된다. 정책이 발표된 목표에 국한된다면, 비교적 쉽게 이해하고 측정할 수 있다. 그러나 정부와 거버넌스는 기회주의, 정치와 대중의 관심의 부침, 실패한 정책을 수정하라는 요구, 새로운 문제가 발생했을 때 대응해야 할 필요성, 그리고 권위주의 체제에서는 권력을 유지하고 반대의견을 제한해야 할 필요성에 의한 영향을 받는다.

정치지도자들은 임기 중에 자신의 우선순위와 선호하는 대응들이 상황에 따라서 변화한다는 점을 종종 발견하게 된다. 그들은 보다 긴급한 다른 문제들 때문에 시각을 바꿔야 하거나, 위기(코로나19 팬데믹과 같은)에 대응해야 할 수도 있고, 자신들의 제안에 대한 적절한 정치적 지지와 예산이 부족한 점을 발견하게 되거나, 예상했던 것보다 집행이 어렵다는 점을 인식하게 될 수도 있다. 정책이 어떻게 만들어지고 시행되는지를 이해하려면, 정치적 고려사항의 변화에 의해 주도되는 과정에 너무 많은 질서를 강요하는 것을 피

> **공공정책**(Public policy): 정부가 사회의 요구를 충족시키기 위해 채택하는 입장과 취하는(또는 회피하는) 행동.

하는 것이 중요하다. 정책들은 모순적일 수 있고, 쇼윈도의 장식일 수 있으며(어떠한 것을 하고 있는 것처럼 보이려는 시도일 수 있으나, 목표가 달성될 것이라는 현실적인 기대가 없이 행해진다), 정책적 선언들은 이미 명시된 것을 반대방향으로 돌리기 위한 은폐전략일 수도 있다.

어떤 과정을 거쳤든 그리고 궁극적인 결과가 무엇이든, 정책은 정부와 지도자의 질을 결정하고, 문제를 해결하고 완화시키는 정책의 기록들은 정부와 지도자를 평가하는 참고사항이 되며, 적어도 민주국가에서는 그들이 중임할 수 있을지의 여부를 결정하는 핵심적 요인이 될 수도 있다. 이것은 권위주의적인 지도자들에게는 덜 해당되는데, 이 경우 생존은 좋은 정책보다는 정치적 동맹들과 후원자들이 행복하도록 충분한 후원을 분배하는 데에 더 의존한다.

공공정책의 차원을 생각하는 방식 중의 하나는 순환적인 일련의 단계로 보는 것이다. **정책순환(policy cycle)**은 정치적 현실과는 어울리지 않는 배열을 질서 있게 그려낸다는 위험이 있으나, 매우 복잡하고 지저분한 현상에 어떤 질서를 부여한다는 긍정적인 측면도 있다. 순환을 개괄적으로 표현하는 다양한 방식들이 있는데, 그중의 하나는 의제설정, 형성, 채택, 집행, 평가의 방식이다 (도표 17.1 참조). 물론 이 구분은 시간적 순서라기보다는 분석적이며, 현실 세계에서 각 단계들이 종종 서로 겹칠 수 있고, 후반 단계는 도달하지 못할 수도 있다. 그럼에도 불구하고 이

> **정책순환(Policy cycle)**: 공공정책을 의제설정과 평가 사이의 무궁무진한 단계의 순환으로 보고 이해하는 수단.

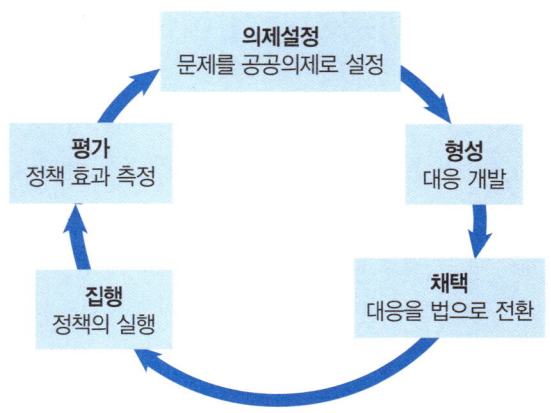

도표 17.1 정책순환의 단계

러한 단계를 검토하면 정책과정을 더 잘 이해하고, 다른 국가에서 정책이 어떻게 만들어지는지 비교하며, 정책이 합의된 후 어떤 일이 발생하는지 파악하는 데 도움이 될 수 있다.

정책이 어떻게 만들어지고 시행되는지 이해하는 것뿐만 아니라, 정부가 이용할 수 있는 도구를 이해하는 것도 중요하다. 다시 말해서, 정부는 정확히 어떻게 통치하는가? 예를 들어, 입법부는 복지혜택에 대한 법적 권리를 확립한 다음, 자격이 있는 사람들에게 그 혜택을 제공하도록 지방정부를 조정할 수 있다. 그러나 현실적으로 입법과 직접적 제공은 많은 정책수단 중 두 가지에 불과하며, 결코 가장 흔한 것은 아니다.

정책수단은 크게 세 가지 유형 중 하나로 분류할 수 있다 (Bemelmans-Videc et al., 1998).

- 채찍(또는 제재)은 특정 활동이나 옵션의 금지 또는 제한을 포함하는 전통적인 명령 및 제어 방법을 포함한다. 기후변화에 대한 정책을 예로 들면, 채찍에는 온실가스 배출기준 설정, 도로 차량 배출 규제, 연료 내 독성물질 제한 등이 포함된다.

- 당근(보상)은 대중의 행동을 변화시키기 위해 고안된 재정적 인센티브를 포함한다. 다시 기후변화의 예를 들면, 여기에는 대중교통 확대를 위한 투자, 재생 에너지 사용에 대한 세금 감면, 탄소 흡수원으로 작용되도록 나무 심기에 보조금 지급 등이 포함된다.
- 설교(설득)는 소비자를 교육하기 위한 공공 정보 캠페인을 포함한다. 기후변화에 대해, 이는 여전히 문제의 과학에 대해 회의적인 사람들을 목표로 하거나, 사람들에게 탄소 발자국**을 줄이는 방법에 대한 조언을 제공하는 것을 목표로 할 수 있다.

이러한 전통적인 수단 외에도 시장에 기반한 방법들이 귀중한 정책적 도구로 부상했다. 기후변화의 경우, 배출권 거래라는 방법이 유럽연합에서 성공적으로 활용되었다. 발전소나 공장에서 배출되는 온실가스의 배출에 제한이 정해져 있고, 그 한도를 밑도는 기업이나 국가는 이를 초과하는 기업과 국가에 '오염권'을 팔 수 있다. 이렇게 하면 배출량을 줄이는 데 따른 재정적 이익과 한도를 충족하지 못한 데 따른 재정적 벌금이 상쇄된다. 그 결과, 2005년과 2019년 사이에 유럽연합에서 온실가스 배출량이 거의 20퍼센트 감소했다 (Olivier and Peters, 2020).

공공정책의 성패는 문제의 정의와 해결에 대한 공동체 내 정치적 합의의 정도로부터 정책문제와 정부의 효율성에 기여할 수 있는 자원까지 다양한 요인의 결과다. 민주주의는 더 나은 자원, 더 많은 전문지식, 정책 문제의 본질에 대한 보다 열린 토론이라는 이점을 가지고 있지만, 의견 불일치를 유발하고 정책과정을 지연시킬 수 있는 보다 광범위한 정책요구와 다양한 의견이라는 단점도 가지고 있다 ('이론 적용 17' 참조). 민주주의의 핵심 특성 중 하나는 일을 완료하는 데 더 오랜 시간이 걸릴 수 있다는 것이다.

반면 권위주의 정권에서 정책 성공과 실패의 원천은 상당히 다르다. 지도자와 지배 엘리트들이 문제가 존재한다고 결정하게 되면, 자원은 비교적 빠르게 그 문제에 투입될 수 있고 민주주의에서 상황을 느리게 하는 종류의 공개 토론은 거의 없다. 물론 이는 민주주의에서라면 제기될 정책 문제에 대한 다양한 의견이 실종되고, 지도부의 의견과 일치할 때에만 전문가들의 의견이 고려될 것이며, 지도부가 충분히 중요하다고 정의하지 않은 문제는 밀려나거나 무시될 것이라는 점을 의미한다.

브라질과 중국의 사례를 대조하면 그 차이에 대한 통찰력을 얻을 수 있다. 브라질은 대통령제 정부, 연방정부와 주정부 간의 권한 분할, 2018년 선거 이후 16개 정당에 의해 분할된 연방 상원, 24개 정당으로 분할된 하원이 있는 결함있는 민주주의 국가다. 보우소나루(Jair Bolsonaro) 대통령은 2018년 사회자유당 소속으로 당선되었는데, 사회자유당은 81석의 상원에서 2석, 513석의 하원에서 53석만을 점유하고 있다. 분명히, 이와 같이 깊게 분열된 상황에서 정책 합의를 달성하는 것은 항상 도전이 될 것이다.

한편 중국에는 2021년 창당 100주년을 맞은 정당, 즉 중국공산당이 단 한 개의 공식 정당으로 존재하고 있다. 정부와 당의 지도부는 하나이고,

---

** 역자 주) 탄소 발자국(carbon footprint)은 탄소이력이라고도 하며, 그 의미는 개인 또는 단체 등의 주체가 직간접적으로 발생시킨 온실가스의 총량을 말한다. 이는 일상생활에서 연료 및 전기용품 등의 사용으로 발생되는 탄소도 포함한다.

중국은 중앙의 결정이 거의 저항 없이 모든 하위 정부로 전이되는 권위주의적 단일국가다. 그 결과, 정책을 만들고 실행하는 과정이 보다 효율적이다. 딕슨(Dickson, 2021)은 "21세기의 중국을 이해하기 위해서는 하나의 기본적인 사실로부터 시작해야 한다. 모든 정치 활동은 중국공산당에

이론 적용 17

구조주의

기관이나 개인에 기초한 이론적 접근('이론 적용 7, 13, 14' 참조)과 달리 구조주의(structuralism)는 관계에 초점을 맞춘다. 리히바흐와 주커먼(Lichbach and Zuckerman, 1997)의 말을 빌리자면, 구조주의자들은 우리가 개별 행위자의 합리성을 넘어서, '몇몇 체제의 부분들 사이의 네트워크, 연계, 상호의존성, 상호작용'을 검토해야 한다고 주장한다. 예를 들어, 구조주의자들에게는 정책과정의 다른 요소들 사이의 관계가 개별 요소들 자체보다 더 중요하다.

구조주의의 핵심은 관료, 정당, 사회계급, 군대와 같은 권력집단의 사례처럼 '집단이 중요하다'는 것이다. 이러한 집단들은 정당과 정부의 제도적 정치를 뒷받침하거나 불안정하게 만드는 일련의 관계를 형성하면서 자체적 이익을 소유하고 추구한다. 구조 내의 각 집단은 경제변화, 이념혁신, 국제정치, 집단갈등의 영향에 대응하여 항상 발전해가는 사회에서 정치적 영향력을 유지하기 위해 노력한다. 인간의 행동은 이와 같이 보다 큰 구조적 환경에 의해 형성되기 때문에 실제 정책을 이해하고 궁극적으로 결정하는 것은 이 틀 내에서 이루어진다.

구조주의의 좋은 예는 많은 부유한 나라에서의 빈곤의 지속이다. 제도주의자들은 제도들이 효율적으로 작동하거나 서로 협력하지 못한 탓으로 빈곤의 문제를 돌릴 수 있지만, 구조주의자들은 빈곤이 부동산 소유자 및 노동자 계층과 같은 정책 형성에 영향을 미치는 집단의 상반되는 이익과 권력 위치에서 발생한다고 주장

한다. 구조주의자에게 중요한 요인은 불평등의 틀이지, 특정 가정이 기회계층의 바닥에 어떻게 국한되는지를 다루는 방식으로 설계되지 않은 기관의 실패가 아니다.

이 분야의 선도적인 인물 중 한 명은 미국의 사회학자 무어(Barrington Moore)인데, 그는 구조적 접근을 예시하였을 뿐만 아니라 그 의미를 정의하는 데 기여했다. 그의 1966년 저서 『독재와 민주주의의 사회적 기원: 현대세계를 만드는 군주와 농민(Social Origins of Dictatorship and Democracy: Lord and Peasant in the Making of the Modern World)』은 구조적 힘에 대한 역사적 분석을 형성하는 데 탁월한 작업을 했다. 독일이나 일본보다 프랑스, 영국, 미국에서 민주주의가 더 일찍, 그리고 쉽게 발전한 이유에 대해서 그는 떠오르는 상업계급의 전략이 핵심이라고 분석했다.

부르주아 계급이 농민과의 싸움에서 지주와 얽히게 되는 것을 피했던 영국과 같은 나라에서는 민주적 전환이 비교적 평화로웠다. 그러나 독일 같은 국가에서는 지주들이 농민에 대항하는 공동 캠페인에 상업계급을 참여시킨 결과 민주주의의 시작을 지연시킨 권위주의 정권이 탄생했다. 이후 연구는 무어의 많은 판단을 검증했지만, 그의 연구는 집단과 계층이 오랜 기간에 걸쳐 진화함에 따라 집단과 계층 사이의 구조적 관계를 연구하는 가치를 보여주었다 (Mahoney, 2003).

집중된다"고 주장한다. 이어서 그는 중국에도 민주주의를 옹호하는 사람들이 일부 있지만, 대부분의 중국인들은 정치적 권리와 자유보다는 경제성장, 사회안정, 국민통합에 더 높은 가치를 두고 있으며, 중국공산당은 여론에 반응하지만, 권력 독점에 도전하는 요구는 용납하지 않을 것이라고 말한다. 요컨대, 중국의 정책 역학은 브라질과 상당히 다르다.

이 두 가지 사례, 그리고 이들이 드러내는 차이점은 공공정책 연구에서 비교의 중요성을 강조한다. 그러나 비교정치에 대한 보다 일반적인 연구와 마찬가지로, 비교 공공정책은 오랫동안 실제 비교의 부족이라는 문제로 어려움을 겪어왔다. 정책에 대한 초기 연구의 대부분은 비교를 염두에 두지 않고 단일사례에 초점을 맞추었다 (Wilder, 2017). 오늘날에도 *Policy Studies Journal*과 같은 학술지와 다른 나라의 공공정책에 대한 편집된 모음집을 빠르게 살펴보면, 특정 국가의 정책에 대한 많은 연구는 찾을 수 있지만 유사하거나 대조적인 사례에 대한 비교는 거의 찾을 수 없다. 그러나 가장 자주 출판되는 많은 학자들의 본거지인 서구 국가 이외의 사례에 대한 더 많은 연구와 다국 비교로 인해 초점은 서서히 변하고 있다.

정책과정 모델

민주주의에서 공공정책을 파악하는 것은 중요한 과제인데, 그 이유는 정책을 형성하고 실행하는 데 관여하는 상이한 행위자들, 그리고 공공의제를 설정하는 동시에 어떤 정책이 효율적일지 아닐지를 결정하는 상이한 목표 및 가치들 때문이다. 우리가 복잡함을 극복하는 데 도움을 주기 위해 학자들은 정책과정의 세 가지 모델을 개발했다 (표 17.1에 요약). 이러한 모델을 순서대로 살펴보는 것은 부분적으로 이상에서 현실로의 전환이다.

합리적 모델

노벨 경제학상을 수상한 경제학자 사이먼(Herbert Simon, 1983)과 관련된 **합리적 모델(rational model)**은 결론이 실제로 일어나는 일에 반영된다고 가정하지 않고, 정책결정에 대한 이상적이고 방법론적인 접근법을 정교화함으로써 기준을

> **합리적 모델(Rational model)**: 특정 목표를 달성하기 위한 가장 효율적인 수단의 체계적인 식별을 가정하는 정책을 이해하기 위한 접근법.

표 17.1 정책결정의 세 가지 모델

	목표와 수단	최선의 결과	분석
합리적 모델	수단이 고려되기 전에 목표가 설정됨.	정책들은 명시적 목표를 달성할 것임.	포괄적: 모든 선택지의 모든 영향이 언급됨.
점증적 모델	목표와 수단이 함께 고려됨.	모든 주요 행위자들은 정책들에 대한 합의를 할 것임.	선택적: 분석대상은 최선의 정책이 아니라 수용 가능한 정책임.
쓰레기통 모델	행위를 통하여 목표가 발견되고 별도로 특정되지 않음.	언젠가 일부 문제들은 부분적으로 해결될 것임.	분석이 거의 이루어지지 않음: 조직은 결정을 하지 않고 활동함.

설정한다. 당신이 교육부장관이고 당신의 핵심적 정책목표가 학생들의 실력을 향상시키는 것이라고 가정해보자. 합리적 생각을 한다면, 당신은 우선 실력수준에 대한 완전하고 정확한 데이터를 갖고 있다는 확신을 해야 하고, 목표를 수립한 후 (예를 들어, 5년 이내에 대학을 가는 학생들의 숫자를 10퍼센트 증가시키는 것) 이 목표를 달성하는 가장 효율적인 수단을 고려하고 나열해야 한다. 당신은 교사의 수를 늘리고, 교사 훈련과 급여를 개선하며, 학교의 규모나 수를 확장하고, 불리한 환경의 학생들에 대한 지원을 강화하고, 시설을 개선하거나 이러한 접근법의 일부 조합을 선택할 수 있다. 여러분의 접근 방식은 확실한 자료를 수집하고, 목표를 설정하고, 목표를 달성할 가능성이 가장 높은 안을 선택하는 데 초점을 맞춘다는 점에서 합리적이라 할 수 있다.

이를 다시 말하면, **비용편익분석(CBA: cost-benefit analysis)** 과정에 참여하게 되는 것이다. 예측 불가능한 것을 예측하고 측정할 수 없는 것을 측정하는 것은 어렵지만, 각 결정과 관련된 비용과 편익을 분석하려는 노력은 특히 소수의 선택지에서 선택을 해야 하는 경우에 강점이 있다 (Boardman et al., 2018 참조). 그것은 또한 비용이 편익을 초과하는 정책을 의사결정자에게 설명하도록 요구하여 투명한 정책결정에 기여한다.

하지만, 정책의 합리적 모델과 더불어 CBA는 여러 단점을 지니고 있다.

- 공정성과 삶의 질과 같은 소프트 요인들을 과소평가한다.
- 비용과 편익의 순분배를 계산하지만, 종종 사회집단 전체의 분배는 무시한다.
- 번거롭고, 비용이 많이 들고, 시간이 많이 걸린다.
- 예상되는 편익이 달성될 가능성에 대한 추정치를 자동으로 제시하지는 않는다.
- 무엇이 비용이나 편익을 구성하는지에 대한 합의가 없는 경우가 많다.

예를 들어, 대기오염 문제에 대한 생각을 해보자. 우리는 이 문제가 존재한다는 것을 알고, 그 원인을 알고 있으며, 해결하고 방지하는 방법에 대한 좋은 아이디어를 갖고 있으며, 이 문제가 건강 문제를 일으키고 전체 수명을 감소시킬 수 있다는 것에 대해서도 잘 알고 있다. 그러나 대기오염은 사람들에게 각기 다른 영향을 미치는데, 그 이유는 어떤 사람들은 다른 사람들보다 오염된 환경에서 더 잘 살고 기능할 수 있는 능력을 보유하고 있기 때문이다. 오염과 질병이나 죽음과의 정확한 연관성은 때로는 불분명하고, 심각한 수준의 오염에 의한 영향을 줄이기 위해서는 얼마의 의료비를 지출해야 하는지 불확실하며, 인간의 삶에 대해서, 특히 수명을 연장시키는 데 대해서 경제적 가치를 부여하는 것은 쉬운 일이 아니다 (Koren, 2017). 오염 통제를 고려하는 개발의 상대적 비용과 그렇지 않은 개발의 편익을 계산하는 것도 어렵다. 이러한 어려움의 결과로 현실정치 세계에서 합리적 정책 모델의 가치가 제한적이다.

> **비용편익분석(CBA: cost-benefit analysis)**: 가용한 대안들의 상대적 비용과 편익에 대한 체계적인 검토를 기초로 하여 결정을 하려는 노력.

세계에서 가장 오염이 심한 도시라는 불명예스러운 지적을 받고 있는 인도 수도 뉴델리의 인디아 게이트를 대기오염의 유독성 짙은 안개가 뒤덮고 있다. 인도는 오염을 유발하는 도로교통과 중공업의 영향을 해결하는 정책을 개발하는 데 실패했다.

점증적 모델

합리적 모델이 목표에서 출발한다면 **점증적 모델(incremental model)**은 이해관계에서 출발한다. 정치학자 린드블럼(Lindblom, 1959, 1979)과 가장 자주 연관된 이 모델은 정책을 잘못 정의하거나 심지어 모순된 목표를 가진 행위자들 사이의 타협으로 보고, 정책이 어떻게 만들어져야 하는지에 대한 설명(즉, 상이한 이해관계를 평화적으로 조정) 또는 정책이 실제로 어떻게 만들어지는지에 대한 설명으로 볼 수 있다.

정책결정 과정을 모든 선택지를 통한 체계적인 저인망 혹은 하나의 포괄적 계획에 대한 집중으로 보는 것이 아니라, 린드블럼(Lindblom, 1979)은 정책이 기존의 방향에 대한 일련의 작은 조정에 의하여 지속적으로 재생산되는 것이며, '그럭저럭 해내기(muddling through)의 과학'으로 표현되는 과정이라고 주장하였다. 중요한 것은 관여된 사람들이 목표가 아니라 정책에 동의해야 한다는 것이다. 목표가 다르다 하더라도 특정 정책에 따르겠다는 기대감으로 합의가 이루어질 수 있다. 이 접근법은 거대한 목표를 성취하도록 인도하지는 않지만, 한 번에 한 단계씩 밟아 나감으로써 적어도 엄청난 실수를 피할 수 있게 한다. 그러나 린드블럼(Lindblom, 1990) 자신이 인정하였다시피, 점증적 정책형성은 미래의 어려운 문제들을 피하기 위한 것이기보다는 현재의 문제들을 다루는 것이다. 이는 정치적으로 안전하지

> **점증적 모델(Incremental model)**: 정책 진화를 그 정책과 관련된 이해당사자들의 협상 이후에 이루어지는 작은 변화의 형식으로 생각하는 정책수립에 대한 접근법.

만 과감하지 못하다. 개선은 할 수 있지만 혁신적이지는 않다. 또한, 점증주의는 개발을 통해 스스로를 변화시키려는 저소득 국가보다 안정적인 고소득 민주주의에 더 적합하다.

쓰레기통 모델

쓰레기통 모델(garbage-can model)은 여러 조직 간 정책결정 과정의 많은 한계를 강조하며, 무엇이 되어야 하는가가 아니라 무엇인가에 대해서만 바라본다. 개선된 교육성과의 예시로 돌아가면, 쓰레기통 모델은 명확한 목표의 중요성에 대해 의심한다. 정부의 교육관련 부처 내에서 각 부서와 개인은, 시간이 갈수록 다양하게 조직되는 관련 위원회들을 통하여 상호 영향을 주면서 각자의 일상적인 업무를 보고 있다는 것이 쓰레기통 모델의 관점이다. 낮은 시험 점수는 학교 관리자들에게 우려감을 안겨주고, 온라인 학습과 같은 다른 해결책들을 고려하도록 할 수 있다. 그러나 성공적인 해결책을 강구하는 방식으로 문제와 답을 연결하는 것은 쓰레기통에 있는 다른 유형의 폐기물의 조합만큼이나 예측 불가능하고 변동적이다.

합리적 모델과 점증적 모델 모두 문제에 대한 처방을 제공하는 반면, 쓰레기통 모델은 현실에 대해 더 냉소적인 관점을 취한다. 코헨 등(Cohen et al., 1972)이 묘사한 바와 같이, 쓰레기통 모델은 "문제들을 해결하기 위한 선택, 방송에서 보도될 수 있는 의사결정을 추구하는 이슈와 감정, 이슈들에 대한 답을 제공하기 위한 해결책, 업무를 추구하는 의사결정자들의 집합"이다. 이 모델에서 정책입안은 부분적이고 유동적이며 혼란스럽고 무정부적이며 불완전한 것으로 간주된다. 조직은 명확한 선호가 없이 느슨한 아이디어 모음을 보유한 것으로 인식된다. 문제들이 모두 해결되기 위해서는 차례를 기다렸다가 대기 줄에 합류해야 한다. 취해지는 행위는 정책목표를 추구하는 것이라기보다는 특정 분야에서의 즉각적 대응의 필요를 반영하는 것이다. 기껏해야, 일부 문제는 일부 시간 동안 부분적으로 해결된다.

이 모델은 이해하기 어려울 수 있는데, 이는 우리의 마음이 얼마나 정책과정에 합리성을 부여하려 하는지 보여준다. 대학과 같은 거대하고 분산된 공공조직은 좋은 예를 제공한다. 대부분의 대학 캠퍼스에서 정책결정은 주로 독립적으로 운영되는 위원회들에 의하여 이루어진다. 에너지 절감 집단은 어떠한 수단으로 목표를 달성할지 모를 수 있지만, 적절한 장치에 대해 완전히 알고 있는 공학 교수진은 에너지 절감 위원회가 존재하는지조차 모를 수도 있다. 표준위원회는 입학기준을 상향조정하려 할 것이며, 평등기회위원회는 소외집단을 위하여 입학기준을 낮추려 할 것이다. 단일 집단 내에서 채택되는 입장은 어떤 사람들이 회의에 참석하느냐에 따라 달라질 수 있다.

정부는 거대하고 분산적인 실체의 전형적인 사례다. 그것은 단일 실체가 아니라 목표를 달성하기 위해 상이한 수단을 사용하는 부서와 기관의 집합체다. 여러 정부 부처가 문제의 다양한 측면을 다룰 수 있으며, 어느 부처도 전체적인 관점을 가지고 있지 않다. 쓰레기통 모델을 고려함으로써, 우리는 왜 후보들이 재임 중에 달성하고자

> **쓰레기통 모델**(Garbage-can model): 부분적이고 유동적이며 비조직적인 특성을 강조하는 정책수립을 이해하기 위한 접근법.

하는 것에 대한 굳센 약속이나 '내 정책은…'이라고 시작하는 그들의 발언에 대해 회의적이어야 하는지 알 수 있다. 또한, 쓰레기통 모델은 우리가 정책문제를 해결하는 데 그렇게 자주 실패하는 이유, 그리고 공공정책의 질을 개선하려 할 때 직면하는 도전을 이해하는 데 도움을 준다 ('문제탐구 17' 참조).

정책 스타일 비교

대부분의 국가와 시민들은 유사한 정책요구를 가지고 있다. 최소한, 그들은 정부가 다음을 하기를 기대할 것이다.

- 사람들의 교육, 주거, 건강관리를 제공한다.
- 음식과 깨끗한 물에 대한 접근을 보장한다.
- 운송, 에너지 공급, 통신체계를 포함한 인프라를 제공하고 유지 관리한다.
- 외부 위협으로부터의 치안 및 국방을 보장한다.
- 다른 나라와의 무역과 국경을 넘는 사람들의 이동을 감독하고 규제한다.

그러나 정부들이 이 모든 기대에 정확히 접근하는 방법은 대부분 그들이 채택하는 상이한 **정책 스타일(policy style)**에서 비롯된다. 정책 스타일과 논리적으로 연관된 용어의 종류에는 '비밀유지', '투명성', '협의', '강요'가 포함되지만, 스타일의 핵심 척도는 아마도 지도자들이 관료 및 시민들과 상호작용하는 방식일 것이다. 정부가 주로 관료 및 전문가와 함께 일하는 것을 선호한다는 점에서 정책 스타일은 폐쇄적인가? 아니면, 정부가 대중의 의견을 듣는 데 관심이 있다는 의미에서 개방적인가? 정부가 얼마나 많은 정책 활동을 감독하고 세금으로 지불하고, 얼마나 많은 것을 이윤을 남기는 방식으로 공공 부문에 외주 용역을 주는가? 정책적 책임은 국가와 지방정부 간에 어떻게 나누어져 있는가? 자유시장에 의해 정책이 어느 정도 형성되고 시행되며, 규제에 의해 어느 정도 강요되는가? 이러한 질문과 유사한 질문에 대한 답변은 정책 스타일을 이해하는 데 도움이 된다.

정책 스타일의 개념은 비교 공공정책을 이해하는 데 필수적이지만, 이는 현저하게 새로운 연구분야이며 여전히 개발이 필요하다. 이 연구의 기원은 시몬스 등(Simmons et al., 1974)으로 거슬러 올라가며, 리처드슨(Richardson, 1982)이 서유럽과 관련하여 처음으로 심층적으로 탐구했으며, 하울렛과 토선(Howlett and Tosun, 2019)이 제한된 기원을 벗어나 더 넓은 국가에 적용했다. 그들의 연구는 국가를 민주주의 정권과 권위주의 정권으로 나눈다는 일반적인 생각을 따랐고, 표 17.2에 요약된 네 가지 다른 스타일의 집합을 나열했다.

이들의 유형은 서로 다른 정치체제가 개방되거나 폐쇄되는 정도, 그리고 정부가 관료와 전문가의 조합에 의존하는 정도 또는 정치지도자와 대중의 의견에 의해 정책이 추진되는 정도를 조합한 것이다. 스웨덴에 대한 '국가개요 17'은 한 국가의 정책 스타일에 대해 심층적으로 설명하지만, 표 17.2의 각 유형 중의 한 가지 예는 그들이

> **정책 스타일(Policy style)**: 특정 공동체 또는 국가에서 가치, 습관, 전통의 조합에 기초한 공공정책의 본질적인 특성.

문제 탐구 17

공공정책의 질을 어떻게 개선할 수 있을까?

모든 사회가 끊임없이 해결되지 않은 일련의 문제를 가지고 있다는 단순한 사실은, 우리가 안보, 주거, 영양, 교육에 대해 이야기하고 있던 간에 공공정책이 인간의 필요를 충족시킨다는 핵심 목표에서 자주 실패한다는 것을 말해준다. 그렇다면 공공정책의 질이 일상적으로 부족한 것이 분명하며, 이는 어떻게 개선할 수 있는지에 대한 의문을 제기한다.

비효율적인 정책 문제의 적어도 일부는 정책 문제의 정의와 대응의 형성과 관련된 이해관계의 열세적인 수에 있다. "낙타는 위원회가 디자인한 말"이라는 격언**의 정신으로, 대부분의 정책은 다른 견해와 가치를 통합하는 과정에 의해서, 그리고 우선순위를 구축하여 점진적인 접근을 취해야 하는 실질적인 필요성에 의해서 복잡해진다. 정책은 또한 정치체제의 복잡성, 많은 공공 문제의 원인에 대한 불확실성, 명확한 목표를 정의하는 어려움, 그리고 어떤 과거의 활동이 어떤 영향을 미쳤는지를 결정하는 도전으로 인해 복잡해진다.

여기서 비교정책이 중요한 역할을 한다. 왜냐하면, 이 장의 뒷부분에서 언급하듯이 모든 국가는 정책 실험실로 취급될 수 있고, 우리는 정책을 설계하고 수정하는 데 있어 다른 사람들의 성공과 실수를 통해 배울 수 있기 때문이다. 그러나 우리는 모든 나라가 크기, 부, 우선순위, 사회구조, 정치체제, 그리고 정부의 적절한 역할에 대한 접근 방식 면에서 다르다는 것을 잊어서는 안 된다. 정책과정의 한 단계인 '평가'를 고려해 보면, 42개국을 탐구한 경제협력개발기구(Organization for Economic Cooperation and Development, 2020)의 보고서는 대부분의 국가가 평가에 대한 강한 의지를 보여주지만, 대부분은 평가를 촉진하는 데 여러 가지 도전에 직면해 있다고 결론을 내린다. 여기에는 평가 결과의 제한된 사용, 평가를 위한 포괄적인 전략의 부재와 인력 부족 등이 포함된다.

- 공공정책의 질을 체계적으로 향상시키겠다는 생각은 헛된 꿈이고, 우리는 끝없이 그럭저럭해나갈 운명인가?
- 공공정책의 질은 정치체제의 복잡한 구조에 의해 주도되는가, 아니면 아이디어, 가치, 편견 및 우선순위를 정책 의제에 적용시키는 것에 의해 주도되는가?
- 문제를 포괄적으로 해결한 정책이 있다고 생각할 수 있는가?
- 가장 지속적인 정책 문제는 무엇이며, 왜 그것이 지속되는가?

작동하는 방식의 차이에 대한 더 넓은 통찰력을 제공한다.

- 민주주의 지수에서 완전한 민주주의로 순위가 매겨진 '폐쇄적인' 관료민주주의체제인 한국의 경우, 문명재와 황창호(Moon and Hwang, 2019)는 최근 수십 년 동안 민주화가 이루어지면서 국회와 일반시민의 역할이 변화했다고 주장한다. 동시에, 한국이 경험한 민주주의 변화의 빠른 속도 때문에 한국의 정책 스타일을 정확히 묘사하는 것은 어려울 수 있다. 문정인과 문명재(Moon and Moon, 2020)는 관료체제의

** 역자 주) 여러 사람이 모여서 간단한 사안을 놓고 논의하면 엉뚱한 결과를 낳을 수 있다는 뜻.

표 17.2 정책 스타일 비교

유형	포용성	핵심 행위자	사례
'폐쇄적' 관료민주주의	높음	관료와 전문가	독일, 멕시코, 한국, 영국
'개방적' 대중민주주의	높음	정치가와 대중	브라질, 캐나다, 스위스, 미국
'폐쇄적' 일당 권위주의	낮음	관료와 전문가	카자흐스탄, 아랍에미리트, 베트남
'개방적' 선거경쟁 권위주의	낮음	정치가와 대중	러시아, 싱가포르, 튀르키예

출처: Howlett and Tosun (2019).

본질, 정부와 시민 간의 관계, 정책의 초점이 경제성장에서 삶의 질로 이동하는 것 등에 대한 많은 풀리지 않은 의문들이 남아 있다고 결론짓는다.

- 민주주의 지수에서 완전한 민주주의로 높은 순위를 차지한 '개방형' 대중민주주의체제인 캐나다의 경우 하울렛과 미곤(Howlett and Migone, 2019)은 캐나다의 정책 스타일이 '과잉 약속과 과소 전달'의 패턴을 가진 느린 혁신 중 하나라고 주장한다. 그들은 캐나다가 연방주의의 분권화체제의 예라고 지적하는데, 이는 잠재적으로 14가지 유형의 정책(연방 정부와 캐나다의 10개 주와 3개 준주의 정책)을 가지고 있다는 것을 의미한다고 주장한다. 그들은 '점진주의'라는 용어를 사용하여 느린 정책 혁신을 초래하는 구조와 과정의 주기적 혁신 스타일을 설명하고, 혁신이 상대적으로 빠르게 선전되고 채택되지만 곧 포기되는 '일시 유행적' 습관을 설명한다.
- 민주주의 지수에서 낮은 순위에 있는 '폐쇄적' 일당 권위주의체제인 베트남의 경우, 크루와상(Croissant, 2019)은 정책 스타일이 대중의 공감대를 형성하기 위한 노력에 놀랄 정도로 기초하고 있다고 주장한다. 관료주의와 집권당의 통합이라는 공산주의 시대의 습관은 더 강력한 분권화, 그리고 정치권력과 권위의 수평적, 수직적 분열로 대체되었다. 지금 더 많은 행위자들이 정책수립에 관여하여 정책과정이 더 복잡하고 시간이 많이 소요되게 하고 있다.
- 민주주의 지수에서 혼합형으로 평가되는 튀르키예는 '개방형' 선거 경쟁적 권위주의체제이며, 볼루크바시와 에르투갈(Bolukbasi and Ertugal, 2019)은 관료주의의 역할이 정책 의제를 형성하는 역할에서 점차 정치화되는 의제를 실행하는 역할로 바뀌었다고 주장한다.

정책 스타일의 개념은 국가 간의 차이와 국가 유형(부유국 대 빈곤국, 민주주의 대 권위주의, 대국 대 소국, 안정적 대 불안정 등)뿐만 아니라 정책 부문 간의 차이에도 적용된다. 예를 들어, 금융 및 통화 정책과 같은 일부 정책분야는 주로 경제적 관심사에 의해 주도되는 반면, 다른 정책분야는 더 잠재적으로 문제가 되는 사회적 관심사를 다루지만, 의료 및 환경과 같은 다른 정책분야는 중요한 과학적 또는 기술적 요소를 포함한다. 하울렛과 토선(Howlett and Tosun, 2021)이 편집한 연구집에서 강조되었듯이, 의제가 어떻게 형성되고 정책이 어떻게 공식화, 실행 및 평가되는지 이해하는 것을 중요하게 만드는 '정책과정의 스타일'은 많다.

간략소개

스웨덴은 민주주의, 정치안정, 경제발전, 교육, 사회평등에 초점을 맞춘 국제 리그에서 상위등급을 차지하고 있다. 이러한 점에서 스웨덴은 이 책에서 소개하고 있는 국가들 중에 가장 성공한 국가들 중의 하나다. 1917년 이래 사회민주당이 의회에서 다수(때로는 과반수)를 점하고 있으며, 스웨덴은 전통적으로 (사회계급을 제외한) 상당한 내부 분열이 존재하지 않고 있으며, 오랫동안 높은 경제생산성과 낮은 실업률을 유지하는 데 도움을 준 공공정책을 따르고 있다. 이 나라는 높은 생활수준과 상대적으로 평등한 소득 분배를 결합하여, 다른 북유럽국가들과 더불어 풍요와 제한된 불평등이 조화를 이루고 있다. 한편, 스웨덴은 국제문제에 있어서 중립적인 입장을 유지하고 있으며, 북대서양조약기구(NATO)에는 가입하지 않고 있지만 유럽연합의 회원국이다.

정부형태	단일국가. 의회입헌군주국. 국가형성 시기는 논쟁이 있으나, 가장 오래된 헌법은 1810년에 제정.
행정부	의회제. 행정부의 장은 수상이며, 과반수 정당 또는 정당연합의 수장으로 내각과 더불어 국가를 통치한다. 국가의 원수는 군주이다.
입법부	단원제 의회(Riksdag, '국가회의[meeting of the realm]')는 349명의 의원으로 구성되어 있으며 의원은 중임이 가능하다.
사법부	헌법은 정부구성법, 왕위계승법, 언론자유법, 표현자유에 대한 기본법이라는 4개의 주요 법으로 구성되어 있다. 전통적으로 대법원은 제한을 받는다 (대법관의 정년은 67세이며 16명으로 유지된다).
선거제도	의회의원은 정당명부식 비례대표제에 의하여 선출되며, 비례성을 높이기 위하여 상위 추가 층을 만들어 활용하고 있다. 각 정당이 의석을 가지기 위한 최소조건은 전국 투표수의 4퍼센트를 획득하는 것이다.
정당	다당제이다. 역사적으로 사회민주당이 주축정당이 되어 왔고, 좌파정당 및 녹색당과 더불어 좌파의 위상을 공유해 왔다. 그러나 최근 들어 중도-우익연합(중도당, 기독교민주당, 자유당을 포함한 온건 보수 세력이 이끄는)이 입지를 강화하고 있다.

인구
1,020만 명

국내총생산(GDP)
5,310억 달러

1인당 GDP
5만 1,615달러

민주주의 지수 등급
✓ 완전한 민주주의
✗ 결함있는 민주주의
✗ 혼합형 정권
✗ 권위주의
✗ 측정안됨

프리덤하우스 등급
✓ 자유
✗ 부분 자유
✗ 부자유
✗ 측정안됨

인간개발 지수 등급
✓ 매우 높음
✗ 높음
✗ 중간
✗ 낮음
✗ 측정안됨

스웨덴의 공공정책

스웨덴의 정책 스타일은 한때 '개방적이고 합리적이며 합의적이며 매우 숙고적'으로 묘사되었다 (Anton, 1969). 후에 리처드슨 등(Richardson et al., 1982)은 스웨덴의 정책 스타일을 예측적이고 합의추구형이라고 특징지었다. 그러한 특성은 변함없이 유지되고 있다. 단원제 의회(Riksdag)를 바탕으로 하여 주권을 보유한 소규모의 단일국가이면서도 스웨덴은 권력집중을 피하면서 문화적이고 제도적으로 확립된 정교한 협상 민주주의를 발전시키고 있다.

스웨덴의 독특한 정책과정을 유지시키는 요인은 중앙정부에 있는 11개 부처의 소규모 집단화와 정책적 집중이며, 이 정부 부처들에 4,600명의 공무원이 근무하고 있다. 최근 스웨덴정부 웹 사이트(Government Offices of Sweden, 2018)에서 요약한 바와 같이, 목표는 '법적으로 확실하고 효율적이며, 높은 수준의 품질, 서비스, 접근성을 갖추고, 따라서 스웨덴의 발전과 효과적인 (유럽연합) 업무에 기여하는 혁신적이고 상호적인 중앙정부 행정'이다. 대부분의 기술적 문제, 그리고 광범위한 복지국가가 제공하는 서비스는 300개 이상의 공공 기관과 지방정부에 하청으로 계약된다. 이러한 임무의 분할은 높은 수준의 투명성과 신뢰에 의해 유지된다.

스웨덴의 눈에 띄게 투명하고 합의적인 정책결정 스타일의 핵심인 스톡홀름의 국가 입법부(Riksdag).

조사위원회(committee of enquiry, 'commissions'로도 불림)가 과정의 핵심이다. 일반적으로 정부는 주제에 대하여 연구하고 권고안을 제출하도록 위원회를 구성한다. 위원회는 관련 이해당사자 및 정당과 협의하고, 권고안을 제시 및 논의하고, 해당 부처가 보고서를 검토하고, 필요하면 정부 법안을 초안한 다음, 법령집에 수록되기 전에 의회에서 법안을 논의하고 수정한다. 이 절차는 느리지만, 합리적인 정책모델과 점증적인 정책 모델의 요소를 모두 결합하고 있다. 정보가 수집되고 분석되며, 제안의 조직적인 반대자들이 우려를 표명할 수 있는 충분한 기회가 주어진다.

광범위한 심의가 혁신적 정책보다는 무의미한 기여를 할 수 있고, 정책형성에 강조를 하게 되면 정책이행의 희생을 초래할 수도 있다는 단점이 있다. 그러나 이러한 특별한 스웨덴식 스타일은 다른 민주주의 국가들의 덜 정교한 정책결정 스타일과 비교할 수 있는 유용한 척도를 제공한다.

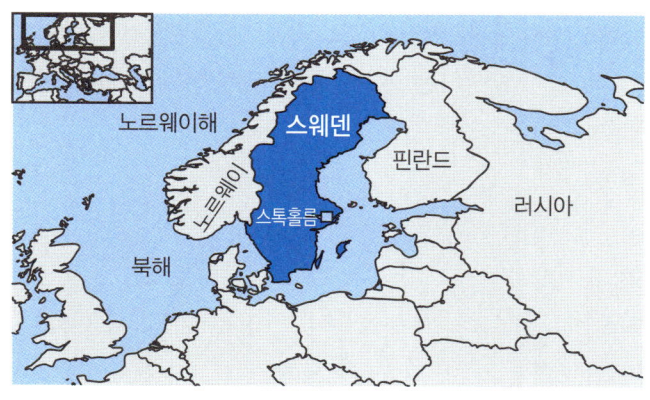

추가 읽을거리

Bergh, Andreas (2014) *Sweden and the Revival of the Capitalist Welfare State* (Edward Elgar).
Miles, Lee (2015) *The New Politics of Sweden* (London: Bloomsbury Academic).
Pierre, Jon (2016) *The Oxford Handbook of Swedish Politics* (Oxford: Oxford University Press).

정책확산과 수렴

대부분의 상이한 국가들이 독특한 정책 스타일을 가지고 있다는 것에는 의심의 여지가 없지만, 우리가 점점 더 글로벌화 되어 가는 세계에 살고 있는 것도 사실이며, 그 결과 중 하나는 정책이 점점 비슷해지고 있다는 점이다. 과거에는 속도 제한, 안전벨트, 영양정보, 담배광고 제한, 정당 후보자에 대한 성별 할당량, 정당에 대한 국가 보조금 등이 없었다. 이제 이러한 것들이 존재하는데, 그 이유는 대부분의 국가들이 이러한 분야와 많은 다른 분야에서 광범위하게 유사한 정책을 도입했으며, 특히 거의 동시에 도입하는 경우도 있었기 때문이다. 그들은 **정책확산**(policy diffusion, Evans, 2010)과 **정책수렴**(policy convergence)의 결합으로 인해 이러한 일을 수행했다. 전자는 '정책이전', '정책순환', '정책학습' 또는 '교훈도출'과 같은 용어와 중복되는 반면, 상이한 나라들이 공통문제(예: 고령화)에 유사한 방식으로 대응한다면(예: 정년 연장) 명시적 확산 없이 정책수렴이 발생할 수 있다. 확산과 수렴은 비교 공공정책을 이해하는 데 매우 중요하다.

정책확산이 국가정책에 대한 국제적 영향력의 한 사례로 관심을 끌고 있지만, 해외에서 온 혁신을 분명히 모방한 국가의 사례는 여전히 미미한 상태이다. 이론적으로, 세계의 모든 국가가 정책혁신을 시험하는 실험실로 취급될 수 있다. 실제로, 대부분의 정책 입안은 여전히 국가의 틀 내에서 이루어지고 있다. 그렇다면, 우리는 왜 명확한 학습 없이 수렴이 발생하는지 어떻게 설명할 것인가? 다시 말해서, 왜 민주주의 국가들은 자각 학습도 없이 정책수렴이 제시하는 광범위하게 유사한 정책들을 해외로부터 비슷한 시기에 채택하게 되는 것일까?

로저스(Rogers, 2003)가 유용한 출발점을 제공했는데, 그는 몇 명의 혁신가들과 조기적응자(early adopters)들, 대다수 일반인들(적응시기에 따라 두 개의 집단으로 분리), 일부 늦게 적응하는 사람들 사이의 차이를 구분했고, 비적응자들은 제외하고 분석했다 (도표 17.2 참조). 국가 사이의 정책확산을 염두에 두고 분석된 것은 아니지만, 이 분석은 우리들이 특정 정책의 확산을 해석하게 하고 왜 일부 국가들은 특정한 경우 또는 일반적으로 혁신적으로 되는지 질문을 던지게 한다. 혁신은 고소득 국가들에서 가장 빈번하게 발생하는데, 특히 (a) 특정 문제의 가장 급박

> **정책확산**(Policy diffusion): 정책 프로그램이 국가들 사이에 퍼져 나가는 추세.
>
> **정책수렴**(Policy convergence): 상이한 국가들에서 유사한 정책들이 수립되는 추세.

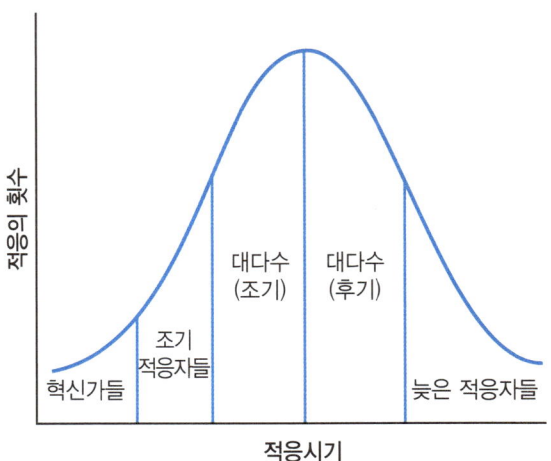

도표 17.2 혁신의 확산

출처: Rogers (1962)에서 수정.

한 발현, (b) 새로운 정책에 투입될 자원, (c) 승인 및 실현할 수 있는 거버넌스 능력을 가진 국가들에서 나타난다.

대기오염의 사례를 다시 한번 들자면, 1980년대에 캘리포니아가 도로 차량의 배기량을 통제하기 시작했을 때, 미국 자동차 시장을 통합해야 할 필요성 때문에 미국의 나머지 주들이 천천히 따를 것이고, 세계의 나머지 국가들도 미국 자동차 시장과의 통합 필요성 때문에 따를 것이라는 대중적인 구상이 있었다. 보다 최근에는, 독일이 새로운 기준을 설정한 데 대해 점점 더 신뢰를 받게 되어, 나머지 유럽연합이 독일 모델을 따르고, 나머지 세계가 EU 모델을 따르면서 상황이 역전되었다. 이는 결코 간단한 문제는 아니다 (예를 들어, 연료로부터 나오는 문제를 주도하는 것은 미국, 서유럽, 일본이 병렬적으로 움직이면서 미묘한 방향으로 나아가고 있다 [McCormick, 2018]). 이 이야기는 세계 한 부분의 혁신이 어떻게 다른 지역의 연쇄반응으로 이어지는지에 대해 말해준다. 자동차 시장은 세계적으로 통합되어 있기 때문에 공통 표준이 필수적이다.

닐과 토선(Knill and Tosun, 2020)은 정책수렴을 고무하는 일련의 요인들을 식별했다 (표 17.3). 이들 중 첫 번째는 '독립적 문제해결'이다. 국가들이 현대화되면서 정책적 대응을 필요로 하는 유사한 문제들이 발생한다. 예를 들어, 발전의 초기 단계에서 도시의 위생문제, 부적절한 교육, 사회보장의 필요성과 같은 이슈들이 의제에 포함된다. 발전의 문제는 나중에 발생한다. 그 사례로는 비만의 확산, 고령자 케어에 소요되는 사회비용의 증가 등이 있다. 이러한 문제들에 대한 국내적 대응은 통상적으로 확산보다는 병행하는 정책결정이 이루어진다. 한 국가의 대응이 다른 지역의 정책적 혁신으로부터 영향을 받는다 하더라도 각국은 나름대로 정책화할 필요가 있는 국내적인 문제들을 안고 있다.

표 17.3 정책수렴의 기제

유형	효과	사례
독립적 문제해결	국가들이 발전하면서 유사한 문제들이 등장하고 유사한 정책으로 귀결되는 경우가 있음.	산업화 과정에서 규제가 미흡하면 공기와 수질의 오염이 발생함.
국제협정	국가들이 국제법, 규칙, 표준을 준수하려 할 때 국가정책들은 수렴됨.	세계무역기구는 가입국들에게 공통된 규칙을 부과함.
국제경쟁	경제적 또는 정치적 이익을 가져다주는 정책들은 다른 나라에서 복제될 것임.	높은 수준의 경제적 자유와 낮은 수준의 부패는 새로운 투자를 고무함.
정책학습	실질적인 이득이 발생하지 않더라도 분명한 학습효과가 나타남.	다른 국가들의 사례를 볼 때 사형이 범죄발생률에 크게 영향을 미치지 않기 때문에 사형제도를 폐지함.
강압과 조건제시	한 국가가 다른 국가에 대해 원조에 대한 대가와 같은 정책적 요구를 함.	아시아와 아프리카에 대한 중국의 '원조'는 중국으로 하여금 새로운 시장에 접근하도록 함.

출처: Knill and Tosun (2020)에서 수정.

둘째, 정책수렴은 끊임없이 확대되는 국제협정에 대한 순응에서 비롯될 수 있다. 원자로 설계부터 아동권리까지 모든 것을 다루게 되는데, 국제협정들은 각국의 정부들이 합의한 것들이고 정부간 기구들에 의해 감시를 받는다. 이러한 협정들에 서명하는 것은 자발적이고 그 내용은 강대국들에 의해 형성(기준에 적용되는 주체들이 아니라 기준을 만드는 주체들)되지만, 국제규범은 정책수렴을 고무하는 강력한 요인이 되고 있다.

셋째, 공식적인 국제협정을 넘어 국제경쟁은 성공적인 정책을 모방해야 한다는 압력을 발생시킨다. 그 결과는 정부를 같은 방향으로 이끌 수 있는 벤치마크를 제공하는 비교일람표의 공급 확대에 반영된다. 사업 시작의 용이성, 재산등록, 전력공급의 안정성과 같은 범주에 따라 국가순위를 매기는 세계은행의 사업활동지수(Doing Business Index)를 생각해 보자. 표 17.4는 2019년 일람표에 선정된 국가 목록이다. 더 성공적인 민주주의 국가들이 일람표의 상위에 있고 권위주의적인 국가들과/또는 더 가난한 국가들이 최하위에 있는 것은 놀라운 일이 아니지만, 오랜 권위주의와 중앙집권적 통제경제의 역사를 가진 러시아와 중국이 캐나다, 프랑스, 일본 가까이 있는 것은 놀라운 일이다. 이는 우리가 다음 장에서 보게 될 것처럼 정치와 경제 관계의 복잡성에 대해 상기시켜주는 것이다.

정책수렴의 네 번째(아마도 가장 약한) 메커니즘은 직접적인 정책학습이다. 정부는 완벽한 대안 리스트에서 정책을 선택하는 것이 아니라 국가 내부의 토론과 과거 결정의 맥락에서 정책을 결정한다. 따라서 개조가 혁신보다 더 일반적이며, 두 가지 조건이 적용된다.

- 국내의 노력이 문제를 해결하지 못했을 때에

표 17.4 사업활동지수

순위	국가	순위	국가	순위	국가
1	뉴질랜드	22	독일	63	인도
2	싱가포르	23	캐나다	84	남아프리카공화국
5	한국	28	러시아*	114	이집트*
6	미국	29	일본	124	브라질
8	영국	32	캐나다*	127	이란*
9	노르웨이	32	프랑스	131	나이지리아*
10	스웨덴	33	튀르키예*	176	시리아*
14	호주	56	케냐*	188	베네수엘라*
16	아랍에미리트*	60	멕시코	190	소말리아*

출처: World Bank (2021d). 2019년 5월 자료임. 가장 최근의 정보는 https://www.doingbusiness.org를 볼 것.
* 혼합형 또는 권위주의 정권

만 외국 모델이 진지하게 고려될 가능성이 높다. 그럼에도 불구하고, 해결책 모색은 글로벌한 것이 아니라 학습 국가가 오랫동안 우호적인 관계를 맺고 있는 유사국 또는 이웃국가들에 초점을 맞출 것이다. 북유럽 5개국(덴마크, 핀란드, 아이슬란드, 노르웨이, 스웨덴)이 이처럼 국제정치·경제·사회 지표에서 일관되게 함께 순위에 드는 이유 중 하나는 북유럽이사회(Nordic Council, 1952년 설립)와 같은 기구를 통한 유사한 문화, 사회, 정책, 지역 협력의 오랜 역사를 가지고 있기 때문이다.

- 정책 자체는 종종 확산 과정에서 진화한다. 그것들은 전달되기보다는 해석되어 적용된다. 정부가 외국의 예를 인용하더라도, 국내정치적 이유로 채택(또는 회피)된 정책을 정당화하기 위한 것일 수 있다. 코로나19에 대한 대응은 각국이 취한 접근 방식, 조치에 대한 시간표, 사용한 백신, 봉쇄와 같은 조치에 대한 대중의 대응을 지속적으로 비교했다.

정책수렴을 고무하는 마지막 요인(닐과 토선의 목록에는 없는)은 한 국가가 다른 국가에 가하는 강압과 조건제시다. 극단적인 경우, 전쟁에서의 승리는 지배적인 강대국들이 패전국들에게 요구 사항을 부과할 수 있게 한다. 예를 들어, 제2차 세계대전 이후 승전국들은 독일과 일본에 민주주의 건설을 요구했고, 보다 최근에 미국이 이라크에 같은 요구를 했다(덜 성공적이었음). 보다 보편적으로, 경제적 취약성은 약한 나라들에게 더 강한 나라들에 굴복하는 것 외에는 선택의 여지가 거의 없다. 예를 들어, 원조에 의존하는 관행은 오랫동안 국제정치에서 중요한 주제가 되어왔다. 이러한 노선을 따라, 국제 채권자(국제통화기금 포함)는 2010년 그리스의 재정적 부채를 줄이기 위한 노력으로 그리스가 개혁을 시행하도록 했다. 정책형성의 수단으로 강압을 사용하는데 따르는 문제점은 수용국가가 실질적인 개혁 수행을 하지 않아서 결국은 장기적으로 실패로 돌아갈 가능성이 높다는 점이다.

전반적으로 정책보다는 아이디어 확산의 관점에서 생각해야 한다. 정책은 국가의 범주 내에서 이루어지는 것이지만, 특히 강한 국가에서 아이디어는 경계가 없다. 광범위한 의제와 틀은 성격상 초국가적이고 국제기구에서의 논의에 의하여 다듬어지는 경우가 가끔 있다. 아이디어는 국가의 정책입안자들이 그 영향력을 알든 모르든 국가정책이 수립되는 환경을 제공한다. 일반적인 정치와 마찬가지로 공공정책에 있어서, 아이디어의 영향은 사례에 기초한 것 이상의 분석을 하기는 어렵더라도 아이디어는 중요한 것이다. 예를 들어, 아이디어는 코로나19 대응의 핵심 요소였는데, 그 이유는 이 장의 앞부분에서 보았듯이 문제를 해결하기 위해 의료체계를 동원할 수 있는 국가의 능력이 매우 다양했고 백신에 대한 접근이 명백하게 불평등했기 때문이다.

권위주의 정권의 공공정책

세계에서 가장 가난한 나라 중 하나는 카리브해의 히스파니올라섬의 가난한 지역인 아이티다. 비록 1804년 독립한 세계에서 가장 오래된 나라들 중 하나이지만, 아이티는 효과있는 정치적 형태를 찾기 위해 고군분투해왔고, 다양한 정책 실패가 야기되었다. 1,100만 인구의 거의 60퍼센트가 가난하게 살고 있으며, 유아와 모성 사망률은 서반구에서 가장 높다. 인구의 약 3분의 1이 문맹이고 사회기반시설은 심각한 상태에 놓여 있다. 아이티는 민주주의 지수에서 혼합형 정권으로, 인간개발 지수(United Nations Development Programme, 2020)에서는 170위를 차지하는데, 이는 시급한 정책 요구를 보다 효과적으로 해결하는 데 도움이 될 수 있는 정치적 안정성을 구축하지 못함을 반영하는 결과다.

적어도 표면적으로 민주주의 정권과 권위주의 정권에서 공공정책이 접근되는 방식의 기본 구조에 큰 차이가 없는 것처럼 보일 수 있다. 전자가 후자보다 더 투명하고 대응력이 있다고 해도, 두 유형의 정부는 여전히 주도하고, 관리하고, 입법하고, 판결하고, 실행하는 동일한 책임을 가지고 있다. 그들은 또한 시민들로부터 비슷한 요구들을 받고 있다. 사람들이 민주주의에 살든 독재 정권에 살든, 그들은 모두 학교, 병원, 영양, 에너지와 깨끗한 물의 공급, 공공 안전, 원활한 교통체계를 원한다.

그러나 내부를 들여다보면 많은 차이점이 있으며, 그 중 특히 5가지가 눈에 띈다 (표 17.5의 요약 참조). 첫째, 정치권과 행정기관의 세력균형이 다르다. 민주주의 정권에서 정책은 행정부, 입법부, 법원, 정당, 언론과 여론의 이해관계가 복잡하게 뒤섞여 형성되며, 균형은 상대적 자원과 지위에 따라 변화한다. 한편, 권위주의 정권에서 행정부는 (제8장에서 보았듯이) 입법부와 법원에 비해 더 많은 권한을 갖게 될 것이며, 지도자들은 여론이나 호의적인 언론 보도를 끌어들일 필요성에 덜 기초해 정책결정을 내린다 (대부분의 언론 통제와 반대파 미디어의 취약성을 감안할 때 거의 항상 지도자에게 유리하다). 정책과정에 참여하는 사람은 더 적으며 (지배엘리트, 지배가족, 지배정당, 지배민족), 제6장에서 보았듯이 후견은 권위주의 정권에서 정책과정의 핵심에 더 분명하게 놓여 있다. 충성의 연결망은 어디에 조치를 취하고 돈을 쓸 것인지를 결정하는 일이 복지보다 더 중요하다.

중국이나 쿠바와 같은 일당제, 또는 러시아나 베네수엘라와 같은 권위주의적 지배정당제의 경

표 17.5 민주주의와 권위주의 정권의 정책 비교

특징	민주주의	권위주의
기관	다양한 동기들에 의해 권위가 분리되어 있다.	권위는 리더십 또는 집권당/엘리트에 초점이 맞추어져 있다.
방식	포용과 여론에 대한 우려.	강압을 보다 강조하는 지배에의 초점.
동기	정책을 형성하고, 차별성을 보이며, 재선에서 승리하기 위하여.	가능한 한 오랫동안 권력을 유지하고, 부서와 개인의 이익을 위해 정책을 활용.
자격	정부 지도자들은 통상적으로 정치적 경험을 보유하고 있다.	정부 지도자들은 정부에 대한 경험이나 이해 없이 권력을 장악하는 경우가 종종 있다.
정책 우선순위	사회프로그램 및 경제관리에 중점을 둔 광범위한 분야.	사회문제에 관심을 덜 가지고 안보의 중요성에 초점을 맞춘다.

우, 정책입안은 정당 기관이 주도한다. 이는 정책이 어떻게 형성되는지 이해하는 문제가 더 넓은 정책 지형을 이해하는 것보다 당내 우선순위를 이해하는 것에 더 비중이 있다는 점을 의미한다. 이러한 상황에서 정책결정을 파악하는 것은 과정에 더 초점을 맞추기 때문에 어떤 면에서는 쉽지만, 투명성이 떨어지기 때문에 어렵다.

둘째, 정책방법이 다르다. 민주주의는 정보를 수집하고 처리하는 복잡한 체계를 가지고 있으며, 정책목표를 달성하기 위해 채찍, 당근, 설교를 조합하여 사용한다. 권위주의 정권에서 정책은, 우리가 6장에서 보았듯이, 더 많은 채찍, 더 적은 당근 또는 설교와 함께 더 높은 수준의 강압을 동반한다. 통치자들은 그들이 무엇을 하고 싶은지(또는 하고 싶지 않은지) 결정하고, 그들은 여론보다는 지지 엘리트들을 행복하게 유지하는 것에 관심을 가지고 자신들의 야망을 강요하기 시작했다.

그러나 권위주의체제에서 정책의 아이러니 중 하나는 정책결정 기관이 강할 수 있지만, 이것이 정책이 항상 성공적으로 시행된다는 것을 의미하지는 않는다는 것이다. 오래전에 잭슨과 로즈버그(Jackson and Rosberg, 1982)는 많은 아프리카 지도자들이 정책을 입안하는 상대적인 자유를 가졌을 때 부딪히는 모순점을 기록하면서 정책입안과 정책결정의 격차를 언급했다. 그 모순점은 아프리카 지도자들이 정책을 시행하거나 집행하는 데 실질적인 제약을 가지게 되는 점이었다. 좀 더 최근에, 브루커(Brooker, 2014)는 권위주의 정권에서 관료의 정책집행 역할이 정책입안 역할을 모호하게 하는 경향이 있다고 하면서, 정책 '입안'을 할 때도 관료는 정치지도자들에게 자문하는 것 이상을 거의 하지 못한다고 주장했다.

민주주의와 권위주의 정권의 세 번째 차이점은 정책입안자들이 다른 동기를 가지고 있다는 것이다. 통제하고 '차이를 만들고자 하는' 열망은 권위주의 정권에 있는 사람들만큼 민주주의에 있는 사람들에게 동기부여가 되며, 특정 선거구를 행복하게 유지하려는 열망과 관련하여 두 상황 모두에서 유사성이 있다. 그러나 민주주의 지도자들은 그들의 임기가 헌법적 시계나 권력의 지속적 장악에 따른 불안정성에 의해 제한된다는 것을 알고 있다. 그들은 유권자들을 행복하게 하고, 자신들의 임기가 헌법에 의해 제한되더라도 소속 정당은 통제력을 유지하고 야당이 집권하지 못하게 하는 복잡하게 혼합된 정치적 유산에 의해 동기를 부여받고 있다.

권위주의적 통치자들 입장에서도 자신들의 날이 얼마 남지 않았다는 것을 알지만, 그럼에도 되도록 많은 날이 주어지기를 희망한다. 그들의 핵심적 우선순위는 국내 정치세력을 상대하여 자신의 권력유지를 보장하고 지지자들에게 가능한 많은 이익을 주는 것이다. 생존이 불확실한 상황에서, 그리고 유권자들의 지지를 유지하기 위해 가능한 많은 수단을 사용하고자 하는 그들은 국가의 자원을 통제하면서 그들 자신, 가족, 지지자들을 부유하게 하고 싶은 유혹을 더 많이 받을 수 있다. 한편, 그러한 자원은 경제 및 사회 발전에 대한 투자와 같은 더 광범위한 유용한 용도에서 벗어나 지배 엘리트를 풍부하게 하는 방향으로 전환된다. 이러한 정치적 생존과 개인적 풍요의 목표는 질서 있는 정책, 특히 좋은 경제정책에 도움이 되지 않는다.

예를 들어, 짐바브웨의 무가베(1980~2017년)

는 귀중한 인적, 자연적, 농업적 자원을 가진 나라를 통치했지만, 지지자들의 요구를 충족시키는 데 너무 신경을 써서 광범위한 정책 이니셔티브를 개발하는 데 집중하지 못했다. 그는 다른 많은 아프리카 독재자들만큼 자신을 부유하게 하지는 않았을지 모르지만, 그는 주로 백인 소유자로부터 귀중한 농장을 몰수하여 자신의 지지자들에게 주는 토지 탈취 정책을 시행했다. 그러한 무가베의 지지자들 중 다수는 독립전쟁의 영웅으로 묘사되었지만, 그들의 일부는 전쟁을 하기에는 너무 어린 나이인 경우가 많았다. 그 결과, 이전에 생산적이었던 농장은 폐허가 되었는데, 그 이유는 새로운 소유주들 중 농사에 대한 지식이나 경험이 있는 사람이 거의 없었기 때문이다. 짐바브웨의 인플레이션은 2008년 중반에 790억 퍼센트까지 치솟았으며, 이는 물가가 24시간마다 두 배가 된다는 것을 의미했지만 (Hanke, 2009), 엘리트들은 확실하게 외화에 접근할 수 있었고 비공식 시장에서 상품을 살 수 있었기 때문에 거의 영향을 받지 않았다.

민주주의 정권과 권위주의 정권의 네 번째 차이점은 정책입안자의 자격에 있으며, 이는 다른 종류의 규칙을 생산한다. 대부분의 민주적 지도자들은 취임하기 전에 정치적 경험을 가지고 있으며, 이것이 더 큰 역량이나 높은 수준의 리더십을 보장하지는 않지만, 보통 이는 정부의 과정에 더 익숙하다는 점을 의미한다. 이러한 사실은 러시아의 푸틴(Vladimir Putin), 이란의 라이시(Ebrahim Raisi), 베네수엘라의 마두로(Nicolás Maduro) 등 현대 권위주의 정권 지도자들에 있어서도 마찬가지다. 이들은 자국의 대통령이 되기 이전에 정치적 경험을 했다. 한편, 중국에서는

짐바브웨에서 지지자들이 집권 ZANU-PF 정당의 승리를 축하하고 있다. 1980년 이후 집권하고 있는 이 정당의 정책실패가 광범위한 경제적, 정치적 어려움을 의미하고 있음에도 불구하고 이번 승리가 정당의 지속적인 통제를 보장하고 있다.

지도부가 당의 하위층을 통과하고 당의 작동방식을 이해하는 힘든 과정을 견뎌내지 못하고 공산당 최고위층을 차지하는 것은 불가능하다.

많은 권위주의 지도자들은 전임자들에 대한 폭력적 전복을 통해, 군사 쿠데타를 통해, 세습왕조를 통해, 또는 집권당의 리더십 승계를 통해 권력을 장악한다. 이는 때때로 그들로 하여금 행정경험을 부족하게 하고, 지지자들을 격려하고 반대자들을 식별하기 위한 지식을 부족하게 한다. 이러한 문제들은 군사정권에서 특히 흔하게 발생하는데, 군사정권의 지도자들은 민간정부에서 이루어지는 유연한 정책결정 과정보다는 군대의 계급적 책임구조에 더 익숙해 있다. 한편, 비군사적 권위주의 정부의 새로운 지도자들은 종종 전임자들이 만든 정부의 구조와 우선순위를 물려받으며, 저항하기 어려운 정치적 조류에 휩쓸리고 있음을 알게 된다.

마지막으로, 민주주의 정권과 권위주의 정권은 정책의 우선순위에서 다르다. 민주주의 국가의 정부는 광범위한 정책요구에 직면해 있으며 사회프로그램과 경제관리에 강한 중점을 두고 있다. 다시 말해서, 그들은 국민들을 건강하고, 교육을 잘 받으며, 고용이 잘 되게 하면 다음 선거에서 인센티브를 받게 된다. 한편, 권위주의 정권은 광범위한 국민들의 지지보다 지지층의 네트워크에 더 신경을 쓰고, 민주주의 국가들보다 가난하기 때문에 사회정책에 대해 관심을 갖거나 따라갈 만한 능력을 보유하고 있지 않다. 그들은 기술적인 문제들(도로 유지, 학교 건설과 같은)을 돌보고, 종종 군대에 대한 높은 수준의 지출(대외안보보다는 내부적인 관점에서)을 하지만, 보통 사회보장이나 건강관리에 덜 지출한다.

제6장에서 논의된 인물주의(권위는 통치자가 직책보다는 자신들의 후원자, 동료, 피후견인 지지자들 사이의 개인적 연결에 더 기반을 두고 있다)는 민주주의와 권위주의 정권의 정책 세계 사이에서 가장 주목할 만한 차이점 중 하나이다. 민주주의 지도자들은 확실히 자신의 지지자들을 행복하게 하고 싶지만, 그들은 또한 야당에 대처해야 하고 자신이 유임할 계획이라면 그들의 기반을 넘어서야 할 필요가 있다. 연합정부의 전통이 있는 국가에서는 정책에 대해 타협하는 법을 배워야 한다. 대조적으로, 권위주의 정권에서는 지도자와 지지자 사이의 연결이 더 강력하고 야당을 행복하게 유지할 필요성이 더 약하다.

그렇다고 독재자가 모든 정책결정을 스스로 한다는 의미는 아니다. 윌리엄슨과 마갈로니(Williamson and Magaloni, 2020)는 "가장 인물중심적인 독재자라도 완전히 독점하기에는 복잡하고 잠재적으로 인기가 없는 결정이 너무 많기 때문에 정권 내의 다른 엘리트와 기관에 많은 정책을 위임해야 한다"고 지적한다. 그들은 대중의 압력이 정책결과를 형성할 수 있으며, 민주주의에서처럼 권위주의 정권에서도 정책결정을 혼란스럽고 갈등적으로 만들 수 있다고 주장한다. 특히 입법부가 종종 과소평가되는 역할을 하는데, 이는 정책 승인을 위한 도구 또는 정책이 실패할 경우 독재자에 대한 비난을 떠안을 수 있는 편리한 희생양으로 사용된다.

이 다섯 가지 차이점에 덧붙여서, 상이한 유형의 권위주의정부를 구별하는 것이 중요하다. 앞서 언급했듯이, 한 극단에서 많은 군사 및 개인 통치자들은 자국의 번영보다 자신의 번영에 대해 훨씬 더 많은 관심을 보여 정책 부족을 초래한다. 또 다른 극단에서 지배 엘리트들이 명확한 국가 목표의식과 안정적인 권력 장악력을 보여주는 현대화된 정권은 특히 경제발전을 위한 장기적인 정책을 따른다. 그러한 국가들은 타성에 시달리지 않고, 보다 개방적인 정치체제에서 발생할 단기적인 요구를 억제할 수 있기 때문에 실질적인 정책변경을 추진하는 것이 더 쉽다는 것을 알게 된다.

살아남은 일부 공산주의 국가, 특히 중국은 후자 접근법의 예를 제시한다. 중국이 권위주의 정권으로 살아남는 것은 부분적으로 급속한 경제발전을 이끄는 정책을 추구하기 때문이다. 세계에서 인구가 가장 많은 나라에서 일관된 정책을 수립하고 실행할 수 있는 중국공산당 지도부의 역량은 놀라운 성과다. 이는 정치적 유연성, 중국의 권위주의적 전통, 그리고 경제성장으로부터 도출된 체제의 정당성 덕분이다. 권위주의 정권에서 이례적으로 지도층이 대중의 관심사에 민감하게 반응하는 것은 경제발전의 달성뿐만 아니라 이의 불평등한 결과를 제한하려는 시도에서도 나타난다. 예를 들어, 당의 2006년 프로그램인 '조화로운 사회 구축'은 소득 불평등을 줄이고, 농촌 거주자와 도시 이주민의 의료 접근성을 개선하고, 사회보장을 확장하고, 산업화로 인한 환경 피해를 억제하기 위해 노력했다 (Saich, 2015).

공산주의 이후 러시아에서의 이야기는 다르다. 공산주의로부터의 전환 직후 혼란스러웠던 시기 이후, 국가의 통치자들은 여러 정책에서 성공을 거두었다.

- 비즈니스 투자를 위해 보다 예측 가능한 환경이 조성되었다.
- 권력 재집중화는 새롭게 성문화된 법체계의 보다 획일적인 적용을 장려했다.
- 세수가 개선되었다.
- 사회정책은 소련시대의 특권(무상 또는 보조 주택, 교통, 의료 등)의 대부분을 '등가의 현금 지급'으로 대체하는 논란이 많은 2005년 개혁으로 더욱 일관되게 되었다 (Twigg, 2005).

그러나 러시아가 민주주의로 진화하고 있다는 희망은 2000년 푸틴이 대통령이 된 후 곧 깨졌다. 푸틴에게 정치적 위협이 되고 있는 산업가들은 여전히 수많은 규칙과 규제가 자신들에게 선택적으로 발동된다는 것을 발견하면서, 정책수립은 여전히 지배 엘리트들의 정치적 요구의 대상이 되고 있다. 러시아의 통치자들이 개인적인 부를 쌓으면서, 빈곤, 알코올 중독, 폭력 범죄, 그리고 농촌 인구 감소와 같은 뿌리 깊은 사회문제들이 민주주의라면 받을 수 있는 우선순위에서 거부당하고 있다.

민주적, 권위적 정권에서 기관이 수행하는 역할과 시민이 정치과정에 참여하는 방식에는 분명한 차이가 있지만, 정책을 이해하는 데 있어서는 두 유형 사이에 많은 유사점이 있다. 정책의 세 가지 모델은 정책순환과 마찬가지로 정책의 도구, 그리고 확산과 수렴의 효과 모두에 적용된다. 그러나 정책 스타일은 독특하며, 권위주의 정권은 낮은 수준의 포괄성을 지향하는 경향이 있다. 그렇더라도 독재자들은 항상 자기 마음대로 할 수 없으며, 권위주의 정권이 행사하는 높은 수준의 통제에도 불구하고 엘리트들의 지지 없이는 생존할 수 없으며, 그 지지의 지속은 그러한 엘리트들의 정책 선호를 고려하는 것을 의미한다.

토론주제

- 정책결정의 복잡성을 고려할 때, 왜 정치인들은 계속해서 비현실적인 약속을 하고, 유권자들은 그것을 계속 받아들이는가?
- 정책순환에 한 단계를 추가한다면, 그 단계는 무엇인가?
- 정책과정의 세 가지 모델 중 정책과정의 현실에 가장 많은 통찰력을 제공하는 모델은 무엇인가?
- 어떤 정책수단이 (a) 비만, (b) 약물중독, (c) 운전 중 문자 메시지, (d) 기후변화를 줄이는 데 가장 효과적인가?
- 왜 정책은 종종 목표를 달성하지 못하는가?
- 이 장에서는 민주주의와 권위주의체제의 정책 접근 방식에서 다섯 가지 차이점을 설명한다. 그것들은 어느 정도까지 실질적이고, 어느 정도까지 단순히 정도의 문제인가?

핵심용어

- 공공정책(Public policy)
- 구조주의(Structuralism)
- 비용편익분석(Cost-benefit analysis)
- 쓰레기통 모델(Garbage-can model)
- 점증적 모델(Incremental model)
- 정책 스타일(Policy style)
- 정책수렴(Policy convergence)
- 정책순환(Policy cycle)
- 정책확산(Policy diffusion)
- 합리적 모델(Rational model)

추가 읽을거리

Birkland, Thomas A. (2020) *An Introduction to the Policy Process: Theories, Concepts and Models of Public Making*, 5th edn (Routledge). 정책단계에 특별히 중점을 둔 공공정책에 대한 주제별 소개.

Cairney, Paul (2020) *Understanding Public Policy: Theories and Issues*, 2nd edn (Red Globe Press). 특징, 제도, 구조에 대한 장을 포함한 공공정책의 새로운 조사.

Dodds, Anneliese (2018) *Comparative Public Policy*, 2nd edn (Palgrave). 경제, 복지, 환경정책과 같은 특정 문제에 대한 장을 포함한 공공정책의 비교에 대한 조사.

Dunn, William N. (2018) *Public Policy Analysis*, 6th edn (Routledge). 정책이 어떻게 만들어지고 시행되는지를 연구하는 데 관련된 다양한 방법과 접근법에 대한 지침.

Howlett, Michael, and Jale Tosun (eds) (2021) *The Routledge Handbook of Policy Styles* (Routledge). 상이한 국가, 부문, 단계의 정책과정에 대한 장들과 함께, 정책 스타일의 비교에 초점을 맞춘 편집된 서적.

Knill, Christoph, and Jale Tosun (2020) *Public Policy: A New Introduction*, 2nd edn (Red Globe Press). 이론과 개념을 강조하는 공공정책에 대한 주제별 개괄서.

18장

정치경제학

차례
- 정치경제에 대한 이해
- 기원과 진화
- 비교정치경제
- 복지국가
- 권위주의 정권의 정치경제

개요

이 장은 정치학과 경제학 간의 관련성에 초점을 맞춰, 서로에 대한 각 분야의 중요성을 보여준다. 오랫동안 따로 연구되어왔지만, 정치학자들과 경제학자들이 두 분야 간의 상호 교차점을 더 잘 이해하기 위해 노력하면서 두 학문분야는 다시 연결되었다. 정치체제가 어떻게 작동하고 민주주의와 권위주의가 어떻게 다른지 비교를 통해 이해하는 것이 중요하듯이, 경제체제가 어떻게 작동하는지, 어떻게 그리고 왜 정부들은 경제에 서로 다른 접근법을 취하는지, 그리고 이러한 차이가 정부와 정치의 본질에 어떻게 영향을 미치는지 역시 비교를 통해 이해하는 것도 중요하다.

이 장은 경제가 어떻게 구조화되어 있는지, 왜 어떤 사회는 부유한 반면 다른 사회는 가난한지를 포함하여 정치경제학과 그것이 다루는 다양한 질문에 대해 살펴보는 것으로 시작한다. 그런 다음, 고전적 자유주의에서 현대 자유주의에 이르는 정치경제에 대한 네 가지 주요 관점과 더 중요한 하위 범주 몇 가지를 차례로 살펴보기에 앞서, 정치경제에 대한 우리의 이해가 발전된 방식을 검토한다. 비록 몇몇 나라에서 경제민족주의 정책으로 되돌아가는 조짐이 있지만. 오늘날 현대 자유주의는 민주주의체제에서 가장 자주 발견되는 관점이다. 복지국가가 주로 부유한 민주주의 국가에서 발전해 왔기 때문에 이 장은 복지국가에 대한 평가로 이어지며, 권위주의 정권의 정치경제에 대한 검토로 마무리된다. 또한, 이 장은 자원의 저주나 지대추구국가와 같은 개념을 검토하는 동시에 특히 중국이나 러시아와 같은 국가에서 어떻게 국가자본주의가 뿌리내렸는지에 초점을 맞춘다.

핵심논제

- 정치경제학의 부활은 우리에게 정치와 경제의 상호작용에 대한 새로운 통찰력을 주었다.
- 고전적 자유주의의 자유시장에 대한 강조는 정치경제학의 기초를 제공하며, 신자유주의의 형태로 많은 나라에서 계속 발견된다.
- 급진주의는 자유시장의 약점에 대한 반응으로 발생했지만, 급진주의적 분석은 공산주의와 국가사회주의의 실험이 그 도를 넘음으로써 그 의미가 손상되었다.
- 오늘날 대부분의 민주주의 사회는 자유시장과 재분배에 대한 현대 자유주의적 관점에 기초하고 있으며, 일부에선 경제민족주의가 부활하고 있다.
- 국제금융 압력의 여파로 복지국가에 대한 생각이 재평가되는 와중에, 경제발전에 대한 최선의 접근법에 대한 합의는 거의 존재하지 않는다.
- 국가자본주의는 많은 권위주의 정권의 정치경제를 이해하는 독특한 접근법이다.

정치경제에 대한 이해

아프리카에서 가장 높은 순위의 민주주의 국가 중 하나는 1966년에 독립한 인구 200만 명이 조금 넘는 작은 나라인 보츠와나이다. 비록 완전한 민주주의라기보다는 결함있는 민주주의이지만, 민주주의 지수에서 벨기에와 폴란드 같은 많은 유럽국가나, 주로 성공한 많은 중남미와 아시아 국가들보다 순위가 높다. 그 성공의 가장 중요한 요인 중 하나는 정치와 경제의 융합에 있다. 보츠와나는 세계에서 가장 큰 다이아몬드 생산국 중 하나이지만, (나이지리아의 석유자산에서 일어나는 경우처럼) 그 부가 오용되고 부패로 흘러 들어가는 것을 허용하는 대신, 세계 최대의 다이아몬드 채굴 및 무역회사인 드비어스와 합작회사를 설립하고, 그 수익을 신중하게 경제개발에 투입했다. 한때 세계에서 가장 가난한 나라 중 하나였던 보츠와나는 오늘날 세계에서 1인당 GDP 성장률이 가장 빠른 나라 중 하나이며 브라질, 인도네시아와 같은 맥락에서 중상위소득국가이다.

보츠와나의 사례는 정치경제, 즉 정치와 경제의 교차점을 이해하는 것의 중요성을 보여준다. 이 둘은 서로 분리하기 힘든 분야이다. 대부분 모든 정부의 정책적 선택이 경제적 고려에 의해 깊이 영향을 받으면서, 정치적 결정은 경제적 필요와 압력으로부터 영향을 받는다. **정치경제학(political economy)**은 일반적으로 정치분석을 수행하는 수단이자, 농업에서 통신, 문화, 교육, 환경, 금융, 젠더, 노동, 이주, 무역, 전쟁에 이르기까지 다양한 주제를 연구하는 접근법이기도 하다. 지금까지 이 책에서 우리의 관심은 요인들 간 관계의 정치적 측면에 집중되어 왔다. 이 마지막 장에서 우리는 경제적 관점으로 전환하여, 이전 장에서 논의된 제도와 과정을 다시 참고하여 경제적 추세가 정치적 결정에 어떻게 영향을 미치는지, 그리고 그 반대의 경우는 어떤지 비교관점에서 살펴본다.

정치경제학자들이 제기하는 문제의 종류는 다음과 같다.

- 경제는 어떻게 구조화되고 이러한 구조는 어떻게 변하는가?
- 왜 어떤 사회는 부유한 반면 다른 어떤 사회는 가난한가?
- 경제에 대한 정부개입의 적절한 방식과 시기는?
- 정부는 경기침체와 실업에 어떻게 대응해야 하는가?
- 남자는 종종 같은 일을 하면서 왜 여자보다 더 많은 임금을 받나?
- 조세 정책의 의미는 무엇인가?

출발점은 고전적 자유주의로, 정부의 최소한의 개입으로 개인과 사회가 자신들의 이익을 추구하도록 허용된다면 가장 번영할 가능성이 높다는 견해이다. 그러나 이 장의 뒷부분에서 논의되는 바와 같이 급진주의자는 이러한 견해에 동의하지 않고 대신 평등과 정의를 보장하기 위해 정부개입이 필수적이라고 주장한다. 한편, 경제민족주의는 국가경제에 대한 정부보호를 선택하는 반면, 현대자유주의는 정부가 부와 기회의 재분배에 관여하면서 권리는 보호해야 한다고 믿는다. 후자의 요점은 부유한 민주주의국가의 정치

> **정치경제학(Political economy)**: 시장과 국가의 관계를 연구하는 사회과학의 한 분야.

경제에 대해 고려할 때 매우 중요한 복지국가의 임무에서 볼 수 있다.

권위주의 정권의 정치경제와 씨름하는 것은 독재자와 민주주의자 또는 부와 빈곤을 비교하는 문제일 뿐만 아니라 정치 및 경제정책 간 상호작용을 더 깊이 들여다보는 문제이기도 하다. 대부분의 경우, 통제력을 발휘하기 위해 정치 및 경제정책 둘 다 사용되었다. 그러나 이것이 종종 비효율과 부패로 이어지면서, 권위주의 정권들의 경험은 단순한 모델을 사용해 설명될 수 없는 좀 더 복잡하고 미묘한 차이를 보여준다.

정치경제학에 대해 더 깊이 들어가기 전에, 우리는 이 장에서 사용되는 몇 가지 핵심 용어를 파악할 필요가 있다. 이중 첫 번째는 경제학(economics)이다. 우리는 제1장에서 정치학이 제도, 정치과정, 정치적 행위의 구조와 역학에 초점을 두며 정부와 정치의 이론과 실천에 대해 연구하는 것이라는 것을 알았다. 정치학은 경제학과 병행되는데, 후자는 생산, 부의 창출과 분배, 희소성의 원인과 결과, 공급과 수요의 관계, 자원의 효율적인 사용과 같은 문제에 초점을 맞춘다. 경제학은 시장(market), 금융, 은행, 비즈니스, 무역에 관한 학문으로, 개인 소비자에서 중소기업, 대기업, 다국적 기업, (당연히) 정부에 이르기까지 여러 주요 참여자를 포함한다.

우리는 또한 제1장에서, 정치체제는 사회가 집단적 결정에 도달하고 그 결정을 성공적으로 집행하는 상호작용과 조직으로 구성된다는 사실을 알았다. 우리가 앞에서 살펴보았듯이, 민주주의 정권과 권위주의 정권 사이의 광범위한 차이부터 기관의 구조와 사람들이 정치에 참여하는 방식의 보다 더 세부적인 차이에 이르기까지, 정

경제학(Economics): 상품과 서비스의 생산, 유통, 소비의 이론과 실천에 관한 연구.

시장(Market): 주로 수요와 공급에 의해 결정되는 가격으로 재화와 서비스가 사고 팔리는 영역.

독일 프랑크푸르트에 있는 유럽중앙은행 본부. 유럽의 단일통화인 유로를 나타내는 로고가 있다. 경제와 시장은 유럽연합 진화의 핵심이었다.

치체제는 다양한 형태로 나타난다.

경제체제(economic system)는 경제에 관하여 (앞서 정치체제에 대해 언급한 바와 – 역자 주) 유사한 상호작용과 조직의 집합으로 구성되며, 그러한 체제도 여러 가지 형태로 나타난다. 시민이 정부에 참여하고 정부가 자신의 정치적 권리를 보호할 것으로 기대할 수 있는 정도에 따라 다양한 정치체제가 구별되는 것과 거의 같은 방식으로, 정부와 시민이 시장에 참여하는 방식과 시민들이 정부가 자신의 경제적 권리를 보호할 것으로 기대할 수 있거나 기대해야만 하는 정도에 따라 다양한 경제체제가 구분된다.

민주주의 지수(Democracy Index)와 세계자유 지수(Freedom in World)를 포함하여 민주주의를 측정하는 비교 지수가 있는 것처럼 시장에서 정부개입의 다양한 수준을 측정하고 비교하는 여러 가지 방법이 있다. 그중 하나가 캐나다의 싱크탱크인 프레이저연구소(Fraser Institute)에서 관리하는 경제자유 지수(Index of Economic Freedom)이다. 이 지수는 정부의 규모와 범위, 재산권에 대한 접근, 건전화폐(통용력과 구매력이 어떤 수단에 의해 확보되어 있는 화폐 – 역자 주)에 대한 접근 수준, 신용규제와 같은 요인별로 나라를 평가하는 42개 측정값에 근거한다. 각 나라는 10점 만점을 기준으로 점수가 주어지는데, 가장 자유로운 경제가 가장 높은 점수를 받고 더 통제된 경제가 가장 낮은 점수를 받는다.

경제적 자유에 대한 정의는 논란의 여지가 있으며, 정부의 시장개입 수준에 대한 프레이저연구소의 평가 작업에 대한 논의는 미국에 기반을 둔 헤리티지재단(Heritage Foundation)이나 카토연구소(Cato Institute)와 같이 비슷한 지수를 생산 및 유지하는 다른 단체들과 마찬가지로 프레이저연구소도 정치적으로 보수적인 단체라는 점을 지적하지 않고는 논란이 끝나지 않을 것이다. 도표 18.1은 2020 프레이저 세계경제자유 지수(Fraser Economic Freedom of the World index)의 예를 보여준다. 이 지수는 0(가장 덜 자유롭다)에서 10(가장 자유롭다)의 범위에서 점수를 주는데, 모든 국가에서 정부가 어느 정도 경제에 개입을 하고 있음을 보여준다. 홍콩은 가장 높은 평가를 받았는데, 대부분의 민주주의 국가들은 7.0 이상이었고, 혼합형 및 권위주의 정권은 3.0에서 7.0 사이의 점수를 받았다. 5개 브릭스 국가(브라질, 러시아, 인도, 중국, 남아프리카공화국, 제3장 참조)는 러시아 6.7과 중국 6.2 사이 범위에서 전체 순위의 중간 수준이었다. 베네수엘라는 3.34로 꼴찌를 기록했고, 30여 개국은 신뢰할 수 있는 정보가 없는 관계로 이 순위에 포함되지 못했다.

기원과 진화

클라크(Clark, 2016)는 '정치경제학'이 '원래 사회과학'이었다고 주장한다. 이 용어의 사용은 17세기 프랑스까지 거슬러 올라가며, 여기서는 왕실의 재정관리를 의미했다. 그 의미는 통치하는 사회의 경제를 구축하고자 할 때 정부가 따라야 할 정책을 평가하는 국부의 원인에 대한 연구

경제체제(Economic system): 상호작용과 제도로서, 정부와 시장 간의 다양한 상호작용 정도를 포함하며, 사회는 이를 통해 생산, 분배, 소비를 관리한다.

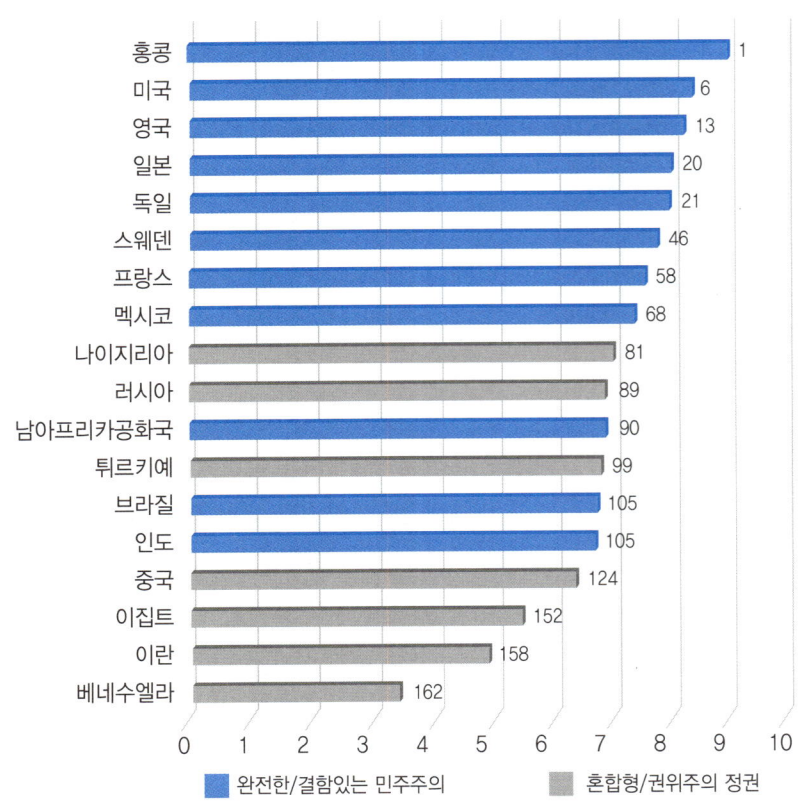

도표 18.1 세계경제 자유도

출처: Fraser Institute (2020) 기준. 점수는 10점 만점이며 점수가 높을수록 자유도가 높음을 나타낸다. 각 열의 끝에는 표시된 것은 순위(162개 중). 최신 정보는 Fraser Institute 홈페이지 https://www.fraserinstitute.org 참조.

(스코틀랜드의 경제학자 스미스[Adam Smith, 1776]의 같은 제목의 고전적 저작에 반영된)를 묘사하는 것으로 확장되었다. 정치경제학에 대한 고전적 자유주의적 견해는, 재산권 보호를 목적으로 하는 법률만 제외하고 시장이 정부의 개입으로부터 자유로울 때 가장 잘 작동한다는 것이었다. 이러한 견해는 19세기 동안 많은 주요 경제가 **자유무역(free trade)** 정책을 채택하면서 무역으로 확산되었으며, 무역 및 자본 흐름의 대규모 확장, 기술 및 통신의 중대 발견, 운송비용의 감소 및 이주의 폭발로 이어졌다. 이 모두는 아이켄베리(Ikenberry, 2000)가 묘사한 '세계화의 첫 번째 시대'를 열었다.

그러나 얼마 지나지 않아 자유시장의 비용이 오염, 아동노동, 도시피폐, 노동자가 기계로 대체되면서 실업, 범죄 및 사회 불안과 같은 문제의 형태로 최소한 산업화된 세계에서는 명백해졌다. 일부에서는 정부가 시장관리에 대해 보다 급진적이고 개입주의적인 접근방식을 취할 필요가 있다고

> **자유무역(Free trade)**: 두 나라 간 또는 세 나라 이상 사이에 개방적이고 경쟁력 있는 시장의 창출로 이어지는 무역 장벽의 축소 또는 제거.

주장했다. 19세기 후반에는 정치학자, 경제학자, 사회학자가 정부의 적절한 역할과 연구 접근방식에 대한 견해의 차이로 촉발되어 서로 다른 방향으로 움직이기 시작하면서 정치적 시각과 경제적 시각을 분리하려는 움직임도 있었다. 경제학자들은, 예를 들면, 사람들이 비용과 이익의 계산을 기반으로 합리적인 결정을 내린다는 가정을 기반으로 새로운 모델을 구축하면서 대부분의 정치학자보다 더 정량적인 접근방식을 취했다. 그들은 또한 경제와 정치가 서로 다른 관심과 출발점을 가지고 있다고 주장했다 (Clark, 2016 참조).

- 정치적 선택은 집단적인 데 반해 경제적 선택은 개인이 주도한다.
- 정치적 결정은 정의의 달성을 목표로 하는 데 반해, 경제적 결정은 번영을 달성하려는 열망에 기초한다.
- 정치적 결정은 정부 내에서 이루어지는 데 반해 경제적 결정은 시장 내에서 이루어진다.

1960년대에는 이러한 분리가 인위적이고 유용하지 못하다는 것을 깨닫고 정치학과 경제학을 다시 하나로 합치기 위한 새로운 노력이 이루어졌다. 정치경제학을 이해하는 방식에도 변화가 있었다. 이전의 시각은 주로 산업화된 서양에서의 경험에 바탕을 둔 반면, 식민지시대의 종말과 중남미의 군사정부의 더딘 종식은 그러한 시각의 범위를 넓혔다. 애초에 '저개발국(LDC: less developed countries)', '개발도상국' 또는 '후진국'으로 알려진 국가들의 수가 증가하면서 다양한 정치적, 경제적 사정이 논의에 포함되었다. 발전(development)을 어떻게 이해하는 것이 가장 좋을지에 대한 합의는 거의 없었을지라도, 발전을 이해하는 과제가 정치경제학의 새로운 의제로 떠올랐다. 대부분이 제국주의세력과 불평등한 착취적 관계에 있었던 신생국들이, 독립이 선사한 새로운 기회를 어떻게 활용하여 절대적, 상대적 측면 모두에서 글로벌체제 내 자신의 위치를 개선할 수 있는지에 대해서도 의견이 분분했다 (Todaro and Smith, 2020 참조).

저개발국(LDC)에 적용하면서, 정치경제에 대한 네 가지 서구적 관점(자세한 내용은 다음 절 참조)은 서로 다른 입장을 취하였다 (Clark, 2016). 고전적 자유주의자들에게 있어, 핵심은 최소한의 정부 간섭으로 시장이 기능하도록 내버려 두는 것이었다. 많은 나라들이 특정 이해관계에 의한 조작에 취약한 비효율적인 정부를 가지고 있었고, 종속의 형태를 만드는 해외원조를 받고 있었으며, 자유무역으로부터 시장을 보호하는 것이 어렵다는 것을 알고 있었다는 점을 감안하면, 정부간섭의 최소화라는 고전적 자유주의의 핵심은 저개발국에서 실현되기 어려웠다. 저개발국들은 또한 수익성 있는 자원이 부족했고, 기반시설을 개발하기 위해 장기적인 투자가 필요했으며, 개인의 기업가적 능력을 저해하는 집단문화를 가지고 있었다.

급진주의자들은 값싼 노동력과 천연자원의 착취를 통해 가난한 나라가 국제체제에 통합되었고, 이것이 부유한 기업가들이 국내의 혁명적 불만을 상쇄하는 데 도움을 주었다는 레닌(Lenin, 1917)의 주장으로부터 실마리를 찾았다. 이러한

발전(Development): 사람들, 지역공동체 또는 국가의 경제적, 사회적 웰빙의 개선. 종종 가난한 국가의 맥락에서만 사용된다.

생각은 1960년대와 1970년대에 특히 중남미 경제학자들의 연구에서 인기를 끌었던 새로운 종속이론(dependency theory)에 반영되었다. 종속이론은 유럽의 식민주의가 토착 사회·경제적 제도를 약화시켰으며, 유럽 식민 강대국들과의 관계에서 그것이 독립적으로 발전할 수 있는 능력도 약화시켰다고 주장했다. 개발은 광물, 목재, 농업과 같은 몇 가지 핵심 자원에 집중되었고, 이것들로부터 나온 대부분의 이익은 유럽으로 갔다. 이러한 우려를 염두에 두고, 저개발국들은 부유한 국가와의 접촉을 최소화하고, 국내산업을 더 잘 보호하여 독자적으로 발전할 기회를 더 많이 가질 수 있도록 권고되었다.

선진국의 보수주의자들은 저개발국의 역할에 낮은 우선순위를 부여했다. 그들의 관심은 자국의 정치경제체제에 있었다. 보수주의자들의 전통적인 생각과 제도에 대한 지지는 그들의 고립주의 철학과 결합하여 저개발국에 대한 자신들의 견해에 영향을 미쳤다. 보수주의자들은 충성심, 권위 및 지역사회와 같은 전(前) 자본주의적 가치에 대한 지지를, 보호무역주의에 대한 지지와 해외원조에 대한 반대를 독려했다. 그러나 그들은 공산주의를 반대했기 때문에, 이란, 파키스탄, 페루, 필리핀, 남베트남, 튀르키예, 베네수엘라와 같은 반공주의적인 입장을 취한 권위주의정부를 종종 지지했다.

마지막으로, 현대자유주의 관점은 저개발국의 문제가 낙후된 시장, 비효율적인 정부, 극단적인 불평등, 불평등한 무역관계로 인해 저개발국에 초래된 해악의 조합에서 비롯된다고 주장했다. 이 관점에서 제시하는 성공의 비법은 성장과 공정의 균형(예를 들어, 더 나은 교육과 의료서비스를 통한 보통 사람의 삶의 개선과 결합된 GDP 증가), 개인의 기회 확대, 공정무역(fair trade), 자유무역과 보호무역 간 균형 실현, 공정한 자유무역협정 체결, 종속성보다는 새로운 기회를 창출하는 원조의 제공 등을 포함했다 (Ehrlich, 2018 참조).

냉전의 종식은 글로벌체제의 독특한 행위자인 공산주의 진영의 붕괴를 암시했을 뿐만 아니라 아시아와 중남미의 경제적 부상을 두드러지게 하고 가속화시켰다. 이 지역의 많은 나라들의 잠재력은 오랫동안 알려져 왔지만, 그들 중 몇 나라가 더 좋은 민주주의로 향하는 추세에 힘입어 그들의 강화되는 글로벌 위상은 이제 더욱 분명해졌다. 제3장에서 살펴본 바와 같이, 2001년 브라질, 러시아, 인도, 중국(나중에 남아프리카공화국이 추가됨)의 강화된 역할을 요약하기 위해 브릭(BRIC)이란 약어가 도입이 된 것은 경제적 균형이 변화되고 있음을 예시했다. 2012년 브릭 약어를 고안한 투자 은행가인 오닐(Jim O'Neill)은 방글라데시, 이집트, 이란, 멕시코, 나이지리아, 베트남을 포함하는 신흥시장의 두 번째 그룹인 더 넥스트 11(the Next 11) 혹은 N11에 대해 이야기했다 (Martin, 2012). 그러나 이들 나라에서 긍정적인 경제 추세가 있었지만, 다른 많은 나라

> **종속이론(Dependency theory)**: 주변부의 가난한 국가에서 핵심부의 부유한 국가로 자원이 흘러 들어가 정치적, 경제적 종속관계를 형성한다는 주장에 근거한 시각.

> **공정무역(Fair trade)**: 가난한 나라의 생산자들이 상품 판매로 인한 이익의 더 많은 부분을 벌어야 하고 노동에 대한 정당한 대가를 받아야 한다는 생각.

들은 저개발 경제, 불충분한 초등교육과 의료, 지속 불가능한 환경, 그리고 최악의 경우 극심한 빈곤과 배고픔에 시달리며 계속해서 뒤처졌다.

1930년대 대공황 이후 2007년 최악의 **글로벌 금융위기**(global financial crisis)가 터지면서 국제체제에 충격을 주었다. 진정한 글로벌 규모의 위기라기보다 북대서양위기에 더 가까운 이 위기는 미국의 부적절한 금융규제에서 비롯되었다. 미국정부의 부적절한 금융규제는 은행과 부동산 대부회사가 빚을 정기적으로 갚을 수 없는 대출자에게 대출을 할 수 있게 허용해 주었다. 유럽의 은행과 금융기관이 수익을 빨리 내기 위해 이러한 소위 '유해자산'을 매수하면서 문제는 유럽으로 확대되었다. 미국에서 주택시장이 붕괴하자, 대서양 양안의 많은 금융기관들이 파산하거나 정부에 도움을 요청했고, 주가는 곤두박질쳤고, 많은 사람들이 일자리와 집을 잃었고, 위축된 소비자 수요는 기업에 재정적 어려움을 초래했다.

위기의 급속한 확산은 보다 부유한 자본주의 민주주의 국가들이 효과적인 국내 금융규제를 만들고 시행하는 데 얼마나 처참하게 실패했는지를 확실히 보여줬다. 동시에, 많은 신흥국들이 상대적으로 큰 영향을 받지 않았다는 사실은 신흥국들이 자기 나름의 성장 동력을 얼마만큼 이루어 냈는지를 확연히 보여주었다. 한편, 식민주의 고유의 불균형 관계에서 오래전에 출현한 수많은 국가의 지속적인 빈곤과 경제적 기능 장애는, 정치경제의 역동성을 이해하기 위해 얼마나 많은 과제가 남아 있는지를 분명히 보여주었다.

이후 2020년 초 코로나19 팬데믹이 발생하여 세계로 빠르게 확산되었으며, 정부와 시민의 대응능력을 시험했다. 비록 여러 나라가 자신들의

> **글로벌 금융위기**(Global financial crisis): 미국의 금융 규제완화와 투기가 2007년 촉발한 위기로 유럽으로 빠르게 확산.

세계에서 가장 바쁜 컨테이너 항구인 상하이의 모습에서 글로벌 무역 강국으로서 중국의 부상이 보인다.

의료체계가 이를 감당하지 못하는 것을 목도했지만, 여러 다른 나라들은 그러한 문제를 억누르는 대규모 봉쇄를 시행했으며, 의학은 빠르게 여러 가지 백신을 만들어냈다. 그러나 팬데믹이 경제에 미친 영향은 실직, 파산, 무역차질에서 체감됐고, 많은 국가에서 봉쇄와 백신에 대한 대중의 저항이 있었다. 정치학과 경제학 모두에 대한 우리의 이해에 새로운 도전이 제기되었으며, 답변을 찾기 위해 시간이 필요한 질문들이 생겼다.

이 새로운 사건이 일어난 덕분에 최근 정치경제학에 대한 연구가 다시 부활되었고, 오늘날 지배적인 생각은 정치와 경제는 밀접한 관계가 있고, 한쪽을 빼놓고 공부하면 사회가 어떻게 돌아가는지에 대해 정확한 이해를 하지 못한다는 것이다. 정치경제학은 서로 다른 경제체제와 정치체제의 대비되는 역학관계, 세계화가 국내외 정책결정에 미치는 영향, 그리고 보다 세부적인 다양한 질문을 고려해야 한다. 예를 들어, 증가하는 소비자 수요가 자원의 고갈과 어떻게 균형을 이룰 수 있는지, 기후변화가 정치와 경제에 어떻게 영향을 미치는지, 생산패턴과 직장조직이 정치와 어떻게 관련되는지, 정치적·경제적 결정이 사회계급에 어떻게 영향을 미치는지('이론 적용 18' 참조). 민주주의와 권위주의 정권의 서로 다른 우선순위는 어떻게 형성되는지 등이다.

비교정치경제

정치경제를 이해하려면 시장이 작동하는 방식, 시장이 정치 및 사회와 상호 작용하는 방식, 어떻게 시장이 최선으로 관리되는가에 대한 다양한 관점을 이해해야 한다. 클라크(Clark, 2016)는 미로를 통과하는 데 도움이 되는 가이드를 제공한다. 그는 개인 및 사회의 이익과 정부의 적절한 역할에 대한 상이한 견해를 바탕으로 정치학과 경제학의 융합에 대한 네 가지 주요 관점을 구분한다 (국가자본주의로 알려진 다섯 번째 관점은 이 장 뒷부분에서 다룬다. 다섯 가지 관점의 요약은 도표 18.2를 참조).

고전적 자유주의

이것은 정치경제학에 대한 본연의 접근법으로, 그 뿌리는 14세기 근대 **자본주의(capitalism)**의 기원으로 거슬러 올라간다. 여기서 핵심적인 생각은 개인이 정부의 개입 없이 자신의 이익을 추구하도록 허용된다면 인간은 최선을 다하고 사회가 번영할 가능성이 가장 높다는 것이다. 이러한 관점에서 인간은 이기적이며 자신의 필요를 충족시키는 데 가장 적합한 수단을 식별하고 추구할 수 있는 존재로 간주된다. 자유시장은 새로운 발견과 문제에 대한 창의적인 해결책을 장려하는 최고의 수단이며, 사회는 개인과 그들의 욕구가 축적된 것에 지나지 않는다. 정부는 개인의 자연권을 보호하고, 교육과 같은 공공서비스를 제공하며, 시장이 창출하는 불평등을 해결해야 하지만, 그렇지 않다면 **야경국가(night-watchman state)**가 이상적이다.

> **자본주의(Capitalism)**: 생산, 유통, 가격에 대한 결정을 최대한 자유시장에 맡기는 경제원칙.
>
> **야경국가(Night-watchman state)**: 법과 질서 유지, 국방의 제공, 계약의 집행과 같은 제한된 기능을 수행하는 국가.

고전적 자유주의는 1930년대의 대공황과 함께 심각한 타격을 입었는데, 그 결과는 시장이 공평한 경쟁의 장이 아니며 강력한 경제적 이익이 더 많은 정치적 영향력을 행사한다는 것을 암시

계급이론(Class theory): 계급의 위계가 정치적 의식의 많은 부분을 설명한다고 주장하는 이론으로, 이때 계급의 위계는 생산과정에서 개인이 차지하는 위치에 의해 결정된다.

이론 적용 18

계급이론

엘리트이론('이론 적용 9' 참조)이 사회가 지배하는 소수와 지배받는 대다수로 나누어진다는 주장에 기반을 두고 있는 반면, 계급이론(class theory)은 사회가 정치적, 경제적, 사회적 상황과 관심사가 다른 계급으로 나누어진다는 생각에 기반을 두고 있다. 권력구조는 계급구조라는 마르크스의 생각에 기초한, 계급은 정부와 정치를 이해하는 데 있어 가장 논쟁적인 접근방식 중 하나이다.

계급(class)이라는 명사는 공통의 특징이나 속성을 갖는, 다른 계급과 구별되는, 사물 또는 객체의 범주 또는 집합으로 광범위하게 정의된다. 정치와 사회에 적용될 때 계급은 주로 다른 사람들과 구별되는 자질을 가진 사람들의 집단을 묘사하고, 정치적 선택과 다른 계급과의 상호작용을 주도하는 데 도움이 된다 (제13장 사회계급에 대한 토론 참조). 계급이 근거하고 있는 가정은 계급이 직업, 교육수준, 부의 수준, 부동산 소유권, 살고 있는 이웃, 교제하는 사람들과 같은 특성을 기반으로 자신이 누구인지 알 수 있거나 혹은 사회가 그들이 누구인지 말해준다는 것이다. 그러나 계급개념이 지닌 문제점은, 모든 사람이 한 범주에 딱 들어맞지 않는다는 것, '중산층'과 같은 핵심 용어에 대해서도 의견 불일치가 있다는 것, 그리고 계급구조는 사회마다 다르며 몇몇 사람들은 계급이라는 개념을 알지 못한다는 것이다.

그러나 이 모든 의구심에 동의함에도 불구하고, 계급은 이 책의 다른 장에서 자주 등장한다. 계급은 근대화에 대한, 쇠퇴하는 정치적 신뢰에 대한, 직업정치인의 정치적 계급의 존재에 대한, 유권자의 선택에 대한, 변화하는 정당 지지 양식에 대한 논의의 일부에서 등장한다. 설령 계급에 대해 저술한 많은 학자들이 계급이라는 용어가 실제 무엇을 의미하는지 정의하는 것을 회피하기 위해 많은 노력을 기울였다할지라도, 계급이라는 개념은 분명히 중요하다.

비록 계급차를 줄이기 위한 노력이 영국에서 있었지만, 정부 통계청은 전문·관리직에서 '비정규직'에 이르기까지 서로 다른 몇 가지 직업 관련 계급범주를 여전히 인정하고 있다. 한편, 많은 영국인들은 직업, 교육, 사회적 배경의 조합에 따라 서로를 계속 분류하고 있으며, 계급은 경제 분석과 정치적 선택 및 행동 분석에 여전히 등장한다. 고대의 복잡한 카스트제도가 있는 인도에서도 마찬가지다 (제4장 참조). 한편에서 코브리지 등(Corbridge et al., 2013)은 인도의 카스트 계급 차이가 부와 성별에 근거한 차이와 같은 다른 구분과 교차하면서 약화되었다고 주장한다. 다른 한편에서 조드카(Jodkha, 2018)는 카스트가 그 어느 때보다도 오늘날 '활발하고 민첩하게' 계급을 구분한다고 주장하며, 바너지와 고쉬(Banerjee and Ghosh, 2019)는 카스트를 '인도의 일상 경험 어디에서나 존재하는' 것으로 묘사한다.

관점	주요 특징
고전적 자유주의	최소한의 정부 개입하에 개인이 자신의 이익을 추구하는 것은 허용되어야 한다. 1980년대 신자유주의로 재탄생함.
급진주의	정부의 개입은 평등과 정의를 보장하기 위해 필수적이다. 마르크스주의, 레닌주의, 스탈린주의, 마오주의와 연결되면서 인기를 잃었음.
경제민족주의	정부는 국가경제의 필요와 우선순위를 다른 필요와 우선순위보다 위에 놓아야 한다. 보호주의라고도 알려짐.
현대자유주의	정부는 권리를 보호하고 부와 기회를 재분배해야 한다. 오늘날 많은 민주주의국가에서 인기가 있음.
국가자본주의	정부는 일반적으로 자유시장에 맡겨진 많은 기능에 대해 책임을 진다. 많은 권위주의 정권이 보인 최근의 성장.

도표 18.2 정치경제학에 대한 5가지 관점

하는 것처럼 보였다. 비평가들은 또한 고전적 자유주의가, 국가에 의해 더 잘 제공되거나 국가만이 제공하는 좋은 교육, 보건, 사회기반시설 등을 포함하는 지역사회복지에 대해 너무나 관심을 기울이지 않는다고 비난했다. 결과적으로, 제2차 세계대전 이후 달성된 평화는 교육, 보건, 사회복지에 대한 더 많은 국가규제와 투자의 형태로 정부활동의 부활을 가져왔다.

이러한 국가의 팽창에 대한 반발로서 1980년대 영국의 대처(Margaret Thatcher)와 미국의 레이건(Ronald Reagan)의 지도하에 고전적 자유주의가 **신자유주의(neoliberalism)**로 다시 태어났다. 하비(Harby, 2007)의 정의에 따르면, 신자유주의는 "강력한 사유재산권, 자유시장, 자유무역을 특징으로 하는 제도적 틀 안에서 개인의 기업가적 자유와 기술을 해방함으로써 인간의 웰빙이 가장 잘 증진될 수 있다고 믿는" 정치경제학의 한 접근법이다. 그러나 신자유주의는 '양심 없는 자본주의'로, 경제적·정치적 평등과 사회복지를 희생시키면서 이윤과 성장에 너무 집중한다는 비판을 종종 받아왔다 (Monbiot, 2016 참조).

급진주의

급진적 관점의 핵심적 사고는 사회가 개인들의 무리 그 이상이며, 정부는 그들의 집단적 이익을 대표하며, 시장에 대한 민주정부의 개입은 평등과 정의를 보장하는 데 필수적이라는 것이다. 초기 급진적 사고는 서유럽의 산업화와 그로 인해 가시화된 문제와 불평등에 의해 촉발되었으며, 노동조합, 최저임금 및 복지로부터 사회가 혜택을 받아야 한다는 주장에 기반하고 있는데, 이 세 가지 모두는 정부만이 보장해 줄 수 있는 것이다. 이러한 사고방식에 공헌한 사람으로는 루소, 마르크스, 레닌 등이 있다.

루소(Jean-Jacques Rousseau, 1712~1778

> **신자유주의(Neoliberalism):** 고전적 자유주의의 부활을 대표하는 경제철학으로, 1980년대 이후 많은 민주주의국가에서 보수주의자들에 의해 채택된다.

년)는 일부 재산 소유자가 다른 소유자를 지배하게 한 부의 불평등과 개인의 이익이 공공의 이익과 조화를 이룰 수 있도록 정치에 참여하는 모든 사람의 중요성에 대한 저술을 했다. 한편, 마르크스(Karl Marx, 1818~1883년)에게 자본주의는 공산주의(communism)로 가는 길에 꼭 필요한 단계였는데, 자본주의가 종국에 혁명으로 이어질 계급의식을 창조하기 때문이다. 혁명은 자본주의 체제의 전복, 새로운 공산주의체제로의 대체, '국가의 소멸'로 이어진다 (Boucher, 2014 참조). 정작 마르크스가 예측한 혁명은 레닌과 그의 러시아 볼셰비키에 의해 '강제'되었고, 선진산업국이 아니라 러시아와 중국과 같은 후진국에서 일어났다.**

진정한 공산주의는 어디에도 달성되지 못했다. 대신, 소련은 스탈린 시대(Joseph Stalin, 1928~1953년)와 가장 직접적인 관련이 있는 국가사회주의(state socialism)의 출현을 목격했다. 경제에 대한 대규모 국가개입, 공식적인 자유시장과 경쟁의 제거, 재산의 국가소유, 대규모 정부부서가 할당량·가격통제·보조금·5개년 계획을 통해 무엇을 생산할지·언제 어디서 생산할지·어떻게 분배할지·어떤 가격에 판매할지 결정하는 국유 독점의 생성과 중앙계획경제(command eco-nomy)가 있었다. 경제적 통제의 결과는 정치적 권위의 중앙 집중화, 대규모 관료집단의 지원을 받는 단일 정당에 의한 정부, 개인의 권리에 대한 경시였다.

스탈린 시대의 잔혹성과 비효율성은 급진주의자들이 상상한 것이 아니었고, 뒤 이은 중국의 마오쩌둥(毛澤東, 1949~1976년) 시대도 마찬가지였다. 마오쩌둥의 공헌은 농업과 농민사회를 위해 마르크스-레닌주의를 재검토하고 아프리카와 중남미 일부 지역의 민족주의 운동에 영감을 준 포퓰리즘적이고 반엘리트주의적인 형태의 마르크스주의를 발전시킨 것이었다. 국가사회주의가 거의 사라졌지만(때때로 국가자본주의로 대체됨. '권위주의 정권의 정치경제'절 참조), 마르크스주의는 자본주의가 작동하거나 작동하지 않는 방식을 이해하는 데 적절한 사상으로 남아있다.

경제민족주의

이 관점은 국익을 위한 국내경제와 국경 내에서 가능한 한 많은 경제활동을 유지하는 방식으로 경제를 건설하는 것에 초점을 둘 것을 주장한다. 경제민족주의는 세계화와 자유무역에 비판적이며 노동, 자본, 상품의 이동에 대한 제한뿐만 아니라 무역에 대한 통제를 지지한다. 비평가들은 그 유산을 16세기부터 18세기까지 여러 유럽국가에서 발견되는 중상주의로 거슬러 올라가면서, 경제민족주의가 국가 산업과 기업을 건설하는 데 도움이 될 수 있었던 반면, 생산자가 가격을 올리

> 공산주의(Communism): 계급투쟁으로 국가는 쇠퇴하고 권력과 재산은 공유된다고 주장하는 이념적 입장.
>
> 국가사회주의(State socialism): 정치·경제적 통제의 전면적인 중앙 집중화를 포함하는 '공산주의' 국가에서 볼 수 있는 정치체제.

> 계획경제(Command economy): 생산, 공급, 비용에 대한 모든 결정을 정부 계획자가 내리는 경제체제.

** 역자 주) 마르크스에 의하면, 혁명은 후기자본주의 사회에서 노동자들의 자발적 봉기에 의해 일어났어야 했다.

고 경쟁을 피하게 해 주는 보호된 시장을 만들고, 다른 나라들도 보호주의를 채택하도록 조장한다고 비난한다.

미국 트럼프 행정부의 정책이 최근의 사례이다. 그 원칙은 2017년 1월 "지금 이 순간부터 미국이 우선이다"라고 단언한 트럼프의 취임연설에서 그 윤곽이 드러났다. "무역, 세금, 이민, 외교에 관한 모든 결정은 미국 노동자와 미국 가족에 이득이 되도록 내려질 것이다. 우리는 우리 제품을 만들고, 우리 회사를 훔치고, 일자리를 파괴하는 다른 나라의 유린행위로부터 우리 국경을 보호해야 한다." 트럼프는 계속해서 캐나다, 중국, 유럽연합(EU), 멕시코와의 무역에 관세를 부과함으로써 이러한 생각들을 실행에 옮겼으며, 이중 대부분은 미국 철강 및 석탄 산업을 보호하기 위해 고안되었다. 실제로, 관세를 통해 얻은 것은 거의 없으며, 논쟁의 여지가 있지만, 오히려 미국의 글로벌 수준의 영향력은 감소했다.

현대자유주의

일부 유럽인에게 사회민주주의로 알려진, 종종 (그리고 혼란스럽게도) 단순히 자유주의로 묘사되는 현대자유주의는 고전적 자유주의에 급진주의의 요소를 통합한 것이다 (Ryan, 2012 참조). 이것은 자본주의와 민주주의가 완벽하지 않다는 것을 인식할 뿐만 아니라 두 가지 모두를 가치 있는 것으로 간주한다. 현대자유주의자들은 정부의 목적이 권리를 보호하여 개인이 공공의 이익을 옹호하는 활동에 집중하면서 자유시장이 제공할 수 없는 목표를 집단적으로 추구할 수 있도록 하는 것이라고 주장한다. 오늘날 대부분의 민주주의국가에서 가장 흔히 볼 수 있는 정치경제의 형태이다.

현대자유주의 철학의 핵심은, 자유시장이 경제적 효율성을 가져올 수 있지만 종종 빈곤층과 불우한 사람들의 필요를 간과한다는 생각에 기초하는, **후생경제학(welfare economics)**에서 발견된다. 따라서 정부는 사회복지를 극대화하기 위해 부와 기회를 재분배하고 교육과 의료를 제공하는 데 관여해야 한다. 이 생각은 오랫동안 인기를 얻었고, 복지국가의 탄생을 낳았다 (이 장의 뒷부분 참조). 하지만 정부에 대한 믿음과 신뢰를 약화시키는 이른바 '큰 정부'에 대한 반발이 일어났다. 이것이 정치경제학에 어떤 영향을 미쳤는지에 대해서는 의견이 분분하다.

하나의 견해로서 **수렴론(convergence thesis)**은 세계화되는 경제의 점증하는 압력에 힘입어 선진경제와 복지국가가 현대자유주의 사상을 중심으로 합치고 있다고 주장한다. 그러나 이러한 수렴에 대한 증거는 명확하지 않으며 (Hay, 2020 참조) 우리가 실제로 보고 있는 것은 정치경제학에 대한 관점의 파편화이다. 서로 다른 지도자, 정당, 정부는 추구해야 할 최상의 경제정책에 대해, 그리고 시장에서 정부의 적절한 역할에 대해 서로 다른 견해를 지지한다. 경제적 불평등은 여전히 모든 곳에서 문제로 남아 있다 ('문제 탐구

후생경제학(Welfare economics): 재화와 서비스의 분배가 전반적인 사회복지에 미치는 영향에 초점을 맞춘 경제학의 한 분야.

수렴론(Convergence thesis): 고소득경제의 정치경제는 복지지출을 억제하고 노동력 확대 정책을 장려하는 동시에 자유주의적이고 친시장적인 대응을 기반으로 하는 공통 형식을 채택하고 있다는 생각.

18' 참조). 한편, 코로나19 팬데믹이 세계화, 무역, 근로 습관, 소비습관에 미칠 수 있는 영향에 대한 추측은 추구해야 할 최선의 정책이 무엇인지에 대한 논쟁을 복잡하게 만들었고, 코로나19 팬데믹의 모든 영향은 현대자유주의에 대한 사고를 새로운 방향으로 나아가게 할 수 있다.

문제 탐구 18

우리는 경제적 평등을 어떻게 달성할 수 있는가?

정치경제학에 대한 다섯 가지 주요 관점은 모두 경제적 평등을 ('만약 경제적 평등을 기회와 부의 평등으로 정의한다면') 달성하기 위해 경제를 가장 잘 관리하는 방식은 무엇인가라는 근본적인 질문에 답하고자 하였다. 거의 모든 면에서 다섯 가지 관점 모두 실패했다. 경제적 불평등은 우리가 기회와 부를 측정할 수 있을 때부터 삶의 한 현실이었고, 빈부격차는 줄어들지 않고 더 확대되었다.

- 제3장에서 보았듯이, 세계은행은 글로벌 차원에서 전 세계 나라의 약 40퍼센트를 고소득, 약 절반은 중간소득, 나머지는 저소득 국가로 분류한다. 고소득 국가집단의 하위 소득국가의 1인당 소득은 저소득 국가집단의 상위 소득국가의 1인당 소득보다 12배 더 많다.
- 미국에서는 정부가 정한 임계값 이하로 생활하는 사람을 가난한 사람으로 정의한다. 즉, 4인 가족 기준 약 2만 6,000달러 또는 1인 독거 기준 1만 3,000달러 이하인 경우 가난한 사람이다. 이와 대조적으로, 세계은행이 국제 빈곤선을 하루 1.90달러(2022년 10월부터 2.15달러로 상향조정되었다 – 역자 주), 즉 연간 700달러 미만으로 설정한 가운데, 인도와 남아프리카공화국에서는 하루 소득이 2달러 미만이면 빈곤하게 사는 것으로 간주된다.
- 국내적으로는 개인과 공동체의 부에 극적인 차이가 있는 경우가 많은데, 이는 대부분의 부, 재산, 정치권력을 통제하는 '1퍼센트(one per cent)' 사람들이라는 개념으로 포착되는 문제이다.

정치체제의 효율성을 측정하는 한 가지 방법은 경제적 평등을 달성하는 데 정치체제가 얼마나 잘 했는지 묻는 것이다. 이에 대한 객관적인 척도는 1912년 이탈리아의 통계학자 지니(Corrado Gini)가 만든 지니계수로, 모든 사람이 동등한 소득을 가진 상태에 0의 값을, 한 사람이 모든 부를 소유한 상태에 1의 값을 부여한다는 단순한 전제를 바탕으로 한다. 국가별 수치는 북유럽국가들과 몇몇 동유럽국가들에서 약 0.20내지 0.30의 낮은 수치부터 0.45(멕시코), 0.53(브라질), 0.63(남아공)의 높은 수치까지 다양하다 (World Bank, 2021a).

이러한 문제의 지속성을 감안할 때 많은 질문이 남는다.

- 경제적 불평등의 원인은 무엇인가?
- 정부가 한발 물러서서 문제의 해결을 시장에 맡기는 것이 더 나을까?
- 정부 개입이 최선의 접근법이라면, 그 개입은 어떤 식으로 이루어져야만 하나?
- 우리는 불평등을 인간사의 자연스러운 상태로 받아들이고 우리가 할 수 있는 한 최선을 다해 일해야 하는가?

복지국가

많은 사람들에게 **복지국가(welfare state)**는 민주주의 국가의 주요 정책 성과로, 교육, 의료, 사회개발분야에서 민주주의가 가지는 이점의 기반이다. 경제상황이 좋거나 나쁘거나, 민주주의 국가들은 여전히 사회복지 프로그램을 유지하며, 이는 종종 국가 예산의 대부분을 차지한다. 이는 많은 사람들이 연방예산에서 가장 비중이 큰 항목이 국방이라고 착각하는 미국의 경우에도 사실이다. 실제로, 연방지출의 15퍼센트가 국방에 사용되는 반면에, 미국 연방지출의 약 60퍼센트는 **사회보장(social security)**, 실업수당, 공공의료와 같은 프로그램에 사용된다 (Congressional Budget Office, 2021). 대부분의 유럽에서 복지에 대한 지출 역시 상당하지만, 정부예산이 적은 가난한 국가에서 복지는 다르게 인식되며 정부지출보다는 지역사회, 가족, 자선단체의 지원에 바탕을 둔다.

복지국가라는 용어의 기원은 19세기 독일로 거슬러 올라간다 (Pierson and Leimgruber, 2010). 사회주의정당과 가톨릭교회 모두의 영향력을 상쇄하기 위한 노력의 일환으로 비스마르크(Otto von Bismarck, 독일제국 수상, 1871~1890년)는 최소한 산업 노동자에 대해 사고 및 질병과 같은 위험에 대비한 의무적인 사회보험제도를 처음으로 만들었다. 이러한 토대를 바탕으로 서유럽의 다른 국가들은 빈곤층과 실업자 지원을 시작으로 연금, 가족수당, 시골사람들과 산업노동자의 피부양자 지원을 제공함으로써 복지를 도입하고 확대했다. 변화는 제2차 세계대전 이후에도 계속되어 1970년대까지 선진 민주주의국가의 거의 모든 국민이 주로 중앙정부의 세금을 재원으로 복지의 주요 측면(표 18.1 참조)에 대해 보호를 받았다.

복지국가의 확대는 국가마다 때에 따라 서로 다른 속도로 일어났고, 상이한 수준의 지출로 귀결됐다 (도표 18.3 참조). 비록 그 비중은 최고 프랑스 31퍼센트에서 최저 멕시코 7.5퍼센트까지 다양하지만, 2019년 경제협력개발기구(OECD)의 상대적으로 부유한 회원국에서 지방과 중앙의 모든 공공기관 지출 중 사회복지프로그램 지출 비중은 평균 20퍼센트였다.

정부와 정치의 많은 개념과 마찬가지로 복지국가의 개념은 다른 나라보다 일부 국가에서 더

> **복지국가(Welfare state)**: 법에 따라 실업자, 가난한 사람, 몸이 좋지 않은 사람, 노인과 같이 도움이 필요한 사람들에 대비하는 국가.
>
> **사회보장(Social security)**: 소득이 불충분하거나 소득이 없는 사람들을 대상으로 하는 복지 프로그램의 총칭.

표 18.1 복지의 형태

■ 퇴직연금
■ 실업급여
■ 육아휴직
■ 산업재해보험
■ 무상 또는 정부보조 보건의료
■ 무상 또는 정부보조 교육
■ 장애인 지원
■ 정부보조 주거
■ 가족수당
■ 사회서비스(예를 들어, 요양보호시설)

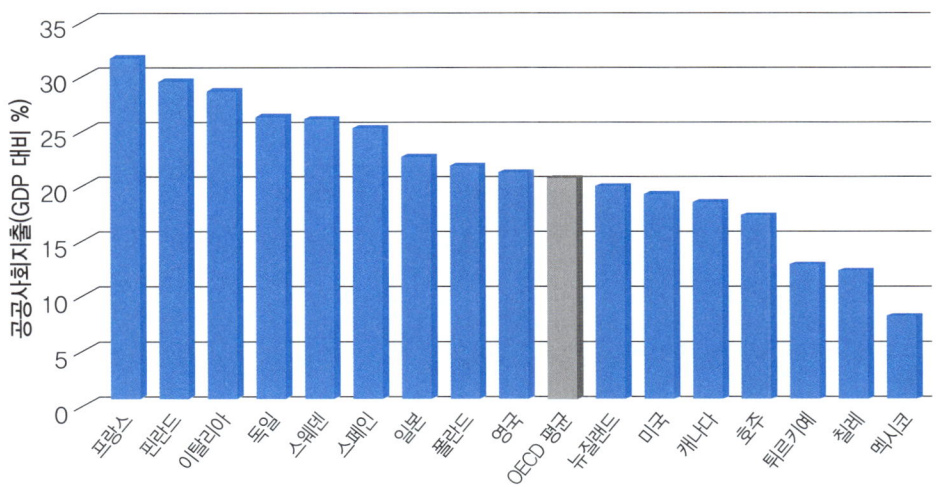

도표 18.3 복지비 지출 비교

출처: OECD (2021d)에 근거함. 2019년도 수치임. 사회적 목적을 위한 공공기관의 재정지출이 포함됨. 미국, 영국, 일본의 수치를 특별히 높게 만들 수 있는 세금감면이나 민간지출은 포함하지 않음.

자주 공론의 장에 등장한다. 복지국가라는 문구는 유럽에서 가장 자주 발견되며, 유럽에서 긍정적인 의미를 가질 가능성이 가장 높다. 어떤 면에서 보면, 유럽이 다당제와 연합정부를 연구하는 자연적인 무대인 것처럼 유럽은 가장 발전된 사회적 지원체제의 본거지이다. 에스핑-앤더르센(Esping-Anderson, 1990)은 그의 영향력 있는 연구에서 고소득 민주주의국가에서 발견되는 세 가지 유형의 복지국가를 발견했다.

- 자유주의(또는 제한된) 복지국가. 여기에서 복지급여를 받는 규정은 상대적으로 엄격하고 복지급여는 상대적으로 적다. 청구인은 수적으로 적고, 직업이 없으며, 때때로 낙인찍힌 사람들의 집단이다. 이것은 복지국가라기보다는 국가복지이며, 야경국가를 반영하는 전통이다. 주요 사례는 영어권 국가, 특히 호주, 캐나다, 미국에서 볼 수 있다.
- 보수주의 복지국가. 여기서 국가는 주요 제공자이지만 복지급여는 직업과 연결되고, 개인 기여도에 따라 달라지며 월급 수준을 반영한다. 국가에 봉사하는 직위, 특히 관료제 직위는 종종 의료혜택과 연금에서 후한 대우를 받는다. 교회의 영향력을 반영하여 이 복지체제는 가족에게 호의적이며 부모가 되는 것을 장려한다. 이 유형은 유럽대륙에서 가장 흔하게 발견되며 독일이 전형적인 사례이다. 오스트리아, 프랑스, 이탈리아를 포함한 다른 국가들에서도 발견된다.
- 사회민주주의 복지국가. 덜 일반적인 이 복지체제는 모든 시민에게 균등하고 균일한 비율의 복지혜택을 제공한다는 원칙을 기반으로 한다. 기여보다는 필요에 근거해서 어린이와 노인을 돌보는 직접 책임을 진다. 북유럽국가들은 이 광범위하고 돈이 많이 들며 평등한 복지체제의 가장 좋은 예이며, 이에 대한 예시로 핀란드를 호주의 제한된 복지제도와 비교할 수 있다 (표 18.2 참조).

표 18.2 호주와 핀란드의 복지국가 비교

혜택	호주	핀란드
공공사회지출	GDP의 16.7%	GDP의 29.1%
보건의료	보편적이고 공적임.	보편적이고 공적임.
보육	출생 또는 입양 후 12개월 이내에 12주의 유급 휴가.	산모는 15주(출산예정일 50일 전부터 시작), 아이의 아버지는 출생 후 54일의 유급휴가.
실업	균일요율과 자산조사에 의한 급여 지급. 수급자는 적극적으로 일자리를 구해야 하며 적절한 일자리를 구할 수 있고 받아들일 의향이 있어야 함.	300~500일 동안 균일 요율과 자산조사에 의한 급여지급. 부양 자녀수당 포함됨.
연금	66세부터 자산조사에 의해 연금 지급.	63~65세부터 출생연도에 따라 소득에 비례하거나, 소득이 너무 적은 경우 국민연금 지급.
교육	공립 및 사립 선택.	무상, 제한된 사립 선택.

출처: 호주와 핀란드의 정부 웹 사이트, 2021년 8월 검색됨.

복지에 대한 수요는 인구의 평균 연령과 함께 지속적으로 증가하여 비용을 증가시키고 몇 가지 도전을 야기하고 있다.

- 복지국가는 자격이 있는 모든 사람을 돕겠다고 정부가 보장하는 무제한의 약속을 기반으로 한다.
- 국제적 압력이 커지고 있다. 한 나라의 사회복지체제 비용이 다른 나라보다 높은 경우, 이는 그 나라의 복지체제가 더 관대하거나 (이주가 영향을 미친 하나의 추세로서) 인구가 증가하고 있기 때문일 수 있는데, 그 나라의 국제경쟁력은 약화될 수 있다.
- 글로벌 경제에서 아시아는 유럽과 북미의 더 오래되고 비용이 많이 드는 복지체제에 비해 상대적으로 비용이 적게 드는 복지체제의 이점과 함께 부상했다.
- 많은 국가들이 코로나19 팬데믹의 영향으로 자신들의 복지체제에 무리가 가고 있으며, 그 장기적인 영향이 아직도 계속 일어나고 있음을 알고 있다.

이러한 도전은 복지국가의 제한적인 후퇴로 이어졌는데, 복지급여는 축소되고, 자격규정은 강화되며(특히 퇴직연령을 높임으로써), 의료처방과 같은 서비스에 약간의 비용이 부과되고. 신규 및 시간제 근로자에 대한 고용급여가 줄어들었다. 이렇게 포괄적인 복지국가에서 점차 멀어지는 것은 또한 정부의 우선순위가 사회로부터 경제로 변화했음을 반영한다. 특히 글로벌 금융위기 이후 정부가 재정문제를 해결하기 위해 경제생산량과 세수를 늘리려고 노력하면서 사람들을 일터로 복귀시키려는 노력이 강화되었다. 비록 복지지출이 높은 수준을 유지했지만 많은 국가에서 실업수당이 감소했다 (Greve, 2020).

권위주의 정권의 정치경제

이번 장은 건전한 정치적, 경제적 결단 덕택에 세계에서 가장 가난한 국가 중 하나에서 중간 소득 경제로 변모한 사례인 보츠와나를 살펴보는 것으로 시작했다. 바로 옆의 이웃국가인 짐바브웨의 경우 이야기는 완전히 달라진다. 1980년에 독립하면서 짐바브웨는 견실한 기반시설과 다당제 민주주의 토대와 함께 광물과 농업을 중심으로 한 다양한 경제활동의 터전을 물려받았다. 무능, 부패 및 잘못된 결정이 결합되어 이후 경제가 바닥을 쳤고, 초인플레이션과 높은 실업률을 초래했으며, 짐바브웨의 1인당 GDP가 보츠와나의 1/5 미만에 머물게 했다. 이러한 결정들은 짐바브웨 민주주의의 가능성을 파괴하여, 짐바브웨를 쿠바, 미얀마, 러시아와 같은 권위주의 정권으로 변모시켰다.

권위주의 정권이 통제를 유지하기 위해 정치적 수단을 사용하는 것처럼 경제적 수단도 사용하며 결과적으로 정치발전과 경제발전 모두가 고통을 겪는다고 가정할 수 있다. 그러나 그림이 그리 간단하진 않다. 사실, 독재자들은 일반적으로 시민의 일반 복지를 증진하는 데 민주주의자들보다 덜 관심을 가지고 있고, 우리는 종종 짐바브웨의 경우처럼 권위주의 정권이 특권, 족벌주의, 부패로 황폐해지고 경제적으로 낙후되어 있는 것을 발견한다. 동시에 최근 몇 년 동안 가장 빠르게 성장하는 경제 중 일부는 중국, 에티오피아, 우간다, 우즈베키스탄, 베트남과 같은 권위주의 정권이었다.

이 연결고리를 이해하는 도전은 정치경제가 아랍의 봄에 어떻게 작용했는지 시리아에 대한 하다드(Haddad, 2012)의 사례연구가 잘 보여준다. 그는 아랍의 봉기를 '빈곤과 궁핍에 대한 일반적인 경제적 주장'의 관점에서 구성하고 수십 년간의 권위주의 통치에 대한 반발로 보려는 노력을 비판하면서, 경제적 변수와 정치적 변수 간 상호작용이 이 봉기에 있어 한 역할이 중요하다고 주장했다. 그는 시리아에서 발생한 역동성을 다음과 같이 묘사했다.

> 1970년대와 1980년대 권위주의 엘리트들이 자본가나 상업 계급과 관계를 구축하기 시작했을 때 그들은 단순히 자신의 이익 추구 이상의 다른 일을 도모하였다. 그들은 점증하는 경제문제나 위기에 대응하려고 했다. 그러나 시간이 지남에 따라 이 정치엘리트들과 그 후손들은 점차 경제엘리트화되었다. 그들의 이익은 그들의 정책 선호도, 생활 방식, 변화하는 (그들의 취향은 아니지만) 사회적 동맹에 반영되었다.

계속해서 하다드에 따르면, 경제적 부를 정치권력으로 전환할 수 있는 새로운 능력을 가진 더 많은 시리아의 국가 관료와 그들의 가족들은, 하페즈 알아사드(Hafez al-Assad, 1971~2000년 재임)와 그의 아들 바샤르 알아사드(Bashar al-Assad, 2000년부터 재임)의 권위주의 정부와 기업 간 상호이익에 의해 경제정책이 형성되는, '정실이 지배하는 시장'으로 끌려 들어갔다. 달리 말해, 2011년 시리아내전을 촉발한 압력은 민주세력 대 독재자의 싸움보다는 정치경제와 관련된 복잡한 요인들에 있었다는 것을 의미한다.

많은 권위주의 정권에서 독재자들의 핵심 과제는 권력을 유지하기 위해 국내 정치세력들이 서로 경쟁하도록 만드는 것이다. 경제적 수단은 이러한 노력에서 핵심적인 역할을 하며 결과적으로 일관된 경제발전은 대개 힘들어진다. 공공부문은 종종 팽창하게 되며, 제10장에서 보았듯이, 제대로 된 임금을 받지 못하는 직원들은 사업을 희생하면서 자기 잇속을 챙기려 한다. 회사의 성공과 세금 부담은 사업역량보다 정치적 연줄에 더 의존하게 된다. 이러한 상황에서는 경제와 정치가 잘 결합되지 않아 자본의 비효율적 사용을 초래한다. 그렇지 않으면, 통치자는 경제로부터 그리고 종종 국외로 자원을 빼돌려 단지 자기 자신, 가족, 자신의 민족 또는 종교 집단을 부유하게 만들기 원할지도 모른다. 대중과 직접 맞닿는 관료뿐만 아니라 고위 관리들 사이에 내재된 부패는 경제성장과 정권의 정통성에 대한 대가로 지불해야 하는 일종의 세금이다.

정치와 경제의 잘못된 결합은 **자원의 저주(resource curse**, Auty, 1993; Collier and Bannon, 2003) 또는 종종 알려진 바대로 '풍요의 역설'로 인해 국가가 고통을 받을 때 특히 심각하다. 자원의 저주는 국가가 건전한 경제발전의 기반이 될 수 있고 또 되어야만 하는 자원을 충분히 물려받았지만 건전한 경제발전 대신 단일 부문에 집중하기 위해 경제 및 정치적 균형을 깨뜨려서 기대 수준 이하로 경제성장을 감소시킬 때 나타난다.

캐나다와 노르웨이와 같은 몇몇 부유한 민주주의국가는 이 문제의 위험에 직면했지만(주로 석유가 풍부하기 때문에) 신중하고 투명한 정책을 추구하고 경제기반의 확충을 통해 최악의 결과를 피할 수 있었다. 그러나 많은 가난한(그리고 종종 권위주의적인) 국가의 경우 이러한 자원을 성급히 활용하려다 다른 결과를 낳는 경우가 종종 있었다. 예를 들어, 앙골라, 차드, 적도기니, 가봉, 나이지리아, 수단과 같은 사하라 이남 여러 아프리카국가에서 석유는 다루기 힘든 문제임이 드러났다. 자원의 저주도 구리(잠비아)나 우라늄(카자흐스탄)과 같이 쉽게 채굴할 수 있는 광물이 풍부한 국가나 다이아몬드(콩고민주공화국)와 같은 귀중한 보석이 풍부한 국가에서 발견되는 문제이다.

'저주'의 정책적 요소는 네 가지 주된 요인에서 비롯된다.

- 이러한 자원은 대개 상대적으로 활용하기 쉽고, 빠르고 종종 수익성이 높은 이익을 가져올 수 있기 때문에 국가는 다른 부분에 거의 투자하지 않으면서 개발 노력을 거의 전적으로 해당 부문에 집중할 것이다. 이는 이른바 '네덜란드병'으로, 1970년대 네덜란드 앞바다 북해에서 천연가스가 발견된 영향에서 이름을 따왔다(Humphreys et al., 2007). 그 결과는 국제시장에서의 가격 변동에 의해 그 가치가 크게 좌우되는 상품에 의존하는 불균형 경제이다.
- 정부가 단순히 주요 천연자원에 세금을 부과하여 충분한 수입을 올릴 수 있을 때, 국민의 기술을 개발시켜 경제적 성과를 개선할 유인이 부족하여 장기적으로 성장을 저해한다.
- 이러한 상품에서 나오는 이익은 도둑질과 부패를 촉진할 수 있고, 경제와 사회에 재투자되기보다는 부유하고 힘 있는 자들의 은행계좌로 흘러 들어가게 된다. 이것은 확실히 부패인식 지수(Corruption Perceptions Index, 제6장 참조)에서 석유가 풍부한 적도기니의 문제

자원의 저주(Resource curse): 특정 천연자원을 풍부하게 보유하고 있거나 제한된 자원을 가진 국가가 불균형 정책, 광범위한 부패, 내부 갈등으로 인해 경제성장이 저하되는 현상.

에 대한 설명의 핵심이다. 대부분의 수입을 석유 수출로 벌고 있음에도 불구하고 인구의 70퍼센트 이상이 농업에 종사하며 근근이 생계를 유지하고 있다.

- 그 나라의 상대적으로 가난한 지역들이 그 나라의 다른 지역에서 발견되는 자원의 이익으로부터 똑같은 혜택을 받지 못하고 있다는 것을 알게 되는 경우, 또는 그 자원들이 반란과 내전에 필요한 자금으로 사용되는 경우, 자원의 저주는 내부 갈등을 조장할 수 있다. 그 한 가지 예는 앙골라, 콩고민주공화국, 시에라리온에서 반란군과 군벌 등의 자금으로 사용된 다이아몬드에서 발견되며, 폭력과의 연관성으로 인해 '피의 다이아몬드'(또는 분쟁의 다이아몬드)라는 꼬리표를 얻게 되었다.

권위주의의 정치경제의 가장 예측 가능한 구조는 **국가자본주의(state capitalism)**이며, 이는 국가가 경제 관리에 대해 더욱 직접적인 접근방식을 취한다. 이는 주로 에너지와 기술과 같은 전략적으로 중요한 분야를 통제하는 국영기업(SOE)으로 알려진 대기업의 소유를 통해 이루어진다. 이것은 새로운 아이디어도 전혀 아니고, 권위주의 정권에 국한되지도 않는다. 영국과 네덜란드 동인도 회사(각각 1600년과 1602년에 설립)는 최초의 국영기업 중 하나였다. 국가자본주의는 프랑스와 일본에서 각기 다른 시기에 발견되었고, 그 원리는 브라질과 인도와 같은 결함있는 민주주의 국가에서 여전히 작동 중일 수 있다.

국가자본주의(State capitalism): 자본주의체제에서 자유시장에 남겨질 많은 기능과 활동에 국가가 책임을 맡음으로써, 국가가 경제에 대해 높은 수준의 통제력을 행사하는 체제.

이 장의 앞부분에서 논의한 네 가지에 추가되는 정치경제학에 대한 다섯 번째 관점인 국가자본주의는 최근 수십 년 동안 중국, 러시아, 튀르키예를 포함한 몇몇 혼합형 및 권위주의 정권에서 부활의 과정을 겪었다 ('국가개요 18' 참조). 쿨란치크(Kurlantzick, 2016)는 이러한 경향이 정부가 정치적 통제를 강화하면서 민주주의의 쇠퇴에 기여했다고 지적한다. 그는 국가자본주의가 자유시장경제보다 "더 보호주의적이고, 세계 안보와 번영에 더 위험하며, 정치적 자유를 더 위협한다"고 경고한다.

중국의 경우 국가자본주의는 1980년대 마오쩌둥의 후계자들이 시작한 민영화정책을 시노펙(Sinopec, 중국석유화공업집단공사), 스테이트그리드(State Grid, 中國電網, 한국전력과 같은 중국 공기업 – 역자 주), 차이나내셔널패트롤리엄(China National Petroleum, 中國石油)과 같은 거대 국영기업의 설립으로 대체됐다. 이 세 개 에너지 회사는 2020년 세계 최대 기업의 포춘 글로벌 500(Fortune Global 500) 목록에서 상위 네 자리 중 세 자리를 차지했다 (*Fortune*, 2021). 에너지와 무기 제조업체와 같이 전략적 가치가 있는 모든 산업을 국가가 소유할 할 것을 요구하는 법률에 힘입어 이러한 국영기업이 최근 몇 년 동안 중국 주식시장 가치의 80퍼센트 이상을 차지했다 (Li, 2015). 비록 종종 비효율적이지만, 그럼에도 불구하고 이 국영기업들은 국가경제에 대한 중국 공산당의 장악력을 강화하면서 중국이 글로벌 수준에서 보다 더 경쟁력을 갖추도록 도왔다.

러시아에서도 유사한 양상을 찾아볼 수 있다. 러시아에서는 정확히 알려지지는 않았지만 국가부문의 점유율이 자유시장 민주주의국가에서 볼 수

국가개요 18
튀르키예

간략소개

한때 오스만 제국의 중심이었던 튀르키예는 아시아와 유럽에 걸쳐 있는 세속적인 공화국이다. EU 가입을 오랫동안 추구해 왔지만, 인권 문제와 민주주의 이행에 대한 우려로 인해 가입협상이 교착상태에 빠졌다. 2003년 집권해 11년 동안 총리를 지낸 에르도완(Recep Tayyip Erdoğan)이 2014년 대통령에 당선되고 이전의 대통령실이 의전적인 역할에서 벗어나 강력한 권한을 가진 집행기관으로 전환하기 시작하면서 최근 몇 년간 상황은 더욱 악화됐다. 2016년에 시도된 쿠데타는 에르도완의 권력을 강화하는 탄압을 촉발했고, 대통령제로의 전환은 결함있는 2017년 국민투표를 통해 가까스로 이루어졌다. 프리덤하우스는 표현의 자유, 결사의 자유, 법치주의의 남용을 우려해 튀르키예의 등급을 부분 자유에서 부자유로 강등했다. 튀르키예는 민주주의 지수에서 혼합형 정권으로 평가된다.

정부형태	단일국가. 대통령제공화국. 1923년에 국가 설립. 1982년 헌법은 1876년 이후 6번째 헌법이며, 거의 20차례 수정되었다.
행정부	대통령제, 의회제로부터 전환 과정에 있음. 직접선거로 5년 임기로 두 번까지 연임가능한 대통령을 여러 명의 부통령과 각료회의가 지원. 2017년 국무총리실 폐지.
입법부	연임 가능한 4년 임기로 선출된 600명의 의원으로 구성된 단원제 대국민의회.
사법부	헌법재판소는 연임이 불가능한 12년 임기의 17명의 위원으로 구성되며, 3명은 대국민의회에서 선출하고 나머지는 하급법원의 추천에 따라 대통령이 임명.
선거제도	대국민의회는 상대적으로 높은 10퍼센트 봉쇄조항이 있는 비례대표제를 통해 선출. 대통령은 2014년부터 직선제로 선출. 대통령 후보는 대국민의회 의원 20인 이상의 추천을 받아야 하며 절대다수제 방식으로 경쟁.
정당	공화인민당과 같은 보수정당이 지배하는 다당제. 여러 보수정당이 2001년 결성한 보수적인 정의개발당(AKP)이 최근 선거를 지배.

인구
8,200만 명

국내총생산(GDP)
7,610억 달러

1인당 GDP
9,127달러

민주주의 지수 등급
✗ 완전한 민주주의
✗ 결함있는 민주주의
✓ **혼합형 정권**
✗ 권위주의
✗ 측정안됨

프리덤하우스 등급
✗ 자유
✗ 부분 자유
✓ **부자유**
✗ 측정안됨

인간개발 지수 등급
✗ 매우 높음
✓ **높음**
✗ 중간
✗ 낮음
✗ 측정안됨

튀르키예의 정치경제

튀르키예는 유럽과 중동 사이에서 중요한 전략적 위치를 차지하는 신흥 경제국이다. 독일 정도의 인구를 가진 이 나라는 최근 몇 년 동안 꾸준히 경제성장을 이루었고, 글로벌 금융위기의 영향으로부터 빠르게 회복했으며, 빈곤율을 크게 감소시켰고, 급속한 도시성장을 경험했으며, 세계은행으로부터 중상위 소득 국가(중국, 브라질, 멕시코와 동등한)의 순위를 획득했다. 튀르키예가 브릭스(BRICS) 그룹에 가입할 수 있다는 관측이 나왔고, 국제통화기금(IMF)은 튀르키예를 신흥시장경제, 또는 선진경제의 경제특성의 일부지만 전부는 갖고 있지 않은 경제로 분류하고 있다. 요컨대, 튀르키예의 경제적 잠재력은 상당하다.

그러나 튀르키예의 정치경제적 이력에는 의문이 맴돈다. 튀르키예는 EU 가입에 대한 오랜 희망을 위해 민주적 자격을 강화하고 법과 규정을 개정하기 위한 노력을 기울였다. 그러나 2003년 집권한 이후 에르도완은 재설계된 대통령직을 위해 새롭게 권력을 강화하고 포퓰리즘, 민족주의, 이슬람주의, 보수주의, 반서방주의로 다양하게 묘사되는 정책 플랫폼을 추구하며 많은 민주적 성과를 무효로 만들었다. 에르도완 행정부에 대한 정치적 의구심은 경제적인 의구심도 불러일으켰다.

의견과 반대를 탄압하고 자신의 조국의 정치적·경제적으로 미래가 불투명하게 만들면서, 튀르키예의 권위주의가 고조되는 과정을 주도해 온 에르도완 대통령.

많은 사람들은 튀르키예에서, 예를 들어 민영화 정책과 이미 그다지 강력한 복지국가가 아니었음에도 민간 의료와 민간 사회보험에 대한 더 큰 지원정책으로 이동하는 등 신자유주의의 징후를 보았다. 그러나, 쿠틀레이(Kutlay, 2019)는 러시아와 중국이 다른 나라에서 국가자본주의를 향한 추세를 주도하고 있을 수 있는데, 튀르키예가 여기에 가담하게 되었다고 추측한다. 그는 지배엘리트가 서구 지향적인 자유주의 모델로부터 벗어나서 다양한 형태의 국가자본주의로 이동하는 것을 지지한다고 보고 있다. 이것은 폐쇄적인 엘리트의 정치적 비즈니스 카르텔의 창설과 튀르키예의 지속적인 부패 문제와 맞아떨어질 것으로 보인다. 간단히 말해서, 튀르키예의 현행 정치동향과 경제동향은 당연하게도 중첩된다.

추가 읽을거리

Başer, Bahar, and Ahmet Erdi Ozturk (eds) (2017) *Authoritarian Politics in Turkey: Elections, Resistance and the AKP* (I.B. Taurus).

Dal, Emel Parlar (ed) (2020) *Turkey's Political Economy in the 21st Century* (Palgrave Macmillan).

Genc, Kaya (2016) *Under the Shadow: Rage and Revolution in Modern Turkey* (I B Taurus).

있는 국가부문 점유율보다 훨씬 크고, 증가일로에 있는 것으로 보인다 (Arshakuni and Yefimova-Trilling, 2019). 잔코브(Djankov, 2015)의 주장에 따르면, 푸틴은 에너지와 금융 등 핵심부문에 대한 국가소유를 장려하고, 러시아의 석유와 천연가스 수출을 외교정책의 도구로 사용했으며, 자신과 긴밀한 관계를 맺고 있으며 점점 그 수가 늘고 있는 억만장자들의 손에 극심한 부가 축적되는 문제를 해결하는 데 소홀히 했으며, EU와 미국이 러시아에 가한 제재를 헤쳐 나갈 수 있었다. 사실 제재는 러시아 경제에서 국가소유 비중을 높이는 효과가 있었다. 물론 이 모든 것은 강력하고 단호한 푸틴의 리더십 스타일에 영향을 미쳤다.

아슬룬드(Aslund, 2017)에게 있어, 에너지기업 가즈프롬(Gazprom, 러시아 국영 천연가스회사 – 역자 주)과 로즈네프트(Rosneft, 러시아의 종합에너지기업 – 역자 주), 기술 기업인 로스텍(Rostec, 푸틴이 설립을 주도한 러시아의 국영 복합기업으로 전략적으로 중요한 무기, 항공기 등의 공산품 제조 및 수출 – 역자 주)을 포함한 러시아의 국영기업은 제10장에서 논의한 일종의 정실자본주의의 발전을 감추기 위한 덮개에 불과하다. 예를 들어 연례보고서를 발행하고 연례 주주총회를 개최하는 등 현대적 기업운영 방식으로 운영되는 것처럼 보이지만 그러한 겉모습은 속임수일 뿐이다.

실제로 국영기업들은 심지어 국가에 의해 운영되지 않는다. 대신, 국영기업들은 푸틴의 개인 대리인 역할을 하는 전직 KGB 장교, 장관, 대통령실의 고위 관리 등 소수의 측근들에 의해 지배된다.

경영능력과 상관없이 충성스러운 임원들은 이들 회사에서 오랜 임기를 즐기고, 경영자들은 계약수주와 자산매각을 통해 친구나 동료에게 특혜를 주고, 가족 구성원들은 나이와 경험에 상관없이 고위직에 임명된다. 아슬룬드는 그 결과가 러시아의 사회적, 정치적 안정에 위협이 되는 일종의 '신봉건 자본주의'라고 주장한다.

많은 권위주의 정권(일부 민주주의 정권뿐만 아니라)에서 발견되는 또 다른 현상은 **지대추구(rent-seeking)**이다 (von Seekamm, 2021). 이것은 개인, 회사 또는 체제 전체가 추구할 수 있다. 예를 들어, 정부는 귀중한 천연자원(토지와 같은)에 대한 통제권을 탈취하고 시민들에게 그 사용에 대해 요금을 부과하거나, 새로운 제품을 외국에서 수입하는 회사에 수입허가를 요구하거나, 방문자에게 비자 수수료를 부과할 수 있다. 마찬가지로, 공무원은 회사에 라이센스를 주거나 시민에게 여권을 발행해 주는 대가로 뇌물을 받을 수 있다. 이 모든 경우에 자원은 불로소득을 창출하기 위해 비생산적으로 사용되고 있으며, 숨겨진 세금은 경제와 사회에 부과되고, 부가가치는 시장에서 발생하지 않는다.

지대추구에 의존하는 정부의 경우, 세금을 징수하고 경제를 성장시키며 인적 자본을 개발하는 데 필요한 공식구조를 구축할 동기가 적다. 오히려, 많은 민주주의 국가에서 볼 수 있는 보다 정교한 정책구상과 양립할 수 없는 상황을 만드는, 지배자와 피지배자 간 상호불신의 대치 상태가 형성된다. 지대추구는 **지대추구국가(rentier**

> **지대추구(Rent seeking)**: 새로운 부의 창출이나 사회의 이익이 아닌 부의 이전을 초래하는 자원의 사용.

state) 현상과 관련이 있다. 경제적 측면에서 지대추구국가는 수출하는 자산의 소유를 통해 돈을 벌고, 보통 민간과 종종 외국 하청업자에게 허가를 내줌으로써 수익을 올리지만 국내경제에 거의 부가가치를 더하지 않는다. 예를 들어, 농산물은 가공되지 않은 채 수출되고, 가공은 다른 나라에서 이루어질 수 있다.

이러한 지대추구국가의 권위주의적 통치자는 해외로부터 직접 소득을 얻기 때문에 세금을 올릴 필요가 없고 대표성에 대한 압박으로부터 상대적으로 자유롭다. 자원 '지대'의 일부는 지원금으로 또는 비대해진 공공부문에 일자리를 제공하는 방식으로 국민들에게 분배될 수 있는데, 이를 통해 비민주적 정권에 대한 대중의 묵인을 돈으로 사고 민주주의로의 이행을 지연시킨다. 지대추구국가 현상은 석유와 같은 핵심 자원이 풍부한 국가에서 민주주의가 결핍된 이유 중 하나이다.

이란, 사우디아라비아, 걸프국가들을 포함한 대부분의 주요 중동 산유국들은 여러 차례에 걸쳐 '지대추구국가'라는 꼬리표를 얻었다. 그러나 이 꼬리표는 글로벌 유가가 높은 시기에 가장 분명히 적용되었고, 세계 경제에서 석유의 위상이 장기적으로 하락함에 따라 다른 어느 나라보다도 사우디아라비아에 중요한 영향을 미칠 수 있다. 최근의 예산적자는 유가 하락으로 악화되어 정부가 보조금을 삭감하고, 사상 최초의 일반세(부가가치세 형태로)를 부과하고, 세계 최대 석유회사인 아람코(Aramco)의 민영화까지 고려하게 만들었다. 세즈넥(Seznec, 2016)의 주장에 따르면, 장기적인 결과는 사우디아라비아의 정치경제가 '지대추구국가의 전형'에서 벗어나 그 대신 선진 산업민주주의 국가를 닮기 시작하는 것일 수 있다.

요약하면, 권위주의(및 민주주의) 정권을 이해하는 것은 정부와 시민 간의 정치적 관계뿐만 아니라 경제적 관계도 이해하는 것이다. 권위주의 사상의 심화와 확대, 세계화의 영향 확대로 권위주의 정권에서 정치경제의 역학을 이해하는 것이 점점 더 중요해지고 있다. 권위주의 정권의 정부와 정치에 대한 통찰력뿐만 아니라 여러 민주주의 국가에서 경제에 대한 포퓰리즘과 민족주의 사상의 지위 확보에 대한 통찰력을 제공하기 때문에 정치경제의 역학에 대한 이해가 점점 중요해 진다는 말은 맞는 말이다.

> **지대추구국가(Rentier state)**: 국가 수입의 대부분 또는 전부를 원자재 수출 또는 외국 기업에 천연자원을 임대하여 얻는 국가.

토론주제

- 정치와 경제의 상호작용을 연구하는 것이 갖는 주요 이점은 무엇인가?
- 민주주의 국가에서 고전적 자유주의의 견해는 정치경제의 현대적 관행에 얼마나 많이 반영되어 있는가?
- 급진적인 견해는 아직도 정치경제의 현대적 관행에 얼마나 많이 반영되어 있는가?
- 복지국가의 미래는 어떻게 될 것 같은가?
- 국가사회주의와 국가자본주의의 차이점은 무엇인가?
- 왜 많은 권위주의체제와 다르게, 자원이 풍부한 민주주의 국가들은 자원의 저주의 영향을 피할 수 있었을까?

핵심용어

- 경제체제(Economic system)
- 경제학(Economics)
- 계급이론(Class theory)
- 계획경제(Command economy)
- 공산주의(Communism)
- 공정무역(Fair trade)
- 국가사회주의(State socialism)
- 국가자본주의(State capitalism)
- 글로벌 금융위기(Global financial crisis)
- 발전(Development)
- 복지국가(Welfare state)
- 사회보장(Social security)
- 수렴론(Convergence thesis)
- 시장(Market)
- 신자유주의(Neoliberalism)
- 야경국가(Night-watchman state)
- 자본주의(Capitalism)
- 자원의 저주(Resource curse)
- 자유무역(Free trade)
- 정치경제학(Political economy)
- 종속이론(Dependency theory)
- 지대추구(Rent seeking)
- 지대추구국가(Rentier state)
- 후생경제학(Welfare economics)

추가 읽을거리

Castles, Francis C., Stephan Leibfried, Jane Lewis, Herbert Obinger, and Christopher Pierson (eds) (2010) *The Oxford Handbook of The Welfare State* (Oxford University Press). 복지국가에 대한 기본적인 정당화, 정책목표와 결과물, 유럽의 확립된 복지국가 및 세계의 다른 지역에서 부상하는 복지국가에 대한 장을 포함하여 복지국가에 대해 편집된 모음집.

Clark, Barry (2016) *Political Economy: A Comparative Approach*, 3rd edn (Santa Barbara, CA: Praeger). 정치경제에 대한 명쾌한 개요로서, 대립하는 관점들과 실업, 인플레이션, 무역 및 환경과 같은 주제에 대한 장을 포함한다.

Clift, Ben (2021) *Comparative Political Economy: States, Markets and Global Capitalism*, 2nd edn (Red Globe Press), and Georg Menz (2017) *Comparative Political Economy: Contours of a Subfield* (Oxford University press). 비교정치경제 전반에 대한 두 권의 교과서. 첫 번째는 주로 현대 자본주의에 초점을 맞추고 있다.

Cohn, Theodore H., and Anil Hira (2021) *Global Political Economy: Theory and Practice*, 8th edn (Routledge). 글로벌 정치경제, 그 진화와 유형, 그리고 주요 이슈에 대한 교과서.

Garland, David (2016) *The Welfare State: A Very Short Introduction* (Oxford University Press). 복지국가의 기원과 그 변종을 다루는 매우 짧은 소개 시리즈 중 하나. 시리즈의 다른 책들은 자본주의, 공산주의, 자유주의 등을 다룬다.

Kurlantzick, Joshua (2016) *State Capitalism: How the Return of Statism is Transforming the World* (Oxford University Press). 국가자본주의의 기원과 결과, 국가자본주의가 정치경제학 연구에 갖는 함의를 평가한다.

참고문헌

A

Acemoglu, Daron, and James A. Robinson (2013) *Why Nations Fail: The Origins of Power, Prosperity and Poverty* (London: Profile).

Adams, John (1856) *The Works of John Adams, Second President of the United States, Vol. 4* (Boston: Little, Brown and Co).

Adrahtas, Vassilios, and Milad Milani (2020) 'Islam Divided: The Underlying Political Culture of the Conflict Between the Sunni and the Shi'a', in Milad Milani and Vassilios Adrahtas (eds) *Islam, Civility and Political Culture* (Cham, Switzerland: Springer).

Akkerman, Tjitske, Sarah L. de Lange, and Matthijs Rooduijn (eds) (2016) *Radical Right-Wing Populist Parties in Western Europe: Into the Mainstream?* (Abingdon: Routledge).

Alexander, Robert M. (2019) *Representation and the Electoral College* (Oxford: Oxford University Press).

Allen, Peter (2018) *The Political Class: Why It Matters Who Our Politicians Are* (Oxford: Oxford University Press).

Allmark, Liam (2012) 'More than Rubber-Stamps: The Consequences Produced by Legislatures in Non-Democratic States beyond Latent Legitimation', in *Journal of Legislative Studies* 18:2, pp. 198–202.

Almeida, Paul (2019) *Social Movements: The Structure of Collective Mobilization* (Oakland, CA: University of California Press).

Almond, Gabriel A. (1966), 'Political Theory and Political Science', in *American Political Science Review* 60:4, December, pp. 869–79.

Almond, Gabriel A., and Sidney Verba (1963) *The Civic Culture* (Princeton, NJ: Princeton University Press).

Amundsen, Inge (ed) (2019) *Political Corruption in Africa: Extraction and Power Preservation* (Cheltenham: Edward Elgar).

Anckar, Carsten (2008) 'On the Applicability of the Most Similar Systems Design and the Most Different Systems Design in Comparative Research' in *International Journal of Social Research Methodology* 11:5, November, pp. 389–401.

Anderson, Benedict (2013) *Imagined Communities: Reflections on the Origins and Spread of Nationalism,* revised edition (London: Verso).

Anderson, Janna, Lee Rainie, and Emily A. Vogels (2021) "Experts Say the "New Normal" in 2025 Will Be Far More Tech-Driven, Presenting More Big Challenges', 18 February, at https://www.pewresearch.org.

Andeweg, Rudy B., Galen A. Irwin, and Tom Louwerse (2020) *Governance and Politics of the Netherlands,* 5th edn (London: Red Globe).

Angerbrandt, Henrik (2018) 'Deadly Elections: Post-election Violence in Nigeria', in *The Journal of Modern African Studies* 56:1, March, pp. 143–67.

Anton, Thomas J. (1969) 'Policy-Making and Political Culture in Sweden', in *Scandinavian Political Studies* 4:A4, January, pp. 82–102.

Apter, David E. (1965) *The Politics of Modernization* (Chicago: University of Chicago Press).

Aristotle (1962 edn) *The Politics,* trans. T. A., Sinclair (Harmondsworth: Penguin).

Armitage, David (2005) 'The Contagion of Sovereignty: Declarations of Independence since 1776', in *South African Historical Journal* 52:1, pp. 1–18.

Arshakuni, Nini, and Natasha Yefimova-Trilling (2019) 'What Is the State's Share in Russia's Economy?' in *Russia Matters*, 26 June, at https://www.russiamatters.org.

Art, David (2012) 'Review Article: What Do We Know about Authoritarianism after Ten Years?' in *Comparative Politics* 44:3, April, pp. 351–73.

Aslund, Anders (2017) 'Russia's Neo-feudal Capitalism', in Project Syndicate at https://www.project-syndicate.org, 27 April.

Aspinall, Edward, and Ward Berenschot (2019) *Democracy for Sale: Elections, Clientelism, and the State in Indonesia* (Ithaca, NY: Cornell University Press).

Australian Department of Home Affairs web site at https://www.homeaffairs.gov.au. Retrieved August 2021.

Auty, Richard M. (1993) *Sustaining Development in Mineral Economies: The Resource Curse Thesis* (London: Routledge).

Ayana, Alemayehu N., Bas Arts, and K. Freerk Wiersum (2018) 'How Environmental NGOs Have Influenced Decision Making in a "semi-authoritarian" State: The Case of Forestry Policy in Ethiopia', in *World Development* 109, September, pp. 313–22.

Aytaç, S. Erdem, and Susan C. Stokes (2019) *Why Bother? Rethinking Participation in Elections and Protests* (Cambridge: Cambridge University Press).

B

Bachrach, Peter, and Morton S. Baratz (1962) 'The Two Faces of Power', in *American Political Science Review* 56:4, December, pp. 941–52.

Baek, Jieun (2016) *North Korea's Hidden Revolution: How the Information Underground Is Transforming a Closed Society* (New Haven, CT: Yale University Press).

Bagehot, Walter (1867) [2009 edn] *The English Constitution* (Oxford: Oxford University Press).

Bailey, David, and Leslie Budd (eds) (2016) *Devolution and the UK Economy* (London: Rowman and Littlefield).

Baldwin, Kate (2016) *The Paradox of Traditional Chiefs in Democratic Africa* (New York: Cambridge University Press).

Banerjee, Supurna, and Nandini Ghosh (ed) (2019) *Caste and Gender in Contemporary India: Power, Privilege and Politics* (Abingdon: Routledge).

Baradat, Leon P., and John A. Phillips (2020) *Political Ideologies: Their Origins and Impact*, 13th edn (New York: Routledge).

Barber, N. W. (2016) 'Why Entrench?' in *International Journal of Constitutional Law* 14:2, April, pp. 325–50.

Bardes, Barbara A., Mack C. Shelley, and Steffen W. Schmidt (2018) *American Government and Politics Today: The Essentials*, 2017–18 edition (Boston, MA: Cengage).

Beason, Dick, and Dennis Patterson (2004) *The Japan That Never Was: Explaining the Rise and Decline of a Misunderstood Country* (Albany, NY: State University of New York Press).

Beetham, David (2004) 'Freedom as the Foundation', in *Journal of Democracy* 15:4, October, pp. 61–75.

Bell, David S., and John Gaffney (eds) (2013) *The Presidents of the French Fifth Republic* (Basingstoke: Palgrave).

Bemelmans-Videc, Marie-Louise, Ray C. Rist, and Evert Oskar Vedung (eds) (1998) *Carrots, Sticks, and Sermons: Policy Instruments and Their Evaluation* (New Brunswick, NJ: Transaction).

Bessi, Alessandro, and Emilio Ferrara (2016) 'Social Bots Distort the 2016 US Presidential Election Online Discussion', in *First Monday* 21:11, 7 November.

Bevir, Mark, and R. A. W. Rhodes (2004) 'Interpreting British Governance' in *British Journal of Politics and International Relations* 6:2, May, pp. 130–6.

Birkinbine, Benjamin J., Rodrigo Gómez, and Janet Wasko (eds) (2017) *Global Media Giants* (New York: Routledge).

Bitonti, Alberto, and Phil Harris (eds) (2018) *Lobbying in Europe: Public Affairs and the Lobbying Industry in 28 EU Countries* (London: Palgrave).

Blomgren, Magnus, and Olivier Rozenberg (eds) (2012) *Parliamentary Roles in Modern Legislatures* (Abingdon: Routledge).

Boardman, Anthony F., David H. Greenburg, Aidan R. Vining, and David J. Weimer (2018) *Cost-Benefit Analysis: Concepts and Practice*, 5th edn (Cambridge: Cambridge University Press).

Boix, Carles (2003) *Democracy and Redistribution* (Cambridge: Cambridge University Press).

Bolukbasi, H. Tolga, and Ebru Ertugal (2019) 'Napoleonic Tradition, Majoritarianism, and Turkey's Statist Policy Style', in Michael Howlett and Jale Towson (eds) *Policy Styles and Policy-Making: Exploring the Linkages* (Abingdon: Routledge).

Booth, John A., and Patricia Bayer Richard (2015) *Latin American Political Culture: Public Opinion and Democracy* (Thousand Oaks, CA: Sage).

Booth, Robert (2015) 'Why Did the Election Pollsters Get It So Wrong?' in *The Guardian* at http://www.theguardian.com. Posted 14 May.

Boucher, Geoff (2014) *Understanding Marxism* (Abingdon: Routledge).

Bradshaw, Samantha, Hannah Bailey, and Philip N. Howard (2020) *Industrialized Disinformation: 2020 Global Inventory of organized Social Media Manipulation* (Oxford: Oxford Internet Institute).

Bräutigam, Deborah, Odd-Helge Fjeldstad, and Mick Moore (2008) *Taxation and State-Building in Developing Countries: Capacity and Consent* (Cambridge: Cambridge University Press).

Brennan, Jason (2011) *The Ethics of Voting* (Princeton, NJ: Princeton University Press).

Brewer-Carías, Allan R., and Jan Kleinheisterkamp (2013) 'Venezuela: The End of Federalism?' in Daniel Halberstam and Mathias Reimann (eds) *Federalism and Legal Unification: A Comparative Empirical Investigation of Twenty Systems* (Dordrecht: Springer).

Brooker, Paul (2014) *Non-Democratic Regimes*, 3rd edn (Basingstoke: Palgrave Macmillan).

Brooks, Stephen (2020) *Canadian Democracy*, 10th edn (Don Mills, Ontario: Oxford University Press).

Brunclik, Miloš, and Michal Kubát (2019) *Semi-presidentialism, Parliamentarism and Presidents: Presidential Politics in Central Europe* (Abingdon: Routledge).

Bryce, James (1921) *Modern Democracies: Volume II* (New York: Macmillan).

Bryson, Valerie (2106) *Feminist Political Theory*, 3rd edn (London: Palgrave).

Buba, Malami (2018) 'The Legacies of the Sokoto Caliphate in Contemporary Nigeria', in *History Compass* 16:8, August, pp. 1–9.

Buckley, Chris (2018) 'Xi Jinping Thought Explained: A New Ideology for a New Era' in *New York Times*, 26 February.

Burke, Edmund (1774) [1975 edn] 'Speech to the Electors of Bristol', in B. Hill (ed) *Edmund Burke on Government, Politics and Society* (London: Fontana).

C

Cagaptay, Soner (2017) *The New Sultan: Erdogan and the Crisis of Modern Turkey* (London: I B Taurus).

Camp, Roderic Ai, and Shannan Mattiace (2020) *Politics in Mexico: The Path of a New Democracy*, 7th edn (Oxford: Oxford University Press).

Campbell, John (2013) *Nigeria: Dancing on the Brink* (Lanham, MD: Rowman & Littlefield).

Carrier, Martin (2016) *Executive Politics in Semi-Presidential Regimes: Power Distribution and Conflicts between Presidents and Prime Ministers* (Lanham, MD: Lexington Books).

Carty, R. Kenneth (2004) 'Parties as Franchise Organizations: The Stratarchical Organizational Imperative', in *Party Politics* 10:1, January, pp. 5–24.

Cassani, Andrea, and Luca Tomini (2018) (eds) *Autocratization in Post-Cold War Political Regimes* (London: Palgrave Macmillan).

Castagnola, Andrea, and Saúl López Noriega (eds) (2017) *Judicial Politics in Mexico: The Supreme Court and the Transition to Democracy* (Abingdon: Routledge).

Cavatorta, Francesco, and Lise Storm (eds) (2018) *Political Parties in the Arab World: Continuity and Change* (Edinburgh: Edinburgh University Press).

Center for Responsive Politics (2021) 'Cost of Election' at https://www.opensecrets.org/elections-overview. Retrieved August 2021.

Center for Systemic Peace (2021). Polity IV Project, at http://www.systemicpeace.org/polityproject.html. Retrieved August 2021.

Chaisty, Paul, Nic Cheeseman, and Timothy J. Power (2018) *Coalitional Presidentialism in Comparative Perspective* (Oxford: Oxford University Press).

Cheeseman, Nic, and Brian Klaas (2018) *How to Rig an Election* (New Haven, CT: Yale University Press).

Chilton, Adam, and Mils Versteeg (2020) *How Constitutional Rights Matter* (New York: Oxford University Press).

Christensen, Tom, and Per Lægreid (eds) (2016) *The Ashgate Research Companion to New Public Management* (Abingdon: Routledge).

Chowdhury, Shofiqur Rahman, Haris Abd Wahab, and M. Rezaul Islam (2019) 'The Role of Faith-based NGOs in Social Development: Invisible Empowerment', in *International Social Work* 62:3, May, pp. 1055–74.

Cigler, Allan J., Burdett A. Loomis, and Anthony J. Nownes (eds) (2020) *Interest Group Politics*, 10th edn (Lanham, MD: Rowman & Littlefield).

Civicus (2017) *State of Civil Society Report 2017*, at https://www.civicus.org/index.php/state-of-civil-society-report-2017. Retrieved August 2018.

Civicus (2020) *State of Civil Society Report 2020*, at https://www.civicus.org/index.php/state-of-civil-society-report-2020. Retrieved August 2021.

Clark, Barry (2016) *Political Economy: A Comparative Approach*, 3rd edn (Santa Barbara, CA: Praeger).

Clarke, Nick, Will Jennings, Jonathan Moss, and Gerry Stoker (2018) *The Good Politician: Folk Theories, Political Interaction, and the Rise of Anti-Politics* (Cambridge: Cambridge University Press).

Cohen, Michael D., James G. March, and Johan P. Olsen (1972) 'A Garbage Can Model of Organizational Choice', in *Administrative Science Quarterly* 17:1, March, pp. 1–25.

Collier, Cheryl N., and Tracey Raney (2018) 'Understanding Sexism and Sexual Harassment in Politics: A Comparison of Westminster Parliaments in Australia, the United Kingdom, and Canada' in *Social Politics: International Studies in Gender, State & Society* 25:3, Fall, pp. 432–55.

Collier, Paul (2007), *The Bottom Billion: Why the Poorest Countries Are Failing and What Can Be Done about It* (New York: Oxford University Press).

Collier, Paul, and Ian Bannon (eds.) (2003) *Natural Resources and Violent Conflict: Options and Actions* (Washington, DC: World Bank).

Compagnon, Daniel (2011) *A Predictable Tragedy: Robert Mugabe and the Collapse of Zimbabwe* (Philadelphia, PA: University of Pennsylvania Press).

Comparative Constitutions Project (2021), at http://comparativeconstitutionsproject.org. Retrieved August 2021.

Confederation of British Industry (2021). Web site at https://www.cbi.org.uk. Retrieved August 2021.

Congressional Budget Office (2021). 'The Budget', at https://www.cbo.gov/topics/budget. Retrieved August 2021.

Corbridge, Stuart, John Harriss, and Craig Jeffrey (2013) *India Today: Economy, Politics and Society* (Cambridge: Polity Press).

Cosentino, Gabriele (2020) *Social Media and the Post-Truth World Order: The Global Dynamics of Disinformation* (London: Palgrave Macmillan).

Council on Foreign Relations (2021) Nigeria Security Tracker, at https://www.cfr.org/nigeria/nigeria-security-tracker/p29483. Retrieved August 2021.

Coutinho, Luís Pereira, Massimo La Torre, and Steven D. Smith (eds) (2015) *Judicial Activism: An Interdisciplinary Approach to the American and European Experiences* (Heidelberg: Springer).

Crawford, James (2007) *The Creation of States in International Law* (Oxford: Oxford University Press).

Croissant, Andrea (2019) 'Vietnam: The Policy Styles of a Lam Leviathan', in Michael Howlett and Jale Towson (eds) *Policy Styles and Policy-Making: Exploring the Linkages* (Abingdon: Routledge).

Csaky, Zselyke (2019) 'A New Toolbox for Co-opting the Media', in *Freedom and the Media 2019* (New York: Freedom House).

Curtice, John, and Ian Simpson (2017) 'The 2017 Election: New Divides in British Politics?', in British Social Attitudes 35. NatCen Social Research at https://www.bsa.natcen.ac.uk.

Cuzán, Alfred G. (2015) 'Five Laws of Politics' in *PS: Political Science & Politics* 48:3, July, pp. 415–19.

D

Dahl, Robert A. (1961) 'The Behavioral Approach in Political Science: Epitaph for a Monument to a Successful Protest', in *American Political Science Review* 55:4, December, pp. 763–72.

Dahl, Robert A. (1989) *Democracy and Its Critics* (New Haven, CT: Yale University Press).

Dahl, Robert A. (1998) *On Democracy* (New Haven, CT: Yale University Press).

Dai, Jingyun, and Anthony J. Spires (2018) 'Advocacy in an authoritarian state: How grassroots environmental NGOs influence local governments in China', in *The China Journal* 79, pp. 62–83.

Dallmayr, Fred (ed) (1999) *Border Crossings: Toward a Comparative Political Theory* (Lanham, MD: Lexington Books).

Dalton, Russell J. (2020) *Citizen Politics: Public Opinion and Political Parties in Advanced Industrial Democracies*, 7th edn (Thousand Oaks, CA: CQ Press).

Dalton, Russell, J., and Christian Welzel (eds) (2014) *The Civic Culture Transformed: From Allegiant to Assertive Citizens* (New York: Cambridge University Press).

Davies, Thomas (ed) (2019) *Routledge Handbook of NGOs and International Relations* (Abingdon: Routledge).

Davis, Aeron, Natalie Fenton, and Des Freeman (2020) *Media, Democracy, and Social Change: Re-imagining Political Communication* (London: SAGE).

Deloitte (2020) *Media Consumption in Russia* (Moscow: Deloitte CIS Research Centre).

Dershowitz, Alan (2001) *Supreme Injustice: How the High Court Hijacked Election 2000* (New York: Oxford University Press).

Dhillon, Karminder Singh (2009) *Malaysian Foreign Policy in the Mahathir Era, 1981–2003: Dilemmas of Development* (Singapore: National University of Singapore Press).

Diamond, Jared (2011) *Collapse: How Societies Choose to Fail or Survive* (London: Penguin).

Diamond, Larry (2020) 'Democratic Regression in Comparative Perspective: Scope, Methods, and Causes', in *Democratization*, 28:1, pp. 22–42.

Diamond, Larry, and Gary Marks (eds) (1992) *Re-examining Democracy: Essays in Honor of Seymour Martin Lipset* (Thousand Oaks, CA: Sage).

Diamond, Larry, and Marc F. Plattner (eds) (2015) *Democracy in Decline?* (Baltimore, MD: Johns Hopkins University Press).

Diamond, Larry, Marc F. Plattner, and Christopher Walker (eds) (2016) *Authoritarianism Goes Global: The Challenge to Democracy* (Baltimore, MD: Johns Hopkins University Press).

Dicey, A. V. (1885) [1959 edn] *Introduction to the Study of the Law of the Constitution*, 10th edn (London: Macmillan).

Dickson, Bruce J. (2021) *The Party and the People: Chinese Politics in the 21st Century* (Princeton, NJ: Princeton University Press).

Diefenbach, Thomas (2019) 'Why Michels' 'Iron Law of Oligarchy' Is Not an Iron Law – and How Democratic Organizations Can Stay 'Oligarchy-free', in *Organization Studies* 40:4, April, pp. 545–62.

Dixon, Rosalind, and Theunis Roux (eds) (2018) *Constitutional Triumphs, Constitutional Disappointments: A Critical Assessment of the 1996 South African Constitution's Local and International Influence* (Cambridge: Cambridge University Press).

Djankov, Simeon (2015) 'Russia's Economy under Putin: From Crony Capitalism to State Capitalism'. Policy Brief PB15-18, September (Washington DC: Peterson Institute for International Economics).

Dogan, Mattei, and Dominique Pelassy (1990) *How to Compare Nations* (Chatham, NJ: Chatham House).

Dolan, Julie, Melissa M. Deckman, and Michele L. Swers (2020) *Women and Politics: Paths to Power and Political Influence*, 4th edn (Lanham, MD: Rowman & Littlefield).

Donno, Daniela, and Anne-Kathrin Kreft (2019) 'Authoritarian institutions and women's rights', in *Comparative Political Studies* 52:5, April, pp. 720–53.

Downie, Leonard (2020) *The Trump Administration and the Media* (New York: Committee to Protect Journalists).

Downs, Anthony (1957) *An Economic Theory of Democracy* (New York: Harper).

E

Eason, John M. (2017) *Big House on the Prairie: Rise of the Rural Ghetto and Prison Proliferation* (Chicago: University of Chicago Press).

Easton, David (1953) *The Political System: An Inquiry into the State of Political Science* (New York: Knopf).

Easton, David (1962) 'Introduction: The Current Meaning of "Behavioralism"', in James Charlesworth (ed) *Political Science* (Philadelphia, PA: American Academy of Political and Social Science).

Easton, David (1965) *A Systems Analysis of Political Life* (New York: Wiley).

Economist, The (2018) 'Tanzania's Rogue President', 15 March.

Economist, The (2020) 'Italians vote for fewer, better politicians'. 26 September.

Economist Intelligence Unit (2020) *Democracy Index 2019* (London: Economist Intelligence Unit).

Economist Intelligence Unit (2021) *Democracy Index 2020* (London: Economist Intelligence Unit).

Edelman (2020) *Edelman Trust Barometer 2020* at https://www.edelman.com/trust-barometer.

Edelman (2021) *Edelman Trust Barometer 2021* at https://www.edelman.com/trust-barometer.

Edwards, Bryce (2016) 'The Future of the Unions', in *New Zealand Herald*, 21 October.

Edwards, George C., Kenneth R. Mayer, and Stephen J. Wayne (2018) *Presidential Leadership: Politics and Policy Making*, 11th edn (Lanham, MD: Rowman and Littlefield).

Edwards, Michael (2020) *Civil Society*, 4th edn (Cambridge: Polity).

Ehrlich, Sean D. (2018) *The Politics of Fair Trade: Moving Beyond Free Trade and Protection* (New York: Oxford University Press).

Ehteshami, Anoushiravan (2017) *Iran: Stuck in Transition* (Abingdon: Routledge).

Eley, Geoff, and Ronald Grigor Suny (1996) 'From the Moment of Social History to the Work of Cultural Representation', in Geoff Eley and Ronald Grigor Suny (eds) *Becoming National: A Reader* (New York: Oxford University Press).

Elgie, Robert (2011) *Semi-Presidentialism: Sub-Types and Democratic Performance* (Oxford: Oxford University Press).

Endersby, James W., John R. Petrocik, and Daron R. Shaw (2006) 'Electoral Mobilization in the United States', in Richard S. Katz and William Crotty (eds) *Handbook of Party Politics* (Thousand Oaks, CA: Sage).

Esmer, Yilmaz, and Thorleif Pettersson (2007) 'The Effects of Religion and Religiosity on Voting Behavior' in Russell J. Dalton and Hans-Dieter Klingemann (eds) *The Oxford Handbook of Political Behavior* (Oxford: Oxford University Press).

Esping-Andersen, Gøsta (1990) *The Three Worlds of Welfare Capitalism* (Cambridge: Polity).

Espinosa, Romain (2017) 'Constitutional judicial behaviour: Exploring the determinants of the decisions of the French Constitutional Council', in *Review of Law and Economics* 13:2, July, pp. 1–41.

European Commission (2020) Eurobarometer 92, Autumn 2019 (Brussels: European Commission).

Evans, Jocelyn, and Gilles Ivaldi (2018) *The 2017 French Presidential Elections: A Political Reformation?* (London: Palgrave Macmillan).

Evans, Mark (ed) (2010) *New Directions in the Study of Policy Transfer* (Abingdon: Routledge).

Ezrow, Natasha M., and Erica Frantz (2011) *Dictatorships: Understanding Authoritarian Regimes and Their Leaders* (New York: Continuum).

F

Farkas, Johan, and Jannick Schou (2019) *Post-Truth, Fake News and Democracy: Mapping the Politics of Falsehood* (Abingdon: Routledge).

Farrell, David M. (2011) *Electoral Systems: A Comparative Introduction*, 2nd edn (Basingstoke: Palgrave).

Featherstone, Kevin (2020) 'Introduction' to Kevin Featherstone and Dimitry A. Sotiropoulos (eds) *The Oxford Handbook of Modern Greek Politics* (Oxford: Oxford University Press).

Felbab-Brown, Vanda, Harold Trinkunas, and Shadi Hamid (2018) *Militants, Criminals, and Warlords: The Challenge of Local Governance in an Age of Disorder* (Washington DC: Brookings Institution).

Feldman, David (ed) (2019) *Boycotts Past and Present: From the American Revolution to the Campaign to Boycott Israel* (London: Palgrave Macmillan).

Figgis, J.N., and R. V. Laurence (eds) *Historical Essays and Studies* (London: Macmillan, 1907).

Foreign Affairs (2019), 'Does Technology Favor Tyranny?' 12 February.

Fortune (2021) Global 500 at http://fortune.com/global500. Retrieved August 2021.

Franklin, Mark (1992) 'The Decline of Cleavage Politics', in Mark Franklin, Thomas Mackie and Henry Valen (eds) *Electoral Change: Responses to Evolving Social and Attitudinal Structures in Western Countries* (Cambridge: Cambridge University Press).

Fraser Institute (2020) *Economic Freedom of the World: 2020 Annual Report* at https://www.fraserinstitute.org.

Freedom House (2019) *Freedom and the Media 2019* (Washington DC: Freedom House).

Freedom House (2020a) *Freedom in the World 2020* (Washinton DC: Freedom House).

Freedom House (2020b) *Freedom in the World 2020 – Norway*, at https://freedomhouse.org/country/norway/freedom-world/2020. Retrieved August 2021.

Freedom House (2020c) *Nations in Transit 2020: Dropping the Democratic Façade* (Washington DC: Freedom House).

Freedom House (2020d) *Freedom in the World 2020 – Report on Jamaica* (Wasington DC: Freedom House).

Freedom House (2020e) United Arab Emirates Country Report, at https://freedomhouse.org/country/united-arab-emirates/freedom-world/2020.

Freedom House (2021) *Freedom on the Net* (Washington DC: Freedom House).

Freedom House (2021) *Freedom in the World 2021* (Washington DC: Freedom House).

French, Paul (2014) *North Korea: State of Paranoia* (London: Zed Books).

Frenkel, Sheera, and Cecilia Kang (2021) *An Ugly Truth: Inside Facebook's Battle for Domination* (New York: HarperCollins).

Fukuyama, Francis (1989) 'The End of History?' in *The National Interest*, Summer.

Fukuyama, Francis (2011) *The Origins of Political Order: From Prehuman Times to the French Revolution* (New York: Farrar, Strauss, and Giroux).

Fund for Peace (2020) *Fragile States Index 2020*, at https://fragilestatesindex.org. Retrieved August 2021.

G

Gallup (2021) 'Congress and the Public'. At https://news.gallup.com/poll/1600/congress-public.aspx. Retrieved August 2021.

GAN Integrity (2020) 'Kenya Corruption Report', August 2020, at https://www.ganintegrity.com.

Gandhi, Jennifer (2008) *Political Institutions Under Dictatorship* (Cambridge University Press).

Gandhi, Jennifer, and Ellen Lust-Okar (2009) 'Elections under Authoritarianism', in *Annual Review of Political Science* 12, pp. 403–22.

Gandhi, Jennifer, Ben Noble, and Milan Svolik (2020) 'Legislatures and legislative politics without democracy', in *Comparative Political Studies* 53:9, August, pp. 1359–79.

Geddes, Barbara (1999) 'What Do We Know about Democratization after Twenty Years?', in *Annual Review of Political Science* 2, pp. 115–44.

Geddes, Barbara (2003) *Paradigms and Sand Castles: Theory Building and Research Design in Comparative Politics* (Ann Arbor, MI: University of Michigan Press).

Geddes, Barbara (2006) 'Why Parties and Elections in Authoritarian Regimes?' Revised version of paper prepared for presentation at the annual meeting of the American Political Science Association, Washington DC, 2005.

Geddes, Barbara (2007) 'What Causes Democratization?', in Carles Boix and Susan C. Stokes (eds) *The Oxford Handbook of Comparative Politics* (Oxford: Oxford University Press).

Geddes, Barbara, Joseph Wright, and Erica Frantz (2018) *How Dictatorships Work: Power, Personalization, and Collapse* (Cambridge: Cambridge University Press).

Geertz, Clifford (1973) [1993 edn] 'Thick Description: Toward an Interpretative Theory of Culture', in Clifford Geertz (ed) *Interpretation of Cultures* (London: Fontana).

George, Jordana J., and Dorothy E Leidner (2019) 'From Clicktivism to Hacktivism: Understanding Digital Activism', in *Information and Organization* 29:3, September.

Gerring, John (2009) 'The Case Study: What It Is and What It Does', in Carles Boix and Susan C. Stokes (eds) *The Oxford Handbook of Comparative Politics* (Oxford University Press).

Gerring, John, and Joshua Yesnowitz (2006) 'A Normative Turn in Political Science?', in *Polity* 38:1, January, pp. 101–13.

Gerth, Hans H. and C. Wright Mills (1948) *From Max Weber: Essays in Sociology* (London: Routledge & Kegan Paul).

Geys, Benny (2006) 'Explaining Voter Turnout: A Review of Aggregate-Level Research', in *Electoral Studies* 25:4, December, pp. 637–63.

Ginsburg, Tom (2008) 'The Global Spread of Constitutional Review' in Gregory A. Caldeira, R. Daniel Kelemen, and Keith E. Whittington (eds) *The Oxford Handbook of Law and Politics* (Oxford: Oxford University Press).

Ginsburg, Tom (2020) 'Beyond Window Dressing: Constitutions in Authoritarian Regimes', in Rogers M. Smith and Richard R. Beeman (eds) (2020) *Modern Constitutions* (Philadelphia, PA: University of Pennsylvania Press).

Godwin, Kenneth, Scott H. Ainsworth, and Erik Godwin (2013) *Lobbying and Policymaking: The Public Pursuit of Private Interests* (Thousand Oaks, CA: Sage).

Gómez Bruera, Hernán F. (2013) *Lula, the Workers' Party and the Governability Dilemma in Brazil* (Abingdon: Routledge).

Goode, J. Paul (2010) 'Redefining Russia: Hybrid Regimes, Fieldwork, and Russian Politics', in *Perspectives on Politics* 8:4, December, pp. 1055–75.

Goodwin, Matthew (2018) 'The Party Is Over', in *Foreign Policy*, 24 October.

Goulas, Eleftherios, Christos Kallandranis, and Athina Zervoyianni (2019) 'Voting Behaviour and the Economy: Evidence from Greece', in *Economic Issues* 24:1, pp. 35–58.

Government Offices of Sweden (2018) 'Central Government Administration Objectives' at https://www.government.se. Retrieved August 2018.

Grant, Wyn (2018) *Lobbying: The Dark Side of Politics* (Manchester: Manchester University Press).

Grasso, Maria T. (2016) *Generations, Political Participation and Social Change in Western Europe* (Abingdon: Routledge).

Green, Daniel M. (ed) (2002) *Constructivism and Comparative Politics* (Armonk, NY: M.E. Sharpe).

Green, Jeffrey Edward (2010) *The Eyes of the People: Democracy in an Age of Spectatorship* (New York: Oxford University Press).

Green Belt Movement (2021). Web site at http://www.greenbeltmovement.org. Retrieved August 2021.

Greene, Alan (2018) *Permanent States of Emergency and the Rule of Law: Constitutions in an Age of Crisis* (Oxford: Hart).

Greenfield, Liah (2019) *Nationalism: A Short History* (Washington DC: Brookings).

Greve, Bent (2020) *Austerity, Retrenchment and the Welfare State: Truth or Fiction?* (Cheltenham: Edward Elgar).

Gygli, Savina, Florian Haelg, Niklas Potrafke and Jan-Egbert Sturm (2019) 'The KOF Globalisation Index – Revisited', in *Review of International Organizations* 14:3, pp. 543–574.

H

Haddad, Bassam (2012) 'Syria, the Arab Uprisings, and the Political Economy of Authoritarian Resilience', in Clement Henry and Jang Ji-Hyang (eds) *The*

Arab Spring: Will It Lead to Democratic Transitions? (New York: Palgrave Macmillan).

Haesebrouck, Tim (2017) 'EU Member State Participation in Military Operations: A Configurational Comparative Analysis', in *Cambridge Review of International Affairs* 30:2–3, April, pp. 137–59.

Halley, Janet, Prabha Kotiswaran, Rachel Rebouché, and Hila Shamir (2018) *Governance Feminism: An Introduction* (Minneapolis, MN: University of Minnesota Press).

Halpern, Charlotte, Patrick Hassenteufel, and Philippe Zittoun (eds) (2018) *Policy Analysis in France* (Bristol: Policy Press).

Hammerstad, Anne (2017) 'Migrants and Refugees in Global Politics', in Mark Beeson and Nick Bisley (eds) *Issues in 21st Century World* Politics, 3rd edn (London: Red Globe Press).

Han, Lori Cox (ed) (2017) *New Directions in the American Presidency* (Abingdon: Routledge).

Hanke, Steve H. (2009) 'RIP Zimbabwe Dollar', Cato Institute blog at https://www.cato.org/zimbabwe.

Harvey, David (2007) *A Brief History of Neoliberalism* (Oxford: Oxford University Press).

Hasmath, Reza (2016) 'China's NGOs Go Global', in *The Diplomat* at https://thediplomat.com, 23 March.

Hay, Colin (2020) ''Globalization's Impact on States', in John Ravenhill (ed) *Global Political Economy*, 6th edn (Oxford: Oxford University Press).

Hay, Colin, Michael Lister, and David Marsh (2006) 'The Transformation of the State' in Colin Hay, Michael Lister, and David Marsh (eds) *The State: Theories and Issues* (Basingstoke: Palgrave Macmillan, 2006).

Hayes, Louis D. (2017) *Introduction to Japanese Politics*, 6th edn (Abingdon: Routledge).

Heclo, Hugh (1978) 'Issue Networks and the Executive Establishment', in Anthony King (ed) *The New American Political System* (Washington, DC: AEI).

Heinelt, Hubert, Annick Magnier, Marcello Cabria, and Herwig Reynaert (eds) (2018) *Political Leaders and Changing Local Democracy: The European Mayor* (London: Palgrave).

Hellmeier, Sebastian, and Nils B. Weidmann (2020) 'Pulling the Strings? The Strategic Use of Pro-government Mobilization in Authoritarian Regimes', in *Comparative Political Studies* 53:1, January, pp. 71–108.

Helms, Ludger (2011) 'Introduction: The importance of studying political leadership comparatively', in Ludger Helms (2012) *Comparative Political Leadership* (London: Palgrave Macmillan).

Hendley, Kathryn (2014) 'Assessing the Rule of Law in Russia', in Stephen White, Richard Sakwa, and Henry E. Hale (eds) *Developments in Russian Politics 8* (Basingstoke: Palgrave Macmillan).

Hill, Joshua (2019) *Voting as a Rite: A History of Elections in Modern China* (Cambridge, MA: Harvard University Asia Center).

Hirschl, Ran (2008) 'The Judicalization of Politics' in Gregory A. Caldeira, R. Daniel Kelemen, and Keith E. Whittington (eds) *The Oxford Handbook of Law and Politics* (Oxford: Oxford University Press).

Hobbes, Thomas (1651) [2014 edn] *Leviathan* (Wordsworth Classics of World Literature) (Ware: Wordsworth).

Hoffmann, Herwig C H, and Jacques Ziller (2017) *Accountability in the EU: The Role of the European Ombudsman* (Cheltenham: Edward Elgar).

Hofmann, Andreas, and Daniel Naurin (2020) 'Explaining Interest Group Litigation in Europe: Evidence from the Comparative Interest Group Survey' in *Governance*, December.

Holland, Jack, and Katharine A M Wright (2017) 'The Double Delegitimization of Julia Gillard: Gender, the Media, and Australian Political Culture', in *Australian Journal of Politics and History* 63:4, December, pp. 588–602.

Holmberg, Sören, and Henrik Oscarsson (2020) 'Party Identification: Down but Not Out', in Henrik Oscarsson and Sören Holmberg (eds) *Research Handbook on Political Partisanship* (Cheltenham: Edward Elgar).

Holmes, Leslie (1997) *Post-Communism: An Introduction* (Cambridge: Polity).

Hooghe, Liesbet, Gary Marks, and Arjan H. Schakel (2010) *The Rise of Regional Authority: A Comparative Study of 42 Democracies* (Abingdon: Routledge).

Hope, Kempe Ronald (2017) 'Corruption in Kenya', in Kempe Ronald Hope (ed) *Corruption and Governance in Africa* (Cham, Switzerland: Palgrave Macmillan).

Horowitz, Donald L. (2006) 'Constitutional Courts: Primer for Decision-Makers', in *Journal of Democracy* 17:4, October, pp. 125–37.

Howard, Philip N. (2020) *Lie Machines: How to Save Democracy from Troll Armies, Deceitful Robots, Junk News Operations, and Political Operatives* (New Haven, CT: Yale University Press).

Howard, Philip N., and Samuel C. Woolley (eds) (2018) *Computational Propaganda: Political Parties, Politicians, and Political Manipulation on Social Media* (Oxford: Oxford University Press).

Howlett, Michael, and Andrea Migone (2019) 'Over-promising and under-delivering: The Canadian policy style of punctuated gradualism', in Michael Howlett and Jale Towson (eds) *Policy Styles and Policy-Making: Exploring the Linkages* (Abingdon: Routledge).

Howlett, Michael, and Jale Tosun (eds) (2019) *Policy Styles and Policy-Making: Exploring the Linkages* (Abingdon: Routledge).

Howlett, Michael, and Jale Tosun (eds) (2021) *The Routledge Handbook of Policy Styles* (Abingdon: Routledge).

Hrebenar, Ronald J., and Akira Nakamura (eds) 2016) *Party Politics in Japan: Political Chaos and Stalemate in the 21st Century* (Abingdon: Routledge).

Huber, John D., and Piero Stanig (2009) 'Individual Income and Voting for Redistribution across Democracies'. Unpublished working paper, Columbia University, New York.

Hudson, Alexander (2018) 'When Does Public Participation Make a Difference? Evidence from Iceland's Crowdsourced Constitution', in *Policy & Internet* 10:2, June, pp. 185–217.

Hughes, Melanie M., Pamela Paxton, Amanda Clayton, and Par Zetterberg (2017) *Quota Adoption and Reform over Time (QAROT), 1947-2015* (Ann Arbor, MI: Inter-university Consortium for Political and Social Research).

Human Rights Watch (2019) 'Egypt: New NGO law renews draconian restrictions', 24 July, at https://www.hrw.org/news.

Human Rights Watch (2020) 'Egypt: Covid-19 cover for new repressive powers', 7 May, at https://www.hrw.org/news/2020/05/07/egypt-covid-19-cover-new-repressive-powers#.

Human Rights Watch (2021) *World Report 2021* (New York: Human Rights Watch).

Humphreys, Macarten, Jeffrey D. Sachs, and Joseph E. Stiglitz (2007) *Escaping the Resource Curse* (New York: Columbia University Press).

Hunt, Kathleen P. (2014) '"It's More than Planting Trees, It's Planting Ideas": Ecofeminist praxis in the Green Belt Movement', in *Southern Communication Journal* 79:3, pp. 235–49.

Hunt, Mia (2019) 'New Zealand on the verge of major public service reform', in *Global Government Forum*, 27 November.

Huntington, Samuel P. (1991) *The Third Wave: Democratization in the Late Twentieth Century* (Norman, OK: University of Oklahoma Press).

Huntington, Samuel P. (1996) *The Clash of Civilizations and the Making of World Order* (New York: Simon & Schuster).

Huskey, Eugene (2010) '*Pantouflage à la russe*: The Recruitment of Russian Political and Business Elites', in Stephen Fortescue (ed) *Russian Politics from Lenin to Putin* (Basingstoke: Palgrave Macmillan).

I

Ibrahimi, Niamatullah, and William Maley (2020) *Afghanistan: Politics and Economics in a Globalizing State* (Abingdon: Routledge).

Ikenberry, G. John (2000) 'Don't Panic: How Secure Is Globalization's Future?', in *Foreign Affairs* 79:2, May/June, pp. 145–51.

Inglehart, Ronald (1971) 'The Silent Revolution in Europe: Intergenerational Change in Post-Industrial Societies', in *American Political Science Review* 65:4, December, pp. 991–1017.

Inglehart, Ronald, and Christian Welzel (2010) 'Changing Mass Priorities: The Link between Modernization and Democracy', in *Perspectives on Politics* 8:2, June, pp. 551–67.

International Institute for Democracy and Electoral Assistance (2020). Data on provisions for public funding of parties at https://www.idea.int. Retrieved August 2021.

International Institute for Democracy and Electoral Assistance (2021a) *Electoral Systems Design Database*, at https://www.idea.int/data-tools/data/electoral-system-design. Retrieved August 2021.

International Institute for Democracy and Electoral Assistance (IDEA) (2021b) *Direct Democracy Database*, at http://www.idea.int. Retrieved August 2021.

International Institute for Democracy and Electoral Assistance (2021c). Voter Turnout Database at https://www.idea.int/data-tools/data/voter-turnout. Retrieved August 2021.

International Institute for Democracy and Electoral Assistance (2021d). Data on compulsory voting, at https://www.idea.int/data-tools/data/voter-turnout/compulsory-voting. Retrieved August 2021.

International Telecommunication Union (2020) *Measuring Digital Development: Facts and Figures 2020*. ITU web site at https://www.itu.int/en. Retrieved August 2021.

Inter-Parliamentary Union (2021) *Parline Database on National Parliaments*, at http://www.ipu.org. Retrieved August 2021.

Issacharoff, Samuel (2015) *Fragile Democracies: Contested Power in the Era of Constitutional Courts* (New York: Cambridge University Press).

J

Jackson, Keith (1994) 'Stability and Renewal: Incumbency and Parliamentary Composition', in Albert Somit, Rudolf Wildenmann and Bernard Boll (eds) *The Victorious Incumbent: A Threat to Democracy?* (Aldershot: Dartmouth).

Jackson, Robert H. (1990) *Quasi-states: Sovereignty, International Relations and the Third World* (New York: Cambridge University Press).

Jackson, Robert H., and Carl G. Rosberg (1982) *Personal Rule in Black Africa: Prince, Autocrat, Prophet, Tyrant* (Berkeley, CA: University of California Press).

Japan Times (2017) 'Women Set Record 25.8% Pass Rate on Civil Service Exam'. 30 June, at https://www.japantimes.co.jp.

Jin, Dal Yong (2015) *Digital Platforms, Imperialism, and Political Culture* (Abingdon: Routledge).

Jodhka, Surinder S. (2018) *Caste in Contemporary India*, 2nd edn (Abingdon: Routledge).

Johnson, Chalmers (1982) *MITI and the Japanese Miracle: The Growth of Industry Policy 1925–1975* (Stanford: Stanford University Press).

Joshi-Ghani, Abha, and Greg Clark (2019), in Foreword to Elizabeth Rapoport, Michele Acuto, and Leonora Grcheva, *Leading Cities: A Global Review of City Leadership* (London: UCL Press).

K

Kagan, Robert (2008) *The Return of History and the End of Dreams* (New York: Knopf).
Kaid, Lynda Lee, Jacques Gerstlé, and Keith R. Sanders (eds) (1991) *Mediated Politics in Two Cultures: Presidential Campaigning in the United States and France* (New York: Praeger).
Kalu, Kenneth, Olajumoke Yacob-Hailso, and Toyin Falola (eds) (2018) *Africa's Big Men: Predatory State-Society Relations in Africa* (Abingdon: Routledge).
Katz, Richard S., and Peter Mair (1995) 'Changing Models of Party Organization and Party Democracy: The Emergence of the Cartel Party', in *Party Politics* 1:1, January, pp. 5–28.
Kendall-Taylor, Andrew, Erica Frantz, and Joseph Wright (2016) 'The New Dictators: Why Personalism Rules', in *Foreign Affairs*, 26 September.
Kessler, Glenn, Salvador Rizzo, and Meg Kelly (2021) 'Trump's False or Misleading Claims Total 30,573 over Four Years', in *Washington Post*, 24 January.
Khatib, Lina (2021) 'Political Culture in the Arab world: Assumptions and Complexities'. Med Dialogue Series No. 34, Konrad Adenauer Stiftung, January.
Kinetz, Erika (2021) 'Anatomy of a Conspiracy: With COVID, China Took the Leading Role'. Associate Press, 15 February.
King, Gary, Robert O. Keohane, and Sidney Verba (1994) *Designing Social Inquiry: Scientific Inference in Qualitative Research* (Princeton, NJ: Princeton University Press).
Kirchheimer, Otto (1966) 'The Transformation of the Western European Party Systems', in Joseph LaPalombara and Myron Weiner (eds) *Political Parties and Political Development* (Princeton, NJ: Princeton University Press).
Kittilson, Miki Caul, and Leslie A. Schwindt-Bayer (2012) *The Gendered Effect of Electoral Institutions: Political Engagement and Participation* (New York: Oxford University Press).
Klapper, Joseph T. (1960) *The Effects of Mass Communication* (New York: Free Press).
Klug, Heinz (2010) *The Constitution of South Africa: A Contextual Analysis* (Oxford: Hart).
Kneuer, Marianne, and Thomas Demmelhuber (2021) *Authoritarian Gravity Centers: A Cross-Regional Study of Authoritarian Promotion and Diffusion* (Abingdon: Routledge).
Knill, Christopher, and Jale Tosun (2020) *Public Policy: A New Introduction*, 2nd edn (London: Red Globe Press).
Knutsen, Oddbjørn (1996) 'Value Orientations and Party Choice: A Comparative Study of the Relationship between Five Value Orientations and Voting Intention in Thirteen West European Democracies', in Oscar W. Gabriel and Jürgen W. Falter (eds) *Wahlen und Politische Einstellungen in Westlichen Demokratien* (Frankfurt: Peter Lang).
Kommers, Donald P. (2006) 'The Federal Constitutional Court: Guardian of German Democracy', in *Annals of the American Academy of Political and Social Science* 603, January, pp. 111–28.
Koren, Herman (2017) *Best Practices for Environmental Health: Environmental Pollution, Protection, Quality and Sustainability* (Abingdon: Routledge).
Kovacs, Mimmi Söderberg, and Jesper Bjarnesen (eds) (2018) *Violence in African Elections: Between Democracy and Big Man Politics* (London: Zed Books).
Kramon, Eric (2018) *Money for Votes: The Causes and Consequences of Electoral Clientelism in Africa* (Cambridge: Cambridge University Press).
Kreppel, Amie (2014) 'Typologies and classifications', in Shane Martin, Thomas Saalfeld, and Kaare W. Strøm (eds) (2014) *The Oxford Handbook of Legislative Studies* (Oxford: Oxford University Press).
Kurlantzick, Joshua (2016) *State Capitalism: How the Return of Statism is Transforming the World* (Oxford: Oxford University Press).
Kutlay, Mustafa (2019) 'The Politics of State Capitalism in a Post-liberal International Order: The Case of Turkey', in *Third World Quarterly* 41:4, pp. 683–706.

L

Lai, Brian, and Dan Slater (2006) 'Institutions of the Offensive: Domestic Sources of Dispute Initiation in Authoritarian Regimes, 1950-1992', in *American Journal of Political Science* 50:1: pp.113–26.
Lam, Willy Wo-Lap (ed) (2018) *Routledge Handbook of the Chinese Communist Party* (Abingdon: Routledge).
Lange, Matthew (2013) *Comparative-Historical Methods* (London: SAGE).
Langenbacher, Eric, and David P. Conradt (2017) *The German Polity*, 11th edn (Lanham, MD: Rowman and Littlefield).
Langman, Lauren (2006) 'The Social Psychology of Nationalism', in Gerard Delanty and Krishan Kumar (eds) *The Sage Handbook of Nations and Nationalism* (London: Sage).
Lankov, Andrei (2013) *The Real North Korea: Life and Politics in the Failed Stalinist Utopia* (Oxford: Oxford University Press).
Lasswell, Harold D. (1936) *Politics: Who Gets What, When, How?* (New York: McGraw-Hill).
Lasswell, Harold D. (1968), 'The Future of the Comparative Method', in *Comparative Politics* 1:1, October, pp. 3–18.

Laver, Michael (2006) 'Legislatures and Parliaments in Comparative Context' in Barry Weingast and Donald Wittman (eds) *Oxford Handbook of Political Economy* (Oxford: Oxford University Press).

Lawless, Jennifer L., and Richard L. Fox (2012) *Men Rule: The Continued Under-Representation of Women in US Politics* (Washington DC: Women & Politics Institute).

Lawson, Kay (2013) 'Political Parties and Party Competition', in Joel Krieger (ed) *The Oxford Companion to Comparative Politics* (New York: Oxford University Press).

Lee, Lucy, and Penny Young (2013) 'A Disengaged Britain? Political Interest and Participation over 30 Years', in *British Social Attitudes* 30. NatCen Social Research at https://www.bsa.natcen.ac.uk.

Lees, Caroline (2018) 'Fake News: The Global Silencer', in *Index on Censorship*, 9 April.

Lenin, Vladimir Ilyich (multiple years) *Imperialism: The Highest Stage of Capitalism* (multiple publishers).

Lepore, Jill (2021) 'Facebook's Broken Vows', in *The New Yorker*, 2 August.

Levada Centre (2017). Public Opinion on Levels of Institutional Trust in Russia, 10 November, at https://www.levada.ru/en/2017/11/10/institutional-trust-3.

Levada Centre (2020). Polls on the Russian political system, various dates, at https://www.levada.ru/en. Retrieved August 2021.

Levin, Paul T (2009) 'The Swedish Model of Public Administration: Separation of Powers – The Swedish Style' in *Journal of Administration & Governance* 4:1, July, pp. 38–46.

Levitsky, Steven, and Lucan Way (2002) 'Assessing the Quality of Democracy', in *Journal of Democracy* 13:2, April, pp. 51–65.

Levitsky, Steven, and Lucan Way (2010) *Competitive Authoritarianism: Hybrid Regimes After the Cold War* (New York: Cambridge University Press).

Levitsky, Steven, and María Victoria Murillo (2019) 'The coup temptation in Latin America', in *New York Times*, 26 November.

Lewis-Beck, Michael S., Helmut Norpoth, William G. Jacoby, and Herbert F. Weisberg (2008) *The American Voter Revisited* (Ann Arbor, MI: University of Michigan Press).

Lewis-Beck, Michael S., and Mary Stegmaier (2019) 'Economic voting', in Roger D. Congleton, Bernard N. Grofman, Stefan Voigt (eds) *The Oxford Handbook of Public Choice, Volume 1* (Oxford: Oxford University Press).

Li, Joe (2015) 'State Capitalism: Leviathan Economics of the Future' in *Yale Economic Review*, 13 February.

Lichbach, Mark Irving, and Alan S. Zuckerman (1997) *Comparative Politics: Rationality, Culture and Structure* (Cambridge: Cambridge University Press).

Lidberg, Johan (2019) 'The Distortion of the Australian Public Sphere: Media Ownership Concentration in Australia', in *Australian Quarterly* 90:1, January–March, pp. 12–20.

Lijphart, Arend (1971) 'Comparative Politics and the Comparative Method', in *American Political Science Review* 65:3, September, pp. 682–693.

Lim, Timothy C. (2010) *Doing Comparative Politics: An Introduction to Approaches and Issues*, 2nd edn (Boulder, CO: Lynne Rienner).

Lindblom, Charles E. (1959) 'The Science of Muddling Through', in *Public Administration* 19:2, Spring, pp. 78–88.

Lindblom, Charles E. (1979) 'Still Muddling, Not Yet Through', in *Public Administration Review* 39:6, November-December, pp. 517–26.

Lindblom, Charles E. (1990) *Inquiry and Change: The Troubled Attempt to Understand and Shape Society* (New Haven, CT: Yale University Press).

Linz, Juan J. (1975) [2000 edn] *Totalitarian and Authoritarian Regimes* (Boulder, CO: Lynne Rienner).

Linz, Juan J., and Alfred C. Stepan (1996) 'Toward Consolidated Democracies', in *Journal of Democracy* 7:2, April, pp. 14–33.

Linz, Juan J., and Alfred Stepan (1996) *Problems of Democratic Transition and Consolidation: Southern Europe, South America, and Post-Communist Europe* (Baltimore, MD: Johns Hopkins University Press).

Lippman, Walter (1922) *Public Opinion* (London: Allen & Unwin).

Lipset, Seymour Martin (1959) 'Some Social Requisites of Democracy: Economic Development and Political Legitimacy', in *American Political Science Review* 53:1, March, pp. 69–105.

Lipset, Seymour Martin (1990) *Continental Divide: The Values and Institutions of the United States and Canada* (New York: Routledge).

Locke, John (1690) [1993 edn] in Mark Goldie (ed) *Two Treatises of Government* (London: J M Dent).

Lockwood, Natalie J. (2013) 'International Vote Buying' in *Harvard International Law Journal* 54:1, Winter, pp. 97–157.

Loeb, Ketty (2017) 'A Grim Outlook for China's Civil Society in the Wake of the 19th Party Congress', in *Asia Pacific Bulletin* 402, 26 October.

Loughlin, John, Frank Hendriks, and Anders Lidström (eds) (2011) *The Oxford Handbook of Local and Regional Democracy in Europe* (Oxford: Oxford University Press).

Loxton, James (2015) 'Authoritarian Successor Parties', in *Journal of Democracy* 26:3, July, pp. 157–70.

Luce, Edward (2017) *The Retreat of Western Liberalism* (London: Little, Brown).

Lührmann, Anna, Marcus Tannenberg and Staffan I. Lindberg (2018) 'Regimes of the World (RoW): Opening New Avenues for the Comparative Study of Political Regimes' in *Politics and Governance* 6:1, March, pp. 60–77.

Lührmann, Anna, and Staffan I. Lindberg (2019) 'A Third Wave of Autocratization Is Here: What Is New about It?' in *Democratization* 26:7, pp. 1095–1113.

Lukes, Steven (2021) *Power: A Radical View*, 3rd edn (London: Palgrave Macmillan).

Lupia, Arthur (1994) 'Shortcuts Versus Encyclopedias: Information and Voting Behavior in California Insurance Reform Elections', in *American Political Science Review* 88:1, March, pp. 63–76.

Lupu, Noam, Virginia Oliveros, and Luis Schiumerini (eds) (2019) *Campaigns and Voters in Developing Democracies: Argentina in Comparative Perspective* (Ann Arbor, MI: University of Michigan Press).

M

Macridis, Roy (1955) *The Study of Comparative Government* (New York: Random House).

Mahoney, James (2003) 'Knowledge Accumulation in Comparative Historical Research: The Case of Democracy and Authoritarianism', in James Mahoney and Dietrich Rueschmeyer (eds) *Comparative Historical Analysis in the Social Sciences* (New York: Cambridge University Press).

Mair, Peter (2009) 'Left-Right Orientations', in Russell J. Dalton and Hans-Dieter Klingemann (eds) *The Oxford Handbook of Political Behaviour* (Oxford: Oxford University Press).

Malejacq, Romain (2019) *Warlord Survival: The Delusion of State Building in Afghanistan* (Ithaca, NY: Cornell University Press).

March, James G., and Johan P. Olsen, J. (1984) 'The New Institutionalism: Organizational Factors in Political Life', in *American Political Science Review* 78:3, September, pp. 734–49.

Marks, Gary (1993) 'Structural policy and multi-level governance in the EC', in Alan W. Cafruny and Glenda Rosenthal (eds) *The State of the European Community: The Maastricht Debate and Beyond* (Boulder, CO: Lynne Rienner).

Márquez, Xavier (2017) *Non-Democratic Politics: Authoritarianism, Dictatorship and Democratization* (London: Palgrave).

Marten, Kimberly (2012) *Warlords: Strong-arm Brokers in Weak States* (Ithaca, NY: Cornell University Press).

Martin, Eric (2012) 'Goldman Sachs's MIST Topping BRICs as Smaller Markets Outperform' on Bloomberg web site at https://www.bloomberg.com.

Matsa, Katerina Eva (2018) 'Across Western Europe, Public News Media are Widely Used and Trusted Sources of News'. Pew Research Center at https://www.pewresearch.org, 8 June.

Matsubayashi, Tetsuya, and Shiro Sakaiya (2021) 'Income Inequality and Income Bias in Voter Turnout', in *European Journal of Political Economy* 66, January.

Matsusuka, John G. (2020) *Let the People Rule: How Direct Democracy Can Meet the Populist Challenge* (Princeton, NJ: Princeton University Press).

Matsuzawa, Setsuko (2019) *Activating China: Local Actors, Foreign Influence, and State Response* (Abingdon: Routledge).

Mauk, Marlene (2017) 'The Political Culture of Authoritarian Regimes'. Paper presented at conference of the European Consortium on Political Research, Birmingham, April.

McAllister, Ian (2014) 'Voting Behaviour' in Stephen White, Richard Sakwa, and Henry E. Hale (eds) *Developments in Russian Politics 8* (Basingstoke: Palgrave Macmillan).

McCann, Philip (2015) *The Regional and Urban Policy of the European Union* (Cheltenham: Edward Elgar).

McCargo, Duncan (2012) *Contemporary Japan*, 3rd edn (Basingstoke: Palgrave Macmillan).

McCauley, Martin (2013) *Stalin and Stalinism*, 3rd edn (Abingdon: Routledge).

McCormick, John (2014) 'Voting on Europe: The Potential Pitfalls of a British Referendum' in *Political Quarterly* 85:2, April-June, pp. 212–19.

McCormick, John (2018) *Environmental Politics and Policy* (London: Palgrave).

McCormick, John (2020) *European Union Politics*, 3rd edn (London: Red Globe).

McCormick, John (2021) *Understanding the European Union*, 8th edn (London: Red Globe).

McLellan, James E., and Harold Dorn (2015) *Science and Technology in World History: An Introduction*, 3rd edn (Baltimore, MD: Johns Hopkins University Press).

McNair, Brian (2018) *An Introduction to Political Communication*, 6th edn (Abingdon: Routledge).

Mearsheimer, John J. (2018) *The Great Delusion: Liberal Dreams and International Realities* (New Haven, CT: Yale University Press).

Meierhenrich, Jens, and Martin Loughlin (eds) (2021) *The Cambridge Companion to the Rule of Law* (Cambridge: Cambridge University Press).

Melo, Marcus André, and Carlos Pereira (2013) *Making Brazil Work: Checking the President in a Multiparty System* (New York: Palgrave).

Melton, James, and Tom Ginsburg (2014) 'Does De Jure Judicial Independence Really Matter? A Re-evaluation of Explanations for Judicial Independence'. *Coase-Sandor Working Paper Series in Law and Economics* No. 612, University of Chicago.

Meng, Anne (2021) 'Ruling Parties in Authoritarian Regimes: Rethinking Institutional Strength', in *British Journal of*

Political Science 51:2, April, pp. 526–40.

Merkel, Wolfgang (2010) *Systemtransformation. Eine Einführung in die Theorie und Empirie der Transformationsforschung,* 2nd edn (Wiesbaden: Springer).

Mezey, Michael L. (2013) *Presidentialism: Power in Comparative Perspective* (Boulder, CO: Lynne Rienner).

Mezey, Michael L. (2020) 'Vunerable Legislatures in the Era of Strong Executives', in Irina Khmelko, Rick Stapenhurst, and Michael L. Mezey (eds) *Legislative Decline in the 21st Century: A Comparative Perspective* (Abingdon: Routledge).

Michalik, Susanne (2015) *Multiparty Elections in Authoritarian Regimes: Explaining their Introduction and Effects* (Wiesbaden: Springer).

Michels, Robert (1911) [1962 edn] *Political Parties: A Sociological Study of the Oligarchical Tendencies of Modern Democracy* (New York: Free Press).

Miguel, Carolina de, Amaney Jamal, and Mark Tessler (2015) 'Elections in the Arab World: Why Do Citizens Turn Out?' in *Comparative Political Studies* 48:5, April, pp. 687–701.

Milbrath, Lester W., and M L Goel (1977) *Political Participation: How and Why Do People Get Involved in Politics?* 2nd edn (Chicago, IL: Rand McNally).

Mill, John Stuart (1861) *Considerations on Representative Government* (London: Parker, Son and Bourn).

Mills, C. Wright (1956) *The Power Elite* (New York: Oxford University Press).

Minkov, Michael, and Geert Hofstede (2011) 'Is National Culture a Meaningful Concept? Cultural Values Delineate Homogeneous National Clusters of In-Country Regions', in *Cross Cultural Research* 46:2, pp. 133–59.

Minzner, Carl (2018) *End of an Era: How China's Authoritarian Revival is Undermining Its Rise* (New York: Oxford University Press).

Mitra, Subrata K. (2017) *Politics in India: Structure, Process and Policy,* 2nd edn (Abingdon: Routledge).

Monbiot, George (2016) *How Did We Get into This Mess? Politics, Equality, Nature* (London: Verso).

Monroe, Kristen Renwick (ed) (2005) *Perestroika! The Raucous Rebellion in Political Science* (New Haven, CT: Yale University Press).

Montesquieu, Charles de Secondat, Baron de (1748) [1989 edn] *The Spirit of the Laws* (Cambridge: Cambridge University Press).

Moon, Chung-in, and M. Jae Moon (eds) (2020) *Routledge Handbook of Korean Politics and Public Administration* (Abingdon: Routledge).

Moon, M. Jae, and Chang-ho Hwang (2019) 'The scholar-official policy nexus and Confucian policy styles in South Korea', in Michael Howlett and Jale Towson (eds) *Policy Styles and Policy-Making: Exploring the Linkages* (Abingdon: Routledge).

Moore, Barrington (1966) *Social Origins of Dictatorship and Democracy: Lord and Peasant in the Making of the Modern World* (Boston, MA: Beacon Press).

Morel, Laurence (2007) 'The Rise of "Politically Obligatory" Referendums: The 2005 French Referendum in Comparative Perspective', in *West European Politics* 30:5, pp. 1041–67.

Morlino, Leonardo (2012) *Changes for Democracy: Actors, Structures, Processes* (Oxford: Oxford University Press).

Morris, Richard B. (ed) (1966) *Alexander Hamilton and the Founding of the Nation* (New York: Dial).

Morrow, Dwight (1919) *The Society of Free States* (New York: Harper and Brothers).

Moury, Catherine (2013) *Coalition Government and Party Mandate: How Coalition Agreements Constrain Ministerial Action* (Abingdon: Routledge).

Mudde, Cas, and Cristóbal Rovira Kaltwasser (2017) *Populism: A Very Short Introduction* (Oxford: Oxford University Press).

Munck, Gerardo L. (2007) 'The Past and Present of Comparative Politics', in Gerardo L. Munck and Richard Snyder, *Passion, Craft, and Method in Comparative Politics* (Baltimore, MD: The Johns Hopkins University Press).

Munck, Gerardo L., and Richard Snyder (2007), 'Debating the Direction of Comparative Politics: An Analysis of Leading Journals' in *Comparative Political Studies* 40:1, January, pp. 5–31.

Muñoz, Paula (2019) *Buying Audiences: Clientelism and Electoral Campaigns When Parties are Weak* (Cambridge: Cambridge University Press).

N

NetBlocks (2021). News Reports and Updates at https://netblocks.org. Retrieved August 2021.

Newkirk, Vann R. (2018) 'Voter Suppression Is Warping Democracy', in *The Atlantic*, 17 July.

Newport, Frank (2020) 'Religious identity and the 2020 presidential election'. Polling Matters, Gallup, 14 August.

Nicholson, Peter P. (2004) 'Politics and the Exercise of Force', in Adrian Leftwich (ed) *What is Politics?* (Cambridge: Polity).

Niemann, Arne, Zoe Lefkofridi, and Philippe C. Schmitter (2019), 'Neofunctionalism', in Antje Wiener, Tanja A. Börzel, and Thomas Risse (eds) *European Integration Theory*, 3rd edn (Oxford: Oxford University Press).

Noack, Rick (2014), 'The Berlin Wall Fell 25 Years Ago, but Germany Is Still Divided', in *Washington Post*, 31 October.

Norris, Pippa, and Ronald Inglehart (2011) *Sacred and Secular: Religion and Politics Worldwide,* 2nd edn (Cambridge: Cambridge University Press).

Northouse, Peter G. (2022) *Leadership: Theory and Practice*, 9th edn (Thousand Oaks, CA: SAGE Publications).

Nwankwo, Cletus Famous (2019) 'Religion and voter choice homogeneity in the Nigerian presidential elections of the Fourth Republic', in *Statistics, Politics and Policy* 10:1, March.

O

O'Brien, Diana Z., and Johanna Rickne (2016) 'Gender Quotas and Women's Political Leadership' in *American Political Science Review* 110:1, February, pp. 112–26.

O'Donnell, Guillermo (1973) *Modernization and Bureaucratic Authoritarianism: Studies in South American Politics* (Berkeley, CA: California University Press).

O'Donnell, Guillermo, Philippe C. Schmitter, and Laurence Whitehead (eds) (1986) *Transitions from Authoritarian Rule: Comparative Perspectives* (Baltimore, MD: Johns Hopkins University Press).

Oesch, Daniel, and Line Rennwald (2018) 'Electoral Competition in Europe's New Tripolar Political Space: Class Voting for the Left, Centre-right and Radical Right', in *European Journal of Political Research* 57:4, November, pp. 783–807.

Ohmae, Kenichi (2005) *The Next Global Stage: Challenges and Opportunities in our Borderless World* (Upper Saddle River, NJ: Wharton School Publishing).

Okma, Kieke, and Tim Tenbensel (eds) (2020) *Health Reforms across the World: The Experience of Twelve Small and Medium-Sized Nations with Changing their Healthcare Systems* (Singapore: World Scientific Publishing).

Olivier, Jos, and Jeroen Peters (2020) *Trends in Global CO2 and Total Greenhouse Gas Emissions: 2020 Report* (The Hague: Netherlands Environmental Assessment Agency).

Olson, Mancur (1965) *The Logic of Collective Action: Public Goods and the Theory of Groups* (Cambridge, MA: Harvard University Press).

O'Neill, Jim (2001) 'Building Better Global Economic BRICs'. Global Economics Paper No. 66. 30 November, Goldman Sachs, New York.

Organization for Economic Cooperation and Development (2020) *Improving Governance with Policy Evaluation: Lessons from Country Experiences* (Paris: OECD).

Organization for Economic Cooperation and Development (2021a) 'Who We Are', at OECD web page at https://www.oecd.org/about. Retrieved August 2021.

Organization for Economic Cooperation and Development (OECD) (2021b) *Government at a Glance 2021* (Paris: OECD Publishing).

Organization for Economic Cooperation and Development (2021c) *Trade Union Density* at https://stats.oecd.org. Retrieved August 2021.

Organization for Economic Cooperation and Development (2021d). Social Expenditure Database at http://www.oecd.org/social/expenditure.htm. Retrieved August 2021.

Organization for Security and Cooperation in Europe (2021). Elections in Russia, at https://www.osce.org/odihr/elections/russia.

P

Paine, Thomas (1791/2) [1984 edn] *Rights of Man* (Harmondsworth: Penguin).

Palermo, Francesco, and Karl Kössler (2016) *Comparative Federalism: Constitutional Arrangements and Case Law* (Oxford: Hart).

Parekh, Bikhu (2008) *A New Politics of Identity: Political Principles for an Interdependent World* (Basingstoke: Palgrave Macmillan).

Parel, Anthony J. (1992) 'The comparative study of political philosophy', in Anthony J. Parel and Ronald C. Keith (eds) *Comparative Political Philosophy: Studies under the Upas Tree* (New Delhi: Sage Publications)

Park, Sora (2017) *Digital Capital* (London: Palgrave Macmillan).

Parsons, Craig (2018) 'Constructivism and Interpretive Theory', in Lowndes, Vivien, David Marsh, and Gerry Stoker (eds) *Theory and Methods in Political Science*, 4th edn (London: Palgrave).

Pateman, Carole (2012) 'Participatory Democracy Revisited', in *Perspectives on Politics* 10:1, March, pp. 7–19.

Paxton, Pamela M., Melanie M. Hughes, and Tiffany D. Barnes (2021) *Women, Politics, and Power: A Global Perspective*, 4th edn (Lanham, MD: Rowman & Littlefield).

Peele, Gillian (2005) 'Leadership and politics: A case for a closer relationship?' in *Leadership* 1:2, June, pp. 187–204.

Pegg, Scott (1998) *International Society and the De Facto State* (Aldershot, Ashgate).

Pei, Minxin (2016) *China's Crony Capitalism: The Dynamics of Regime Decay* (Cambridge, MA: Harvard University Press).

Pierson, Chris, and Matthieu Leimgruber (2010) 'Intellectual Roots' in Francis G. Castles, Stephan Leibfried, Jane Lewis, Herbert Obinger, and Christopher Pierson (eds) *The Oxford Handbook of The Welfare State* (Oxford: Oxford University Press).

Peters, Yvette (2018) *Political Participation, Diffused Governance, and the Transformation of Democracy* (Abingdon: Routledge).

Pew Research Center (2017a) 'Worldwide, People Divided on Whether Life Today Is Better Than in the Past'. 5 December, at http://www.pewglobal.org.

Pew Research Center (2017b) 'Democracy Widely Supported, Little Backing for Rule by Strong Leader or Military' at http://www.pewglobal.org/2017.

Pew Research Center (2018) Global Attitudes Survey, Spring, at https://www.pewresearch.org.

Pew Research Center (2019) 'Public Trust in Government: 1958–2019' at https://www.pewresearch.org. Retrieved August 2021.

Pew Research Center (2020) 'Americans' Views of Government: Low Trust, but Some Positive Performance Ratings'. 14 September, at https://www.pewresearch.org.

Pew Research Center (2021) 'Party Identification Trends, 1994-2020' at https://www.pewresearch.org. Retrieved August 2021.

Piscopo, Jennifer M. (2015) 'States as Gender Equality Activists: The Evolution of Quota Laws in Latin America' in *Latin American Politics and Society* 57:3, Fall, pp. 27–49.

Plattner, Marc (1998) 'Liberalism and democracy: Can't have one without the other', in *Foreign Affairs* 77:2, pp. 171–80.

Poguntke, Thomas, and Paul Webb (2004) *The Presidentialization of Politics: A Comparative Study of Modern Democracies* (Oxford: Oxford University Press).

Pollitt, Christopher, and Geert Bouckaert (2017) *Public Management Reform: A Comparative Analysis – Into the Age of Austerity*. 4th edn (Oxford: Oxford University Press).

Popkin, Samuel L. (1994) *The Reasoning Voter: Communication and Persuasion in Presidential Campaigns* (Chicago: University of Chicago Press).

Popper, Karl R. (1959) [2000 edition] *The Logic of Scientific Enquiry* (London: Routledge).

Powell, Jonathan, and Clayton Thyne (2011) 'Global Instances of Coups from 1950–Present', in *Journal of Peace Research* 48:2, pp. 249–59.

Powell, G. Bingham, Russell J. Dalton, and Kaare Strøm (2014) *Comparative Politics: A Theoretical Framework*, 11th edn (New York: Pearson Longman).

Przeworski, Adam (1991) *Democracy and the Market: Political and Economic Reforms in Eastern Europe and Latin America* (New York: Cambridge University Press).

Przeworski, Adam (1995), in Atul Kohli, Peter Evans, Peter J. Katzenstein, Adam Przeworski, Susanne Hoeber Rudolph, James C. Scott and Theda Skocpol, 'The Role of Theory in Comparative Politics: A Symposium', in *World Politics* 48:1, October, pp. 1–49.

Q

Qvortrup, Matt (ed) (2018) *Referendums Around the World* (London: Palgrave Macmillan).

R

Rainer, Helmut, and Thomas Siedler (2009) 'Does Democracy Foster Trust?' in *Journal of Comparative Economics* 37:2, June, pp. 251–69.

Raunio, Tapio, and Thomas Sedelius (2020) *Semi-Presidential Policy-Making in Europe: Executive Coordination and Political Leadership* (London: Palgrave Macmillan).

Rawat, Mukesh (2019) 'Explained' How West Bengal Has Been Fertile Land for Violence During Election', in *India Today*, 16 May.

Reno, William (1997) *Warlord Politics and African States* (Boulder, CO: Lynne Rienner).

Reporters Without Borders (2021) *World Press Freedom Index 2021* at https://rsf.org/en/ranking. Retrieved August 2021.

Repucci, Sarah (2019) 'Media freedom: A downward spiral', in Freedom House, *Freedom in the World 2019* (New York: Freedom House).

Reyes, Sebastian (2015) 'Singapore's Stubborn Authoritarianism' in *Harvard Political Review*, 29 September.

Reza, Sadiq (2007) 'Endless emergency" The case of Egypt' in *New Criminal Law Review* 10:4, pp. 532–53.

Richardson, Jeremy (ed) (1982) *Policy Styles in Western Europe* (London: Allen & Unwin).

Richardson, Jeremy, Gunnel Gustafsson, and Grant Jordan (1982) 'The Concept of Policy Style', in Jeremy Richardson (ed) *Policy Styles in Western Europe* (London: Allen & Unwin).

Ritzer, George (2021) *The McDonaldization of Society: Into the Digital Age*, 10th edn (Thousand Oaks, CA: SAGE).

Roberts, David D. (2020) *Totalitarianism* (Cambridge: Polity Press).

Robertson, Graeme B. (2014) 'Civil society and contentious politics in Russia', in Stephen White, Richard Sakwa, and Henry E. Hale (eds) *Developments in Russian Politics 8* (Basingstoke: Palgrave Macmillan).

Rogers, Everett M. (2003) *Diffusion of Innovations*, 5th edn (New York: Free Press).

Rosanvallon, Pierre (2008) *Counter-Democracy: Politics in an Age of Distrust* (Cambridge: Cambridge University Press).

Rose, Richard (2005) *Learning from Comparative Public Policy: A Practical Guide* (Abingdon: Routledge).

Rose, Richard, and Derek Urwin (1969) 'Social Cohesion, Political Parties and Strains in Regimes' in *Comparative Political Studies* 2:1, April, pp. 7–67.

Ross, Cameron (2010) 'Reforming the Federation', in Stephen White, Richard Sakwa and Henry E. Hale (eds) *Developments in Russian Politics 7* (Basingstoke: Palgrave Macmillan).

Ross, Marc Howard (2009) 'Culture and Identity in Comparative Political Analysis', in Mark Irving Lichbach and Alan S. Zuckerman (eds) *Comparative Politics: Rationality, Culture and Structure* (New York: Cambridge University Press).

Rotberg, Robert I. (2004), 'The Failure and Collapse of Nation-States: Breakdown, Prevention and Repair', in Robert I. Rotberg (ed), *When States Fail: Causes and Consequences* (Princeton, NJ: Princeton University Press).

Rothstein, Bo (2008) 'Creating political legitimacy: Electoral democracy versus quality of government', in *American Behavioral Scientist* 53:3, October, pp. 311–30.

Rousseau, Jean-Jacques (1762) [1968 edn] *The Social Contract* (London: Penguin).

Ruiz de Elvira, Laura, Christoph H. Schwarz, and Irene Weipert-Fenner (eds) (2019) *Clientelism and Patronage in the Middle East and North Africa: Networks of Dependency* (Abingdon: Routledge).

Russell, Bertrand (1938) *Power: A New Social Analysis* (London: Allen & Unwin).

Russell, Meg (2016) 'Parliament: A Significant Constraint on Government' in Richard Heffernan, Colin Hay, Meg Russell, and Philip Cowley (eds) *Developments in British Politics 10* (London: Palgrave).

Ryan, Alan (2012) *The Making of Modern Liberalism* (Princeton, NJ: Princeton University Press).

S

Saadoun, Sarah (2019) 'The anniversary that shouldn't be: 40 years of President Obiang in Equatorial Guinea'. Human Rights Watch at https://www.hrw.org, 3 August.

Saich, Tony (2015) *Governance and Politics of China,* 4th edn (London: Palgrave).

Said, Edward (2001) 'The Clash of Ignorance' in *The Nation*, 4 October.

Sartori, Giovanni (1994) *Comparative Constitutional Engineering: An Inquiry into Structures, Incentives and Outcomes* (London: Macmillan).

Schaffer, Frederic Charles (ed) (2007) *Elections for Sale: The Causes and Consequences of Vote Buying* (Boulder, CO: Lynne Rienner).

Schedler, Andreas (2013) *The Politics of Uncertainty: Sustaining and Subverting Electoral Authoritarianism* (Oxford: Oxford University Press).

Schliebs, Marcel, Hannah Bailey, Jonathan Bright, Philip N. Howard (2021) *China's Public Diplomacy Operations Understanding Engagement and Inauthentic Amplification of PRC Diplomats on Facebook and Twitter* (Oxford: Oxford Internet Institute).

Schlosberg, Justin (2017) *Media Ownership and Agenda Control: The Hidden Limits of the Information Age* (New York: Routledge).

Schudson, Michael (1998) *The Good Citizen: A History of American Civic Life* (Cambridge, MA: Harvard University Press).

Schuler, Paul (2021) *United Front: Projecting Solidarity Through Deliberation in Vietnam's Single-Party Legislature* (Stanford, CA: Stanford University Press).

Schuler, Paul, and Edmund J. Malesky (2014) 'Authoritarian Legislatures', in Shane Martin, Thomas Saalfeld, and Kaare W. Strøm (eds) *The Oxford Handbook of Legislative Studies* (Oxford: Oxford University Press).

Schumpeter, Joseph (1943) *Capitalism, Socialism and Democracy* (London: George Allen and Unwin).

Searing, Donald D. (1994) *Westminster's World: Understanding Political Roles* (Harvard: Harvard University Press).

Seznec, Jean-François (2016) 'Saudi Energy Changes: The End of the Rentier State?'. (Washington DC: Atlantic Council).

Shahbaz, Adrian, and Allie Funk (2019) 'The Crisis of Social Media'. Freedom on the Net 2019 at https://freedomhouse.org/report/freedom-net/2019/crisis-social-media.

Shenkman, Rick (2019) 'The Shocking Paper predicting the End of Democracy', in *Politico*, 8 September.

Simmons, Robert H., Bruce W. Davis, Ralph J K Chapman, and Daniel Sager (1974) 'Policy flow analysis: A conceptual model for comparative public policy research', in *Western Political Quarterly* 27:3, pp. 457–68.

Simon, Herbert A. (1983) *Reason in Human Affairs* (Oxford: Blackwell).

Skocpol, Theda (1979) *States and Social Revolutions: A Comparative Analysis of France, Russia and China* (New York: Cambridge University Press).

Slider, Darrell (2019) 'A federal state?', in Richard Sakwa, Henry E. Hale, and Stephen White (eds) *Developments in Russian Politics 9* (London: Red Globe Press).

Smith, Adam (various years) *An Inquiry into the Nature and Causes of The Wealth of Nations* (various publishers).

Smith, Amy Erica (2019) *Religion and Brazilian Democracy: Mobilizing the People of God* (Cambridge: Cambridge University Press).

Smith, B. C. (2013) *Understanding Third World Politics: Theories of Political Change and Development*, 4th edn (Basingstoke: Palgrave Macmillan).

Smith, Rogers M., and Richard R. Beeman (eds) (2020) *Modern Constitutions* (Philadelphia: University of Pennsylvania Press).

Smyth, Regina (2020) *Elections, Protest, and Authoritarian Regime Stability: Russia 2008–2020* (Cambridge: Cambridge University Press).

So, Alvin Y. (2015) 'Introduction: Rethinking the Chinese developmental miracle', in Alvin Y. So (ed) *China's Developmental Miracle: Origins, Transformations, and Challenges* (Abingdon: Routledge).

Solijonov, Abdurashid (2016) *Voter Turnout Trends Around the World* (Stockholm: International Institute for Democracy and Electoral Assistance).

Solheim, Øyvind Bugge (2021) 'Are we all Charlie? How media priming and framing affect immigration policy preferences after terrorist attacks', in *West European Politics* 44:2, pp. 204–228.

Somin, Illya (2016) *Democracy and Political Ignorance: Why Smaller Government Is Smarter*, 2nd edn (Stanford, CA: Stanford University Press).

Sørensen, Georg (2004) *The Transformation of the State: Beyond the Myth of Retreat* (Basingstoke: Palgrave).

Soyinka, Wole (1997) *The Open Sore of a Continent: A Personal Narrative of the Nigerian Crisis* (New York: Oxford University Press).

Steinmo, Sven (2003) 'The Evolution of Policy Ideas: Tax Policy in the Twentieth Century', in *British Journal of Politics and International Relations* 5:2, May, pp. 206–36.

Stephan, Maria J., and Timothy Snyder (2017) 'Authoritarianism is making a comeback. Here's the time-tested way to defeat it', in *The Guardian*, 20 June.

Stevens, Jacqueline (2012) 'Political scientists are lousy forecasters', in *New York Times*, 23 June.

Stromseth, Jonathan R., Edmund J. Malesky, Dimitar D. Gueorguiev (2017) *China's Governance Puzzle: Enabling Transparency and Participation in a Single-Party State* (Cambridge: Cambridge University Press).

Stone, Adrienne (2018) 'Expression', in Cheryl Saunders and Adrienne Stone (eds) *The Oxford Handbook of the Australian Constitution* (Oxford: Oxford University Press).

Strønen, Iselin Åsedotter (2017) *Grassroots Politics and Oil Culture in Venezuela: The Revolutionary Petro-State* (London: Palgrave Macmillan).

Su, Xiaochen (2019) 'The toxic influence of Japan's rural political interest groups', in *The Japan Times*, 8 January.

Sustainable Development Solutions Network (2020) *World Happiness Report 2020* at https://worldhappiness.report/ed/2020#read.

Sustein, Cass R. (2017) *#republic: Divided Democracy in the Age of Social Media* (Princeton, NJ: Princeton University Press).

Svolik, Milan W. (2012) *The Politics of Authoritarian Rule* (New York: Cambridge University Press).

Swanson, Guy E. (1971) 'Frameworks for comparative research: Structural anthropology and the theory of action', in Ivan Vallier (ed) *Comparative Methods in Sociology: Essays on Trends and Applications* (Berkeley, CA: University of California Press).

T

Taylor, Matthew M. (2014) 'The Limits of Judicial Independence: A Model with Illustration from Venezuela under Chávez', in *Journal of Latin American Studies* 46:2, May, pp. 229–59.

Teets, Jessica C. (2013) 'Let Many Civil Societies Bloom: The Rise of Consultative Authoritarianism in China', in *The China Quarterly* 213, March, pp. 19–38.

Tetlock, Philip E. (2005) *Expert Political Judgment: How Good Is It? How Can We Know?* (Princeton, NJ: Princeton University Press).

Tetlock, Philip E., and Aaron Belkin (eds) (1996) *Counterfactual Thought Experiments in World Politics* (Princeton, NJ: Princeton University Press).

Teune, Henry (2010) 'The Challenge of Globalization to Comparative Research,' in *Journal of Comparative Politics* 3:2, July, pp. 4–19.

Theocharis, Yannis, and Jan W. van Deth (2018) *Political Participation in a Changing World: Conceptual and Empirical Challenges in the Study of Citizen Engagement* (Abingdon: Routledge).

Thomas, Clive S., and Ronald J. Hrebenar (2009) 'Comparing Lobbying Across Liberal Democracies: Problems, Approaches and Initial Findings,' in *Journal of Comparative Politics* 2:1, March, pp. 131–42.

Tilly, Charles (1975) 'Reflections on the History of European State-Making', in Charles Tilly (ed) *The Formation of National States in Western Europe* (Princeton, NJ: Princeton University Press).

Tilly, Charles (1997) 'Means and Ends of Comparison in Macrosociology', in *Comparative Social Research* 16, pp. 43–53.

Todaro, Michael P., and Stephen C. Smith (2020) *Economic Development*, 13th edn (Harlow: Pearson).

Tomlinson, Richard (2018) 'Overview. A metropolitan reform agenda for Australia's cities; in Richard Tomlinson and Marcus Spiller (eds) *Australia's Metropolitan Imperative: An Agenda for Governance Reform* (Clayton: CSIRO Publishing).

Transparency International (2021) *Corruption Perceptions Index 2020* at https://www.transparency.org. Retrieved August 2021.

Treisman, Daniel (2017) 'Democracy by Mistake'. Working Paper 23944, October, National Bureau of Economic Research, Cambridge, MA.

Troianovski, Anton (2018) 'The Putin Generation: Young Russians are Vladimir Putin's biggest fans', in *The Washington Post*, 9 March.

Truex, Rory (2014) 'Consultative Authoritarianism and Its Limits' in *Comparative Political Studies* 50:3, pp. 329–61.

Trumbull, Gunnar (2012) *Strength in Numbers: The Political Power of Weak Interests* (Cambridge, MA: Harvard University Press).

Turner, Mark, David Hulme, and Willy McCourt (2015) *Governance, Management and Development: Making the State Work*, 2nd edn (London: Palgrave).

Twigg, Judy (2005) 'Social Policy in Post-Soviet Russia', in Stephen White, Zvi Gitelman and Richard Sakwa (eds) *Developments in Russian Politics 6* (Basingstoke: Palgrave Macmillan).

U

Ufen, Andreas (2021) 'The downfall of Pakatan Harapan in Malaysia: Coalitions during transition', in *Asian Survey* 61:2, March/April, pp. 273–96.

UNESCO (2021) UNESCO Observatory of Killed Journalists, at https://en.unesco.org/themes/safety-journalists/observatory. Retrieved August 2021.

United Nations Department of Economic and Social Affairs (2020) *E-Government Survey 2020* (New York: United Nations).

United Nations Development Programme (2020) Human Development Report 2020 at http://hdr.undp.org/en/2020-report.

United States Census Bureau (2021) Current Population Statistics, at https://www.census.gov. Retrieved August 2021.

United States Elections Project (2021) 2020 November General Election Early Voting at http://www.electproject.org. Retrieved August 2021.

V

van der Eng, Pierre (2020) 'The Role of Public Policy in Indonesia's COVID-19 response', in *East Asia Forum* at https://www.eastasiaforum.org, 31 March.

van der Merwe, Ben 'Who Owns the Media? Top Newspaper, Website and Magazine Owners Charted', in *Press Gazette*, 16 December.

van Dijk, Jan A G M, and Kenneth L. Hacker (2018) *Internet and Democracy in the Network Society* (Abingdon: Routledge).

Vanberg, Georg (2015) 'Constitutional Courts in Comparative Perspective: A Theoretical Assessment', in *Annual Review of Political Science* 18, May, pp. 167–85.

Vásquez, Ian, and Fred McMahon (2020) *The Human Freedom Index 2020* (Washington DC: Cato Institute. Vancouver, BC: Fraser Institute).

Verba, Sidney (1991), 'Comparative Politics: Where Have We Been, Where Are We Going?', in Howard J. Wiarda (ed) *New Directions in Comparative Politics* (Boulder, CO: Westview Press).

Verba, Sidney, Kay Lehman Schlozman, and Henry E. Brady (1995) *Voice and Equality: Civic Voluntarism in American Politics* (Cambridge, MA: Harvard University Press).

von Abrams, Karin (2020) The Global Media Intelligence Report 2020 at https://www.emarketer.com/content/global-media-intelligence-2020.

von Seekamm, Kurt (2021) *Rent Seeking and Human Capital: How the Hunt for Rents is Changing our Economic and Political Landscape* (Abingdon: Routledge).

Vosoughi, Soroush, Deb Roy, and Sinan Aral (2018) 'The spread of true and false news online', in *Science* 359:6380, 9 March, pp. 1146–51.

W

Wagner, Markus (2012) 'Defining and measuring niche parties', in *Party Politics* 18:6, November, pp. 845–64.

Wah, Francis Loh Kok (2015) 'Centralised Federalism in Malaysia: Is Change in the Offing?', in Meredith L. Weiss (ed) *Routledge Handbook of Contemporary Malaysia* (Abingdon: Routledge).

Wainaina, Binyavanga (2005) 'How to write about Africa', in *Granta* 92.

Walt, Stephen M. (2019) 'You can't defeat nationalism, so stop trying', in *Foreign Policy*, 4 June.

Wang, Leah (2020) 'Avoiding the bureaucracy trap: Lessons from the Singapore government', in *Business Wire*, 11 March.

Ward, Stephen J.A. (2015) 'Classical liberal theory in a digital world', in Robert S. Fortner and P. Mark Fackler (eds) *The Handbook of Media and Mass Communication Theory* (Hoboken, NJ: John Wiley & Sons).

Waterbury, John (1983) *The Egypt of Nasser and Sadat: The Political Economy of Two Regimes* (Princeton, NJ: Princeton University Press).

Watts, Ronald J. (2008), *Comparing Federal Systems*, 3rd edn (Montreal: Institute of Intergovernmental Relations).

Weber, Max (1922) [1957 edn] *The Theory of Economic and Social Organization* (Berkeley, CA: University of California Press).

Weiss, Jessica Chen (2020) 'China's Self-Defeating Nationalism: Brazen Diplomacy and Rhetorical Bluster Undercut Beijing's Influence' in *Foreign Affairs*, 16 July.

Welzel, Christian, and Ronald Inglehart (2009) 'Political Culture, Mass Beliefs, and Value Change', in Christian W. Haerpfer, Patrick Bernhagen, Ronald Inglehart and Christian Welzel (eds) *Democratization* (Oxford: Oxford University Press).

Wheare, Kenneth C. (1963) *Legislatures* (Oxford: Oxford University Press).

Wheeler, Deborah L., and Lauren Mintz (2012) 'New Media and Political Change: Lessons from Internet Users in Jordan, Egypt, and Kuwait', in Richard L. Fox and Jennifer M. Ramos (eds) *iPolitics: Citizens, Elections and Governing in the New Media Era* (New York: Cambridge University Press).

Whiskin, Margaux (2018) *Iran and the West: Cultural Perceptions from the Sasanian Empire to the Islamic Republic* (London: I B Taurus).

White, Stephen (2014) 'The Electoral Process', in Stephen White, Richard Sakwa, and Henry E. Hale (eds) *Developments in Russian Politics 8* (Basingstoke: Palgrave Macmillan).

Wiarda, Howard J. (1991) 'Comparative Politics Past and Present', in Howard J. Wiarda (ed), *New Directions in Comparative Politics* (Boulder, CO: Westview Press).

Wiarda, Howard J. (2014) *Political Culture, Political Science, and Identity Politics: An Uneasy Alliance* (Farnham: Ashgate).

Wilder, Matt (2017) 'Comparative public policy: Origins, themes, new directions', in *Policy Studies Journal* 45:S1, May, pp. S47–66.

Williams, Melissa S. (1998) *Voice, Trust, and Memory: Marginalized Groups and the Failings of Liberal Representation* (Princeton, NJ: Princeton University Press).

Williamson, Scott, and Beatriz Magaloni (2020) 'Legislatures and Policy-making in Authoritarian Regimes', in *Comparative Political Studies* 53:9, August, pp. 1525–43.

Wimmer, Andreas (2013) *Waves of War: Nationalism, State Formation, and Ethnic Exclusion in the Modern World* (Cambridge: Cambridge University Press).

Wischermann, Jörg, Bettina Bunk, Patrick Köllner and Jasmin Lorch (2018) 'Do Associations Support Authoritarian Rule? Evidence from Algeria, Mozambique, and Vietnam' in *Journal of Civil Society* 14:2, pp. 95–115.

Wolbrecht, Christina, and J. Kevin Korder (2020) *A Century of Votes for Women: American Elections since Suffrage* (Cambridge: Cambridge University Press).

Woodward, Kath (2014) *Social Sciences: The Big Issues*, 2nd edn (Abingdon: Routledge).

World Association of Non-Governmental Organizations (2021). Worldwide NGO Directory at https://www.wango.org. Retrieved August 2021.

World Bank (2021a) Development Indicators at http://data.worldbank.org. Retrieved August 2021.

World Bank (2021b) 'World Bank Country and Lending Groups', at https://datahelpdesk.worldbank.org/knowledgebase/articles/906519. Retrieved August 2021.

World Bank (2021c) World Governance Indicators at https://info.worldbank.org/governance/wgi.

World Bank (2021d) *Ease of Doing Business index,* at http://www.doingbusiness.org/rankings. Retrieved August 2021.

World Health Organization (2021) WHO Coronavirus Dashboard at https://covid19.who.int. Retrieved August 2021.

World Values Survey (2021) 'Findings and Insights' at http://www.worldvaluessurvey.org. Retrieved August 2021.

Wright, Joseph, and Abel Escribà-Folch (2012) 'Authoritarian Institutions and Regime Survival: Transitions to Democracy and Subsequent Autocracy' in *British Journal of Political Science* 42:2, February, pp. 283–309.

Wuthnow, Robert (2018) *The Left Behind: Decline and Rage in Rural America* (Princeton, NJ: Princeton University Press).

Wylie, Kristin, and Pedro dos Santos (2016) 'A Law on Paper Only: Electoral Rules, Parties, and the Persistent Underrepresentation of Women in Brazilian Legislatures, in *Politics & Gender* 12:3, September, pp. 415–42.

Y

Yayboke, Erol (2020) 'Promote and Build: A Strategic Approach to Digital Authoritarianism', *CSIS Briefs*, Center for Strategic and International Studies, 15 October.

Yin, Robert K. (2018) *Case Study Research and Applications: Design and Methods,* 6th edn (Thousand Oaks, CA: Sage).

Z

Zakaria, Fareed (1997) 'The Rise of Illiberal Democracy', in *Foreign Affairs* 76, pp 22–43.

Zhang, Qianfan (2012) *The Constitution of China: A Contextual Analysis* (Oxford: Hart).

Zhong, Yang (2015) *Local Government and Politics in China: Challenges from Below* (Abingdon: Routledge).

찾아보기

ㄱ

가짜 뉴스 6, 301, 303, 306-307, 311, 335, 403
간부정당 380
강화이론 293
개발도상국 26, 34, 69, 169, 196, 331, 380, 455
개방형 명부제 353
거대 연합 198, 202
거대이론(grand theory) 35
게디스(Barbara Geddes) 35, 37, 142, 155, 327, 394
게리맨더링 216, 349, 361, 388
결선투표 190, 196, 272, 338, 350, 354, 356-358, 376, 396, 420
경성헌법 166
경쟁적 권위주의 127
경제협력개발기구(OECD) 69, 436, 464
계급투표 329, 332
계엄령 177-179, 235
계획경제 141, 461
고전적 자유주의 450, 455, 460
골드만 삭스 70
공공관리 239, 245
공공행정 11, 239, 243, 246, 261
공론장(public sphere) 124, 312, 403
공정무역 404, 456
공화정(republican) 23, 125, 189
과두제의 철칙 391
관료적 권위주의 258
관료적 부르주아 260
관료제 63, 79, 114, 123, 141, 150, 157, 206, 238-246, 248-249, 251, 253-255, 257-261, 410-411, 465
    외주 용역(outsourcing) 245
    조직 248

구조주의(structuralism) 33, 88, 188, 430
국가
    국가 소멸 461
    국가 해체 68
    국가 형성 64, 66
    근대국가 56, 62, 75, 124
    근대적 정의 62
    다민족국가 73
    마이크로국가(microstates) 68
    사실상 국가(de facto states) 60, 71
    신생독립국 34, 162
    실패하고 있는 국가 78
    실패한 국가 65, 79
    유사국가 60, 71
    주권국가 34, 45, 65, 265, 278
국가보조금 393
국가사회주의 450, 461, 474
국경없는 기자회 292, 311, 315
국내총생산(GDP: gross domestic product) 24, 279
    1인당 GDP 8, 27, 36, 70, 451, 467
국영기업(SOE) 469, 472
국유화 314
국제무역 52, 78
국제법 14, 59-60, 70, 71, 80, 160, 441
국제통화기금(IMF) 443, 471
국제투명성기구(Transparency International) 152, 410
군벌(warlords) 79, 288-289, 469
군부 쿠데타 121, 141-142, 150, 207-209
군부통치(military rule) 143, 147, 150, 423
군비경쟁 63
군사정부 8, 34, 47, 111, 133, 142-143, 150, 177, 179, 257, 395, 455

군주정(monarchical) 23, 206
권력분립 144, 193-194, 204, 214
권리장전 162, 165
규제
    금융규제 457
그린벨트운동(GBM: Green Belt Movement) 423
근대화 이론 36
근대화(modernization) 33, 35-37, 70, 80, 147, 258-259, 332, 459
급진주의 450-451, 455, 460-462
기후변화 7, 172, 239, 295, 360, 409, 413, 423, 428-429, 458
길드 404

ㄴ

내각형 정부 199
내부 고발(whistleblowing) 241
내전 65-66, 68, 70-71, 79, 469
    시리아내전 467
능력주의(meritocracy) 242

ㄷ

다당제 16, 31, 41, 92-93, 118, 147, 196-197, 218, 234, 250, 314, 338, 371, 375, 383-390, 420, 438, 465, 467, 470
다두제(polyarchy) 110
다문화주의 82, 86, 89, 382
다수정부 186, 195, 198, 390
다원주의 33, 35, 138, 153, 155, 267-268, 272, 303, 397, 401, 405-406, 416-418, 422
    미디어 다원주의 303
    철학적 다원주의 35
다층거버넌스(MLG: multi-level governance) 266-268, 284, 288
단기비이양식 250, 350, 352

단기이양식 349-350, 352-353
단순다수제 16, 41, 48, 92, 118, 218, 250, 314, 346, 350-352, 354-356, 358, 360, 366, 386, 392, 420
단원제(unicameral) 의회 223
단일국가 7, 38, 48, 148, 164, 218, 223, 250, 264, 266, 268, 270-272, 274, 280, 287, 420, 430, 438-439, 470
단일체제(unitary system) 264-266, 268-269, 274, 278-279, 281, 284, 288
대안투표제 350, 354
대중정당 379-380
대표 모델(models of representation) 226
데이터 행동주의 324
독립변수(independent variable) 43
동거정부 202-203
동원된 참여 320, 341-342, 424
디지털 권위주의 313
디지털 행동주의 322-324, 379
디지털 혁명 305

ㄹ

로비(lobbying) 405-411, 414, 416, 421, 423
　로비스트 407, 411, 414
로열소사이어티(Royal Society) 404-405
로크(John Locke) 63
루머밀(rumour mill) 293, 312
루소(Jean-Jacques Rousseau) 124, 460

ㅁ

마르크스(Karl Marx) 32-33, 129, 141, 179, 256, 459-461
마키아벨리(Niccolò Machiavelli) 32-33, 335
망 중립성 303
명부식 비례대표제 349
무정당제 383, 384

문화 제국주의 51
미디어
　미디어 신뢰도 311
　미디어 자유 301
　미디어 효과 295
　미디어이론 33, 296
민영화 246, 415, 469, 471, 473
민족 연방주의(ethnic federalism) 276, 288
민족주의 4, 13, 32, 37, 49, 56, 66, 73-74, 76-77, 87, 89, 113-114, 118-119, 250, 304, 343, 380-383, 391, 395-396, 420, 450, 461, 471, 473
　경제민족주의 450-451, 460-461
민주주의
　결함있는 민주주의 25, 36, 41-43, 91, 108, 111-113, 115, 128, 136, 209, 240, 250, 279, 312, 321, 330, 360, 385, 418, 427, 429, 451, 469
　공고화된 민주주의 113
　대의민주주의 108, 115, 122-125, 227, 346
　민주주의로의 이행 113, 117, 155, 473
　민주주의의 물결 108, 121, 141
　민주주의의 심화 117
민주주의 지수 16, 24-25, 41, 43, 98, 108-109, 111-113, 122, 128-129, 133-136, 138, 153-155, 209, 239-240, 250, 279, 292, 314-315, 321, 360, 386, 420, 427, 436-437, 444, 451, 453, 470
밀(John Stuart Mill) 72

ㅂ

반향실(echo chamber) 291, 305-306, 331
발전국가 258
법조지배체제 168
법치주의 154, 161, 176, 232, 470
베버(Max Weber) 21, 57, 238, 242-245, 248, 260

베스트팔렌체제(Westphalian system) 63
벨벳혁명 68
보댕(Jean Bodin) 58, 63
보수주의 43, 86, 173, 294, 360, 383-384, 456, 460, 471
보안국가 78
보충성(subsidiarity) 277, 279
보호주의 무역정책 64
복지국가 64, 111, 218, 244, 246, 439, 450, 452, 462, 464, 465-466, 471
　보수주의 복지국가 465
　복지국가의 후퇴 466
　사회민주주의 복지국가 465
　자유주의 복지국가 465
볼리바르혁명 103
봉쇄조항 353, 354, 470
부드러운 쿠데타 3
부패 105
　관료적 부패 105
　부패와의 싸움 105
　정치적 부패 105
부패인식 지수(CPI: Corruption Perceptions Index) 98, 105, 152-153, 257, 468
분리주의 68, 90
분점정부 214
불문헌법 160, 219
불신임투표 203, 217
브렉시트 75, 86, 99, 219, 243, 327, 362
비례대표제 11, 31, 74, 92, 164, 196-197, 216, 229, 250, 314, 338, 350-356, 365-366, 386, 388, 392, 420, 438
비상사태 177
비용편익분석(CBA: cost-benefit analysis) 432

ㅅ

사법소극주의 172-173
사법적극주의 158, 172-174
사회복지 343, 460, 462, 464, 466

사회운동(social movement) 401, 403-406, 423-424
산업국가
　고소득 산업국가 36
　후기 산업국가 36
상소심 재판 권한 171
샤리아 17, 48
선거 권위주의 369, 371
선거민주주의 104, 113, 140
선거부정 3, 327-328, 343, 348, 371, 393
선거인단 3, 48, 92, 171-173, 189-190, 224, 357-358, 360-361, 369
선전(propa ganda) 296, 305, 311-312, 315, 419
선택 편향(selection bias) 46-47
　가치 편향 47
　생존 편향 47
　접근 편향 47
　확증 편향 47
선호투표제 353
성문헌법 160, 162
세계비정부기구협회(WANGO: World Association of Non-Governmental Organizations) 407
세계언론자유 지수 292, 309
세계의 자유(Freedom in the World) 109
세계인권선언(UDHR: Universal Declaration of Human Rights) 127
세계행복보고서(World Happiness Report) 109
소선거구 단순다수제 118, 218, 350-351, 354-355, 360, 366, 386
소수 연합 198
소수정부 186, 198, 204, 215, 217
수니파 95, 103
순위투표제 354
스페인독감 20-21
승자독식 193, 351
시민권(citizenship) 59-60
시민문화 82, 88, 90-91, 97, 102
시민사회 136, 240, 293, 339, 401, 403, 410, 417-419, 422-424

시비커스(Civicus) 410, 417-419
시스템이론(system theory) 269
시아파 95, 103
식민주의 5, 52, 66, 101, 104, 140, 259, 456-457
신공공관리(NPM: new public management) 245
신임투표 194-195, 204, 217
신자유주의 22, 450, 460, 471
신제도주의 33, 169
싱크탱크 47, 180, 408, 410, 417, 453
쓰레기통 모델(garbage-can model) 431, 434-435

ㅇ

아랍의 봄 11, 121, 135, 143, 150, 178, 207, 313, 397, 420, 424, 467
아리스토텔레스 5, 18, 23, 33
아파르트헤이트 163-165, 194, 388
아프리카민족회의(ANC) 164-165, 194, 388
아프리카연합(African Union) 75, 105, 279
애드보커시(advocacy) 402-403, 406, 409, 422-423
야경국가 458, 465
양당제 41, 375, 383-384, 388, 390
양원제 16, 118, 163-164, 196, 211, 218, 223-224, 250, 272, 278, 338, 350, 360, 386
　강한 양원제(strong bicameralism) 223
　약한 양원제(weak bicameralism) 223
　양원제(bicameral) 의회 223
양적 방법(quantitative method) 41-43
언론자유도 292, 311
에델만 트러스트 바로미터 97-98, 304
엘리트
　엘리트 정당 380
　엘리트 정치문화 82, 85-86, 100

엘리트이론 228, 459
엘리트주의 75, 85-86, 101, 111, 124, 159, 228, 244, 384, 390, 401, 414, 461
여권 운동 405
연방체제(federal system) 40, 44, 74, 223-225, 264-266, 268, 270-271, 274, 278-279, 281, 288
연성헌법 166
연정 대통령제(coalition presidentalism) 390
연합정부 11, 39-40, 118, 195, 198, 200, 212-213, 215, 351-353, 388, 390, 447, 465
　과반수 연합 198
엽관제 244
예비선거 361, 392
옴부즈맨 52, 243
왕권 신수(divine right) 139
왕정 쿠데타 205
유럽지역개발기금 274
유엔반부패협약(Convention Against Corruption) 152
의존 네트워크(dependency network) 286
이란혁명 41, 48, 103, 176
이슬람주의 208, 382, 420, 471
이익집단 14, 21, 129, 144, 258, 260, 319, 322, 362, 379, 401-419, 421-424, 426
　보호적 이익집단(protective group) 408-409, 412
　촉진적 이익집단(promotional group) 409
이중적 연방주의(dual federalism) 277
인물주의(personalism) 133, 145, 207, 447
인터넷 트롤 305
일당우위 정당제 375, 383, 385, 387-388
일당제 208, 232, 375, 383-384, 386, 397, 444
일당지배 133, 143, 147, 150
입헌군주제 143-144, 146, 189
　선출된 군주 189

ㅈ

자결권 63, 72-73
자본주의 32, 36, 93, 259, 456-458, 460-462, 469
　국가자본주의 450, 458, 460-461, 469, 471
　신봉건 자본주의 472
　정실자본주의 259, 472
자연권(natural rights) 63, 125, 458
자원의 저주 17, 259, 468-469
재산권 123, 453-454
　사유재산권 135, 181, 460
저개발국 455-456
전자민주주의(e-democracy) 123-124
전자정부 238, 246-248
전체주의(totalitarianism) 135, 141, 146-147, 149, 296
절대군주 133, 143, 189, 205-206
절대다수제 346, 350, 354, 356-357, 470
절대다수제 결선투표제 356
점증적 모델(incremental model) 431, 433-434
정당명부식 216, 250, 338, 420, 438
정당명부제 229, 352-354
정당일체감 376, 378
정부수반 46, 185, 189-192, 195, 201-202, 205, 209
정책수렴(policy convergence) 426, 440-443
정책순환(policy cycle) 426, 428, 440, 448
정책확산(policy diffusion) 426, 440
정체성 정치 82, 87
정치경제학 24, 125, 319, 450-455, 458, 460, 462-463, 469
정치계급 99, 211, 226
정치 엘리트 17, 86, 122, 147, 259-260, 303
정치균열 380
정치사상 32, 35, 37, 311
정치적 배제 320, 325
정치적 신뢰 82, 97, 101, 298, 427, 459
정치적 조작 321

정치적 커뮤니케이션 291-292, 294, 298, 313
정치적 폭력 99, 322, 341-343
정치참여 292, 319-324, 326-327, 335-336, 339, 341, 343, 375, 377, 379
　비전통적인 참여 321
　여성의 정치참여 326
　전통적인 참여 321
　참여의 역설 326
　참여의 유형 323
정통성(legitimacy) 22, 56-60, 113, 310, 346-347, 401, 406, 413, 468
제도주의 33, 88, 169, 430
제도혁명당(PRI) 387
제왕적 대통령 133, 145, 147, 205-207, 285
제한정부(limited government) 125, 383
젠더
　젠더 불균형 37, 405
　젠더 이슈 35
조합주의(corporatism) 33, 340, 416-417, 419, 422
종속변수(dependent variable) 43
종속이론 33, 456
주민발의 123
준대통령제 40, 185, 187, 190, 201-204, 208, 213, 272, 338, 420
준연방(quasi-federations) 275, 279
중국공산당 15, 148-149, 174, 180, 208-209, 228, 336, 384, 419, 469
즉석결선투표제 354
지니계수 463
직업정치인 126-127, 211, 226-227, 459
질적 방법(qualitative method) 41-42

ㅊ

차별시정 조치(affirmative action) 254
철의 삼각(iron triangle) 411-412
초심관할권 171

최대상이체계(MDS: most different system) 42
최대유사체계(MSS: most similar system) 41
최소효과모델 293
추상적 규범통제 172
취약국가 지수 79-80

ㅋ

카르텔정당 393
코로나19 3-7, 21, 30, 47, 57, 60, 69-70, 76, 78, 97, 99-100, 137, 155, 177-178, 196, 200, 216-217, 265-266, 295, 307, 309, 311, 325, 343, 397, 418, 427, 443, 457, 463, 466
　팬데믹 3, 30, 47, 57, 60, 69, 78, 97, 99, 177, 216-217, 265, 295, 307, 309, 311, 397, 427, 457, 463, 466
쿠르드족 73, 76
클릭티비즘(clicktivism) 322, 324-325, 406
　슬랙티비즘(slacktivism) 324

ㅌ

탄핵(impeachment) 220
탈레반 20, 22, 393-394
탈물질주의 82, 88, 90-91
　탈물질적 가치 46, 91
탈식민지 34, 89
탈집중화(deconcentration) 270
토착주의(nativism) 77
틈새정당 381, 390

ㅍ

파벌주의 38, 86
파시즘 64, 76
판차야트(panchayat, 일명 5인 회의) 281-282
페레스트로이카 35
페미니즘 256, 405
폐쇄형 명부제 352

폐쇄형 예비선거 392
포괄정당 380-381
포식국가(predatory state) 259
포퓰리즘(populism, 대중영합주의) 30, 32, 76, 87, 114, 122, 127, 131, 153, 155, 265, 288, 301, 303-304, 314, 381, 403, 461, 471
폭정(despotism) 125-127, 142
표본조사 34, 336
　인터뷰 기반 표본조사 34
프리덤하우스 24, 108-109, 112, 121, 129, 131, 133, 135-136, 153, 301, 308, 312, 315, 321, 386, 410, 417, 470

피후견주의(clientelism) 139, 285, 330, 340, 397
필터버블 403

ㅎ

합리적 모델(rational model) 431-433
해석주의(interpretivism) 33, 61
행태주의(behaviouralism) 33-35, 169, 248, 348
　행태혁명 34
협력적 연방주의(cooperative federalism) 277

협의적 권위주의(consultative authoritarianism) 232
혼합형 비례대표제 314, 350, 355
혼합형 정권 16, 30, 104, 127, 133-137, 154-155, 240, 255, 286, 312, 342, 363, 371-372, 394, 397, 444, 470
회귀선 43
후견(patronage)주의 138, 285, 341, 419, 421
후생경제학 462
휴먼라이츠워치 129, 342

저자소개

존 맥코믹(John McCormick)

로즈대학교 역사 및 저널리즘 전공
런던대 석사(환경연구)
인디애나대 정치학 박사

현 인디애나대 인디애나폴리스 캠퍼스 정치학과 교수

유럽연합정치 장모네의장
유럽대학 EU-미국관계 분야 풀브라이트-슈만 의장 역임

연구분야
비교정치, 글로벌연구, 유럽연합, 환경정치 등

주요 서적
Understanding the European Union, 8th edition (Red Globe Press)
Cases in Comparative Government and Politics (Red Globe Press)
Contemporary Britain, 4th edition (Palgrave Macmillan)
Environmental Politics and Policy (Palgrave Macmillan)
Introduction to Global Studies, 2th edition (Bloomsbury Academic)
European Union Politics, 2nd edition (Palgrave Macmillan)
The European Union: Politics and Policies, 5th edition (Westview Press)
Why Europe Matters: The Case for the European Union (Palgrave Macmillan)
Comparative Politics in Transition, 7th edition (Wadsworth/Cengage)
Europeanism (Oxford University Press)
The European Superpower (Palgrave Macmillan) 외 다수

공동저자

마틴 해롭(Martin Harrop)
뉴캐슬대 정치학과 전 교수

로드 헤이그(Rod Hague)
뉴캐슬대 정치학과 전 교수

역자소개

김계동 (kipoxon@hanmail.net • 4, 11, 17장 번역)

연세대 정치외교학과 졸업
영국 옥스퍼드대 정치학 박사

현 건국대 안보·재난관리학과 초빙교수
　외교부 국립외교원 명예교수
　군사편찬연구소 자문위원

연세대 국가관리연구원 교수
국가정보대학원 교수(교수실장)
한국국방연구원 연구위원
한국전쟁학회 회장/한국정치학회 부회장/국가정보학회 부회장/국제정치학회 이사
국가안보회의(NSC)/민주평통 자문회의/국군기무사 자문위원
연세대, 고려대, 경희대, 성신여대, 국민대, 숭실대, 숙명여대, 동국대, 통일교육원 강사 역임

주요논저
Foreign Intervention in Korea (Dartmouth Publishing Company)
『남북한 체제통합론: 이론, 역사, 정책, 경험, 제2판』 (명인문화사)
『북한의 외교정책과 대외관계: 협상과 도전의 전략적 선택』 (명인문화사)
『한반도 분단, 누구의 책임인가?』 (명인문화사)
『한국전쟁, 불가피한 선택이였나』 (명인문화사)
『현대유럽정치론: 정치의 통합과 통합의 정치』 (서울대학교출판부)
『현대외교정책론, 제4판』 (공저, 명인문화사)
『현대 한미관계의 이해』 (공저, 명인문화사)
『한국정치와 정부』 (공저, 명인문화사)
『국가정보학개론: 제도, 활동, 분석』 (역서, 명인문화사)
『국가정보: 비밀에서 정책까지』 (역서, 명인문화사)
『국제관계와 세계정치』 (역서, 명인문화사)
『동북아 정치』 (역서, 명인문화사)
『정치학의 이해』 (역서, 명인문화사)
『현대 유럽의 이해』 (역서, 명인문화사) 외 다수

민병오 (mbo1996@hanmail.net • 7, 9, 15장 번역)

연세대 정치외교학과 졸업
미국 켄터키대 정치학 석사
영국 글라스고대 정치학 박사

현 (사)생활정치연구소 소장
　　인하대 아태물류학부 겸임교수

민주당 민주정책연구원 상근부원장 국회정책연구위원/민주당 정책위원회 정책실장
연세대 국가관리연구원 연구교수/연세대 통일연구원 전문연구원
켄터키대 정치학과, 연세대, 숙명여대 정외과 강사
건국대 글로컬캠퍼스 초빙교수 역임

주요논저

『현대 미국의 이해』 (역서, 명인문화사)
『국제안보』 (역서, 명인문화사)
『국제정치경제』 (공역, 명인문화사)
『국제기구의 이해: 글로벌 거버넌스의 정치와 과정, 제3판』 (공역, 명인문화사)
『세계화와 글로벌 이슈』 (공역, 명인문화사)
『정치학개론, 15판』 (공역, 명인문화사) 외 다수

서재권 (scholar.suh@gmail.com • 2, 3, 12, 18장 번역)

연세대 정치외교학과 졸업
연세대 정치학 석사
캘리포니아대(UCLA) 정치학 석사·박사

현 부산대 정치외교학과 교수

미국 미주리주 트루먼주립대 정치학과 조교수
부산광역시 선거관리위원회 선거방송토론위원
21세기정치학회보 편집위원장, 한국국제정치학회 연구이사, 한국정치학회 편집이사 역임

주요논저

『국제정치경제』 (공역, 명인문화사)
"선거경쟁력이 재선에 미치는 영향 : 광역의원 조례발의 성과의 매개효과 분석을 중심으로 (2006~2018)" (한국정치학회보)
"법문화(Legal Culture)와 부패인식" (공저, 의정연구)
"지방자치단체장과 지방의회 간 조례제정의 주도권 변화: 제5~7대 부산광역시의회 조례안 시계열 분석" (공저, 의정연구)
"Decentralization and Government Trust in South Korea" (공저, *Asia and Pacific Policy Review*) 외 다수

이유진 (eglee@sm.ac.kr • 5, 6, 10, 16장 번역)

연세대 정치외교학과 졸업
토론토대 정치학 석사
토론토대 정치학 박사

현 숙명여대 정치외교학과 교수, 한일미래포럼 이사

통일연구원 책임연구원, 한국캐나다학회 회장 역임

주요논저
The Integrity Gap: Canada's Environmental Policy and Institutions, UBC Press (편저).
『글로벌 환경정치와 정책』(역서, 명인문화사)
『거버넌스』(역서, 도서출판 오름)
『비정부기구의 이해, 2판』(역서, 명인문화사)
『환경정치학』(역서, 한울아카데미)
『정치학개론, 15판』(공역, 명인문화사)
"후쿠시마 사고 이후 일본의 원자력 관련 제도 변화에 대한 연구"(일본연구논총)
"일본의 세습정치인에 대한 연구"(비교일본학) 외 다수

이준한 (junhanlee@inu.ac.kr • 1, 8, 13, 14장 번역)

서울대 고고미술사학과 졸업
서울대 정치학 석사
미시간주립대(MSU) 정치학 박사

현 인천대 정치외교학과 교수

국회의장 자문위원회 위원
헌법개정특별위원회 자문위원회 위원
국회의장 직속 미래전략 자문위원회 위원
국회의장 직속 국회운영제도개선 자문위원회 위원 역임

주요 논저
『개헌과 민주주의: 한국적 정치제도의 비교연구』(한울)
『개헌과 동시선거: 선거주기의 효과에 대한 비교연구』(인간사랑)
"Who Votes and Why in Korea?" (*International Journal of Public Opinion Research*) 외 다수

명인문화사 정치학 관련 서적

정치학 분야

정치학의 이해
Roskin 외 지음 / 김계동 옮김

정치학개론: 권력과 선택, 15판
Shively 지음 / 김계동, 민병오, 윤진표, 이유진, 최동주 옮김

비교정부와 정치, 제12판
McCormick, Hague, Harrop 지음 / 김계동, 민병오, 서재권, 이유진, 이준한 옮김

정치이론   Heywood 지음 / 권만학 옮김

정치학방법론   Burnham 외 지음 / 김계동 외 옮김

정치 이데올로기: 이론과 실제
Baradat 지음 / 권만학 옮김

민주주의국가이론
Dryzek, Dunleavy 지음 / 김욱 옮김

사회주의   Lamb 지음 / 김유원 옮김

자본주의   Coates 지음 / 심양섭 옮김

신자유주의   Cahill, Konings 지음 / 최영미 옮김

정치사회학   Clemens 지음 / 박기덕 옮김

복지국가: 이론, 사례, 정책   정진화 지음

시민사회, 제3판   Edwards 지음, 서유경 옮김

포커스그룹: 응용조사 실행방법
Krueger, Casey 지음 / 민병오, 조대현 옮김

문화로 읽는 세계   Gannon, Pillai 지음 / 남경희 외 옮김

거버넌스의 정치학: 한국정치의 새로운 패러다임 모색
김의영 지음

한국현대사의 재조명   한국전쟁학회 편

성공하는 리더십의 조건   Keohane 지음 / 심양섭 외 옮김

여성, 권력과 정치   Stevens 지음 / 김영신 옮김

국제관계 분야

국제관계와 세계정치   Heywood 지음 / 김계동 옮김

국제정치경제   Balaam, Dillman 지음 / 민병오 외 옮김

국제관계이론   Daddow 지음 / 이상현 옮김

국제개발: 사회경제이론, 유산, 전략
Lanoszka 지음 / 김태균, 문경연, 송영훈, 최규빈, 김보경 옮김

국제기구의 이해: 글로벌 거버넌스의 정치와 과정, 제3판
Karns, Mingst, Stiles 지음 / 김계동, 김현욱 외 옮김

글로벌연구: 이슈와 쟁점
McCormick 지음 / 김계동, 김동성, 김현경 옮김

현대외교정책론, 제4판
김계동, 김태환, 김태효, 김현, 마상윤, 서정건, 신범식 외 지음

외교: 원리와 실제   Berridge 지음 / 심양섭 옮김

공공외교의 이해   김병호, 마영삼, 손선홍, 연상모 외 지음

세계화와 글로벌 이슈, 제6판
Snarr 외 지음 / 김계동, 민병오, 박영호, 차재권, 최영미 옮김

세계화의 논쟁: 국제관계 접근에서의 찬성과 반대논리,
제2판   Haas, Hird 엮음 / 이상현 옮김

세계무역기구: 법, 경제, 정치   Hoekman 외 지음 / 김치욱 옮김

현대 한미관계의 이해   김계동, 김준형, 박태균 외 지음

현대 북러관계의 이해   박종수 지음

중국의 외교정책과 대외관계
Shambaugh 편저 / 김지용, 서윤정 옮김

신국제질서와 한국외교전략   김상배, 김흥규, 박재적 외 지음

갈등과 공존의 인도·태평양: 각국의 인태전략   황재호 편

글로벌 환경정치와 정책   Chasek 외 지음 / 이유진 옮김

지구환경정치: 형성, 변화, 도전   신상범 지음

기후변화와 도시: 감축과 적응   이태동 지음

핵무기의 정치 Futter 지음 / 고봉준 옮김

비핵화의 정치 전봉근 지음

비정부기구의 이해, 제2판 Lewis 외 지음 / 이유진 옮김

한국의 중견국 외교 손열, 김상배, 이승주 외 지음

지역정치 분야

동아시아 국제관계
McDougall 지음 / 박기덕 옮김

동북아 정치: 변화와 지속 Lim 지음 / 김계동 옮김

일본정치론 이가라시 아키오 지음 / 김두승 옮김

현대 중국의 이해, 제3판
Brown 지음 / 김흥규 옮김

현대 미국의 이해
Duncan, Goddard 지음 / 민병오 옮김

현대 러시아의 이해 Bacan 지음 / 김진영 외 옮김

현대 일본의 이해 McCargo 지음 / 이승주, 한의석 옮김

현대 유럽의 이해 Outhwaite 지음 / 김계동 옮김

현대 동남아의 이해, 제2판 윤진표 지음

현대 아프리카의 이해
Graham 지음 / 김성수 옮김

현대동아시아의 이해 Kaup 편 / 민병오, 김영신 외 옮김

미국외교는 도덕적인가: 루스벨트부터 트럼프까지
Nye 지음 / 황재호 옮김

미국정치와 정부 Bowles, McMahon 지음 / 김욱 옮김

한국정치와 정부 김계동, 김욱, 박명호, 박재욱 외 지음

대변동의 미국정치, 한국정치: 비유와 투영
정진민, 임성호, 이현우, 서정건 편

일본의 정치체제와 제도 한의석 지음

세계질서의 미래 Acharya 지음 / 마상윤 옮김

일대일로의 국제정치 이승주 편

중일관계 Pugliese, Insisa 지음 / 최은봉 옮김

북한, 남북한 관계 분야

북한의 외교정책과 대외관계: 협상과 도전의 전략적 선택
김계동 지음

북한의 체제와 정책: 김정은시대의 변화와 지속
체제통합연구회 편

북한의 통치체제: 지배구조와 사회통제 안희창 지음

북한행정사 홍승원 지음

남북한 체제통합론: 이론·역사·경험·정책, 제2판
김계동 지음

한반도 평화: 분단과 통일의 현실 이해 김학성 지음

한국전쟁, 불가피한 선택이었나 김계동 지음

한반도 분단, 누구의 책임인가? 김계동 지음

한류, 통일의 바람 강동완, 박정란 지음

안보, 정보 분야

국가정보학개론: 제도, 활동, 분석
Acuff 외 지음 / 김계동 옮김

국제안보의 이해: 이론과 실제
Hough, Malik, Moran, Pilbeam 지음 / 고봉준, 김지용 옮김

국제분쟁관리
Greig, Owsiak, Diehl 지음 / 김용민, 김지용 옮김

사이버안보: 사이버공간에서의 정치, 거버넌스, 분쟁
Puyvelde, Brantly 지음 / 이상현, 신소현, 심상민 옮김

전쟁과 평화 Barash, Webel 지음 / 송승종, 유재현 옮김

국제안보: 쟁점과 해결 Morgan 지음 / 민병오 옮김

전쟁: 목적과 수단 Codevilla 외 지음 / 김양명 옮김

국가정보: 비밀에서 정책까지 Lowenthal 지음 / 김계동 옮김

국가정보의 이해: 소리없는 전쟁
Shulsky, Schmitt 지음 / 신유섭 옮김

테러리즘: 개념과 쟁점 Martin 지음 / 김계동 외 옮김